国学经典文库

图文珍藏版

曾國藩绝學

[清] 曾国藩·原著

綫装書局

图书在版编目（CIP）数据
曾国藩绝学/（清）曾国藩著.－北京：线装书局，2007.8
ISBN 978-7-80106-686-2
Ⅰ.曾… Ⅱ.曾… Ⅲ.曾国藩（1811～1872）－文集
Ⅳ.Z425.2
中国版本图书馆CIP数据核字（2007）第096367号

曾国藩绝学

作　　者：［清］曾国藩
责任编辑：冀　宁　华　林
封面设计：博雅圣轩工作室
出版发行：线装书局
地　　址：北京市鼓楼西大街41号（100009）
电话：010-64045283
网址：www.xzhbc.com
印　　刷：北京彩虹伟业印刷有限公司
字　　数：2355千字
开　　本：710×1040毫米　1/16
印　　张：120.25
彩　　插：8
版　　次：2010年6月第2版　2010年6月第2次印刷
印　　数：1001－3000套
书　　号：ISBN 978-7-80106-686-2

定　　价：598.00元（全四卷）

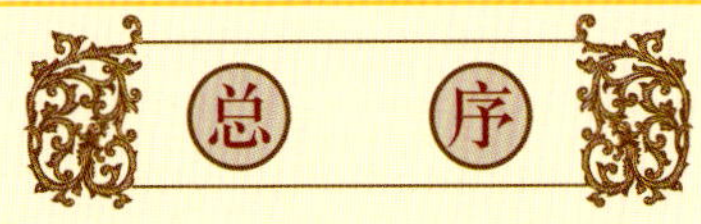

总序

·弘扬国学文化　点亮智慧人生·

中华文化源远流长，国学经典灿若星河，熠熠生辉的国学经典凝聚了前贤圣哲的大智大慧，浓缩了华夏文明的思想精粹，是中华文明和民族精神得以生发的深厚土壤。可以说，国学是中华民族优秀的传统文化的核心价值，是数千年来中国人思维方式、行为方式、生活方式的高度总结，浸润着每个中华儿女的血液和灵魂。中华民族因为自己博大精深的文化而存续，而骄傲，而伟大！

世界潮流，浩浩汤汤。二十一世纪是世界大变革、大转折、大发展的时代，中华民族迎来了千载难逢的大好机遇，正处在全面复兴的历史新起点。“弘扬先进文化，全面落实科学发展观”，“与时俱进，开拓创新，构建和谐社会”等等，都已成为时代发展的最强音。当然，伟大的复兴也需要伟大的文化，鉴于此，在国学大师、史界泰斗、专家学者的积极倡导下，我们精心组织完成了这一大型古籍文献整理出版工程——《国学经典文库》。

《国学经典文库》弥足珍贵，是家庭阅读和收藏的首选。我们知道，藏书既是社会进步和发展的标志，更是读书人成才立业所必备的重要条件，一代伟人毛泽东曾说“我一生最大的爱好就是读书”，“饭可以一日不吃，觉可以一日不睡，书不可一日不读。”已故国学大师季羡林先生生前曾再三强调读书、藏书之重要，认为“后一代的人必须读书，才能继承和发扬前人的智慧。”爱书、读书、惜书、藏书，是中华民族的光荣传统。《国学经典文库》收中华国学文化之精粹，集中国国学之大成，具有重要的文献参考价值、收藏鉴赏价值和馈赠实用价值。《国学经典文库》经过反复筛选、检索与研究，并且请教了有关权威专家学者，参以众多初印古本、皇家善本、私家秘本、民间孤本、海外珍稀本等，集思广益、择优而定，并保持原著固有的面貌及版本价值，力图将最经典、最精华的中华传统文化奉献给广大读者。

《国学经典文库》先期推出两辑：即《反经》、《十三经译注》、《四书五经》、《古文观止》、《汉书》、《后汉书》、《智囊全集》、《三国志》、《随园诗话》、《纲鉴易知录》、《菜根谭》、《唐宋八大家散文鉴赏》、《四大名著》、《资治通鉴》、《续资治通鉴》、《明通鉴》、《清通鉴》、《孙子兵法》、《三十六计》、《二十五史》、《处世秘典》、《私家秘藏》、《厚黑学全书》、《四库全书》、《周易》、《三言二拍》、《唐诗宋词元曲》、《处世绝学》、《中华传世家训》、《中华兵书大典》、《中华茶道》、《中华酒典》、《二十四史》、《史记》、《容斋随笔》、《中华国学智库》、《中华智谋全鉴》、《黄帝内经》、《本草纲目》、《中华养生秘笈》、《家庭医生》、《心理医生》、《家庭医疗养生保健百科全书》、《中华国医健康绝学》、《国学智慧大典》、《国学经典文库》、《中华王朝史》、《帝王将相全传》、《三希堂法帖》、《芥子园画传》、《中国书法鉴赏大典》、《中华传世墨宝》、《中国国粹艺术通鉴》、《中国通史》、《世界通史》、《中华名人大传》、《世界名人大传》、《周易全书》、《中华宫廷秘史》、《中国禁书文库》。荟萃了中华古代文明之精华，凝聚了五千年华夏智慧之经典，囊括了中国历史上最具思想性与收藏价值的古籍巨著。我们坚信，此类大型藏书的陆续出版，将为学术界、文化界、收藏界提供弥足珍贵的传世善本，便于我们对中华古代文化的研究、借鉴与继承，是一件造福子孙后代的善举。

《国学经典文库》耗时六余载，参与整理编辑人员近百人之多，并得到国内外众多专家学者、知名研究机构及著名馆藏单位等的大力支持和帮助，在此特表示由衷的谢意。另外，因资料范围广、精选难度高、编辑工作繁杂等诸多原因，书中难免存在疏漏与不足之处，恳请广大读者给予谅解和指正，以便我们及时修订。

《国学经典文库》编辑委员会

二〇一〇年六月于北京香山

曾国藩像

曾国藩（1811～1872）初名子城，字伯涵，号涤生，谥文正，汉族，湖南湘乡府人。晚清重臣，湘军的创立者和统帅者。清朝军事家、理学家、政治家、书法家、文学家，晚清散文“湘乡派”创立人。官至两江总督、直隶总督、武英殿大学士，封一等毅勇侯。嘉庆十六年（1811年）出生于湖南长沙府湘乡荷叶塘白杨坪（今湖南省娄底市双峰县荷叶镇天坪村）的一个豪门地主家庭。兄妹九人，曾国藩为长子。祖辈以务农为主，生活较为宽裕，祖父曾玉屏虽少文化，但阅历丰富；父亲曾麟书身为塾师秀才，作为长子长孙的曾国藩，自然得到二位先辈的伦理教育了。

曾国藩绝学之《挺经》——从政为官宝典

《挺经》是曾国藩吐尽毕生的心血于临终前写成的一部“压案之作”，详细记录了曾国藩在宦海沉浮中总结出的十八条心法，是其从自身的成败得失中总结出的一套独到的为人为官的基本原则和理论。曾国藩的一生，凭借一个“挺”字在困厄中求出路，历尽劫波，以坚韧无畏的精神而成就了“天下之大功”。

撑起两根穷骨头，养活一团春意思；挺经十六法，秘而不宣之处世秘笈。

太平天国天京失陷图

清末·年画《曾国藩庆贺太平宴》

图为曾国藩宴请湘军各路统帅，正中榻上坐着李鸿章和曾国藩，左边从左至右依次为左宗棠、骆秉章，右边坐着彭玉麟、曾国荃等。

曾国藩绝学之《冰鉴》——识人鉴人奇书

《冰鉴》是一部纵横中外的人才学教科书，一部关于识人、相人的经典文献，是曾国藩总结自身识人用人心得而成的一部传世奇书，它是曾国藩体察入微，洞悉人心的心法要诀。曾国藩以一介儒生举兵湘乡，镇压勃然兴起的太平军，挽狂澜于既倒，成大清之柱石，很大程度上得益于其知人善任，善于“以相取人”。

查神骨、审气色，相遍华夏英雄；观容貌、辨声音，网罗天下人才。聚一时豪杰，谋就不朽勋业；以冰为鉴，真正明察秋毫。

曾国藩楷书 七言对联 水墨纸本 题识：六经读罢方拈笔，五岳游归不看山。涤生曾国藩。

曾国藩率湘军攻打太平军

咸丰四年八月，曾国藩率湘军进攻武汉。八月二十三日攻陷武昌、汉阳，太平军停泊汉水的千余艘船只被截毁殆尽，湘军水陆东下，进攻江西。十月十三日，湘军水师在彭玉麟、杨载福带领下又攻断湖北田家镇至半壁山的拦江铁链，焚毁太平军船只4500余艘。湘军大为得势。

曾国藩绝学之《家书》——持家教子之法

《家书》记录了曾国藩在清道光30年至同治10年，前后达30年的翰苑和从武生涯，近1500封。所涉及的内容极为广泛，小到人际琐事和家庭生计的介绍，大到进德修业、经邦纬国之道的阐述，是曾国藩一生的主要活动和其治政、治家、治学之道的生动反映，家书中可以体现他的学识造诣和道德修养，从而赢得了“道德文章冠冕一代”的称誉。

曾国藩治家心经千古一绝

清·文人聚会图

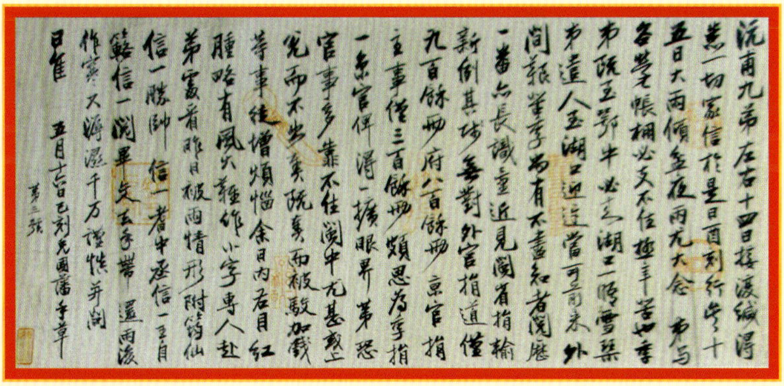

曾国藩家书

由曾国荃后人保存的曾国藩致曾国荃兄弟家书。这批家书共28页，不仅充满了手足亲情，而且所及多为镇压太平天国军务之事，史料价值极为丰富。在2009年5月30日举行的中国嘉德春季拍卖会上以100.8万元成交价，创下曾国藩家书拍卖的最高成交记录。

曾国藩绝学之《谋略》——修身处世秘笈

《谋略》是曾国藩以一介儒生，无权的在籍侍郎，昂然崛起于湘楚之间。他持一定之规，为人、为官、为民、为国，处处体现出强大的精神感召力，成为时人推崇的末世圣人，是每个渴望成功者的楷模。研究曾国藩的成功谋略，学习其修身智慧、齐家准则、处世技巧、用人方略、为官之道、治军韬略，在今天仍不乏现实意义。

绝世奇才文正公扶大厦于将倾、开时代之先风。

清·湘军克复武昌战图

曾国藩故居富厚堂全景

曾国藩故居富厚堂座落在双峰县荷叶镇。整个建筑像北京四合院结构，包括门前的半月塘、门楼、八本堂主楼和公记、朴记、方记三座藏书楼、荷花池、后山的鸟鹤楼、棋亭、存朴亭以及曾国藩亲手在家营建的思云馆等等，颇具园林风格。富厚堂的藏书楼，藏书达30多万卷。

前　言

曾国藩是中国近代史上一位重要的历史人物，被称为晚清"第一名臣"，后来者推崇其为"千古完人""官场楷模"。五百年来，能够以书生而克平世乱，戎马倥偬间亦为学不倦，并把学问事业均磨炼成功之人可谓极少，而曾国藩居其一。其文韬武略、处世绝学和官场秘经始终为人们评说纷纭，而他本人也成为近代史上最为显赫且颇具争议的人物。

曾国藩(1811~1872)，初名子城，字伯函，号涤生，是清朝咸同中兴第一名臣，也是中国历史上一位英雄贤者。他出生于湖南省双峰县(原属湘乡)荷叶镇，28岁便入京赴考中得进士，留京师后十年七迁，连升十级，37岁任礼部侍郎，后建湘军，为清王朝平定天下。他历任两江总督、直隶总督，官居一品，死后被谥"文正"。曾国藩一生严于治军、治家、修身、养性，实现了立德、立功、立言的封建士大夫的最高追求。可以说，独树一帜的曾氏绝学，在人际关系多样化、复杂化的今天仍有着极高的参考价值。

"从政要学曾国藩，经商要学胡雪岩"。长期以来曾国藩曾被一些政界人物奉为"官场楷模"。梁启超对世人说："曾文正者，岂惟近代，盖有史以来不一二睹之大人也已；岂唯我国，抑全世界不一二睹之大人也已。"毛泽东对友人黎锦熙说："愚于近人，独服曾文正，观其收拾洪扬一役，完满无缺。使以今人易其位，其能如彼之完满乎？"蒋介石对儿子蒋经国说："至于中文读书写字之法，在曾公家训与家书中言之甚详。你们如能详看其家训与家书，不特于国学有心得，必于精神道德皆可成为中国之政治家，不可以其时代已过而忽之也。"曾国藩绝学之智谋权变、处世方略、学问人品、修身养性、文治武功在现代社会的大环境中依然具有可借鉴价值。

曾国藩熟读历史，参深悟透，学有本源，有一整套"官场绝学"，有体有用，有招有术。他集历代齐家治国、修身治学、用人行政、驭下奉上、统军作战的各种学问于一身，并自觉地把这些历代经典理论和历史经验运用于自己的居官实践之中。曾国藩标榜理学，实则融通百家，性格强毅，亦极能通变用权。他大抵以"虎气"为主，兼采"猴气"，以"仁义"为旗而实用手段无所不用其极。

目前流行曾国藩热，说明人们还希望在曾国藩身上找到可资借鉴的东西，用以帮助自己走向成功。曾国藩一生的辉煌,绝不是偶然的,有他个人的因素和时代的因素,他以坚毅不屈的耐力和超人的智慧完成了时代所赋予自己的任务,力挽清王朝于既倒,并为后人留下了丰富的文化遗产。

鉴于编者水平有限,整理难度较大,书中仍难免存在遗漏与不足之处,恳请广大读者批评指正,唯愿读者开卷共勉。

目　录

第一卷　挺　经

第二卷　冰　鉴

第三卷　家　书

第四卷　谋　略

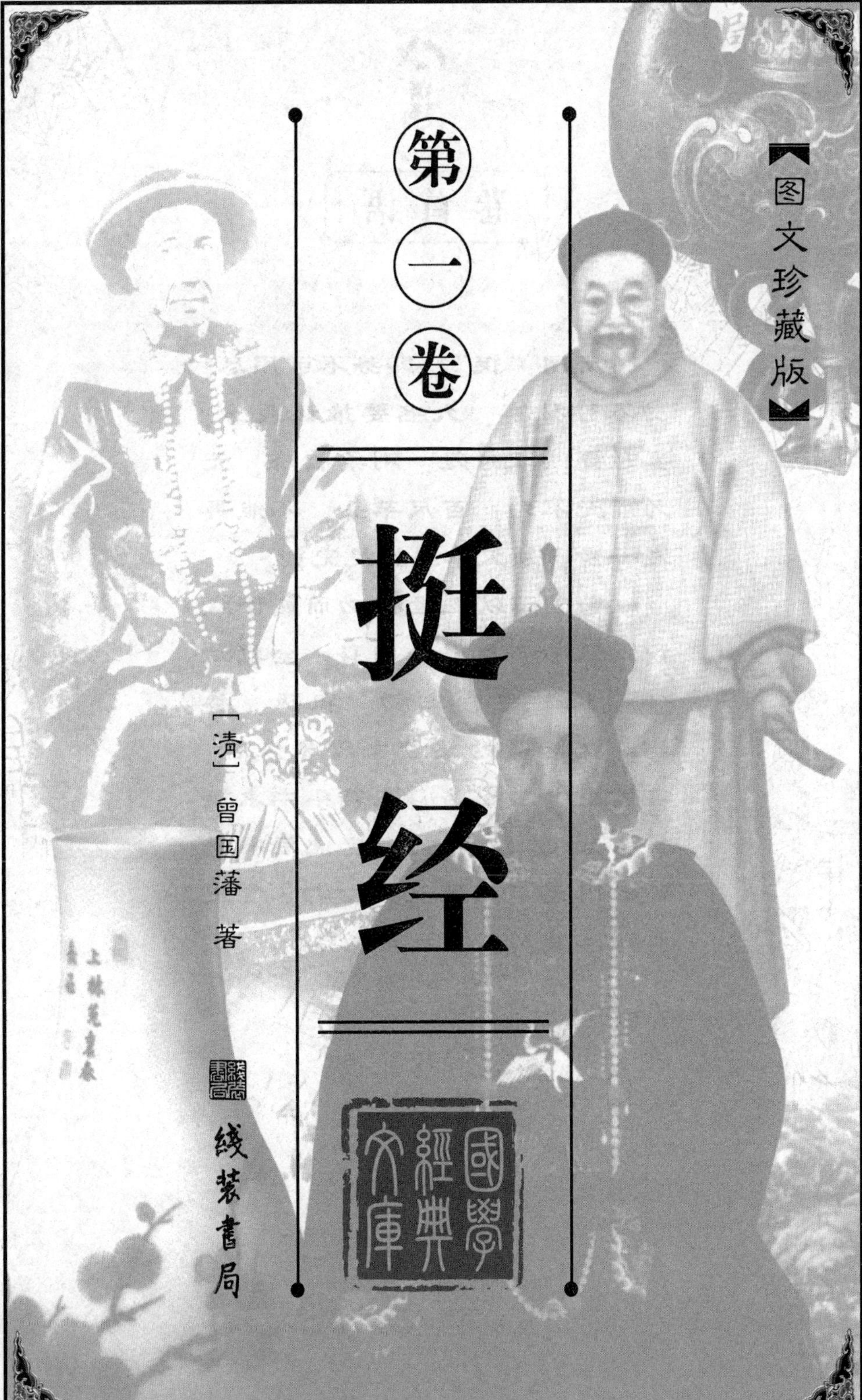

图文珍藏版
第一卷
挺经
[清] 曾国藩 著
线装书局
国学经典文库

卷首语

所谓“挺”，即势不可用尽，功不可独享，大名要推让几分，盛时要做衰时想，刚柔相济，无为而无不为，百尺竿头，不能再进一步，缺欠本身就是完美。

曾国藩以盖世之功而能于众说诋毁中安然保全自身，全赖这一“挺”字。主动、积极、参与，以恬淡的出世之心来人世，在困厄中求出路，在苦斗中求挺直。如此方能在前有猛虎后有毒蛇的情况下，不受其左右，气定神闲享受人生之至高境界。

九阴经

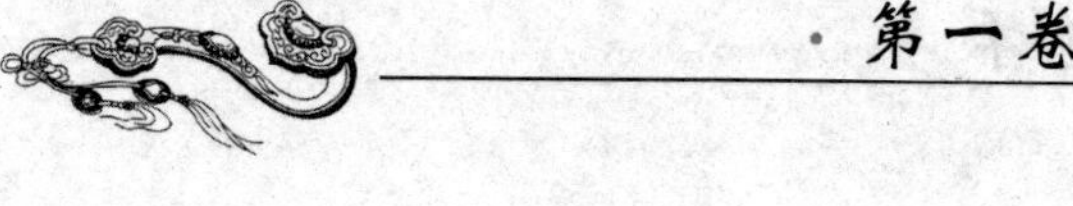

卷一　内圣

经文释义

【原文】

细思古人工夫，其效之尤著者，约有四端：曰慎独则心泰，曰主敬则身强，曰求仁则人悦，曰思诚则神钦。慎独者，遏欲不忽隐微，循理不间须臾，内省不疚，故心泰。主敬者，外而整齐严肃，内而专静纯一，斋庄不懈，故身强。求仁者，体则存心养性，用则民胞物与，大公无我，故人悦。思诚者，心则忠贞不贰，言则笃实不欺，至诚相感，故神钦。四者之功夫果至，则四者之效验自臻。余老矣，亦尚思少致吾功，以求万一之效耳。

【译文】

仔细思考古人在修身方面所下的功夫，成效特别显著的大概有四项：慎重独处，就会心胸泰然；庄严恭敬，就会身体强健；追求仁义，就会心悦虔服；正心诚意，则神灵也会钦敬他。

慎重独处，就是遏制自己的贪欲，连其中最隐蔽微小的地方也不放过，行事遵循自然之理，一刻也不间断，这样内心时时自省且无愧于心，所以心胸安泰。庄严恭敬，就是仪容整齐严肃，心灵宁静专一，稳重端庄而不懈怠，所以身体强健。追求仁义，就是要心存仁义滋养的天性，视百姓为同胞，对万物也心存养护。像这样大公无私，自然会受到人民爱戴。正心诚意，就是忠贞不贰，言语笃实不欺瞒任何人，用至诚之德来感应天地万物，因此受到神灵的钦敬。如果在修身工夫上真能做到以上这四点，那么成效自然会到来。我虽然已经老了，也还想在修身方面下功夫，希求能达到成效。

曾国藩像

【原文】

尝谓独也者，君子与小人共焉者也。小人以其为独而生一念之妄，积妄生肆，而欺人之事成。君子懔其为独而生一念之诚，积诚为慎，而自慊之功密。其间离合几微之端，可得而论矣。

盖《大学》自格致以后，前言往行，既资其扩充；日用细故，亦深其阅历。心之际乎事者，已能剖析乎公私；心之丽乎理者，又足精研其得失。则夫善之当为，不善之宜去，早画然其灼见矣。而彼小人者，乃不能实有所见，而行其所知。于是一善当前，幸人之莫我察也，则趋焉而不决。一不善当前，幸人之莫或伺也，则去之而不力。幽独之中，情伪斯出，所谓欺也。惟夫君子者，惧一善之不力，则冥冥者有堕行；一不善之不去，则涓涓者无已时。屋漏而懔如帝天，方寸而坚如金石。独知之地，慎之又慎。此圣经之要领，而后贤所切究者也。

【译文】

古人所谓的“独”，是君子和小人都能感受到的。小人认为自己是独自一人，所以他会产生非分的想法，非分之想积聚到一定程度就会肆意妄为，从而做出一些欺骗他人的坏事。君子担忧自己是单独一人时，会生出真诚的想法。真诚想法积聚多了就会处事谨慎，从而下功夫提升自己不满意的道德修为。虽然君子和小人都是独处，两者的差距却可由此得到评论。

自从《大学》穷究事物的原理并获得知识之后，过去的言论行为都可用作个人开阔眼界充实知识的资料，日常处理的琐事问题，更可深化个人的阅历见识。君子这样做了，他的心在遇到实事时，已经能剖析公私的区别；他的心在联系道理时，又足以精辟地研究其得失。那么对于善事应当做，不善的坏毛病应去掉，早已经形象鲜明地认识到了。而那些小人们，却不能有实在的见识，去实行他所知道该做的事。于是办一件好事，唯恐别人不知道是自己干的，去办的时候迟疑不决。改正一个不好的毛病，侥幸别人可能窥视不到，改正得很不得力。背地里自己独处，虚假的情弊自然会产生，这就是欺骗啊！而君子，唯恐办一件善事办得不彻底，在晦暗中会产生堕落的行为；一个坏毛病不改正，就会像涓涓细流长年不断地犯错。暗室之中懔然不动邪念如同面对天神，主心骨坚硬如同金石。在自己主持工作的地方单独行事，一定要慎之又慎。这就是圣人遵奉的准则要点，也是后世贤人切实研究的问题呀！

《四书》和《五经》书影

【原文】

修己治人之道，止“勤于邦，俭于家，言忠信，行笃敬”四语，终身用之有不能尽，不在多，亦不在深。

古来圣哲胸怀极广，而可达睦德者，约有四端：如笃恭修己而生睿智，程子之说也；至诚感神而致前知，子思之训也；安贫乐道而润身睟面，孔彦曾孟之旨也；观物闲吟而意适神恬，陶白苏陆之趣也。自恨少壮不知努力，老年常多悔惧，于古人心境，不能领取一二。反复寻思，叹喟无已。

【译文】

有关自身修为和治理国家的道理，仅凭“勤劳为政，节俭持家，谈话诚信，行事诚恳”这四句话就能终身适用并且受益无穷。所谓话不在多，也不在深，有用即可。

古今圣哲先贤们的胸怀宽广可达到大德的，大概有四种境界：诚恳谦恭，注重自我修为而萌生出聪明睿智，这是二程（程颢和程颐）的说法；诚恳到了极点以至于感动神灵，进而达到可预知前事的效果，这是子思的遗训；安于贫穷的境遇，乐于奉行自己信仰的道德准则，所以身体康健面色光润，这是孔子、颜回、曾子、孟子等人学说的要义；欣赏大自然的美景，吟咏诗赋，所以意态闲适神色恬然，这是陶渊明、白居易、苏轼、陆游的人生乐趣。我常常悔恨自己年少时不知道努力，到老来就常有悔惧之意，对于古圣先贤们的心境情态，不能领略一二。所以我只能反复寻思揣摩，叹息感喟不已。

智慧通解

一个人不管是读书从政，还是做工种田，抑或是经商做学问，都离不开他修身养性程度的高低和掌握的好坏。古往今来，凡能成大事者，无不须具备“内圣”的心法素质。贤者曰：“立身不高一步立，如尘里振衣，泥中濯足，如何超达。”即指为人立身处世，应具备一种高尚明达的心境，否则就好像在尘土里打扫衣服，在泥水里洗濯双脚，又如何能超凡绝谷。“慎独”即是这种境界的最高体现，而只有在自持自制的心性修养中，才能逐步达到这样的境界。自律自制，修身养性，要“每日三省”。程颐说，君子遇到困难险阻时，一定要思考反省自己是不是有什么错误而导致这种困难的发生。有一些不完善的地方就纠正它，没有过错就用它来自我勉励，这是修养自身的美德。

曾国藩在个人修养上尤为严格，每日静坐，反思己过，几十年如一日潜心修为。所以能够名垂千古而不败。很多人都想从曾国藩身上学到成功的黄金定律，修身处世，立于不败。许多成名的人物，也都受过他的思想熏陶。梁启超对曾氏倾心推崇，称“吾谓曾文正集，不可不日三复也”。毛泽东青年时期，也潜心研究过曾国藩文集，得出了“愚于近人，独服曾文正”的结论；在晚年，他还曾说：“曾国藩是地主阶级最厉害的人物。”而蒋介石，对曾国藩更是顶礼膜拜，认为曾国藩为人之道，“足为吾人之师资”。他把《曾胡治兵语录》当作教导高

级将领的教科书，自己又将《曾文正公全集》常置案旁，终生拜读不辍。据说他点名的方式，静坐养生的方法，都一板一眼模仿曾国藩。

曾国藩认为，“细思古人功夫，其效之尤著者，约有四端：曰慎独则心泰，曰主敬则身强，曰求仁则人悦，曰思诚则神钦。”故而他认为涵养功夫当以“诚”为本。

概言之，“诚”可以化育天地万物，求诚须不欺，不欺必能居敬慎独，居敬慎独者必无私著，无私著者必中虚，虚必静，静生阳，阴阳来复，是谓天行。

南生鲁四乐图 （明·陈洪绶）

为达“内圣”心法最佳境界，他以“修法十二课”来约束自己的身心，下面列出这十二课的内容。

一、持身敬肃。衣冠外貌保持整齐，心思神情端正严肃，时时刻刻都要警惕、检查自己的念头、举止中有无背离义理之处。平日闲居无事的时候宁静安泰，保养德性，一旦投于事务之中则专心致志，不存杂念。精神状态清澈明朗，就如同旭日东升，光彩照人。

二、静坐养性。每天不限什么时候，要拿出一定时间静坐养性，反省体悟自己天性中隐现的仁义之心。正襟危坐，凝然镇定，如同宝鼎一般沉稳。

三、早早起床。天色初亮就赶紧起身，睡醒了就不要再恋床。

四、读书专一。一本书没有读完时，不要再看其他书籍。东翻西阅随意读书，对自己的道德学问毫无益处。

五、阅读史书。每天仔细读史十页。

六、说话谨慎。所谓祸从口出，很多人都因此招致祸患。所以君子对此要时刻注意，这是修身内圣最重要的工夫。

七、保养真气。真气存蓄于丹田之中，彻里彻外光明正大，所作所为毫无羞于对人说之处。

八、爱护身体。时刻以父亲的“节制操劳，节制欲求，节制饮食”训导作为健体却病的准则。

九、每天都应获知新学问。每天读书时将自己的心得记录下来，如果刻意从书中凿空，求取深意，那就是偏私他人。

十、每月不可荒疏旧技能。每月写作几篇诗文，以此检验自己积存义理的多少，保养真气的强弱。却不能完全沉溺于中，因为做诗文特别耗费真气和时间，也最容易使人玩物丧志、隐没本性。

十一、写字。饭后写半个时辰的字。所有文字方面的交际应酬，都可以作为练习写字的机会。凡事不可留待第二天去做，事情越积越多，就越难清理。

十二、夜晚不出屋门。它使人耽搁正事，精神疲惫，务必戒除。

一个省心修身、注重颐养德性的人，他所犯的过错不一定是坑蒙拐骗之类的淫恶，却往往是一些不为人知，不足挂齿的小隐私。不断地涤除这些小隐私，他就会一天比一天高大起来。明代杨继盛说：“或独坐时，或深夜时，念头一起，则自思曰：这是好念是恶念？若是好念、便扩充起来，必见之行；若是恶念，便禁止勿思。”

曾子也说过：“吾日三省吾身。”曾国藩这点做得最到位。在治学过程中，他每天都记日记反省自己。曾国藩把自己的字改为“涤生”，取意于佛家语“前日之种种譬如昨日死，今后之种种譬如明日生”。如果曾国藩平时没有养成明事理、析得失的良好习惯，恐怕不会在复杂的官场中不断得到升迁，并且最终成为一代名相。

【经典实例】

蔺相如以德服廉颇

大凡公而忘私者，都能以天下为己任，忍辱负重，以图大德。战国时期赵国的蔺相如就是个以国为重，公而忘私之人。在渑池会谈期间，秦王自恃国力强盛，骄横无礼，企图侮辱赵王。蔺相如针锋相对，以他的智慧和过人的勇气，迫使秦王以礼对待赵王，并使赵王安全回到赵国。赵王感恩于蔺相如，特加封蔺相如为上卿，并且地位排在了廉颇之上。这一来，廉颇可不高兴了，对他手下说：“我是赵国大将，有攻城野战之大功，而蔺相如出身微贱，仅靠口舌之劳就位居我上，我决忍不下这口气，一定要当面侮辱他。”蔺相如听到这话，就总回避他。有一次，蔺相如乘车外出，远远地看见廉颇过来，便急忙命车夫赶车躲避。廉颇为此很得意，以为蔺相如害怕他。蔺相如的手下也不高兴，以为蔺相如真的害怕

廉颇，有些气不过，然而蔺相如不但不生气，反而问手下人说："你们看廉颇将军和秦王哪个厉害。"手下人说："当然是秦王厉害。"蔺相如又说："像秦王这样的人，我都敢当面斥责，并且羞辱他的群臣，难道我还会害怕廉颇将军吗？我考虑的是，秦国之所以不敢贸然进犯我赵国，正是因为有我和廉将军在。我之所以避让廉将军，正是以国家大局为重，而把个人私怨放在一边啊。"后来廉颇听到这话，心中深感不安。他不仅从心里敬重蔺相如，同时也深为自己气量狭小而羞愧。为了表示悔过，他赤裸着上身，背着一捆荆枝，到蔺相如府上请罪。他一见到蔺相如，便跪在地上诚恳地说："不知您为了国家的利益对我如此宽容，我真是太不应该了！"从此，两人结下了生死之交，为赵国的生存携力而战。

蔺相如官至廉颇之上，但为了国家社稷，不计较二人之间的误会，坦诚相待，以理服人，最后以德服廉颇，值得后人称颂。

唐太宗自律

身为领导者除了要虚怀若谷之外，对自己的言行举止也必须要十分慎重。古语讲"论言如汗"，所谓的论言，是指领导者所说的话，汗指说出的话绝无挽回的余地，就像身体流出的汗一样，一旦流出来了，就不可能再回到体内。正因如此，领导者实在不得不修炼内圣之法，谨言慎行。

有一次，唐太宗对众臣说："有人说当了皇帝就是得到了最崇高的地位，没有任何畏惧了。事实上，我却是常怀着畏惧之心，倾听臣下的批评与建议，一向以谦虚的态度处理政事。倘若因为自己是一国之君，就不肯谦恭而以自大的态度来对待臣下，那么一旦行事偏离正道时，恐怕就再没有能够指正过失的人了。当我想说一句话，做一件事的时候，必定先想一想如此一来是否顺了天意？同时也要自问有没有违反了臣民的意向。为什么呢？因为天子是那样高高在上，对底下的事一目了然，而臣民们对君王的一举一动十分注意，所以我不仅要以谦虚的态度待人，更要时时反省自己的一言一行是否顺应天意与民心。"这时旁边的魏徵接着说："古人说过'靡不有初，鲜克有终'。有好的开始并不一定能有好的结束。但愿陛下常怀畏惧之心，畏惧上天及人民，且谦虚待人，严格地自我反省，如此一来，吾国必能长保社稷，而无倾覆之虞了。"内圣而谦虚的态度，也是唐太宗受后世景仰的原因之一。

唐太宗说过："与人交谈实在是一件十分困难的事情，即使是一般百姓，在与人交谈时若稍微得罪对方，对方因而牢记在心，便会遭到报复。更何况是万乘国君，在和臣下交谈时绝不容许有一点失言。因为即使是微不足道的失言，也有可能导致极重大的影响，这种影响是庶民的失言所万万及不上的，我心中一直牢记着这一点。"他还说："昔日，隋炀帝第一次进入甘泉宫时，对宫中的庭园十分中意，但是认为有一美中不足之处，即庭园中看不到

唐太宗像

萤火虫。于是隋炀帝下令捉一些萤火虫来代替灯火。负责的官吏赶紧动员数千人去捕捉萤火虫，最后捕捉了五百车的萤火虫。连这样的一件小事都能演变到这种程度，何况是天下大事，更不知道要受到多大的影响呢。为人君王的又怎能不谨言慎行呢?”

的确，身为领导者不能有戏言，因为他的每一句话都会对部下产生巨大的影响，甚至会影响一件事情的结局。态度谦虚，言行谨慎，不但是身为领导者修养的重要方面，也是个人修养的一方面。

有内圣修为的领导者善于控制自己的情感，掌握自己的心境，约束自己的言行。他们无论受到什么刺激，都能保持沉着、冷静，而不产生冲动行为。必要时能节制自己的需要，忍受身心的苦痛和不幸，克制自己各种消极情绪，表现出高度的挺耐性、纪律性、组织性。

《论语》中指出：“其身正，不令而行；其身不正，虽令不从。”也就是说，只要自己的行为端正，就算不下任何命令，部下也会遵从，如果自己的行为不端正，那么无论制定什么政策规章，部下也不会遵从的。

这个原则不管什么时候，都是领导者必须牢记在心的。因为领导者的一举一动都受到部下的注意，在这种情形之下，如果能以适宜的态度或行动出现在部下面前，就会立刻影响到部下的士气，如此一来，组织就会更加牢固。

在这方面，唐太宗十分严格地自我要求。他说过：“身为国君，必须先以人民的生活安定为念。压榨人民而自己却过着奢侈浪费的生活，无疑是割取自己腿上的肉吃一样，虽然吃饱了，但是身体也糟蹋了。倘若希望天下安泰，首先必须端正自己的姿态。迄今为止，尚未听说直立的身体却映出弯曲的影子，也没听说过内圣端正的君主治理下的政治，百姓会胡作非为。

“自取灭亡的原因不外乎是执政者为了满足自身的欲望罢了。吃山珍海味，又沉溺于歌舞笙华与美女之中，则欲望会越发膨胀，所需的费用也将随之增加，如此一来，不但无暇顾及政治，甚至会使人民陷于困苦的地狱之中。结果国君只要说出一点不合理的话，人民的心就马上起伏不定，谋反的人趁机出现。由鉴于此，我极力压抑自己的欲望。”

魏徵听后说：“自古以来被尊崇为圣人的君主都努力实践这件事，所以才能够开创理想的政治。从前楚庄王聘请詹何来询问政治的要义，詹何回答他，君主

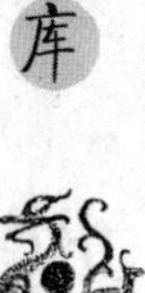

首先要端正自己的行为。楚庄王又问他具体的政策，但他的回答仍是，从未听过国君本身行得正而国家混乱的事情。陛下所说的，其实正和古代贤者的意思相同。”

唐太宗正是以这种态度来处理政事的，他率先端正自己的行为，虽然已经十分努力了，但仍然怀疑自己是否做得彻底。正如他向魏徵所说的那样：“我一直努力端正自己的行为，但是不管怎么努力，也及不上古代的圣人，因此不得不担心自己是否会受到世人嘲笑。”

一次，大臣们向唐太宗上奏：“自古以来有所谓‘夏之月可以居台谢’，在夏末可以住在高殿里，现在夏天的酷暑仍未消退，秋季的长雨又将来临，宫中湿气太重，恐怕对陛下身体不太好。希望陛下马上建筑高殿。”

对皇帝来说，造一座宫殿简直如吃家常便饭，但是唐太宗却婉言拒绝了大臣们的好意：“诚如各位所知，朕患有神经痛，这种疾痛若长年处于湿气重的地方当然不好。但是造一座宫殿需要一笔数目庞大的费用，从前汉文帝打算营造宫殿时，发现需要的费用相当于十户普通人家的资产，便打消了这个念头。虽然和汉文帝相比，我的德行远远不及，但所需的费用却要多得多，这不正是身为百姓父母的天子失职的地方吗？”大臣们再三要求，唐太宗仍执意不肯。

嘉庆帝的仁者风范

领导者必须是一个心胸宽广、宽厚容人、团结同志、善于合作，具有凝聚力的人。法国著名作家雨果曾这样说道：“世界上最宽阔的东西是海洋，比海洋更宽阔的是天空，比天空更宽阔的是人的心胸。”领导者不要斤斤计较个人的得失，“豁达大度，从谏如流”，绝不能因别人与自己的看法不一样，就对其排斥否定，侧目而视；要不徇私情，不计较个人恩怨，不从个人好恶出发；要允许别人犯错误，并真心帮助他们改正错误，要宽宏大量，宽厚容人，绝对不可落井下石，幸灾乐祸，一脚踢开，不仅要团结和自己意见相同的人，而且更要善于团结和自己意见不同，甚至反对过自己的人一道工作，从而修炼自己的内圣之法。

在政治上宽容体现仁政，当政者当宽容为怀，也可以说宽容在政治上既是处世的法则，又是施政的手腕。

和珅当道时，没人敢对他说不字。嘉庆皇帝即位后，直隶布政使吴熊光原来在军机处供职，一日皇帝召他入觐见，便问他：“别人都说和珅有二心，是真的吗？”吴熊光答道：“凡是心怀不轨的人必然要收买人心。至于和珅，却是满汉两族官员中几乎没有依附他，因此，即使心怀不轨，又有谁愿意跟随他呢？”皇帝又问：“那么，要不要快点惩治他呢？”熊光回答：“如果不尽快惩治他，一些天真无识的人就会观望巴结他，那样就会引起其他的事情。尽快地揭发他的罪过，这是尽国家的义务；尽快结束这件事情，又是君主的仁爱行动。”皇帝便在诛杀和珅之后，告诉诸位大臣“凡是和珅举荐的人和那些常常出入和珅家的人，一概不予追究，希望他们痛改前非，重新做人。”

在这一件事上，嘉庆皇帝处理得很好，在株连作为法律惩罚手段的时代是难能可贵的。和珅本来就没多少人依附，而即使有也是些不成气候的小人；于国家社稷没有影响，采取这种宽容措施，可以将和珅原先的一群化解掉，又不致大事杀罚，体现了皇帝的仁义风范，为其捞取民心是有好处的。

刘邦宽则得众的仁者风范

刘邦本是个市井无赖。但作为一个拥有野心的无赖，自有他的过人之处，其实在这里把宽容的品质加给他，那是太恭维他了。可是他的无赖气中有听劝的一面，只要有利于己的他就采纳。这反倒给他促成了那些宽厚待人的儒雅之举，白白让他浪得虚名。

其一，季布原是个侠客，说话算话，从不食言，在当地很有名望。投军后在霸王项羽手下做大将。在楚汉相争时，曾屡次带兵追杀汉王刘邦，为楚国立下了汗马功劳。

待刘邦统一天下，项羽自刎于乌江。季布忍辱偷生，还想做一番事业，后来刘邦下令悬赏捉拿季布。他被朋友作为奴隶卖给鲁地侠客朱家。朱家很重义气，他心里明白卖与他的奴隶是季布，可他只当作不知道，并让他负责庄稼活儿，从不亏待他。过了些日子，朱家到洛阳去拜见滕公夏侯婴，夏侯婴知道朱家是鲁地顶有名的豪强，不敢得罪他，殷勤地跟他喝酒谈天，两人做了好朋友。有一天，朱家问夏侯婴：“季布到底犯了什么罪，皇上要捉拿他？”夏侯婴说：“季布跟随项羽时，曾三番五次追赶过皇上，皇上恨透了他，一定要抓住他剁成肉酱才能解恨。”朱家就问道：“季布是怎样一个人？”夏侯婴讲：“季布是个好人。”朱家心里有数了，便说：“季布是项羽的臣下，臣为君效力，那是他分内之事，项家将士那么多杀得完吗？现在皇上刚得了天下，就要杀尽项羽的将士，不肯放过一个人，这让天下人看了会觉得皇上没气量，容不得人。再说，季布这么有才能的人，皇上不利用他，反而逼着他去帮助敌国，这于皇上安定天下不得，你何不劝劝皇上？”夏侯婴觉得有理，就去向刘邦求情，免了季布的罪，拜为郎中，为汉朝效力。

其二，刘邦登基以后，首先把功劳最高、与他最亲近的好多人封了侯，其余的暂时未封。这些人日夜争功，不免牢骚满腹。

一天，刘邦见诸将聚在一起议论，便问张良：“他们在说什么？”张良说：“陛下还不知道吗？这是在谋反呢！”刘邦说：“现在天下太平，他们为什么谋反？”张良说：“陛下由平民起兵，依靠这些人打天下。现在您当了皇帝，所封赏的都是像萧何、曹参这样一些平日亲近的人，而所诛杀的都是您所痛恨的人。

如今军吏计算成功，有功劳的人还很多，恐怕拿整个天下也不够封赏。他们怕不但得不到封赏，而且还会因陛下追究从前的过失而遭不测，所以在商量造反。”

刘邦十分忧虑，忙问：“这该怎么办?”张良想了想，问道：“陛下平时最憎恨的，又为大家所共知的人是谁?”刘邦说：“我最憎恨的是雍齿。当初我起兵时，打下丰乡，派他驻守，他却投靠了项羽，多次与我为难。后来他又前来投奔我，因为当时正需要人就把他收下，我早想杀掉他，可是他立了不少战功，也不便杀他。我对他的憎恨，是众所周知的。”其实刘邦最恨的不仅是这些，最令他难堪又难以启齿的是雍齿曾与吕后私通，让他当了绿头乌龟。张良听后说：“那就请陛下封他为侯。群臣看到连雍齿都得到封典，自然都全安心了。”

不久，刘邦又诏封雍齿为什么方侯，并摆下酒席，宴请文臣武将。同时又催促丞相、御史赶快给将领们评定功劳，进行封赏。那些有牢骚的将领看到这种情况都放下心了，从此人心安定，这事刘邦表现了宽则得众的仁者风范。他的手下很多都不是正人君子，而正是这些鸡鸣狗盗之徒为他打了天下。

成大事者需宽厚待人

《尸子·恕》中说：“恕者，以身为度者也。”西汉贾谊也在《新书·道术》一书中写道：“以己量人谓之恕。”“恕”道的另一个重要方面就是“以身为度”“以己量人”。即要以自己为标准，以自己的心理推知他人的心理。这也就是说，凡事都要设身处地为别人想一想。

凡事都要设身处地为别人想一想，是通过角色互换的心理体验，更好地理解他人，体谅他人，表现了对人的尊重和爱护。明朝有个人叫丁广，他有个朋友叫黄六，黄六生活困难。一次，丁广正要吃饭，黄六前来拜访。丁广见他来了，非常高兴，马上开了一坛好酒，热情宴请他。其实丁广心里知道黄六的来意，他已听说黄六家里缺粮，知道他这次来肯定是想向自己要粮，自己只等他提出，就答应他。可是，席间黄六却迟迟不提这件事，丁广见他实在是不好意思开口说，就主动提起：“我听别人说你家缺粮，为什么不及时告诉我呢?”随即就运了一车粮食送给黄六。通过这件事，丁广知道黄六这个人自尊心强，爱面子，不好意思张嘴求人，于是以后每当黄六家里稍有困难，就主动让人把粮食送过去。设身处地地为他人多想想，要解除他人的心理负担，不要让他人感到为难或痛苦，将心比心，体贴入微，这是多么高的道德要求啊!

凡事设身处地地为他人想一想，不仅于人有利，对己也是有益的，能使自己和别人的心灵沟通起来，增进人际关系的和谐。设身处地地为他人着想，在我们今天的人际交往中仍是一个十分重要的道德原则。一个人遇事能否设身处地为他人着想，反映出其道德修养的高下、道德自律性的强弱。一个道德修养高、道德自律性强的人，遇事总会设身处地地为亲人、朋友、同志或群众想一想。

宽厚待人是“恕”道的一个重要方面。宽厚待人就是要充分理解他人、体谅他人；遇事多念他人的善与功，多想他人的恩与德；对人不求全责备，能成人之美，与人为善。宽厚待人表现出一个人心地善良、心怀仁爱。

我国历史上许多成大事业者都具有宽厚待人的美德。三国时，诸葛亮死后，蜀国由蒋琬主持朝政，他属下有一个叫杨戏的官吏，性格孤僻，寡言少礼，蒋琬跟他说话，他总不应不答。有人对蒋琬说：“杨戏怠慢上级，太不像话！”可蒋琬却替他说好话：“每个人都有自己的个性。说赞扬我的话，不是杨戏的本心；说反对我的话，却又显出我的不是；因此他就默不作声，这倒是他的爽快之处。”督农杨敏在背后指责蒋琬，并要求治杨敏的罪。可蒋琬说：“我确实不如前任，杨敏没有错。”后来杨敏因别的事被捕入狱，人们估计他这回一定活不成了。但蒋琬并不公报私怨，而是秉公处理，使杨敏免除了重罪。蒋琬器量宽宏，受到了人们的称赞，夸他“宰相肚里能撑船”。别人做了对自己不利的事，自己毫不计较，这表现了一个人雍容大度的君子之风。

不计前嫌，不报私怨，重大局，尚信义，以德报怨，以德化人，是我们民族的传统美德。只有待人宽厚，才能兼容万事万物，跟各种各样的人友好相处，减少别人对自己的怨恨，赢得大家的心，从而有利于公众的事业，有利于人们团结相处。

当然，我们讲宽厚待人并不意味着无原则的妥协、退让、姑息养奸，做老好人。宽厚待人应该以去恶扬善为基础。对不该宽容的坏人坏事采取宽容的态度，是违背“恕”道本意的，也不利于社会的稳定和团结。

这世界越来越小，待人从容还需律己从严，是人们常说的一句口头语。我们都是这地球村里的公民。我们何不互相友爱，以宽容对待别人呢？其实宽容别人，同时也是宽容自己，为自己开拓出更大的生存空间，赢得友谊，活得自由。

郑氏教子有方

人在清苦的环境中容易发奋上进，人在优裕环境中容易堕落腐败。人如果知道了这一道理，严以律己，反省自己的行为，矫正自己的过错，弥补自己的不足，就能防患于未然。

唐朝李景让的母亲郑氏，年轻时就守寡，当时家境贫困，孩子幼小，是她亲自教育孩子。有一次她母亲的房子后墙塌陷，从破墙处找到了许多钱。她向天神祈祷说：“我听说不劳而获是自身的灾祸，如果天神怜悯我贫穷，那就希望让几个儿子的学问有成就吧，这些钱就不敢拿了。”说着就赶快把那些钱掩埋上，把墙修好砸实了。从上述言行看郑氏是女子中有远大见识的人。功夫不负有心人，景让后来官位显达了，尽管如此，他有过错，母亲也决不放过。李景让当浙西观察使时，手下有个低级军官不顺从他的心意，他让人用木棒打，结果给打死了。

这件事引起军队的愤怒，将要发生兵变。他母亲听说这事后，就出来坐在官府办公的地方，让景让站在厅堂上，责备他说："天子托付你重任，你却把国家的刑法当作喜怒哀乐的工具，胡乱杀死无辜的人，万一造成地方动乱，你有何面目见皇上。"说完，让他左右的人脱下景让的衣服，鞭打他的脊背，这时景让的手下人都站出来替他求情。打了很久母亲才同意把他放了。景让从此受到教育。

苏东坡反躬自省

别人的错误和过失应该多加宽恕，可是自己有过失和错误却不可以宽恕。宽以待人，严以律己，知过即改，是儒家的待人之道。

王安石和苏轼是南宋时并称的文学家，都是欧阳修门下。在他们二人间曾有这样一则故事。事情是这样的：苏东坡原来是翰林学士，后被贬为潮州刺史，一直认为是因为揭了王安石的短而遭此报复。三年刺史任满，回到京城，一日去拜见王安石，在东书房等待。他偶然看见砚台底下压着一首没有写完的诗稿，为"咏菊"，只写了"西风昨夜过园林，吹落黄花满地金"两句。东坡心想，按常理冬天才刮西风，菊花开在秋天，老了也只是枯萎，不会落花，就挥笔依韵续了两句："秋花不比春花落，说与诗人仔细听。"写完不等见到王安石就走了。

事后王安石发现苏东坡续的诗，便建议皇上让苏东坡到黄州当团练副使，东坡对此很不满意，到任后不勤于政事，经常游山玩水，饮酒赋诗。一天，正好好友陈季常来看他，苏东坡忽然想起他后园的几株黄菊，于是便邀友现云玩赏。正好前天刮了大风，这天到菊园一看，只见满地铺金，而菊枝上一朵花没有了，这下惊得他目瞪口呆，半晌说不出话来。

到此苏东坡才知道王安石让他到黄州任职的真意，是让他来看菊花。后来他主动向王安石认了错。

所以，文人骚客容易恃才放犷，容不得别人半点错误，只会为自己招致祸端，只有反躬自省，严以律己，才能少犯错误，保全自身。

曾国藩靠"内圣"而成功

在大千世界，唯有真正"内圣"的人才能获得成功，惟倔强至诚才能收到实效。取巧和虚伪，固然可以取得一时的便宜，但终究必定是失败的。曾国藩的一生事业，就靠着"内圣"二字而成功。

曾国藩生在湖南山间，亢直的民族性，使得他去"伪"而崇"拙"。他的"诚拙"的态度，非但帮助他事业成功，而且能变化他人的气质。

李鸿章是他的学生，其才气被曾国藩所赏识，并且自以为所不及，但他那种江南人的虚伪性，远非朴质的曾国藩所能看得过。他看出李鸿章的才干可用，而浮巧

为其弱点，所以当李鸿章第一次进入曾国藩幕府时，曾国藩便拿出他的“内圣”之法，磨砺起学生来。

后来李鸿章的功业，未尝不是他老师一番苦心所造成。

所谓“内圣拙诚”，用现代的话来说，就是“埋头苦干，”就是多做实际工作，不做口头宣传。这虽不能完全包括“拙诚”二字的意义，但它的精髓就在于此。所以专说大话而不知埋头苦干的人，是曾国藩所最瞧不起的。而他的湘军首领，都是些不善于说话的人。他认为湘军之所以能胜利皆取决于此——拙诚内圣。

李鸿章像

据记载，曾国藩“貌之过人者，眼作三角形，常如欲睡，而绝有光。身材仅中人，行步则极厚重，言语迟缓。公常以长子纪泽行路太轻，说话太快为忧。”可见曾国藩是如何“崇拙内圣”了。

为了贯彻他的“拙诚内圣”，他又创立了“五到”之说。所谓“五到”者，就是“身到、心到、眼到、手到、口到。”至于这“五到”的解释，正如曾国藩所说：

身到者，如做吏，则亲验命盗案，亲查乡里；治军则亲巡营垒，亲冒矢石是也。心到者，凡事苦心剖析，大条理，小条理，终条理，先要学得开，后要括得拢是也。眼到者，着意看人，认真看公牍是也。手到者，于人之短长，事之关键，随笔写记，以备遗忘是也。口到者，于使人之事，警众之辞，既有公文又不惮再三苦叮咛也。

曾国藩这“五到”之说，引起很多人的注意，并且试图仿效之。细看他之所谓“五到”，无非是脚踏实地、不厌烦琐、不怕艰难地埋头苦干。看上去虽觉得不是一件难事，但非有自己认定“拙诚”二字而抱着这个决心的人，是不容易做到的。

曾国藩的为人，不问治军治政或立身为学，都有一种不可及的精神，这种精神就是坚忍和“吃硬”。他曾有一句名言，叫作“好汉打脱牙，和血吞”。他说：“困心横虑，正是磨炼英雄，玉汝于成。李申夫尝谓余怄气从不说出，一味忍耐，徐图自强。”因引谚曰：‘好汉打脱牙，和血吞。’此二语，是余生平咬牙坚挺之诀。余庚戌辛亥间，为京师权贵所唾骂；癸丑甲寅，为长沙所唾骂；乙卯丙辰，为江西所唾骂；以及岳州之败，靖港之败，湖口之败，盖打脱牙之时多矣，无一次不和血吞之。”

从以上几句话，可以看出曾国藩成功的秘诀，全是“硬干”，凡是不“埋着

头苦干，吃着亏不说”的人，都是曾国藩所最瞧不起的。曾国藩对于他的兄弟，也常常以实干精神相勉，他说：“来信每怪运气不好，便不似好汉声口；唯有一字不说，咬定牙根，徐图自强而已。申夫所谓‘好汉打脱牙，和血吞’，星冈公所谓‘有福之人善退财’，真处逆境之良法也。”

所谓“实干精神”，不仅在得意时埋头苦干，尤其在失意时要挺，绝不灰心。有一次曾国荃连吃两次大败仗，曾国藩写信去安慰他说：“袁了凡所谓‘从前种种譬如昨日死，从后种种譬如今日生。’”另起炉灶，重开世界，安知少此两番之大败，非天之磨炼英雄，使弟大有长进乎？谚云：“吃一堑，长一智。”吾生平长进，全在受挫辱之时。务须咬牙励志，蓄其气而长其智，切不可徒然自馁也。”

曾国荃听了他的话，后来果然有所成就。可见“挺”是一切事业成功的基础。

曾国藩认为只说不做的人，最是要不得，所以他的军队中，照例不用喜欢说话的人，成为一种风气，因为只说不做，违背了“实干主义”的原则。“实干主义”是要埋头苦干，不重宣传的。曾国藩认为惟天下的至拙，可以破天下的至巧。凡是自己认定拙朴的人，才能够厉行实干主义。

也许有人要怀疑，曾国藩是一个文弱书生，为什么居然能有“实干精神”呢？似乎这种“实干精神”应该一般武夫方有。其实这种观察是错误的。

曾国藩生长在湖南乡间，湖南的民风是以强悍著称的。曾国藩又是一个读书人，看到历史上许多人物，他们成功的条件，就是具有实干的精神。曾国藩懂得这个道理，因此他虽遇重大的打击而不灰心，能够再接再厉，终于获得最后的成功。

“内圣”心语

【原文】

（1）敬。整齐严肃，无时不惧。无事时心在腔子里，应画时专一不杂。清时在躬，如日之升。

（2）静坐。每日不拘何时，静坐四刻，体验来复之仁心。正位凝命，如鼎之镇。

（3）早起。黎明即起，醒后勿沾恋。

（4）读书不二。一书未完，不看他书。东翻西阅，徒务外为人。

（5）读史。丙申年购《念三史》，大人曰：“尔借钱买书，吾不惜极力为尔弥缝，尔能圈点一遍，则不负我矣。”嗣后每日圈点十叶，间断不孝。

（6）谨言。刻刻留心，第一工夫。

（7）养气。气藏丹田。无不可对人言之事。

（8）保身。十二月奉大人手谕曰：“节劳，节欲，节饮食。”时时当作养病。

（9）日知所亡。每日读书记录心得语，有求深意是徇人。

(10) 月无亡所能。每月作诗文数首，以验积理之多寡，养气之盛否。不可一味耽著，最易溺心丧志。

(11) 作字。饭后写字半时。笔墨应酬，当作自己课程。凡事不待明日，愈积愈难清。

(12) 夜不出门。旷功疲神，切戒切戒。

(13) 写日记须端楷。凡日间过恶：身过、心过、口过，皆记出，终身不间断。

笔筒　清

【译文】

(1) 持身敬肃。衣冠外貌保持整齐，心思神情端正严肃，时时刻刻都要警惕、检查自己的念头，举止中有无背离义理之处。平日闲居无事的时候宁静安泰，保养德性，一旦投于事务之中则专心致志，不存杂念。精神状态清澈明朗，就如同旭日东升，光彩照人。

(2) 静坐养性。每天不限什么时候，要拿出一定时间用来静坐养性，反省体悟自己天性中隐现的仁义之心。正襟危坐，凝然镇定，如同宝鼎一般沉稳。

(3) 早早起床。天色初亮就赶紧起身，睡醒了就不要再恋床。

(4) 读书专一。一本书没有读完时，不要再看其他书籍。东翻西阅随意读书，对自己的道德学问毫无益处。

(5) 阅坊史书。从前，我在丙申年购置了一套《念三史》，家父对我训诫说："你为买书去向人借钱。我不惜一切替你赔补还账，你若是能够仔仔细细地读一遍，才算是不辜负我的一番苦心啊！"自此之后，我每天都仔细读上十页，间断的话就对不起父亲，是不孝呀。

(6) 说话谨慎。对此要时刻注意，这是修身的最重要的工夫。

(7) 保养真气。真气存蓄于丹田之中，彻里彻外光明正大，所作所为毫无羞于对人说之处。

(8) 爱护身体。十二月接到家父的手书说："节制操劳，节制欲求，节制饮食。"应该时刻以此作为健体却病的准则。

(9) 每天都应获知新学问。每天读书时将自己的心得记录下来，如果刻意从书中凿空求取深意，那就是偏私他人。

(10) 每月不可荒疏旧技能。每月写作几篇诗文，以此检验自己积存义理的多少，保养真气的强弱，却不能完全沉溺于其中，因为这最容易使人玩物丧志、隐没本性。

(11) 写字。饭后写半时辰的字。所有文字方面的交际应酬，都可以作为练

习写字的机会。凡事不可留待第二天去做，事情越积越多，就越难清理。

(12) 夜晚不出屋门。它使人耽搁正事，精神疲惫，务必戒除。

(13) 写日记。必须用正楷字写。凡是当天的过错，如身过、心过、口过等，都要一一记下来，终身不可间断。

【原文】

一阳初动处，万物始生时，不藏怒焉，不宿怨焉。(右仁所以养肝也)

内而整齐思虑，外而敬慎威仪。泰而不骄，威而不猛。(右礼所以养心也)

饮食有节，起居有常。作事有恒，容止有定。(右信所以养脾也)

扩然而大公，物来而顺应。裁之吾心而安，揆之天理而顺。(右义所以养肺也)

心欲其定，气欲其定，神欲其定，体欲其定。(右智所以养肾也)

【译文】

一阳初动处，万物始生时，是不应藏怒气，不应存怨恨的。(以上是说讲求仁，才可以养肝)

心内有整齐的思虑，外面有敬慎的威仪，泰然而不骄傲，威严而不凶猛。(以上是说讲求礼，才可以养心)

饮食有节，起居有常。学习、做事要有恒心，神态举止要有分寸。(以上是说讲求信用，才可以养脾)

大公无私，逆来顺受，无愧于自心，无亏于天理。(以上是说讲求义，才可养肺)

心一定要安定，气一定要安定，神一定要安定，身一定要安定。(以上是说讲求智，才可以养肾)

【原文】

吾辈总以诚心求之虚心处之，心诚则志专而气足，千磨百折，而不改其常度，终有顺理成章之一日。心虚则不客气，不挟私见，终可为人共谅。

【译文】

我们应当永远以诚待人，虚心处世。心诚则志气专一，历尽磨难，也不改变初衷，终有顺理成章，获得圆满结果的一天。虚心，则不会矫揉造作，不挟私见，最终可以为大家所理解。

【原文】

人之生也直，与武员之交接，尤贵乎直。文员之心，多曲多歪，多不坦白，往往与武员不相水乳，必尽去歪曲私衷，事事推心置腹，使武人粗人，坦然无疑，此接物之诚也。以诚为之本，以勤字慎字为之用，庶几免于大戾，免于大败。

楚军水陆师之好处，全在无官气而有血性，若官气增一分，血性必减一分。

【译文】

人天生就是直爽的，与军人交往更看重直爽。文人的心，弯绕绕太多，大多不坦白。因此，往往与军人格格不入。文人必须完全去掉不直爽的私心，事事推心置腹，使武人粗人坦然无疑，这是待人接物的诚实。以“诚”为根本，以“勤”“慎”二字为用，大约就可以避免犯大的过错，避免大败。

楚军水师、陆军的优点，完全在于没有官气，而有血性。假若官气增一分，血性必然减一分。

【原文】

用兵久则骄惰自生，骄惰则未有不败者。勤字所以医惰，慎字所以医骄，二字之先，须有一诚字以立之本。立意要将此事知得透，辨得穿。精诚所至，金石亦开，鬼神亦避，此在己之诚也。

【译文】

用兵的时间久了就会产生骄惰之心。产生了骄惰之心的人，没有不失败的。“勤”字就是医治怠惰的良药；“慎”字就是医治骄傲自满的良药。不过，在这两字的前面，还必须有一个“诚”字作为根本。一定要下定决心，把这事了解透彻，分辨它的实质。精诚所至，金石为开，鬼神也会回避。其关键在于自己的诚意。

【原文】

日内于作字之道若有所会，惜精神疲乏，目光眵花，老境日臻，不克竟其所学。古人所以贵及时力学也。辛酉正月。

【译文】

近日来我对书法的奥妙若有所悟，可惜我现在常常精神疲乏，老眼晕花，渐露衰老之态，不能完成自己对书法的学习和钻研。明白了古人为何要及时努力学习的道理。咸丰十一年正月。

【原文】

余近日常写大字，微有长进，而不甚贯气。盖缘结体之际，不能字字一律，如或上松下紧、下松上紧，或左大右小、右大左小，均须始终一律，乃成体段。余字取势，本系左大右小，而不能一律，故恒无所成。推之作古文辞，亦自有体势，须篇篇一律，乃成为家。做人立品，亦自有体势，须日日一律，乃为成德。否则，载深载浮，终无所成矣。己未六月。

【译文】

我近日来练写大字，稍有长进，但不能字字如此。大概是因为各字体结构不能统一的缘故，如有的字上松下紧、上紧下松，有的左边大右边小，左边小右边大，而不能一致起来，实际应该都统一起来，才能构成体势。我的字体本来是左

边大右边小，但不能一致，所以没什么成就。由此推论，做文章时语言风格也应自有体势而又篇篇一致，这样才能自成一家。做人立行也应有风格而又天天修正自己，这样才能成为有德行的人。如若不然，时而深沉，时而浮浅，最终也是一无所成的。咸丰九年六月。

【原文】

余往年在京深以学书为意，苦思力索，几于困心衡虑，但胸中有字，手下无字。近岁在军不甚思索，但每日笔不停挥，除写字及办公事外，尚习字一张，不甚间断。专从间架上用心，用笔意笔力与之俱进。十年前胸中之字，今竟能达之腕下，可见思与学不可偏废。辛酉二月。

【译文】

我往年在京都时专心专意地学写书法，整日苦思冥索，几乎达到了困心焦虑的境地。但却是脑子里知道某字怎么写，笔下却写不出。近几年在军营中不再那么苦思冥想了，但每天不停地挥笔练习，除办公书写外还每日练字一张，几乎不间断。专从间架结构上下功夫，而在书法的意境和笔力上都取得了进步，十年前脑子里知道怎么写却写不出的字现在也能书于笔下，由此可知思和学、理论和实践是不能偏废脱离的。咸丰十一年二月。

【原文】

凡与人交际，当求其诚信之素孚；求其协助，当亮其力量所能为。弟每求人，好开大口，尚不脱离其陋习。余本不敢开大口，而人亦不能一一应付，但略亮我之诚实耳。

【译文】

凡与人交际，应力求诚信素孚。求人协助应当考虑对方的条件、力量。你每次求人，好信口开河，不脱官场陋习。我求人不敢信口雌黄，而别人也不能够一一应允，但是都知道我的诚实。

【原文】

大抵胸多抑郁、怨天尤人，不特不可以涉世，亦非所以养德；不特无以养德，亦非所以保身。……故于两弟时时以平和二字相勖，幸勿视为老生常谈。

【译文】

一般说来，心胸抑郁、怨天尤人的人，不仅难以处世，而且难以修养好德行；不仅难以修养好德行，而且也难以保全自身……所以，我时时以“平和”二字勉励两位弟弟，希望你们千万不要视之为老生常谈。

【原文】

思古圣人之道莫大乎与人为善。以言诲人，是以善教人也；以德薰人，是以善养人也：皆与人为善之事也。然徒与人则我之善有限，故又贵取诸人以为善。

人有善，则取以益我；我有善，则与以益人。连环相生，故善端无穷；彼此挹注，故善源不竭。君相之道，莫大乎此；师儒之道，亦莫大乎此。仲尼之学无常师，即取人为善也；无行不与，即与人为善也；为之不厌，即取人为善也；诲人不倦，即与人为善也。念吾忝窃高位，剧寇方张，大难莫平，惟有就吾之所见多教数人，因取人之所长还攻吾短，或者鼓荡斯世之善机，因以挽回天地之生机乎！

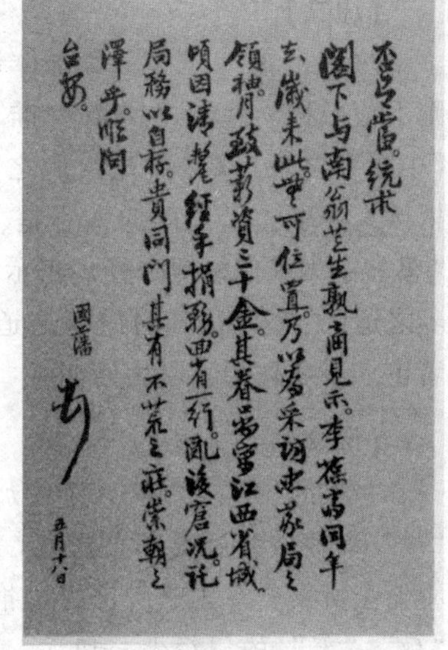

曾国藩手札

【译文】

想古代圣人为人的原则，没有比与人为善更为重要的事。以言语教诲人，是以善教人；以道德教育人，是以善培养人。这些都是与人为善之事。然而如果只向别人施予，那么自己的长处有限，所以又贵于能够吸取别人的长处。别人有长处，则吸取过来以有益于自己；自己有长处，则施予别人以有益于别人。人人互相学习，那么善就会无穷无尽；彼此相互施予，所以善的源头就永不枯竭。为君为相之道，莫大于此；为师为儒之道，也莫大于此。孔子学无常师，就是吸取别人的长处；没有一件善行不参与，就是与人为善；在学习上从不满足，就是吸取别人的长处；教育别人从不太厌烦，就是与人为善。我身居高位，剧寇方兴未艾，大难没有平定，只有根据我的心得多教育培养几人，也借此吸收别人的长处来弥补我的短处，或许因而能鼓荡此世道的善端，从而挽回天地的生机！

【原文】

庙山上金叔不知为何事而可取腾七之数？若非道义可得者，则不可轻易受此。要做好人，第一要在此处下手，能令鬼服神钦，则自然识日进气日刚。否则，不觉堕入卑污一流，必有被人看不起之日，不可不慎！诸弟现处极好之时，家事有我一人担当，正好做个光明磊落神钦鬼服之人，名声既出，信义既著，随便答言，无事不成，不必爱此小便宜也。

【译文】

庙山上的金叔不知为何事而可以取到腾七那么多的钱数？若不是符合道义可以得到的钱，则不可以轻易接收。要做好人，首先就要从这里入手，若能令鬼服神钦，则自然会知识一天天增长，志气一天天刚强。不然的话，就会不知不觉地堕入卑污的地步，必定会有被人看不起的时候，不可不谨慎从事！各位弟弟现正处在极好的时光当中，家事有我一人担当，你们正好做个光明磊落、神钦鬼服的人，好名声既出，讲信义既执着，随便做事说话，则无事不成，没有必要爱这些小便宜。

【原文】

"敬""恕"二字，细加体认，实觉刻不可离。"敬"则心存而不放，"恕"则不蔽于私。孟子之所谓"推"、所谓"达"、所谓"扩充"，指示至为切近。《中庸》之十三章，《论语》之告子贡、告仲弓，皆以"恕"字为开宗要义。大抵接人处事，于见得他人不是、极怒之际，能设身易地以处，则意气顿平。故"恕"字为求仁极捷之径。来示以"致知"为大头脑工夫。鄙意"敬"是平日涵养之道，"恕"是临时应事之道；"致知"则所以讲求此"敬"、讲求此"恕"者也。质之高明，以为何如？

【译文】

"敬""恕"二字，仔细加以体验领会，觉得它们一刻都不能离开。所谓"敬"就是收摄、紧守自己的心思而不放逸恣纵；所谓"恕"就是不被自己的私心偏见所蒙蔽。孟子所说的"推"、所说的"达"、所说的"扩充"，指出的达成"敬""恕"的门径十分切近。《中庸》的第十三章，《论语》中孔子告诫子贡、告诫仲弓，都是以"恕"字作为关键要领。大抵说来，待人接物时，在看到别人不对因而非常愤怒之际，能够设身处地、将心比心地想想，心中的怒气就自然会立即灭息了。因此，"恕"字是求得仁心最好的捷径。你来信把"致知"视为道德修养的关键，我以为，"敬"是平日点滴修养的方法，"恕"是遇事应对的方法，"致知"则是用来讲究、寻求"敬""恕"的东西。以此求教于大方之家，您以为是否如此呢？

【原文】

余在徐州阅武师，十一日起行南旋。感冒痊愈，脚肿亦未再发。惟目光似更昏蒙，或以船轿中看书稍多之故。余以生平学术百无一成，故老年犹思补救一二。尔兄弟总宜在五十以前将应看之书看毕，免至老大伤悔也。

【译文】

我在徐州检阅军队，十一日起程返回金陵。感冒已经痊愈，脚肿也没有再复发。只有目光好像更加昏蒙，看不清东西，也可能是因为在船上轿中看书稍多些的缘故。因为我一生的学术造诣百无一成，所以年纪虽然老了还想弥补一二。你们兄弟都应该在50岁以前将应看的书看完，免得年龄大了再感到悲伤和懊悔。

【原文】

凡事后而悔己之隙，与事后而议人之隙，皆阅历浅耳。

【译文】

凡是在事后悔恨自己的过失，以及在事后议论别人的过失，都是因为阅历太浅的缘故。

【原文】

治心治身，理不必太多，知不可太杂，切身日夕用得着的，不过一两句，所

谓守约也。

【译文】

养心修身，理不必太多，所知道的也不必太杂，与自己切身相关，每时每刻都用得着的，不过一两句话，就是要守约。

【原文】

冯树堂来，渠近日养得好，静气迎人。谈半时，邀余同至岱云处久谈。论诗文之业亦可因以进德。彼此持论不合，反复辩诘，余内有矜气，自是特甚，反疑人不虚心，何明于责人而暗于责己也？壬寅十一月。

【译文】

冯树堂来访，他近些天自省修养得很好，能以静心迎人。谈半个时辰，又邀请我一同到陈岱云家久谈。讨论做诗文的学业，认为做诗文也可增进道德修养。相互之间坚持的观点不一致，反复辩论诘难。我内心有骄矜的习气，自这里更严重，反而怀疑别人不虚心，为何表面上责怪别人而暗地里责怪自己呢？道光二十二年十一月。

【原文】

些刻下手工夫，除谨言、修容、静坐三事，更从何处下手？每日全无切实处，尚哓哓与人说理，说他何益？壬寅十一月。

【译文】

此刻下手的工夫，除了谨言、修容、静坐三事之外，还能从什么地方下手呢？每天全都没有切切实实的地方，还哓哓不休的与别人说道理，说这些又有什么好处呢？道光二十二年十一月。

【原文】

窦兰泉来，言理见商，余实未能心领其语意，而妄有所陈，自欺欺人，莫此为甚。总由心有不诚，故词气虚佈，即与人谈理，亦是自文浅陋，徇外为人，果何益哉？壬寅十一月。

【译文】

窦兰泉来访，共同商讨理学。我实际并没能真正体会他所说的意思，却妄自发表见解。自己欺骗自己，又欺骗别人，没有比这更厉害的。这种行为总是由于心里不诚实，所以说话的语气虚伪骄傲，就是与人谈理，也是自己文饰浅陋，外表上做给别人看，这难道有什么好处吗？道光二十二年十一月。

【原文】

岱云欲观予《馈贫粮》本，予以雕虫琐琐深闭固拒，不欲与之观。一时掩著之情，自文固陋之情，巧言令色，种种丛集，皆从好名心发出，盖此中根株深矣。壬寅十一月。

【译文】

陈岱云想看我的《馈贫粮》本，我以雕虫小技、琐屑不值一看为由深藏而坚决拒绝，不想给他观看。一时遮掩笨拙的隐情，自我文饰浅陋的隐情，言词虚伪故意做作，这种复杂的情形集中一起，都是从虚荣好名的心理出发，这中间毒株的根子扎得太深啊！道光二十二年十一月。

【原文】

凡往日游戏随和之处，不能遽立崖岸，惟当往还渐稀，相见必敬，渐改征逐之习；严日辩论夸诞之人，不能遽变聋哑，惟当谈论渐低卑，开口心诚，力去狂妄之习。壬寅十一月。

【译文】

大凡往日游戏随和的地方，不能立刻规定条条框框，只应当往来逐渐减少，相互见面毕恭毕敬，才能逐渐改正征逐的恶习；严日辩论夸夸其谈、荒诞不经的人，不能很快变成聋哑，只应当谈论时逐渐感到低下卑鄙，说话必实必诚，才能有力地除去狂妄的恶习。道光二十二年十一月。

【原文】

朱廉甫前辈偕蕙西来，二君皆直谅多闻，廉甫前辈之枉过，盖欲引予为同志，谓可与适道也。岂知予绝无改过之实，徒有不怍之言，竟尔盗得令闻，非穿窬而何？壬寅十一月。

文人聚会图

【译文】

朱廉甫前辈偕同蕙西一起来访，二君都是正直诚实、广见博识的君子，廉甫前辈屈尊来访，是想引我为志同道合的人，说可与他共同适应于道。怎么我绝没有改正过错的实际行动，徒有不知羞惭的言语，竟然盗取了好听的名声，这不是盗窃的行为又是什么呢？道光二十二年十一月。

【原文】

自立志自新以来，至今五十余日，未曾改得一过，所谓“三戒”“两知”及静坐之法，养气之方，都只能知，不能行，写记此册，欲谁欺乎？此后直须彻底荡涤，一丝不放松。从前种种，譬如昨日死；以后种种，譬如今日生。务求息息静极，使此生意不息，庶可补救万一。壬寅十一月。

【译文】

自从立志自新以来，到现在有五十多天，还不曾改正得一个过错，所说的

“三戒”“两知”及静坐的办法、养气的方法，都是只能知道，不能实行，写出这册子，想欺骗谁呢？从今以后须直接彻底荡涤思想中的垃圾，一丝一毫不放松。从前种种，就像昨天已经死去；以后种种，就像从今天新生。必须求得息息静极，使这生意不止息，也许可补救万一。道光二十二年十一月 。

【原文】

至岱云处，与之谈诗，倾筐倒箧，言无不尽，至子初方归。此时自谓与人甚忠，殊不知已认贼作子矣。日日耽著诗文，不从戒惧、谨独上切实用功，已自误矣，更以之误人乎？壬寅十一月。

【译文】

到岱云的住处，与他谈论诗歌，倾筐倒箧，说话毫无保留地全部倒出，一直到半夜才归家来。这时自己认为与人非常忠诚，岂不知已经认贼作子了。日日深溺于诗文，不从戒惧、谨独上切实用功夫，自己已经耽误，难道还以此去误别人吗？道光二十二年十一月。

【原文】

冯树堂来，因约岱云来，三人畅谈小酌，二君皆有节制，惟余纵谈无闲，仍不出昨夜谈议而往复自喜，自谓忠于为人，实已重外而轻内，且昧昌黎《知名箴》之训。总之，每日过恶，不外乎多言，不外乎要人说好。壬寅十一月。

【译文】

冯树堂来访，因约岱云一起来，三人畅谈并简单地吃些酒菜。二人都有节制，只有我纵放谈论，无休无止。谈论的内容仍不出昨夜谈话的议题，却往复自喜。自认为忠于为人，实际已经只重外表而轻视了内修，而且忘记了韩昌黎《知名箴》中的训告。总之，每天的过错恶习，不外乎多说话，不外乎要别人说自己好。道光二十二年十一月。

【原文】

于与人往还，最忌小处计较，意欲俟人先施，纯是私意萦绕。克去一念，施生一念。饭后静坐，即已成寐。神昏不振，一至于此！癸卯正月。

【译文】

我在与人交往时，最要克服的就是在小的方面斤斤计较。意思是想等人先有所施，这纯粹是私心萦绕。除去一个念头，又生一个念头。吃过饭后静坐，很快就睡去。精神不振奋，一至于如此！道光二十三年正月。

【原文】

早起，心多游思。因算去年共用银数，抛却一早，可惜。癸印正月。

【译文】

早晨起来，心里很多繁杂的思绪，只因计算去年共用去的银钱数，竟白白地

抛掉了一个早晨，可惜。道光二十三年正月。

【原文】

会客时，有一语极失检，由“忿”字伏根甚深，故有触即发耳。癸卯正月。

【译文】

会见客人的时候，有一句话非常不检点，都于“忿”字潜伏在心中，根子扎得很深，所以一有触及，立即就发作了。道光二十三年正月。

【原文】

蕙西面责予数事：一曰慢，谓交友不能久而敬也；二曰自是，谓看诗文多执己见也；三曰伪，谓对人能作几副面孔也。直哉，吾友！吾日蹈大恶而不知矣！癸卯二月。

【译文】

蕙西当面责怪我几件事情：一是怠慢，说我结交朋友不能长久，不能恭敬；一是自以为是，谓我看诗文多执自己的见解；三是伪虚，说我对人能做出几幅面孔。直率啊，我的朋友！我每天陷游在大的恶习中而不能自知！道光二十三年二月。

【原文】

是日，忿欲二念皆大动，竟不能止，恐遂成内伤病矣。壬子正月。

【译文】

这天，忿、欲这两种念头都大动，竟然不能制止，恐怕遂成为内心的伤病。咸丰二年正月。

【原文】

五更醒，辗转不能成寐，盖寸心为金陵、宁国之贼忧悸者十分之八，而因僚属不和顺、恩怨愤懑者亦十之二、三。实则处大乱之世，余所遇之僚属尚不十分傲慢无理，而鄙怀忿恚若此。甚矣，余之隘也！余天性褊激，痛自刻责惩治者有年，而有触即发，仍不可遏，殆将终身不改矣，愧悚何已！壬戌九月。

【译文】

夜五更醒来，辗转不能再睡。寸心之中为金陵、宁国的贼（指太平军）忧郁恐悸占十分之八；又因僚属不和顺、恩恩怨怨使人愤懑又占十之二、三。其实处在大乱的社会，我所碰到的同僚下属尚且还不十分傲慢无理，而自己狭小的胸怀就忿郁如此。太过分了，我的狭隘！我天性偏激，痛加自我刻责惩治有几年了，然一有触及立即又发作，仍然不可遏止，难道一辈子也改不掉吗？惭愧恐悚如何能止！同治元年九月。

【原文】

饭后，语及小故，予大发忿语不可遏，有忘身及亲之忿。虽经友人理论，犹复肆口谩骂，此时绝无忌惮。树堂昨夜云，心中根子未尽，久必一发，发则救之无及矣。我自蓄此忿，仅自反数次，馀则但知尤人。本年立志重新换一个人，才过两天，便决裂至此。虽痛哭而悔，岂有及乎？真所谓与禽兽奚择者矣。癸卯正月。

【译文】

吃过饭以后，说到一桩小事，我竟大发脾气不可遏止，有忘记自身、六亲不认的愤恨，虽然经友人晓谕以道理，仍然还随口谩骂，此时绝对没有一点顾忌畏惧。树堂昨天夜里说，心中的“忿”根不除，时间长了一定会发作，一旦发作，挽救也来不及了。我自从积蓄有这种“忿”仅仅自我反省了数次，其余的就只知道埋怨别人。本年我立志重新换一个人，才刚过两天，便决裂到这样，虽然痛哭忏悔，难道还能来得及吗？真所谓与禽兽相比又有什么两样？道光二十三年正月。

【原文】

余对容有怠慢之容，对此良友，不能生严惮之心，何以取人之益？是将拒人于千里之外矣。况见宾如此，遑问闲居？火灭修容之谓何？小人哉！癸卯二月。

【译文】

我对待客人有怠慢的样子。面对这样的良友，不能产生严肃惮恐的心情，拿什么吸收别人的长处？这是将拒绝友人在千里以外啊！况且接待宾客就这样，不必再问闲居时候了。偃息烟火，静修容颜又该如何说呢？小人的行为啊！道光二十三年二月。

【原文】

古人办事，掣肘之处，拂逆之端，世世有之。人人不免恶其拂逆。而必欲顺从，设法以诛锄异己者，权臣之行径也；听其拂逆而动心忍性，委曲求全，且以无敌国外患而已为虑者，圣贤之用心也。吾正可借人之拂逆以磨砺我之德性，其庶几乎！壬戌九月。

【译文】

古人办事，掣肘的地方，违背逆反的事端，不管哪一世都是有的。人人不免都厌恶这种违背逆反，而又一定要顺从，设法来诛灭锄除不同自己意见的人，这是弄权大臣的行径。听到这违背逆反的事情就触动良心，忍耐火性，委曲求全，并且用“只要没有敌国外患了”作为考虑的出发点，这是圣贤的用心。我正可借别人的违背反逆来磨砺我的德性，这样也许可以！同治元年九月。

【原文】

近日心绪之恶、襟怀之隘，可耻可鄙甚矣！变化气质之难也！壬戌十月。

【译文】

近日心绪的恶劣、襟怀的狭隘，非常可耻、可鄙，改造一个人的气质真难

啊！同治元年十月。

【原文】

因念家中多故，纪泽儿病未痊愈，心中焦虑之至。而天气阴雨作寒，恐伤麦收，又不知兵事之变态何如，弥觉忧惶不能自宁。因集古人成语作一联以自箴，曰：“强勉行道，庄敬日强。”上句箴余近有郁抑不平之怀，不能强勉以安命；下句箴余近有懒散不振之气，不能庄敬以自奋。惜强字相同，不得因发音变读而易用耳。甲子四月。

【译文】

因考虑家中多变故，纪泽儿的病未痊愈，心中焦虑得很。天气阴雨降寒，恐怕伤了麦收；又不知兵事的变化事态怎么样发展，总觉忧虑恐慌，不能镇静。因集古人成语作一副对联自我箴勉，联是：“强勉行道，庄敬日强。”上句箴戒我近来有抑郁不平的心怀，不能强勉以安身立命；下句戒我近来有懒散不振作的习气，不以庄敬来自砺奋发。可惜上下联“强”字相同，不得因发音变读来换用。同治三年四月。

【原文】

自省目病之源在肝，肝病之源则由于忮心不能克尽之故。在室中反复自讼，不能治事。辛未四月。

【译文】

自我反省，眼病的根源在肝脏，肝病的根源在忌恨之心不能全部克服的缘故。坐在室中反复自我批评，不能治理事务。同治十年四月。

【原文】

到江宁任又已两月余，应办之事全未料理，悠悠忽忽，忝居高位，每日饱食酣眠，惭愧至矣。辛未正月。

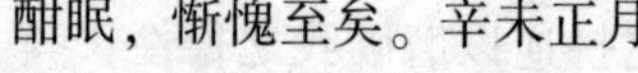

【译文】

到江宁任上又已经过了两月多，应办的事情全没有料理，悠悠忽忽，忝居高位，每天饱食酣睡，惭愧得很啊！同治十年正月。

二品文官补子

【原文】

尔思来营省觐，甚好，余亦思尔来一见，婚期既定五月二十六日，三四月间自不能来，或七月晋省乡试，八月底来营省觐亦可。身体虽弱，处多难之世，若能风霜磨练、苦心劳神，亦自足坚筋骨而长识见。沅甫叔向最羸弱，近日从军，反得壮健，亦其证也。赠伍嵩生画像乃俗本，不可为典要。

【译文】

你想来营中探亲，很好。我也想让你来此一见。婚期既然定在五月二十六日，三、四月间自然不能来，也许七月进省乡试，八月底来营探亲也可以。你身体虽然很弱，处于多难之时，如果能经受风霜的磨炼、苦心劳神，也足以锻炼筋骨而增长见识。你沅甫叔一向身体最弱，近日从军，反而健壮，便是明证。赠给伍嵩生的君臣画像是俗本，不可作为典要。

【原文】

沅弟买得方、姚集，近已阅否？体气多病，得名人文集静心读之，亦自足以养病。凡读书有难解者，不必遽求甚解。有一字不能记者，不必苦求强记，只须从容涵泳。今日看几篇，明日看几篇，久久自然有益。但于已阅过者，自作暗号，略批几字，否则历久忘其为已阅未阅矣。筠仙来江西时，余作会合诗一首，一时和者数十人，兹命书办抄一本寄家一阅。

【译文】

沅弟买的方、姚文集，近来阅读过吗？身体多病，得名人文集静心阅读，也足以养病。凡坊书有难解的地方，不必马上求甚解。有一字不能记住，也不必苦求强记，只需要从容领会，今天看几篇，明天看几篇，久后自然有益，只是对已读过的自己做出记号，稍微批几个字，否则时间久了就会忘了读过还是没读过的了。筠仙来江西时，我做会合诗一首，一时间唱和的有几十人，现命书办抄录一本寄回家中一阅。

【原文】

昨寄一缄，旋接初二日来信，具悉弟腹泄小愈。腹泄及不食油荤均不足介意，惟肚脾二家全仗老弟以心治之，非阿兄所能助谋，亦非良医所能为功，弟之天君即神医也。

【译文】

昨天刚刚给你寄去一封信，旋即接到你初二日的来信，详细得知弟的腹泻病已有好转。腹泻不能吃油荤食物，完全不要介意，只有肚脾的病症要全仗老弟以心去医治它，不是为兄所能够帮助和出谋划策的，也不是名医所能治好的，老弟的心就是神医。

卷二　坚忍

经文释义

曾国藩像

【原文】

子长尚黄老，进游侠，班孟坚讥之，盖实录也。好游侠，故数称坚忍卓绝之行。如屈原、虞卿、田横、侯嬴、田光及此篇之述贯高皆是。尚黄老，故数称脱屣富贵、厌世弃俗之人。如本纪以黄帝第一，世家以吴太伯第一，列传以伯夷第一，皆其指也。此赞称张、陈与太伯、季札异，亦谓其不能遗外势利、弃屣天下耳。

昔耿恭简公谓，居官以坚忍为第一要义，带勇亦然。与官场交接，吾兄弟患在略识世态而又怀一肚皮不合时宜，既不能硬，又不能软，所以到处寡合。迪安妙在全不识世态，其腹中虽也怀些不合时宜，却一味浑含，永不发露。我兄弟则时时发露，终非载福之道。雪琴与我兄弟最相似，亦所如寡合也。弟当以我为戒，一味浑厚，绝不发露。将来养得纯熟，身体也健旺，子孙也受用，无惯习机械变诈，恐愈久而愈薄耳。

【译文】

司马迁崇尚黄老，敬仰游侠，班固以此来讥讽他，这都是事实。爱好游使，所以多次称赞坚忍卓绝的操行。比如屈原、虞卿、田横、侯嬴、田光以及本篇中所讲的贯高都是此类人物。崇尚黄老，所以多次称赞鄙视富贵，厌世弃俗的人，如本纪以黄帝为第一，世家以吴太伯为第一，列传以伯夷为第一，都是这个宗旨。此篇赞中说张耳、陈余和太伯、季札不一样，也是他们没有能够回避势利，抛弃天下。

过去耿恭简公说过，做官最重要的就是要坚忍，有耐性。其实带兵也是这样。和官场往来，我们兄弟都患在略知世态却又怀有一肚皮不合时宜的想法，既

不能硬做主张，又不能迎合世事，所以到处落落寡合。迪安之妙就在于他全然不了解世态，他腹中虽然也有些不合时宜的想法，却能一味混同包容，永不表现显露。我们兄弟却时刻把它显露出来，总不是带来福气的办法。雪琴和我们兄弟最相像，也少有投合的人。弟应当以我为戒，一味浑厚包容，决不显露表现。将来性情修养纯熟，身体也健壮旺盛，子孙也受用无穷，不要习惯于官场的机变伪诈，恐怕在官场越久，德行就会越浅薄。

【原文】

弟书自谓是笃实一路人，吾自信亦笃实人，只为阅历世途，饱更事变，略参些机权作用，把自家学坏了。实则作用万不如人，徒惹人笑，教人怀恨，何益之有？近日忧居猛省，一味向平实处用心，将自家笃实的本质还我真面、复我固有。贤弟此刻在外，亦急须将笃实复还，万不可走机巧一路，日趋日下也。纵人以巧诈来，我仍以浑含应之、以诚愚应之；久之，而人之意也消。若钩心斗角，相迎相距，则报复无已时耳。

【译文】

弟弟你在信中自认为是老实人，我也相信自己是个老实人，只是因为阅历仕途，饱经世事变迁，约略学了些机谋权变之术，自己学坏了。其实这些机变之术的作用远不如人，白白惹人笑话，让人怀恨罢了，有什么好处呢？近来忧思猛然间醒悟，一味向平实方向努力，将自己老实的本质显现出来，归还本来面目，恢复我固有的本性。

弟弟你此刻在外面，也应该即刻恢复老实的本性，千万不能走上投机取巧的道路，并且越陷越深。即使是别人对我机巧奸诈，我仍然用浑含应付，用诚愚应付；久而久之，那个人也会对我渐失机巧之心的。如果双方钩心斗角，表面接近，而内心疏远，那么报复将会是无休无止的。

【原文】

我辈办事，成败听之天命，毁誉听之于人，惟在己之规模气象，则我有可以自立者，亦曰不随众人之喜惧耳。

【译文】

我们办事，成败要听天由命，诋毁和赞誉也随别人去。只有自己的行事准则，可以靠自己来制定，也就是不随众人的欣喜忧惧而欣喜忧惧。

智慧通解

孔子说：“夫子之道，忠恕而已矣。”曾国藩正是把“恕”当作“夫子”的一项重要修养目标。“恕”是对人而言的，自己不愿意做的，不要强求别人做。“忍”则是对自己说的，“好汉打脱牙，和血吞”，便是善于忍。

中国历史上，有许多忍辱负重的例子。越王勾践为奴三年，卧薪尝胆，

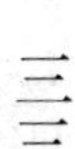

伺机待发，最后一举歼灭吴国。司马迁身受宫刑，仍然坚忍卓绝，耗尽心力，编成巨著《史记》。

曾国藩外藏内敛的百忍之道，至今为后人叹服。1857 年，四十七岁的曾国藩因父丧，第二次回荷花塘守制，这正是他兵事不利、处境尴尬的时候，但也是他反思自省最深刻，对“忍经”琢磨最多的时候，为他的再次复出，打下了扎实的心理基础。“吾服官多年，亦常在耐劳忍气四字上做工夫也”，这是他的心得。在收敛低调中做人，在挫折屈辱中做事，在巧与周旋中攀升，“让一让，六尺巷”，退一步海阔天空，大丈夫能忍难忍之事，这就是曾国藩的气度。

象牙雕山水人物笔筒　清

曾国藩的为人，不论治军治政或立身为学，都有一种不可及的精神。这种精神就是坚忍和“吃硬”。一个主意，当曾国藩做出决定，并且认为是对的，那么无论环境如何恶劣，前途如何困难，他总是勇往直前，不避艰苦，拼命地去干，绝不灰心。

但是，曾国藩的“忍”并不是一味地强忍，而是善忍、会忍，当忍则忍，不该忍则不忍。对皇上、太后，以及满蒙亲贵的猜疑、排挤、冷落、出尔反尔和种种不公，曾国藩一忍再忍，一忍到底。但对误国误军、贪婪无度而又加害于他的人，则“是可忍，孰不可忍”，或拍案而起参他一本，或拔剑而起势不两立。他的一生有起有落、有荣有辱，没有扶摇直上九霄，也没有一失足掉进深渊。没有片段的精彩，却有整体的绚烂，并且总能启动平抑机能，在高潮时削去波峰，在低潮时填平谷底。在这亦忍亦纵、忍多纵少的人生波涛中，曾国藩颠簸了一辈子。

【经典实例】

韩信受胯下之辱

在中国历史上，政治斗争、军事斗争乃至争权夺利的斗争极其复杂，有时瞬息万变，忍受暂时的屈辱磨炼自己的意志，寻找合适的机会，也就成了一个成功者所必不可少的心理素质，所谓“尺蠖之曲，以求伸也；龙蛇之蛰，以求存也”，正是这个意思。坚忍，体现了一个人的心理能量，一个人的意志力。

西汉时期的淮阴侯韩信受胯下之辱的故事是妇孺皆知的。

韩信是淮阴人，自幼不农不商，又因家贫，所以衣食无着，想去充当小吏，

却无一技之长，也未被录取。因此终日游荡，往往寄食于人家。他曾和亭长很要好，经常到亭长家里去吃饭，吃多了，也就惹得了亭长的妻子厌烦。于是，亭长的妻子提前了吃饭时间，等韩信到的时间，碗已经洗过很久了。韩信知道惹人讨厌，从此不再去了。他来到淮阴城下，临水钓鱼，有时运气不佳，只好空腹度日。那里正巧有一个临水漂洗棉絮的老妇人，见韩信饿得可怜，每当午饭送来了，总分一些给韩信吃。韩信饥饿难耐，也不推辞，这样一连吃了几十日。一日，韩信非常感激地对漂母说："他日发迹，定当厚报。"谁知漂母竟含怒训斥韩信说："大丈夫不能自谋生路，反受困顿。我看你七尺须眉，好似公子王孙，不忍你挨饿，才给你几顿饭吃，难道谁还望你报答不成！"说完，漂母竟拿起漂絮而去。

韩信受人赐饭之恩，虽受激励，但苦无机会。实在穷得无法，只得把祖传的宝剑拿出叫卖，卖了多日，竟卖不出去。一天，他正把宝剑挂在腰中，沿街游荡，忽然遇到一个屠夫，那屠夫有意给他难堪，嘲笑他说："看你身体长大，却是十分懦弱。你若有种，就拿剑来刺我，若不敢刺，就从我的胯下钻过去。"说完，双腿一叉，站在街心，挡住了韩信的去路。

韩信打量了一会屠夫，就趴在地下，径直钻了过去。别人都耻笑韩信懦弱，他却不以为耻。其实绝非韩信不敢刺他，因为他胸怀大志，不愿与小人多生是非，如果一剑把他刺死了，自己势必难以逃脱。所以，他审时度势，暂受胯下之辱。后来韩信跟刘邦南征北战，屡建奇功，被封为淮阴侯。他报答了漂母，但并未报复那个屠夫，而是把他找来，叫他当了一名下级军官。

楚庄王韬光养晦

在中国历史上，还有一个著名的韬光养晦的故事，这就是春秋时期的楚庄王"三年不鸣，一鸣惊人"的故事。楚庄王通过数年的暗中观察摸索，他弄清了朝中大臣的真实心理和才干，也锻炼了自己，增长了才干，为以后成就霸业奠定了基础。

在楚庄王即位之前，楚国的内政可谓经历了长期的混乱。楚庄王即位时很年轻，即位之始，他并未像其他新君上任那样雷厉风行地干一些事情，而是不问国政，只顾纵情享乐。他有时带着卫士姬妾去云梦等大泽游猎，有时在宫中饮酒观舞，浑浑噩噩，无日无夜地沉浸在声色犬马之中。每逢大臣们进宫汇报国事，他总是不耐烦地回绝，任凭大夫们自己办理。他根本不像个国君，朝野上下也都拿他当昏君看待。

看到这种情况，朝中一些正直的大臣都感到十分着急，许多人都进宫去劝谏，可楚庄王不仅不听劝告，反觉得妨碍了他的兴趣，对这些不着边际的劝告十分反感。后来干脆发了一道命令：谁再来进谏，杀无赦。

三年过去了，朝中的政事乱成一团，但楚庄王仍无悔改之意。

大夫伍参忧心如焚，再也忍不下去，冒死去晋见庄王。来到宫殿一看，只见纸醉金迷，钟鼓齐鸣，庄王左手抱着郑国的姬妾，右手搂着越国的美女，案前陈列美酒珍馐，面前是轻歌曼舞。庄王看到伍参进来，当头问道："你难道不知道我的命令吗？是不是来找死呢？"

伍参抑制住慌张，连忙赔笑说："我哪是敢来进谏，只是有一个谜语，猜了许久也猜不出，知道大王天生聪慧，想请大王猜一猜，也好给大王助兴。"

楚庄王这才放下脸，说道："那你就说说看。"

伍参说：

楚式铜方壶　春秋

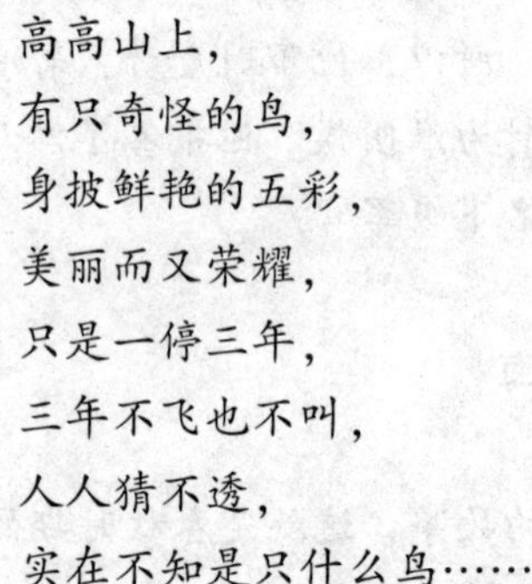

高高山上，
有只奇怪的鸟，
身披鲜艳的五彩，
美丽而又荣耀，
只是一停三年，
三年不飞也不叫，
人人猜不透，
实在不知是只什么鸟……

当时的人喜欢说各种各样的谜语，称作"隐语"，这些"隐语"往往有一定的寓意，不像今天的谜语这样单纯，因此，人们多用这些"隐语"来讽谏或劝谏。楚庄王听完了这段话，思考了一会说：

三年不飞，
一飞冲天；
三年不鸣，
一鸣惊人。
此非凡鸟，
凡人莫知。

伍参听后，知道庄王心中有数，非常高兴，就又趁机进言道："还是大王的见识高，一猜就中，只是此鸟不飞不鸣，恐怕猎人会射暗箭哪！"

楚庄王听后身子一震，随即就叫他下去了。

伍参回去后就跟大夫苏从商量，认为庄王不久即可觉悟，没想到几个月过去后，楚庄王仍一如既往，不仅没有改过，还越发不成体统了，苏从见状不能忍耐，就闯进宫去对庄王说："大王身为楚国国君，即位三年，不问朝政，如此下去，恐怕会像桀、纣一样招致亡国灭身之祸啊！"

庄王一听，立刻竖起不逊眼，露出一副暴君的形象，抽出长剑指着苏从的心窝说："你难道没听到我的命令，竟敢辱骂我，是不是想死？"

苏从沉着从容地说："我死了还能落个忠臣的美名，大王却落个暴君之名。如果我死能使大王振作起来，能使楚国强盛，我甘愿就死！"说完，面不改色，请求庄王处死他。

楚庄王等待多年，竟无一个冒死诤谏之臣，他的心都快凉了。这时，他凝视了几分钟，突然扔下长剑，抱住苏从激动地说："好哇，苏大夫，你正是我多年寻找的社稷栋梁之臣！"

庄王说完，立刻斥退那些惊恐莫名的舞姬妃子，拉着苏从的手谈起来。两人竟是越谈越投机，竟至废寝忘食。

苏从惊异地发现，庄王虽三年不理朝政，但对国内外事无巨细都非常关心，对朝中大事及诸侯国的情势都了如指掌，对于各种情况也都想好了对策。这一发现使苏从不禁激动万分。

原来，这是庄王的韬光养晦之策。他即位时十分年轻，不明世事，朝中诸事尚不明白，也不知如何干，况且人心复杂，尤其是若敖氏专权，不明所以，他更不敢轻举妄动。无奈之中，想出了这么一个自污以掩人耳目的方法，静观其变。在这三年中，他默默地考察了群臣的忠奸贤愚，也测试了人心。他颁布劝谏者死的命令，也是为了鉴别哪些是甘冒杀身之险而正直敢言的耿介之士，哪些是只会阿谀奉承，只图升官发财的小人。如今，三年过去，他年龄已长，经历已丰，才干已成，人心已明，他也就露出庐山真面目了。

第二天，他就召集百官开会，任命了苏从、伍参等一大批德才兼备的大臣，公布了一系列的法令，还采取了削弱若敖氏的措施，并杀了一批罪大恶极的犯人以安定人心。从此，这只"三年不鸣"的"大鸟"开始励精图治，争霸中原，终于成为春秋五霸之一。从其所作所为及对霸业的认识水平来看，都应该算是首屈一指的。

楚庄王的韬光养晦并非在受到失败与挫折时才被迫进行的，而是为了更好地掌握未来而主动进行的，这尤其需要耐心、修养、智谋和胆识。

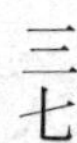

在中国历史上，像楚庄王这样做的人还不算太多，但这足以给我们提供一个有益的启示：即使在一帆风顺的时候，也要注意使用各种方法增长自己的见识，

砥砺自己的才能。

圣人韬光，能者晦迹，收敛锋芒，隐藏才能，这一直是成大事者的必定策略。唐宣宗未即位前常常梦见乘龙升天，言之于母，母亲既喜又惊，千叮万嘱："此话不可再说了"。宣宗谨遵母命，甚至连别的话也不敢说了，宫中有人以为为慧，却被当朝的皇帝看成是有"隐德"，于是，竟以皇帝第十三叔的身份接了大唐江山，大丈夫能屈能伸，不能屈伸，便最小了。忍字作为成事之要诀，人人都理解，然而能如唐宣宗这样的韬略却是千难万难了！

大禹治水

人的一生之中，不可能什么事情都是一帆风顺的，总会遇到各种各样的困难、挫折，无论是来自自身的，还是来自外界的，都在所难免。能不能忍受一时的不顺利，这就要看你是否有雄心壮志。一个真正想成就一番事业的人，志在高远，不以一时一事的顺利和阻碍为念，也不会为一时的成败所困扰。面对挫折，必然会发奋图强，艰苦奋斗，去实现自己的理想，成就功业，这是一种积极的人生态度。困难正是磨炼人意志的最好时机，只有经受了困难挫折考验的人，也才能成大事。

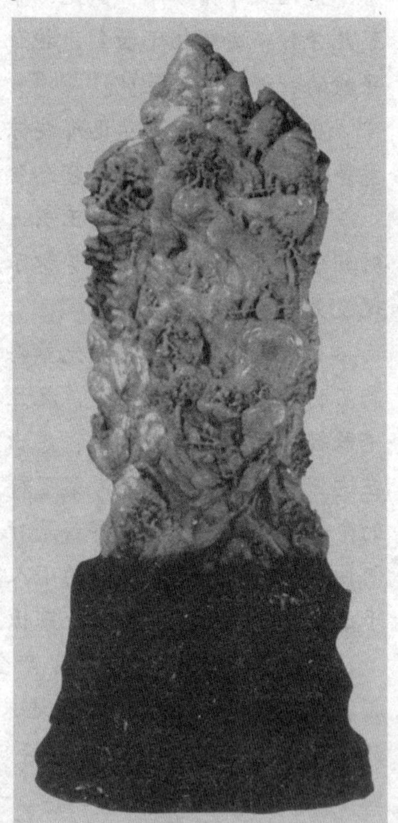

大禹治水玉山

《周易·乾·象》中有"天行健，君子以自强不息"的话，是说天道运行强健不息，君子也应该积极奋发向上，永不停息才对。《孟子·告子下》中那一段尽人皆知的"天将降大任于斯人也，必先苦其心志，劳其筋骨，饿其体肤，空乏其身，行拂乱其所为，所以动心忍性，增益其所不能"的话，也很好地总结了如何才能走向成功的彼岸的道理。

传说在尧的时候，天下洪水泛滥，大水冲毁了田园房屋，人们只能逃到树上和山中去居住，无法种植庄稼，作为部落首领的尧心急如焚，他决心治水，但因年老只能苦心寻找能制服洪水，为民造福的能人。禹是颛顼的孙子，他勤奋敏捷，聪明能干，深受民众喜爱。接受了尧的命令之后，大禹和伯益、后稷开始了治水的工程。而此时禹才刚刚成婚四天，他毅然告

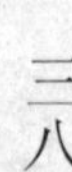

别新婚的妻子涂山女，投入了治水大业。在禹之前，他父亲鲧也曾治水。鲧采用沿河堵截，拦水筑坝的方法治水，在水患不太严重的时候还行，但一有大水，则无济于事，所以治水九年，一事无成，最后被杀了。禹面对这种艰难的局面，不气馁，不后退，认真总结了父亲治水的经验和教训，虚心地向有经验的老人请教，慢慢地摸索出了疏通河床，开渠凿道，把水引导到旷野之中去的办法。

然而，治水谈何容易！当时人们不知道河水的源流、走向和地理环境，怎么去疏导洪水呢？于是大禹亲自带人跋山涉水，与野兽斗，与恶劣的自然环境斗，考察山川形势，克服了各种难以设想的困难，总算制定了制服洪水的方案。

但是治水依然无法进行，一些异族部落如三苗，不听劝说，拒不合作治水，成为治理水患的严重障碍，而对此种状态，大禹只好发动战争，征服了三苗。扫清了治水障碍以后，大禹夜以继日地与治水群众一起大干。有一次禹路过家门，本想去看一看离别几年的妻子，这时从远处走来了一群扶老携幼的灾民，禹看见了以后，毅然转身离开赶往别处治水去了。就这样，历经失败、成功，大禹治水十三年三过家门而不入，最后终于消除了水患。

面对一次又一次的困难，大禹没有被挫折吓倒，而是坚定不移地进行治水，以至于大腿不长肉，小腿也不长毛，吃尽百般苦，才换得人民拥戴他为王。所以《劝忍百箴》中讲："不受触者，怒不顾人；不受抑者，奋不顾身。一毫之挫，若达于市，发上重冠，岂非壮士！不以害人，则必自害，不如忍耐，徐观胜败。名誉自屈辱中彰，德量自隐忍中大。"

这段话的意思是：不能忍受别人冒犯的人，发起怒来不会顾及别人，不能忍受别人压抑的人，怨愤时不会考虑自身。受到一点挫折，就好像在大庭广众之下受到侮辱，气得头发竖起来把帽子都顶了上去。不能忍受挫折，不是害了别人，就是害了自己，不如忍耐性情，从旁慢慢观察胜败。名誉在屈辱中得到显间，德量从隐忍中增大。

越王勾践卧薪尝胆

越王勾践卧薪尝胆，克己复礼的典故人所周知。当越国战败被吴军围困在会稽时，眼看就要亡国，勾践接受了范蠡的建议，忍着屈辱去吴国讲和，为了讨好吴王夫差，勾践带着夫人住在阖闾的大坟旁边的一间石屋里，勾践给夫差喂马、牵马，夫人给吴王充当侍女，夫妇俩毕恭毕敬地伺候吴王，忍受奇耻大辱。对于勾践来说，由一国之君沦为另一国之君的马夫，无疑是由天堂掉进地狱。特别是还要自己的爱妻同他一道忍受奴隶的侮辱，为人驱使，这需要怎样的忍耐力？但为了等待时机，东山再起，他咬牙忍了足足三年时光，终于使吴王放松了警惕，

以为他真心归顺了吴国，将他放回越国。回越后，为了报仇雪耻，勾践再度施行忍功，为了避免被安逸的生活消磨意志，他在吃饭的地方挂上一个苦胆，每餐必尝一尝苦胆，还要自问：“勾践，你忘了会稽之耻了吗?”睡觉时他将席子撤掉，拿柴草当褥子。勾践一面自己“卧薪尝胆”，一面不断地给吴王夫差送美女，赠珠宝，消磨吴王的意志。当然，他也不忘抓军训，搞生产，经过九年时间的精心策划和准备，勾践终于忍到时机成熟的一天，一举打败吴军，灭了吴国，逼得夫差自杀，自己做了春秋时期的新霸主。

“卧薪尝胆”说的虽是古代帝王争霸的故事，但它却无可辩驳地说明“忍小”是“谋大”的策略和手段。以个人的受辱，忍一时的苦痛，而兴国定邦，这就是“以小谋大”。儒家的所谓“克己复礼”就是这个意思。以忍住个人的私欲，克制自我去恢复和重建一国之“礼”，损失再大也是值得的。

诸葛亮七擒孟获

宋代苏洵曾经说过：“一忍可以制百勇，一静可以制百动”。这就是说忍的作用可以抵挡千军万马，同样是“忍小谋大”的策略，同前文所说的以礼代兵有相近之意。但苏洵的话是更加自觉更加明确地道出小忍与大谋的关系，强调了“小忍”的无形威慑力。诸葛亮七擒孟获而不斩，忍住仇恨，并且是一忍再忍，终于以自己的忍让制服了叛军，保住了国家的安宁和平。

孟获是三国时期蜀国南方部族的首领，因认兵反蜀，制造叛乱，诸葛亮前去平定。当诸葛亮听说孟获不但打仗勇敢，而且在南中地区各部族人民中很有威望时，想到如果把他争取过来，就会使蜀国有个安定的大后方，岂不更好。于是下令，对孟获只许活捉，不得伤害。当蜀军和孟获的部队交锋时，诸葛亮授意蜀军故意败下阵来，孟获仗着人多，只顾向前冲锋，结果中了蜀军的埋伏，孟军大败，孟获第一次被活捉。当时孟获心想，这下子肯定没有活路了，没想到一进了蜀军的大本营，诸葛亮立即让人给他松绑，陪他参观蜀军的军营，好言好语劝他归降。孟获不但不服气，而且傲慢无礼，诸葛亮毫不气恼，反而放他回去准备再战。孟获跑回部落后，重整旗鼓，又一次进攻蜀军，结果又一次被活捉。诸葛亮耐心规劝，孟获仍是不服，诸葛亮又放了他。孟获再次改变战略进攻蜀军，或坚守渡口，或退守山地，却总没有摆脱诸葛亮的控制，一次又一次被擒，一次又一次被放，到了第七次被捉时，诸葛亮还要再放，孟获却不肯走了，他流着泪说：“丞相七擒七纵，待我可说是仁至义尽了。我打心里敬服。从今以后，不再反叛了。”孟获回去以后，还说服各部落全部投降，南中地区重新归蜀汉控制，蜀国的大后方变得稳定，南方各部族的人民也得以休养生息，安居乐业。

常言道，事不过三，忍让一次两次可以，再三再四绝对不行。可是诸葛亮对孟获却捉了放，放了捉，耐着性子忍了七次。如果不是孟获服输投降，他还打算再放孟获，绝没有因为孟获的不识抬举而放弃忍耐，诸葛亮之所以这样做，目的是为了以德服人，攻克孟获的心，让他心悦诚服地归顺蜀国，不再叛乱。所以他一次又一次地忍耐了孟获的傲慢无理，以他的足智多谋，以他的宽容大度，以他的好言规劝，也以他的军事实力，融化孟获这块顽石，进而降服了整个南中地区少数民族头领，稳定了蜀国对大后方的统治，最终达到了长治久安的目的。如果诸葛亮不忍，一刀杀了孟获，充其量也只是消灭了一个叛头，很可能按下葫芦起来瓢，其他部落的少数民族头领还是要继续造反。由此可见，忍与不忍的区别在于，不忍只能出眼下之气，忍了，却能得到长远的利益。

诸葛亮像

刘邦以“忍功”成就大业

人非圣贤，谁都无法甩掉七情六欲，离不开柴米油盐，即使遁入空门，“跳出三界外，不在五行中”，也还要“出家人以宽大为怀，善哉！善哉！”不离口，也有是非曲直。能分青红皂白，所以，要成就大业，就得分清轻重缓急，大小远近，该舍的就得忍痛割爱，该忍的就得从长计议，从而实现理想宏愿，成就大事，创建大业。中国历史上刘邦和项羽在称雄争霸，建功立业时，其实就是在“忍小取大，舍近求远”上见出高下，决出雌雄的。这是一种“忍”功的较量。谁能够“忍小取大，舍近求远”，谁就得天下，称雄于世；谁若刚愎自用，小肚鸡肠，谁就失去天下，一败涂地。宋代著名大文学家苏东坡在评论楚汉之争时就曾说：汉高祖刘邦所以能胜，楚霸王项羽所以失败，关键在于能忍不能忍。项羽不能忍，白白浪费自己百战百胜的勇猛；刘邦能忍，养精蓄锐，等待时机，直攻项羽弊端，最后夺取胜利。刘项之争，从多方面说明了这一点。刘邦所以成大业是他懂得忍下人之言，忍个人享乐，忍一时失败，忍个人意气；而项羽气大，什么都难忍难容，不懂得“小不忍则乱大谋”的道理，大业未成身先亡，可悲可叹！

下面几件事足以说明刘邦与项羽的不同，楚汉战争之前，高阳人郦食其拜见刘邦，献计献策，一进门看见刘邦坐在床边洗脚，便不高兴地说：“假如您要消

灭无道暴君，就不应该坐着接见长者”。刘邦听了斥责后，不但没有勃然大怒，而是赶忙起身，整装致歉，请郦食其坐上座，虚心求教，并按郦食其的意见去攻打陈留，将秦积聚的粮食弄到手。刘邦围困宛城时，被困在城里的陈恢溜出来见刘邦，告诉他围城与攻城都不如对城内的官吏劝降封官。这样化敌为友，就可以放心西进，先入咸阳为王。刘邦采纳了他的意见，使宛城不攻自破。

与刘邦容忍的态度相反，项羽则刚愎自用，自以为是，一个有识之士建议项羽在关中建都以成霸业，项羽不听。那人出来发牢骚：“人们说，‘楚人是沐猴而冠’。果然！”结果项羽知道了，大怒，立即将那人杀掉。楚军进攻咸阳时到了新安，只因投降的秦军有些议论，项羽就起杀心，一夜之间把二十多万秦兵全部活埋，从此残暴名闻天下。他怨恨田荣，因此不封他，而立齐相田都为王，致使田荣反叛。他甚至连身边最忠实的范增也怀疑不用，结果错过了鸿门宴杀刘邦的机会，最后气走范增，成了孤家寡人。

刘邦也不是不食人间烟火的圣人，据《史记》记载，刘邦在沛县乡里做亭长时，好酒好色。当刘邦军进了咸阳，将士们纷纷争着抢着去找皇宫的仓库，往自己的腰包里揣金银财宝时，刘邦自己也曾被阿房宫的富丽堂皇和美貌如仙的宫女弄得眼花缭乱，有些迈不动步了，但在部下樊哙“沛公要打天下还要当富翁?”的提醒下，立时醒悟，忍住了贪图享乐的念头，吩咐将士封了仓库和宫殿，带着将士仍旧回到霸上的军营里，并约法三章，对百姓秋毫无犯，这就使他赢得了民心，得到了民众的支持。

而项羽一进咸阳，就杀了秦王子婴，烧了阿房宫，收取了秦宫的金银财宝，虏取宫娥美女，据为己有，并带回关东，相比之下，他怎能不失人心呢?

楚汉战争中，刘邦的实力远不如项羽。当项羽听说刘邦已先入关，怒火冲天，决心要将刘邦的兵力消灭。当时项羽四十万兵马驻扎在鸿门，刘邦十万兵马驻扎在霸上，双方只相隔四十里，兵力悬殊，刘邦危在旦夕。在这种情况下，刘邦能做到“得时则行，失时则蟠”。先是请张良陪同去见项羽的叔叔项伯，再三表白自己没有反对项羽的意思，并与之结成儿女亲家，请项伯在项羽面前说句好话。然后，第二天一清早，又带着张良、樊哙和一百多个随从，拿着礼物到鸿门去拜见项羽，低声下气地赔礼道歉，化解了项羽的怒气，缓和了与项羽的关系。表面上看，刘邦忍气吞声，项羽挣足了面子，实际上刘邦以小忍换来自己和军队的安全，赢得了发展和壮大力量的时间。甚至是当自己胸部受了重伤时，刘邦也能忍着伤痛，在楚军阵前故意弓着腰，摸摸脚，骂道：“贼人射中了我的脚趾”，以麻痹敌人。回到自己大营后又忍着伤痛巡视军营，来稳定军心，他对不利条件的隐忍，对暂时失败的坚忍，反映了他对敌斗争的谋略，也体现了他巨大的心理承受力，这是成就大业者必备的一种心理素质。

相比之下，项羽则能伸不能屈，赢得起而输不起，所以连连中计，听到“四面楚歌”，就怀疑楚被汉灭，一败涂地，自己先大放悲歌；被刘邦追到乌江时，一亭长要用船送他过河，他却认为“天要亡我，我渡过去有什么用?”自动放弃了重整旗鼓，卷土重来的唯一机会，拔剑自刎而死。这个勇武过人，不可一世的楚霸王，最终被自己打败，可怜的是，他至死也没明白，他首先是输在自己手里。

刘邦之所以能战胜项羽还在于刘邦能从大局出发，能忍一时之气，而项羽不能。有时政治上的得失，军事上的胜负，就在于一念之间，能不能忍住。刘邦被楚军围困在荥阳时，韩信的使者到了。刘邦以为一定是韩信发兵救援的消息，没想到打开信一看，是韩信要求刘邦给他一个假齐王的封号，这下刘邦可气坏了，大骂“我被困在这里，日夜盼你发兵援救，你不来救，竟要自立为王……”骂到这里，站在旁边的张良、陈平赶紧踩了他一脚，接着对他耳语：“如今你正处在困境中，怎能禁止韩信称王呢？既然禁止不住，何不就势封他为齐王，好好待他，让他好好地守住齐地，不生二心，不这样，恐怕韩信就要反叛。”刘邦听了，立即将怒气忍了回去，改口说：“大丈夫兴兵平定诸侯各国，要做就做真王，为什么要做假王呢?”于是派张良持诏书前往，立韩信为齐王，并调韩信的兵来打楚军，结果扭转了形势，使自己由处于不利地位变为有利地位，终于借韩信兵力夺得了天下。如果刘邦不忍这一时之气，恐怕这段历史就要重写了。有人说刘邦是一忍得天下，并不是没有道理。成就大业就得心里能搁事，就得能制怒，忍一时之气换来全盘胜利，这正是成大业者的气魄。

楚汉相争，刘邦以弱得天下，留给后人可供思考的问题相当深刻。我们高度评价刘邦的“忍功”，把它看作是成就大业的必备素质。

康熙以“坚忍”智除鳌拜

以坚忍而成大功的事例，代不乏人。

康熙帝除权臣鳌拜，是一种坚忍成功的事例。

在四个辅政大臣中，由于索尼年老，遏必隆软弱，苏克萨哈势力小而且与鳌拜不合，结果造成了鳌拜的专权。他广植党羽，排除异己，对于“相好者荐拔之，不相好者陷害之”，于是，出现了“文武各官，尽出伊门”的情况，从中央到地方遍布他的心腹。鳌拜依仗权势，专权横行，经常在少年天子面前“施威震众”，而且多次背着皇帝“出矫旨”，事事凌驾于其他辅政大臣之上。他“办事不求当理，稍有拂意，即将部臣叱喝”，轻则辱骂，重则治罪；他甚至把官员给康熙皇帝的奏疏私自带回去，同心腹亲信商议，“凡事在家议定，然后施行”。鳌拜恣意妄为，独断专行，全然成了太上皇。

康熙五年（1666），鳌拜以当年多尔衮在圈地时偏袒正白旗为由，提出要与正白旗换地，并声称，如果土地不足，“另圈民地补之”，企图以换地为名，再次掀起大规模的圈地高潮。这实际上是要重演入关之初的虐政暴行，尽管这一主

张遭到各阶层的反对，但鳌拜全然不顾，派遣自己的亲信到京畿一带“踏勘”旗地，以这些旗地“沙压水淹，不堪耕种”，“镶黄旗地尤不堪”为由，坚持要换地，并强令有关各旗办理圈换旗地事务。此令一出，当地满汉人民十分恐慌，“所在惊惶奔诉”，“哭诉失业者殆无虚日”。对一些敢于反映群众情绪，请求停止换地的官员，鳌拜大施淫威，要求皇帝将这些人处死，年轻的康熙皇帝虽然不同意鳌拜的做法，但也阻止不住他的一意孤行。结果，反对换地敢于直言的官员被绞死，家产被籍没。这次换地事件，严重地破坏了生产，使大批农民失去土地，激化了社会矛盾。

康熙帝半身像

康熙六年（1667），康熙帝亲政。按理说，辅政大臣应将权力移交给皇帝了。但鳌拜仍把持权力，不愿归政，企图把年轻的皇帝变成任凭自己摆布的傀儡。辅政大臣苏克萨哈鉴于皇帝已亲政，要求辞去辅政大臣的职务，把权力归还皇帝。这一举动刺中了鳌拜的要害，将了鳌拜的军。鳌拜当然不肯轻易退出历史舞台，他以极其专横的态度诬陷苏克萨哈是“背负先帝”，“欺藐皇上”，“紊乱朝政”，罗织了二十四大罪状，要把苏克萨哈斩首抄家。康熙帝不同意，骄横成性的鳌拜便在康熙帝面前挥拳捶胸，疾言厉色，以示要挟。最后，康熙帝也无法改变鳌拜的决定，苏克萨哈被绞死。

康熙皇帝虽已亲政，但不能亲掌大权，这使他极为烦恼。而鳌拜却不断将亲信安插到重要部门，企图继续架空皇帝。一次在群臣向康熙帝朝贺新年时，鳌拜身穿黄袍，俨如皇帝，仅其帽结与康熙帝所戴不同。还有一次，鳌拜托病不上朝，康熙帝亲自前往探视时，鳌拜卧床，席下置刀，根本不把已经亲政的皇帝放在眼里。这一切，都深深刺痛着年轻的康熙皇帝的心。

康熙帝自幼读书，有抱负，特别是亲政后欲一展宏图。他痛恨鳌拜的专权跋扈，倒行逆施，但鉴于条件不成熟，还不能一下子除掉鳌拜，因此不能采取鲁莽行动。经过长期的考虑，一个周密的计划在他脑海中酝酿成熟。为了夺回权力，康熙帝陆续将一些忠于自己的人安排在自己的周围，并将一批亲信提拔到要害部门，如提拔索额图为吏部右侍郎，提拔明珠为刑部尚书。这样，一个新的集团已悄悄地在年轻的皇帝周围形成，随后，康熙帝又派亲信掌握了京师的卫戍权。为了最后解决鳌拜，康熙皇帝精心挑选了一批少年侍卫，在宫中练习布库游戏，他自己也经常和这些布库少年摔打玩耍，故意做出胸无大志的样子，以迷惑鳌拜。鳌拜每次上朝，都见到皇帝与少年们玩

耍，竟以为“帝弱且好弄，心益坦然”，毫无戒备之心。

康熙八年（1669）五月，康熙帝与索额图等设下计谋，事先在宫中埋伏了布库少年，并约鳌拜进宫。当鳌拜单身入宫时，十几个少年连说带笑地迎了上去，声称要与他练练功夫。鳌拜以为这些少年与其逗闹，本想喝退了事，不料少年们近身之后立即动起手来。当鳌拜被五花大绑推到康熙帝面前时，他才如梦方醒，不过为时已晚。接着，康熙帝宣布了鳌拜的三十条罪状，将他永远拘禁，同时，迅速捉拿其兄弟子侄、心腹党羽，并全部处死。顷刻之间，鳌拜集团土崩瓦解。

“坚忍”心语

【原文】

弟书自谓是笃实一路人，吾自信亦笃实人，只为阅历世途，饱更事变，略参些机权作用，把自家学坏了。实则作用万不如人，徒惹人笑，教人怀恨，何益之有？近日忧居猛省，一味向平实处用心，将自家笃实的本质还我真面、复我固有。贤弟此刻在外，亦急须将笃实复还，万不可走机巧一路，日趋日下也。纵人以巧诈来，我仍以浑含应之、以诚愚应之；久之，而人之意也消。若钩心斗角，相迎相距，则报复无已时耳。

【译文】

弟信中自认为是老实人，我也自认是个老实人，只因为阅历仕途，饱经事变，大略学些机谋权变之术，自己学坏了。其实这些方面远不如人，只是惹人笑话，教人怀恨，有什么好处？近日猛然醒悟，一味向平实方向努力，将自己老实的本质还本来面目，恢复固有。贤弟此时在外，也急需复还老实的本质，万不可走投机取巧之路，日趋日下。纵使有人以巧诈来对我，我仍以浑含应付、以诚愚应付；久而久之，他会改变态度的。假如钩心斗角，表面接近，而内心有隔阂，那么相互报复，将是无止无休的。

【原文】

练兵之道，必须官弁昼夜从事，乃可渐几于熟，如鸡伏卵，如炉炼丹，未可须臾稍离。

天下事未有不由艰苦中得来，而可大可久者也。

百种弊端，毕由懒生。懒则弛缓，弛缓则治人不严，而趣功不敏。一处弛则百处懒矣。

【译文】

练兵的方法，必须官兵昼夜苦练，才能越来越精熟，就像母鸡孵小鸡，火炉炼金丹，不能停歇。

天下的事情，没有不从艰难困苦中得来，却能壮大、长久的。

所有的弊端，都是由懒惰引起的。懒惰，则会弛缓，弛缓，则治人就不严，

行动就不快。一处弛缓，则很多事都被耽搁了。

【原文】

我辈办事，成败听之天命，毁誉听之于人，惟在己之规模气象，则我有可以自立者，亦曰不随众人之喜惧耳。

【译文】

我们办事，成败只能听天由命，诋毁和称赞也随别人的便。只有自己行事的准则，靠自己来制定，也就是说，不随众人的喜惧而喜惧。

【原文】

予当此百端拂逆之时，亦只有逆来顺受之法，仍不外悔之诀，硬字诀而已。

百种弊病，皆从懒生，懒则弛缓，弛缓则治人不严，而趣功不敏，一处迟则百处懈矣。

【译文】

我当此诸事不顺的时候，也只有逆来顺受的办法，不过是认真检讨过去的成败得失以及坚韧不拔，以求取得最后的成功。

天下的各种弊病，都是因为懒而产生的。一懒，什么事都放松了，对人的要求也就不严格了。因而办事就不迅速。只要一处迟缓，其余的地方就都懈怠。

【原文】

日慎一日，以求事之济，一怀焦愤之念，则恐无成。千万忍耐千万忍耐，“久而敬久”四字，不特处朋友为然，即凡事亦莫不然。

【译文】

一日比一日谨慎，以求办事成功。如果只是扰心如焚，恐怕一事无成。总之，即使有不顺意的事，也要逆来顺受，千万忍耐。常常存着敬重的心，不仅仅是对朋友这样，无论什么事都应该这样。

【原文】

饭后，无所事，心如悬而不降者，知其不能定且静也久矣。甲辰五月。

【译文】

吃过饭后，没有什么事情可做，心情如悬挂在半空中而不能降沉下来，我知道这是一种不能安定和镇静的表现，这种表现已经很长时间了啊！道光二十四年五月。

【原文】

孙高阳、史道邻皆极耐得苦，故能艰难驰驱，为一代之伟人。今已养成膏粱安逸之身，他日何以肩得大事！辛亥九月。

【译文】

孙高阳、史道邻都很能吃苦耐劳，所以能在艰难困苦中驰骋奔驱，成为一代的伟人。我今天已经养成富贵安逸的身子，他日如何肩负起国家重任！咸丰元年九月。

【原文】

心绪作恶，因无耐性，故刻刻不自安适；又以心中实无所得，不能轻视外物，成败毁誉不能无所动于心，甚愧浅陋也。戊午十二月。

【译文】

繁纷的心绪作怪，因为没有耐性，所以时时刻刻自己不能安定舒畅；又因为心中实在没有什么收获，不能看轻身外之物，成功、失败、诋毁、称誉不能不有所动心，非常惭愧自己的浅薄鄙陋。咸丰八年十二月。

【原文】

阅《日知录·易经》。有曰《易》六十四卦，三百八十四爻，一言以蔽之，曰不恒其德，或承之羞。读之不觉愧汗。己未六月。

【译文】

阅读顾炎武《日知录》中的《易经》一节。文中说：《易经》有六十四卦，三百八十四爻，用一句话概括起来，就是：不坚定这个德，应蒙承它的羞惭。读着它不觉惭愧得流汗。咸丰九年六月。

五彩八仙直筒瓶

【原文】

初九日接弟初六日书，具悉一切。弟病近日少愈否？肝病已所深知，腹疼则不知何症。屡观朗山脉按，以扶脾为主，不求速效，余深以为然则心肝两家之病，究以自养自医为主，非药物所能为力。今日偶过裱画店，看见弟所写对联，光彩焕发，精力似甚完足，若能认真调养，不过焦灼，心可渐渐复元。

【译文】

初九日接到弟初六日的来信，内情尽知。老弟的病症近来可有好转？对于肝脾疾病我知道得很清楚，肚子疼痛我就不知是什么病症了。我常常观看郎山脉案，知道这种病必须以滋养肝脾为主，不能要求速效，我是很赞成这种看法的。可是心肝方面的疾病，究竟还得以自己滋养，自己医治为上，不是药物所能奏效的。今天我偶然路过裱画店，看到弟弟所写的对联，光彩焕发，精力似乎非常充

足。假若你能够认真调养，不要过分焦虑，病体必然可以渐渐地恢复原状。

【原文】

弟之内疾外症果愈几分？凡郁怒最伤人。余有错处，弟尽可一一直说。人之忌我者，惟愿弟做错事，情愿弟之不恭。人之忌弟者，惟愿兄做错事，惟愿兄之不友。弟看破此等物情，则知世路之艰险，而心愈抑畏，气反愈平和矣。

【译文】

弟的肝脏疾病和腹泻果真好了几分吗？郁闷和盛怒最容易伤害人的身体。我有了错处，做弟弟的尽可以一一直言，如果有人猜忌我，只愿弟把事情做错，只愿弟对我不恭顺。如果有人猜忌你，只耗哥哥把事情做错，只愿为兄没有兄弟的友情。假若弟能把这种情形看破的话，那么就知道了人世道路的艰难险阻，而人心就越加能抑止畏难，气反而就越加平和了。

卷三　刚柔

经文释义

【原文】

从古帝王将相，无人不由自立自强做出，即为圣贤者，亦各有自立自强之道，故能独立不惧，确乎不拔。昔余往年在京，好与诸有大名大位者为仇，亦未始无挺然特立不畏强御之意。近来见得天地之道，刚柔互用，不可偏废，太柔则靡，太刚则折。刚非暴虐之谓也，强矫而已；柔非卑弱之谓也，谦退而已。趋事赴公，则当强矫，争名逐利，则当谦退；开创家业，则当强矫，守成安乐，则当谦退；出与人物应接，则当强矫，入与妻孥享受，则当谦退。若一面建公立业，外享大名，一面求田问舍，内图厚实，二者皆有盈满之象，全无谦退之意，则断不能久。

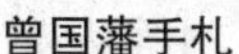

曾国藩手札

【译文】

自古以来的帝王将相，没有一个不是从自强自立做起的。即便是圣贤之人，也各有自立自强的方法，所以才能独立不惧，坚定不移。过去我在京城的时候，好与一些身居要职、名声高远的人闹意见，也是一开始就具有挺然独立、不畏强暴的气概。现在我体会到天地之道，是要刚柔并济，不可偏废。太柔容易萎靡，太刚则容易折断。这里的刚不是暴虐的意思，只是要使弱变强；柔也不是卑弱的意思，只是在强的方面谦退一些罢了。做事为公，应当勉力争取；争名逐利，则应当谦让退却。开创家业，应当奋发进取；守业享成，则应当谦逊平和。出外与人结交应对，应该努力表现；回家与妻儿安享消受，就要谦恭淡然。如果一方面建功立业，外享崇高声名威望；一方面求田问舍，内图奢侈待遇享受，这两者都有盈满的征兆，全无一丝谦虚退让的表示，那么这一切必定不会久长。

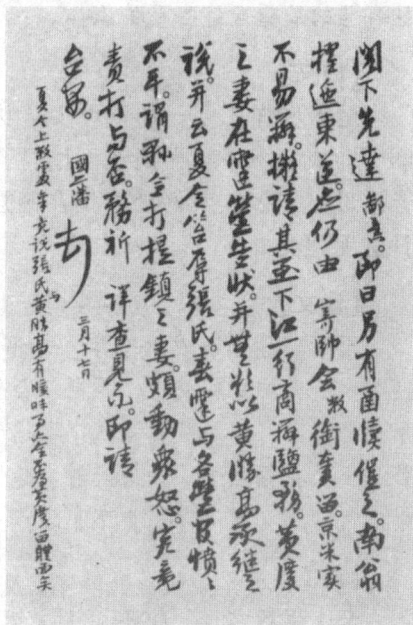

【原文】

肝气发时，不惟不和平，并不恐惧，确有此境。不特盛年为然，即余渐衰老，亦常有勃不可遏之候。但强自禁制，降伏此心，释氏所谓降龙伏虎。龙即相火也，虎即肝气也。多少英雄豪杰打此两关不过，要在稍稍遏抑，不令过炽。降龙以来养水，伏虎以养火。古圣所谓窒欲，即降龙也；所谓惩忿，即伏虎也。释儒之道不同，而其节制血气，未尝不同，总不使吾之嗜欲戕害吾之躯命而已。

【译文】

每当肝火发作时，不只是不平和，更不恐惧，确实有这样的境况。不仅年轻气盛时是这样，即使我现在逐渐衰老，也经常有怒不可遏的时候。但要努力控制自己的情绪，压制自己的怒火，佛教称这为降龙伏虎。龙就是相火，虎就是肝气。许多英雄豪杰都过不了这两关，关键在于稍稍控制自己，不要让肝火过盛。降龙用来养水，伏虎用来养火。古人所说的遏制欲望，就是降龙；所说的警戒愤怒，就是伏虎。佛家与儒家的说法不一样，但节制气血，却没有不同，总是要不让自己的欲望残害自己的躯体。

【原文】

至于倔强二字，却不可少。功业文章，皆须有此二字贯注其中，否则柔靡不能成一事。孟子所谓至刚，孔子所谓贞固，皆从倔强二字做出。吾兄弟皆秉母德居多，其好处亦正在倔强。若能去忿欲以养体，存倔强以励志，则日进无疆矣。

【译文】

至于“倔强”这两个字，却不能缺少。不论功业还是文章，都必须要有这两个字的精神贯穿其中，否则便会软弱无力，一事无成。孟子所说的至刚，孔子所说的贞固，都是从倔强二字引出的。我们家兄弟都继承母亲很多美德，它的好处也正是在倔强上。如果能够去除愤懑的欲望而休养身体，多些倔强的气息来激励志气，那么就可以进步不止了。

【原文】

至于强毅之气，决不可无，然强毅与刚愎有别。古语云自胜之谓强。曰强制，曰强恕，曰强为善，皆自胜之义也。如不惯早起，而强之未明即起；不惯庄敬，而强之坐尸立斋；不惯劳苦，而强之与士卒同甘苦，强之勤劳不倦，是即强也。不惯有恒，而强之贞恒，即毅也。舍此而求以客气胜人，是刚愎而已矣。二者相似，而其流相去霄壤，不可不察，不可不谨。

【译文】

至于强毅之气，决不能没有。但是强毅和刚愎的区别很大。古话说，能战胜自我就叫强。强制、强恕、强为善，都是战胜自我的意思。如果不习惯早起，就

强迫自己天不亮就起床；不习惯庄重恭敬，就强迫自己参加祭祀斋戒；不习惯劳苦，就强迫自己与士兵同甘共苦。能强迫自己勤劳不倦，就是强。不习惯坚持，却能强迫自己坚定地持之以恒，就是毅。除此之外，力求以气势胜人，就是刚愎了。刚毅与刚愎二者有相似之处，但其实质却有天壤之别，不可不察觉，不可不谨慎。

智慧通解

人不可无刚，无刚则不能自立，不能自立也就不能自强，不能自强也就不能成就一番功业。刚就是使一个人站立起来的东西，是一种威仪，一种自信，一种力量，一种不可侵犯的气概。自古以来，哪一个帝王将相不是靠自立自强闯出来的，哪一个圣贤不是各有各的自立自强之道呢？孔子可算是仁至义尽的了，他讲中庸之道，讲温柔敦厚，可他也有刚的时候，他当宰相才七天，就杀了少正卯。正是因为有了刚，那些先贤们才能独立不惧，坚忍不拔。刚就是一个人的骨头。

人也不可无柔，无柔刚不亲和，不亲和就会陷入孤立，四面楚歌，自我封闭，拒人于千里之外。柔就是使人挺立长久的东西，是一种魅力，一种收敛，一种方法，一种春风宜人的光彩。哪一个人不是生活在人间，哪一个人没有七情六欲，哪一个人离得了他人的信任与帮助？再伟大的人也需要追随者，再精彩的演说也需要听众。柔就是一个人的皮肉，是使一个人光彩照人的东西。

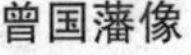
曾国藩像

然而，太刚则折，太柔则靡。只有刚柔并济，刚强而又坚韧，方能成就事业。中国有句名言，叫作“温柔天下去得，刚强寸步难行”。一语道破以柔克刚之真谛。君子柔且刚，刚且柔，这又道出了刚柔相济之道。非一味地柔，而是为柔，月缺不改光；为刚，剑折不钝锋。那么，以柔克刚，要点在于“克”，柔是刚的手段，以柔为挺，以柔为进，这就是柔的实质。

对于何时何处可刚，何时何处可柔，曾国藩有自己的法则。凡遇事若为公，应当强矫；而争名与逐利，应当退让；开创家业时，应当强矫；而守业享乐时，应当谦退；在外待人接物时，应当强矫，居家与妻儿享受时，应当谦退。

所以后期的曾国藩是“能柔能刚，能弱能强。舒之弥四海，卷之不盈杯”。当他对付最高统治集团时，用的是柔术；当他镇压太平天国运动时，则刚强之至。他训练出来的湘军子弟兵，个个英勇善战。

他第一次攻陷武汉，消息传到京城后，咸丰帝大为高兴，情不自禁赞扬了曾国藩几句，当时身边的近臣就说：“如此一个白面书生，竟能一呼百应，未必是国家之福吧！”咸丰帝听了，脸上的笑容马上消失了，并久久沉默不语。

面对这种大祸即将临头的险恶局面，曾国藩立即又打了一套漂亮的“太极拳”。他首先用“御”劲退出一部分军权，并裁减四万湘军；又用“封”劲把南京的防务让给旗兵，由他发全饷；用抢来的钱财建筑贡院，提拔江南士人，一下子就封住了朝野的铄金之口。此计一出，果然朝廷上下交口称誉。曾国藩不但没因此招致祸患，反而更加取得了清廷的信任。

所谓“福兮祸所伏，祸兮福所倚”，事物就是这样彼消此长，祸福相依。所以，在大吉大利后，就是大凶大难之时。人人都喜欢吉利，本能地回避凶难。那么，有没有办法长久地保持吉利，回避凶难呢？

曾国藩的办法是柔顺、收敛、抱残守缺。他认为在大吉大利时，通过柔顺可以走向吉利。一般人只知道，“刚毅”过了头才需要柔顺，而不知道取得了成绩还需要柔顺。柔顺是什么？曾国藩说，“柔顺，所以守其缺而不敢求全也。”有一点残缺和遗憾就让它存在着，不要求全、求圆、求满，这就是抱残守缺。很多人不明白这一点，一味追求大获全胜，功德圆满；可是一旦大获全胜或者功德圆满，那凶险和灾祸也就随之降临了。正是这种思想使曾国藩谦恭自省，时时节制自己的言语行为，不敢有丝毫松懈。

不仅如此，曾国藩还告诫自己身边的人，也要有这种月圆则缺的思想。他曾经给同为清廷名将的胞弟曾国荃写了一首诗，原文如下：

左列钟铭右谤书，人间随处有乘除。
低头一拜屠羊说，万事浮云过太虚。

诗中的屠羊说是一个帮助被伍子胥打败逃亡在外的楚昭王复国的隐士。昭王回国后再三请他出来做官，他坚辞不受，宁肯继续过他摆摊卖肉的清贫日子。曾国藩借用这一典故，告诉弟弟：“你知道我为什么在办公桌的左边挂满了朝廷的奖状，右边放了一大堆告发我们、咒骂我们的传单吗？人世间的事本来就如天平一样，这头高了那头就低，既不应有了功就忘乎所以，也不能被人骂就垂头丧气。只要效法屠羊说的做法，把一切都看开了，荣誉也罢，毁谤也罢，都不过是蓝天上的一片浮云，一会儿就会被风吹散，成为往事。那时，蓝天依然是蓝天，只剩虚空无垠，碧海无边。”

所以，曾国藩才能打消皇帝对他功高震主的疑虑，从而躲过祸患。

【经典实例】

司马懿诈病夺权

三国时司马懿装病夺权是一则有名以退为进的故事，目的在于以柔为弱迷惑对方，使其放松戒备，然后暗中图事，一候机会成熟，便原形毕露。这一招很灵！

魏明帝时，曹爽和司马懿同执朝政。后司马懿被升做太傅，其实是明升暗降，军政大权落入曹爽家族。司马懿见此情景，便假装生病，闲居家中等待时机。

曹爽骄横专权，不可一世，唯独担心司马氏。正值李胜升任青州刺史，曹爽便叫他去司马府辞行，实际是探听虚实。司马懿早已知道来意，就摘掉帽子，散开头发，拥被坐在床上，假装重病，然后请李胜入见。

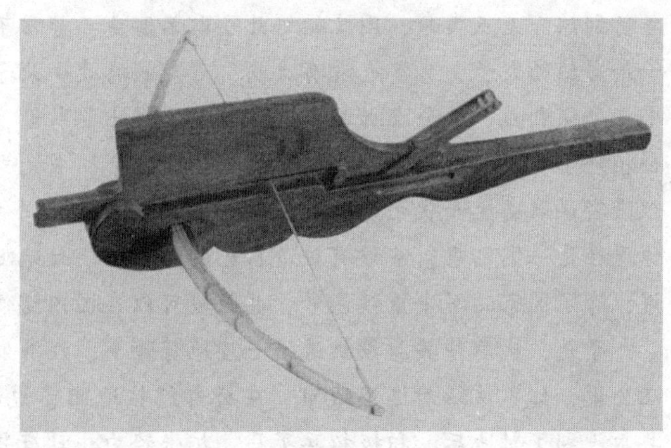

连弩复原模型　三国

李胜拜见过后，说："一向不见太傅，谁想病到这般。现在小子调做青州刺史，特来向太傅辞行。"

司马懿佯答："并州靠近北方，务必要小心啊！"

李胜说："我是往青州，不是并州！"

司马懿笑着说："你从并州来的？"

李胜大声说："是山东的青州！"

司马懿笑了起来："是青州来的？"

李胜心想：这老头儿怎么病得这般厉害？都聋了。

"拿笔来！"李胜吩咐，并写了字给他看。

司马懿看了才明白，笑着说："不想耳都病聋了！"然后用手指指口，侍女即给他喝汤，他用口去饮，又洒了满床，过了好一会，才说："我老了，病得又如此沉重，怕活不了几天了。我的两个孩子又不成才，望先生训导他们，如果见了曹大将军，千万请他照顾！"说完又倒在床上，喘息起来。

李胜拜辞回去，将情况报告给曹爽，曹爽大喜，说："此老若死，我就可以

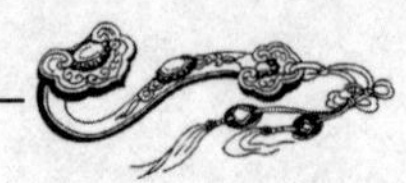

放心了。”从此对司马懿不加防范。

司马懿见李胜走了，就起身告诉两个儿子说：“从此曹爽对我真的放心了，只等他出城打猎的时候，再给点厉害让他尝尝。”

不久，曹爽护驾，陪同明帝拜谒祖先。司马懿立即召集昔日的部下，率领家将，占领了武器库，并威胁太后，削除了曹爽羽翼，然后又骗曹爽，说只要交出兵权，并不加害他。但等局势稳定后，便把曹爽及其党羽统统处斩，掌握了魏朝军政大权。

庄公巧破谋反

春秋时郑国的武公有一位皇后叫武姜。武姜有两个儿子，长子生时难产，武姜受到惊吓差点丧命，因此她给此子取名寤生，非常不喜欢他。可按照成例，长子是当然的太子，武姜也没有办法，可是她喜欢小儿子共叔段，总想方设法地为小儿子谋利益。武公在世时，武姜曾多次提出要易储，让共叔段当太子，都被武公拒绝了，武公一去世，寤生自然继位为庄公，成为郑国的国君。武姜于是与共叔段密谋取寤生而代之。为此，他们想首先建立一个根据地，武姜就对庄公说：你现在是一国之君，应该有权给自己的弟弟一块封地吧？庄公答应了，并且对她说，除了国家的军事重镇邑外，共叔段可以在国内随便挑选封地。

于是，武姜帮共叔段挑选了一座地势险要、经济发达的城市。庄公的谋臣对庄公说，你不该给封这座城市！庄公却悠然地回答说：多行不义必自毙。果然，共叔段到了封地后，积极招兵买马，扩张势力，日夜筹划谋反庄公的计划，搞得封地的臣民人尽皆知。但是，郑庄公表面上对臣下们揭发的共叔段种种劣迹，只是一味地表示不相信，使武姜和共叔段更加明目张胆，谋反更加积极。

可是，庄公却乘他们毫不防备之时，暗中派人打探其谋反的进程，对他们的行动了如指掌。直到确实得到了共叔段启程的具体日期，武姜准备为共叔段打进都城而为其开门的里应外合的确凿证据后，庄公才突然起兵，打得共叔段措手不及。由于已做了阶下之囚，谋反的证据又俱在，且国中已无人不知共叔段准备谋杀亲兄篡位的事实，所以共叔段与武姜根本就没法狡辩和抵赖，结果共叔段被杀，武姜被关进地牢，庄公的地位从此得到巩固。

权、财、势大时，容易冲昏头脑，小看对手。作为普通小人物、小百姓、小领导，对待问题，应多思，慎虑，认真对待。不要以为有把握，或是已熟悉了，就可以轻视它。问题在未解决之前，即使是百分之百的把握，也应视为三成、四成的把握来考虑。事情是变化的，人与人，人与事，关系都会转过来。在关键的地方，错失一步，可能会全盘失去。故此，万事小心为上，以柔去达到目的，使你刚挺起来，永处于不败之地。

可见“以迂为直”的劝说方式，比直接“死谏”更有效。迂，并不是单纯

的“迂回”或走弯路，这需要大智慧，是高层次的人生技巧。

刘备以迂为直赚地图

《三国演义》第六十回里，刘备巧妙运用以迂为直的谋略，从张松手中赚到了西川地图，从而为创立蜀国奠定了良好的基础。

曹操打败马超之后，占据汉中的张鲁认为曹操不久将领兵来攻打汉中。为了与曹兵对抗，张鲁准备首先攻取刘璋据守的西川，以扩充自己的实力。刘璋平生懦弱，闻得此信，心中大忧，于是立即招来部下商议。谋士张松说：“主公不用担心，我可以说服曹操即刻起兵消灭张鲁，使其不能为害西川。”刘璋闻言大喜，于是令张松立刻去见曹操。张松见曹操势力强大，认为西川迟早会落入曹操手中，于是暗中带了西川地图，作为投靠曹操的见面礼。

张松原是益州的“别驾”（州官的秘书长），博闻强记，能言善辩，但长相却很丑陋：“生得额钁头尖，鼻偃齿露，身短不满五尺”。张松到了许都在馆驿中住了三天，打通守门官的关节方能得到曹操的接见。曹操见他长得猥琐，出言不逊，一言不合就拂袖而去，后来曹操主簿杨修与之辩论，他口若悬河，舌如利刃，滔滔不绝，杨修取来《孟德新书》，他一目十行，“从头至尾，朗诵一遍，并无一字差错”，还讥笑曹操：“此书吾蜀中三尺小童亦能暗诵，何为新书?”次日见面，又当面讥笑曹操，恼得曹操令乱棒打出。曹操以貌取人，怠慢张松，张松自然不会向他献图，使曹操失去进取西川的大好机会。

当刘备得知张松带着西川地图投靠曹操碰了一鼻子灰的消息后，恨不得马上从张松手里把西川地图抢过来。然而刘备很有心眼，他知道张松虽然貌不出众，但心高气傲，最怕别人瞧不起他。于是刘备并没有直接向张松要地图，而是采取间接迂回的办法，故意非常隆重地接待张松。刘备虽然没有张口要地图，却让张松主动地把地图拱手相送。当张松往荆州界上而来时，早有大将赵子龙在远处恭候，“军士跪奉酒食，云敬进之”，当赵云随他到荆州界首时，“见驿门外百余人侍立，击鼓相接。”原来是威震华夏的关羽替他“洒扫驿庭，以待歇宿”。第二天早上，张松上马行不到三五里又看到刘备、诸葛亮、庞统“早先下马等候”，这三番五次的隆重接待，使得饱受曹操凌辱之苦的张松真有点受宠若惊，感激涕零。刘备一贯礼贤下士，但他这次对张松的礼遇可有点儿特别。原来进取西川是他的既定目标，但“蜀道之难，难于上青天”，要有一个智仁之士替他做向导，那该多好！张松正是他企求的对象！令人寻味的是刘备对张松饯行最盛情款待，殷勤备至，几次酒宴上“只说闲语，并不提西川之事”，即使张松“以言挑之”，刘备仍拱手相谢说：“公言太过，备何敢当。”直到刘备为张松饯行时还未提及要取西川的半点意思，在十里长亭设宴送行时，刘备以“潸然泪下”，难舍之情终于打动

张松，使得张松主动提出："明公果有取西川之意，松愿施犬马之劳，以为内应。"刘备仍然作谦："深感君之厚意。奈刘季玉与备同宗，若攻之，恐天下人唾骂。"当张松说道："……今若不取，为他人所取，悔之晚矣"时，刘备才求向入川的良策，其实是要张松的地图。以前对张松的特别礼遇就是使张松感其盛德，主动献出地图。刘备向张松索图的一番表演，采取的是"用而示之不用"的谋略。世界上的逻辑有时竟这样怪，你愈是豪取强夺别人就是不给。特别中国旧时的知识分子有"士可杀，而不可辱"的犟脾气。你"来者不善"，他"答则有余"；你"恩宠有加"，他便"肝脑涂地"。"得士者昌，失士者亡"，进攻西川地形图固然重要，但更重要的是收买西川智仁之士的心，刘备有了张松这个活地图，其影响比死地图要大得多。

光武帝善玩"柔道"兴汉

以柔克刚，以迂为直，方能进成大业，智取天下。

在中国历史上，能够自始至终地玩"柔道"的皇帝，当数东汉的光武帝刘秀，他不仅在为人处世上以"柔"为主，在政治、军事诸方面也体现出了这种精神，应该说他是以善玩"柔道"而取得巨大成功的开国皇帝。

刘秀是汉高祖刘邦的九世孙。刘秀所处的时代正是西汉王朝由兴盛走向没落、覆亡的时刻，其治乱之术，在当时颇有许多可以借鉴之历史经验。

刘秀生于公元前六年12月，是汉高祖刘邦的九世孙。其父刘钦是南顿县令，在刘秀九岁时病故，此后，刘秀与哥哥刘縯便被叔叔收养。据说刘秀身长七尺三寸，美髯目，大口隆鼻，生有帝王象。兄长刘縯独有大志，好养侠客，而刘秀却好稼穑佣耕，刘縯就经常讥笑他。一次到亲戚家做客，宾朋满座，贵客云集，其主义蔡少公精能图谶之学，述及谶语时说道："将来刘秀必为天下。"原来王莽的大臣刘歆精通谶文，故改名为刘秀，大家以为是大臣刘秀。谁知座上忽起笑声："怎见得不是仆呢？"大家回头一看，竟是刘縯的弟弟刘秀，不禁一阵哄堂大笑。

刘秀思虑谨密，言语不苟，与人相交，也不记小怨，喜怒哀乐不行于色，史书上曾称赞他为人"谨厚"。在他二十八岁的时候，王莽的"新政"很不得人心，加上天灾人祸，各地的农民纷纷起义，尤其是绿林，赤眉两支起义军，声势浩大，真可与王莽军一较高低。在这种风起云涌的形势下，刘秀借南阳一带谷物歉收，与兄刘縯谋划起义，得众七八千人。

刘秀起义后，逐渐与当地的其他起义军汇合，一度并入绿林军。公元23年二月，绿林军号召天下，立刘秀的族兄刘玄为帝，年号更始，绿林军的势力得到了迅猛的发展，以至王莽"一日三惊"。王莽纠集新朝主力约四十二万人，号称百万，派大司空王邑、大司徒王寻率领，直扑绿林军。刘秀等人放弃阳关，率部

退守昆阳。

汉光武帝刘秀像

昆阳守军只有八、九千人，敌人则连营百里，势力太过悬殊，有些人主张分散撤出，刘秀坚决反对，认为如果并力御敌，尚有保全的希望，如果分散突围，必被包围消灭。他亲自率领十三骑趁夜突出南门求救，他说服了定陵，郾城等地的起义军，亲率精兵数千人偷渡昆水，突袭敌人，使敌人手忙脚乱，阵脚不稳，终至大败。昆阳之战是中国军事史上以少胜多的光辉范例，也为起义军推翻新莽政权奠定了基础。

但不久起义军内部发生了分裂，刘秀的哥哥刘縯被杀。因为自打败了王邑、王寻的军队以后，刘縯、刘秀的威名日盛，这就遭到另一派起义军将领的嫉妒，加上刘绩当初曾反对立刘玄为帝，正好借此进谗，说刘縯不除，终为后患。刘玄懦弱无能，并无主张，便听了人言，准备伺机发动。刘玄借犒军之机，大会群将，刘縯在列，刘秀领兵在外，未得参与。刘玄见刘縯腰佩宝剑，故意说有些奇异，要他献上来观看。刘縯并无防备，把宝剑呈了上去。刘縯的部下见事情不对，暗为刘縯着急，其实刘玄也是想借刘縯献剑之机，说他行刺，以便拘捕。但刘玄手里拿着宝剑，却犹豫起来，欲杀刘縯的诸将忙使人献上玉玦，“玦”与“决”同音，仿效范曾催促项羽杀刘邦的故事，是催刘玄快点决断的意思，但刘玄还是没有下令逮捕刘縯。回去以后，刘绩和诸将谈起这件事，觉得刘玄无能，不足为虑，也就一笑作罢。

不久，刘玄要杀曾不同意立他为帝的将军刘稷，刘縯知道后，跑到刘玄面前据理力争，刘玄理屈词穷，不能作声，但有些将领则鼓动刘玄拿下刘演，刘玄的“拿”字刚一出口，刘縯即被人拿下，并立刻推出斩首。

刘秀当时正在父城，听到哥哥被杀，十分悲痛，大哭了一场，立即动身来到宛城，见了刘玄，并不多说话，只讲自己的过失。刘玄问起宛城的守城情况，刘秀归功于诸将，一点也不自夸自傲。回到住处，逢人吊问，也绝口不提哥哥被杀的事。既不穿孝，也照常吃饭，与平时一样，毫无改变，刘玄见他如此，反觉得有些惭愧，从此更加信任刘秀，并拜为破虏大将军，封武信侯。

其实刘秀因为兄长被杀而万分悲痛，此后数年想起此事还经常流泪叹息。但

他知道当时尚无力与平林、新市两股起义军的力量抗衡，所以隐忍不发。刘秀的这次隐忍，既保全了自己，又在起义军中赢得了同情和信赖，为他日后自立创造了一定条件。

等到起义军杀了王莽，迎接刘玄进入洛阳，刘玄的其他官属都戴着布做的帽子，形状滑稽可笑，洛阳沿途的人见了，莫不暗暗发笑。唯有司隶刘秀的僚属，都穿着汉朝装束。人们见了，都喜悦地说："不图今日复见汉官威仪。"于是，人心皆归刘秀。

刘玄定都洛阳以后，便欲派一位亲近而又有能力的大臣去安抚河北一带，刘秀看到这是一个发展个人力量的大好机会，便托人往说刘玄。刘玄同意了这个请求，刘秀就以更始政权大司马的身份前往河北。开始了扩张个人势力，建立东汉政权的活动。

当时的河北有三股势力，最大的是王郎，他自称是刘邦的后代，号召力很大，其次是王莽的残余势力，再次是铜马、青犊等农民起义军。刘秀在河北每到一地，必接见官吏，平反冤狱，废除王莽的苛政，恢复汉朝的制度。释放囚犯，慰问饥民。所做之事，均都顺应民心，因而官民喜悦。

当时，有一个叫刘林的人向他献计说："现在赤眉军在黄河以东，如果决河灌赤眉，那么百万人会成为鱼鳖了。"刘秀认为这样太过残忍，定会失去民心，就没有这样做。

刘秀初到河北之时，兵少将寡，地方上各自为政，无人听他指挥，虽能"延揽英雄，务悦民心，立高祖之业"，但毕竟没有大量军队。他为王郎所追捕，曾多次陷入窘境。后来，他逐渐延揽了邓禹、冯异、寇恂、姚期、耿纯等人才，又假借当地起义军的名义招集人马，壮大声势，并联合信都、上谷、渔阳等地的官僚集团，才算站住了脚。由于他实行"柔道"政策，服人以德，不以威，众人一旦归心，就较为稳定。

刘秀认为"柔能制刚，弱能制强"，他多以宽柔的"德政"去收揽军心，很少以刑杀立威，这一点，在收编铜马起义军将士时表现得最为突出。当时，铜马起义军投降了刘秀，刘秀就"封其渠帅为列侯"，但刘秀的汉军将士对起义军很不放心，认为他们既属当地民众，又遭攻打杀惊，恐怕不易归心。铜马义军的将士也很不自安，恐怕不能得到汉军的信任而被杀害。在这种情况下，刘秀竟令汉军各自归营，自己一个人骑马来到铜马军营，帮他们一起操练军士。铜马将士议论说："肖王（刘秀）如此推心置腹地相信我们，我们怎能不为他效命呢？"刘秀直到把军士操练好，才把他们分到各营。铜马义军受到刘秀的如此信任，都亲切地称他为"铜马帝"。

在消灭王郎以后，军士从王郎处收得了许多议论刘秀的书信，如果究查起来，会引起一大批人逃跑或者造反。刘秀根本连看都不看，命令当众烧掉，真正起到了"令反侧子自安"的效果，使那些惴惴不安的人下定决心跟刘秀到底。

公元25年，刘秀势力十分强大，又有同学自关中捧赤伏符来见，说刘秀称帝这是“上天之命”，刘秀便在诸将的一再请求下称帝，年号建武。称帝之后，便是和原来的农民起义军争夺天下，此时，他仍贯彻以柔道治天下的思想，这对他迅速取得胜利起到了很大的作用。

刘秀轻取洛阳就是运用这一思想的成功范例。当时，洛阳城池坚固，李铁、朱鲔拥兵三十万，刘秀先用离间计，让朱鲔刺杀了李轶，后又派人劝说朱鲔投降。但朱鲔因参与过谋杀刘縯，害怕刘秀复仇，犹豫不决。刘秀知道后，立即派人告诉他说：“举大事者不羽小怨”，朱鲔若能投降，不仅决不加诛，还会保其现在的爵位，并对河盟誓，决不食言。朱鲔投降后，刘秀果然亲为解缚，以礼相待。

刘秀极善于调解将领之间的不和情绪，绝不让他们相互斗争，更不偏袒。贾复与寇徇有仇，大有不共戴天之势，刘秀则把他们叫到一起，居间调和，善言相劝，使他们结友而去。对待功臣，他决不遗忘，而是待遇如初。征虏将军祭遵去世，刘秀悼念尤勤，甚至其灵车到达河南，他还“望哭哀恸”。中郎将来歙征蜀时被刺身死，他竟乘着车子，带着白布，前往吊唁。刘秀的这种发自内心的真诚，确实赢得人心。

刘秀实行轻法缓刑，重赏轻罚，以结民心。他一反功臣封地最多不过百里的古制，认为“古之亡国，皆以无道，未尝闻功臣地多灭亡者”。他分封的食邑最多的竟达六县之多。至于罚，非到不罚不足以毖后时候才罚，即便罚，也尽量从轻，绝不轻易杀戮将士。邓禹称赞刘秀“军政齐肃，赏罚严明”，不为过誉。在中国历史上，往往是“高鸟尽，良弓藏；狡兔尽，走狗烹；敌国灭，谋臣亡”，但唯独东汉的开国功臣皆得善终，就这一点，就足以说明刘秀“柔道”治国的可取性。

刘秀在称帝之前就告诫群臣，要“在上不骄”，做事要兢兢业业，如履薄冰，如临深渊，日慎一日，等等。在后来的岁月里，刘秀一直始终如一地自戒戒人，这种用心良苦的告诫，虽不能根本上扭转封建官场的习气，但毕竟起了一定的作用。当时军中武将多好儒家经典，就是很好的证明。

莫说“洪洞县里无好人”，封建官场虽是一片漆黑，但毕竟还会偶尔闪现出一两个良心未泯的人物，就是这些凤毛麟角的人物，已足以使我们兴奋不已。

“柔道”也属治人之术，但毕竟和虚伪、狡诈有本质的区别，因为后者已不是“术”，而是个人的道德品质问题了。如果连这样的“术”也否定了，那就陷入“文革”期间的“清官比赃官还坏”的荒谬逻辑。

刘秀“柔道”兴汉，少杀多仁，不论是军事、政治，还是外交等方面都治理得很好。曹操以奸诈成功，刘秀以“柔道”而夺天下，这难道不给我们提供了一个有益的启示吗？看来，儒道理论并非迂腐之学，只要运用得当，完全可以比别的方法更有效，更好。只是千百年来，儒、道之学在这方面的光辉，已被凶

残狡诈的人性给掩盖涂篡得不成样子了！

项羽乌江之刎

秦末，陈胜、吴广领导的农民起义失败后，刘邦、项梁共立原楚国王孙为楚怀王，继续进行讨秦战争。后来，项梁战死。楚怀王召集文武大臣共商灭秦大计，做出了分两路大军由彭城（今江苏徐州）西进，彻底捣毁秦王朝统治的战略决策。其中，起义军主力由宋义、项羽率领，而刘邦则负责统领本部人马及项梁、陈胜的余部。楚怀王与众将约定"先入定关中者王之"。

在攻打关中的战役中，刘邦率军首先攻进关中，项羽落在其后。由于有"先人定关中者王之"之约，为争王位，项羽在鸿门设宴招待刘邦，以便借机将其除掉。而刘邦早已看出项羽的目的但又深知项羽的势力强大，硬拼只能自取灭亡，因此只能忍辱求生，以图日后东山再起。

项羽设宴招待刘邦，刘邦则装出一副奴才相，说尽了恭维话，信口胡诌地大表忠心。刘邦说："我和将军共同努力，起兵攻秦。您在河北激战，我从河南进兵。我能侥幸先行入关，是大出意料的，所以美女财宝概不敢收，军队也未敢进城，专等将军的到来，听候您的号令。现在有人挑拨，是想破坏我们兄弟关系啊！望将军明察。"项羽听了这些话，早已将擒杀刘邦之心丢到脑后。范增多次暗示项羽下令动手，但项羽佯装不知。不得已，范增又令项庄以舞剑为名，伺机行刺。但项伯也随即拔剑而起，名为与项庄对舞，实际上却以身掩护刘邦，使得项庄始终无隙可乘。在此紧要关头，张良暗中告诉一勇将樊哙入内保护刘邦。一会儿，刘邦借上厕所之机，骑上一匹马，在樊哙等四名亲信的保护下，抄小路溜回了霸上。

刘邦在鸿门宴上的"走"，可谓狼狈之极，忍让之极。但是，正是因为他受得了、做得到这些，才在后来赢得了黄袍加身的荣幸之至。

刘、项相争，项羽胜多负少。可怜刘邦总是灰溜溜的，有时甚至如丧家之犬，被打得东躲西藏。但狗有狗的长处，忍得了万般欺凌。鸿门宴的忍让算是一例，而在此后的多次交战中，刘邦又有好几回损兵折将、落荒而逃。幸好他是"走"的专家，不把失败当回事，败了就走，走了又来。虽则落了一个"市侩小人"的骂名，但最后终成大业，成为一代开国帝王。号称西楚霸王的项羽不可谓不是一个大英雄，他曾因一怒之下坑杀过20万降卒，也曾因怜弱惜孤而不忍列阵。战场上，他叱咤风云，令敌兵闻风丧胆；情场上，他柔情似水，叫美人委身相随。项羽敢怒敢喜、敢恨敢爱，真是一个地道的男人中的男人！可惜，这个伟丈夫也有一丝缺陷，他能胜不能败、能进不能退，身上少了那么点"忍"劲。这一点缺陷，竟铸成了他惨败的悲剧！

最后，在乌江边，项羽的骑士死光了，汉军团团围住他，却难以近前。项羽

仰天长笑，横刀上颈，结束了自己的生命。一位汉将割下他的头，其他汉兵争先恐后地割他的肉，以便回去向刘邦领赏。

可怜一代霸王就这样完结了。诗人李清照十分赞赏项羽的英雄气魄，写诗赞道：

生当为人杰，死亦为鬼雄，
至今思项羽，不肯过江东。

但是，从成就大业的实用角度来说，项羽以无颜见江东父老为由不肯过江东，拼死疆场，实乃下下之策。倘若他听了乌江亭长的话，忍一时之败逃回江东，学学刘邦的“走”字功夫，保全性命，那天下江山属谁，就无法预测了。

海瑞“过刚”不获重用

就性质而言，刚柔即阴阳，刚为阳，柔为阴，为事物的两面，阳刚显于外，阴柔蕴于内，既相互对立又相互依存；彼此保持均衡是常态，一旦失去均衡，事物就会发生变化。

过柔即驯顺无骨，人则不立，曾国藩一生功名，“毁于津门”就是过柔。

过刚即挺然独立，事则不远，海瑞就是因为过刚，而一生坎坷，不获重用。

海瑞，字汝贤，琼州府琼山县人。嘉靖二十八年（1549），试中举人。次年进入京城，即向朝廷上《平黎策》，希望开道立县、以安定乡上。此策传诵一时，有见识的人读后大加称赞。

后来，授闽南平县教谕。有御史来到学校视察，主管学校的官吏都跪在地上谒见，独有海瑞挺立而行长揖礼。并说：“参谒台臣应当注意礼节。这是学宫明伦堂，是师长教授学生的地方，不应当屈身下跪。”后来，升浙江严州府淳安县知县。他穿布袍，吃糙米，令家中老仆种菜自给。

总督胡宗宪的儿子路过淳安县时，因驿站供应不完备而发怒，并把驿吏倒悬起来。海瑞说：“过去胡公巡查部属，命令他所经过的地方不要摆设酒食和帐幕等物。今天来人行装富足，必定不是胡公儿子。”因而下令把胡公子袋子里面的黄金数千两全数纳入公库里，并将此事告诉了胡宗宪。但胡宗宪也无可奈何。

鄢懋卿以都御史总理盐政，巡视部属经过淳安县时，供应菲薄，海瑞高声直言淳安小县，不能容纳车马。鄢懋卿很愤怒，然而素来听说海瑞的名声，只得收敛威风离去。

当时明世宗在位已久，不临朝听政，深居西苑，一心一意设道场祈祷神佛。朝廷大臣自杨最、杨爵抗疏直谏获罪后，没有人敢于议论当朝政事。唯独海瑞敢直言上疏，说：“天下人皆认为陛下不称职”。

世宗收到海瑞的奏章后，压不住心头怒火，把奏折扔到地上，对左右侍臣说："赶快捉拿海瑞，别让他跑了。"宦官黄锦在旁边说："这个人素常有无知狂乱的名声。听说他上疏时，自己知道冒犯皇上定当死罪，就买了一口棺材，诀别妻子，等待朝廷问罪，家中僮仆也都奔走离散而没有留下一个人，看来他是不准备逃走的。"皇帝因而将奏章留下，数月不做批示。

适逢世宗有疾病，烦闷不乐，召阁臣徐阶商议内禅帝位一事，对他说："海瑞所说的话，都是正确的。这个人可与殷纣王时的比干相比拟，但朕不是殷纣王罢了。朕如今病得久了，哪里能临朝听政。"又说："朕没有谨慎珍惜，才招致如此窘困境地。但朕若从西苑出去，返回大内，不就等于接受了此人的辱骂吗?"于是手批海瑞奏章"谩主毁君"，将海瑞逮捕入狱，并追究主使者。不久，移交刑部，拟定死罪。但刑部议罪奏章仍然留在世宗身旁，没做批示。户部司务何以尚估计皇帝没有处死海瑞的意思，便上疏请求释放海瑞。世宗大怒，诏令锦衣卫把他杖打百下，枷锁狱中，昼夜拷打审讯。过了两个月，世宗死去，穆宗即位，海瑞、何以尚一并获释。

世宗初死时，朝廷外百官大多数人不知道。刑部主事听到了消息，认为海瑞将来会被重用，就摆设酒食款待海瑞。海瑞怀疑要赴西市刑场，便恣意吃喝，无所顾忌。刑部主事贴近海瑞耳旁，密告说："嘉靖皇帝刚刚死去，先生如今就要出狱大用了。"海瑞闻听，大声痛哭，把刚吃的东西完全吐了出来，昏厥在地上，醒后终夜哭不绝声。后海瑞获释，恢复原来官职。不久，改任兵部武库司主事。翌年（1567）初，擢尚宝司司丞，调任大理寺右丞。

海瑞历官两京通政使司左、右通政。隆庆三年（1569）夏，升都察院右副都御史，总理粮储提督军务，兼巡抚应天十府，治所在苏州。所管属的官吏都畏惧他的威望，贪墨不廉洁的人大多自己弃官而去。有权势人家的大门本来漆成赤红色，现在听说海瑞来到，就改漆成黑色。监督织造的宦官，也减少了抬轿和侍从的人役。

海瑞令下如暴风那样疾速猛烈，所属官吏怀着恐惧心情遵照执行，豪强中有能力的人甚至逃窜到别的郡县躲避起来。而奸诈的人大多乘机揭发人家的隐私，世家大族大姓时常有被诬告蒙受冤屈的。海瑞又减省驿站传递公文、转运货物或官员过往休息等项的冗费。因而，居官任职的人出差到这里，都得不到安排，由此而怨恨海瑞的人颇多。

都给事中舒化，上疏论责海瑞迟滞而不明白政体，应该以南京清闲的官职安置他。不久，给事中戴凤翔也上疏弹劾海瑞庇护奸诈的人，欺凌有权势的官僚地主，猎取名誉而败坏政治，等等。于是，海瑞被改任督南京粮储，但不半年就被免职。后海瑞到云南赴任，但适逢高拱被召用主掌吏部，而高拱平素怨恨海瑞，故将海瑞职务合并到南京户部，于是海瑞称病辞官，返归乡里。

万历初年（1573），张居正执掌国事，他也不喜欢海瑞，更令巡按御史去查访海瑞。御史来到琼山县深山里巡视，海瑞杀鸡为黍，与御史相对而食，御史见居室内冷落凄切，非常寒素，便叹息离去。张居正因畏惧海瑞严峻刚直，所以尽管朝廷内外诸臣上疏举荐，他始终不予召用。

神宗屡次想要召用海瑞到北京任职，只是因主执国事大臣暗中阻止未成，后海瑞被升为南京都察院右都御史。南京都察院诸官平素苟且怠惰，海瑞以身作则，清廉无私，因而得罪了诸官，他们纷纷上疏诽谤海瑞。海瑞也屡次上疏请求退休，但神宗慰勉留任，不允去职，万历十五年（1587），海瑞死于南京职守。海瑞平生治学，以刚为主，因而自号刚峰，天下人称他为刚峰先生。

楚归晋知罃

春秋战国时期“楚归晋知罃”的故事十分著名，其原因就在于知罃能够不卑不亢、外柔内刚地对待楚王。当时，晋国人把从楚国那里俘虏来的楚国公子及楚国大臣的尸首交给了楚国，希望能够换回包括知罃在内的晋国战俘，楚王答应了。在送别知罃的时候，楚王问道：“你怨恨我吗？”知罃回答说：“两国交战，我没有才能，不能胜任自己的职务，所以做了俘虏。君王的左右没有用我的血来祭鼓，而让我回国去接受杀戮，这是君王您的恩惠。我确实没有才能，又能怨恨谁呢？”

楚王又问道：“那么，你反而要感激我吗？”知罃回答说：“两国各为自己的百姓打算，希望能让老百姓平安，各自抑制住愤怒，互相原谅。两国都解放各自的战俘，以结成友好。我又能感激谁呢？”

楚王又问：“你回去以后，用什么来报答我呢？”知罃说：“我没有什么怨恨，也没受大王的什么恩德，我不知道该报答什么？”

楚王说：“即便是这样，你也要告诉我些什么。”知罃不卑不亢地说：“好吧！托君主的福，作为囚犯，我能回到晋国，我的国君如果杀了我，我死而不朽。如果由于君王的恩而赦免了我，或是君王同意把我杀掉祭祀祖先，那我也死而不朽。如果蒙君王恩宠，再让我承袭原职，按次序担任晋国的政事，率领一部分军队驻守边城，即使遇到楚国的文武官员，我也不会违反礼仪，不会有二心，只好竭尽全力，尽做臣子的本分。如果说有报答的，这就是我要报答大王的。”

楚王听了这番话，知道不能折服他，就对大臣们说：“晋国的臣子真是无法争取啊！”于是，楚王用隆重的礼节把知罃送回了晋国。

楚王对知罃的这番谈话，大概有两个意图，一是想找个空子折辱晋国的战俘，一是想留下一些后路，为将来的楚、晋作战争取晋国的人心。但知罃始终不亢不卑，据实而答。逐次回驳，弄得楚文王灰头土脸又无可挑剔，最后只好以礼相送。知罃的这种以柔为主、柔中寓刚的答辩成为千古名论。

“刚柔”心语

【原文】

余昔年尝慕古文境之美者，约有八言：阳刚之美曰雄、直、怪、丽，阴柔之美曰茹、远、洁、适。蓄之数年，而余未能发为文章，略得八美之一以副斯志。是夜，将此八言各作十六字赞之，至次日辰刻作毕。附录如左：

雄：划然轩昂，尽弃故常；跌宕顿挫，扪之有芒。

直：黄河千曲，其体仍直；山势若龙，转换无迹。

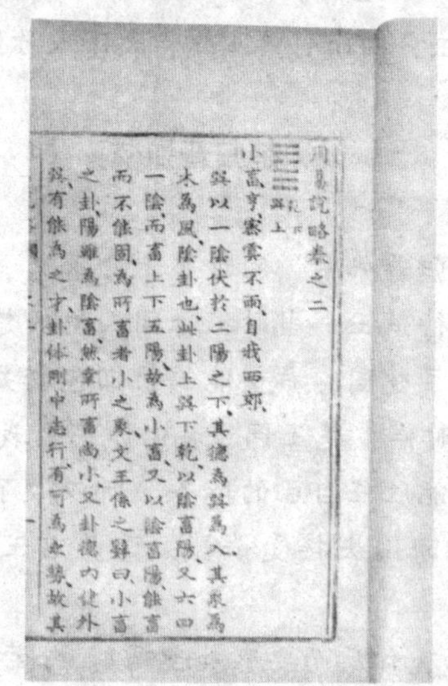

周易說略卷之二

小畜亨密雲不雨自我西郊

巽以一陰伏於二陽之下其德爲巽爲入其象爲

木爲風陰卦也此卦上巽下乾以陰畜陽又六四

一陰而畜上下五陽故爲小畜又以陰畜陽能畜

而不能固爲所畜者小之象文王係之辭曰小畜

之卦陽雖爲陰畜然[illegible]所畜尚小又卦德內健外

巽有條爲之才卦體剛中志行有可爲之勢故其

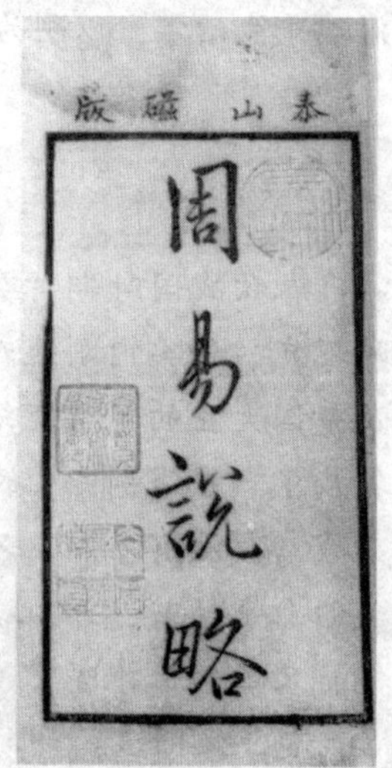

泰山磁版

周易說略

《周易说略》书影

怪：奇趣横生，人骗鬼眩；《易》《玄》《山经》，张韩互见。

丽：青春大泽，万卉初葩；《诗》《骚》之韵，班扬之华。

茹：众义辐凑，吞多吐少；幽独咀含，不求共晓。

远：九天俯视，下界聚蚊；寤寐周孔，落落寡群。

洁：冗意陈言，类字尽芟；慎尔褒贬，神人共监。

适：心境两闲，无营无待；柳记欧跋，得大自在。

【译文】

我往年曾经很羡慕古文美好的境界，大约有八方面：阳刚之美有：雄、直、怪、丽，阴柔之美有茹、远、洁、适。经过数年，我也没能写出具有此八美的文章以偿我的志向。这天夜晚，将这八美各写十六个字，以阐述其意，到次日凌晨完毕。附录如下：

雄：划然轩昂，尽弃故态；跌宕顿挫，光芒四射。

直：黄河千曲，终归大海；山势蜿蜒，转换无迹。

怪：奇趣横生，人骇鬼惊；有《周易》《老子》《山海经》之深奥玄怪，有张华、韩愈怪怪奇奇之风。

丽：有如初春碧水如蓝，万花初放；有《诗经》《离骚》之神韵，有班固、扬雄之文采。

茹：义理丰富，文意含蓄；孤芳自赏，不求众人共晓。

远：高踞九天，俯瞰大地，众物有如蚊蚁；与周公孔子神交，落落寡合。

洁：尽删冗意陈言，不蔓不枝；不妄加褒贬，神人共察。

适：描景抒情，恬淡闲适，不求名利；柳宗元的山水游记和欧阳修的跋序之文，得此境界。

【原文】

作字之道二者并进，有著力而取险劲之势，有不著力而得自然之味。著力如昌黎之文，不著力如渊明之诗，著力则右军所称如锥画沙也，不著力则右军所称如印印泥也。二者缺一不可，亦犹文学家所谓阳刚之美阴柔之美矣。甲子五月。

【译文】

写字的方法应二者并进，这二者即用力与不用力。用力地书法家取险劲之势，不用力的书法家得自然之味。用力者好像韩愈的文章，不用力者如陶渊明的桃源诗篇，用力就是王羲之所说的像用锥子画沙子一样，不用力就是王羲之所说的像印印泥一样。二者缺一不可，这就好比文学家所说的阳刚之美与阴柔之美。同治三年五月。

【原文】

作字之道刚健婀娜缺一不可。余既奉欧阳率更、李北海、黄山谷三家以为刚健之宗，又当参以褚河南、董思白婀娜之致，庶为成体之书。辛酉十月。

【译文】

书法之道，刚劲和柔美两种因素都是不可缺少的。我一方面推崇欧阳询、李邕、黄庭坚三位书法家，把他们当作书法的刚劲风格的宗祖，在书写时又参考褚遂良、董其昌的柔美韵致，差不多自成一体了。咸丰十一年十月。

【原文】

弟当此百端拂逆时，又添此至交龃龉之事，想心绪益觉难堪，然事已如此，亦只有逆来顺受之法，仍不外悔字诀、硬字诀而已。

朱子尝言：悔字如春，万物蕴蓄初发；吉字如夏，万物茂盛已极；吝字如秋，万物始落；凶字如冬，万物枯凋。又尝以元字配春，亨字配夏，利字配秋，贞字配冬。兄意贞字即硬字诀也。弟当此艰危之际，若能以硬字法冬藏之德，以悔字启春生之机，庶几可挽回一二乎？

【译文】

兄弟你正处在百事不顺的时候，又添加了至交好友矛盾的事情，想必心绪难堪不安。但是事情已经这样了，也只有面对现实，逆来顺受了，仍然不外乎坚持一个“悔”字、一个“硬”字的秘诀。

朱熹曾经说过；悔字就像春天，可以使万物复苏萌发；吉字就像夏天，可以使万物茂盛达到极点；吝字就像秋天，可以使万物萧条零落；凶字就像冬天，可以使万物枯死凋零。朱熹又经常把“元”字和“春”字相配，“亨”字和“夏”

字相配，“利”字和“秋”字相配，“贞”字和“冬”字相配。我认为“贞”字就是“硬”字。兄弟你在这艰难危机之时，如果能以“硬”字去效法“冬”藏之德行，以“悔”字去启开“春”天之生机，不就可以挽回一些损失了吗？

【原文】

提镇副将，官阶已高，苟非有叛逆之实迹实据，似不必轻言正法。如王清泉，系克复金陵有功之人，在湖北散营，欠饷尚有数成未发。既打金陵，则欠饷不清，不能全归咎于湖北，余亦与有过焉。因欠饷不清，则军装不能全缴，自是意中之事。即实缺提镇之最可信为心腹者，如萧孚泗、朱南桂、唐义训、熊登武等，若有意搜求，其家亦未必全无军装，亦难保别人不诬之为哥老会首。余意凡保至一、二、三品武职，总须以礼貌待之，以诚意感之。如有犯事到官，弟在家常常缓颊而保全之，即明知其哥老会，唤至密室，诚切劝谕，令其自悔，而贷其一死。惟柔可以制刚狠之事，惟诚可以化顽梗之民。即以吾一家而论，兄与沅弟带兵，皆以杀人为业，以自强为本；弟在家，当以生人为心，以柔弱为用，庶相反而适以相成也。

【译文】

提督、总兵、副将，官阶已高，如果没有叛逆的实际行为、确凿的证据，似乎不能轻易地说什么正法。比如王清泉，本来是攻克金陵的有功之人，在湖北被遣散，拖欠他的银两还有几成没有发给。既然参与攻打金陵，那么拖欠饷银还没有结算清楚，就不能完全归罪于湖北，我也是有过失的。因为拖欠饷银还没能结清，则军装不能全部上缴，自然也是意料中的事情。就是现任提督、总兵中最为可信、可视作心腹的人，如萧孚泗、朱南桂、唐义训、熊登武等人，如果有意搜求，他们家中也不一定没有军装，也难保别人不会指证他们是哥老会首领。我以为凡是保举到一、二、三品的武职官员，总应该以礼待他们，以诚意感动他们。如果有人犯事，事情闹到官府，老弟在家时也常常代人说情而保全他们。就是明明知道他加入哥老会，也可以召他密室之中，恳切地劝说，让他自首悔过而免他一死。只有柔才能克制刚狠之气，只有诚恳才能感化顽固强硬的百姓。就拿咱们一家来说，为兄与沅弟在外带兵打仗，以杀敌为业，应以自强为本。而弟弟你在家里，应该以救人为本，以柔弱为用，大约可以相反相成吧。

【原文】

文章阳刚之美莫要于慎、涌、直、怪四字。阴柔之美莫要于忧、茹、远、洁四字。惜余知其意而不能竟其学。癸亥九月。

【译文】

文章的阳刚之美以慎、俑、直、怪四字最为重要。阴柔之美以忧、茹、远、洁四字最为重要。可惜我只知道其中的意思，却不能彻底地掌握这种学问。同治二年九月。

【原文】

尔禀气太清。清则易柔，惟志趣高坚，则可变柔为刚；清则易刻，惟襟怀闲远稍涉柔弱也。教汝读书须具大量，看陆诗以闲适之抱，恐其陨涉刻薄也。尔天性淡于荣利，再从此二事用功，则终身受用不尽矣。

【译文】

你来信说你的气质太清。气质清了就容易变柔，唯有志趣高坚，就可以把温柔的性格变为刚强；气质清顺容易对人刻薄，唯有胸怀博雅闲适，就可以把对人刻薄变为忠厚。我写信给你讲谨慎刚烈，目的就是担心你秉性稍微柔弱了点。教你读书就是要求你读万卷书，看陆诗用来正确引导清闲安逸的抱负，恐怕你稍微染上刻薄的气质。你天性把荣誉利禄看得淡薄，再从刚柔这两方面下些功夫，那么就终身受用不尽了。

卷四　廉矩

经文释义

【原文】

翰臣方伯廉正之风，令人钦仰。身后萧索，无以自庇，不特廉吏不可为，亦殊觉善不可为。其生平好学不倦，方欲立言以质后世。弟昨赙之百金，挽以联云："豫章平寇，桑梓保民，休讶书生立功，皆从廿年积累立德立言而出；翠竹泪斑，苍梧魂返，莫疑命妇死烈，亦犹万古臣子死忠死孝之常。"登高之呼，亦颇有意。位在客卿，虑无应者，徒用累欷。韩公有言："贤者恒无以自存，不贤者志满气得。"盖自古而叹之也。

【译文】

翰臣方伯廉洁清正的作风，令人钦敬仰慕。但是死后家境萧条败落，无法庇护家人，这使人觉得不仅是清廉的官吏不能学做榜样，甚至善良的事情也没必要做。他一生好学不倦，正打算著书立说流传后世，却不幸去世。我昨天送了百两纹银帮助他办丧事，又做了一副对联悼念他："豫章平寇，桑梓保民，体讶书生之功，皆从廿年积累立德立言而出；翠竹泪斑，苍梧魂返，莫疑命妇死烈，亦犹万古臣子死忠死孝之常。"我这样站出来大声呼吁，颇有号召众人学习的意思。但我只是处于客卿的位置，估计无人响应，所以只好独自反复感叹不已。韩愈曾经说过："贤德的人经常无法维持自身生活，无德的人却志得意满，不可一世。"这也是自古以来人们对这种情形的叹息呀！

【原文】

古之君子之所以尽其心、养其性者，不可得而见；其修身、齐家、治国、平天下，则一秉乎礼。自内焉者言之，舍礼无所谓道德；自外焉者言之，舍礼无所谓政事。故六官经制大备，而以《周礼》名书。春秋之世，士大夫知礼、善说辞者，常足以服人而强国。战国以后，以仪文之琐为礼，是叔齐之所讥也。荀卿、张载兢以礼为务，可谓知本好古，不逐乎流俗。近世张尔岐氏作《中庸论》，凌廷堪氏作《复礼论》，亦有以窥见先王之大原。秦蕙田氏辑《五礼通考》，以天文、算学录入为观象授时门；以地理、州郡录入为体国经野门；于著书之义例，则或驳而不精；其于古者

经世之礼之无所不该，则未为失也。

【译文】

古代的君子是如何竭尽心力修德养性的，我们是不能看到了；但他们修养身心、管理家庭、治理国家、平定天下，却都秉持礼法。从内部说，舍弃了礼法就谈不上道德；从外部说，舍弃了礼法就无法协理政务。所以六卿之官设置完备，记录典籍以《周礼》做书名。春秋时代，士大夫中通晓礼法、擅长游说辞令的人，常能说服众人，实现自己的主张，因而使国家强盛。但是战国以后，将仪式的华美琐碎当作礼法，是叔齐所讥讽的虚有其表。荀卿、张载小心谨慎地以礼为实务，可称得上知晓根本，喜好古风，不追逐流俗啊！近代张尔岐作《中庸论》、凌廷堪作《复礼论》，也可以从中看到先王教化原貌的佳处。秦蕙田编辑《五礼通考》，把天文、算学录入授时门一类，把地理、州郡录入体国经野门一类。这样做，对于著书的意义和条例来说，就有些繁杂不精，但该书对古代经营世事的礼法则全部具备了，所以也说不上有什么失误。

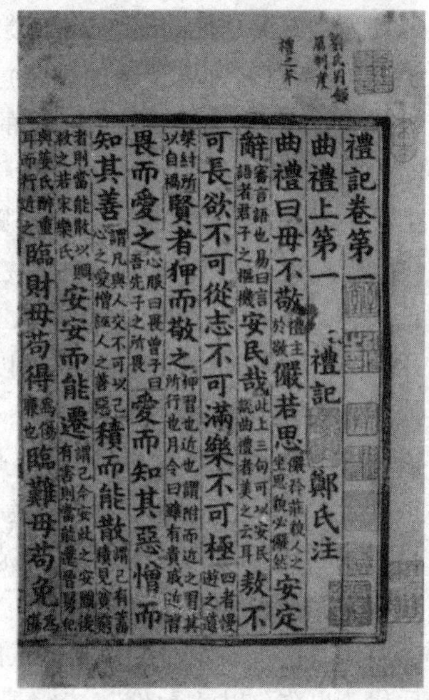

禮記卷第一

曲禮上第一 禮記 鄭氏注

曲禮曰毋不敬儼若思安定辭安民哉敖不可長欲不可從志不可滿樂不可極賢者狎而敬之畏而愛之愛而知其惡憎而知其善積而能散安安而能遷臨財毋苟得臨難毋苟免

《礼记》书影

【原文】

崇俭约以养廉。昔年州县佐杂在省当差，并无薪水银两。今则月支数十金，而犹嫌其少。此所谓不知足也。欲学廉介，必先知足。观于各处难民，遍地饿莩，则吾人之安居衣食，已属至幸，尚何奢望哉？尚敢暴殄哉？不特当廉于取利，并当廉于取名。毋贪保举，毋好虚誉，事事知足，人人守约，则可挽回矣。

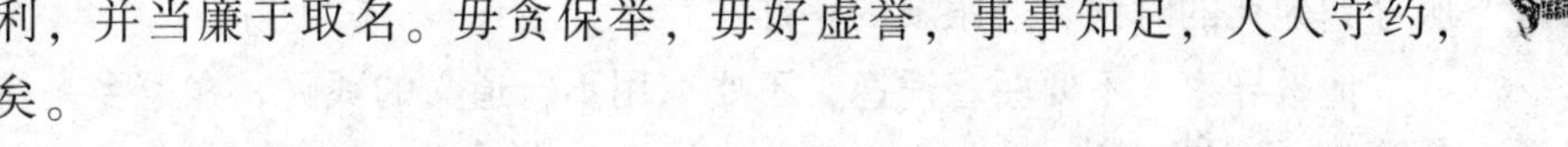

【译文】

崇尚节俭可以用来培养廉洁之风。过去，州县的佐官杂员在省城任职办事，国家没有薪水银两。如今，每月可领到数十两银子还嫌给得太少，这就是所谓的不知足呀！要想学习廉洁正直，必须先知足。看到各处的难民，遍地都是饿死的人，而我们却衣食无忧、住行不缺，已属万幸了，哪里还有什么奢望呢？哪里还敢任意糟蹋东西呢？不仅应当正当地获得利益，还要正当地赢得名誉。不要贪图向上保举获得功劳，不要贪图虚浮不实的名誉。事事知满足，人人守纪律，那么正当的风气就可挽回了。

智慧通解

从古至今，为官者茫如群星，但是为官不贪的却寥寥无几。曾国藩就是为数不多的廉洁官员之一。

为官不贪是曾国藩对自己最基本的要求。曾国藩的祖父曾对曾国藩的父亲说："虽然宽一（曾国藩的乳名）点了翰林，但我家仍靠作田为业，不可靠他吃饭。"曾国藩将这番话作为一生的训示，他说："我从三十岁开始，便以做官发财为耻辱，以官宦公饱私囊、为子孙聚敛财富为耻、为羞。因此我立下誓言：此生决不靠做官发财、为后人敛集财富。神明作证，我绝不食言！"

曾国藩初办团练，便标榜"不要钱、不怕死"。他写信给湖南各州县公正绅耆说：自己感到才能不大，不足以谋划大事，只有以"不要钱，不怕死"六个字时时警醒自己，见以鬼神，无愧于君父，借此来号召乡土的豪杰人才。曾国藩当然不是苦行僧，"不要钱"指的是不贪，不要非分之钱。他说："不贪财，不失信，不自是，有此三者，自然鬼伏神钦，到处受人敬重。"又说，一般的人，都不免稍稍贪钱以肥私囊。我不能禁止他人的贪取，只要求自己不贪取。我凭此示范下属，也以此报答皇上厚恩。"不贪财、不苟取"，这就是曾国藩的信条。

他一生行事也确实如此。正因为不爱钱，所以他谆谆以"勤俭"二字训诫后代，也孜孜以"勤俭"二字严律自己。他终身自奉寒素，过着清淡的生活。他所自傲的，是这一生的确做到未动用军中财物，没有贪污军中粮饷。

他对儿子纪泽说，我做官二十年，不敢沾染官宦习气，吃饭住宿，一向恪守朴素的家风，俭约可以，略略丰盛也可以，过多的丰盛我是不敢也是不愿的。他早起晚睡，布衣粗食。吃饭，每餐仅一荤，非客至，不增一荤。他当了大学士后仍然如此，故时人诙谐地称他为"一品宰相"。"一品"者，"一荤"也。他三十岁生日时，缝了一件青缎马褂，平时不穿，只遇庆贺或过新年时才穿上，这件衣服穿到他死的时候，还跟新的一样。

他教导家人不要骄奢淫逸，不要取用不合道义的钱财。在家乡主持家政的是他的四弟澄侯，曾国藩曾经写信给他，指出家中诸人过于奢华，动不动就座四抬大轿，招摇过市，影响很不好，并且也为子孙们埋下了骄横贪逸的种子，要求他们应当常存谨慎朴素的思想，不要追求奢靡和享受。

虽然在外做了大官，但是他并未给家中寄回太多钱财。"荫亭归，余寄百五十金还家，以五十周济宗族。此百金恐尚不敷家用，军中银钱，余不敢妄取丝毫也。名者，造物所珍重爱惜，不轻以与人者。余德薄能鲜，而享天下之大名，虽由高曾祖父，累世积德所致，而自问总觉不称，故不敢稍涉骄奢。""农夫织妇，终岁勤动，以成数石之粟，数尺之布，而富贵之家终岁逸乐，不营一业，而食必珍馐，衣必锦绣……此天下最不平之事，鬼神所不许也，其能久乎？"只有勤俭的人家方能家运长久，不至于很快颓败。

咸丰十一年（1861）八月光复安庆，同治皇帝初立，着意笼络曾国藩，加官晋爵，命曾国藩节制苏、皖、赣、浙四省，东南精华地区都在曾国藩的号令之下。这时曾国藩的妻子欧阳夫人带着小女儿曾纪芬由湘乡老家赶到安庆与曾国藩团聚，彭玉麟特地准备了一艘十分考究的巨船，用素绢装饰船舱四壁，亲自绘上梅花，前去迎接，时人号称："长江第一船"。被曾国藩知道了，对彭玉麟大加责备，下令毁掉那只船。

曾国藩像

曾国藩的女儿和夫人与他一同住在江宁两江总督府时，他规定她们白天下厨做饭菜，夜晚纺纱织麻，一直到深夜，而且天天如此。他的朋友也曾说过，曾氏任两江总督期间，其夫人欧阳氏与长媳刘氏每夜纺棉纱，不达四两不休息。

同治年间，曾国藩虽已出将入相，且年近垂暮，却依然在"俭"字上针砭自己。

同治十年（1871）十一月二十二日，曾国藩移居新翻修的总督衙署，他到署西的花园游览，花园修工未毕，正在赶办。游观后，他感慨地写道："偶一观玩，深愧居处太崇，享用太过。"如果说，曾国藩小时候生活在湖南偏僻的山村，勤俭持家，是能够做到的，那么，当他权倾天下，显赫一时，仍不忘勤俭，居安思危，这种远见卓识与坚忍的毅力，则是常人不易做到的。直到晚年，曾国藩克己求过，严以自律，仍不稍宽。他曾说："念吾平日以'俭'字教人，而吾近来饮食起居殊太丰厚。昨闻隗时若将军言，渠家四代一品，而妇女在家并未穿着绸缎软料。吾家妇女亦过于讲究，深恐享受太过，足以折福。余盖屋三间，本为摆设地球之用，不料工料过于坚致，檐过于深，费钱太多，而地球仍将黑暗不能明朗，心为悔慊。余好以'俭'字教人，而自家实不能俭。傍夕与纪泽谈，令其将内银钱所财目经理，认真讲求俭、约之法。人而不勤。则万事俱废，一家俱有衰象。余于三四月内不治一事，于居家之道，大有所悖，愧悖无已！"

曾国藩这种勤求廉矩的精神实在是一般人所不可及的。

【经典实例】

包拯清正廉明

中国几千年的历史中，确也有一些统御者，以清廉、公正、无私为本，以廉生威，拨乱反正造福一方，赢得人民的信赖。历史上的包拯就是其中之一。他一生清廉俭朴。史书说，包拯后来做了大官，地位虽高，可是穿的衣服，用的器具、吃的东西，都和他布衣时没什么两样。据说他被任命陕西转运使后，本该穿绘有新等级标志的“章服”上任，以示尊荣，他倒好，穿着原来的衣服就去了。宋仁宗听说此事，十分赞赏，特地派人骑快马去追包拯，把三品图纹的章服授给包拯。端州盛产砚石，早在隋唐之际，端砚即负盛名。历任官员在向朝廷交纳砚台时，都要借机向民勒索，额外增加数量，结果百姓怨声载道，不堪重负，包拯到任后，一改旧习，命砚工按进贡数制作，自己一块不留，深受百姓欢迎。包拯离任时，砚工特精制一方好砚赠送给他作为纪念，他婉言谢绝，“不持一砚归”。包拯一生如自己所言：“清心为治本，直道是身谋”。晚年时为教育后代，留下遗训：“后世子孙仕宦有犯赃滥者，不得放归本家，亡殁之后，不得葬于大茔之中。不从吾志，非吾之孙。”

包拯以清正廉明为本，逐渐形成巨大威势，史书记载：“贵戚宦官为之敛手，闻者皆惮之。”人以包拯笑比黄河清，童稚妇女，亦知其名，呼曰：“包待制”。当时的京师所在地开封府有传语说包拯好比阳间的阎罗，谁想买遍关节，走走“后门”，以徇私情，搞点“不正之风”，谁的官也就甭想再当了。他七次上奏皇上，要严惩酷吏王逵，终达目的；他敢于弹劾皇帝前后妃，也敢于指气势显赫的国戚。宋仁宗的叔岳父张尧佐身为计相（财政部长），搞得民贫祸害，他一而再，再而三，上奏弹劾，迫使仁宗免去张的要职。包拯所做的一切，自然赢得人民的敬意。宋神宗时，西羌有一个将领于龙呵归附宋朝。他到京师朝见皇上时，要求皇上赐他包拯的姓。开封府署旁有一块题名碑，凡在开封府任过府尹的，都在碑上刻下姓名和任职时间。包公曾任开封府尹一年多，也刻了上去。南宋时周密曾说，开封府尹题名碑上的包拯二字，“为人所指，指痕甚深”，这是因为人民喜爱他。凡到此来的人，为表达敬慕之情，都愿用手指抚摸包拯二字所造成的。现在这块碑石还保存在开封历史博物馆里。

天下“清官第一”的于成龙

被康熙帝称为“清官第一”的于成龙，是山西永宁（今山西离石）人，字北溟，号干山，自顺治十八年（1661）起，历任知县、知府、按察使、布政使、巡抚、总督等职。他在任上洁己爱民，秉公从政；拒贿赠，行节俭，为百姓兴利

除弊，屡施德政。

顺治十八年，于成龙由副榜贡生首任罗城知县。他到任之初，县衙没有门垣，院中长满荒草，中堂仅有三间草房，后面是三间茅屋，内宅破陋不堪。于成龙叠土为案，铺草为床，垒起一副土灶，办公膳宿都在茅屋里面。

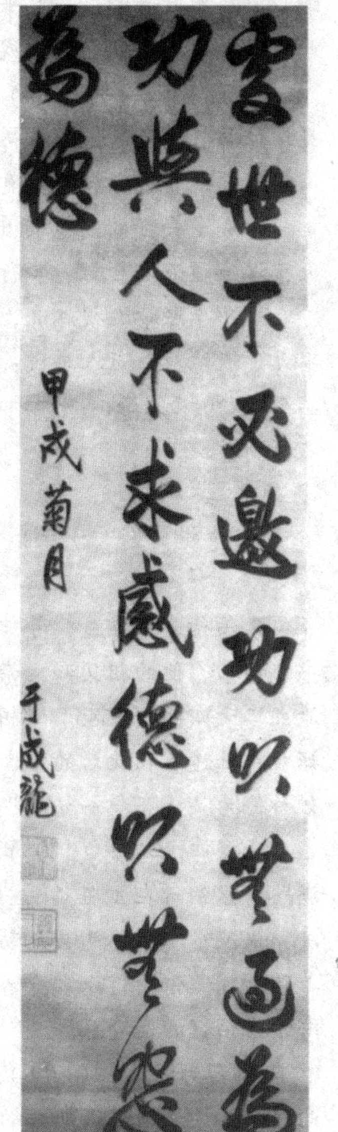

行书格言　清　于成龙书

于成龙治理罗城，注意恢复地方秩序，复苏农村经济。他不辞辛苦攀山越岭遍访父老，实地察看，倾听百姓呼声，着手制止械斗，捕捉盗贼，制定保甲，以安定民生。于成龙鼓励百姓耕稼力田。每年春天，他都亲自到田中察看。见到耕种父老，便上前慰问劳苦；有时应邀在田边树下与农夫一同吃饭，“笑语欢如家人”。

随他来的几个仆人，有的水土不服，染病而死；有的不堪困苦，不告而别。于成龙只得自己动手做饭洗衣。周围百姓见他如此辛劳清苦，十分过意不去，来到衙中问寒问暖，于成龙总是热情接待。

于成龙在罗城当了七年县令，县境面貌大变。因此，他不仅受到了百姓的爱戴，也得到了上司的器重。康熙六年，他升任四川合州知州。赴任时罗城百姓遮道呼号，追送数百里。

康熙十六年（1677），于成龙被擢任福建按察使，主管一省司法。去福建上任前，他嘱人买了数百斤萝卜放在船上。有人不解地问他，萝卜又不值钱，买这么多干什么？他回答道：“沿途供撰，得赖此青黄不接的时候，以屑糠杂米野菜为粥。”即使有客人来了，也和他一同吃薄粥。他对客人说：“我这样做，可留些余米赈济灾民，如若上下都和我一样行事，更多的灾民会渡过难关，存活下来。”江南、江西的百姓因为于成龙自奉简陋，每天只吃青菜佐食，所以给他起了个外号“于青菜”，以示亲切景仰。于成龙喜欢饮茶，考虑到茶价很贵，他不愿多破费，便以槐叶代茶。他让仆人每天从衙门后面的槐树上采几片叶子回来，一年下来，把那棵树都快采秃了。

于成龙对儿女的要求也很严格。一次，他的大儿子从山西千里迢迢来到江宁探望父亲。儿子要回去时，于成龙既没有积蓄，也没有土特产让儿子捎回，正好厨房有一只腌鸭，便割了半只给他。百姓听说这件事后，便编了首歌谣唱道：于

公豆腐量太狭，公子临行割半鸭。

由于于成龙身体力行，使爱好奢侈艳丽的江南民俗大为改变。人们摒弃绸缎，以穿布衣为荣。一些平日鱼肉百姓的地方官，因知道于成龙好微服私访，因此，遇见白发伟躯者便胆战心惊，以为是于成龙，不得不有所收敛。

康熙二十三年（1684），于成龙病死在两江总督任上。僚吏来到他的居室，见这位总督大臣的遗物少得可怜，而且都不值钱。床头上放着个旧箱子，里面只有一袭绨袍和一双靴子，竟忍不住唏嘘流涕。

于成龙去世的消息传出后，江宁城中罢市聚哭，家家绘像祭奠。出殡那一天，江宁数万名百姓，步行二十里，哭声震天，竟淹没了江涛的声音。

当年康熙帝巡视江南，沿途所延访的官吏，无不对于成龙啧啧称赞。康熙帝不无感慨地对随行人员说：

“朕博采舆论，咸称于成龙实天下廉吏第一，于成龙真百姓之父母，朕股肱之臣啊！”

一代名臣张伯行

张伯行，字孝先，号恕斋，河南仪封（今河南兰考县）人。张伯行出生在书香门第，他的祖父和父亲都是儒士。在家庭的熏陶下，张伯行自幼就很好学，康熙二十四年（1685）考中进士，康熙三十一年（1692）入京补内阁中书，开始步入仕途。在此后的四十年宦海生涯中，张伯行以居官清正闻名于朝野，老百姓称他为“天下第一清官”。

康熙四十二年（1703），张伯行赴任山东济宁。当时正逢荒年，老百姓流离满路。张伯行在上任途中，赈济给灾民不少钱粮。到任后，他立即决定开仓赈济，仅汶水和阳谷两县就动用仓谷二万余石。事后，藩司指控他擅动仓谷，应于革职处分。张伯行以“仓谷为轻，民为重”，慷慨陈词。藩司无奈，最后免去了给予张伯行的处分。

康熙四十五年（1706），张伯行调任江苏按察使。按当时惯例，新任官员要向总督、巡托馈送币礼，约合四千两银子，对这一腐败现象，张伯行严加杜绝。他说：“我为官，誓不取民一文一钱，怎能这么办呢？”

在按察使任上，张伯行力革地方弊端，对总督、巡抚多有冒犯。于是他们便联合压制和排挤张伯行。张伯行就任按察使次年，康熙帝南巡，到江苏后命令督抚举荐贤能的官员，但督抚并没把张伯行列在举荐之列。

康熙帝在举荐的名单中没有发现张伯行的名字，便对左右侍臣和督抚们说：“我听说张伯行居官甚清，最不易得，你们意见如何？”

众人连连附和皇上的意见。后康熙帝亲自定张伯行为“江南第一清官”，升他为福建巡抚。

张伯行到福建任职后，对当地的不良习俗，严加革除。他看到当地人视瘟神为“五帝”，庙祀遍布城乡，“祷把昼夜不绝”，这样做不仅毒化了社会风气，而且消耗了大量的人力、财力，便下令将所有的瘟神祠改为义塾，供贫苦人家的孩子在里面念书，这一举动使“群情大快”。

康熙四十八年（1709），张伯行调任江苏巡抚，“士民留攀不及，皆呼号如失恃”。其时朝野行贿、舞弊之风渐盛，张伯行公布了《禁止馈送檄》，以杜绝官场的不正之风。檄文内容是：“一丝一粒，我之名节。一厘一毫，民之脂膏。宽一分，民即受一分之赠；要一文，身即受一文之污。谁云交际之常？廉耻实伤！倘霏不义之财，此物何来?”

张伯行不仅是这样说的，的确也是这样做的。他还虚心延访地方利弊，要求所属人民，对于一切利弊，勿隐相告。正因为如此，他才能取信于民。

康熙四十九年（1710），张伯行因与总督有矛盾，郁郁不得志，告病乞退，为此，康熙帝降旨：“张伯行操守清洁，立志不移，朕深悉。江苏重地，正资料理，不得以衰病求罢。”

面对皇帝的极度信任，张伯行很受感动，他终以国事为重，从大局出发，强起视事。

康熙五十年（1711），江苏省乡试时大肆舞弊，总督噶礼也收受了贿赂。发榜的结果自然是很不公正的。江苏的士子们不甘受愚弄，一千余人抬着财神塑像沿街游行，最后放到文庙孔夫子牌位的对面，他们用这种形式来抗议和讽刺乡试“唯财是举”。

这件事在全国震动很大，康熙帝特遣户部尚书会同总督噶礼、巡抚张伯行、安徽巡抚梁世勋共审此案。因事牵噶礼从中受贿索银五十万两，审讯官员因惧怕噶礼权势，致使案情趋于复杂，真情不得大白，审讯了一个多月还没有定案。

张伯行对此感到异常愤慨，他置身家性命于不顾，上章弹劾噶礼的不法行径，力主彻底清查科场案。没想到噶礼将张伯行的上疏花重金买了回来，反而上章反咬一口。康熙无奈，降旨将科场案交由审事大臣审明，噶礼和张伯行全部解职，听候结果。

扬州百姓听说张伯行被解职后，纷纷罢市，数千人围着公馆，哭声传遍了扬州。第二天，扬州百姓来到公馆，拿着水果蔬菜献给张伯行，张伯行不肯接受。百姓们便哭着说：

“大人在任，只饮江南一杯水；大人要走了，这是乡亲们的一点心意。”

张伯行不得已，只收下了一块豆腐和一束蔬菜。

三个月后，案审结果出来了，张伯行应革职治罪，噶礼免议，康熙帝御批时，将结果改为张伯行留任，噶礼免职。其实康熙帝早已暗中派人查清了事情的原委。

江苏士民听说结果后，欢声如雷，在门上纷纷写上“天子圣明，还我天下一清官”。

康熙五十四年（1715），一钦差大人以莫须有的“狂妄自矜”的罪名弹劾张伯行。连劾六疏，四请革职。康熙帝迫不得已，暂且应允了。尔后，钦差大人对张伯行又多方摧折，并让人代书供词，然后将案审报上，要求治张伯行以重罪。

康熙帝不同意对张伯行的治罪方案，下令让张伯行到京面见。张伯行抵达京师后，未等皇上召见，那位钦差大人又上奏说张伯行死不认罪。于是康熙帝大怒，他一拍龙书案，气冲冲地说道：

“他原本无罪可认，此人朕还要使用，而且还要重用。”

第二天，康熙帝召见张伯行，任命他为南书房行走。后来他又任过户部右侍郎、仓场总督、会试总裁等职，在这些职位上他干得都很出色，康熙帝称赞他是“真能以百姓为心者”。

张伯行任官期间，始终过着简朴而清寒的生活，从未携带过家眷。他无论在朝、在外，从不结交一个近侍之臣，不附和同官之议；不以得到皇上宠幸而有自专的念头；不以同行忌妒打击而有退阻之心，正因为这样，他才得到了皇帝的宠幸和多次保全。

雍正三年（1725），一代名臣张伯行魂归西天。他死后，雍正帝赠他谥号“清恪”，取为官清正、恪勤供职的意思。用“清恪”二字来总结张伯行的一生，是毫不为过的。

廉矩，在一个人是威风；在一个国家，则是国风，民风。俗话说得好，“上梁不正下梁歪。”有什么样的君主，就有什么样的臣民。君主廉矩，臣民便廉矩；君主仁义，臣民便仁义；君主奸巧，臣民便奸巧；君主愚昧，臣民便愚昧。

昏君晋灵公

晋灵公夷皋是晋襄公的儿子，晋文公的孙子。

晋国在春秋时期本是一个不强的国家，由于晋文公重耳励精图治，使晋国日益强大，一跃而成为各国的霸主。文公死后，襄公即位，仍维持着晋国的霸业。襄公死后，灵公即位，晋国开始走下坡路了。

晋灵公即位之初，只是一个孩子，国家大事由相国赵盾执掌，尚能维持原状。晋灵公长大以后，却胸无大志，不理朝政，只知道贪图享乐，奢侈度日。

他信用佞臣屠岸贾，让屠岸贾建造一座花园供他享乐。屠岸贾为了讨好晋灵公，就四处聚敛民财，大兴土木，在京城绛州修建了一座规模宏大的花园——桃花园，园内栽种各种奇花异草，蓄养了许多奇禽异兽，建有各式亭台楼阁。园中建一高台，台高三层，上面建有一座楼宇，称凌霄楼。楼内雕梁画栋，曲檐朱

栏，极其华丽。这样的花园，在春秋列国中也是首屈一指的。

从此，晋灵公就整天与屠岸贾带着姬妾、宫女到桃花园来玩耍。为了纵情享乐，晋灵公还命令屠岸贾到晋国各地挑选良家美女，用欺骗和威逼的方法将她们送入桃花园，供他们淫乐玩弄。

一次，晋灵公将一群歌舞艺人召进桃花园内奏乐表演，吸引了很多人聚集在园外围看，灵公与屠岸贾则在凌霄楼上摆酒观赏。灵公心血来潮，想出了一个取乐的主意，就是用弹弓弹射园外的观众，看谁打得准，击中眼睛者为胜，击不中者罚酒一斗，击中肩胯者免罚。屠岸贾立时同意，二人即向人群发射弹丸。围观的人纷纷躲闪，但因人太多，总有被击中者，叫苦声此起彼伏。晋灵公二人见状觉得好玩，又叫左右会使用弹弓的人都来发射弹丸。一时间，弹如飞雨，人们纷纷中弹，哭声喊声响成一片，而晋灵公和屠岸贾却开心得哈哈大笑。以后，京城的人只要看到凌霄楼上有人，就不敢在桃花园前行走。

一天，晋灵公与屠岸贾一起饮酒，命厨师煮熊掌当下酒菜。晋灵公因急于饮酒，便再三催促厨师上熊掌，厨师不得不将还未煮烂的熊掌献上。灵公又嫌肉未熟，竟用铜锤猛击厨师头部，将厨师当场打死，又砍为数段，让人用苇席裹上放进竹笼，扔到野外。这件事恰好让相国赵盾碰上。赵盾当面指责了晋灵公滥杀人命、不理朝政的行为，晋灵公不仅不听，反而怀恨在心，并让屠岸贾去行刺赵盾。一次不行，又设毒计陷害。

晋灵公的倒行逆施激起赵盾侄子赵穿的极大愤慨。后赵穿设计将灵公杀死，当时竟没有一个人出来救护。晋国上下都以灵公之死为快，无人去责怪赵穿。这就是昏君的下场。

晋武帝骄奢淫逸

晋武帝司马炎是西晋王朝的开国君主。他的祖父司马懿，伯父司马师，父亲司马昭都是曹魏的权臣。他们为司马炎打下了基础，使他能登上皇帝宝座，并统一全国。

晋武帝统一全国后，在政治、经济诸方面进行了一些改革，取得了一定成绩，但是他缺乏远大志向，又骄奢淫逸，贪图财利，使得西晋王朝很快就走向了腐朽和灭亡。

太康三年（282）正月，晋武帝在南郊祭典结束之后，对司隶校尉刘毅说："我与汉朝哪个皇帝相似？"刘毅直言不讳地回答说："与汉桓帝、汉灵帝相似。"武帝说："我怎么会到这种地步呢？"刘毅回答道："桓帝、灵帝卖官鬻爵，钱入官库；而陛下您卖官鬻爵，却钱入私门。凭这点来说，您还不如他们。"能当面指出这个问题，说明确有其事，可见晋武帝的贪财欲望已到何等程度。

晋武帝的骄奢淫逸是历史上罕见的。泰始九年（273）六月，他下诏遴选公

卿以下人员的女儿，以备六宫之用，有藏匿女儿者以不敬罪论处；并规定采择没有完毕，暂时禁止天下人嫁娶。这次选宫女，连司徒李胤、镇国大将军胡奋、廷尉诸葛冲的女儿也未幸免。逼得女孩子“多败衣瘁貌以避之”。灭吴之后，晋武帝又选吴帝孙皓的宫女五千人入宫。

当时，晋武帝整天游玩，不理朝政，后宫妃妾将近万人之多。他宠爱的人很多，晚上竟不知道该到哪位妃嫔处过夜为好。于是，他想了个办法，就是乘坐羊车，在宫内随便行走，停在哪里就在哪里设宴住宿。妃妾为了取得皇帝的宠爱，便竞相将竹叶插在窗户上，将盐汁洒在地上，以此吸引羊车停到自己门前。可见晋武帝的生活已荒淫到何等地步！

在晋武帝的影响下，西晋一朝奢靡成风。大官僚何曾，每天吃饭要花费一万钱，还嫌“无下箸处”。他的儿子何劭“食必尽四方珍美，一日之供，以钱二万”。晋武帝的女婿王济，请岳父吃饭，用一百多个艳装女子擎食，以代替餐桌。他蒸的小猪味道极美，武帝询问原因，他说是用人奶喂养而成的。最能表现西晋世族腐朽荒淫的还是石崇和王恺斗富的丑剧。

王恺，是晋武帝的舅父，家门豪富，又仗着是皇帝国戚，根本不把别人放在眼里。石崇，任散骑常侍、荆州刺史，“财产丰积”，平时是“丝竹尽当时之选，庖膳尽水陆之珍”。连厕所里都专门设有十余个丽服藻饰的女婢，手举沉香汁等物，供如厕的达官客人使用。

石崇、王恺都以为自己比对方富有，就变着花样显示自己，压倒对方。王恺用糖水涮锅，石崇用蜡烛代柴烧火；王恺用紫丝做成步幛四十里，石崇用锦帛做成步幛五十里；石崇用调味的椒料涂屋，王恺用止血的赤石脂抹墙。晋武帝不但不加制止，反而想帮助舅父获胜。为此他赐给王恺一株世间罕见的二尺左右高的珊瑚树。王恺得意扬扬地向石崇显示，但石崇连看都不看，即用铁如意将它击碎。王恺大怒，认为对方是嫉妒自己的宝物，但石崇却说：“不值得这么恼恨，现在我就还给您。”说罢，就让家人将自己所有的珊瑚树都搬出来，其中高达三、四尺的有六、七株，像王恺那种二尺高的就更多了，任王恺挑选。见到如此情景，王恺怅然若失，不得不甘拜下风。

王恺、石崇之流的豪强大族，不仅挥金如土，而且视人命如儿戏。石崇宴请宾客，规定用美女劝酒，若客人不饮，就杀掉美女。大将军王敦故意不肯饮酒，石崇果然一连杀掉三个劝酒的美女。王恺请客吃饭，必找女妓吹笛伴酒；若吹笛人稍有忘韵吹错之处，王恺即令将女妓拉到台阶下打死。而王恺却照常饮酒，谈笑不变。

为了维持这种醉生梦死的生活，他们必然要千方百计地聚敛财富。晋武帝就是通过卖官而自肥的。司徒王戎是通过贪污勒索而致富的，当他田园遍天下之后，仍然每天晚上与他老婆在灯下算账，锱铢必较。石崇更是无所不用其极，在荆州刺史任上，竟然派人假扮强盗，抢劫来往商客的财富。

以晋武帝为首的西晋统治者，正是这样一群贪婪残忍、挥霍无度的恶棍，他们怎么能治理好一个国家呢？

晋武帝的儿子、惠帝司马衷是一个弱智儿。他在园中听到蛤蟆的叫声，竟问身边的人："这个鸣叫的蛤蟆是官府的呢，还是私人的呢？"有人敷衍他说："在官地上的就是官府的，在私地上的就是私人的。"等到国家荒乱，百姓饿死时，惠帝竟说："为什么不吃肉粥？"立这样一个神志不清的人当太子，是晋武帝的一大失误。

所以，晋武帝死后不久就爆发了"八王之乱"，宗室之间、后妃之间相互残杀，给人民带来了无穷的灾难，西晋王朝也在这场大混战中归于灭亡，西晋从晋武帝死时算起，只存在了二十六年。追本溯源，祸根就在晋武帝身上。

孟昶奢淫亡后蜀

孟昶是后蜀的第二个皇帝，也是末代皇帝。他的父亲孟知祥是后蜀的开国皇帝，但刚称帝半年，就因病死去。于是，十六岁的孟昶在父亲旧臣的拥戴下即皇帝位。他即位之后，以李仁罕、张业、赵庭隐、李肇为首的功臣将领自恃有功，根本不把皇帝放在眼里。他们违犯朝纲，夺人良田，掘人坟墓，不仅危及孟昶的帝位，而且激化了阶级矛盾，影响了社会稳定。

孟昶采取坚决果断的措施，首先将骄横跋扈的李仁罕处死，接着又杀掉了以酷法滥刑聚敛财物的张业，又陆续罢免了一批贪残不法的官僚，将政权切实掌握自己手中。

鲁侯鼎　春秋

孟昶亲政后，曾采取了一些有利于民众的措施，如澄清吏治，惩治贪官污吏；劝课农桑，减轻赋役，使生产大大发展，蜀中粮食价格曾降到斗米三钱，府库也很充盈；大力发展教育事业，使西蜀成为当时的文化中心。

但是，当帝位巩固下来之后不久，他的骄奢淫逸的本性便急剧膨胀起来。他的淫乐方式很有特点，就是沉溺在花园池塘的美景之中。春季到来，他派人在宜华苑栽种各式各样的牡丹，有浅红、深红、浅紫、深紫、银黄、淡黄、洁白等四十多个品种。每当花开时分，他就与大臣携带妻妾、歌女前来游玩，饮酒赋诗，流连忘返。夏日来临，孟昶又令人在成都锦江两岸建造很多台榭楼亭，让都城人倾城出来游玩，他则乘龙舟在江上游荡，观看伶人嬉水。秋季降临，全城的

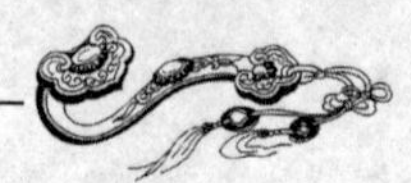

芙蓉盛开，十分美观，他还嫌不够，又派人在城墙上全种上芙蓉。寒冬季节，百花凋零，有人又献上一些奇花异树，供他享乐。爱花本不是一件坏事，但作为一个皇帝，终日泡在花园中而不理朝政，就太不应该了，是玩物丧志的表现。

孟昶在迷恋女色上丝毫不比历史上昏君逊色。广政元年（943），他下令在全国挑选十三岁以上、二十岁以下的未婚美女入宫，引起了一场大骚动，有不少人家怕自己的女儿被选中，就急忙托人说媒，出嫁闺女，时人称为“惊婚”。

孟昶的生活十分奢侈，连便器都用六宝制成，他的宠妃花蕊夫人使用的痰盂则是金装水晶做的，连宋太祖见了都说：“享受到如此地步，岂有不亡国的。”

孟昶所信用的大臣自然也和他一样奢侈腐朽。主管军政大权的知枢密使事王昭远任意挥霍国库的金银绢帛；位兼将相的李昊任意搜刮民财，还放高利贷盘剥人民，家中的妓妾达数百人之多；翰林学士范禹贪赃枉法，在掌管科举考试时竟以送他钱财的多少来决定官职高低；盐铁判官李匡远代理宰相处理盐铁使的政务，竟一日不判刑断狱就闷闷不乐，听到犯人受刑发出的惨叫声后，反而认为是优雅动听的音乐；宰相欧阳炯不善理政，只会填词吹笛。这样的一批人当政，后蜀怎么能不灭亡呢？

监生不忍一时之贪被人取笑

明朝嘉靖年，松江有一个监生，博学有口才，本来还是可以有所作为的，但他酷信炼丹术，被一个号称能炼丹的骗子骗去了一大笔银子。这个监生自然又气又恨，想到各地去漫游，能抓住那个炼丹的人。事有凑巧，忽然有一天，他在苏州的阊门碰上了那个炼丹的人，不等他开口，炼丹的骗子就盛情邀请他去饮酒，并且诚恳地向他道歉，说是上次很对不起监生，请他原谅。过了几天，那个炼丹的人又跟监生商量，说：“我们这种人，银子一到手，马上就都花了，当然也没有钱还给你。现在我有个办法，东山有一个大富户，和我已经说好了，等我的老师一来，主持炼丹之事，可我老师一时半会儿又来不了，您要是肯屈尊，权且当一回我的老师，从那富户身上取来银子，作为我对您的抵偿，那就又快又容易，怎么样呢？”这个监生因为急着找回自己损失的银子，也顾不得许多，就答应了那个炼丹的人的要求。于是炼丹人就让监生剪掉头发，装成道士，自己装作学生，用对待教师的礼节对待监生，那个大户与扮成道士的监生交谈之后，深为信服，两人每天只管交谈，而把炼丹的事交给了监生的“徒弟”，觉得既然有师傅在，徒弟还能跑了？不想，那个炼丹的骗子看时机成熟，又携了大户的银子跑了，那个大户家人抓住“老师”不放，要到官府去告他。倒霉的监生大哭，说明了情况才得以脱身。像监生这样的人因为想要尽快地把自己的利益收回来，不计是否会损害别人，没有忍一时之贪，反而落得被人取笑的地步。

陶潜不为五斗米折腰

陶潜字渊明，年轻时就有高尚的志趣，曾经著《五柳先生传》自喻说：“先生不知是什么地方的人，不也清楚他的姓名表字，住宅旁有五棵柳树，因此就用五柳作他的称号了。他性情恬静很少说话，不贪图荣华利禄。爱好读书，却不拘泥字句，每当有些心得体会，就会高兴的忘记吃饭。生性喜好喝酒，可是家境贫寒不能经常得到。亲戚朋友知道他的情形，有时准备了酒给他，他去后总是尽情地喝，希望高高兴兴地喝醉，醉了就退席，一点儿也不在意礼节。家中空有四壁，不能遮风蔽日，身上粗布短衣，破烂不堪，家中经常缺吃少喝，他却安然自得，常写些文章自寻乐趣，以展示自己的志向，从不把得失放在心上，就这样度过一生。”他的自述如此，当时人们称之为真实的记录。

因为母亲年老家中贫困，陶渊明就出来当了州的祭酒，可是他受不了官场的束缚，不几天，就自动离职回家，州里招聘他做主簿，他也不去。亲自耕种供给自家生活，辛苦劳作使得身体又弱又病。后来他又担任了镇军将军和建威将军的参军，对亲戚朋友说：“我想出任地方官，以为家庭提供生活费用，行吗？”当权的知道了陶渊明的心思，就任用他为彭泽县令，他吩咐属下在官府的田里全都种上秫稻，妻子坚持请他种粳稻，他才在两顷五十亩地种秫，五十亩种粳稻。郡守派督邮到彭泽县来，县中小吏告诉他应当整冠束带，衣帽整齐地去拜见督邮，陶渊明长叹一声说：“我不能为了五斗米的薪俸，弯腰拜迎乡里小人。”当即他解下印绶离职而去。

陶渊明不为五斗米折腰的故事传为千古佳话。这表明了他淡泊名利、法度自然的心性。其间虽有为生计所迫而做官和无奈的悲哀外，“采菊东篱下，悠然见南山”的生活情趣不是更自然恬意吗？

曾国藩身在官场讲廉矩

古人说：“富而好礼，孔子所诲；为富不仁，孟子所戒。盖仁足以长福而消祸，礼足以守成而防败。怙富而好凌人，子羽已窥于子哲；富而不骄者鲜，史鱼深警于公孙。庆封之富，非赏实殃；晏子之富，如帛有幅。去其骄，绝其吝，惩其贪，窒其欲，庶几保九畴之福。”

这段的大意是：富有而爱好礼义，这是孔子对人的教诲；因图致富便不能施行仁义，这是孟子对人的告诫。大凡行仁义的人完全可以保持幸福而消除灾祸，爱好礼义的人完全可以保持已有的成就而防止失败。自恃富有而喜欢欺侮别人，结局不会好，正好子羽已观察到子哲的结局；富有而不骄傲的人很少，史鱼曾对公孙提出深刻的警告。庆封的富有不是上天赏赐，实为灾祸，晏子的富有如同布

帛那样有一定的限度。舍弃骄傲，根除吝啬，控制怒气，节制情欲，这样才能保证享受五种福分。

自古仕途多变劫，所以曾国藩以为身在官场的纷华中，要有时刻讲求廉矩，所以，曾国藩特别注意对属下官吏的使用，要求官吏廉矩，一是习惯劳苦以尽职尽责，一是崇尚俭约以培养廉洁，一是勤学好问以拓展才能，一是戒矫戒惰以纠正风俗。所以委任一个官员，一要看他是否“做”得，二要看他是否“省”得，三要看他是否“学”得，四要看他是否“禁”得。他着重考察的是人的品质、习惯、才学和意志。

曾国藩在使用绅士时有一个秘诀，那就是给他们一点名利，但不说破，用这种办法可以培养他们的廉耻之心。

“官阶日益进，心忧日益深。”清代学者纪昀的这句话曾国藩大概体会得尤其独特，在别人或许会觉得虚伪，在曾国藩却字字是泪！

曾国藩说他“无处不忧心，无日不惧祸”，“所过之处，千里萧条，民不聊生”，他一定体会到了曹操写作“白骨露于野，千里无鸡鸣”时的心境，不然，他能说出这样的话吗？处在乱世，身居高位，掌握着广大军民的生杀大权，几乎是人生的一大不幸。

一般人羡慕总督、巡抚的荣耀，不外乎宫室、衣服、富裕和尊贵，而曾国藩所住只有军营的茅屋三间，瓦屋一间，所穿的衣服比起当年在京城时还要节俭得多。不是他不能住得好一点，穿得好一点，而实在是他不敢、不愿、不忍啊！他说：

从冬至夏，常有十几万敌军环绕在祁门的前后左右，几乎没有一天不打仗，几乎没有一路不梗阻。白天没有美食，夜晚常做噩梦。军饷拖欠达五、六个月之久，士兵的生活异常艰苦，我实在不忍心一个人过富裕的日子。所以近年来我不敢往家里多寄银钱，也不敢给宗族乡党一些润泽，这并不是虚伪矫情，一则是因为我亲眼看到士兵穷窘异常，二则是想到从高祖父、曾祖父以来，我家世代寒素，我虽然享受了祖上的荫德，但我不想享受过多，以便为自己存惜福之心，为家族留不尽之泽。

这就是曾国藩的真实想法。

曾国藩觉得自己才识浅薄，却久居高位，为了避免大灾大难，所以他才兢兢栗栗，不图安逸，不图丰豫，崇尚勤俭，讲求廉矩。他以为只有这样才是载福之道。这是人人都可以做，但不是人人都愿意做的事。

“廉矩”心语

【原文】

据直隶正定镇总兵娄云庆禀称，闰四月间遣撤各营所有勇夫，口粮均经分晰清算，亲自点交，毫无牵混。乃副左营哨官总兵衔两江补用副将彭得胜於点发回营后，辄将长夫饷银每名勒扣银二两八钱一分，众论哗然。该营长夫持银前来申诉，称验属实，当将彭得胜正法示众，以平军心而警效尤等情呈请奏报前来。

臣查名营遣撤之际，常有滋闹情事，皆由营哨官贪利克扣所致。此次娄云庆遣散各营，亲将口粮散给后，哨官彭得胜犹敢肆意勒扣，实属法无可贷，业经娄云庆查明正法，足以严惩侵饷恶习。

【译文】

根据直隶正定镇总兵娄云庆的禀报说：闰四月间各营遣散回家的所有兵勇的粮饷都是经过详细结算后亲自交给他们，一点差错也没有。然而副左营哨官总兵衔两江补用副将彭得胜将饷银领回去后，却将长夫的饷银每名克扣了二两八钱一分，兵勇们非常愤慨。这个营的长夫拿着饷银来诉说怨情，如果调查属实，就应当将彭得胜正法示众，用来平息兵勇的怨恨之心，并且起到警戒其他人的作用，呈请将事实奏报到我这里。

我发现在各营遣散兵勇的时候，之所以经常有聚众闹事现象发生，都是由于营哨官克扣他们的粮饷造成的。这次娄云庆遣散各营的兵勇时，亲自将饷银发下去，而彭得胜却仍然敢肆意克扣，实在是不可饶恕，现在已经由娄云庆查明事实之后将他就地正法，这足以严惩侵饷的恶习了。

【原文】

将来万一作外官，或督抚，或学政，从前施情于我者，或数百，或数千，皆钓饵也。渠若到任上来，不应则失之刻薄，应之则施一报十，尚不足以满其欲。故兄自庚子到京以来，于今八年，不肯轻受人惠，情愿人占我的便益，断不肯我占人的便益。将来若作外官，京城以内无责报于我者。澄弟在京年余，亦得略见其概矣。此次澄弟所受各家之情，成事不说，以后凡事不可占人半点便益，不可轻取人财。切记切记。

【译文】

将来，万一我做了地方官，或者是总督巡抚，或者是省里的学政，到那时从前曾施恩于我的人，不论是几百钱，还是几千钱，都是钓鱼上钩的诱饵。他们如果到我的任所，我不理他们则失之于刻薄，理会他们则施一报十，也不能满足他们的欲望。所以，我从庚子年来到京城以后，至今已经八年，一向不肯轻易接受别人的恩惠。我甘愿让别人占我的便宜，却绝不愿意占别人一点便宜。将来如果到地方上做官，京城内是不会有人找我报答恩情的。澄弟在京师呆了一年多，基本上已经全部看到了，这次澄弟所接受的各家恩情，成事后就不说了，今后做任何事情，都不能占别人半点便宜，不能轻易拿别人的财物。这一点，必须牢牢记住。

【原文】

自以菲材，久窃高位，兢兢栗栗，惟是不贪安逸、不图丰豫，以是报国家之

山水图　清

厚恩，即以是稍惜祖宗之余泽。

【译文】

我自己才识浅薄，却久居高位，整日兢兢栗栗，唯有不贪安逸、不图丰豫，以报答国家的厚恩，同时珍惜祖宗的余泽。

【原文】

大约凡作大官，处安荣之境，即时时有可危可辱之道，古人所谓“富贵常蹈危机”也。纪泽腊月信，言宜坚辞江省，余亦思之烂熟。平世辞荣避位，即为安身良策；乱世仅辞荣避位，尚非良策也。

【译文】

大约凡是做大官的，身处安荣之境，就时刻都有遭到危险、遭到侮辱的可能，这就是古人所说的“富贵常蹈危机”，纪泽腊月的来信说应当坚决推辞掉江西省，我也思考十分成熟。在和平时代辞荣避位，就是安身良策；乱世仅辞荣避位，还不算是良策。

【原文】

子序之言，欲余捐除杂念，轻视万事，淡泊明志，信良友之言。余今老矣，仇不能惩，欲不能窒，客气聚于上焦，深用愧憾，古人所以贵于为道，然余日捐

也。戊午十一月。

【译文】

子序的话说，想让我捐弃除掉繁杂的私念，看轻万事，淡泊以显明志向，我相信良友的话。我现在老了，忿忿不能惩戒，私欲不能窒息，虚骄之气聚集在上焦，深为惭愧、遗憾。古人以贵于为道为出发点，我却日日折损它。咸丰八年十一月。

【原文】

思人心所以扰扰不定者，只为不知命。陶渊明、白香山、苏子瞻所以受用者，只为知命。吾涉世数十年，而有时犹起计较之心，若信命不及者，深可愧也。己未五月。

【译文】

思考人心之所以纷纷扰扰不能安定的原因，只是因为不知天命。陶渊明、白香山、苏子瞻能够享受自然，随遇而安，就是因为他们明白天命。吾涉足社会数十年，而有时还起计较的心理，就像还没达到信天命的地步，深深感到惭愧。咸丰九年五月。

【原文】

至老洲头登大舟，舟系吴城船厂为余新造者，极坚实，极华丽。诵韦公“自惭居处崇，未睹斯民康”之句，为之愧悚不已。庚申五月。

【译文】

到老洲头登上大舟，大舟系吴城造船厂为我最新打造的，非常坚实华丽。这使我情不自禁地背诵起韦公“自己惭愧居处的富丽，未看到这民众的康乐”的诗句，为此惭愧惶恐，不能自止。咸丰十年五月。

【原文】

寸心微有郁积，总由中无所得，下学而不克上达，故世俗之见，尚不免胶扰于怀来耳。庚申正月。

【译文】

寸心之中微有些郁积，总是由于思想中没有什么收获，下学人事而不能上达天命，所以社会的庸俗见解，尚且不免在胸中胶粘干扰罢了。咸丰十年正月。

【原文】

诚中形外，根心生色。古来有道之士，其淡雅和润，无不达于面貌。余气象未稍进，岂耆欲有未淡耶？机心有未消耶？当猛省于寸衷而取验于颜面。辛酉七月。

【译文】

忠诚住在心中，外形就表现出来；根子扎在心里，面容就产生颜色。自古以

来有修养的人士，他表现出来的淡泊、高雅、和悦、丰润，没有不在面貌上表达的。我的气质表象没有稍稍进步，难道不是没有清淡嗜好欲望吗？算计别人的思想没有消除吗？应当在心灵深处猛然省悟，才能在面容的颜色上取得验证。咸丰十一年七月。

【原文】

日内与张廉卿屡谈，渠学问又已在进，而余志学廿年，至今毫无进步，耄已及矣。辛酉十一月。

【译文】

本日内与张廉卿屡次交谈。他的学问又已有了大的进步，而自己立志学了20年，到了今日还是毫无进步，耄年（古代70岁称耄）已经到了啊！咸丰十一年十一月。

【原文】

念此生学问、文章，一无所成，愧悔无已。庚午二月。

【译文】

细想这一生学问、文章没有一样成功，惭愧后悔不止。同治九年二月。

【原文】

梦在场中考试，枯涩不能下笔，不能完卷，焦急之至，惊醒。余以读书科第，官跻极品，而于学术一无所成，亦不能完卷之象也，愧叹无已。庚午正月。

【译文】

梦在科场的考试中，思维枯涩迟钝，不能下笔，不能做完试卷，焦急万分，忽然惊醒。我以读书参加科举考试登第，官位跻身于极品，而在学术上一无所成，也是不能完卷的现象，惭愧叹息不止。同治九年正月。

【原文】

余回忆生平，愆尤丛集，悔不胜悔。而精力疲惫，自问更无晚盖之力。乃作一联云：“莫苦悔已往愆尤，但求此日行为无惭神鬼；休预怕后来灾祸，只要暮年心气感召祥和。”已巳八月。

和田玉镂雕蟠螭佩　清

【译文】

我回忆平生，过失重重杂集，悔不胜悔，但精力已疲惫不堪，自问再没改过自新的力气。乃作一副对联以自慰：“莫苦苦后悔已往的错误，只求今日行为面对鬼神无惭愧；休预测害怕后来的灾祸，只要暮年心气吉祥和顺被感召。”同治八年八月。

【原文】

念生平所作事，错谬甚多，久居高位而德行学问一无可取，后世将讥议交加，愧悔无及。己巳八月。

【译文】

回忆生平所做的事情，错误很多，虽长期占据高官巨位，但德行学问一无可取之处，后世将讥笑讽议交加，惭愧后悔已经来不及了。同治八年八月。

【原文】

日月如流，倏已秋分。学业既一无所成，而德行不修，尤悔丛集，自顾竟无湔除改徙之时，忧愧曷已！己巳八月。

【译文】

日月穿梭，时光如流水，倏忽已经到了秋分时节。学业已经一无成就，道德操行又没有修立，怨恨、后悔丛集。自己回头看一看，竟然没有洗除、改变的时候，忧伤愧悔如何能止！同治八年八月。

【原文】

余日衰老而学无一成，应作之文甚多，总未能发奋为之。忝窃虚名，毫无实际，愧悔之至！老迈如此，每日办官事尚不能毕，安能更著述邪？己巳五月。

【译文】

我一天比一天衰老，而所学还没有一件成功，应作的文章很多，总是未能发奋工作。窃居虚名，毫无实际，非常惭愧悔恨！衰老年迈如此，每天操办官事尚且不能完成，怎么还能再著述啊？同治八年五月。

【原文】

李翥汉言照李希帅之样打银壶一把，为炖人参、燕窝之用，费银八两有奇，深为愧悔。今小民皆食草根，官员亦多穷困，而吾居高位，骄奢若此，且盗廉俭之虚名，惭愧何也！以后当于此等处痛下针砭。丁卯四月。

【译文】

李翥汉说，照李希帅的样式打一把银壶，作炖人参、燕窝用，费银竟八两还多，深为此事惭愧后悔。现在下层小民都吃草根，官员也大多贫穷困难，而我身居高位，骄奢竟达到这样程度，并且还盗取廉洁节俭的虚名，让人惭愧得何地自容！以后应当在这些方面痛下治病的针砭。同治六年四月。

【原文】

至花园一览。园在署西，现在修工未毕，正值赶办之时。偶一观玩，深愧居处太崇，享用太过。辛未十二月。

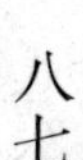

【译文】

到花园游览。园子在公署的西边。现在修整的工作还没完毕，正值赶着办理的时候，偶然一观赏游玩，深深惭愧自己居住的地方太华美，享用太过分了。同治十年十二月。

【原文】

……读书乃寒士本业，切不可有官家风味。吾于书箱及文房器具，但求为寒士所能备者，不求珍异也。家中新居富托，一切须存此意，莫作家代代做官之想，须作代代做士民之想。门外挂匾不可写侯府相府字样。天下多难，此等均未必可靠，但挂官太保第一匾而已。

【译文】

……读书是贫寒之士的根本业务，千万不要有官宦人家的习气。我对于书箱以及文房器具，只求为贫寒之士能够具备的，不追求珍贵奇异。家中的新房已经够富有了，一切都应当存有保持贫寒的观念，不要有代代做官的想法，必须有世世代代做寒士平民的想法。门外挂的匾额不要写侯府相府的字样。天下多灾多难，这些官衔都未必可靠，只挂一个“官太保第一”一个匾就行了。

卷五　诡道

经文释义

【原文】

带勇之法，用恩莫如用仁，用威莫如用礼。仁者，即所谓欲立立人，欲达达人也。待弁勇如待子弟之心，尝望其成立，望其发达，则人之恩矣。礼者，即所谓无众寡，无大小，无敢慢、泰而不骄也。正其衣冠，尊其瞻视，俨然人望而畏之，威而不猛也。持之以敬，临之以庄，无形无声之际，常有懔然难犯之象，则人知威矣。守斯二者，虽蛮貊之邦行矣，何兵勇之不可治哉。

【译文】

带兵的方法，用恩情不如用仁义，用威严不如用礼遇。“仁”的意思就是：“要想自己立身成事，先让别人立身成事；要想自己达到目的，先要达到别人的目的。对待士兵要用对待自家子弟一样的心情，希望他能够成就事业，希望他兴旺发达。那么人们自然会感恩于你。“礼”的意思，指人与人之间平等相待，不管年龄大小，不分位置上下，不能怠慢侮辱别人，要安适平和而不能骄傲自大。端正衣冠，目光庄严肃穆，使人看见就生敬畏之心，觉得你威严持重不猛烈。做事要非常敬业，待人要端庄，于无形无声之中显出凛然不可冒犯的气势。那么，别人自然就能尊重你的威仪了。如果遵照了这两个方面，即使是到蛮夷落后的邦国也行得通，又有什么样的兵士不能管理呢？

【原文】

兵者，阴事也，哀戚之意，如临亲丧，肃敬之心，如承大祭，庶为近之。今以羊牛犬豕而就屠烹，见其悲啼于割剥之顷，宛转于刀俎之间，仁者将有所不忍，况以人命为浪博轻掷之物。无论其败丧也，即使幸胜，而死伤相望，断头洞胸，折臂失足，血肉狼藉，日陈吾前，哀矜不遑，喜于何有？故军中不宜有欢欣之象；有欢欣之象者，无论或为悦，或为骄盈，终归于败而已矣。田单之在即墨，将军有死之心，士卒无生之气，此所以破燕也；及其攻狄也，黄金横带，而骋乎淄渑之间，有生之乐，无死之心，鲁仲连策其必不胜，兵事之宜惨戚，不宜欢欣，亦明矣。

【译文】

用兵，是很冷酷的事。有哀痛悲愤之意，如同面临失去亲人的场面；肃穆庄

敬之心，如同身处祭奠仪式，这样才可以讲用兵。如今杀猪狗牛羊之际，见它们嚎叫啼哭在刀割之时，痛苦挣扎于斧案之间，仁慈的人就不忍心看，何况眼见以人命来相搏杀的争战之事呢。先不说战争失败的情形，即使幸运地获胜，看见战场上死的死伤的伤，到处是断头洞胸、折臂失足、血肉狼藉的场面，哀痛悲切还来不及，哪里会觉得高兴欢喜呢？所以在军队中不应有欢欣喜乐的情形。有欢心喜悦情绪的，不论是高兴还是骄傲轻敌，终归在战争中失败。田单在守即墨的时候，将军有赴死的心思，士兵没有生还的念头，这是能打败燕军的根本原因啊！等到进攻狄戎时，士兵们披着金甲玉带，驰骋在淄渑之间的土地上，有求生的乐趣，没有赴死的心思，鲁仲连认定他一定打不赢，果然言中。用兵打仗的事应当有凄惨的准备，不应有欢欣的妄想，这才是明智的。

【原文】

练兵如八股家之揣摩，只要有百篇烂熟之文，则布局立意，常有熟径可寻，而腔调亦左右逢源。凡读文太多，而实无心得者，必不能文者也。用兵亦宜有简练之营，有纯熟之将领，阵法不可贪多而无实。此时自治毫无把握，遽求成效，则气浮而乏，内心不可不察。进兵须由自己做主，不可因他人之言而受其牵制。非特进兵为然，即寻常出队开仗亦不可受人牵制。应战时，虽他营不愿而我营亦必接战；不应战时，虽他营催促，我亦且持重不进。若彼此皆牵率出队，视用兵为应酬之文，则不复能出奇制胜矣。

【译文】

练兵就如同作八股文，只要心中有百篇背得烂熟的文章，那么文章的结构布局、立意主题之法，就常有熟路可寻，行文腔调也会左右逢源。凡是那些读书太多，实际上却潦草浮泛没有心得体会的人，一定不会写文章。用兵也应该有简达易练的营垒、兵法纯熟有谋略的将领，学习阵法也不可贪多而不切实际。这时，自己想控制全局是毫无把握的，如果立即追求成效，就会虚火上浮而身体困乏，弟心中不可不明白这一点。我们常说进兵必须由自己做主，不能因为他人的言论而受到牵制。不仅进兵是这样，即便寻常出兵开仗也不能受人牵制。应该开战的时候，即使别的营垒不愿出战，我的营垒也必须接战开火；不应该作战的时候，即使别的营垒一再催促，我也要坚持不进兵。如果彼此都牵制关联，勉强出兵，把用兵看作写应酬的文章，那么就再也不能出奇制胜了。

智慧通解

“兵者，诡道也”，趁敌人不注意时，攻其不备。或者主动出击；或者坚守阵地，以逸待劳。

我国历代战乱不断，所以关于阵法、用兵之术更是层出不穷。《孙子兵法》早在几千年前就盛行于世，大凡有志兼济天下的人多半都看过类似的兵书。曾国藩也不例外。他潜心钻研前人的兵法，将其运用到湘军作战中，虽屡战屡败，但仍不断总结，屡败屡战，最后终于平定太平军，为摇摇欲坠的清政府赢得了几十年的安定

局面。

《老子》云："用兵有言：吾不敢为主，而为客；不敢进寸，而退尺。是谓行无行，攘无臂，仍无敌，执无兵。"大意是说，我不敢先发动进攻，而是采取守势；不敢冒进一寸，而要后退一尺。这就叫作：虽然有阵势，却像没有阵势可摆；虽然要奋臂进击，却像没有手臂可举；虽然可以牵制敌人，却像没有敌人可以牵制；虽然手持兵器，却像没有兵器可持。

老子的这一思想对曾国藩影响很大，并成为他攻防战守的主要理论基础。他说，"凡用兵主客奇正，夫人能言之，未必果能知之也"。

那么何为主，何为客？何为奇，何为正？这主、客、奇、正之间有什么奥妙，又是如何体现的呢？

曾国藩说，守城者为主，攻者为客，守营垒者为主，攻者为客，中途相遇，先至战地者为主，后至者为客。两军相持，先呐喊放枪者为客，后呐喊放枪者为主。两人持矛相斗，先动手戳第一下者为客，后动手即格开而即戳者为主。

这种战略战术核心思想就是要以退为进，不轻易出击，保存实力，后发制人。在咸丰九年（1859）二月，曾国藩在日记中写道："兵者不得已而用之，常存一不敢为先之心；须人打第一下，我打第二下。"正是这一思想的具体体现。

曾国藩带兵时就抓住一点：不轻进，不轻退。他打仗的作风是：扎硬寨，打死仗，就是说拼消耗，拼实力。他的军队一旦扎下营盘以后，用来防御围墙就有八尺高，三尺厚，墙外面有一道深沟，深沟八尺宽，六尺深，墙外两道，墙内两道，所以他是以逸待劳，也就是扎硬寨，打死仗。

具体说来，这也是曾国藩看准了太平军的弱点，因为太平天国是一支根据地不稳的流动部队，没有稳固的后方。而曾国藩却在湖南建立了一个稳定的后方。湖南是太平天国冲出广西后的第一个省份，太平天国却没有在这个地方建立根据地。湖南反倒成了湘军的大后方，成为湘军饷源和兵源的供给地。

湘军是曾国藩为剿灭太平军而成立的军队，兵士多为湖南子弟，故名湘军。曾国藩治军重视精神教育，他耗费数年操练湘军。他自己曾说，他把将领当作兄弟对待，把士兵当作子侄对待。用仁义、礼数来治理士兵，使湘军戮力同心、同仇敌忾、士气一致。曾国藩不迷信兵书，他认为兵法不在多，重要的是将帅心中运用自如，并让士兵操练纯熟。这样真正打起仗来才不会乱了阵脚。

打仗的时候要适当地把握时机，掌握主动权，这样才能变不利为有利，变被动为主动。曾国藩的应敌方法不拘泥于古人，讲究相机而动，掌握最有利的时机，正兵和奇兵互为辅佐。

中间排队迎敌为正兵，左右两旁抄出为奇兵。屯宿重兵、坚扎老营与贼相持者为正兵，分出游兵，飘忽无常，伺隙狙击者为奇兵。意有专向、吾所恃以御寇者为正兵，多张疑阵、示人以不可测者为奇兵。旌旗鲜明，使敌不敢犯者为正兵，羸马疲卒、偃旗息鼓、本强而故示以弱者为奇兵。建旗鸣鼓、屹然不轻动者

为正兵，佯败佯退、设伏而诱敌者为奇兵。

一般说来，用奇兵比用正兵好，老子就说要“以奇用兵”，奇兵的优点是隐蔽，出其不意，变幻莫测，但有时也要用正兵，威风凛凛，气吞山河，使敌人不敢进犯。

那么，什么时候为主，什么时候为客，什么时候用正兵，什么时候用奇兵，这都要视具体情况而定，曾国藩说：“忽主忽客，忽正忽奇，变动无定时，转移无定势，能一一区别之，则于用兵之道思过半矣。”可见“变动无定时，转移无定势”，这才是用兵的最高智慧和最高境界。

曾国藩说：“行军本非余之所长，兵贵奇而余太平，兵贵诈而余大直。”“平”“直”二字，可以说概括了曾国藩战略战术思想的特点。但是，平直不等于用兵呆拙。曾国藩在极主稳慎的同时，也很注意机动灵活，讲求变化多端。他指示下属说：“兵事喜诈而恶直也。”“古人用兵，最重‘变化不测’四字”。又说：“行兵最贵机局生活。”“忽主忽客，忽正忽奇，变动无定时，转移无定势，能一一区别之，则于用兵之道思过半矣！”

关于稳慎与灵活的关系，曾国藩在一副箴弟联中说得很明白：打仗不慌不忙，先求稳当，次求变化；办事无声无息，既要精到，又要简捷。稳慎与变化，有先后之序；精到与简捷，须同时并求。这就是曾国藩的战略原则的总的要求。

曾国藩还认为，打仗本身就是一件很凄惨的事情，士兵们应该有凄惨的准备，不应有欢欣的妄想。如果士气浮躁，应敌时势必会军心涣散。所谓哀兵必胜，也是一样的道理。

【经典实例】

曹操以“坐山观虎斗”之谋取胜

“坐山观虎斗”一语出自《战国策卷国·秦策二》：“有两虎争人而斗者，管庄子将刺之，管与止之曰：‘虎者，戾虫，人者，甘饵也。今两虎争人而斗，小者必死，大者必伤。子待虎伤而刺之，则是一举而兼两虎也。无刺一虎之劳，而有刺两虎之名。’”敌我斗争中，遇到两强争斗，而双方又同属自己的对手，则不妨采取“隔岸观火”或“坐山观虎斗”的策略，待到双方两败俱伤或一胜一伤之际，再分而治之，将其逐一击败。这样，往往能以最小的代价，获取巨大的成功。

坐山观虎斗作为敌战计，许多政治家，军事家运用这一计谋，争取和获得政治或军事上的主动权。《三十六计》这样解释：敌人内部分裂、秩序混乱，我便等待他发生暴乱，那时敌人内部反目为仇，势必自行灭亡。我方应根据敌人的变动做好准备，以柔顺的手段坐等愉快的结果。《三国演义》记述了曹操在平定河北时，两次使用“坐山观虎斗”之谋，以小的代价换取到大的胜利。第一次是在袁绍得病身之后，曹军以破竹之势攻占了黎阳，很快便兵临冀州城下。袁尚、袁谭、袁熙、

曹操像

高干等人等带四路人马合力死守，曹操连日攻打不下。谋士郭嘉献计说："袁绍废长立幼，而彭尚兄弟之间权力相并，各树自党，急之则相救，缓之则相争；不如举兵南向荆州，征讨刘表，以候袁氏兄弟之变；变成而后击之，可一举而定也。"曹操听从了郭嘉的计谋。果然，曹操一撤军，长子袁谭为争夺继承权，同袁尚大动干戈，互相残杀起来。袁谭打不过袁尚，便派人向曹操求援，曹操乘机出兵北进，杀死了袁谭，打败了袁尚和袁熙，很快占领了河北。第二次是平定河北之后，当时袁氏兄弟逃往辽东投奔了公孙康。夏侯惇等人对曹操进言："辽东太守公孙康久不宾服，今袁熙、袁尚又往投之，必为后患，不如乘其未动，速往征之，辽东可得也。"曹操却笑着说："不烦诸公虎威。数日之后，公孙康自送二袁之首至矣。"诸将当时将信将疑。没过几天，公孙康果然派人将袁熙和袁尚的首级送来了，众将大惊，都佩服曹操料事如神。曹操大笑说："这也是郭嘉献的隔岸观火之计。"原来，袁绍在世的时候，常有吞并辽东之民，公孙康对袁氏家族恨之入骨。这次袁氏二兄弟去投奔，公孙康存心想除掉他们，但又担心曹操引军攻打辽东，且想利用二人助一臂之力。当公孙康打听到"曹公屯易州，并无下辽东之意"时，便立即将袁氏二兄弟斩首。曹操兵不血刃便达到了目的。

墨子用"和平外交"不战而胜

在战国时，最著名的以军事利衡而吓退敌人的战例莫过于墨子与公输般的桌面交锋了。公元前 447 年到 431 年间，楚惠王发奋图强，连续吞并了陈国、蔡国、杞国、莒国，使楚国在经历了动乱与衰落之后又重新强大起来。楚国要想同晋、秦等北方强国较量，就必须首先征服楚、晋之间的宋国，于是，楚王决定向宋国进攻。

墨子像

楚王起用一位在当时最有本领的工匠，即鲁人公输般，公输般制造了运梯、撞车、飞石、连珠箭等新式攻城武器。这些武器在当时看来确实具有极强的威力，用来攻打当时的城墙防守应用是十分有效的。楚国一面

制造这些武器，一面大肆宣扬，制造舆论，实行恫吓战术。这种战术果真有效，宋国遭受楚国的侵略最多，这次吓得宋人惊慌失措，求救无门。这个消息传到了墨家的创始人墨子那里，他就赶紧带了三百弟子跑到宋国去。墨子主张“兼爱”“非攻”，反对战争，因此听到宋国危难的消息，他立刻挺身而出。他先把弟子布置在宋国的城墙上，然后徒步跑向楚国，他走了十天十夜，脚磨破了，用布包上再走，终于来到楚国的都城郢都。

他走楚国的使命就是要劝说楚王不要攻打宋国，但楚王认为公输般的器械很好，一定能攻下宋国，就不肯同意墨子的要求。墨子直率地告诉楚王说：“你能攻，我也能守，你是攻不下来的。”于是，楚王就叫来公输般，要两人比画对阵，看看谁能赢。墨子解下自己身上的皮带。围在桌上当作城墙，再拿一些木块当作攻城的器械，两人演示起来，公输般攻，墨子防守。公输般挖地道，墨子用烟熏；公输般用撞车，墨子用滚石檑木；公输般用云梯，墨子就用火箭；公输般一连换了九种攻城方法，均遭到了墨子有效的抵抗，不能取胜。公输般的攻城方法使完了，墨子的守城方法还有几种未使出来。楚王很清楚公输般是输了，但公输般却说：“我知道战胜你的方法，但我不说。”墨子也说：“我知道你能胜我的方法是什么，我也不说。”

楚王感到迷惑不解，就偷偷地去看望墨子，问他们到底要用什么方法战胜对方。墨子自言不讳地告诉楚王说：“公输般的意思很清楚，他是想让您杀了我，他以为杀了我就没有人会知道抵御他攻城的方法了，其实不然。我来时就做好了这方面的打算，已经委派我的大弟子禽滑厘率领三百弟子帮助宋人守城，我已把这些方法全部教给了他们，他们每人都可以用这些方法来抵抗公输般的进攻，因此，杀了我也是没有用的。”墨了见楚王听信了他的话，就又坦诚地对他说：“楚国土地方圆五千里，真是地大物博，你们如果用心治理，一定会富甲天下。而宋国呢，土地不到五百里，物产也远不及楚国丰富，我真不明白你为什么要去攻打宋国。这难道不是扔掉自己华贵的马车去偷别人的破旧的车子吗？难道不是扔了自己锦绣的长袍去偷别人家破旧的短袄吗？”楚王听了，羞红了脸，决定不去进攻宋国。

墨子终于为宋国免去了一场灾难，但这绝不是因为楚王忽然良心发现或是因听墨子的一番训而有所悔悟，根本的原因在于军事力量的对比，墨子所以敢公开教训楚王，也在于有不可忽视的军事力量做后盾。如果没有这些，要想让楚王止戈息兵，是不可想象的事情。因此，军事力量制衡，是发动和平外交的根本条件。但必须看到的是，墨子的和平外交仅是使宋国暂时避免了一场战争灾难，并未能“屈”楚国之兵，也不能从根本上消除宋国亡国的危险。若想在战争中真正占有主动地位，只有富国强兵一条路。

齐鲁长勺之战

如果能从思想、社会方面做出正确的分析，也就是能够取得“人和”，再加上正确的军事指挥、充分的军事准备，就往往能够掌握战争的主动权。这种方法在战争中是常用的，如果能运用得好，也算得上是中上等的水平了。在这方面，齐鲁长勺之战的鲁国方面做得较为成功。

齐桓公是个有雄才大略的国君，他听说管仲贤能，就设法从鲁国的手里骗走了管仲，任用管仲为国相。鲁君听说后，认为自己受到了愚弄和污辱，就厉兵秣马，准备同齐国干一仗，出出这口窝囊气。齐桓公听说后，也积极准备，并想先发制人。管仲认为齐桓公刚刚即位，国内人心未稳，不宜打仗，但恰好相反，桓公正想出出风头，显示一下自己的能耐，压服人心。如果按照管仲的想法，先把国内的政治、军事一步步地按部就班地准备好，还不知要到哪年哪月，桓公可没有这个耐心。于是，他派鲍叔牙为大将，带兵一直挺进到鲁国的长勺（今山东曲阜县北）。

鲁庄公十分气愤，决心同齐国决个胜负，庄公有一个大臣名叫施伯为人谨慎细心，先劝庄公不要急躁，然后向他保举了一个文武全才的人。这人叫曹刿，身无官职，庄公就让施伯以隆重的礼节去请他。施伯见到曹刿，说明来意，曹刿说：“打仗是国家的大事，自有那些吃肉的达官人去操心，不用我们这些微贱之人去掺和。”施伯说：“吃肉的那些达官贵人都是些鼠目寸光的人，不能深谋远虑。”接着又拿许多话去激他，曹刿只好跟他去见鲁庄王，看看情况再说。

鲁庄公见面就问曹刿怎样才能打退齐国人，曹刿说打仗没有一定之规，要看具体的情况行事。曹刿反倒问鲁庄公准备依靠什么打退敌人，鲁庄公说：“我经常把自己吃不完的食物，用不完的东西分一部分给百姓，我相信百姓会感恩戴德，能够跟着我去同齐人作战。”曹刿说：“那只是些小恩小惠，不是大的政策法令，也不是国家的施政纲领和施政措施，因此，不能从根本上取得百姓的信任，再说，得到小恩小惠的毕竟是极少数人，百姓怎么愿意替您卖命呢?”庄公又说：“我祭把神灵祖先的牛羊宝石，从来都是按规定奉献，从不敢有所欺诈，我的诚一定能取得百姓的信任。”曹刿又说：“这只是对待神灵祖先，是个人品行的一个很小的方面，怎能获得百姓的信任拥护呢?”庄公最后说：“国内大小诉讼案件，我虽不能每件都亲自办理，但我总是根据实际情况来做决断，我想这会有点用处。”曹刿这回点头道：“这才是根本的方面，说明你关心人民的疾苦，愿意明察是非，施政明正廉洁，肯定会得到广大百姓的信赖和支持。我看凭这条可以跟齐国打上一仗。”

齐、鲁两军在长勺会战，齐国依仗数量优势，首先擂鼓呐喊挑战。鲁庄公沉不住气，就让曹刿出击，但曹刿只是让鲁军列阵不动，严守以待。齐军看见

鲁军阵势牢固，旗甲鲜明，难以冲击，只好退回去。过了一会，齐军再次发动攻击，曹刿仍按前法对待，齐军又只好退了回去。齐军统帅心浮气躁，急于求胜，于是发动了第三次进攻。这时，齐军军士已经懈怠，失去了前两次的锐气，可鲁军正憋足了劲，直到这时，曹刿才命擂鼓出击。鲁军一下子就把齐军冲垮，齐军失去气势，无法抵挡，只有逃走。

鲁庄公一看齐军逃走，就要下令追击。但曹刿十分谨慎，他登上高车，扶轼而望，发现敌军旗帜东倒西歪，车辙错乱无序，确认是逃跑，才说可追，以鲁国大获全胜而告终，总算报了齐鲁乾时之战的一箭之仇。

在战后总结经验时，曹刿指出，军士作战往往是“一鼓作气，再而衰，三而竭”，齐军冲了三次，已是强弩之末，鲁军则斗志旺，取胜就有了把握。再者齐是大国，可能会伏兵，所以只有确认齐军不是诈败诱敌后才能追击。

长勺之战的胜利，主要靠两条，一是曹刿能够正确地掌握和利用战士的心理和情绪，把握住了作战的规律，再加上他的谨慎和果断，处处不失时机，就在具体的战略战术上掌握了主动权。其二是他认为人心可用，长勺之战一方面是鲁国的保卫战，带有一定的正义的色彩，更重要的是鲁国统治者较为廉明，有一定的威望，人们愿意替国君打仗。这两方面的因素共同作用，鲁人才获得了长勺之战的胜利。其实前一方面是具体的战术的运用，后一方面才是根本，如果人心不可用，无论怎样巧妙的战术也是无济于事的。

朱元璋养精蓄锐平天下

养精蓄锐是一种积蓄力量，从容应变的策略，养精，即保养精神、精力；蓄锐，即积累锐气。养精蓄锐不是养尊处优，而蓄力待机而动。养精蓄锐者胸怀创自己事业的大志，可是又没有做好自立门户的充分准备，于是，采取暗自积聚实力，蓄养精神的办法，以待展宏图大志，这正是糊涂学的为职之道。

朱元璋像

明太祖朱元璋运用养精蓄锐之术，在群雄中立于不败之地，最后平定天下。他巧用“养士”的策略，把一大批知识分子团结在自己周围，为己所用。“养士”给朱元璋带来许多意料不到的好处。首先，“养士”可以削弱敌人。假如“士”不为我所用，势必要跑到敌人方面去或者自行纠集起来，结果对自己不利；其次，“养士”可以安民。儒士大都知识渊博，在地方上有声望，在老百姓心目中有地位，朱元璋“用士”，对于民心的向背有着潜移

默化的作用，再次，“养士”有利于地方行政管理。在经济上，儒士处于中小地主地位，拥有许多佃户，“士”归民归，“士”顺民顺。在攻下徽州时，老儒生朱升告诉朱元璋三句话：“高筑墙，广积粮，缓称王。”这一建议对朱元璋的事业影响极大。朱元璋按此建议，养精蓄锐。第一，巩固后方，保存实力。他在军事上通盘高度，统一指挥，建立巩固的根据地，并使之由点成面。第二，发展生产，兵民结合。为了发展生产，他想了许多办法，如设立营田使，实行屯田养兵，还设立“万户府”，加强民兵建设，把作战力量和生产力量合而为一。第三，缩小目标，从长计议。他审时度势，避实就虚。当时义军蜂起，群雄并立，然而，朱元璋行“缓称王”计。当先称王者次第覆灭，元军也元气大伤时，朱元璋方挥师南征北伐，同时并进，最后终于统一了中国。

王猛通权达变驭下属

东晋时期前秦的著名政治家、军事家和谋略家王猛，虽长期居于高位，权倾朝野，但其度量过人，善于通权达变，驾驭属下。他在率军与燕主帅慕容评作战时，在决战前夕，曾派遣将军徐成前往燕军阵前侦察敌情，规定中午返回，然而徐成到黄昏时分才归来，且讲不出正当理由，王猛大怒，要按照军法将其处斩。大将邓羌为徐成求情，王猛坚持不答应。邓羌回到自己的营内，纠集手下人马要进攻王猛。王猛问其原因，仍为徐成之事。于是，王猛赦免了徐成，还称谓邓羌义而有勇，战斗开始以后，王猛望着对面漫山遍野的敌兵，对邓羌说：“今天这场战斗，非将军不能破敌取胜，请将军努力。”不料在此紧急关头，邓羌又讨价还价，要王猛答应他一个司隶校尉的职务，并以罢战要挟。于是，王猛被迫答应了他的要求。邓羌乐得从床上跳起来，捧起酒坛大喝一顿，然后跃马横枪，与部将张蚝、徐成等人一起直扑敌阵，四进四出，旁若无人，夺旗斩将，杀敌无数。后人曾经这样评论此事：邓羌身为大将，徇私求情，扰敌军法；带领士兵欲攻主帅，目无上级；临战之时欲求要职，等于要挟国君。有此三条，罪该杀头，何况王猛一贯以执法如山闻名于世。然而，对于邓羌的这些错误，王猛全部容忍退让。他之所以能容忍邓羌之所短，调动邓羌之所长，完全是从国家的根本利益这个大局着眼，从当时的具体情况灵活机动地处理问题。通权达变，在关键时刻，取得了巨大的成功。

埃及军队以逸待劳歼“王牌”旅

以逸待劳是指以我方的安闲、休整、养精蓄锐，来对付对手的疲劳，以便乘机出击战胜对手。《孙子兵法·军争篇》云：“以近待远，以佚（同‘逸’）待劳，以饱待饥，此治为者也。”按照孙武的意思，以逸待劳是面对强劲对手时所应采取的一种应变策略。

在第四次中东战争中，埃及军队用以逸待劳战术，全歼以色列190装甲“王牌”旅。那是埃及军队突破“巴列夫防线”以后，以色列军队命令其190装甲“王牌”旅去破坏菲尔丹桥，企图阻止埃及军队向前挺进。然而，以色列大本营给190装甲旅的这份命令，被埃及军队截获得。于是，埃及先派第二步兵师在190装甲旅行进的路途上设防伏击，同时，又命令工兵在菲尔丹桥附近，佯架新桥，以示埃及将大批部队渡河。以色列军得到这一情报后。更加坚定了破坏菲尔凡桥的决心，并命令190装甲旅拼命往前赶。190装甲“王牌”旅自恃骁勇，目空一切。为了引诱这支骄狂的敌人上钩，埃及军队还派出一个先头营在路上佯打阻击，终于把拼命赶路的这支“王牌”旅诱进了伏击区，一举全歼。

以逸待劳也是为人处世的一个应变策略。台湾著名作家马森亮先生在《韬略大全》中指出：“处事和做人的原则不同，处事是今天的事今天了，效率越快越好；做人，尤其是处理复杂的人事问题，拖延才是一个好办法。拖，并不是怯懦，也不是卸责，它是一种权变手段，要自己的意志不为猝然发生的事件的诱惑，使自己永远站在主动地位，这就是所谓，‘拖延政策’。消极地说，是静观事物的变化，以做最后的决策；积极地说就是设法使对方疲于奔命，挫折他的锐气，然后伺机出击，使其一蹶不振。即如孙子所说：‘藏于九地之下。动于九天之上’的意思。”这种“拖延政策”，实际上就是以逸待劳的策略。

军事上如此，政治上也是如此，凡事不可过急，不可强求，后发制人是糊涂学的要旨之一。

刘秀以屈求伸建东汉

以屈求伸话出《周·系辞》：“天蠖之屈，以求信（伸）也。”蠖是蛾的幼虫，这种幼虫行动时总是先蜷曲后伸展。因此，以屈求伸是指用弯曲来求得伸展。说明一个人处世有方，能屈能伸。明·王世贞《鸣凤记·第五出》：“尺蠖欲求伸，卑污须自屈。”

铜车马　东汉

以屈求伸作为应变术，与韬光养晦有异曲同工之效。然而，以屈求伸是个人处在比较危险的境地时所应用的策略。

汉更始元年（23年），刘秀指挥昆阳之战，震动了王莽朝廷。然而，刘秀兄弟的才干也引起了更始皇帝刘玄的嫉妒。刘玄本是破落户子弟，投机参加了农民起义军，没有什么战功，自当上更始皇帝后，又整日饮酒作乐，不事朝政。刘玄怕刘秀兄弟夺取了他的皇位，便以："大司徒刘縯久有异心"的莫须有罪名，将立有战功的刘縯杀害了。刘秀接到兄长刘縯被杀害的消息，几乎昏厥，但当着信使的面仍极力克制自己，说道："陛下圣明。刘秀建功甚微，受将有愧，刘縯罪有应得，诛之甚当。请奏陛下，如蒙不弃，刘秀愿尽犬马之劳。"转而，刘秀又对手下众将说："家兄不知天高地厚，命丧宛县，自作自受。我等当一心匡复汉室，拥戴更始皇帝，不得稍有二心。皇帝如此英明，汉室复兴有望了。"刘秀的这种虔诚态度，感动得众将纷纷泪下。刘秀穷苦遭此打击，自然难以忍受。然而他心里清楚，刘玄既然杀了兄长，对我刘秀也难以容得下，此后，刘秀对刘玄更加恭谨。绝口不提自己的战功。刘秀的行动，早已有人密报给刘玄。刘玄在放心的同时，觉得有些对不起刘秀，便封刘秀为破虏大将军，行大司马事。并令刘秀持令到河北巡视州郡。刘秀借机发展自己的力量，定河北为立足之地。更始三年初春，刘秀实力已壮，便公开与刘玄决裂。更始三年(25年)，刘秀登基，是为光武帝，建国号汉，史称东汉。此时，刘秀只有32岁，正是年轻气盛，成就大业的时候。以屈求伸，"忍小愤而就大谋"，终使刘秀化险为夷，创建了东汉王朝。

"诡道"心语

【原文】

剿抚兼施之法，须在军威大振之后。目下各路俱获大捷，贼心极涣，本可广为招抚。第抚以收其头目，散其党众为上；收其头目，准其略带党众数百人为次；收其头目，准其带所部二三千如韦军者，为又次；若准其仍带全部，并盘踞一方，则为下矣，今之李兆寿踞滁、全者是也。弟可于此四等中酌度处理。

【译文】

围剿和安抚兼施的办法，必须是在军威大振之后。眼下我军各路都获得大捷，敌心必然涣散，本来就可以广为如抚。只是招抚要以接收敌人的头目、解散其部众为上策；接收了敌人的头目，准许他稍微带领几百名部众，就差一些了；接收了敌人头目，允许他带领二三千名部下，如同韦军那样，就更差了；如果准许他们仍然带领完整的旧部，并且盘踞一方，那就是下策了。现在的李兆寿盘踞滁州，就是这样。你可以在这四等办法之中酌情办理。

清军广东水师战船

【原文】

近年从事戎行，每驻扎之处，周历城乡。所见无不毁之屋，无不伐之树，无不破之富家，无不欺之穷民。大抵受害于贼者十之七八，受害于兵者亦有二三，目击心伤，喟然私叹，行军之害民一至此乎！故每于将官委员，告戒总以禁止骚扰为第一义。

【译文】

近年来我统军出征，每到驻军的地方，就遍走城镇、乡村。到处都是毁坏了的房屋，砍伐了的树木。没有不破落的富户，也没有不受欺压的穷苦百姓。被贼寇损害的大约占十分之七八，受兵害的大约也占十分之二三，令人触目伤心。我私下里感叹，行军危害百姓竟然到了这种地步啊！所以，我每当遣将委官时，总要告诫：禁止（军队）骚扰百姓是最重要的。

【原文】

都部及升营现尚未派汛地，自是行有余力之象。至慰至慰。鲍军病者死者，比之金陵更多，又有新河庄之挫，副中及峰礼等六营折损颇多，不复成队。又有宁国县城之失，韦、洪两部全数溃败，是霆军之元气大亏，威望亦损。朱云岩既因坚守旌德，不能随鲍远行，则鲍亦独立单薄，未敢令其由官圩直取小丹阳，仍须以稳重为主。昨日已专缄告之，嘱其专剿宁国之贼，不必作援金陵之想。弟处守城，皆须全靠自己，切莫盼望他人。其可盼者，只有都部与程、王两军及回湘续招之三千人而已。

多礼堂一军，余与官、都、李四处具奏，渠亦迫思东还，大约十一月必到和州一带。只要处处守定，至冬间不患无转机也。火药接济不上，弟当极力节省，子弹与银米，尚可敷衍。

再，去年三月十四日左季帅在乐平之战，全在善于蓄势审机。兹将渠原信寄弟一阅。兵无常法，弟不可泥左之法以为法，拘左之机以为机，然亦可资参采。大约与巨寇战，总须避其锐气，击其惰归，乃为善尔。

【译文】

都部和升营现在还没有分派驻地，可见弟弟是有余力的，极为欣慰。鲍军将士病的死的比金陵还多，又加上新河庄的失败，副中和峰礼等六营损伤极大，几乎难以成军了。又有宁国县城失守，韦、洪两军全部溃败，因此霆军元气大伤，威望也有损失。朱云岩已经派守旌德，不能随鲍军远行了，这么一来鲍军也显得孤立单薄，因此不敢令鲍军从官圩直取小丹阳，此时仍需要以稳重为主。昨天我已去专信告诉他，嘱咐他专门对付宁国的敌人，不要作援救金陵的打算。弟弟守城，必须全靠自己，决不要依靠他人。可盼支援的，只有都部与程、王两军及回湖南招募的三千人而已。

多礼堂一军，我与官、都、礼四处具奏，他也迫切想东去，大约十一月必到和州一带。只要处处守住，不怕到冬秋间不转机。火药实在接济不上，弟弟要极力节约。子弹和银米还可以凑合。

再有，去年三月十四日左季帅在乐平的战斗，全在他善于蓄势力审时机。现在将他的原信寄给你看看。用兵无常法，弟弟不可以拘泥于左帅的战法进行效法，拘泥于左帅的战机以为你的战机，但这也是可以参考采用的。大体上，与大股敌人作战，总是要避其锐气，击其惰处，才是善策。

【原文】

和城已克，大药裕溪口、西梁山两处俱难站脚。若得庐郡速下，则江北可一律肃清矣。雪琴已派水师三营进清剿湖。若弟能派四千人助围庐郡，东路多公更易得手，但须与守巢县之兵声气联络，万一有大股援贼上犯，我之局势本紧，方能立于不败之地。

至弟欲亲率五千人南渡，助攻芜、鲁，则断不可。用兵以审势为第一要义。以弟军目下论之，若在下游采石渡江，隔断金陵、芜湖两贼之气，下窥秣陵关，是为得势。若在上游三山渡江，使巢、和、西梁留守之师与分攻鲁港之兵隔气，是为失势。余已调鲍公全军与季弟会攻芜、鲁。弟军破西梁山后，将巢、和、西梁山三处派兵守定，即作为弟军后路根本，然后亲率七八千人由采石渡江。闻太平府城已拆，该逆毫无守御，应易收复。弟驻军太平一带，与隔江和州、西梁之兵阴相犄角。水师自裕溪口起至乌江止，联络屯扎，两岸亦易通气。如此布置，则弟军上可夹攻东梁、芜湖，下可远规取金陵似为得势。余意如此，弟再结询熟于地形者，或亲赴南岸一看，乃是定局。

其渡江之早迟，由弟自行酌度。或待庐州克后，或庐未克而先渡，弟与多公函商行之。

至进兵金陵之早迟，亦由弟自行审察机势。机已灵活，势可酣足，早进可也；否则不如迟进。与其顿兵城下，由他处有变而退兵，不如在四处盘旋作势，为一击必中之计。兄不遥制也。

【译文】

和城已经克复，敌军大概在裕溪口、西梁山两处难站住脚了。如果庐郡能够迅速拿下，那么江北的敌人就可以全部肃清了。雪琴已派水师三个营进剿巢湖，弟弟若能派四千人援助围攻庐郡，东路的多公更容易得手了，但此举必须与防守巢县的军队通气联络，万一大股援贼向上游进犯，我方的局势稳固紧凑，才能立于不败之地。

至于说弟弟要亲自率五千人南渡，助攻芜、鲁，这块不可以。用兵以审势为第一要事，以眼下弟军的情况而论，如果在下游采石渡江，隔断金陵、芜湖两处敌人的气息，下窥秣陵关，就是得势。如果在上游三山处渡江，使巢、和、西梁留守之师与分攻鲁港的兵隔开，就是失势。我已经调鲍公全军与季弟会攻芜、鲁。弟军破了西梁山之后，一定要把巢、和、西梁山三处派兵守住，作为弟军后

路的根基地，然后再亲率七、八千人由采石渡江。听说太平府城已拆掉，该敌毫无守御工事，应该容易收复。弟弟驻军在太平一带，与隔江的和州、西梁山的兵成犄角之势。水师从裕溪口起到乌江止，联络屯扎，两岸也容易通气。这种布置，使弟弟的军队上可以夹攻东梁、芜湖，下可以攻取金陵，似乎是得势。我的意思就是这样，弟弟再找出一个熟悉地形的人细问一问，或是亲自到南岸看一看，才可定夺。

大炮

渡江的早晚，由弟弟自行斟酌。或是等庐州克复以后，或是不等庐州克复而先渡江，兹与多公去信商量再行动。

至于进兵金陵的早与晚，弟弟也要审势察机而行，灵活机动，如果势已充足，早进也可以，否则不如晚些进兵。与其屯兵城下，因他处有变再退兵，不如在四处盘旋作势，这才是一击必中的妙计。我决不遥控。

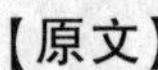

【原文】

粤匪若果回窜吾湘，岳州设防，至少亦须兵勇三千，且须水陆并防，乃可有济；否则为数单薄，望风奔溃，徒挫声威，又不如并力以保省城。虽于古人御贼门外说若有所悖，而在今日之时之势，则较有把握耳。

【译文】

太平军如回窜湖南，在岳州设防至少须兵勇三千，而且须水陆都设防，这样才有用；否则人数很少，望风奔溃，只是挫去威风，还不如齐力守省城。虽然这和古代的御贼于国门之外的说法所不合，但今天的形势，则比较有把握啦。

【原文】

顷接温甫弟自瑞州来信，云贼匪有假扮湘中营号衣旗帜，迎接省往之官兵等语。虽未必果有此事，然不可不细心防备。《得胜歌》云“每日先走二十里，一步一步仔细看”，正查探此等贼情也，兹将原信付去一阅。即候九峰都戎、伯宜世讲捷领佳。

【译文】

刚接到温甫弟从瑞州来的信，说贼匪中有穿着湘军的衣服拿着湘军的旗帜，迎接省府派去的官兵等等之类的话。虽然不一定真有这样的事，然而也不可不小心防备。《得胜歌》说：“每日先走二十里，一步一步仔细看”，正是探查这种情况的，现在将原信附去一阅。恭候九峰都戎、折宜世讲的捷报。

【原文】

军器以群子为最利而不甚能及远，若打外濠之外，恐落者多而不中者少，如打内濠之外、外濠之内，则颗颗可中。弟试择内濠之最可靠留出一段，将外濠放松，俾贼得入内（外）濠之内，然后以群子打之，或更得力。是否可行，余遥揣未必有当，弟参酌可也。

【译文】

兵器中以群子杀伤力最大，但却不能射击很远。如果用来打外濠之外的敌人，恐怕落地的多而击中目标的少。如果用来打内濠之外、外濠之内的目标，则每颗都能打中目标。贤弟可试着选择内濠中最可靠的一段，将外濠放松，使敌人能够进入内外壕之间，然后用群子打他们，可能更为有力。是否可行，我在远方揣摩出来的方法，不一定恰当，弟可加以斟酌参考。

【原文】

臣国藩以隅大战，贼势全注陆路，其水路必甚空虚，密饬各水军乘隙进剿。

【译文】

我率领陆军备力作战，匪徒的兵力全都放在了陆路，他们的水路一定十分空虚，于是，我便密令各部水军乘虚而入，前往歼灭。

【原文】

本日卯刻曾寄去一函，交来足带归，想可收到。初九日差探卒简得胜至瑞州，十三日归省，具述近瑞二三十里中民房，多贼所藏匿，以阻我省兵赴瑞之路云云。贵军今日驻赤土，近祥符观一带，想俱有贼党埋伏，我军于赤土、祥符观等处，必须至乡间村落，家家搜剿，然后可放心前进。否则伏军四起，军心摇惑，恐锅账担子不无疏失也。望雇人函知瑞州舍弟等一军。或来夹剿迎合，或省军暂驻祥符观一日，相机再进。专此飞布，即候捷绥。不一一。

【译文】

今天早上曾寄去一封信，交给来的人带回去了，想来应该收到了。初九那一天派了打探的士兵简得胜到了瑞州，十三日那一天回到了省府，详细地叙述了经常有许多贼兵藏在靠近瑞州二三十里的民房里，为了阻断我省府的军队到瑞州的

道路等情况。我军现在驻扎在赤土，靠近祥符观一带想来也有贼党的埋伏。我军在赤土、祥符观等地方，必须到乡间村落，家家进行搜剿，然后才可以放心前进。否则的话，如果伏军四起，军心就会大乱，恐怕行军物资也会有疏失的。希望能够差人送信到瑞州我弟弟等人的军队，或者让他过来配合夹击，或者省府军队暂时驻在祥符观一天，伺机再进军。故专门去这封信，等候佳单，余者不一一说了。

【原文】

兄驻营建昌，已派萧、张两观察分道入闽，只以营中患病者多，师行不能迅速。闽中残破之后，地方雕敝，尤不可言。日用所需，诸形缺乏，均应在此采办、转运，殊费周章。近来贼势散漫，无专注之处。大军前进，剿宜兼防。闻瑞金已为贼踞，萧军取道南丰，自可驰往剿办也。

【译文】

我把军队驻扎在建昌，并且已经派萧、张两观察使分兵两路进入福建，只是由于营中患病的军校太多，军队行进不能太快。福建经过贼兵掠夺之后，地方上的荒凉凋敝，简直不能用语言来表达。日用物品，各种货物都很奇缺，都应当在这里来办，然后再转运过去，大费周折。近来贼兵散漫，没有专一攻打的目标。你的军队在进攻的时候，一定要注意有攻有防，听说瑞金已为贼兵占领，萧军已取道直攻南丰，一定能迅速奔到那里剿灭这些贼兵的。

【原文】

臣等现与兼署督臣杨霈商定三路进兵：南路由臣塔齐布率湖南兵勇进攻兴国、大冶等处；北路由署督臣派令固原提臣桂明等率各营兵勇进攻蕲州、广济等处；水师由江路直下，杨载福、彭玉麟率前帮先发，臣国藩督同李孟群等率后帮继进。俟抵黄州时，与陆路北军一会；抵田家镇、富池口时，与陆路南军一会。北军行至广济，将入皖境，再与署督臣商定行止。南军则须剿办九江后，乃能渡江而北，以图疾捣安庆，规复省会。

【译文】

我现在和兼职代理督臣杨霈商议，决定三路进兵，南路由塔齐布率湖南士兵和乡勇进攻兴国、大冶等地；北路由代理督臣派遣固原州提臣桂明等人率领各营士兵和乡勇进攻蕲州、广济等处；水师沿长江直下，杨载福、彭玉麟率第一批先行出发，我和李孟群等人率后一批紧随前进。等抵达黄州时，和陆军北军会合；抵达田家镇、富池口时，与陆军南军会合。北军行进到广济，将进入安徽境内，然后再和代理督臣商定去向。南军则必须在肃清九江后，才能渡江北上，准备迅速攻打安庆，收复省会。

【原文】

谋浙之道，保广信之粮路，以守衢州；保徽州之后路，以攻严州。舍此二者，

别无良策。臣已两次具奏在案。目下左宗棠驻扎开化境内，正月十七日，在篁岸获胜仗一次。廿日，在马金岭等处获大捷一次。即日进攻遂安等县，系从衢、严之间下手。惟徽州歙、绩二县，群贼又复麇聚。我方图入浙境，贼乃图犯江、皖，春夏间必战争不休也。

【译文】

谋取浙江的方略有以下两点，保障通往广信粮路的畅通，从而守卫衢州；护卫徽州的后方，以便进攻严州。除了这两个办法，其余再没有更好的办法。我已经两次上奏。现在左宗棠的部队驻扎在开化境内，正月十七日，在篁岸大获全胜一次。正月二十日，在马金岭等地又获大捷。当天又进攻遂安等县，是从衢州、严州之间进攻的。只是徽州的歙、绩二县，大批的贼寇又重新聚集起来。我们的部队正想进入江苏境内，贼寇却想进犯浙江、安徽。春、夏交接的时候必定会出现战争连绵不断的局面。

【原文】

朱品隆遣死士易服而出，蜡书隐语，言军中米粮即尽，食及牛马，牛马既尽，令及草根树皮，阅者为陨涕。适彭玉麟来自池州，周历形势，见董家村路口对峙二卡，右枕高冈，左临溪陇，卡后地稍平衍，结垒者四，将以拒我援军。乃与诸军热商，议定江忠义精捷八营出董家村山后，为攻卡正兵。喻吉三护军三营出陈家村，包过田陇，为攻卡抄袭之兵。李榕先派钧前、副右两营，守定粽子店、乌鱼潭后路。而自率钧中、左、右三营，径渡两岸，由狮子山顶压下，会于董家村口，为护军接应之兵。并以喻俊明、柳寿田水师分进夹山、洪山两口，专攻袁桥、陈家村、大小罗村各贼垒，为陆师依护之兵。二十七日五更蓐食，水陆大举。江忠义亲督黄仁道、汪忠宽、徐生德、郑长希等行近董家村，从山后榛莽中挥队缘岩而上。贼在岩腰燃发洋枪，先登者中枪辄蹶。黄仁遗率王高来身先御之，江忠宽自右路抄上岩腰，遇贼即砍，无一脱者。徐生德乘势跃过濠沟，扑卡直入，而护军旗帜出自田陇。喻吉三涉水而前，水深及腹，尽焚路口二卡，遂合黄仁遗、郑长希等击退援贼，移军转攻贼垒。相持逾时，堵逆突纠大股数万环布垒外，图抄我后，我军少却。江忠义压定阵脚，誓不返顾，呼营哨冲入贼丛，纵横荡决。哨长邓新维身中数矛，犹复裹创力战。喻吉三正在麾军助阵，乃贼队忽乱，败若涌潮，中路坚垒既破，左路二垒俱下。李榕适由狮子山绕至村口，贼众惶駐奔北，声若颓墙。维时，水师亦自袁桥叶舟登陆，攻破陈家村逆垒。席宝田在五溪桥相距稍远，疾驰来会，行次中途，遥望西北附郭一带烟焰蔽天，知守城之军自内击出，即约诸援军一鼓猛进，悉扫贼巢，直抵城根，而青阳之围立解。计平一百三十馀垒，歼擒实逾万人，馀贼遁归石埭一路。此八月二十七日会师青阳城下，力解重围之情也。

【译文】

（青阳城陷入重围）守将朱品隆派遣敢死士卒改换服装出城送信，信中用蜡写上隐语，军中米粮吃完了，只得吃牛马；牛马吃完了，只得吃草根树皮，看信

的人都流下了眼泪。正好彭玉麟从池州而来，他观察了周围的地形，发现董家村路口对峙着两个关卡，右边的枕着高岗，左边的临近河堤，卡后地势稍为平坦，修筑了四座堡垒，将要用它们来阻击我们的援军。于是，他和众将领仔细商议，决定让江忠率精捷八营绕到董家村山后，作为攻卡的主力部队。喻吉三率护军三营奔陈家村，越过田陇进行包抄，作为攻卡的抄袭部队。李榕先派钧前、副右两营，守定粽子店、乌鱼潭后路。李榕亲自率钧中、左、右三营，径渡两岸，从狮子山顶压下，在董家村口会合，作为护军的接应部队。并且让喻俊明、柳寿田的水师分别进军夹山、洪山两个关口，专门攻打袁桥、陈家村、大小罗村的各座反贼堡垒，作为陆师的依护部队。二十七日五更早早吃过饭后，水陆两军大举进攻。江忠义亲自统率黄仁道、江忠宽、徐生德、郑长希等行近董家村，从山后荆棘丛中指挥部队攀岩而上。贼人在山腰燃放洋枪，先登的人中枪即倒。黄仁遗带着王高来在先抗贼，江忠宽从右路包抄到山腰，见贼就砍，无一逃脱。徐生德趁势跃过壕沟，径直扑向贼卡，而护军的旗帜也从田陇中升出。喻吉三淌水前进，水深至腹部，将路口二卡全部烧毁，随即与黄仁遗、郑长希等打退了增援的贼人，然后转移部队，开始攻打贼人的堡垒。相持一段时间后，垒中贼人突然纠集数万大兵力在垒外环形阵势，试图从后面抄袭我军。我军稍有退却。江忠义压定阵脚，誓不后退，各营哨冲入贼群，往来拼杀。哨长邓新维身中数矛，仍然带伤力战。喻吉三正要指挥军队前去助战，贼军忽然大乱，如潮水般地溃败，中路的坚固堡垒已被攻破，左路的两座堡垒也已拿下。李榕正好从狮子山绕到村口，贼人惊骇逃散，叫声如同墙倒屋塌一般。这时，水师也从袁桥乘轻舟登陆，攻破了陈家村贼垒。席宝田在五溪桥，相距稍远，也急忙赶来会合，走到半路，远远看见西北附近一带烟雾遮天，知道是守城部队从里面杀出，当即联络各路援军一齐勇猛前进，将沿路贼窝全部扫平，直抵青阳城下，立刻解除了围困。共计扫平贼垒一百三十多座，歼灭俘获贼人一万多名，其余贼人逃归石埭一路。这就是八月二十七日会师青阳城下，奋力解除重围的情形。

五彩花鸟纹盘

【原文】

查水师炮船宜用于长江大川之中，不宜用于岸高河窄之地。岸高则大炮难于仰攻，河窄则战船难于转旋，而陆贼转得据高俯击，两岸之枪子、火毬一一落我船中，自处必败之道。

【译文】

据调查，水师炮船应该用在长江大河中，而不应该用在河道狭窄、堤岸较高的地方。如果堤岸较高，大炮就难于仰攻；河道狭窄，战船难于旋转，而陆上的反贼反而能够居高临下，两岸的枪子、火毬一一落在我军船中，这是我军自处在了必败的地方。

【原文】

数日不接来书，心甚悬系。虎营人来，言二十七日攻城仍未得手。穿地道之法，贵在火药饱足，紧封闭固，使其力猛而气无所泄，故能轰陷十丈八丈之远。若气泄，则仍轰出隧外，于城墙无涉；气固而力不甚猛，则仅能掣裂，不能崩陷，二者皆定理也。此间水陆两次仅解去药二千斤，且硝多磺少，决不敷用。日内赶配磺多之药，计解到在十天以外。此军抵建弥月，恐士气垂垂老矣。

【译文】

好多天没有收到你的信了，心中极为牵挂。虎营中有人来，说他们攻了二十七日城也没有攻取。凿地道攻城，根本在于火药充足，密封严固，这样使药力猛并且发出气也泄不出去，所以一次就能轰塌敌城墙十丈或八丈远。假如气泄了，火药也能轰出隧道，对城墙却无影响，如果炮密封的严而药力不够，那只能炸裂城墙而不会倒塌。这两者的关系是众人皆知的道理。这里水陆两次仅送去火药两千斤，并且焰硝多而硫黄少，一定不够用，近日我们在赶配硫磺多的火药，估计送到已在十天之后了。那里的军队到建昌就已经超过一个月了，恐怕士气低落的像老弱病残之人一样难以打仗了！

【原文】

曾国荃雨花台一军于十月初五、六等日，攻克淳化、解溪、隆都、湖墅、三岔镇五隘，破贼二十馀垒，金陵城东百馀里内一律肃清。遂于十五日进扎孝陵卫，城贼运粮之路，业已断绝。惟城内贼数尚多，其气尚固，我军于四月间开挖地道，直至十一月初王夜始得挖成，用火药轰陷十馀丈。

【译文】

曾国荃雨花台一军在十月初五、初六等日，攻克淳化、解溪、隆都、湖墅、三岔镇五个关口，捣毁反贼二十多个堡垒，金陵城东一百多里的范围内全部肃清。于是，他就在十五日进驻孝陵卫，城中贼人运粮的道路已经被切断。只是城内反贼人数还很多，士气还很顽固，我军从四月间开始挖地道，直到十一月初五夜里才挖好，用火药轰毁城墙十余丈。

【原文】

闻老兄购置木排，旁置油篓，实土其中，如墙堡然，留孔施炮，以防道士洑之漫流，大施移驻彼处，与江岷樵一军相应，自可为南北两省之倚。此间本欲仿而行之，细思若无劲兵坚守，此排则委弃而去，徒以资敌；且排之

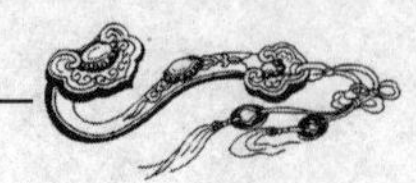

两岸，必须重兵扎营，其上水陆交防，首尾互救，乃为有济。又念此贼驶行甚疾，果其乘东风而回楚，则购排垒土，已觉赶办不及；若其径趋江西，则南北二省，水路皆可驰防，是以前议中寝。

【译文】

听说老兄购置木排，两旁放上油篓，内装泥土，像墙堡的样子，留有洞孔用来放炮，以防道路上的士兵被水冲击。大驾移住那里，与江岷樵一军相呼应，作为保卫湖南、湖北两省的依靠。我这里本来想依照施行，仔细考虑，如果没有强大的兵力坚守水排垒土，抛弃而去，则不把这些物资白白送给了太平军；并且水排的两岸，必须用重兵扎营，使水陆相接，首尾互救，才能有效。又考虑到太平军的行军速度很快，如果他们乘东风回到湖南，那么购排垒土就来不及办理了；如果他们直奔江西，那么这南北二省的水路都可以不防，因此没将此事会诸实行。

【原文】

现据巢县之贼，为数无多，并无刀锚等械，专靠洋枪冲锋。又闻有贼马百馀匹，辅以洋枪，亦颇凶悍。我军制之之法，宜用劈山炮，多食群子，连环击之，以抵其洋枪冲锋之贼。前队既败，后队各贼，既无刀锚，又无队伍，则易破矣。请阁下告之毛观察及各营哨，务将劈山炮操演一番。贼由北来则先至庐郡；由南来则先至庐江、三河。贵军在舒城最为适中之地，望相机妥为剿办。

【译文】

现在盘踞巢县的敌人，数量并不多，他们并没有刀锚等军械，专靠洋枪冲锋。又听说敌人有百余匹马，辅助以洋枪，也比较凶悍。我们部队制服敌人的办法，应用劈山炮。劈山炮可以连续发射，用来抵挡用洋枪冲锋的敌人。前面的敌人失败之后，后面的敌人既没有刀锚，又没有队伍，就容易攻破了。请阁下告诉毛统帅仔细观察各个营地哨所，必须使军队将劈山炮操演一遍。敌人由北方来则先到庐郡，由南来则先到庐江、三河。你们军队在舒城是最合适的地方，希望你们寻找时机妥善剿敌。

【原文】

现在贼窜饶州、乐平，分扰景德镇、祁门、徽州等处，所谓东路者也，为江、浙转饷之路，亦为奏报入京之路，关系大局非轻。臣等分派罗泽南统带湘勇三千，由江西省城绕出湖东，攻剿饶州之贼。又与抚臣陈启迈合募平江勇四千，同剿东路。俟饶郡克复，即引兵直下，或趋景德镇，或由建德进攻池州。此路有重兵，使安庆之贼大为震动，则浙江之患可以少纾。臣等前摺所谓贼攻我之所必救，我亦攻贼之所必救也。

【译文】

现在，匪徒逃窜到饶州、乐平，分别骚扰景德镇、祁门、徽州等地，这

就是我所说的东路。这是江西、浙江转运粮饷的道路，也是入京奏报的道路，与大局关系十分重要。我派罗泽南统领三千湖南乡勇，从江西省城绕到湖东，攻打饶州的匪徒。又和抚臣陈启迈联合招募四千平江乡勇，共同歼灭同路匪徒。等饶郡收复之后，立即领兵直下，或者奔赴景德镇，或者由建德进攻池州。这一路有了重兵，就会使安庆的匪徒大为震动，那么，浙江的忧患就可以稍微缓解了。这就是我前次奏折上所说的匪徒攻打我们所必救的地方，我们也攻打他们所必救的地方。

【原文】

此贼长处，专在“击其惰归”四字。贵营苏官渡至下钟岩，往返三十里，常常进攻，则归时惰玩，恐该匪尾袭。千万叮嘱各哨，每次收队，先议定好手殿后，必优保之也。

【译文】

这股匪寇的长处，专在“击其惰归”四字。贵营在从苏官渡到下钟岩往返三十里的路程中，经常出击打仗，而回来时松散疏懒。恐怕这些匪寇要尾随乘机袭击了。一定要叮嘱各个哨队，每次收军回营，先商定好殿后军队，一定高度紧张认真做好保护工作。

【原文】

八月初四日攻崇阳，十一月初四日攻黄梅，各兵勇皆肉搏而登，城上木石纷掷，伤损不少，臣塔齐布亦受石伤。现在进剿安徽各属，拟制备布袋一万件，随身携带。遇攻城则囊土填壕，层累而上，百堵之高，片时可集。克城后将土倾出，仍可再用。实属便利之器。惟南省相距过远，武汉残毁之后购造亦艰，相应请旨饬下江西抚臣陈启迈仿照米袋之式，饬局趱制夹布口袋一万件，每袋计可盛土百斤，就近解交臣等行营，以应急需而备攻击。

【译文】

八月初四进攻崇阳，十一月初四进攻黄梅，每个兵勇都是赤膊登城，城上的木石纷纷投下，损伤了不少兵勇，塔齐布也被石头砸伤。现在正要进攻安徽各地，打算准备一万条布袋，随身携带。遇到攻城的时候，就将口袋装满土，填到壕沟里，一层层地往上累，百堵的高度，片刻就可累成。攻克城镇之后，再将口袋里的土倒出来，以后还能再用。这确实是方便而有用的器具。只是湖南省相距过远，武汉残毁之后，购置制造也很艰难，应当请示旨意，命令江西抚臣陈启迈仿照米袋的样式，责成有关部门赶制夹布口袋一万件，每件口袋共可盛土一百斤，就近运送到我们军营中，以应紧急需要，为攻城做好准备。

【原文】

火箭无论好歹，要之军中一无用之物耳。国藩屡次极言其弊，谐语庄论，讥之深矣。而足下不察，犹欲借此为攻剿利器，则亦浮情故习，不肯细心探索焉

清代炮台

耳。兹发去十枝，试从他处射入我军营内，观其果有益否？

【译文】

不管火箭好坏如何，在军队作战中都是没有用的东西。我不止一次讲了它的弊病，虽用诙谐之语，却为庄重之论，讥讽备至。可是你不仔细体察，还想靠火箭作为进攻围剿税利武器，真是轻浮旧习，这是不肯细心探索的结果啊。现在寄给你十支箭，试从别的地方射到我军营内试试，看看是否有效果。

【原文】

一、去年诸公议中空一段，又弟未多请炮船，此时皆不必悔。向使此二事当日筹谋周密，而他处又有隙可乘。凡事后而悔己之隙，与事后而议人之隙，皆阅历浅耳。

二、约期打仗，最易误事，余所见甚多。即以近事证之。去年正月十九，余际昌约与多、鲍同出队，以三排枪为记号。是日春霆黎明放三排枪，厥后因雾雨，多、鲍未出队，余军大挫。今年正月十六，凯章与霆营约攻上溪口，同在渔亭出队，厥后凯章到而霆营自中途折回，几至误事。二月初九，凯章与朱、唐约攻上溪，以冲天火箭为记号，厥后朱、唐先到，彼此均未见火箭。三月初五，凯章与唐约攻徽州（以排枪为记），厥后唐冒雨先到，而凯不至，遂至大挫。弟十一日攻中空九垒，并无错处，因多公约出队牵制，而弟允之，却是错处。想以余前日之信为不足据耳。

三、攻城攻垒，总以敌人出来接仗，击败之后，乃可乘势攻之。若敌人静守不出，无隙可乘，则攻坚徒损精锐。菱湖贼垒不破，尚不要紧，若关外贼垒十分坚固难破，却须另行熟筹。

四、用兵人人料必胜者，中即伏败机；人人料必挫者，中即伏生机。庄子云：两军相对，哀者胜矣。此次多、鲍、成、朱援皖，人人皆操必胜之权，余虑其隐伏败机，故前寄弟信，言不必代天主张。本日巳刻小雨，午、未大雨，未知有损于弟军及多、鲍否？如其有损，亦惟兢兢自守，尽人谋以听天而已。

【译文】

一、去年诸公关于中空一段的议论，还有弟没有请奏再多拨发一些炮船之事，现在都不必后悔。假使这两件事当时筹划周密，而其他事情上也许还会有漏洞。凡事后悔自己的失误，与事后议论别人的失误，都是由于阅历太浅的缘故。

二、约期打仗，最容易误事。我见过的很多。就以最近的事证明。去年正月十九，余际昌约定与多、鲍一同出队，以三排枪为号。这天黎明春霆放了三排枪，而后因雾雨，多、鲍未出队，余军大败。今年正月十六，凯章与霆营相约攻打上溪口，同在渔亭出队，其后凯章到而霆营在中途折回，几乎误事。二月初九，凯章与朱、唐相约攻打上溪，以冲天火箭为记号，后来朱、唐先到，彼此都没有见到火箭。三月初五，凯章与唐相约攻打徽州（以排枪为号），其后唐冒雨先到，而凯没到，于是导致大败。第十一日攻打中空九垒，并无错处，但多公约好出队牵制，而弟答应，却是错处。想是你认为我前日的信不足为据。

三、攻城攻垒，总要诱敌人出来接仗，将其击败之后，才可乘势进攻。如果敌人静守不动，无隙可乘，则攻坚白白损失精锐。菱湖敌垒不破，还不要紧，如关外敌垒十分坚固难破，却必须另行慎重筹划。

四、用兵人人料想必胜时，中间就潜伏着败机；人人料想必败时，中间就潜伏着胜机。庄子说：两军相对，哀者必胜。此次多、鲍、成、朱支援安徽，人人都认为必胜，我担心其潜伏着败机，因此前面寄信给弟，说不必代天主张。今日巳时小雨，午、未大雨，不知是否有损于弟军及多、鲍？如果有损，也只有老老实实自守，尽力而为以听从天命。

【原文】

接十五六来信，得悉城贼慌乱之象。然攻城则实无把握，左信中所抄贼供，亦殊不可信。此时以严断文报为第一义。如狗逆上犯黄州等事，若能使城中一概不知，则其气愈闷，其慌愈甚。濠外之垒专住降贼，吾恐其中未必无通文报者也。

【译文】

接十五、十六日来信，得知城中敌人慌乱情况。但攻城却实在没把握，左信中抄录的敌人口供，绝对不可信。现在应以严格断绝敌人的文报为第一义。像敌军进攻黄州等事情，如能使城中一概不知，敌人的气势就更加烦闷，乱得更厉害。濠外的堡垒专住投降的敌人，我担心其中未必没有通风报信的。

【原文】

凡用兵主客奇正，夫人而能言之，未必果能知之也。守城者为主，攻者为客。守营垒者为主，攻者为客。中途相遇，先至战地者为主，后至者为客。两军相持，先呐喊放枪者为客，后呐喊放枪者为主。两人持矛相格斗，先动手戳第一下者为客，后动手即格开而即戳者为主。中间排队迎敌为正兵，左右两旁抄出为奇兵。屯宿重兵，坚扎老营与贼相持者为正兵，分出游兵，飘忽无常、伺隙狙击者为奇兵。意有专向、吾所恃以御寇者为正兵，多张疑阵，示人以不可测者为奇兵。旌旗鲜明，使敌不敢犯者为正兵，羸马疲卒，偃旗息鼓、本强而故示以弱者为奇兵。建旗鸣鼓、屹然不动者为正兵，佯败佯退、设伏而诱敌者为奇兵。忽主忽客，忽正忽奇，变动无定时，转移无定势，能一一区而别之，则于用兵之道思过半矣。

【译文】

关于用兵的主、客、奇、正，人们虽然能够谈论它，却不一定真正明白它。

守城的军队是主军，攻城的军队是客军。守营垒的军队是主军，进攻营垒的军队是客军，两军中途相遇，先到作战地方的军队是主军，后到的军队是客军。两军对阵，先呐喊放枪的军队为客军。后呐喊放枪的军队为主军。两人持矛相斗，先动手刺对方的人是客方，后动手格开对方的矛再刺对方的人是主方。中间列阵迎敌的军队叫正兵，从左右两侧出击的军队叫奇兵。屯宿重兵、坚扎军营与敌人相持的军队为正兵，分出机动部队，飘忽无常，伺隙阻击敌人的叫奇兵。意有专向，自己有所凭恃抵御敌人的叫作正兵；多布疑兵，让敌人不明底细的叫作奇兵。旌旗鲜明、使敌人不敢侵犯的叫作正兵；人困马乏、偃旗息鼓、原本强大却故意显露弱势的叫作奇兵。建树大旗、擂响战鼓、屹然立于阵前而不轻易后退的叫作正兵；佯装败退、设下伏兵、引诱敌人中计的叫作奇兵。

主军和客军互变，正兵和奇兵互变，没有一定的时间，也没有一定的规律。如果对这些的变动都能一一加以区别，那么，对于用兵之道就掌握了多半了。

【原文】

再，狗酋此次援皖，利在速战。方今盛暑酷热，若出队站立烈日之中历二三个时辰之久，任是铁汉，亦将渴乏劳疲。若挂车河官军作坚守之计，任贼诱钻搦战，总不出队与之交仗，待其晒过数日之后，相机打之，亦一法也。多礼帅谋略最优，不知肯为此坚忍之着否？弟诚与商之。

【译文】

另外，陈玉成这次援救安徽敌军，速战有利。现在盛暑酷热，如果队列站在烈日下两三个时辰，任凭他是铁汉，也又渴又累。如果挂车河的官军采取坚守之计，任凭敌人诱战挑战，只是不出阵交仗，等敌兵晒过几天之后，乘机攻打，是一个好方法。多礼帅的智谋最高，不知他肯不肯采取坚守的办法？弟弟可与他真诚商议。

【原文】

当此酷署，贼以积劳之后远来攻扑，我军若专守一静字法，可期万稳。多公亦宜用静字法。此贼万无持久之道……昔曹操八十万人自荆州东下，吴以五万人御之。而周瑜策其必败者，一料曹兵不服水土，二料刘表水师新附、不乐为用，三料暑热久疲。其后赤壁之役果不出周郎之所料。

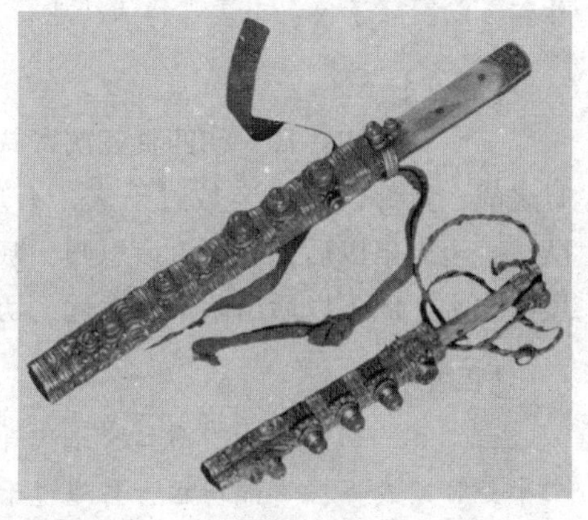

刀　清

【译文】

在这酷暑难当之时，敌人在长期劳顿以后又千里迢迢地来攻扑，我军如果能坚持一个“静”字诀，就可以保证万无一失。多公也应该采用“静”的战术。这股敌人绝对不可能持久作战……想当年曹操统率八十万人马从荆州东下，东吴以五万人马迎战。周瑜之所以料定曹军必败，一是估计到曹兵多从北方来，不习南方水土，不熟悉水战；二是估计到刘表的水军刚刚投降曹操，将士们不乐意为曹操出力；三是估计到暑热难当，曹军又是远道而来，疲惫不堪。后来，赤壁之战的结果果然不出周瑜所料。

【原文】

令弟之去，国藩令其由东路至平江。不知其乃西径湘阴，为道稍迂，想初十乃可到也。台梭能留湖北，乃梓乡之幸。顷夏观察之意，欲令国藩与督抚会奏，举左右提师河北，以防贼匪渡淮北窜之路。鄙意乃不谓然。足下之信义为吾党所俯首，而资地尚浅，威望未为大著，挈不愿远去之楚勇，附之以孱怯思溃不知谁何之兵，入素未经历之地，日周旋乎水火斗争之诸将，以当虎狼百万之贼，虽殚竭心力，固亦不能自神；若留湖北，养成期年，训练强兵，申理冤滞，民望既归，万一贼匪溯江回扑，殆可与之一战。贼即不反而西，以足下之勇智，但使练兵数月，亦可出而破寇。故鄙人愿左右之稍得休息，以暗图汾阳西平之烈也。

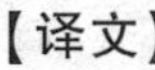

【译文】

我命令您的弟弟从东路到平江，不知他则从西路直达湘阴，道路稍微远了些，估计初十可以到达。你能留湖北，确是家乡之幸事。不久前夏观察的意图是想让我和督抚共同上奏，举荐你提兵到淮河以北，以防堵太平军渡淮河向北逃窜的道路。我不这样认为。您的信义为我们所俯首敬仰，但是资历还浅，威望不高，带领不愿意远去的湘勇，附于懦弱胆怯、无可奈何之士兵和进入不熟悉的地方，整天周旋于

互相争斗的众将之间，来抵挡强大的太平军，即使用尽心力，也不会取得什么效果；如果留兵在湖北，用一年的时间培养自己的威望，训练出精壮的士卒，审理地方上的冤案，等到民望归属，一旦太平军沿江反扑，则可以同他们决一死战。即使太平军不返，凭你的智勇，即使练兵几个月，也可以出战。所以我希望部队能稍加休整，以图郭子仪、李晟那样的功业。

【原文】

三十日、初一日、初四日三次寄缄，想先后均达台览。顷闻外间传说二十一日之战，贵部伤亡士卒数过千人，不知确否，杨七麻向来惯技，上半日总不出队，直至未申以后，官军饥疲思归，贼乃跟队四面包抄。老湘营八年冬在景德镇屡次吃亏，阁下以后出队不宜太远，切莫堕贼计中。

【译文】

三十日、初一日、初四日我三次寄信给你，想来你都已看过了。听外面传说二十一日的战事，贵部伤亡士兵超过千人，不知是否确切。这是杨七麻惯常使用的伎俩，上半天总是不出来交战，直到中午以后，官军饥饿疲惫想回去的时候，贼军才追赶上来从四面包抄合围。老湘营八年冬在景德镇多次吃这个亏，你以后不宜带兵出队太远，切记不要中了贼军奸计。

【原文】

接弟二信，因余言及机势，而弟极言此次审机之难。弟虽不言，而余已深知之。萃忠、侍两酋极悍极多之贼，以求逞于弟军久病之后，居然坚守无恙。人力之瘁，天事之助，非二者兼至，不能有今日也。当弟受伤，备流裹创，忍痛骑马，周巡各营，以安军心，天地鬼神，实鉴此忱。以理势论之，守局应可保全。然吾兄弟既誓拼命报国，无论如何有功，约定终始不提一字，不夸一句。知不知，壹听之人；顺不顺，壹听之天而已。

审机审势，犹在其后，第一先贵审力。审力者，知己彼之切实工夫也。弟当初以孤军进雨花台，于审力工夫微欠。自贼到后，壹意苦守，其好处又全在审力二字，更望将此二字直做到底。古人云兵骄必败。老子云两军相对哀者胜矣。不审力，则所谓骄也；审力而不自足，即老子之所谓哀也。

【译文】

接到弟弟两封来信，因为我说到了机会与局势，弟弟便极力说这次审时度势之难。弟弟虽不说，我也深深明白。遇到忠、侍（指李秀成和李世贤）两个伪头目率领的极多的敌人，想在弟弟军队受挫之后逞凶，弟弟居然安然坚守，人力之劳、天意之助，不是这二者兼有，也不能有今天呀。当弟弟受伤后，流血裹伤，忍痛骑马巡视各营，以安军心，天地鬼神，都会看到你的真诚。从理势上讲，守势应该能够保全。但我们兄弟已发誓拼命报国，无论如何辛劳，如何有功，约定始终不提一字，不夸一句话，知不知，全听于人；顺不顺，全听从天

而已。

审机审势，还在其后，第一先要审力。审力，是了解自己和对方的其实功夫。弟弟当初孤军进入雨花台，审力工夫稍欠。自从敌人到了以后，一心苦守，其好处又全在于审力二字。更希望你将这两个字一直做下去。古人云："兵骄必败"。老子云："两军相逢哀者必胜矣"。不审力，就是所谓的骄；审力而不自足，就是老子所说的哀。

【原文】

鄂省现尚有木排可购用否？黄城西面山脉入城处，其地势较高，该逆在城外此处扎营否？该逆向称善守，共守城之法，常以精壮者安营城外，老惫者登陴防范。此次城外共有贼营几座？河下尚有贼船若干？其船只向皆掳掠民船，但安炮位，近闻亦另造战船，果否？国藩到黄以后约有三策，应以何策为最妥善？水陆两军齐逼城下，修造木城，扎营自固，即于营盘之内掘道轰城。一面预制沙袋、云梯，以备轰破之时四面缘登。此一策也。以水军五千，陆军一二千，与吾师之军围攻黄州，而分陆军数千往剿英山、霍山、桐潜等处土匪，以振军威而作士气。此二策也。水陆两军弃黄州而不顾，由南岸直下，径攻巴河之贼。若黄州之贼出蹑吾尾，则吾师之军亦可出而蹑贼之尾。敝军回师反攻，必可得手。此三策也。三者果孰为优？乞吾师斟酌详示。若吾师无暇详答，即乞密告胡咏芝前辈，将此三端，详细考究，习速示复。至切至要。

【译文】

湖北省现在木排可购来用吗？黄城西面山脉进入城池的地方，地势较高，该贼是否已在城外此处扎营？该匪向来善于防守，他们守城方法，常常以精壮的人安营城外，年老体弱的人登城防守。这次城外共有敌营几座？河下还有敌船多少？他们的船只一向都是抢掠来的民船，只安了炮位，近来听说也另造了战船，是不是这样？我到黄州后大约定有三个对策，应该以哪一个最为妥善？水陆两军齐逼城下，修木城扎寨安定下来，然后在营盘之内掘地道轰城，另一方面预先制沙袋、云梯，以准备轰破城的时候从四面登上城墙。这是一计策。以水军五千，陆军一二千，和恩师所率之军，围攻黄州而分陆军数千人去剿灭英山、霍山、桐潜等处的土匪，来振军威，鼓士气。这是第二计策。水陆两军放弃黄州不攻打而从南岸直下，径直攻巴河的敌人。如果黄州的敌人出来跟在我们的后面，那么恩师所率的军队也可以跟在敌人的后面。我所部回师反攻，一定可以得手。这是第三计。三计哪一计最好？希望老师能够慎重考虑，详细明示。如果老师没有时间详细回答，马上密告胡咏芝前辈我这三计，详细研究，火速答复。

【原文】

闻贵军十五日已抵瑞州，日内无一来信，何也？抚州之贼，日内分三四千来援临瑞，从此抚州一军，愈就安稳，而瑞郡之战事渐多矣。舍弟及竹庄言及援军多能战之士，如遇开仗，我省兵六营者不可出队太早、冲锋太快，须待楚军先

打，而省兵后进，无以怯弱为耻。队伍切要整齐，无使前者冲锋，后者不继，徒为援军所笑。至嘱至嘱。

【译文】

听说你军十五那一天已到了瑞州，怎么这几天没有一点消息，为什么呢？抚州的贼兵，这几天分了三四千人来援助瑞州，这样抚州的军队，就比较安稳，然而瑞州的战事就渐渐增多了。我弟弟以及竹庄说到援军中有许多能勇善战的士兵，如果遇到打仗，省府军队六个营不要出兵太早、冲锋太快，一定要等到湖北之军队先打，而后省府军进军，不要以怯弱为耻辱。队伍一定要整齐，不要让前面的兵开始冲锋了，而后边的兵跟不上，凭空被援军笑话。一定要听从嘱咐。

【原文】

臣查翁心存所奏，请臣派员驰赴通、泰，乘虚由江阴、常熟进捣苏、常。如或不能，则力保里下河数百里沃壤，遏贼北趋。宋晋所奏，请都兴阿派兵由靖江、泰兴分进江阴、常熟各条，均属详慎周妥。惟都兴阿一军，须先肃清江北，俾后路无牵制之虞。现闻天长、六合均经克复，江北仅浦口、江浦两城。如即乘势攻克，上可通曾国荃无为、运漕各军之气，下可联袁甲三临淮、滁州各军之援。则江北片段既成，根基既固，然后会合上下游，分路规取南岸，方不致凌躐无序。自古江南用兵，以镇江为险要。目前局势，镇江尤属必争之地。若图金陵，则俟鲍超一军攻克宁国后，由东坝、溧阳进，而镇江即出兵会之；若图苏、常，则俟扬州一军肃清江北后，由靖江、泰兴进，而镇江亦出兵会之。是以臣前奏李鸿章统带水陆，下驻镇江，原为将来进取地步。惟镇江现有冯子材、黄彬等军，如果扼守得力，不须添换。李鸿章或移驻通、泰，或驶往上海，应俟该员抵镇后，察看情形，再行具奏。

【译文】

我查阅了翁心存的奏稿，请我派人火速到通州，乘虚由江阴、常熟直接进攻苏州、常州。如果不能攻下，就力图保住里下河数百里的沃壤，阻止匪贼北进。据宋晋所奏，请都兴阿派兵由靖江、泰兴分路进攻江阴、常熟各个条目，安排都还是详尽周密妥当的。只是都兴阿一军，须肃清江北的匪贼，使后路没有受牵制的危险。现在听说天长、六合都被攻下，江北仅剩下浦口、江浦两城没被攻破。如果立即乘势进攻，北边可以和在无为、运漕的曾国荃各军相沟通，南边可以和在临淮、滁州的袁甲三的各军相互支援。那么在江北连成一片，根基牢固以后，然后会合上下游各路人马，按计划分路进攻南岸各城，才不至于凌乱失序。从古至今在江南用兵打仗，都把镇江作为险要之地。根据目前的局势，镇江仍是两军相争之地。如果计划攻取金陵，那么等到鲍超一军攻下宁国后，由东坝、溧阳进兵，同时镇江立即出兵会合他们；如果计划攻取苏州、常州，那么等到扬州一军肃清江北匪贼后，由靖江、泰兴进兵，同时镇江也出兵会合他们。因此我以前上奏让李鸿章统率水陆两军驻扎镇江，就是为将来进一步攻取做打算的。现在镇江只有冯子材、黄麻等军，如

果防守得力，那么就不必派兵增援撤换。李鸿章要么驻防通州，要么驶往上海，应等到他到达后，察看情况，再具体上奏。

【原文】

此时不宜再作围贼之计，只作野战与自全两计而已。多在挂车，鲍在关外，必与狗逆有大场恶战。如能大捷，尚可克城；如仅小胜，或反小挫，则不特不能克城，且当思所以自全之策。弟军欲求自全，须请鲍军由江滨进扎，与弟营连络一气，不为赤关岭之贼垒所隔。趁狗在桐未归之时赶紧扎成，如围棋然，两块相粘连则活矣。或鲍扎原处，而成镇七营进扎亦可。其择地须请杨、鲍、成与弟同看，十三四必须看定，或请韦义堂来一看亦可，以渠熟于贼计也。至季弟东北自全之策，或以枞阳为后路，或仍以大桥为后路，弟与杨、韦酌之。

【译文】

现在不应该再作包围之计，只作好野战与自我保全的准备工作就可以。多在挂车，鲍在关外，一定与敌军有一场大恶战。如果能大胜，还可攻克城池；如果仅仅小胜，或反而小败，则不仅不能攻克城池，而且应当考虑自我保全的办法。弟军要想求得自全，须请鲍军由江滨进扎，与弟营联合出战，不要被赤关岭的贼军营垒所阻隔。趁英王陈玉成在桐未归的时候赶紧扎成，就像围棋那样，两块相粘连则活。或者鲍军驻扎成原处，而由成镇七营进扎也行。选择场地须请杨、鲍、成和弟一起同看，十三、四日必须看定，或请韦义堂来看一看也行。因为他熟悉敌人的计策。至于弟弟在东北的自全之策，或以枞阳为后路，或仍以大桥为后路，弟与杨、韦斟酌着力。

【原文】

此次官军深入贼地，逆党拼死来争，我军以寡击众，并不用虚声奇计，专以扎硬寨、打死仗为能，士卒益加用命。

【译文】

这次官军深入敌腹，叛党拼命来争夺，我军以寡击众，并不采用虚张声势等奇妙的计策，而是专门扎硬寨，打死仗，这样一来，士兵更加拼死效命。

【原文】

初五小挫，亦由浪战之过。抚州大军虽有九千馀人，而可靠者实不甚多。又加屡次受伤，精锐暗损，全赖足下心细眼明，静以察之。自抚来者，皆言城内之贼不过二千馀人，老长发不过数百。前后书牍所报杀毙、受伤之贼，殆以万计，而贼焰转张，颇不可解。

【译文】

初五那天遭到小挫，也是因为轻率交战所致。抚州大军虽然有9000多人，而能战的人实在不很多，再加上多次受伤，精锐之气受到损失，这全依赖你心细眼明，镇静体察情况。从抚州来的人，都说城中的匪寇不过2000多人，老资格

太平军不过几百人。可是前后上报死伤的贼数，大概有一万多人，而且匪寇气焰越发嚣张，非常令人不解。

遏必隆腰刀　清

【原文】

兵不离营，岂有此祸？请阁下专主守城，切勿摇动。四乡地面太广，不必强为照料，如贼来围城，只要坚守两旬馀，此间必派大队赶援。东坝抬过贼船，闻甚不少。周万倬一军当留保芜湖，援剿金柱，万不能抽调北渡。萧、毛两军到舒城后，应令其由庐州进兵，自北渡而来，直攻巢县之背，或较得势。若由仓头东关进兵，自南路而往，上则隔河，恐难下手。请阁下细询树字等各营哨官，绘一详图，专人送两份，一送省城，一送唐鹤九、转交萧、毛之手。至感至要。再颂幼荃仁弟台安。

正封函间，接初十手书，运漕于初九失守，无为稍形吃重，阁下更不能前赴庐江。贼既不来扑城，我亦不必轻出。国藩每劝人守城守垒，不愿轻进浪战，据坚深之墙濠，与就空旷之散地，孰难孰易？新募之众，野战尤无把握，此次祁门之失，系因空营不守，将良字两营调往黟县堵御。初七午后败回祁门，贼已跟踪追至，而王钤峰亦于是日申刻赶到金字牌，所差不过片刻。

【译文】

士兵不离开营地，怎么会有这种灾祸降临呢？请您专心守城，切记不要率军游动。周围土地广阔无垠，没有必要派兵把守，如果贼兵来围城，只要坚守两旬，在此期间一定派大批军队赶到来增援。听说东坝已有不少船只，周万倬一军必应留保芜湖，援助围剿金柱，断不能调他率军北上。萧、毛两支军队到舒城后，应指令他由庐州进兵，从北面带兵而来，直攻巢县后翼，估计可能取得成功。如果由仓头东关进兵从南路带兵而上，进则隔河，恐难以成功。请你仔细检查各营哨官，绘一份详图，派专人把图一份送省城，一份送唐鹤九，转交萧、毛。这都是很有必要的，祝仁弟幼荃好。

正准备封函，接到初十日的书信，运漕巢已于初九失守，无为情况比较严

重，你更不能前往庐江。贼兵不来围攻城，我也不必冒险出兵。国藩每次劝人守城，不轻易让人进行混战，凭借坚深墙濠，与空旷散地相比就知道哪一个好守了！刚招募的士兵，野战没有经验。这次祁门丢失，都只因没有坚守营地，而将良字两营调到黟县防御。初七日下午从祁门回，贼兵已跟踪而来，而王钤峰也是于当天下午赶到金字牌的，中间相距只很少时间。

【原文】

此次省军之进，本以打奉新为正办，吾恐军心不甚稳固，故令先与援军会合至先，由奉新一路行走。兵事喜诈而恶直也。将官中或有议其不应迂道二十里者，应严饬而婉谕之。瑞州太守王嘉麟解银若干至瑞，以犒援军，将追及与贵军同行，好为照应可也。

【译文】

这次省府等队的进军，本来以攻打奉新为主，我担心军心太不稳定，所以让他们先与援军在至先会合，然后从奉新一路进军。作战之事崇尚狡诈而不推崇憨实。将军中有的人议论不应该绕道二十里而行的，应该严加斥责，并要婉转地告诉他们这样做的道理。瑞州太守王嘉麟押着若干银两到瑞州，以犒劳援军，不久将会追上你军营与你军一起行进，应好好相互照应为佳。

【原文】

曹开亮归，知各营本日驻扎望城冈，明日进驻范家山，自是正办。军行四十里不为甚劳，而临时相机，或进或止，由足下在行间者自主之。不必一一请示也。各营长夫究竟敷用否？担子重者若干斤？足下试一察之。

【译文】

曹开亮率领军队回来，我才知道各营将士今日在望城岗上扎营，明天全队就要进驻范家山，这样做很正确。军队行进四十里不算太累，你在行进中一定要根据时机而变动策略，或进或退，你可以直接决策，不必再一一向我请示了。各营中长夫够用吗？挑担子最重的长夫挑子多少斤？希望你进行一次调查。

卷六　久战

【原文】

久战之道，最忌势穷力竭四字。力则指将士精力言之，势则指大局大计及粮饷之接续。贼以坚忍死拒，我亦当以坚忍胜之。惟有休养士气，观衅而动，不必过求速效，徒伤精锐，迨瓜熟蒂落，自可应手奏功也。

【译文】

打持久战，最忌讳“势穷力竭”这四个字。力，是指将士的精力而言；势，是指战略大局，全盘作战计划及粮饷的供应补充。敌人以坚忍的决心拼命抵抗，我也要以坚忍的精神抗衡，直到最终取胜。这时只有休养士气，相机而动，不必急于追求胜利而白白消耗精锐的士气。等到时机成熟，就如瓜熟蒂落一样，自然可以一出击便歼灭敌人。

【原文】

凡与贼相持日久，最戒浪战。兵勇以浪战而玩，玩则疲；贼匪以浪战而猾，猾则巧。以我之疲战贼之巧，终不免有受害之一日。故余昔在营中诫诸将曰：“宁可数月不开一仗，不可开仗而毫无安排算计。”

【译文】

凡是和敌人相持日久，最要戒备的是散漫地打仗。士兵们会因散漫作战而不在意，不在意就会懈怠、不认真。敌人因为散漫作战而更狡猾，狡猾就会变得机巧。用我军的疲惫懈怠去和敌军的诡诈机巧作战，终不免有受害的一天。所以我曾经在军营中训诫各位将士说：“宁可数月不开一仗，也不可开仗而毫无安排计划。”

曾国藩像

【原文】

夫战，勇气也，一鼓作气，再而衰，三而竭，国藩于此数语，常常体念。大约用兵无他巧妙，常存有余不尽之气而已。孙仲谋之攻合肥，受创于张辽；诸葛武侯之攻陈仓，受创于郝昭，皆初气过锐，渐就衰竭之故。惟荀罃之拔逼阳，气已竭而复振；陆抗之拔西陵，预料城之不能遽下，而蓄养锐气，先备外援，以待内之自毙。此善于用气者也。

【译文】

打仗，靠的就是勇气。第一次击鼓进攻时，兵将的士气最旺盛，第二次进攻，士气就开始减弱，等到第三次进攻，士气几乎就完全衰竭了。这是古人用兵经验，我对这几句话，经常思索琢磨。大概用兵并无其他奥妙，经常保持锐气不使其用尽就可以了吧！孙权攻打合肥，受挫于张辽；诸葛亮攻打陈仓，败在郝昭手下，这都是因为起初士兵士气太盛，攻打不下就逐渐士气衰竭的缘故。荀罃攻打逼阳国，本来士气已经衰竭，但是后来又振作起来；陆抗攻打西陵的时候，料想到不能很快攻下这座城池，所以他养精蓄锐，保持士气，先准备好外援，就在城外守着，等待城内无法困守自动投降。这就叫作善于运用士气。

智慧通解

“久战，实为持久之战。其必心如铁石，意志坚韧。”用这句话来形容曾国藩的湘军剿灭太平天国的漫长历程实在是再贴切不过了。

1851年（咸丰元年）1月，洪秀全在广西桂平金田村组织起义。5月，曾国藩上书《敬陈圣德三端预防流弊疏》，触怒朝廷，咸丰帝“怒掷其折于地”，欲罪之。1852年（咸丰二年），曾国藩得母讣闻，回籍奔丧。此时太平军的势力正逐步扩大，太平军出广西，入湖南，9月攻长沙，10月取岳州。

但是此时清朝正规军绿营腐败至极，已不堪太平军一击，清廷需要新的武装。1853年（咸丰三年），咸丰帝任命曾国藩为帮办团练大臣，在湖南督办地主武装团练。他建立了一支地主武装，兵勇及其将领全部任用湖南人，因此被称为“湘军”或“湘勇”。湘军以地域的、封建的关系为纽带来巩固内部；以程朱理学作为思想武装；以抢劫掳掠和官爵鼓舞士气；将领大多数选自所谓“宿儒”“生员”等地主知识分子。1854年（咸丰四年）2月，湘军练成水陆两军约一万七千人。

1854年2月25日，曾国藩奉命率师出征太平军，发布《讨粤匪檄》，命褚汝航为水师总统，塔齐布为陆军先锋，挥师北上。5月，兵败靖港，投水自裁获救。

7月25日，重整水陆各军后，出师攻陷岳州。10月14日取武昌。咸丰帝令其部署理湖北巡抚。七天后收回成命。改赏兵部侍郎衔。12月2日攻陷田家镇。

1855年（咸丰五年）2月12日夜，石达开总攻湘军水营，烧毁湘军战船百

余艘。曾国藩座船被俘，“文卷册犊俱失”，“愤极，欲策马赴敌以死”，罗泽南、刘蓉力劝乃止。

1856 年（咸丰六年）7 月，坐困南昌。9 月 2 日，杨秀清、洪秀全内讧（天京事变）后，太平军元气大伤。10 月，曾国藩在长募勇组建吉字营入援江西。……

自 1854 年（咸丰四年）开始征讨太平天国至 1864 年（同治三年）7 月攻下太平天国，前后一共持续了十年之久。并且，在这场持久战中，曾国藩的湘军消耗甚重，他的两个弟弟曾国华和曾国葆也都因这场战争而客死他乡。

《湘军记》书影

战争之初，曾国藩的湘军势力和太平军的势力不可同日而语。但是，曾国藩却在这场持久战中取得最后的胜利，不能不说与他的“久战”之道有莫大的关系。

曾国藩针对持久战的主要战术“防是主”“攻是客”“以守代攻”“以逸待劳”“以静制动”。

古人云：“名不正，则言不顺，言不顺，则事不成。”不管做什么事情，都要讲究名正言顺，这样才能获取支持力量。打仗更是如此，古往今来，一般师出无名的军队最终会吃败仗。所以古人不管是在出兵还是应战时，都要给自己军队找到一个合理的说法，并将它灌输到士兵脑海中。

自古以来就有很多农民不堪暴政，揭竿而起，太平天国运动也是这样。洪秀全在金田村起义，以拜上帝为思想核心，反孔孟，反关公，号召农民起来反抗。但是这样的政治策略在当时的中国实际上很难行得通。尊上帝教与中国的传统观念冲突，不惟地主官僚、知识分子不能接受，即便是老百姓亦茫然不知所措。反孔孟、反关公，则断然否决了那些中间阶级（地主绅士、读书人）的支持，此举固然能拉拢部分贫苦百姓，但事实上却孤立了自己，成为众矢之的。

曾国藩出山之初便洞察于此，认为“长毛”主张以民族大义号召天下，故湘军以尊孔孟，拜关公之天下大义为号召，以得民心。由此，曾国藩才能得到优秀的将领、勇敢的士兵、多智的谋士和那些地主阶级的支持。并且曾国藩一再申明，自己的军队是朝廷的军队，是正统力量，从事的战争是正义之战。

善吾和气，防其离气。湘军是曾国藩的家乡势力，同为湖南人，自然更容易同心同力。曾国藩很重视带兵之道，他用仁义和礼遇去安抚、治理军队，曾作《爱民歌》以训湘军。

湘军中官兵团结、上下团结、三军团结。这样的军队当然力量强大，可以以一当百。反观太平天国中，“上不信下，下不信上，上下离心”，军队离散，成败立见分晓。

曾国藩也非常注意军队操练，“务使兵士熟习兵法，临阵不乱。勤练兵法，勤练胆气”。曾国藩认为，练兵先练胆，人无胆气，一切技艺都归无用。军纪必须威严，军容必须整齐，要培养全军的阳刚之气。所以曾国藩的湘军纪律严明，剽悍勇猛，作战时大有誓死不回的气势。

久攻不下的时候，最能体现一个将帅的智谋。曾国藩认为既然进不能攻，那就要安心退守。退守之时，重要的是先稳定军心，修养士气，伺机而动，又不能让士兵萎靡不振，所以勤练不惰，并且要振作兵士的胆气。他曾援引陆抗久战告捷的例子，来说明打持久战时，困守敌方的策略。陆抗攻打西陵的时候，料想到不能很快攻下这座城池，所以他养精蓄锐，保持士气，先准备好外援，就在城外守着，等待城内无法困守而自动投降。

当时机成熟时，就不要顾忌，果断出兵。1864 年 6 月 3 日洪秀全病逝，太平天国内部分崩离析，士气衰竭。曾国藩就在城外养精蓄锐，待到 7 月 19 日一举攻下天京城。

【经典实例】

大小金川之战

久战，实为持久之战。其必心如铁石，意志坚韧。“绳锯木断”，“铁杵成针”就是这个道理。

曾国藩镇压太平天国的天京之战，即为久战的典型战例。在这场战争中，湘军挺下来了，而太平军却没有挺下来。天京被湘军攻破，太平天国起义走向失败。

太平军作战图

说到“久战”，八年的抗日战争可算是一场持久的战争了，毛泽东为此写了举世闻名的军事著作《论持久战》。

然而，一般人很少知道，清朝在乾隆十二至四十一年间（1747~1776），平定大小金川的土司叛乱，先后用了近三十年时间。时间之长，战事之烈，令人慨叹。

大、小金川位于四川省西北部大渡河上游，山高水险，是藏族聚居地区，并实行土司制度。该地原仅有金川土司，清康熙六十年（1721），大金川演化禅师嘉勒巴之孙莎罗奔，因率兵随清军平定西藏关峒叛乱有功，同时因金川土司人多势强，为分其势，清廷授予沙罗奔大金川安抚司之印信，专管大金川事务；原金川土司泽旺只管小金川事务。该地相邻之土司还有杂谷、绰斯甲布、革布什咱等。

莎罗奔借助清廷的支持和纵容，势力日益强盛，经常出兵侵扰周边土司领地。乾隆十一年（1746），诱执小金川土司泽旺，夺其印信，企图吞并小金川。次年，又发兵攻打革布什咱和沃日两土司。清四川巡抚纪山派兵弹压，反被击败，于是奏请清廷进剿大金川。为平定大金川的叛乱，清廷一面派四川官员速派军队前解沃日之围，一面急调平定苗瑶有功的云贵总督张广泗为川陕总督，于同年四月统兵三万，兵分两路进剿大金川。

莎罗奔没想到清廷会直接出兵大金川，因而其内部防御尚不完备。这样，率先赶到的川军副将马良柱率部解沃日之围后，一度乘势拿下小金川，使大金川上下深为恐慌。马良柱本可一鼓作气拿下大金川，但适逢川军与张广泗交接之际，指挥官无暇顾及，而马良柱本人也没有认识到当时时机的重要性，致使莎罗奔得以借此机会从容部署兵力，据险扼守。莎罗奔本人率一部兵力固守勒乌围（今四川省金川县东）要塞，命其侄郎卡率一部兵力守噶尔崖（金川县东南）要塞。并在各处增筑了许多碉堡和防御工事。张广泗率兵进驻小金川诺官寨（今四川省小金县城）后，以泽旺弟良尔吉（实为莎罗奔间谍）为向导，打算当年九、十月间就拿下大金川。由于落罗奔对清军动向了如指掌，清军要进攻哪里，哪里就有重兵把守，再加之地势险要，碉垒林立，难攻易守，清军多次强攻均告失利。张广泗乃以主要兵力攻敌碉垒，用火烧、挖地道、埋炸药等方法，逐一与敌争夺碉垒。由于碉垒甚多，藏兵又居高临下，清军死伤甚众，张广泗只得奏请清廷再增兵一万。然而，碉垒争夺战至次年仍未奏捷。相反，叛军士气却嚣张起来。乘清军戒备不严时，不断发动偷袭，使清军防不胜防，副将张兴、游击孟臣等相继阵亡。

乾隆没想到大金川弹丸之地，仅七、八千叛军，竟使四万大军连连受挫。乾隆十三年（1748）春，又派首席军机大臣讷亲为经略，前往督师，并起用老将岳钟琪、傅尔丹前往助战。当时岳钟琪已与张广泗商定，由岳钟淇自党坝（今金川县北党坝镇）迂回南攻勒乌围，由张广泗自苗岭（今金川县东南）北攻噶尔崖，讷亲至军后，未对敌我双方情况作认真调查，即撇开岳、张二人的计划，限令三日内务取噶尔崖。清军凭人力硬拼，一无进展，反遭重大损失，总兵任举、参将

贾国良战死。讷亲从此不敢专权，将军务仍交张广泗办理。张广泗轻视讷亲不懂得军事，两人互相推诿，军心为之涣散。其间，岳钟琪察知向导良尔吉乃莎罗奔耳目，提请张广泗留意，张广泗听信幕僚、南明余党王秋的话，对良尔吉坚信不疑。不久，讷亲又采取大筑碉垒，以碉逼碉的战法，并请终南道士、西藏喇嘛施用巫术破敌。用兵数月，寸土未进，反而每战必败。同年九月，乾隆下诏将张广泗、讷亲革职治罪，改派大学士傅恒为经略大臣。傅恒至小金川，首先将良尔吉和王秋处死，断敌内应。又将讷亲以碉逼碉等不切实际的战法废弃。针对叛军人少，外备既密，内守必虚的特点，分南北两路，采取迂回进军，避坚就隙、绕碉而过、直逼敌巢穴的战法，连克碉卡，军声大振。莎罗奔见固守无望，遣使乞降。岳钟琪率随从数人入勒乌围受降。清廷赦免莎罗奔死罪，仍命其为大金川土司，第一次金川之战遂告结束。

十余年后，莎罗奔病故，其侄郎卡承袭大金川土司职务。郎卡叛心未泯，经常出兵攻掠邻近土司领地。四川总督开泰发檄制止，郎卡置若罔闻。为控制邻近各土司，郎卡与小金川和绰斯甲布两土司和亲，企图借此结成军事同盟。不久，郎卡死去，其子索诺木与泽旺之子僧格桑继为土司，大小金川从此结为军事同盟。乾隆三十六年，索诺木诱杀革布什咱土司的部属，僧格桑也屡次攻打其东部的鄂什克（今四川省小金县沃日）土司。

为制止叛乱，清遂命四川新任总督阿尔泰率兵一万六千人出征大小金川，但出师半年进展不利。清廷将阿尔泰治罪，又派大学士温福为定边右副将军，尚书桂林为四川总督，再度领兵进剿。僧格桑见清廷发大军来讨，急向索诺木求援，索诺木暗中发兵相助。乾隆帝为各个击破大小金川叛军，下诏给温福、桂林，命其先剿小金川，暂不声讨大金川助逆为敌之罪。温福和桂林至打箭炉（今四川省康定市）后，兵分两路，温福率一部兵力由西路，桂林率一部兵力由南路，从两面夹击小金川。清军初战顺利，很快夺回僧格桑侵占邻近土司的领地，进入小金川境内。但墨垄沟（今小金县西南石坪关东）一战，桂林部将薛琮所率三千官兵遭敌截击，桂林未及时赴援，致使全军覆没。清廷撤桂林职，改以阿桂代之。

乾隆三十七年（1772）十一月，阿桂探知僧格桑驻美诺，乃率军直抵小金川河南，乘夜以皮船渡河，连夺险隘，直捣大营。十二月攻占美诺，僧格桑力竭势穷，逃往大金川。清军命索诺木交出僧格桑，遭拒绝。次年春，温福、阿桂分兵进讨大金川。温福又采用以碉逼碉之战法，建碉垒千余座，令二万余官兵分据各碉，与索诺木对峙。后因叛军扼险据守，难以进军，暂时驻营木果木（今小金县西北耿家关附近），命提督董天弼驻底木达，以守备通往小金川的后路。索诺大指使小金川兵数千突袭清军底木达营地，董天弼不及防备，军中大乱，仓皇逃遁。小金川兵便与大金川兵突击木果木清军大营。温福仓促应战，被敌兵杀死，各碉垒万余名守兵闻讯溃逃，提督马全、牛三界战死，清军四千官兵阵亡。小金川又落入僧格桑手中。

乾隆帝闻败大惊，命阿桂为定西将军，丰伸额、明亮为副将，进一步调兵增援前线，其中包括火器营千余人。乾隆三十八年（1773）十月，阿桂携火炮多门，兵分三路，合击小金川。经五昼夜激战，再次征服小金川，随即移师大金川。阿桂复兵分三路，仍以炮击破垒，步兵歼其守军的战法进攻大金川，至七月中旬已连下赞巴拉克、思底博堵木城、凯立叶等数寨，直逼勒乌围屏障逊克宗垒。清将海兰察、福康安火烧堡垒周围村落房屋二百余间，使逊克宗垒成为一座孤寨。索诺木为保自身安全，毒杀僧格桑，将其尸体及妻女献给清军，请求投降。阿桂不允，讲攻益急。清军屡攻逊克宗垒不下，只好绕道夺取勒乌围以东的墨格山。同年十一月，叛军退守康萨尔山。清军围攻两月余，终将敌攻破，继而又突破郎噶寨、逊克宗垒，昆色尔及拉枯两座喇嘛寺。于乾隆四十年（1775）七月围攻勒乌围。清军集中兵力先攻其要害，击破寨内转经楼与北部官寨间木栅石卡数十重，断其犄角，又毁桥梯断其退路，同时封锁其水上通路。八月十五日夜，清军以火炮轰破勒乌围，攻占官寨。随即追击索诺木，兵围噶尔崖，断其水源及水陆交通，以大炮昼夜轰击营垒。索诺木无路可走，坚守数月。至乾隆四十一年（1776）二月初，寨中粮尽弹绝，只得率残部二千余人出寨投降，第二次大小金川之战结束。

大小金川之战的胜利，在废除享有特权的土司制度，加强中央集权，维护西南少数民族地区的稳定方面，具有积极的意义。但从军事角度来看，大小金川地仅千里，兵仅万人，清廷所派官兵多达数万人，前后用兵数年，耗银七千万余两，阵亡官兵三万余人，才平息该地土司叛乱，其经验教训至为深刻。

楚汉垓下之战

曾国藩对其幕僚李鸿章说过，人活着就是为了一口气，人活着就是一场很艰难的“久战”。这场久战就是要懂得“夫战、勇气也”的道理，要不时蓄养锐气，善于用气，取得人生久战的胜利。

曾国藩对于作战及人生在世的“勇气”十分重视。其实，人只要有勇气，有了挺的精神，活得精彩，让人感到惊心动魄，即使失败了，也会给历史留下一段价值的永恒。

他常常讲垓下之战的项羽。

汉高祖四年（公元前203年）八月，楚汉双方达成了鸿沟议和，中分天下，双方罢兵。项羽按照合约的规定，释放了刘邦的父亲和刘邦的妻子吕雉，并撤军东走。

楚军撤走后，刘邦也准备下令撤军西退。这时张良、陈平向刘邦建议说：“现在汉已占领了天下的大半，诸侯皆归附。楚军已疲惫不堪，粮食断绝，这正是天亡楚军之机，不抓紧机会而消灭楚军，就是养虎遗患”。刘邦采纳了张良、陈平的建议，停止撤军西退，而乘项羽东走的机会撕毁双方共同商定的约言，转而率军紧紧追击项羽军，遂爆发了垓下（今安徽灵壁东）战役。

汉高祖五年十月下旬，固陵之战后，楚汉双方仍对峙于淮阳地区。此时，韩信军已率军南下，以一部兵力引诱楚军出击，双方战于九里山一带。西楚军陷于韩信军伏击中。韩信军之骑兵部队乘机向彭城进攻，一举将彭城击破，汉军接着一一攻克了今江苏北部，安徽北部、河南东部等广大地区，兵锋直趋项羽军之侧背。

项羽军兵败，再失彭城，今苏北、皖北、豫东等广大地区被汉军占领之后，无法稳住局势，只得率军政官吏，携大量贵重物资，向东南方向撤退。此时，项羽军已更加陷入危机之中。十一月，项羽率领近10万军队向垓下地区败走。到达垓下地区后，项羽与大将季布等都认为垓下地区地形险要，可以防守，于是决定构筑营垒，进行防御，以便整顿部队，恢复军力，准备与汉军在垓下地区决战。此时，项羽军的大致态势是：季布军在垓下以西以南地区；钟离昧在垓下以东以北地区；项羽自率主力于垓下周围地区。

韩信军取得九里山大捷、进占彭城后，得知项羽率军向彭城东南方向撤走，于是挥军继续向东南方追击项羽军。这时，楚之大司马周殷叛楚后，率兵进占了楚之六地，接着统率九江兵与将军刘贾向北攻占城父。至此，汉军、齐军、九江军及彭越的梁军等四路大军会师于垓下，构成了对项羽军的包围态势。当时汉军及各诸侯军的关系位置大致为：齐王韩信统率的齐军驻于垓下东北地区；九江王英布指挥的九江兵驻于垓下的西南地区；梁王彭越指挥的梁军驻于垓下的北部地区。

汉方各路大军在完成对项羽军的直接包围后，便加紧准备与项羽军的最后决战，以求彻底歼灭项羽军。韩信为向垓下进攻，做了如下部署，以将军孔熙军为左路，费将军陈贺居右路，韩信自率主力在中路主攻。汉军在韩信统率之下，分路向垓下之楚军进攻楚军在项羽率领下，奋勇力战，多次击退汉军的进攻，但由于项羽兵力已经有限，无力出击汉军，更难以迫使汉军撤退，终于在汉军多面夹攻之下，退入营垒坚守。韩信军遂以各路大军，把项羽军重重包围。双方虽经不断作战，但汉军尚难以彻底打败楚军，为尽快将楚军击败，张良建议刘邦采取以瓦解楚军斗志为主的“攻心战”。以楚方归顺人员和汉军中善唱歌者，每夜皆唱楚辞，楚歌。

项羽兵困垓下，兵少食乏，处境更加险恶。前线坚守营垒的部队，每日黄昏战斗停顿时，就听到四周唱出的楚歌声。士卒听到这种楚国乡土歌声，看到自己目前的处境，极大地影响了战斗意志。早已被汉军收买的项王叔父项伯，力劝项羽夜间巡视军营，以便让项羽听到四周的楚歌声，瓦解项军的斗志。果然，项羽听到这些歌声后，十分吃惊，他说：“难道汉军已经把楚国的地方都拿下来了吗？为何他们中间会有这么多的楚人呢？”项羽面对这

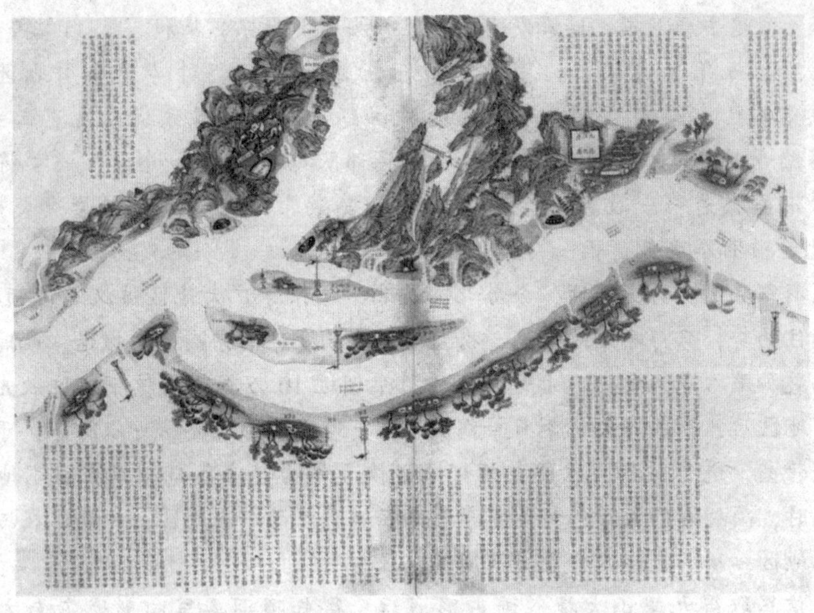

九江府图

种局面甚为忧虑，半夜里在营帐中饮酒解愁。

项羽有一位妃子虞姬，很受宠爱，时常跟随在项王身边。项羽还有一匹黑色的好马，名叫骓，是他最得力的战马。项羽边饮酒边悲凉地歌唱道："力大能够拔山啊，气壮盖过了全世，不料时势不利啊，连乌骓马也不济！乌骓马不济了啊，那可叫我怎么办？虞姬啊，虞姬！怎么能对得起你！"项羽接连唱了几遍，虞姬也应和着一同唱。根据《史记正义》引《楚汉春秋》记载，虞姬当时也唱道："汉兵已略地，四方楚歌声。大王意气尽，贱妾何聊生？"唱罢，即自刎而死，项羽的泪水一行行地涌流，左右的人也都泪流不止，以致互相不能抬头相看，气氛甚为悲壮。

虞姬已死，项羽悲痛地上马出营，率领部下 800 精锐骑兵乘夜突围而去。次日天明，汉军才得知项羽已经突围，韩信急令灌婴率领 5000 骑兵追击。由于项羽突围之先头骑兵急驰而行，后续骑兵未能全部跟上，待项羽渡过淮水之后，仅跟上来百余骑士，项羽行至阴陵，迷失了方向，便向一个老农夫问路，老农夫欺骗项羽部队说，向左走。项羽于是向左急奔。但走不多远，即陷入了大泽之中，行进艰难，很快被灌婴骑兵追上。项羽又引兵向东突进，至东城（今安徽定远东南 50 里）地区后，仅剩下 28 名骑士，而汉军追兵竟有数千骑。项羽此时自料不能逃脱，便对跟随他的骑士说："我从起兵到现在已经八年。亲身经历过 70 多次战斗，真是战无不胜，攻无不克，从未打过败仗，因此，做了天下的霸王。不料今天倒被围困在这里，这是天

要亡我。并不是我在战争中的错误啊！”项羽接着又强调：今天要决一死战，必须做到三战三胜：溃围（击溃敌人，突出重围）、斩将（杀敌将领）、刈旗（砍倒敌人的旗帜）。

项羽说毕，将自己的28名骑兵分做四队，对着四个方向，汉军骑兵虽然包围了数层，但项羽毫无惧色。项羽说：“吾为公取彼一将”。于是他命令骑兵坚决向敌冲杀，到达山下后，在山东分三处集合。项羽吩咐完毕后，即呼喊冲杀而下，将汉军打得人仰马翻，四处溃散，并斩杀汉军骑将一人。项羽军到达山东三处集合后，汉军再分三队将项羽军团团围住，项羽率兵又驰逐冲杀，斩杀汉将一人，杀死汉军百余人。项羽将自己的兵马又集中起来，结果发现自己仅亡两骑。项羽对众人说：“各位看我打得如何？”众骑兵说：“诚如大王所说的一样。”项羽得胜。乘汉军混乱之际，冲出一条血路，向南疾走，准备渡过长江。项羽到达乌江，乌江亭长撑船靠岸，等待项王上船，亭长对项王说：“江东地方虽然不大，但方圆也有千里。有民众数十万，足够建立霸业。请大王急速渡江，这一带只有我有船，汉军到后将无船渡江。”

项羽笑着对乌江亭长说：“上天要灭亡我。我不能渡江了。当初我带领江东8000子弟渡江西征，现在没有一人生还。纵然是江东父兄谅解我，继续拥我为王，我有什么面目见这些父老？即令是他们不谴责我，我也羞愧难吝。我知道你是忠良之人，我骑的这匹马只有五岁，所向无敌，一日可以行千里，我不忍心杀之，现在赠送给你。”项羽把自己的乌骓马送给乌江亭长后，命令所有骑士均下马步行，以短兵器与汉军骑兵搏斗。项羽一人即杀死汉军将士数百人，自己受伤十多处。

项羽在冲杀间看见汉军中的吕马童，便指着吕马童高声说：“你岂不是我的老部下吗！”吕马童看见项王后，即指给汉将王翳说：“此项王也。”项羽对王翳说：“我知道汉军要出千金得我的头，还要封万户侯，为了使你得到功赏，请把我的头拿去吧。”项羽说罢，便自刎而死。王翳割取了项王之头，汉军其余将领争割项羽尸体，以便回军请功。

历时四年半的楚汉战争，起于刘邦夺占三秦之战，至垓下一战才告结束。刘邦与项羽之间的战争，终于以刘邦彻底胜利和项羽军的覆灭而载入战争史册，留下一个失败的英雄——历史人格不尽的咏叹。

“久战”心语

【原文】

田单攻狄，鲁仲连策其不能下，已而果三月不下。田单问之仲连。曰：“将军之在即墨，坐则织蒉，立则仗锸，为士卒倡。将军有死之心，士卒无生之气，闻君言，莫不挥涕奋臂而欲战，此所以破燕也。当今，将军东有夜邑之奉，西有淄上之娱，黄金横带而骋乎淄渑之间，有生之乐，无死之心，所以不胜也。”余尝深信仲连此语，以为不刊之论。同治三年，江宁克复后，余见湘军将士骄盈娱

乐，虑其不可复用，全行遣撤归农。到四年五月，余奉命至山东、河南剿捻，湘军从者极少，专用安徽之淮勇。余见淮军将士，虽有振奋之气，亦乏忧危之怀，窃用为虑，恐其不能平贼。《庄子》云："两军相对哀者胜矣。"仲连所言以忧勤而胜，以娱乐而不胜，亦即孟子"生于忧患死于安乐"之指也。其后，余因疾病疏请退休，遂解兵柄。而合肥李相国，卒用淮军削平捻匪，盖淮军之气尚锐。忧危以感士卒之情，振奋以作三军之气，二者皆可以致胜，在主帅相时而善用之已矣。余专主忧勤之说，殆知其一而不知其二也。聊志于此，以识吾见理之偏，亦见古人格言至论不可举一概百，言各有所当也。

【译文】

田单攻打狄国的城池，鲁仲连预料他攻不下。后来果然三个月没能攻克。田单向鲁仲连询问原因。鲁仲连说："将军在即墨的时候，坐下就编织草筐，站起来就手拿铁锸，作为士卒的榜样。全军将士都有拼死的决心，一听到你的号令，没有人不挥臂流泪而准备作战的，这就是你能打败燕国的原因。如今，将军东有夜邑的进奉，西有淄上的欢娱，黄金横带驰骋在淄渑之间，只感到有生活的快乐，却没有拼死作战的决心，所以，将军攻不下狄城。"

李鸿章指挥的淮军　清

我也曾经十分相信鲁仲连的这番话，认为是不可更改的论点。同治三年，收复江宁之后，我见湘军将士骄傲自满，纵情逸乐，担心他们不能再使用，就全部遣返归农。到了四年五月，我奉命到山东、河南清剿捻军，跟随我的湘军极少，专用安徽的淮军。我见淮军虽然士气高昂，却缺乏忧患危机意识，暗暗担忧，恐

怕淮军不能平定捻军。《庄子》说："两军相对哀者胜。"鲁仲连所说的因为忧和勤而胜，因为娱乐而失败，也就是孟子"生于忧患死于安乐"的意思。以后，我因为身体有病而上疏请求退休，于是解除了兵权。

然而，合肥的李相国（李鸿章），最终用淮军平定了捻军，这是因为淮军的士气还很旺盛。以忧患危机意识来感染士卒的激情，以昂扬的斗志来振作三军的士气，这两种方法都可以取胜，只在于主帅审时度势地善于运用罢了。我只主张"忧勤"这一说法，是只知其一不知其二。姑且记在这里，用来记住我见解的偏颇，也可见古人的格言至论并不能举一概百，每一种说法不能脱离具体的实际情况。

【原文】

治军总须脚踏实地，克勤小物，乃可日起而有功。凡与人晋接周旋，若无真意，则不足以感人；然徒有真意而无文饰以将之，则真意亦无所托之以出，《礼》所称无文不行也。余生平不讲文饰，到处行不动，近来大悟前非，弟在外办事宜随时斟酌也。

【译文】

治军必须脚踏实地，从每一件小事做起，才能逐渐有成效。凡是与人交接周旋，如果没有诚意，就不能使人感动。但是，如果只有真心诚意，却没有好的方式来表达，那么，真心诚意也无法表现出来。《礼》中所说的"无文不行"就是这个意思。

我平生不讲究外在的形式，到处碰壁。近来才真正明白了以前的错误。你在外面办事时也应随时斟酌。

【原文】

带勇总以能打仗为第一义。现在久顿坚城之下，无仗可打，亦是闷事。如可移扎水东，当有一二大仗开。弟营之勇锐气有余，沈毅不足，气浮而不敛，兵家之所忌也，尚祈细察。偶作一对联箴弟云：打仗不慌不忙，先求稳当，次求变化；为事无声无息，既要精到，又要简捷。贤弟若能行此数语，则为阿兄争气多矣。

【译文】

带兵总是以能打仗为最重要的事情。现在（你们部队）久屯坚城之下，无仗可打，也是令人苦闷的事。可以移营于水东，应当有一、二个大仗可打。只是你部士兵勇敢和锐气有余，沉毅不足。气浮而不内敛，是兵家所忌讳的，希望你能够细察。我偶然作了副对联来劝告你：打仗不慌不忙，先求稳当，次求变化；办事无声无息，既要精到，又要简捷。贤弟如果能做到这几句话，就为你哥哥争了大气。

【原文】

第善觇国者，睹贤哲在位，则卜其将兴；见冗员浮杂，则知其将替。善

觇军者亦然。似宜略为分别，其极无用者，或厚给途费遣之归里，或酌赁民房令住营外，不使军中有惰漫喧杂之象，庶为得宜。到顿兵城下为日太久，恐军气渐懈，如雨后已弛之弓，三日已腐之馔，而主者晏然，不知其不可用。此宜深察者也。

【译文】

善于观察国家的人，看到贤德的人得到重用，就预料国家必将兴盛；看到冗员浮杂，就预料到国家将会改朝换代。善于观察军队的人也是这样。现在，对部队士卒也应当略加分别。对毫无用处的人员，或者多给路费遣返家乡，或者酌情租赁民房让他们住在军营之外，不要让军中出现懒惰、散漫和喧闹杂乱的气象，这样才合适。如果屯兵城下太久，恐怕军气会逐渐懈怠，好比是雨后松弛的弓，放了三日已经腐败的食物，他们的主人还安之若素，不知道这些东西已经不能使用。这是应当值得深察的问题。

【原文】

治军之道，总以能战为第一义。倘围攻半岁，一旦被贼冲突，不克抵御，或致小挫，即令望毁于一朝。故探骊之法，以善战为得珠，能爱民为第二义，能和协上下官绅为第三义。愿整吾弟兢兢业业，日慎一日，到底不懈，则不特为兄补救前非，亦可为吾父增光于泉壤矣。……

求人自辅，时时不可忘此意。人才至难，往时在余幕府者，亦余平等相看，不甚饮敬。洎今思之，何可多得！弟常常以求才为急，其阘冗者虽至亲密友不宜久留，恐贤者不愿共事一方也。

【译文】

治军之道，总以能够作战为最重要的事情。如果围攻敌人半年，一旦被敌人冲突，不能抵御，或者招致小挫败，就令胜利的希望毁于一朝。所以，探骊之法，以善战为得珠，以能够爱民为第二义，以能协调上下关系为第三义。我希望弟弟能兢兢业业，一天比一天谨慎，始终不懈。这样不仅能够补救为兄以前的过错，也可为父亲争光于九泉之下。……

寻求人才来辅助自己，是时时刻刻都不能忘记的。人才是不容易求得的。以前在我幕府中任职的人，我都以一般的人看待，不十分钦敬。如今想起来，这些人才都是不可多得的。弟弟常常急于求得人才，对于那些平庸的多余人员，即使是至亲好友也不应当久留，因为贤德的人才是不愿与他们共同相处的。

【原文】

凡军行太速，气太锐，其中必有不整不齐之处，惟有一静字可以胜之。不出队，不喊呐，枪炮不能命中者不许乱放一声，稳往一二日，则大局已定。

【译文】

凡是军队行动速度太快，气太锐，其中必然有不整齐的地方，只有一个“静”

字可以战胜这样的军队。不出战，不呐喊，不许放空，只要稳住一、二天，大局就定了。

【原文】

然制胜之道，实在人而不在器。鲍春霆并无洋枪洋药，然亦屡当大敌。前年十月、去年六月，亦曾与忠酋接仗，未闻以无洋人军火为憾。和、张在金陵时，洋人军器最多，而无救于十年三月之败。弟若专从此等处用心，则风气所趋，恐部下将士，人人有务外取巧之习，无反己守拙之道，或流于和、张之门径而不自觉，不可不深思，不可不猛醒。真美人不甚争珠翠，真书家不甚争笔墨，然则将士之真善战者，岂必力争洋枪洋药乎？

【译文】

然而，取胜的关键，实在是在人而不是在武器。鲍春霆并没有洋枪洋炮，可是也屡次击败了大敌。前年十月、去年六月，鲍也曾与李秀成交战，没有听说他以缺少洋人军火为憾。和、张二将在金陵时，洋枪洋炮最多，可是无补于咸丰十年三月的大败。你如果专门在这方面费心思，就会促成一种坏风气，我恐怕你部下的将士，人人都有务外取巧的习气，却没有反己守拙的想法，或许已经走上和、张二人的道路而自己还没有感觉，这确实不可不深思，不可不猛省。真正的美女不很争竞珠玉，真正的书法家不很争竞笔墨。这样看来，真正善战的将士，难道一定要力争洋枪洋炮吗？

【原文】

九洑洲、下关各贼垒，似非轮舟、炸炮所能遽破。鄙人尝疑用兵之道，在人而不在器。忠逆之攻金陵官营，亦有炸炮，亦雇洋人在内，官军亦不因此而震骇。舍弟亦还以炸炮御之，彼亦不因此而动，左帅以四十馀斤之炸弹打入龙游城内，贼亦不甚慌乱。顷水师在金柱关抢贼船百馀号，内有洋人，一律乞降免死。然则洋人洋器，亦会有见惯不惊一日也。

【译文】

九洑洲、下关各个敌垒，好像并不是轮船、炮弹所能立刻攻破的。我曾经怀疑过用兵之道，是在人而不在于武器。忠王李秀成攻打南京官营的时候，也用了炸炮，军队里也雇了洋人，官军也不因为有了炸弹和洋人在内就震惊害怕。我弟弟也用炸弹抵御敌人，敌人也没有因此而动。左宗棠用四十余斤的炸弹打入龙游城中，敌人也不怎么慌乱。不久前水师部队在金柱关抢了百余艘敌船，船内有洋人，都乞求投降免死，这样看来，洋人洋武器也会有见惯不惊的时候。

【原文】

总之，危急之际，惟有专靠自己，不靠他人为老实主意。即如王可升一军，余久拟派助弟处，公牍私函不仅数次，至今月余，尚有二营未到金陵。则此外如程学启、蒋芗泉等军之不能应手救急，何足怪哉！

【译文】

总之，在危急关头，只有专靠自己、不靠别人才是老实主意。比如王可升部，我早就计划派他到你处助阵，公文私函发了许多次，至今已经一个多月了，还有两营人马没有赶到金陵。王可升尚且如此，则此外的部队，如程学启、蒋芗泉等部不能应手救急，又有什么值得奇怪的呢！

【原文】

自苏杭克复，人人皆望金陵之速克。吾独不期其速，而期其稳，故发信数十次，总戒弟之欲速。盖深知洪逆非诸贼可比，金陵非他城可比也。此等处吾兄弟须有定识定力，望老弟巍然不动，井然不紊。将克未克之际，必有一番大风波。吾弟若破地道，且待大风波经过之后再行动手，实不为晚。吾所虑者，一恐弟求速效而焦灼生病，一恐各营猛攻地道，多损精锐而无以御援贼耳。弟其体我此意，稳慎图之。至于弟军银米，九月以前必可敷衍。

【译文】

自从攻克杭州、苏州以后，人人都希望早日攻克金陵。只有我不希望拿下得快，而希望克复得稳当。因为我深知洪秀全不是其他敌将可以比的，金陵城不是其他城池可以比的。在这件事情上，我们兄弟必须有定识定力，希望你岿然不动，有条不紊。在金陵城将破未破之际，必定会有一场大风波。你如果要由地道攻破敌人的城池，暂且等到大风波经过之后再行动手，实际上也不算晚。我所担心的，一是怕你为求速效而急出病来，二是恐怕各营猛攻地道，损折了许多精锐部队以致无力抵御敌人的援兵。希望你体谅我的心意，慎稳行事。至于你部的钱粮，九月以前必定可以维持。

【原文】

浙江省城竟于十一月二十八日失守，兵民六十万人，食尽而破，大约半死于饿，半死于兵，存者无几。吾奉命兼辖浙江，不能解此浩劫，愧愤何极！浙抚想必简左帅，吾当奏请简蒋芗泉为浙江藩臬，或令带五六千人，即可独当一路。上海一县，人民千万，财货万万，合东南数省，不足比其富庶，必须设法保全，拟令少荃带水陆各五千人前往。程学启之千人，拟即拨交少荃带去。余之亲兵者，亦令韩正国带之随去。沅弟开年务须星速前来，能于二月十五以前赶到，少荃尚未启行，诸事面商更好。其程学启处，望弟写信谆嘱，令其听少荃之节制调度。吾家受国厚恩，吾为江督将近二载，尚无一兵一将达于苏境，上愧对朝廷、下愧对吴民，此次若不能保上海，则并获罪于天地矣（上海已解饷银十万，闻年内再有十万解来，无非望我援救耳）。总望沅弟多方设法，助我保守上海，为恢复三吴之张本，千万千万。

【译文】

浙江省城最终于十一月二十八日失守，六十万军民，一直坚持到粮食用光以

后才被攻破城池，大约有一半人死于饥饿，一半人死于战火，幸存的人寥寥无几。我奉命兼管浙江，却不能避免这场浩劫，实在是羞愧到了极点！悲愤到了极点！浙江巡抚一职想必要由左帅来担任，我应当上奏请求任命蒋芗泉为浙江布政使，或者令他带领五、六千人马，就可以独当一面。上海一个县，人口千万，财富亿万，东南地区几个省加在一起，也无法与上海的富庶相比，因而必须设法保全。我打算派李少荃率领水陆军各五千人前往上海。程学启的一千人，我也打算拨给李少荃带往上海。我的亲兵营，也让韩正国带领着一同前去。沅弟开年时节务必要火速赶来，如果能在二月十五号以前赶到，那时少荃还没有启程，各项事情都可以当面商量，就再好不过了。程学启那里，希望你能写信叮嘱他，让他听从李少荃的节制调度。我们全家都蒙受国家的厚恩，我任两江总督将近两年，还没有派出一兵一将进入江苏境内，对上有愧于朝廷，对下有愧于百姓。这次如果不能保全上海，就是获罪于天地了（上海已经送来饷银十万两，听说年内还将有十万两送来，这无非是希望我去救援罢了）。总而言之，我希望你能多方设法，帮助我保住上海，作为收复三吴地区的根本，千万千万。

【原文】

该逆以全力攻东隅，伤亡过多，殊恐难以久支，焦灼曷极！二日内又转大北风，于上游接济诸物大不方便，焦灼之至。……

该逆万无自退之理。忠逆一股，去年围建昌，亦凶悍之至，后黄印山等坚守，无隙可乘，彼围攻十九日解去。厥后在丰城与春霆打仗，闻交手不久即败。今年在上海与少荃一军交仗，除洋枪甚多外，似无他奇技。该逆欺弟军全不能战，弟若能挑得七八千不病之勇，出濠与之力战一次，亦是一法。去年伪侍王在乐平，欺左军不能战，猛围猛攻，业三日矣，左帅暗与各营约定，待贼疲乏散漫之时，猛然出队力战，侍贼是夜即遁。不知弟处可用此法否？如用此法，总须善于相机。第一要看贼散布在我营外最近之处，第二要看贼疲乏思归之时，第三要辨得贼之强枝安在，弱枝安全，乃可交手。弟与诸营官熟商行之，如无病者不满七千，则难作此计矣。

李秀成像

【译文】

该敌（指太平天国的忠王李秀成）以全力猛攻金陵（今南京）东隅，我军伤亡过多，恐怕难以长期支撑，我心急如焚，焦灼到了极点！二天内又有大北风，在上游地区接济物资将很不方便，我心中十分焦灼。……

该敌绝对没有自己后撤的道理。忠王李秀成的军队，去年围攻建昌，也是十分凶悍，后来因为黄印山等人坚守不出，无隙可乘，才不得不于围攻十九天以后解围撤走。此后在丰城与鲍春霆交战，听说交手不久就败走。今年李秀成在上海与少荃的军队交战，除了洋枪很多之外，似乎没有别的什么特殊本事。现在他欺负你的军队完全不能作战，你如果能挑选七八千名健壮的士兵，出濠与他大战一次，也是一个不错的办法。去年，太平天国的侍王李世贤在乐平，欺侮左军不能作战，全力猛围猛攻，三天以后，左帅暗中与各营约定，等敌人疲乏散漫之时，突然出兵猛攻，李世贤当天晚上就逃走了。不知你那里能用这种办法不能？如果使用这种办法，必须善于抓住时机。第一要看敌人散布在我军阵地外最近的部位，第二要看准敌人疲乏已极、渴望撤回的时机，第三要看清敌人的强枝部署在什么地方，弱枝部署在什么地方，然后才能交战。你与诸将好好商量一下。如果无病的士兵不足七千人，就难行此计了。

【原文】

初二日寄去一缄，专言贼将由安陆回窜豫境，两日未接续报，不知贼果径趋西北？抑尚流连鄂境、回窜东南黄海一带？周、张、二刘四军，余皆令其径赴鄂中会剿，弟宜多通信，或一日一函，将军情详细告知。搞勇则无此巨款，或酌买马匹参支馈送统领，以聊其情。切不自恃曾立大功，兵力足敷防剿，遂存藐视客军之意。至嘱至嘱。

【译文】

初二写的信，专讲敌军将从安陆窜回河南，两日没有接到下一步报告，敌人果真直接往西北方向了？还是仍然徘徊于湖北境内，将窜往东南黄海沿岸地区呢？周、张、二刘这四军，我都命令他们直接赶往湖北会同攻剿，老弟应多与他们通信，或每日一信，将军情详细告诉他们。如果要犒劳兵勇则没有这么大数目的款项，或许可以酌情买些马匹，送一点礼物给统领，以联络感情。切不可仗着自己曾立过大功，手下兵力也足够防守攻剿，就存有藐视外地军团的意思。至嘱至嘱。

【原文】

凡觇军事之胜败，先视民心之从违。前此官兵有骚扰之名，贼匪有要结之术，百姓不甚怨贼，不甚惧贼，且有忠心从逆者。自今年以来，贼匪往来日密，抢劫日甚，升米尺布，搪掠罄空，焚毁屋庐，击碎釜缶，百姓无论贫富，恨之刺骨。其自遭家难，既有创深痛巨之情；其追溯皇恩，遂有浃髓沦肌之感。臣等一军所到之处，民间焚香顶祝，夹道欢迎。扎营之地，或送薪米，或送猪羊，蓄发之民，愿为侦探，愿为向导。贼匪虽严刑禁杀，百姓不甚畏忌，犹殷殷输诚于官军。我国家深仁厚泽二百馀年，不当此大乱之后，不知感人之深一至于此。臣等适逢其会而食其报。

【译文】

要想预测军事的胜败，就得先看民心的向背。以前官军有骚扰百姓的名声，

匪徒有拉拢民心的办法，百姓不怎么怨恨匪徒，也不怎么害怕匪徒，而且还有一心顺从逆贼的。自今年以来，匪徒活动日益频繁，抢劫日益厉害，一升米、一尺布，全被洗劫一空，烧毁房屋，砸碎锅罐，百姓无论贫富，恨之入骨。他们家里遭受灾难，已经产生极其沉痛的心情；他们追思皇上恩典，便有了刻骨铭心的感受。我这支部队所到之处，百姓烧香叩头，夹道欢迎。扎营的地方，有人送来柴草粮食，有人送来猪和羊，留起头发的百姓，愿意充当侦探和向导。匪徒虽然用严刑和杀戮加以禁止，百姓却并不怎么害怕他们，仍然恳切地向官军奉献诚心。我们国家推行二百多年的深厚仁义，如果不是到了这种大乱之后的特殊时刻，就很难了解到感人的程度竟然到了这种地步。我们这些人正赶上了好时机，从而享受到了百姓的报答。

【原文】

此次九濮洲渡江之贼，乘虚上窜皖北。除安、庐两城外，自和州上至黄州，千里无兵，猝不及防。与九年石达开之窜湖南，上年陈玉成之窜鄂西，情形相似。幸该逆徘徊于巢、含之间，未遽深入。敝处得以赶调各军驰守庐州、庐江、无为三城，而借李续宾部萧、毛八千人南来援剿。其实守兵征兵，皆嫌单薄，幸尚赶在贼前，未落后着。若谓万无他虞，自问实有未逮。九舍弟屡次来信，见贼陆续渡江，实系大股，外间传言贼数无多，恐非确论。似宜持重，以主不败之地，未便锐进，以幸非常之切。其进兵之路，先打巢县，则取道巢湖以北；先打运漕，则取道巢湖以南。北路地势空旷，非用众难于施展，旱路三百馀里，无夫可雇，转运艰难，且恐顿兵巢城，进退维谷，不若南路地窄，较可用寡，米粮子药，由水陆接济，又可借资水师之力，进攻不利，仍有退步。鄙人与在省官绅再三斟酌，定从运漕入手，或者攻贼后路，彼以全力回顾，不暇上犯庐郡，亦未可知。已饬萧、毛由三河、盛家桥、无为州一路前进矣。

【译文】

这次九濮洲的渡江之贼，乘着我们兵力空虚而向北窜到安徽北部。除了安庆、庐州两城以外，从和州到黄州，这一带没有兵士，仓促之间来不及防守。这与九年前石达开窜到湖南，去年陈玉成窜到湖北西部，情况差不多。幸运的是，这股敌人往返于巢州、含山之间，没有马上深入腹地。我处才得以紧急调拨各军奔赴庐州、庐江、无为三座城市防守，而借李续宾部萧、毛的八千人南来支援剿匪。其实际情况无论是防守的军队还是征发的军队，都显得力量单薄，幸亏赶到了敌人前面，而没有落在他们后面。如果说绝没有其他顾虑，自认为确实还达不到。九舍弟屡次给我来信说：见到敌人陆续渡过长江，确实是大股部队，外面人传说敌人人数并不多，这恐怕不是正确的言论。似宜持重，才能立于不败之地，不便迅速前进，以图侥幸立下不平常的成功。进兵的路线是，先攻打巢县，就从巢湖以北进军，先攻打运漕，就从巢湖以南进军，北方的道路地势空旷，不用大部队是非常难于施展优势的。三百多里的旱地，没有民夫可以雇用，转运非常艰

难，而且还恐怕军队困在巢城，进退两难，还不如南边的道路较窄，用的人比较少，粮食枪支弹药由水陆两路接济，又可以借用水兵的力量进攻敌人不利的地方，这样仍有后退之路。我和在省官绅再三斟酌商量，决定先从运漕攻打敌人，或者是截敌人的后路，敌人用全力对付后方，无暇上犯庐郡，这也说不定。已经派萧、毛两人率部队从三河、盛家桥、无为州一路前进。

【原文】

后濠之外，究尚有贼若干？已解围否？两次嘱弟退兵，改由东坝再进，弟复信皆深不以为然。昨又恐弟兵有难遽退之势，补发一信，令弟自行斟酌。

总之，用兵之道，全军为上，保城池次之。弟自行默度，应如何而后保全本军。如不退而后能全军，不退可也；如必退而后能全军，退可也。至于鲍军纵有挫失，而江面总可保全，大通、获港等处厘局纵或被扰，而水中粮运总可畅通。余十三日信言弟处运道终恐梗塞，系忧灼过虑之辞，谅必不至于此耳。

【译文】

战壕之外究竟还有多少敌人？已经解围了吗？两次嘱咐弟弟退兵，改从东坝再进，弟弟复信都不以为然。昨天又恐怕弟弟有难于迅速退兵的情况，特补发一信，令弟弟自行斟酌。

总之，用兵之道，以保全军队为上，保城池次之。弟弟自己估计，应该如何行动才能保全部下。如果不退兵而能保全全军，不退也行；如果必须退兵才能保全，退兵也可以。至于鲍军，即使有失，但江面总可以保全，大通、获港等处厘局即使被干扰，但水中的粮路总可以畅通。我在十三日的信中说弟弟那里的粮路恐怕受阻，是过分忧灼之辞，想必不会如此。

【原文】

近奏寄谕，常胜军留宁千人归阁下节制，俟秦啸山军门到后，此项勇丁酌量遣散，未知秦部何时抵防。洋人嗜利，难与较量，惟有力求自强一法。如我之兵力渐厚，战守足恃，自宜遵旨遣撤，即暂留效用，亦易就我范围。第自强之道，颇不易言耳。

【译文】

近来收到寄来的奏折，常胜军留在南京一千人归阁下管辖，等到秦啸山军队到达以后，这些勇丁可酌情适量遣散，不知道秦啸山的部下何时能够到达防地。外国人喜欢利益，与他们较量非常困难，唯一方法是求自强。如果我们的兵力逐步增强，进攻与防守足以依靠，你们自己适当时候可以遵照命令遣散或撤换士兵。即使暂时留着使用，也较容易接受我们管制，自强的方法，很不容易说明白。

【原文】

黄老虎本系悍贼，又加杨七麻、胡鼎文等酋，均系百战之寇，未可轻视。现

由湖北调来何绍彩三千五百人、吴延华一千人均于五日内可至安庆，到皖后即派赴贵处助剿。梁美材等三营刻下已至贵处否？阁下若自度力能取胜，则速战亦可；若力量不足，则坚守营濠，待梁、何、吴等三营到后再行开仗，亦无不可。大凡客兵多不甚得力，全靠主兵自强，客兵仅助声势而已。梁、何、吴三军虽到齐，而打仗之时，犹全靠霆营自己努力也。

【译文】

黄老虎本来就是强悍的贼首，又加杨七麻胡鼎文等贼首，都是一些身经百战的人，因此不可轻视他们。现在从湖北调来何绍彩率领的三千五百人、吴延华率领的一千人，都在五天之内就到达安庆，到达安徽后就派他们前来帮助你们剿贼。梁美材等三营部队现在到你们那里了吗？如果你感到自己有力量取得胜利，那么也可以与敌进行速决战；如果力量不足，就坚守你们的阵地，等待梁、何、吴等三营部队到后再和敌人打仗，也未尝不可。一般来说借调来参战的部队大多不怎么有力量，帮助不太大，全靠主兵自己努力奋战，客兵仅是起到了壮大声势的作用。梁、何、吴三部虽然都到了你那里，但打仗的时候，仍然是全靠霆营自己努力了。

【原文】

弟论兵事，宜从大处分清界限，不宜从小处剖析微茫，如鲍军或打南岸，或留北岸，此大处也，往返动须两月，调度不可错误。北岸或扎集关，或攻宿松，南岸或援江之瑞、义，或援鄂之兴、冶，此小处也，往返不过十日，临时尚可更改。近日接弟两次长信，皆言鲍军不可不救江西以保饷地。而此次十二夜信，又言宿松上至德安乃有官军，中间无人过问云云，意似留鲍公在北岸者。且信中力陈鲍公宜谋宿松矣，而又言鄂南已失十县，重于瑞、义等州，宜合力图之云云，意又似令鲍打南岸鄂境者。究竟弟之确见欲鲍在北岸乎？在南岸乎？望以一言决之，不必纷纷多说道理，使我无所适从也。

【译文】

弟弟谈论军事，应从大处着眼，分清界限，不要从小处剖析。例如鲍军打南岸，或者留北岸，这是大处，往返调动需两个月时间，调度不可出错。在北岸或驻扎在集贤关，或攻打宿松，在南岸或援助瑞州、义州，或援助湖北的兴、冶，这是小处，往返不过十日，临时改动也来得及。近日接到弟弟两次长信，都讲鲍军不可不救江西，以保住军饷的基地，而这次十二日夜的来信，又说宿松上至德安有官军，中间无人过问等等，意思好像是要留鲍公在江北岸。你在信中力陈鲍公应谋取宿松，但又说湖北南部已失掉十个县，重于瑞州、义州等地，应合力包围攻击等等，意思又好像命令鲍军攻打南岸的湖北之地。弟弟的确切意见究竟是想让鲍军留在北岸呢？还是想让他到南岸？希望你用一句话决定，不必纷纷然多讲道理，使我无所适从。

【原文】

兹钦奉谕旨，令浙省提镇以下，均归左宗棠节制，事权更一，掣肘无虞。臣已咨催左宗棠迅速启行。但以臣遥制浙军，尚隔越于千里之外，不若以左宗棠专办浙省，可取决于呼吸之间。左宗棠前在湖南抚臣骆秉章幕中赞助军谋，兼顾数省，其才实可独当一面。应请皇上明降谕旨，令左宗棠督办浙江全省军务，所有该省主客各军，均归节制。吁恳天恩，收回成命，在朝廷不必轻假非常之权，在微臣亦得少安愚拙之分。其浙省军事，凡臣思虑所能到，才力所能及，必与左宗棠竭诚合谋，不敢稍存畛域。如因推诿而贻误，即求皇上按律而治罪，臣不敢辞。臣忝任江督，三省巡抚、镇以下各官，例得节制，载之会典，著之敕书，各文武亦均恪遵宪章，不必更加申诫，至袁甲三、都兴阿各路军情，谨当随时商办。其江北、皖北地方文武，臣已严饬仍归该大臣等节制，不得稍涉玩视。

大抵用兵之要，贵得人和而不尚权势，贵求实际而勿争虚名。臣惟当与各僚属同心图治，共济艰难，以慰先皇在天之灵，上佐圣主中兴之业。

【译文】

现在奉皇上的圣旨，命令浙江省提镇以下的官员全由左宗棠管辖。一切大权集左宗棠一人之手，没有相互扯皮的忧虑。我已经催促左宗棠赶快启行。我在千里之遥控制浙江省军旅，不如让左宗棠一人专办浙江省，一切要事可立即决定下来。左宗棠以前曾在湖南巡抚骆秉章帐下帮助策划军机，可兼顾数省，他才能之大可独当一面。恳示皇上下令以左宗棠督办浙江军务，所有驻扎在该省的军队都由左宗棠控制。我恳求皇上收回成命，对朝廷来讲不要轻易放出自己的大权，对我本人来讲也少了因才能低下却任要职而不安的心情。浙江省的军旅之事凡是我所能想到的而且有能力参与此事，我一定会与左宗棠竭诚合谋，不敢有一点点的隔阂。如果因为我们互相推诿而贻误军机，就请皇上按律治我的罪，我不敢稍有不满。我不称职地任了两江总督，三省巡抚、提镇以下各官全受我节制，文武官员也都能遵守宪章，不必再一次申诫。至于袁甲三、都兴阿各路的军情，应当随时商讨办理。江北、皖北的地方文武官员我已严加整顿，仍归本省大臣管制，不得有丝毫的马虎。

大概用兵的要诀在于，以求人和为贵而不应崇尚权势，以求实为贵而不能徒争虚名。我确实应当与各部属同心同力，共度艰难，以此来安慰先皇的在天之灵，辅助皇上的中兴大业。

【原文】

带兵之道，勤、恕、廉、明四字缺一不可。军用须从日用眠食上下手。

【译文】

带兵的准则，勤（勤勉）、恕（推己及人）、廉（清正廉洁）、明（军纪严明）四字，缺一不可。军用应从日常需要、饮食睡眠方面抓起。

【原文】

与李少荃、许仙屏言团练之无益于办贼，直可尽废。如必欲团练，则不可不少假以威权。

【译文】

我与李少荃（李鸿章）、许仙屏谈论团练时，认为团练对剿灭贼寇毫无用处，简直可以全部废除。如果一定还要兴办团练，那么，就不能给经办团练的人一些威势和权柄。

【原文】

修碉之事。军士四出征剿，有老家以为基址，亦行军一法也。择地有两法：有自固者，有？贼者。自固者择高山，择要隘。？贼者择平坦必经之路，择浅水津渡之处。嗣后每立一军，是修碉二十座以为老营。环老营之四面，方三百里皆可往来梭剿，庶几可战可守，可奇可正。得四军可靠者，则变化无穷。于景镇作一榜样，而他军效法行之。

【译文】

修碉堡的事。军队四处征剿时，以旧的军营作为驻军的基地也是行军的一个办法。选择地址有两种方法：一种是用以守卫，保证自己的安全；一种是用来阻扼敌人。

用来防卫的碉堡要选择高山、要隘修造。用以阻挡敌人前进的碉堡则要选择平坦的、敌人必经之路以及浅水渡口修造。然后，每驻守一支部队，就修造二十座碉堡作为老营。环绕老营的四周，方圆三百里都能穿梭般往来搜剿。这样，就可战可守，可以做奇兵，也可作正兵。如果有四支可靠的部队，就变化无穷了。在景镇做一个榜样，其他的部队再仿效施行。

【原文】

水师进扎苏官渡，自是正办。不料初八日一挫，各营胆寒。军中能成大事者，气为之也，人为之也。今前帮萧游戎既已沦谢，后帮吴子序以轻而败，贺笠山以气弱而失，则各营中实乏缓急可恃之才。仅惟陈炎生为领袖，亦只可与言防守，难与言进取。仆之苦心，有非足下所能尽知者。姑令其扎青山、屏风两岸，待风息后操练数日，再图进取。

【译文】

水师进驻苏官渡，本是正事，不料初八一被挫败，各营军队就胆怯气弱。军中能够成就大事的，主要是由于士气振奋，将领得人。现在前锋萧游击已经故去，后卫吴子序也由于轻敌而失败，贺笠山也因为士气衰微而被击败，所以各营中缺乏可以依恃的人才，只是推陈炎生为指挥，但也只是能够防守，不能进攻。我所用心良苦，是你所不能完全理解的，暂时命水师驻扎在青山、屏风两岸处，等风平浪静后操练几日，再进行出击。

【原文】

麾下平江勇与恒态微有不同者，他处营官、哨官，各有赏罚生杀之权。其所部士卒，当危险之际，有爱而从之，有畏而从之，尊处大权不在哨官，不在营官，而独在足下一人。哨官欲责一勇，则恐不当尊意而不敢责；欲革一勇，则恐不当尊意而不敢革；营官欲去一哨，既有所惮，欲罚一哨，又有所忌。各勇心目之中，但知有足下，而不复知有营官、哨官。甄录之时，但取平江之人，不用他籍之士。“非秦者去，为客者逐。”营哨之权过轻，不得各行其志。危险之际，爱而从之者，或有一二；畏而从之，则无其事也。此中之消息，望足下默察之而默挽之。赏罚之权，不妨专属哨官，收录之时，不妨兼用他藉。哨官得人，此军决可练成劲旅，但总揽则不无偏蔽，分寄则多所维系，幸垂意焉。

【译文】

你部属的平江勇与其他处的稍微不同之处在于其他处的营官和哨官，都握有赏罚生杀的权力，他们的部属在遇到危险情况时，有的会因为爱戴他们而跟随他们，有的因为畏惧他们而跟随他们；你那里大权不是由营官和哨官掌握，而是都集中在你一人手中。哨官就是想责罚一个士兵，但由于害怕不合你意而不敢责罚；淘汰一个士兵，又害怕不合你意而不敢革除。营官想辞掉一个哨官、想惩罚一个哨官都有忌惮。因而士兵们的心目中，就只知道有你，而不知道有营官、哨官。选拔士兵时，只用平江籍人，不用其他籍人，这便是所谓“非秦者去，为客者逐”。营官哨官的权力过轻，使他们不能按自己的想法办事。这里的情况，希望你能认真考虑。赏罚的权力，不妨都交给哨官，录用士兵的时候，不妨兼用其他地方的人。哨官得到部属的拥护，部队就一定能加强战斗力。但是总揽大权多少会出现偏差，将权力下放就能起到维系部属关系的作用。希望你能留意。

【原文】

凡善将兵者，日日申诫将领，训练士卒。遇有战阵小挫，则于其将领责之戒之，甚者或杀之，或且泣且教，终日絮聒不休，正所以爱其部曲，保其本营之门面声名也。不善将兵者，不责本营之将弁，而妒他军之胜己，不求部下之自强，而但恭惟上司，应酬朋辈，以要求名誉，则计更左矣。余对两弟絮聒不休，亦犹对将领且责且戒，且泣且教也。良田美宅，来人指摘，弟当三思，不可自是。吾位固高，弟住亦实不卑，吾名固大，弟名亦实不小，而犹沾沾培坟墓以永富贵，谋田庐以贻子孙，岂非过计哉？

二十五日又获大胜，以后应可踮稳脚跟，然计贼之技俩，必再来前后猛扑一次，尚宜稳慎待之。

【译文】

善于带兵的人，每天都申诫将领，训练士兵。遇到在战场上遭受小的挫折时，就责备或训诫自己手下当事的将领，严重的甚至还要处死有关将领，或者泪

清朝骑兵

流满面地教诲部属，终日唠叨不止，这样做正是为了爱护自己的部属，保护本家的门面和名声。不善于带兵的人，不责罚自己部下的将士，反而嫉妒其他部队比自己强，不要求自己的部下自强，反而一味地恭维上司，应酬宾朋，以沽名钓誉，这样打算就更离谱了。我对两位弟弟唠叨不休，也如同对将领既责且戒，流着眼泪训导一样。你购买良田美宅一事，已经受到人们的指责，你应当三思，切不可刚愎自用，自以为是。我的地位固然很高，而弟弟的地位实际上也不低，我的名声固然很大，而弟弟的名声实际上也不小，你却急急忙忙地培坟墓以求永保富贵，谋田宅以便留给子孙，这种想法难道不是错误的吗？

二十五日我军又打了一个大胜仗，以后应当可以站稳脚跟了。然而，按照敌人的惯用伎俩，他们肯定还要再来前后猛扑一次，你们还应当严阵以待，切不可有丝毫麻痹大意的思想。

【原文】

树字五营驻防无为，声名甚属平常。韦志俊换防以后，城中始有贸易者。韦部向颇骚扰，而树营物论反出其下，其失鄙人属望淮勇之初心，亦非阁下造福珂乡之本意。国藩初募湘勇时，盖因严禁扰民，与罗、王诸君大相龃龉，湘潭铁行一案，筠仙当能言之。次青之于平江勇，则有爱而无憎，有奖而无激。柳子厚所谓“虽曰爱之，其实害之”。阁下名位鼎盛，窃谓带兵与百姓交接，择术不可不慎，善于用奖，不如善于用激也。

【译文】

树字五营驻防无为州，声名平平，韦志俊换防以后，城中开始有贸易活动。韦部向来爱骚扰，而树字营的名声反在其下。这与我对淮军的希望实在不符合，也不是你造福珂乡的本意。我当初招募湘军时因为严厉禁止湘军骚扰百姓导致与罗、王诸将产生矛盾，湘潭铁行一案，筠仙应当记得。次青对于平江的兵勇，只有爱而无恨，有奖励而无激励。这就是柳子厚所说的“虽说爱他，其实是害他。”阁下位高声威，我认为带兵与百姓交往接触，对于带兵技术不可大意，善于奖将不如善于激将。

【原文】

近日在敝处攻足下之短者甚多，其来尊处言仆之轻信谗谤、弃君如遗者，亦必不少。要之两心炯炯，各有深信之处，为非毁所不能人，金石所不能穿者，别

自有在。今欲多言，则反以晦真至之情，古人所谓窗棂愈多，则愈蔽明者也。特书与足下约，计必从鄙意而不可改者五条，不必从仆，听足下自为屈伸主张者三条，仆自密办，而不遽以书告足下者二条，并具于左。

一、必从鄙意，而不可改者五：

各勇宜操练两个月，体弱者，艺低者，油滑者，陆续严汰，明春始行远出。

每营必须择一营官，必划然分出营数，此时即将全数交付与他，不必由足下一手经理。任人则逸，独任则劳。此后必成流贼，股数甚多，吾须分股与之相逐，若平日由足下一人统带，临阵始分股逐贼，则差之毫厘，谬以千里矣。帮办者，每人须四五人，必须博求贤俊，不尽取之湘乡。万一营官有病，则帮办即可统领，断不可草率。足下现物色得帮办者几人？祈开单见示。

器械必赶紧制办，局中窳脆之件，概不可用。伯韩所造抬枪甚好，不知鸟枪已成若干？石樵言帐房宜用夹的，是否属实，祈复示。如必须改的，此时尚可赶办。邹岳屏所捐锚杆亦不好，竟须另觅硬未圆身，未经锯破者，如有一械未精，不可轻出。

战船能多更妙，纵使不能，亦当雇民船百馀号，与陆路之兵同宿同行，夹江而下。凡米、煤、油、盐、布匹、干肉、钱项、铁铅、竹木之类、百物皆备，匠工皆全。

凡兵勇扎营，即以船为市。所发之饷，即换吾船之钱。所换之钱，即买吾船之货。如此展转灌输，银钱总不外散，而兵勇无米盐断缺之患，无数倍昂贵之患。

二、不必从仆，听足下自为屈伸主张者三：

鄙意定为十营，合长夫计之，得五千人。非不知其太少，实恐口粮无出也。已由公牍札饬足不仅留四营，如足下能设法劝捐，多留一营亦可。

鄙意欲足下来衡州合操，若惮于往返，即在省别操亦可。竹庄可带一营，可嘱其管带来衡。石樵归时，必来衡商议大局。足下倘不同来，必须开一单，与石樵粗定规模，再由敝处核定。

阵法原无一定，然以一队言之，则以鸳鸯、三才二阵为要。以一营言之，则一正两奇，一接应，一设伏，四者断不可缺一。此外听足下自为变化，将多人以御剧寇，断不可无阵法也。

三、自为密办而不遽以书奉告者二：

有人愿带五百人随同远征，已许之矣。船户已请多人去邀集，未知果有成否？

足下亦有相契之船否？祈示。

以上各条，皆切要之语，务求迅速回示，盼切，盼节！

【译文】

近日在这里指出你的缺点的人很多，他们到你那里说我轻信谗言，抛弃你如丢失敝物的人定不少。重要的是两心相映，各自有深信的地方，不是诽谤所能间疏，金石所不能穿者，别自有在。今天我想多说两句，则反而掩盖真至之情，古人说窗棂越多，则遮蔽明亮的地方就越多。特写信和你约定“必从鄙意，而不可改者”五要，“不必从仆，听足下自为屈伸主张者”三条，“仆自密办，而不遽以书告下者”二条，一并具体在下面介绍。

一、一定听从我的意思，不可更改的五条：

各兵勇应操练两个月，体弱的，武艺太差的，油腔滑调的，陆续淘汰，明春才能远行。

每营必须一营官，一定将营数划分开来，这时将营中的事全部交付与他们，不必由你一人经理。让人干则自己轻逸，独自干则劳累。以后贼子必定是来回流窜，股数很多，我们必须也分股和他们相互追打，如平时由你一人带领，临阵才分股追逐贼军，则差之毫厘，谬以千里。每人必须四五个帮办，一定博学多才且贤俊，不一定全是湘乡人。万一营官有病，那么帮办可统领营兵，千万不可草率。你现在请了帮办多少人？希望开一名单给我看。

器械必赶紧制造办理，局中破烂的东西都不可用。伯韩造的抬枪很好，不知道鸟枪已经造好多少？石樵说账房应用双的，是不是真的？希望回答。如必须修改的，这时尚可以赶紧办理。邹岳屏捐赠的锚杆亦不好，必须另外寻找硬木圆身的，还是没有锯破的，如果有一样器械不精，不可轻易出动。

战船能多更好，如果不能，亦可雇民船百余只，和陆路的军队同住同行，沿江而下，凡是米、盐、布匹、干肉、钱项、铁铅竹木这些东西都很完备，工匠都很齐全。

凡是兵勇扎营，就以船来就生意。所发的兵饷，就换取船钱。所换的船钱，就买船上的货物。如此辗转交换，银钱不外散，而兵勇没有米盐断缺及东西昂贵的恐惧。

二、不一定服从我，任你做主的有三条：

我的意思是定为十营，合长夫在内计算，共5000人。不是不知道太少，实是恐粮食不够。已经由公文让你只留下四营，如你想办法，多留一营也可以。

我意思想你来衡州同操练，若往返不方便就在别处操练亦可。竹庄可带一营，可以告诉他管带来衡州。石樵回来后，一定要来衡州共商大局。你倘不同来，必须开一单，和石樵粗略估计时局，再由我核定。

阵法原来没有一定，但从一队来说，则以鸳鸯阵、三才阵为重要。以一营来说，则一正两奇，一队接应，一队埋伏，四者缺一不可。除此之外听任你自己变化，带领很多人来抵御贼寇，千万不可无阵法。

三、自己秘密办理而不以书信告诉的二条：

有人愿带500人随同远征，已经允许了。已经请人去请船户，不知任务完成了？你有无相熟船只？望答复。

以上各条，都是重要的话，一定要迅速答复。切盼！

【原文】

臣今冒昧之见，欲请汰兵五万，仍变乾隆四十六年以前之旧。骤而裁之，或恐生变，惟缺出而不募补，则可徐徐行之，而万无一失。医者之治疮疤，甚至必剜其腐肉而生新肉。今日之劣弁羸兵，盖亦当量为简汰以剜其腐者，痛加训练以生其新者。不循此二道，则武备之弛，殆不知所底止。自古开国之初，恒兵少而国强。其后兵愈多，则力愈弱；饷愈多，则国愈贫。

【译文】

我今天有个冒昧的想法，想请求裁兵五万，仍然改乾隆四十六年以前的旧制。骤然裁减兵力，恐怕发生事变，只要在缺员时不再招募补充，就可慢慢实现裁兵的目的，并且万无一失。医生治疗疮疤时，严重的一定要剜掉烂肉，让它重新长出新肉。如今的疲弱士兵，也应当适量精简淘汰，从而剜掉军中的烂肉；严格训练，从而使军队长出新肉。如果不按照这两种方法去做，那么，军队的松弛，可能是无止境的。自古以来，刚开始建国的时候，常常是兵少国强。后来，兵越来越多，力量却越来越弱；军饷越来越多，国家则越来越贫穷。

【原文】

因思该匪以舟楫为巢穴，以掳掠为生涯，千舸百艘，游弈往来，长江千里，任其横行，我兵无敢过问者。前在江西，近在湖北，凡傍水区域，城池莫不残毁，口岸莫不蹂躏，大小船只莫不掳掠，皆由舟师未备，无可如何。兵勇但保省城，亦暇兼顾水次，该匪饱掠而去，总未大受惩创。今若为专保省会之计，不过数千兵勇，即可坚守无虞。若为保卫全楚之计，必须多备炮船，乃能堵剿兼施。夏间奉到寄谕，饬令两湖督抚筹备舟师，经署督臣张亮基造船运炮，设法兴办，尚未完备。忽于九月十三日田家镇失守，一切战船炮位尽为贼有，水勇溃散，收合为难。现在两湖地方，无一舟可为战舰，无一卒习于水师。今若带勇但赴鄂省，则鄂省已无贼矣；若驰赴下游，则贼以水去，我以陆追，曾不能与之相遇，又何能痛辊攻剿哉？再四思维，总以办船为第一先务。臣现驻衡州，即在衡城试行赶办。湖南木薄脆，船身笨重，本不足以为战舰。然就地兴工，急何能择，止可价买民间钓钩小艇之类，另行改造，添置炮位，教练水勇。如果舟师办有头绪，即行奏明，臣亲自统带驶赴下游。

【译文】

因为我想，这些匪徒把船当作老窝，靠抢掠为生，千百条船只，来回游荡，长江千里，任其横行，我们的士兵没有敢过问的。先前在江西，近来又在湖北，凡靠近长江的地区，城镇没有不被摧残毁坏的，口岸没有不被蹂躏糟蹋的，大小船只全都遭到抢掠，只因水师还没兴办，对他们也无可奈何。士兵们只顾保卫省城，无暇顾及江边，这些匪徒抢够了就跑，始终没有受到严厉的惩治。现在如果

只为保卫省城考虑，不过几千兵就能坚守无忧了。如果为保卫整个楚地考虑，就必须多准备炮船，才能够同时采用堵截和转剿的方法。夏天接到指示，命令两湖督抚筹备水师，由代理督府大臣张亮基负责造船运炮，设法兴办，还未建好。忽然在九月十三日田家镇失守，一切战船炮位全部为匪徒所有，水兵溃散，难以纠集。如今两湖地区，没有一条船能做战舰，没有一名士兵习惯于水师。现在如果带领士兵直奔湖北，湖北已经没有匪徒了；如果急忙赶往下游，那么，匪徒在水上逃，我们在陆上追，就连和他们相遇都不可能，又怎么能痛加攻打围剿呢？我反复考虑，总觉得准备船只是首先要做的第一件事。我现在驻守衡州，就在衡城试着加紧制造。湖南的木料又薄又脆，船身笨重，本来是不能用作战舰的。然而就地开工，情况紧急，又怎么能够挑拣呢。只能收购民间捕鱼的小船，另行改造，添置炮位，训练水兵。如果水师兴办有了头绪，我马上就会向您奏明，并亲自统领水师奔赴下游。

【原文】

鄙意克城打仗，总以能多杀贼为贵，远如九江、安庆之役，近如金柱关之捷，诛戮最多，贼中至今胆寒。去岁春夏间，所克地方未甚杀贼，当是颇切隐忧，来书深恨未能痛剿，实与鄙见相符。

【译文】

我认为攻城打仗贵在多杀敌人，远的如九江、安庆之战，近的如金柱关之战，诛杀贼兵最多，贼匪至今心惊胆寒。去年的春夏之间所攻克的地方没有大量杀敌，当时我就为此忧虑，你的来信中深悔当时没有大规模地剿杀敌兵，实在是与我的拙见相符合。

【原文】

练兵章程甚为妥善，惟口粮究加若干，大咨尚无确救。加粮、拔缺，二者乃鼓舞弁兵之实用，间或遇案保举，亦不可少。绿营积衰之后，非大加奖率不能振也。

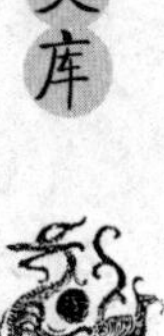

【译文】

练兵章程非常妥善，只是口粮增加的确切数字还没确定。增加粮饷、选拔实缺，这两项是鼓舞士气所不可缺少的，有时具文荐举，也是不可缺少的。绿营在长期衰败的情况下，不大加奖励就不能使他们振奋起来。

【原文】

征战之事，论胆技或兵不如勇，论纪律则勇不如兵。募勇万馀人，必须有大员协同管带，又须有文武员弁及得力绅士一二百人节节统辖，乃足互相维系。

【译文】

打仗的事情，若论胆略，可能正规部队的士兵不如临时招募的勇士；而论纪律，临时招募的勇士就不如正规部队的士兵了。招募一万余名勇士，必须有高级

官员统领，还须有文武官员及得力绅士一二百人层层统辖，才能够维持这样的部队。

【原文】

黄土岭之战，颇为得手。贪贼中资财，最易误事，吾见前此诸军因贪抢贼脏，转胜为败者，指不胜屈。每谓骚扰为人鬼关，贪财为生死关，盖言爱民则人，扰民则鬼，力战遗财则生，贪财忘战则死也。霆营于洋财言之津津，最为恶道。阁下新立一军，欲求临阵不至大败，得手时能多杀，不得不以禁贪财为第一义。若待有转胜为败之祸，而后悔之，则已晚矣。贼财乃其所固有，取之于方战之际，则大祸立至，百弊丛生；取之于收队之后，则诸福骈臻，千祥云集，此实鄙人阅历已久之言，故水师《得胜歌》中有云："第七不可贪贼脏，怕他来杀回马枪。"阁下于立法之宽严，号令之繁简，体验最精，望于此事立一妙法，下一雷令，期于坚明约束，不作游移两可之词。

【译文】

黄土岭一战，非常得手。贪图敌人的资财最容易误事。我见先前这里的军队因为抢劫敌人的资财而转胜为败的事例不胜枚举。人们常说骚扰百姓是人鬼关，贪恋资财则为生死关。也就是说爱护人民则是人，骚扰人民则为鬼，努力杀敌丢弃他们的资产则生，贪恋敌人资财而忘记杀敌则死。春霆的步卒对于洋财则津津乐道，这是最坏的事。你新建一军，想临阵不至于大败，而得手时能多杀敌人，必须以禁贪财为第一要事。假若出现了转胜为败的祸患，那么后悔也晚了。敌人的资财是他们本来就有的，如果正在作战时劫取，则大祸立即到来，弊端丛生。胜利之后再收取，则有百利而无一害，这是我长时观察的结果。所以水师《得胜歌》中有"第七不可贪贼赃，怕他来杀回马枪"，阁下对于立法的宽严，号令的繁简，体验最精，希望对于此事设立一个好法规，下达一个严厉的命令，切不可有模棱两可的言辞。

【原文】

守备朱振武在王可升部下充当哨官，本年五月间擅离营伍，酗酒滋事，辄复不服查询，口出恶言，实属有干军律。据总兵王可升揭报前来，臣复查无异，相应请旨将花翎都司衔守备朱振武即行革职，以儆效尤。

【译文】

守备朱振武在王可升手下充当哨官，今年五月间此人擅自离开部队，在外边酗酒闹事，又总是不服从上级官员的盘查，并且恶语伤人，这确实有碍军纪。根据总兵举报来的材料，我重新调查确无异议，所以请示皇上颁布圣旨把授予花翎都司军睥守备朱振武立即革除官职，达到以儆效尤的目的。

【原文】

用兵者必先自治，而后制敌。《得胜歌》中言自治者十之九。足下与都司彭君率此军以出，纵使攻不遽克，名不遽立，亦自无妨，要当尽心力以求合于歌中之所云者。不然，日日但求胜敌，我之可以取胜者果安在乎？孙子以攻城为下策。攻城不破，非战之罪也。吾之所望者，但望贼匪来扑。野战交锋之时，我军进退严明，确有不可摇撼之象，则此枝渐成劲旅。此吾之所期望而慰幸者也。望与六琴兄切实讲求，时时以浪战为戒。

太平天国铜炮

【译文】

军队的指挥者一定要先治理自己的军队，然后才能战胜敌人。《得胜歌》中有十分之九都是讲治理自己的军队。你与彭鹏率领军队出发，纵然攻城不能立即攻取，名声也不能立即显扬出去，这也没有妨碍，一定要尽最大力量去征取符合《得胜歌》中所说的那样先治理自己的军队。如果不是这样，每天只希望战胜敌人，我们取胜了就一定安全了吗？孙武把攻城作为下策。攻不破敌人的城防，不是交战的罪过。我所希望的，只是让贼兵们来进攻。在旷野中交战的时候，我军进退有方，纪律严明，确实有不可动摇的架势，那么这个军队就会逐渐成为一支劲旅。这也是我所期望的，也是唯一能安慰我的。希望你与六琴兄一定要讲求实际，每时每刻都要切记不要鲁莽作战。

【原文】

分兵极难，若无得力统将，分之则两损。鲍公素不肯分兵，余亦素不肯分兵，且屡嘱鲍公不可分兵，又深知鲍部下仅宋国永一人不可须臾离鲍左右，此外别无可当一路者，即决计不强之分兵，令其全军援怀。

【译文】

分兵极难，如果没有得力的统帅，分兵就会两边俱损。鲍公素来不肯分兵。我也素来不肯分兵，并且屡次嘱咐鲍公不可分兵，我又深知鲍部下仅宋国永一人不可离鲍左右片刻，此外别无可当一路的人，所以决计不勉强分兵，让他全军援怀。

【原文】

初二日贼分两大股作上犯之势，春霆拟先开一仗，再移扎麒麟山，分扎湾沚。阁下欲西河、湾沚均添旱队，恐霆营一时分拨不及。贼势浩大，军宜团聚不宜分散。湾沚水面较宽，炮船尚易施展。三汊河、清水河等处颇嫌窄狭，无陆师依倚，尤宜加倍稳慎。日内鲍军开仗，若无挫失，则贼势尚不能扰及湾沚，大藁既复入内河，望督饬各营专防上游。其金柱一路，即由厚庵照料。

【译文】

初二那天贼军分成两部企图向上进犯。春霆打算先打一仗，再驻扎麒麟山，分驻扎湾沚。你想让西河、湾沚都增添军队，恐怕春霆的部队一时分拔不出来。贼军声势浩大，所以部队应该集结在一起而不适宜分散。湾沚水面比较宽，炮船容易施展它的威力。三汊河、清水河等处颇有点狭窄，由于没有陆上部队作为依靠，尤其要加倍谨慎。目前鲍军就要交战，如果没有挫折闪失，贼军的势力还不能扰动湾沚。大军既然又进入内河，希望你统领各营将士用心防守上游。至于金柱这一方面，就由厚庵负责。

【原文】

迪庵一军分驻九江、湖、彭，又分朱副将等至敝处，又分希庵留防湖北，又分赵克彰防守桐城。兵分则力单，将分则谋寡。迪庵以一身而兼管筹兵、筹饷及应酬各处书奏牍等件，又每战必亲自督阵，人之心血几何？固宜百密而不免一疏也。

【译文】

迪庵的一支军队分别驻守于九江、湖州、彭城，又分朱副将等人到我这里，又分一部分军队给希庵，让他留下防守湖北地区，又分部分军队给赵克彰防守桐城。军队分开力量就会显得单薄，将领分开就会少有良谋。迪庵一个人兼管筹备军队、筹集粮饷，并且还必须应酬各地来的公文，再加上他每次出战都要亲自督阵，一个的心血精力有多少呢？虽然应当严谨照顾各个方面，恐怕也难免会出现疏忽啊！

【原文】

弟坚持不浪战之义，甚是甚是。凡行兵须蓄不竭之气，留有余之力，《左传》所称再衰三竭，必败之道也。弟营现虽士气百倍，而不肯浪战，正所谓留有余之力也。孤军驻雨花台，后无退路，势则竭矣。吾欲弟于贼退后，趁势追贼，由东坝进溧阳、宜兴，所谓蓄不竭之势也。望弟熟思定计。

【译文】

弟弟坚持不随便作战的建议，很对很对。凡是用兵都必须积蓄不衰竭的士气，留有余力，《左传》所说的再而衰三而竭，是必败之路。弟弟营中现在士气虽超过从前百倍，但不肯轻易出战，正是留有余力。孤军驻在雨花台，后面无退路，气势就完全衰竭了。我想让弟弟在敌人退后趁势追击，由东坝进到溧阳、宜兴，这是蓄积不竭之势。望弟弟深思熟虑后再定计。

【原文】

梁简文帝二年侯景之变，郢州刺史萧方诸以徐文盛军在西阳，不设备，侯景以江夏空虚，使宋子仙、任约帅精骑四百由淮内袭郢州。丙午，大风疾雨，天色晦冥。子仙等入城，方诸迎拜，遂擒鲍泉、虞豫送于景所。景因便风中江举帆，遂越徐文盛等军直上江夏，文盛众惧而溃。国藩按：侯景与徐文盛皆在黄州，夹江筑垒，乃越徐军而上江夏，此险途也。而江夏以无备而破，徐军以失势而溃，此越寨进攻而胜者也。

【译文】

梁简文帝二年，侯景叛乱。郢州刺史肖方诸因为徐文盛的军队在西阳，没加防备。侯景趁江夏空虚，派遣宋子仙、任约率领四百精骑从淮内奔袭郢州。丙午日，刮大风，下暴雨，天色阴暗。子仙等率军入城，肖方诸拜迎。于是擒获鲍泉、虞豫送到侯景军营。侯景趁顺风率军扬帆急驶，因而越过徐文盛的防地直达江夏。文盛的军队十分害怕，因此溃散。

我认为，侯景与徐文盛都驻扎黄州，分别在长江两岸修筑营垒。侯景却越过徐文盛的军队而直取江夏，这是用兵的险着。江夏城因为没有防备而被攻破，徐文盛军队因为失去地利而溃散。这是越寨进攻而取胜的战例。

【原文】

陈文帝天嘉元年，王琳屯西岸之栅口，侯瑱屯东岸之芜湖，相持百余日。旋均出江外隔洲而泊。二月丙申，西南风急，琳引兵直趋建康，瑱等徐出芜湖蹑其后，西南风翻为瑱用，琳掷火炬以烧陈船，皆反烧其船。瑱发拍以击琳槛，又以蒙冲小船击其槛，琳军大败，军士溺死什二三，余皆弃舟登岸。国藩按：王琳与侯瑱同屯芜湖之上，琳乃越瑱军而直下金陵，此险途也，而瑱军自后蹑之，反为所破，此越寨进攻而败者也。

【译文】

陈文帝天嘉元年，王琳驻军于西岸的栅口，侯瑱驻军于东岸的芜湖，相持百余日。随后都统军进入长江，隔着沙洲停泊船队。二月丙申日，刮起了急骤的西南风，王琳率军直驶建康城。侯瑱等率军徐徐出了芜湖，暗中紧跟王琳的船队，西南风反而为侯瑱所利用。王琳命军士投掷火炬去烧侯瑱军队的船，却反而烧了自己的船。侯瑱发拍（注：拍，古代的一种兵器）攻击王琳的战船，又用蒙冲小船冲撞王琳船槛。王琳军队大败，军士溺死于水中的占十之二三，其余的都弃舟登岸逃命。

我认为，王琳与侯瑱都屯军在芜湖，王琳竟然越过侯瑱军队直取金陵（即建康），这是用兵的险着。而侯瑱军队跟踪而至，反将王琳打败。这是越过营寨进攻而导致失败的战例。

【原文】

元和十二年淮蔡之役。李祐言于李愬曰："蔡之精兵皆在洄曲及四境拒守，守州城者皆羸老之卒。可能乘虚直抵其城。比贼将闻之，元济已成擒矣。"愬然之。十月辛未，李愬、李祐、李忠义、李进诚军出，东行六十里，夜到张柴村，尽杀其戍卒及烽子，据其栅，命士少休，命干糒整羁靮，留义成军五百人镇之，

以断洄曲及诸道桥梁。复夜引兵出门，时大风雪，旌旗裂，夜半雪愈甚，行七十里，四鼓，愬至蔡州城下，无一人知者。李祐、李忠义镢其城为坎以先登。愬入居元济外宅，以槛车送元济诣京师。国藩按：元济精兵尽在洄曲董重质麾下，李愬越之而直入蔡州，此越寨进攻而胜者也。

【译文】

（唐宪宗）元和十二年平定淮察的战役。李祐对李愬建议说："蔡州的精锐部队都在洄曲和四境抗拒官军，守蔡州城的都是老弱士卒，可以乘虚直达城下，等到贼将知道时，已将元济擒获了。"李愬认为这条计策可行。

十月辛未日，李愬、李祐、李忠义、李进诚率军出击，东行六十里，晚上到了张柴村，把防守的士卒和烽火台上的瞭望哨全部杀掉，占据了敌人的营栅。命令士兵稍稍休息一下，准备好干粮，整修好鞍具，留下义成军五百人防守，切断洄曲和各个交通要道的桥梁，又趁夜色率军出门。当时风大雪急，旌旗都被冻裂，到半夜时，雪更大了，又走了七十里。到四鼓的时候，李愬率军来到蔡州城下，敌人毫不知觉。李祐、李忠义在城墙上掘出一个个小坑，踩着小坑首先登上城楼。李愬进入元济的外宅，用槛车把元济押往京师。

我认为，元济的精兵全部在洄曲的董重质统率下，李愬绕过洄曲而直接攻入蔡州。这是越寨进攻而取胜的战例。

【原文】

此际江省安危，系乎抚州一军，屡诫足下不可浪战浪追，实恐锐气暗损，难乎为继。往年岳州之役，陆军六月亦来得手，七月苦战经月，闰月逆党下窜，乃成破竹之势。望足下坚持定力，无幸旦夕成功。"脍炙人口，艰贞无咎，美成在久。"古人之言，良有深味，幸无厌仆之渎告也。

【译文】

这是江西省生死存亡的关键时刻，全靠抚州大军了，我多次告诫你不要轻易战斗，不要轻易追击，确实是担心军中锐气削弱，难以坚持啊！去年岳州一战，陆军六月也未得手，七月苦战了一个月，闰七月匪寇向下逃窜，以成破竹之势。望你坚持定力，不要侥幸旦夕成功。"脍炙人口，艰贞无咎，美成在久"。古人的话，是很耐人寻味的，很庆幸你没有厌烦我的告诫。

【原文】

余与少荃皆坐视贼太轻，以致日久无功，弟则视贼尤轻。庄子云：两军相对哀者胜矣。咸丰三年以前，粤匪为哀者；咸丰十年以后，官军为哀者。今捻匪屡胜，而其谨畏如故；官军屡败，而其骄蹇如故。是哀者尚在捻也，可虑孰甚。

【译文】

我和李少荃都是因为太轻视敌人，以致很长时间也不能建功立业，你比我们更加轻敌了。庄子说：两军相逢，哀者胜。咸丰三年以前，太平军是哀兵；咸丰十年以后，官军是哀兵。如今捻军屡次获胜，而其谨畏依然如故；官军屡战屡败，而其骄傲自大依然如故。由此看来，捻军仍然是哀兵，这实在是太令人忧虑了。

【原文】

打捻与打长毛迥不相同。弟教诸将平日要走得快，临阵要打得稳。小挫一次则贼焰立长，要以不挫为好。贼所以屡衰屡振，总由官兵常有挫时也。

【译文】

打捻军与打太平军迥然不同。你要教导众将平日要走得快，临阵要打得稳。我军受到一次小挫折，敌人的气焰立即就嚣张起来，所以还是不受挫折为好。敌人之所以能屡次衰败又屡次振兴，都是因为官兵经常有受挫的时候。

太平军手枪

【原文】

陈大淸捻匪窜扰黄、麻；鄂军小挫。若巢、含之贼窜入鄂境，发、捻合势，全局皆震。味军终以在北岸为宜，研香三千人似又不能不先赴抚州，以重江西中权之势，而顾吾湘东路之防。味、研本不宜分，鄙人用兵，向亦欲顺该军自然之性，不肯生吞活剥，瓜剖豆分。惟味军自长沙启行，当在一月以后，而南北两岸是否决裂，消息计在一月以内，请令研军先赴抚州，以符初议。而味军到长沙后，则请寄帅与阁下察南北两岸之孰为最急，以定趋向可也。

【译文】

捻匪陈大淸窜扰黄、麻二地，湖北军队稍有失败。假如巢、含二地的贼匪再到湖北境内，太平军与捻军合而为一，那么全局令人震惊。味军最好在北岸，研香的三千人不能不先到抚州，来加强江西中权的势力，又能照顾我在湖南东路的布防。味、研二军本来不应该分开，我用兵向来是顺其自然，只是味军自长沙启行应当在一月以后，而长江两岸是否决裂这个消息到我们这应在一日之内，请令研军先赴抚州，来与当初商议的计划相符。而味军到长沙后，就请寄帅与你察看南北两岸谁最危，来定用兵的方向就可以了。

卷七　忠疑

经文释义

【原文】

盖君子之立身，在其所处。诚内度方寸，靡所于疚，则仰对昭昭，俯视伦物，宽不怍，故冶长无愧于其师，孟博不惭于其母，彼诚有以自伸于内耳。足下朴诚淳信，守己无求，无亡之灾，翩其相戾，顾衾对影，何悔何嫌。正宜益懋醇修，未可因是而增疑虑，稍渝素衷也。国藩滥竽此间，卒亦非善。骯脏之习，本不达于时趋，而逡循之修，亦难跻于先进。独是蜎守介介，期不深负知己之望，所知惟此之兢兢耳。

【译文】

一般说来，君子讲求的立身之道，在于他所处的环境地位的和谐。如果他确实做到反省内心时，毫无愧疚之处，那么他仰望日月青天，俯视大地万物时，就会心胸广阔，无所畏惧，更不会感到羞惭。所以，公冶长不愧对他的老师孔子，东汉范滂也没有辱没母亲的教诲，他们都有内心足以自信的东西。您这个人，纯朴诚实，淳厚守信，恪守本分，无求于人，可是意外的灾祸却连连降临。夜晚对影沉思，内心充满了悔恨和不满。这种时候正应该加深功力，提高修养，发扬美德，不能因此而滋生疑虑，哪怕是稍微改变平时一贯的信念。我在这里滥竽充数，结果也不太好。我恶劣的习性本来就跟不上眼前的形势，而我修行弛缓，也难跻身高明者之列。只有一件，那就是恪守自

曾国藩像

己独立正直的原则，希望能够不太辜负知己朋友对我的期望。我所追求的也只是小心谨慎地做到这些而已。

【原文】

持矫揉之说者，譬杞柳以为桮棬，不知性命，必致戕贼仁义，是理以逆施而不顺矣。高虚无主见者，若浮萍遇于江湖，空谈性命，不复求诸形色，是理以豕恍不顺矣。惟察之以精，私意不自蔽，私欲不自挠，惺惺常存，斯随时见其顺焉。守之以一，以不贰自惕，以不已自循，栗栗惟惧，斯终身无不顺焉。此圣人尽性立命之极，亦即中人复性命之功也夫！

【译文】

主张矫揉造作说法的人，就好像把柳树当作它的枝条编结成的杯盘一样。不知道本性天命的道理，必然会残害仁义，使道理颠倒而不顺畅。只是高谈玄虚空论，却没有见识和主意的人，就好像浮萍漂泊在江河湖海中。只是浮泛地论述本性、天命的学问，却不探求事物外在的形状和内在的神色，这种学问实际上是模糊不清、不够通顺的。只有体察精细微妙，不隐蔽自己的意图，不屈挠自己的欲望，清醒与机智常存心底，这样的人才会随时都行事顺利。坚守专一的原则，警诫自己要忠贞不贰，并遵循前进不停息的规律，兢兢业业地做事情，唯恐自己有什么失误之处，这样去做，终生才会没有不顺利的事。这也是圣贤之人用以发挥本性安身立命的最高境界，也是一般人恢复天性、立身处世的有效法则。

【原文】

阅王夫之所注张子《正蒙》，于尽性知命之旨，略有所会。盖尽其所可知者，于己，性也；听其不可知者，于天，命也。《易·系辞》“尺蠖之屈”八句，尽性也；“过此以往”四句，知命也。农夫之服田力穑，勤者有秋，散惰者歉收，性也；为稼汤世，终归礁烂，命也。爱人、治人、礼人，性也；爱之而不亲，治之而不治，礼之而不答，命也。圣人之不可及处，在尽性以至于命。尽性犹下学之事，至于命则上达矣。当尽性之时，功力已至十分，而效验或有应有不应，圣人于此淡然泊然。若知之若不知之，若着力若不着力，此中消息最难体验。若于性分当尽之事，百倍其功以赴之，而俟命之学，则以淡泊如为宗，庶几其近道乎！

【译文】

我阅读王夫之所注解的张载的《正蒙》篇，对于尽性知命的要旨略有领会。对自己所能知道、能改变的事，充分发挥自己的作用，就是性。对自己不可知、无法改变的事，听凭上天的安排，就是命。《易·系辞》上“尺蠖之屈”这八句，讲的就是尽性；“过此以往”四句，讲的就是知命。农夫耕田地、种庄稼，勤劳的有好收成，懒惰的就歉收，这就是性。在商汤大旱之年种庄稼，无论怎么勤劳，庄稼终归是焦枯绝收，这就是命。喜爱别人，教化别人，礼遇别人，是

性。喜爱别人，别人却不亲近自己；教化别人，别人却不遵从实践；礼遇别人，别人却不回应报答，这就是命。圣贤之人不可企及的地方，就在于尽性而知命，尽性还属于平常人可办到的范围，知命就非常难了。当尽兴的时候，努力已达到十分，而效验有时候有，有时候没有，圣人对这种情况非常平静淡泊。好像知道，又好像不知道，好像用力，又好像没有用力，这其中的分寸最难把握体验。如果对于“性”应当尽力之事，百倍努力以求其成功，而对于听天由命的事，则应以淡泊为原则，这样差不多就接近大道了。

智慧通解

所谓“功高震主”，在曾国藩攻克太平天国以后，清政府的矛盾中心就从太平军转移到湘军头上，消灭了太平军，湘军就成为清廷的心腹大患。

湘军成立之初，原系保卫湖南本省的地方军队性质，并无出境作战计划。后来因为清军江南大营和江北大营被太平军击溃，清廷不得已，只好命曾国藩率军援鄂。可这时曾国藩的湘军准备不足，为了保全实力，他以准备未妥为由，迟迟不出兵，清廷多少有些不满之意。据说，当湘军克复武汉时，咸丰皇帝曾仰天长叹道：“去了半个洪秀全，来了一个曾国藩。”当时洪秀全的太平天国，已是走下坡路。而曾国藩的声威，正是如日中天，两人又都是汉人，难怪咸丰帝有此慨叹。所以当清廷委署曾国藩为湘北巡抚时，曾国藩照例要谦辞一

清军太平军武昌省城战图　清

番，奏章尚未出门，“收回成命”的诏谕已经下达，仅嘱咐他以“礼部侍郎”的身份统兵作战。很显然，咸丰帝对曾国藩的猜忌和恐慌不止一星半点，而这些明来暗去的猜忌，曾国藩又岂能不知？

清军江南大营被再度摧毁后，清朝绿营武装基本垮台，黄河以南再没有什么

军事力量足以与太平军抗衡，因而清廷不得不任命曾国藩为两江总督，依靠他镇压太平天国运动。然而狡兔死，走狗烹；飞鸟尽，良弓藏。这几乎是历代战争结束后的必然现象。

太平军失败了，便有许多官吏乘机制造罪状，打击湘军，而且想将湘军将领一网打尽。功高震主，不仅使咸丰帝深为忧虑，其他官员，也恐慌不已。所以很多官员如编修蔡棋奏劾曾国藩、曾国荃破坏纪纲；监察御史朱镇，奏劾湘军纪律废弛，并列举湘军将领罪状。其他如胜保、穆彰阿之流，更是散布谣言，无的放矢。

对此，清政府马上采取了措施：迅速提拔和积极扶植曾国藩部下的湘军将领，使之与曾国藩地位相当，感情疏远，渐渐打破其从属关系。清政府对曾国藩的部下将领和幕僚，如已经死去的塔齐布、罗泽南、江忠源、胡林翼、李续宾、李续宜和当时尚在的左宗棠、李鸿章、沈葆桢、杨载福、刘长佑等都实行拉拢和扶植政策，使他们渐渐与曾国藩分庭抗礼，甚至互相不和，以便于清廷控制和利用。南京被占领后，曾国藩的名声一下子炙手可热，可是问题也随之而来，如何处理好同清政府的关系，已成为其能否保持其权力和地位的关键，而正确认识并摆脱自己目前的这种政治处境，又是他面临的迫切问题。

摆在曾国藩面前有两条路：一是另立新朝，与清政府对着干；二是裁军，曾国藩想了几天，反复权衡利弊得失后，决定裁军。所谓“匹夫无罪，怀璧其罪”，等到曾国藩的坚实后盾——湘军被裁，个人势力大为削弱，对清廷的威胁不足以使皇室害怕，曾国藩又重新受到朝廷信赖，并得以延续他晚年的安定生活。

曾国藩的做法就是在危险到来之前，采取主动，向朝廷表明自己的一片忠心，从而消除清廷对他的怀疑。遵循古圣先贤的教导，尽性知命，尽自己的可能表明忠心，不过分妄求，时时谨慎，步步小心，将可能的危险降至最低程度，这也是曾国藩的为政之道。

【经典实例】

朱元璋血腥杀戮固皇权

自三皇五帝的传说开始，在三、四千年的古代历史中，中华民族经历了三四十个朝代。而在这三四十个朝代中，为巩固权力而杀人最多的开国皇帝，恐怕非明太祖朱元璋莫属了。

开国皇帝何以比其他后继皇帝更需要巩固权力呢？其实道理很简单，一是开国时泥沙俱下、鱼龙混杂，各色人等都有混进开国队伍的可能。如不清理，将来会酿成大祸。其二是开国期间有许多人手握重权而又威望很高，如不诛杀，则功高震主、才大压主和权大欺主三位一体，将来必成后患。至于第三点，则是作长

远计，为子孙谋划了。在明朝的开国功臣之中，武臣立功最大者，当推徐达、常遇春；文臣立功最大者，当推李善长、刘基。刘基是一位奇人，他洞察世事，无有不中，因此，他对朱元璋封赏的官职，多次拜辞不受，因为他知道朱元璋生性刻薄，很难容人，跟他共事长久，必不免有杀身之祸。而李善长却官至右丞相，封韩国公，有骄矜之态。朱元璋对他渐感不满，想换掉李善长，让刘基为右相。刘基说："善长是有功的老臣，能够调和各将的人际关系，不宜马上把他换掉。"朱元璋很奇怪地问道："善长多次说你的短处，你怎么多次说善长的长处呢？我想让你做右相，不知怎样？"刘基顿首说："换相好比换殿中的柱子，必得用大的木材，若用小的木材，不折断也必定扑倒，我就是那种小材，怎能当右相呢？"朱元璋问："杨宪如何？"刘基说："宪有相材，无相器。"又问："汪广洋如何？"又答："器量偏浅，比宪不如。"又问："胡唯庸如何？"刘基急忙摇头道："不可！不可！区区小犊，一经重用，必至辕裂犁破，祸且不浅了！"

不久，杨宪因诬陷人而被处死，李善长又被罢去相职，胡唯庸逐渐升为丞相。他听说了刘基对自己的评价，怀恨在心，就诬陷了刘基的儿子，又害了刘基。刘基忧愤成疾，被朱元璋派人送回青田，不久去世。

害死了刘基之后，胡唯庸更加意气洋洋，肆无忌惮，他恃权自专，珍宝金

孔子圣迹图

帛，积聚无数。魏国公徐达看不顺眼，就给朱元璋上了密本，说胡唯庸奸邪，应加诛除。朱元璋没有相信徐达的话，反给胡唯庸知道了这件事，因此，胡唯庸对徐达怀恨在心。于是，胡唯庸就私下里买通了徐达家里的看门人，让他诬告徐达。谁知弄巧不成，这计谋被自己的守门人报告了徐达，反而遭到了朱元璋的怀疑，每天上朝都提心吊胆，恐怕遭到不测之祸，等了几天，竟然没事，才逐渐放下心来。胡唯庸自此收敛了一阵，后来觉得自己应当再找个牢靠的靠

山，就看上了李善长。李善长虽不当丞相了，但朱元璋还是十分看重他，经常出入宫廷。胡唯庸有了李善长这一靠山，不觉又趾高气扬起来，正巧，胡唯庸在定远的老家宅中的井里忽然长出了竹笋，高及数尺，一班趋炎附势之徒都说是极大的吉兆，又有人说胡唯庸家的祖坟上每天晚上都有红光照耀天空，远及数里。胡唯庸听了，更觉得是吉兆，越发得意。

恰在这时，德庆侯廖永忠，因擅自使用皇帝的龙凤仪杖而被赐死，平遥训导叶伯巨上书劝谏朱元璋，说他分封太多，用刑太繁，求治天下之心太过迫切，结果使得朱元璋大怒，把他捕入狱中，活活饿死。安吉侯陆仲亭擅乘驿车，平凉侯费聚招抚蒙古无功，均被朱元璋下旨严厉责罚。汪广洋罢相数年，由胡唯庸推荐，重登相位，不久又因刘基案被贬谪，汪广洋知道胡唯庸的不法行为，但一直替他隐瞒，在二次罢相之后，出居云南，不久即被赐死。朝廷官吏屡屡得咎，使得朝廷之上人心惶惶，生怕祸及己身。尤其是汪广洋被赐死，更使胡唯庸觉得震动，他觉得朱元璋迟早要惩治自己，就下了反叛的决心。

首先，他把那些遭到朱元璋惩治而心怀不安的官吏争取过来，结成党羽，然后又托亲家李存义去到他的哥哥李善长那里探听口风李善长知道这是祸灭九族的事，起初不肯应允，经李存义再三说明利害，最后默许了。从李善长的态度里他得到了鼓舞，加紧了谋反的准备活动。

胡唯庸把一些亡命之徒结纳为心腹，又暗地里招募了一些勇士组成卫队，并把天下兵力部署情况了解得一清二楚，再派人去同东南沿海一带的倭寇联结，引为外援，还结交了一些掌握兵权的人，准备一旦事发，就起兵响应。又秘密结交日本国派来的贡使，作为事败之后的退路。胡唯庸在觉得一切准备完毕之后，就于洪武13年（1380）1月，奏告朱元璋说京宅井中出了一眼甜泉，乃是大吉大利之兆，请朱元璋前去观看。朱元璋竟信了他的话，车驾从西华门出发，准备前往。就在这里，内使云奇突然闯入跸道，勒住了朱元璋的马缰绳，极力劝阻朱元璋，说是不可前往，由于情势太急，云奇声调急促，以至不能说得明白。朱元璋见此情景大怒，以为云奇放诞不敬，就喝命左右用金锤挝击。云奇断了胳膊，扑倒在地，气息奄奄，但却用手指着胡唯庸的宅第的方向。这时，朱元璋忽然有悟，忙登上高处向胡唯庸的宅第方向看去，但见胡宅中隐隐透出兵气。朱元璋大惊，立即发兵前往捕捉。不一会，御林军就将胡唯庸及埋伏的甲士捉拿归案。经人对质，胡唯庸无法抵赖，只得承认。

胡唯庸被牵至市曹，凌迟处死。

朱元璋当然不肯罢休，他派出官吏，四处拷掠，把胡唯庸一案的新账旧账一同算清，由擅权枉法到私通日本、蒙古，再到串通李善长等人谋反，由此牵连到的胡唯庸的亲族、同乡、故旧、僚属以及其他关系的人皆被连坐族诛，先后杀掉了3万多人。

又过了12年，蓝党之狱又成。

凉国公蓝玉，是著名的武将，也是开国功臣，但为人桀骜不驯。蓝玉与太子朱标是间接的亲戚，往来很亲密。蓝玉在北征时看到燕王朱棣的行止，深感不安，回来后对太子说："我看燕王在他的封地里实在是太有威风了，其行止不亚于皇帝。我还听说燕地有天子气，愿殿下细心防备，免生不测。"太子为人生性忠厚，不愿生事，就对蓝玉说："燕王对我十分恭顺，绝不会有这样的事。"蓝玉见太子不信，只好自找台阶说："我蒙受殿下的恩惠，所以才秘密地告诉你涉及利害的大事。但愿我说的不中，不愿被我言中。"

不久，太子病死，朱元璋觉得燕王朱棣为人阴鸷沉稳，很像自己，就想立他为太子，但一些大臣反对，觉得于古礼不合，也对其他皇子无法交代，朱元璋只有立了朱标的儿子做皇太孙。燕王朱棣见太子已死，无人替蓝玉说话，在入朝奏事的时候就对朱元璋说："在朝诸公，有人纵恣不法，如不处置，将来恐成尾大不掉之势。"朱棣虽未明指蓝玉，但大家心里都清楚，蓝玉曾在太子面前说过朱棣，朱棣现在要施行报复了，再加上"纵恣不法"四字。更是确指蓝玉。

在这种情况下，蓝玉竟还率性而为，一点也不检约自己。他出征西番，擒得逃寇，且捉住了建昌卫的叛帅，自以为功劳更大了，愈觉意气扬扬，本以为回朝后定会大有封赏，没想到朱元璋根本就不理他。到册立皇太孙时，他满以为会让自己做太子太师，却没想到自己还是太子太傅，反倒让冯胜、傅有德两人做了太子太师。蓝玉十分愤怒，扯着袖子大喊："难道我做不得太子太师吗？"他这一番闹腾弄得朱元璋更不高兴。自此以后，蓝玉上朝奏事，没有一件能够获准，但蓝玉不仅不知收敛，还更肆无忌惮，即使陪皇上吃饭，也出言不逊。一次，他见朱元璋乘舆远远经过，便指着说："那个乘舆的人已经怀疑我了！"

此语一出口，大祸即来。其实，蓝玉并未像胡唯庸那样谋逆，只是"祸从口出"罢了。锦衣卫听到了这句话，立刻密告皇上，声称蓝玉谋反，并说他与鹤庆侯张翼、普定侯陈垣、景川侯曹震、舳舻侯朱寿、东莞伯何荣、吏部尚书詹徽、户部侍郎傅友文等人设计起事，欲劫皇上车驾。朱元璋听了，正想杀人而找不到借口，不问青红皂白，一齐拿到朝廷，并亲自审问，再由刑部锻炼成狱，以假作真，全部杀死。

仅此还嫌不足，凡与蓝玉偶通讯问之人，也不使漏网。四面构陷，八方株连，朝廷中的勋旧，几乎一扫而空。此次前后共杀 15000 余人。与胡唯庸一案杀人并算，共计近 5 万人。

至此还不罢休，蓝党之狱过了八年后，颍国公傅友德奏请赐封土地，不仅不准，反予赐死。宋国公冯胜，在缸上设板，用碌碡打稻谷，以作打谷场，声响远震数里。有仇人状告冯胜私藏兵器。朱元璋把他召入廷内，赐以酒食，说是决不相信别人的谣言。冯胜喜不自禁，谁知刚刚回到家里，即毒发而死。定远侯王弼，在家里曾叹息："皇上春秋日高，喜怒无常，我辈恐怕很难活下去了！"这一句话，果然被特务告密，立即赐死。

这样一来，开国功臣已所剩无几，即便有几个，也早已远离朝廷，不涉政事了。徐达、常遇春、李文忠、汤和、邓愈、沐英6人得保首领，死皆封王，但徐、常、李、邓4人都死在胡、蓝大狱之前，沐英镇守云南，总算偏远无事。只有汤和绝顶聪明，他洁身远引、解甲归田，绝口不谈朝廷政事，享年70多岁，得以寿终正寝。

纵观中国历史上的各个朝代，把开国功臣杀得如此彻底的，确实应数明代。朱元璋从改变官制、改善吏治、严法令、压制舆论、杀戮功臣和特务统治六个方面集中权力，巩固他的统治地位，可以说收到了相当的成效。自洪武年间及其以后，明代的君权确实在相当长的时间内没有旁落过，至于燕王朱棣起兵争位，那是皇帝家里自己的事了。

历史的血腥至今仍能闻到，权力的“棘杖”又何曾一时光滑可手过呢？朱元璋杀了近5万人来巩固皇权，试图为子孙后代削出一把可以挥压万民而又光滑可手的权力之杖，其结果怎样呢？还不照样是叔侄争位、宗室相残？还不照样是奸佞迭出、祸乱相行？

晁错挺身迎祸

遭疑被怨，却挺坚守则，矢志不移，尤为可贵。

因为被怨恨，不理解而至前景暗淡的事例，着实不少，但能够顽强地坚挺下去，直至留芳于世，才是值得人景仰的，我们想起了“挺身迎祸”的晁错。

晁错（公元前200~公元前154）是西汉文景时代的政治家，颍川（今河南禹县）人，早年随张恢学申商刑名之术。以文学任太常掌故。曾受太常派遣，至伏生处学习今文《尚书》，不久，任为太子舍人，门大夫，迁博士、太子家令。得幸太子刘启（即景帝），号称“智囊”。

文帝时，晁错看到匈奴侵扰日益严重，商人兼并农民土地等问题，先后上书言兵事和守边备塞、劝农力本等急务，不久，晁错由平阳侯曹窋等联名举为贤良，因对策高第，迁大中大夫。他又向文帝建议削夺诸侯王权力及更改法令，所言多能切中时弊，以此得到文帝的赏识。

景帝即位后，晁错擢为左内史。不久，迁为御史大夫。他受到景帝的信任，更定法三十章，力求剥夺同姓诸侯王的封地，以巩固中央集权，他在《削藩策》中明确指出：“今削之亦反，不削亦反。削之，其反亟，祸小；不削之，其反迟，祸大。”

晁错奏请根据诸侯王罪过的大小，削其支郡，遭到外戚窦婴的反对；他更定法令三十章，更触犯了诸侯王的利益。晁错的父亲从家乡赶来，劝他不要“侵削诸侯，疏人骨肉”，以免树敌招怨，晁错却不以为然，明确回答：“固也。不如此，天子不尊，宗庙不安。”

他父亲不由得叹息说："刘氏安矣，而晁氏危。"随即饮毒药自杀，说是"吾不忍见祸廷身"。

父亲的反对和自杀，并没有动摇晁错削藩的决心。景帝根据他的建议，先后削赵王遂常山郡、胶西王印六县和楚王戊东海郡，并决定削夺吴王刘濞的封地。景帝三年（前154），吴楚七国借口请诛晁错以清君侧，终于发动武装叛乱。

七国之乱爆发后，景帝调兵遣将以遏制叛乱的势头；同时，为来势汹汹的叛乱感到不安。晁错建议景帝御驾亲征，自己留守京师，正当景帝举棋不定之际，晁错的政敌、曾任吴相的爰盎，在窦婴的唆使下，乘机向景帝建议斩晁错以谢诸侯。景帝遂拜爰盎为太常，出使吴国；同时授意丞相、中尉、廷尉等官员劾奏晁错："不称陛下德信，欲疏群臣百姓，又欲以城邑予吴，无臣子礼，大逆不道"。根据这一无中生有的罪名，竟然判处晁错腰斩，父母妻子同产无少长皆弃市。景帝虽然批准了这一判决，却无法消除心头沉重的负罪感，只好让中尉哄骗晁错，结果，晁错穿着朝衣被斩于东市。

晁错虽然被冤而死，吴楚七国却丝毫没有罢兵的迹象。一天，校尉邓公从平叛前线返回，向景帝报告军事。君臣之间有这样一段对白。

上问曰："道军所来，闻晁错死，吴楚罢不?"

邓公曰："吴为反数十岁矣，发怒削地，以诛错为名，其意不在错也，但臣恐天下之士拑口不敢复言矣。"

上曰："何哉?"

邓公曰："夫晁错患诸侯强大不可制，故请削之，以尊京师，万世之利也。计画始行，卒受大戮，内杜君臣之口，外为诸侯报仇，臣窃为陛下不取也。"

景帝喟然长息曰："公言善，吾亦恨之。"

晁错"为国远虑，祸反及身。"令世人叹息，志士扼腕。后来，《汉书》作者班固感叹说：

晁错锐于为国远虑，而不见身害。其父睹之，经于沟读，亡益救败，不如赵母指括，以全其宗。悲夫！错虽不终，世哀其忠。

"为国远虑，而不见身容"，"世哀其忠"，可说是历史对晁错的评价。

明代贤相李贤

李贤，字原德，邓州（今河南邓州市）人。明宣德八年（1433）中进士，奉命到河清视察蝗灾，授验封主事。他为人正直，对民间疾苦深有了解。

明英宗正统元年（1436），李贤看到塞外进关投降者足有万人，这些人在京城居住，每人每月实支十七石五斗粮食，而官府里的指挥使月俸为三十五石，但实支只有一石，一个降人相当十六个半京官。李贤上奏要求解决这种不合理状况，英宗没有采纳。明英宗正统十四年（1449），瓦剌军侵犯边关，大同吃紧，

英宗朱祁镇为了振奋军民斗志，决定“御驾亲征”。这时，李贤又经从考功郎中升为文选扈从，跟随英宗亲征瓦剌；由于太监王振瞎指挥，英宗在土木堡蒙难，成了瓦剌军的俘虏，明军五十万人马土崩瓦解，李贤脱险回京。英宗落难的消息传到北京，朝廷乱成一团，幸亏有于谦、于直等大臣的努力，总算把“国不可一日无君”的难关度过了，经皇太后的同意，另立英宗之弟朱祁钰为景帝，改年号为景泰。

李贤在景泰二年（1451）二月，给景帝上正本十策，也就是当好皇帝的十条方策：一、勤圣学；二、顾箴警；三、戒嗜欲；四、绝玩好；五、慎举措；六、崇节俭；七、畏天变；八、勉贵近；九、振士风；十、结民心。景帝非常喜欢李贤的“十策”，让翰林院书法家写成条幅，放在殿堂左右的屏风上，以便随时都能看到这十条。这十条实际上成了景帝表明自己心迹的行动纲领。

李贤得到景帝的鼓励，更加积极进谏。他奏请朝廷改善边备废弛的状况，兵部尚书于谦建议景帝把李贤的奏章发给边将阅读，以示策励。景泰八年（1457），景帝病危。当时，被瓦剌放回的英宗被软禁在南宫，徐有贞、石亨等几个大臣搞了一次请英宗复位的活动。这几个人因此受到英宗的重用，而景帝时的大臣则大都受到迫害。英宗对李贤仍很器重，命李贤为翰林学士，入直文渊阁与徐有贞共同参与机要工作。李贤一身正气，气度端凝，向皇上禀报、奏对皆中机宜，深得英宗倚重。

这一年山东饥荒，英宗召集李贤、徐有贞商议，准备发粮款赈济灾民，徐有贞认为，发放赈灾粮款，大多被各级官吏中饱私囊，李贤说，不能由于官吏的中饱私囊就不发放救济款，而坐视百姓死亡，这是因噎废食。英宗很欣赏李贤的观点，决定增加银两，做好赈济工作。石亨等人与徐有贞争权，并且忌恨李贤等御史对他们的议论，于是就向英宗诬告徐有贞和李贤，英宗竟听信谗言，将徐、李逮捕下狱。正好这天风雷骤作，李贤得释，谪为福建参政。还没起程，王某奏请挽留李贤，结果李贤留任吏部左侍郎，过了一个月，又重新担任尚书直阁。经过这一折腾，英宗更加信任李贤，李贤这才敢如实地把石亨等人所谓“夺门复位”的真相揭穿。原来，没有这些人的“夺门”，英宗也是可以复位的，他们抢在景帝咽气之前搞了一出“复位”闹剧实在没有必要。他劝谏英宗辨忠奸、远小人。英宗彻底明白了“夺门复位”的内幕后，对朝廷上下进行了一次清理，共清除冒功者四千余人，朝野均为之大快。

“忠疑”心语

【原文】

为传檄事。逆贼洪秀全、杨秀清称乱以来，于今五年矣。荼毒生灵数百馀万，蹂躏州县五千馀里。所过之境，船只无论大小，人民无论贫富，一概抢掠罄尽，寸草不留。其掳入贼中者，剥取衣服，搜刮银钱；银满五两而不献贼者，即行斩首。男子日给米一合，驱之临阵向前，驱之筑城浚壕。妇人日给米一合，驱

之登陴守夜，驱之运米挑煤。妇女而不肯解脚者，则立斩其足以示众妇；船户而阴谋逃归者，则倒抬其尸以示众船。粤匪自处于安富尊荣，而视我两湖、三江被胁之人，曾犬豕牛马之不若。此其残忍惨酷，凡有血气者，未有闻之而不痛憾者也！

军队 清

自唐虞三代以来，历世圣人，扶持名教，敦叙人伦，君臣父子，上下尊卑，秩然如冠履之不可倒置。粤匪窃外夷之绪，崇天主之教，自其伪君伪相，下逮兵卒贱役，皆以兄弟称之。谓惟天可称父，此外凡民之父，皆兄弟也；凡民之母，皆姊妹也。农不能自耕以纳赋，而谓田皆天王之田；商不能自贾以取息，而谓货皆天王之货；士不能诵孔子之经，而别有所谓耶苏之说、《新约》之书。举中国数千年礼义人伦、诗书典则，一旦扫地荡尽。此岂独我大清之变，乃开辟以来名教之奇变，我孔子、孟子之所痛哭于九原！凡读书识字者，又乌可袖手安坐，不思一为之所也！

自古生有功德，没则为神。王道治明，神道治幽，虽乱臣贼子，穷凶极丑，亦往往敬畏神祇。李自成至曲阜，不犯圣庙；张献忠至梓潼，亦祭文昌。粤匪焚郴州之学宫，毁宣圣之木主，十哲两庑，狼藉满地。嗣是所过郡县，先毁庙宇。即忠臣义士，如关帝、岳王之凛凛，亦皆污其宫室，残其身首。以至佛寺、道院、城隍、社坛，无庙不焚，无像不灭。斯又鬼神所共愤怒，欲一雪此憾于冥冥之中者也！

本部堂奉天子命，统师二万，水陆并进，誓将卧薪尝胆，殄此凶逆；救我被虏之船只，拔出被胁之民人。不特纾君父宵旰之勤劳，而且慰孔孟人伦之隐痛；不特为百万生灵报枉杀之仇，而且为上下神祇雪被辱之憾。是用傅檄远近，咸使闻知：倘有血性男子，号召义旅，助我征剿者，本部堂引为心腹，酌给口粮；倘

有抱道君子，痛天主教之横行中原，赫然奋怒，以卫吾道者，本部堂礼之幕府，待以宾师；倘有仗义仁、捐银助饷者，千金以内给予实收部照，千金以上专折奏请优叙；倘有久陷贼中，自拔来归，杀其头目，以城来降者，本部堂收之帐下，奏授官爵；倘有被胁经年，发长数寸，临阵弃械，徒手归诚者，一概免死，资遣回籍。

在昔汉、唐、元、明之末，群盗如毛，皆因主昏政乱，莫能削平。今天子忧勤惕厉，敬天恤民，田不加赋，户不抽丁。以列圣深厚之仁，讨暴虐无赖之贼。无论迟速，终归来亡，不待智者而明矣。若尔被胁之人，甘心从逆，抗拒天诛，大兵一压，玉石俱焚，亦不能更为分别也。

本部堂德薄能鲜，独仗“忠信”二字为行军之本。上有日月，下有鬼神；明有浩浩长江之水，幽有前此殉难各忠臣烈士之魂，实鉴吾心，咸听吾言。檄到如律令，无忽！

【译文】

关于传达檄文之事。逆贼洪秀全、杨秀清称号作乱以来，至今已经五年了。残害生灵达数百万，蹂躏州县五千多里。所过的地方，船只不论大小，人民不论穷富，一律抢掠罄尽，寸草不留。被掳掠到贼人军中的，剥取衣服，搜刮银钱；自己存放的银子满五两而不奉献给贼人的，立即斩首。男子一日给一合米，驱使他们在阵前卖命，驱逐他们修筑城墙疏浚沟壕。妇女一天给一合米，驱使她们登城守夜，驱使她们运米挑煤。妇女如果缠脚不肯解放的，就立即砍掉她的脚向众妇女示众；船户如果暗地谋划逃归故乡的，就倒抬他的尸体向众船户示众。粤匪自处安全、富裕、尊荣的地位，而看待我两湖、三江被胁迫的人连狗猪牛马都不如。如此残忍与残酷，凡是有血气的人，没有人听到之后而不痛苦震撼的。

自唐虞三代以来，历代圣人，扶持名教，敦叙人伦，君臣父子，上下尊卑，秩序如同鞋帽不能倒置一般。粤匪窃取外夷的统绪，崇尚天主教，上从其为伪君伪相，下至兵卒贱役，都以兄弟称呼。说只有天可以称父，除此之外，凡是民之父亲，都是兄弟；民之母亲，都是姊妹。农民不能自己耕稼交纳田赋，而说都是天王的田地；商人不能自做买卖去赚取利息，而说货物都是天王的货物；士人不能诵读孔子的经书，而另有所谓耶稣的学说、《新约》这类书让人们奉读。把中国数千年以来的礼义人伦，诗书典则，一下子扫荡殆尽。这难道只是我大清之变乱，乃是开天辟地以来名教遇到的奇特变乱，我们的孔子、孟子一定在地下痛哭！凡是读书识字的人，怎么可以袖手安坐，不想出力办一点事呢！

自古以来，生前建有功德，故世以后就成为神。君主的王道治理阳世，神道治理幽境。虽然乱臣贼子、穷凶丑极，也往往敬畏神灵。李自成到了曲阜，并不犯扰圣庙；张献忠到了梓潼，也祭祀文昌帝君。粤匪焚烧郴州的学官，毁弃宣圣的神主牌位，祭祀十哲的学官两庑，也是满地狼藉。从此所过的郡县，先毁庙宇。即使忠义之士如关帝、岳王那样凛然威武，也都将他们的宫室污染，残破他

们塑像的身首。以至于佛寺、道院、城隍、社坛，无庙不焚，无像不灭。这又是鬼神之所共愤怒，他们在冥冥之中，一定要洗雪这个遗憾！

本部堂奉天子的诏命，统率两万师旅，水陆并进，誓要卧薪尝胆，灭绝这些凶逆；救出我被掳掠的船只，拔助我被胁迫的民众。不只是为了纾解君父日夜之勤劳，而且要慰藉孔孟人伦道德的隐痛。不只是为百万生灵报枉杀之仇，而且为天上地下的神灵雪洗被侮辱的遗憾。因而传达檄文于远近，使大家都知晓：如果有血性男子，号召组织义旅，帮助我征剿的，本部堂把他当成心腹之人，酌量给予口粮；如果有胸怀道义的君子，痛恨天主教在中国横行，勃然大怒，来保卫我们的道义的，本部堂请他们加入幕府，像宾客与老师一样对待；如果有仗义的仁人捐献银两资助粮饷的，千金以内的给予本部实收执照，千金以上的专门写折上奏朝廷请求给予优待或叙用；如果有陷在贼中很久的人，能够自拔其中前来回归，杀掉贼人头目，以城池前来请降的，本堂部收入帐下，奏明朝廷，授予官爵；如果是被胁裹许多年份，头发已留数寸长，临阵丢弃兵械，徒手投诚的，一概免死，发给川资遣回原籍。

从前汉、唐、元、明末年，群盗纷起，多如牛毛，都是由于君主政治混乱，不能削平祸乱。如今天子忧国、勤政，敬天恤民，田不加赋，户不抽丁。凭历代君父所具有的深厚的仁爱之心，讨伐虐暴无赖之贼军，不论是快是慢，最终一定会消灭他们的，不管多聪明的人都会明白这个道理。如果你们被胁迫的人甘心服从逆贼，抗拒上天的惩罚，大兵一旦压境，玉石俱焚，谁也不能再去区别你是不是良民了。

本部堂道德不高，能力也很有限，独依仗“忠信”二字，为进军之本。天上有日月，地下有鬼神；明地里有浩浩荡荡长江之水，幽暗处有前此而殉难的各位忠臣烈士之魂，请实际鉴察我的心迹，共同听从我的语言。檄文至处就如法律和命令，不得忽视！

【原文】

初九夜所接弟信，满纸骄矜之气，且多悖谬之语。天下之事变多矣，义理亦深矣，人情难知，天道亦难测，而吾弟为此一手遮天之辞、狂妄无稽之语，不知果何所本？恭亲王之贤，吾亦屡见之而熟闻之，然其举止轻浮，聪明太露，多谋多改。若驻京太久，圣驾远离，恐日久亦难尽惬人心。僧王所带蒙古诸部在天津、通州各仗，盖已挟全力与逆夷死战，岂尚留其余而不肯尽力耶？皇上又岂禁制之而故令其不尽力耶？力已尽而不胜，皇上兴僧邸皆浩叹而莫可奈何。而弟屡次信来，皆言宜重用僧邸，不知弟接何处消息，谓僧邸见疏见轻，敝处并未闻此耗也。

分兵北援以应诏，此乃臣子必尽之分。吾辈所以忝窃虚名，为众所附者，全凭忠义二字。不忘君，谓之忠；不失信于友，谓之义。令銮与播迁，而臣子付之不闻不问，可谓忠乎？万一京城或有疏失，热河本无银米，从驾之兵难保其不哗

溃。根本倘拔，则南服如江西、两湖三省又岂能支持不败？庶民岂肯完粮？商旅岂肯抽厘？州县将士岂肯听号令？与其不入援而同归于尽，先后不过数月之间，孰若入援而以正纲常以笃忠义？纵使百无一成，而殆后不自悔于九泉，不诒议于百世。弟谓切不可听书生议论，兄所见即书生迂腐之见也。

【译文】

初九夜接到弟弟之信，满纸骄矜之气，并且有很多荒谬的话。天下的事变化很多，义理更深。人情难知，天道更难测，而我弟写出这样一手遮天、狂妄无稽的言辞，不知有什么根据？恭亲王的贤明我也是多次见过，并且常听人称道，但他举止轻浮、聪明太露，虽然多谋但也爱时常改变。如果驻在京师太久，而圣驾远离，恐怕时间长了也难让人满意。僧王所带领的蒙古诸部在天津、通州各战役中，已是全力与洋夷死战，怎么会留下有余力而不肯尽力呢？皇上又怎么会禁止他们死战而故意命令他们不要尽力呢？力已尽了但打不胜，皇上和僧王都只能叹息而没有办法。而弟多次来信都说应该重用僧王。不知弟听到何处的消息；说僧王被皇上疏远，我并没有听到这方面的消息。

分兵北上救援以应皇上之诏，这是做臣子必尽的义务。我们之所以能有些虚名，为众人所附，全凭忠义二字。不忘君，是忠；不失信于友，是义。皇帝长途跋涉，而做臣子却不闻不问，这叫忠吗？万一京城或有疏失，热河本无银米，从驾军兵难保不哗溃。如根本之地丧失，那么在南方如江西、两湖三省又岂能支持不败呢？百姓岂肯交纳粮食？商旅岂肯让抽取厘金？州县将士还岂肯听从号令？与其不入援京师而同归于尽，先后迟早不过数月时间；孰若入援京师以正纲常以明忠义，即使百无一成，死后也不会自悔于九泉之下，留议论于后世。弟说千万不可听书生议论，为兄的见解就是书生的迂腐之见。

【原文】

昨奏年终颁赏福字、荷包、食物之类，闻弟有一分，春霆亦有一分，此系特恩。吾兄弟报国之道，总求实浮于名，劳浮于赏，才浮于事。从此三名切切实实做去，或者免于大戾。

【译文】

昨天奉旨颁赏年终福字、荷包、食物之类礼物，听说你有一份，春霆也有一份，这是特别恩典。我们兄弟报国，总求名实相孚，劳赏相当，才足任事。从这三句实做去，或可免于大祸。

【原文】

天下纷纷，沅弟断不能久安，与其将来事变相迫，仓卒出山，不如此次仰体圣意，假满即出。余十五之信，四分劝行，六分劝藏，细思仍是未妥。不如兄弟尽力王事，各怀鞠躬尽瘁、死而后已之志，终不失为上策。沅信于毁誉祸福置之度外，此是根本第一层工夫。此处有定力，到处皆坦途矣。

【译文】

天下的事情乱纷纷，沅弟千万不能在家中长时间安居，与其到将来时事发生变化，逼迫你仓促出山，不如这一次体察皇上心意，病假期满就出山。我十五号写信于你，四分劝你出山，六分劝你隐居，仔细想想还是不妥当。不如我们兄弟一起为国事尽力，都怀着恭敬小心、竭力效劳，一直到死才停止的心情，终究不失为上策。沅弟来信将毁誉祸福置之度外，这是根本。如果在这一点上有坚定的毅力，那么所到之处道路皆平坦。

【原文】

再，已革署德兴县江西候补知县雷嘉澍，于上年十月德兴失守后，随同克复，经江西抚臣毓科奏参革职。该员操守清苦，听断尚勤。离任后，适贼目赖文鸿等由玉山窜德兴、婺源交界，左宗棠因其平日颇得民心，委令齐集练勇，遏贼窜路。该员随至五林地方，与官军会剿获胜，未便没其微劳。可否仰恳圣恩，准其开复革职处分，留营差遣，以观后效，准左宗棠咨请附奏前来。

【译文】

再者，已被革除职务的德兴县江西候补知县雷嘉澍，在去年十月德兴失守以后，又跟随一同克复德兴，被江西抚臣毓科弹劾罢免官职。雷嘉澍德行正直，生活清贫，做事勤奋，不是懒惰不知国法的人。离任以后，正遇上匪贼的头目赖文鸿等由玉山向德兴、婺源交界逃窜，左宗棠因为他平日很得民心，就命令他招集训练兵勇，阻挡匪贼的后退之路。雷嘉澍就到五林地区与官兵齐心协力会战匪贼，大获全胜，不能埋没他的功劳。能不能请求皇上恩准取消对他的革职处分，留在营中当差，以观后效？如果同意了请左宗棠写好奏折，连同这个奏折一块送过来。

【原文】

窃观自古大乱之世，必先变乱是非，而后政治颠倒，灾害从之。屈平之所以愤激沉身而不悔者，亦以当日是非淆乱为至痛。故曰“兰芷变而不芳，荃蕙化而为茅”，又曰“固时俗之从流，又孰能无变化”。伤是非之日移日淆，而几不能自主也。后世如汉、晋、唐、宋之末造，亦由朝廷之是非先紊，而后小人得志，君子有皇皇无依之象。推而至于一省之中，一军之内，亦必其是非不诡于正，而后其政绩少有可观。赏罚之任，视乎权位，有得行，有不得行。至于维持是非之公，则吾辈皆有不可辞之任。顾亭林先生所称“匹夫与有责焉”者也。

【译文】

在我看来，自古至今天下大乱的时代，一定是首先淆乱是非界限，随后出现政治上的混乱，从而导致种种灾害。屈原之所以激愤得跳江自杀而不后悔，也是因为当时社会的是非观念淆乱到了极点，令人痛彻心扉，所以他在诗中说道：“那馨香的兰草变得不香，美丽的荃蕙化为茅草。”又说：“人心世俗本来就是从恶好像从水而流，又怎能不蜕化变质。”感伤是非标准一天天变移，一天天混淆，而几乎连自己都不能保持清醒。后来的时代如汉朝、晋朝、唐朝、宋朝的末期，也由于朝廷的是非观念首先紊乱，然后才是奸险之人扬眉吐气，有德之士反而有无依无靠、无所适从的模样。把这个道理推及一个省、一支军队，也必定是那里的官员是非观念不违背正道，然后才可以做出稍稍令人满意的成绩。赏善罚恶这种事情，取决于职权地位，有的人可以做到，有的人则无法做到。但是，至于维持是非的公正，却是我们所有人都不能推辞的责任。顾炎武先生所说的“普通人对此责无旁贷”，就是这个意思啊！

【原文】

以世风之滔滔，长民者之狭隘酷烈，而吾子伏处闾巷，内度身世，郎署浮沉，既茫乎未有畔岸；外观乡里，饥溺满眼，又汲汲乎有生涯蹙之势。进不能以自效，退不足以自存，则吾子之迫切而思，以吁于九阍者，实仁人君子之至不得已也。然事顾有难者，自客春求言以来，在廷献纳，不下数百馀章，其中岂乏嘉谟至计，或下所司核议，辙以“毋庸议”三字了之，或通谕直省，则奉行一文之后，已复高阁束置，若风马牛之不相与。如足下所条数事，盖亦不能出乎交议、通谕之外，其究亦归于簿书尘积堆中，而书生之血诚，徒以供胥吏唾弃之具。每念及兹，可为愤懑。故初奉尊书，本思投匦径献；继念身处山中，而属他人上书阙下，近世已无此风，且足下祥琴未届，反授人以口实；故与可亭同年熟商，若其托名他氏，无难缕晰入告；若以尊名特达，则恐无益于民，先损于身，固未可率尔以尝也。中如林、周二公仿汉代绣衣直指之说，良足以铲剧贼而惩墨吏。国藩将据以上请。会林公遽归道山，周公奉命抚粤，而粤西盗贼亦日炽，而不可响迩。于是事有专重，而治盗之使不复能旁及矣。

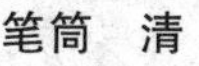
笔筒 清

今春以来，粤盗益复猖獗，西尽泗镇，东极平梧，二千里中，几无一尽净土。推寻本原，何尝不以有司虐用其民，鱼肉日久，激而不复反顾。盖大吏之泄泄于上，而一切废置不问者，非一朝夕之故矣。国藩尝私虑，以为天下有三大患：一曰人才，二曰财用，三曰兵力。人才之不振，曾于去岁具疏略陈大指：财用、兵力二者，昨又具疏言之。兹录一通，敬尘清览，未审足下以为有补万一否？如以为可行，则他日仍当渎请也。

国藩学识短浅，自以猎跻高位，不敢不悚切讲求，奈疾病相寻，心血亏损，夜不善寐，稍一构思，辄心动手颤，年方壮岁，境亦安荣，而脆耗如此，理不可

解。薄苇之质，势难坚强以谬附于松柏，辱足下知爱，合倾诚相告耳。至于簪绂之荣，骄人之态，虽在不肖，犹能涤此腥秽，足下乃以衔版见投，毋乃细人视我而鄙为不足深语。今亦不复相璧，但求捐此陋俗，而时以德言箴我，幸甚无量！书不详尽，伏维鉴察，并乞多谢王君子寿，倘有药石，幸贶故人，瞻望云天，企伫曷已。

【译文】

在社会风气普遍恶浊、为官作宰的人既目光短浅又残酷暴烈的情形下，置身于小街窄巷，对内思量自己的经历，一直在官场中沉沉浮浮，茫茫然没有可以立身的理想之岸；对外看到的是家乡到处都充满了饥饿和灾难，又迫切地感到生活越来越艰难的情形。就上而言不能为国报效自己的忠诚，就下而言不能维持自身的生存。可见，您之所以迫切地思虑，用以呈请朝廷，实在是因为仁人志士到了万不得已的地步了啊！不过这事却有难办之处，自从上年春天朝廷下诏求言以来，献议的不少于几百之多，其中难道缺乏极好的谋划计策吗？然而结果却是或者下发到有关机构审核讨论，却辄以“不用议”三字打入冷宫，或者送交到中央各部，但就此起草一份文件之后，又再次被搁置起来，再不过问。譬如您条陈的这几件事，恐怕也不能逃避下发有关部门讨论、送交中央各部的命运，其结局也是将被扔入废纸篓中，而读书人的一片热血忠诚，白白地成为让衙门办事人员轻忽、抛弃的对象。我每每想到这些，心里就充满愤慨不满。所以，初次接到您的意见书，本想直接向朝廷敬献；转而又想到，您目前尚在乡间没有恢复官职，却托别人向朝廷进献意见，近代已经没有这种惯例风气，况且您丧期未满，反而给人留下攻击的把柄，因此我和同学可亭反复商议之后认为，如果将您的意见书以他人的名义上奏，就不难详尽地反映给朝廷；如果以您的名义特别转达，那么就恐怕不但起不到有益国家、人民的作用，反而首先会损害您自己，确实不能轻率贸然地做此尝试啊！您的意见书提到的让林公、周公二人仿效汉代的制度充任绣衣直指使者这个职务，确实足以铲除大盗、惩治贪官。我将据此向上奏请。不巧的是正赶上林公突然逝世，周公奉命巡抚广东，同时广东西部的贼匪也一天天嚣张强大，竟至于像烈火熊熊不能接近、扑灭。在这种情况下，他负责的事务责任重大，作为专门处治贼匪的负责人，他不再能够顾及其他事情了。

今年春季以来，广东的贼匪更加猖獗，西至洒镇，东到平梧，方圆两千里地域中，都被他们控制践踏，几乎没有一尺净土。推究此事的根源，何尝不是因为地方官吏虐待役使这里的民众，作践的时间长了，激起人民的反抗而不再回头呢？大体说来，高级官员在上面人浮于事，对政局民情等所有事情都抛置一旁不闻不问，这种情况不是短时间内所造成的啊！我曾私下考虑过，认为目前国家有三大危机：一是人才，二是财力，三是军事。关于人才不振一事，我曾在去年陈述上奏说明大概；关于财力、军事这两件事，昨天又陈述上奏予以说明。这里抄录一遍，敬请过目，不知您认为这是否可以起到补救时政的些微作用？如果认为可以实行，那么以后我仍旧要求助于您呢！

我学识浅薄，自从侥幸地登上高位以来，不敢不谨慎从事、忠于职守，无奈疾病缠身，体质太弱，夜里常失眠，稍稍用心思考问题，就心律加速，手指发颤，年纪还正当壮年，处境也算安富尊荣，却如此虚弱，从道理上讲实在想不通。凭我这贱弱的资质，绝对难以坚韧顽强到底来追随于君子之列，蒙您相知厚爱，理当开诚布公全盘托出啊！至于说到为官的尊荣，傲视他人的心态，即便是我这无德之人，还能去除这种毛病，您却拿表示官阶地位的衔版寄来，别说连那些地位低贱的人会把我看作鄙陋、不值得深谈的人。再说这些东西眼下也不再被人看重，只求您今后破除这些不好的习俗，而时时拿有德之言来规劝我，我将荣幸之至啊！言不尽意，如果有针药，一定要送给老朋友，遥望云天，翘首遥祝！

【原文】

臣参列戎行，历年以来，奏报甚稀。其所以硁硁自守者，盖亦有故：一则不轻奏谣传之言。如近日贾臻奏庐州克复，袁甲三奏巢县克复，皆因无稽之探报，以为入告之实据。又或贼踪未近，预相震惊，辄以十万二十万具奏，尤足以惑军心而误大计。臣处向不凭探报入奏，不欲以谣传之词，淆朝廷之耳目也。一则不轻奏未定之事。凡大股悍贼之来，其始常危险万状，能坚忍支持，而后能渐臻安稳。如去岁黄文金之内犯，攻陷七县，坚持三月，而臣仅汇作四次入奏。去冬徽州之被围，苦战九次，坚守弥月，而臣仅汇作两次入奏。不欲以未定之状，增朝廷之忧虑也。一则不轻奏预计之说。兵事成败，难以逆料。咸丰八、九年间，江南屡奏金陵指日可克，十年夏间，屡奏嘉兴指日可克，厥后皆不能践言。臣初督两江之时，奏称由宁国进兵，可达苏境，厥后宁国失守，至今不能践言，臣深以为耻。至近日内臣章奏蒙抄示臣处者，或称援浙之师，可由嘉兴直捣苏州；或称扬州之师，可由常熟进攻苏州。皆不量兵饷两穷之苦，而拟万不可成之计。臣不欲以预计之说入奏，非特虑大言之难践，亦恐纷乱朝廷之规画也。

【译文】

我致力于军务，多年以来，上奏章的次数很少。我之所以这样，原因主要有以下几点：一、不轻易上奏谣传的话。例如近来贾臻上报庐州又被攻克，袁甲三上奏巢县被攻克，都是凭着毫无根据的情报，当作真实情况上奏。同时又有因为贼人踪迹很远，预先惊慌，就以几十万之数上奏，特别会动摇军心而坏大事。臣处理军务向来不全依靠探报情况上奏，不以谣传的话，混乱朝廷的视听。一是不轻易上奏未确定之事，凡是大股刁民来犯，开始时常常很危险，如果能忍耐坚持支撑，之后就能逐步平衡下来，例如去年黄文金内犯，攻陷了七个县，坚持了三个月，而臣仅仅总为四次上奏。去年冬天徽州被围，我们苦战九次，坚守一整月，而我仅仅总陈两次奏章，不想以未定的形势，来增添朝廷的忧虑。一是不轻易上奏预计的想法。兵家胜败，难以预料。咸丰八、九年间，江南多次上陈南京很快就可以攻克，十年夏天期间，多次奏称嘉兴很快能攻克，后来都不能兑现。

我开始督守两江的时候，上奏章说由广西进军，可以到达江苏境内，此后广西失守，至今不能兑现，臣深以为耻。至于近日以来朝中大臣的奏章承蒙抄录给臣看的，有人说援救浙江的军队，可以由嘉兴直捣苏州；有的说扬州的大军，可以由常熟进攻苏州。都是不考虑兵饷两样少的难处，拟就的万万不可成的计策。臣不想以预计的想法上奏章，不只是顾忌大话难以兑现，也是害怕扰乱朝廷的整体规划。

【原文】

建昌兵勇云集，无位望较崇者为之统师，特恐意见各歧，互相责让，则难望成功。此刻人皆望闽兵之至，吾则反恐闽兵之至。盖兵愈多则人愈杂，议论愈纷，米粮小菜愈难接济。惟冀足下与九峰严戢保本管六营之士卒，不许有一人闲言闲语稍触别营。六琴太守则不特宜戢本管六营，兼宜小心和协别营之将领。兵犹火也，勿戢将自焚也。望夜夜传集营官、哨官讲明自治之要、和众之道。吾六营既戒浪战，则别营必有深讥为畏葸者。亦宜每夜先与各哨勇说明，听人讥议而已。

【译文】

建昌作为军事要地，我们的军队聚集了很多，没有地位和声望尊崇的人作为统率，只是担心意见分歧，互相责备推让，则很难希望成功。这时人们都在盼望福建的军队到来，然而我却害怕福建的军队到来。军队越多士兵就越杂，议论也更多，米粮也更难以接济。只有希望你与九峰严格管理你们原来所属的六路将士，不能出现有人闲言碎语而触动别的军队。六琴太守不仅仅要严格管理本部将士，还应去协调别的军队的将士。军队好像一把火，不严格管理结果将只会是玩火自焚。希望你每夜都要把营官、哨官集合起来讲解说明治理自己军队的重要性与团结众士兵的道理。我们六营的士兵既然已经严禁鲁莽出战，那么别营一定有人讥讽我们是缩手缩脚，害怕敌兵。你们应当先给放哨的士兵说明，听凭别人的讥讽议论而不要理睬他们就行了。

【原文】

少荃宫保于吾兄弟之事极为扶助，虽于弟劾顺斋不甚谓然，然但虑此后做官之不利，非谓做人之有损也。弟于渠兄弟务须推诚相待，同心协力，以求有济。淮军诸将在鄂中者有信至少荃处，皆感弟相待之厚，刘克仁感之尤深。大约淮湘两军、曾李两家必须联为一气，然后贼匪可渐平，外侮不能侵。

【译文】

李鸿章宫保对于我们兄弟的事情一向极力帮助，虽然对你弹劾他的弟弟顺斋一事不很以为然，但只是担心今后做官不利，并非觉得你在做人方面有缺陷。你对他们兄弟应当推诚相待，同心协力，以求成就大业。在湖北作战的淮军将领们写给李鸿章的信中，都感激你对他们待遇的优厚，刘克仁的感激尤其深。大约淮湘两军、曾李两家，必须联为一气，然后才能逐步平定敌寇，抵御外侮。

【原文】

军兴以来，多以意见不合、将卒不和贻误事机。臣等一军，勇逾万馀，兵仅数百，其管带之员，文职多择取士绅，武职多拔取末弁，有夙昔之恩谊，无军营之气习；不特臣国藩、臣塔齐布二人亲如昆弟，合如胶漆，即在事人员，亦且文与武和，水与陆和，兵与勇和，将与卒和，粮台官绅与行间偏裨，均无不和。全军二万人，几如家人骨肉之联为一体，而无纤芥嫌隙之生于其间。此臣等秉承圣训，和衷共济，亦可恃之一端也。

【译文】

自起兵以来，常因意见不合、官兵不和而贻误战机。我所统率的这支军队，临时招募的勇士超过万人，正式的士兵仅有几百，那些负责管理带兵的人员，文职多选用地方绅士，武职多选拔下层武官。他们不仅和兵勇有旧日的情义，而且没有军营中的不良习气；不只是我和塔齐布二人亲如兄弟，关系密切得如胶似漆，而且所有和这次行动有关人员，也都是文职和武职相和，水军与陆军相和，士兵与乡勇相和，将领与兵勇相和，负责粮饷的官员和军中的大小将领，都没有不和的。全军二万人，几乎像亲骨肉一样，团结一体，没有产生过细毫的隔阂。这是我按照您的训导，团结众心，共同协作，从而可以依靠的一个方面。

【原文】

六弟、九弟今年仍读书省城，罗罗山兄处附课甚好。既在此附课。则不必送诗文与他处看，以明有所专主也。凡事皆贵专。求师不专，则受益也不入；求友不专，则博爱而不亲。心有所专宗，而博观他途以扩其识，亦无不可。无所专宗，而见异思迁，此眩彼夺，则大不可。罗山兄甚为刘霞仙、欧晓岑所推服，有杨生者，亦能道其梗概，则其可为师表明矣，惜吾不得常与居游也。在省用钱，可在家中支用，予不能别寄与弟也。

【译文】

六弟、九弟今年仍在省城读书，在罗罗山兄那里听课，很好。既然在此处听课，就不必将诗文送给别的地方看了，以表明有专门的老师指导。一切事情都贵在专一。拜老师不专一，受益就难以深入巩固；求朋友不专一，就往往博爱而不亲近。心里一旦有了专一的宗旨学说学问，博览群书以扩充知识面，也未尝不可。没有专门学问，见异思迁，全无定见，则万万不可。罗山兄很为刘霞仙、欧晓岑所推崇，杨任光也能说出他的概况，他作为一名好老师是确定无疑的，可惜我不能经常同他一起共处。在省城用钱，可以从家里支用，我不能分别寄钱给弟弟了。

【原文】

顷奉让书，辞甚劲拔，称物细而取类大。世有凡鄙之事，无谓之节文，自王

公大人以至庸夫仆竖，皆谓无足措意，而有道君子乃不得不动色相争者，此类是也。盖君子之自处，常严重而不可干；其待人也，以敬其身者敬之；道胜己者，抑志事之。仆虽蠢顽，亦颇识轻重之份。间者，陈君之妻之丧，而仆浼足下为之市棺。此何等事，岂惟不足以辱贤者，即仆不肖，岂以此市德也。特以死丧之故，将不择人而求之。适会其时，有以足下为张某营后事告者，又有称其助吕某之父丧者。而仆于足下又辱有杯酒眄睐之欢，乃遂仓黄造请，惟足下亦以为不择人而拯之，而诺之，而既之。当是时，足下不过履"匍匐救之"之义，而谢不谢固不论也。乃其往吊之日，亦不过率世俗酬酢之恒，非必因售德而往也。而事有适乖者，门者既不以刺通，陈君又夙未识面，仆又未及上其手而指示之，遂无片语致谢，仆失之疏，陈君坐不知耳，何足道哉！何足道哉！陈君方为仆言：王某今世所谓读书行古义者也，以我故而躬贱役，吾其安焉？出丧后，当叩关三拜，虚文不足称谢，惟感激永永，祝其寿考而已。而足下遽责其慢人，非狂易丧心，则孰敢慢德我者乎？《诗》曰："既其女，迁夫使。"陈君而敢于慢足下，则既亦将及仆矣。仆何所利而阿之耶？

且缓急之求，无贵贱贤否皆有之者也；求人而甘言谢之，夫人而能也；德于人而责报，亦夫人而能也。至知道者有进焉：其受人赐，中心藏之，不以口舌云报也；其忠于谋人，过辄忘之。彼德我，吾安焉；彼不德我，吾安焉，徐以观其他。他行合义，友之如故；他行不义，而后绝之，终于不相督责也。所谓道济万物，而不自居；施及后世，而不矜不伐，皆自于此。窃见足下抗志独往蹈道无穷，遂敢以浅见相质证，非敢反唇相稽，自囿于众人，而以深文难贤豪之士也，抑又闻君子有高世独立之志，而不予人以易窥，有藐万乘却三军之气，而未尝轻于一发。仆观足下亦庶几者，而今日乃一发之，而兹事者似不足以撼足下之气而动之，则意其别有所因也。市有虎，曾参杀人，迫之信也。吾乌知足下不有迫之信者，而假此而一发之也？道之未光，忠信之未孚，而欲人之坦坦以相谅，盖其难矣。虽然，来日正长，相知方始，将有不辩而大白者，吾何必戚戚乎！至于陈君之感慕，彼相见能自陈之，更不足论，惟足下益自重，充类以为万夫之望，而仆亦且思所以见绝于有道，必有在兹事之外者。省之勉之，冀不终弃而已。

【译文】

刚才接到了您指责我的书信，言辞十分激烈，指称的事情虽然细小但寓意却十分重大。世上有一些平常粗鄙的事情，以及无意义的礼节仪式，从有地位的王公大臣以至无地位的寻常百姓，都认为不值得计较它们，然而有德识的君子却不得不言辞激烈地予以争辩，您就属于这种情况呀！通常说，有德识的君子对待自己，常严肃稳重而不能冲犯；他对待别人，以自己引以为可敬的来尊敬别人；对于道行胜过自己的人，就恭敬地师事他。我虽愚蠢迟钝，也颇懂轻重缓急。不久前，陈君给妻子办丧事，我托您替他买棺木。这是多么琐屑的事，不但不值得烦劳您这样的有德才有身份的人，即便是无德无才的我，又哪里是借此讨好别人

呀！只因死了人办丧事的缘故，顾不上细加择别而求人了。当时恰好有一个人，把您为张某办后事的善行告知了我们，还有一个人说您帮助吕某办理父亲丧事的善行。我和您又有曾相聚饮酒谈宴的交情，因而就不假思索地提出请求，您自己也认为不加选择对象而拯救他，而答应他，并完成此事。在那个时候，您不过在履行“尽力救他”的义务，对他人致谢不致谢本来并不计较。到了您前往悼念死者的那一天，您也不过依照世俗应酬的惯例，一定不是为求取德名而前往的。而事情恰恰就那么不巧，迎客的人既没有拿您的名片向里通票，陈君又从来没见过您，我又没有来得及暗中指点给他，以致陈君没向您说一句致谢的话，这完全是由我疏忽造成的失误，陈君因为不知内情而冒犯了您，哪里值得一说啊！哪里值得一说啊！陈君刚才对我说：您王先生是今日世上人们所称道的读书有识、古道热肠的人，为了我而亲自承担下贱的事务，我哪里会安宁呢？丧事完结后，他应当前往你家三拜谢恩，例行的礼节不足以表达内心的谢忱，只有永远铭刻在心，敬祝王先生长寿而已。而您竟责备他待人简慢，不是狂妄无德之人，怎么敢轻慢对他的恩德呢？《诗经》上说：“这之后就轮上你了。”假使陈君敢于轻慢您，那么不久之后也将及于我身啊！我有什么好处要偏私他呢？

曾国藩手札

况且情势紧迫而有求于人，无论人们是贵是贱，是贤是不贤，都会碰到这种事；求了人而向他甜言蜜语地致谢，这是任何人都能做到的；有恩于人而要求报答，也是任何人都能做到的。至于那些知晓大道的人则有过人之处，他受到别的恩赐，把它深藏心中，不在口头上空谈报答；他诚心诚意地替别人办事，事情过了就忘掉了。他人对我有恩，我对此心安理得；他人不对我有恩，我对此心安理得，慢慢考察他的其他方面。他在别的方面符合道义，我跟他照旧做朋友；他的其他行为不合道义，然后跟他绝交，终究不去责备他。人们所说的德行足以有益于万物，却不自居其功；传之后世，却不骄傲不夸耀，都由此而来。我自认为您志向高洁，德行深远，这才敢拿这些浅薄之见供您参考，没有胆敢反过来责备您的意思，自己的见识还局限在常人的水平范围，却以苛细严峻的条文来刁难贤明豪杰之士。而且我又听说贤德君子虽有超俗出众的志向，却不让人能够轻易看出，虽有轻视君王力退三军的气概，却从来不随便爆发出来。我看您也差不多是这样的人，而您今天却一下子爆发出来。不过这件事好像不足以震动您的心气使

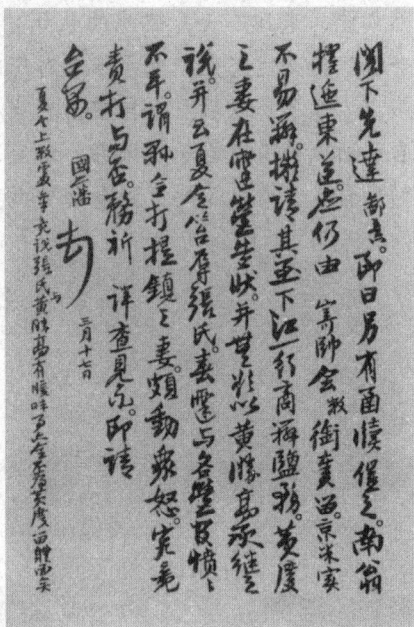

您发作，那么我估计这里另有原因。有三人谎报市上有虎，听者就信以为真；有三个人误传曾参杀人，他的母亲不得不信，这都是由于疑似之言迫使人相信啊！我怎么知道您没有疑似之言迫使您相信的缘故，而借此聊一发作呢？道德还不显著、忠诚信义还不能被人相信，却想让人开诚布公地来体谅，因而是很难啊！虽然如此，来日方长，彼此的认识才刚刚开始，还有不用辩解就能完全明白的机会，我何必忧愁呢！至于陈君对您的感激仰慕，他见到您时自己能表达，无须我多说。顺愿您以后更加自重，充当楷模以求作为众人的表率，而我也再三反思，自己所以被有道君子所摈弃，一定还有此事之外的缺点过失。我只有不断反省、勉励自己，希求不要遭到最后被抛弃的命运而已。

卷八　藏锋

经文释义

【原文】

《扬雄传》云："君子得时则大行，不得时则龙蛇。"一曲一直，一伸一屈。如危行，伸也。言孙，即屈也。此诗畏高行之见伤，必言孙以自屈，龙蛇之道也。

诚中形外，根心生色，古来有道之士，其淡雅和润，无不达于面貌。余气象未稍进，岂耆欲有未淡邪？机心有未消邪？当猛省于寸衷，而取验于颜面。

【译文】

《扬雄传》中说道："君子遇到政治清明、君王有为的时候，就要努力实施自己的理想抱负；遇到政治紊乱、君主无道的时候，就要像龙和蛇那样，能屈能伸。"龙蛇，就是指一直一曲，一伸一屈。比如说保持高洁的操守，就属于伸的一方面。言语谦逊，就属于屈的一方面。此诗讲害怕行高于世，必被伤害，所以言语谦逊，以自屈求全，这就是龙蛇之道。

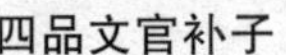
四品文官补子

诚恳的心意表现在人的外貌上，生根于心里，显示于颜色神气上。古往今来有道的人，他们的淡雅谦和无不通过外貌表现出来。我的气色没有丝毫变化，难道是我内心强烈的欲望没有淡化？机心没有消弭？我应该在心中深刻反省，让我的修养通过外貌表现出来。

【原文】

凡民有血气之性，则翘然而思有以上人。恶卑而就高，恶贫而觊富，恶寂寂而思赫赫之名。此世人之恒情。而凡民之中有君子人者，率常终身幽默，暗然退藏。彼岂异性？诚见乎其大，而知众人所争者之不足深较也。自秦汉以来，迄于今日，达官贵人，何可胜数？当其高据势要，雍容进止，自以为才智加人万万。

及夫身没观之，彼与当日之厮役贱卒，污行贾竖，营营而生，草草而死者，无以异也。而其间又有功业文学猎浮名者，自以为材智加人万万。及夫身没观之，彼与当日之厮役贱卒，污行贾竖，营营而生，草草而死者，亦无以甚异也。然则今日之处高位而获浮名者，自谓辞晦而居显，泰然自处于高明。曾不知其与眼前之厮役贱卒，污行贾竖之营营者行将同归于澌尽，而毫毛无以少异，岂不哀哉！

【译文】

大凡有血气天性的人，都会想超过他人。他们讨厌卑微的职位，向往崇高的权势，讨厌贫贱而希望富贵，讨厌默默无闻而思慕显赫的名声。这些都是世人的常情。但是大凡君子，大都终生寂静藏锋，恬淡地弃官隐居。他们难道跟一般人的天性不一样吗？实际上，他们才真正明白了大的道理，知道一般人所争夺追逐的名利是不值得计较的。从秦汉至今，所谓的达官贵人，哪里能数得尽呢？当时他们占据权势要地，举止仪态从容高雅，自以为才智超过别人万万倍。但等到他们死去之后再看，他们和当时的杂役贱卒、低下行当的买卖人，就那样熙熙攘攘活着、又潦潦草草死去的人，真是没有什么不同的。当然其中也有所谓依靠功业文章猎取浮名的人，也自以为才智超过他人万万倍。但等到他们死后再看，他们和当日的杂役贱卒、低贱贩夫，熙熙攘攘的活着、又草草地死去的人，也是没有什么特别不同的。既然这样，那么今日那些身居高位而取得虚名的人，自以为自己文章蕴含深义而地位显贵，因而泰然自若地自奉为高明，竟然不知道自己跟眼前那些熙熙攘攘、执劳役、供使唤的杂役贱卒，做低下行当的买卖人一样都同归于死亡，而没有丝毫的差异，难道不叫人悲哀吗？

【原文】

古之英雄，意量恢拓，规模宏远，而其训诫子弟，恒有恭谨厚藏，身体则如鼎之镇。以贵凌物，物不服；以威加人，人不厌。此易达事耳。声乐嬉游，不宜令过。蒱酒渔猎，一切勿为；供用奉身，皆有节度。奇服异器，不宜兴长。又宜数引见佐吏，相见不数，则彼我不亲。不亲，无因得尽人情；人情不尽，复何由知众事也。数君者，皆雄才大略，有经营四海之志，而其教诫子弟，则约旨卑思，敛抑已甚。

【译文】

古代的英雄，志向和胸怀都很广阔，事业规模宏大、声名远播，但是，他们教训告诫子孙，做人应该虚心、谨慎、藏锋，身体要如同铜鼎一样稳固。以权势欺凌别人，别人难以服平；以威望对于别人，别人不讨厌。这是容易办到的事情。声色犬马、嬉游聚会之类的活动，不应该做得太过。像赌博、酗酒、钓鱼、打猎这样的事情，一概都不要做；吃穿用等各种花费都要有节制。对于奇异服装、稀有玩物，都不应该有太大的兴趣。应该适当地与辅佐自己的官吏见面交流，相见不多，他们与我就不亲近，我就无法了解他们的感情思想，不了解他们的思想感情，又如何去了解民众的事情呢？这几位先生，都具备雄才大略，都有

治理国家的志向，而他们教育告诫子弟，都是意旨简约，往卑微处着想，非常收敛抑制。

智慧通解

中国人最擅长的就是韬光养晦了。所谓“木秀于林，风必摧之”，一个人锋芒太露，很容易招致他人的嫉恨，并最终为自己带来祸患。孔子谆谆告诫要“温、良、恭、俭、让”，实际上也就有藏锋的意思在里面。

孔子像

深藏不露的人，好像他们都是庸才，都胸无大志，实际上只是他们不肯在言语上露锋芒，在行动上露锋芒而已。因为他们有所顾忌，言语露锋芒，便要得罪旁人，得罪旁人，旁人便成为阻力，成为破坏者；行动露锋芒，便要惹来旁人的妒忌，旁人妒忌，也会成为阻力，成为破坏者。表现本领的机会，不怕没有，只怕把握不牢，只怕做的成绩不能使人特别满意。《周易》曰：“君子藏器于身，待时而动。”无此器最难，而有此器，却不思无此时，则锋芒对于人，只有害处，不会有益处。额上生角，必触伤别人，不磨平触角，别人必将力折，角被折断，其伤必多。锋芒就是额上的角，即害人，也伤己。

《庄子》中有一句话叫“直木先伐，甘井先竭”。一般所用的木材，多选择较直的树木来砍伐；水井也是涌出甘甜井水的先干涸。由此观之，人才的选用也是如此。有一些才华横溢、锋芒太露的人，虽然容易受到重用提拔，可是也容易遭人暗算。隋代薛道衡，十三岁便能讲《左氏春秋传》。隋高祖时，作内史侍郎。隋炀帝时，任潘州刺史。大业五年（609）被召还京，上《高祖颂》。隋炀帝看了颇不高兴，说：“不过文词漂亮而已。”因为隋炀帝认为自己文才高便傲视天下之士，不想让他们超过自己。御史大夫乘机说薛道衡自负才气，不听驯示，不把隋炀帝放在眼里。于是隋炀帝便下令把薛道衡绞死了。天下人都认为薛道衡死得冤枉。他不正是锋芒太露遭人嫉恨而命丧黄泉的吗？

有前代这么多的例子，曾国藩自然不敢太过招摇，凡事预先留条退路，不过分炫耀自己的才能。有人说曾国藩能够功成名就的最大原因就是韬光养晦，懂得藏锋。梁启超评价曾国藩：“非有超群轶伦之天才，在并时诸贤杰中，称最钝拙。”曾国藩自己也说：“自以秉质愚柔，舍困勉二字，别无他处。”又说：“吾生平短于才，爱者或谬以德器相许，实则虽曾任艰巨，自问仅一愚人，幸不以私智诡谲凿其愚，尚可告后昆耳。”

曾国藩时时标榜自己是一个钝拙愚柔短才的人，不敢以精明自许。他说：“器有洪纤，因材而就，次者学成，大者天授。”他的自谦精神由此可见一斑。

曾国藩论才德时曾经引用过司马光的话：“才德全尽，谓之圣人；才德兼亡，谓之愚人。德胜才，谓之君子；才胜德，谓之小人。”余谓德与才不可偏重。譬

之于水，德在润下，才即其载物溉田之用；譬之于木，德在曲直，才即其舟楫栋梁之用。德若水之源，才即其波澜；德若木之根，才即其枝叶。德而无才以辅之，则近于愚人；才而无德以立之，则近于小人。……二者既不可兼，与其无德而近于小人，毋宁无才而近于愚人。自修之方，观人之术，皆以此为衡可矣。

由此可见，曾国藩并不漠视才与德的相对作用。何以他自称无才呢？这不过是他的一种谦德。因为才是靠不住的，如果恃才傲物，就容易泛滥横流，近于小人了。这完全是勉人为学的意思，他在家信中对子弟的贤否，也有六分天生，四分家教的话。何以又这样重视天命天才呢？这正是中庸中相反相成的道理。所谓“天定胜人，人定胜天”，“时势造英雄，英雄造时势”，不是一样的道理吗？如果不明白这个道理，那么读曾国藩的书籍，就如同隔靴搔痒，处处都觉得矛盾了。譬如他自称愚柔，而致九弟书云：“古来豪杰，吾家祖父教人，以懦弱无刚四字为大耻，故男儿自立，必须有倔强之气。弟能夺数万人之刚气而久不销损，此是过人之处，更宜从此加功！”这能说他没有大才吗？可是他的祖父告诉他说：“尔的官是做不尽的，尔的才是好的，满招损，谦受益，尔若不傲，更好全了。”可见曾国藩只是在不做上下功夫，颇有大智若愚之意。曾国藩对其弟曾国荃的复出及帮助李鸿章稳定两江总督一职，集中反映了他“有藏有露再试锋刃”的高超谋略。

【经典实例】

东方朔隐居官场避祸

东方朔是汉武帝时代的人，他博通古今，遍观群书，诸子百家、左道旁门，无不通晓。当他最初到长安，为了谋得一官半职而上书朝廷时，竟用了三千枚竹简，需要两个人勉强才能抬得动，汉武帝读了两个月才读完。汉武帝颇赏识他的才华，经常召见他，并赐他酒肉。

可他自入朝以后，对国家大事再也无所建白，反而表现得十分贪鄙。每次赐宴之后，便将剩下的肉揣在怀中带走，皇帝赏赐给他的绸缎，他也连背带扛，全部席卷而去，然后以这些财物，在长安城中娶个漂亮女子，可每娶一妇，只过一年便要离弃，还要从女子那里索回原先给人家的财物，然后再娶一个。

朝中大臣对他颇不以为然，尽称呼他为狂人，并指责他道：“先生仰慕古人情操，效法古人行为，读百家之言，著书立说，自以为天下无双。可先生入朝数十年，旷日持久，而官不过一名侍郎，地位不过是皇帝身边一名随从，莫非先生还有什么出色的本领、过人的才华没有表现出来吗？”

东方朔回答：“春秋战国之时，天下分裂，诸侯争霸，得到人才的国家就强盛，失去人才的国家就灭亡。那个时候，有识之士的主张能被国君所接受，计谋能被国君所施行，自己也能得到高官显位，传及后世。可如今就不同了，皇帝圣明，四海臣服，天下统一，政通人和，贤君与庸主都能安于其位。而且以如今天下之大，人才之众，哪能都得到高官厚禄呢？我能做一名侍郎，还算是幸运的呢！古人讲过：‘天下没有灾难，虽是圣人也无处施展其才能；政通人和，虽有贤人，也无处立功。’我不过与世浮沉罢了，古时有人避世于深山之中，我呢，却避世于朝廷。既然宫殿之中也可以全身免祸，我又何必藏身于深山茅屋之中呢！”

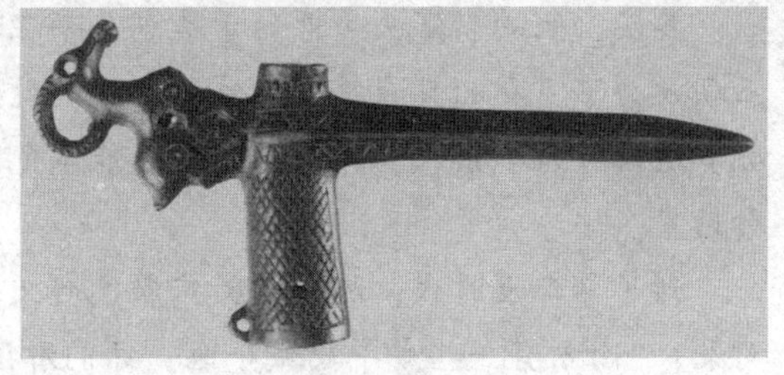
山羊装饰战斧　春秋

东方朔的做法是不能令人苟同的，但他的一些见解却颇有见地。沧海横流，方显出英雄本色，在“得士者强，失士者亡”的列国纷争时代，是一个急需才智之士的时代，那时国君们也都显得大度，能包容，敢用人。而在国家安定、天下和平的时代，有才有志之士却不能过于崭露锋芒，而是藏头缩尾，隐居避世，这大概是由于此一时也，彼一时也，国君们的心态有了变化的缘故。东方朔不同于范蠡、张良，既不浪迹江湖，也不求仙学道，而是以朝廷为山林，隐身于官场之中，他成功了。在汉武帝那个酷吏横行的时代，他得以全身避祸，其成功的秘诀在于不贪高官，不出风头，自藏锋芒，与世浮沉。

韦世康“知足常得”

韦世康是隋文帝朝中的一名大臣，他性格沉稳、谦恕，在吏部任职十余年，隋朝险恶的政坛风波并没有波及他，要问他为官的诀窍，便是知足，没野心。他常对家中子弟说：“禄岂须多，防满则退；年不待暮，有疾便辞。”他曾一再要求退休，隋文帝只是不许，反而一再提拔，最后升到荆州总管这样的要职。当时天下共有四个总管，那三个总管都是由隋文帝的三个儿子担任，只有他一个外姓旁人，可见隋文帝对他宠信之深。

有一位要人曾经说过，他当初并没想到会当上那么大的官，后来却不期而然地当上了；有的人拼命追求，最后反而身败名裂。看来在官场上，知足者不只常乐，而且还常得，得到他并没有想到会得到的东西。

而当你得到之后，真正进入角色，却又会遇到意想不到的灾难。官场真是一个变幻莫测的场所。

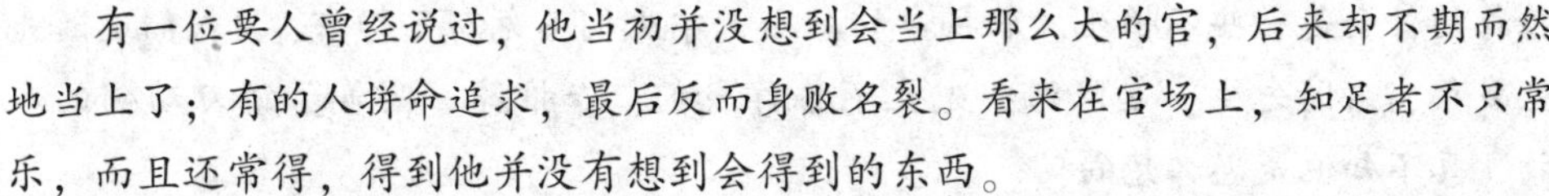

叔孙通“代代红”

叔孙通以制定了朝见帝王的礼仪而大受汉高祖刘邦的赏识，成为西汉开国初期一位引人注目的角色，《汉书》还专门给他立了一篇传记。

其实，他的崭露头角开始于秦朝，早在秦始皇时期，他便以博士的头衔为秦王朝效力了。秦始皇在搞焚书坑儒，坑的就是这些有博士头衔的人，当时坑的人数多达四百六十余人，而叔孙通居然能幸免于难，真不知他用的什么手段讨好了秦始皇。

到了秦二世时代，陈胜、吴广农民起义，二世皇帝召来了一帮博士儒生询问对策："南方有一些戍卒攻城夺地，你们看该怎么办呀！"

有三十余名博士纷纷进言道："臣民不允许聚众闹事，聚众闹事就是造反，就是不可饶恕的死罪，请陛下立即发兵击讨！"

偏偏秦二世采取鸵鸟政策，不肯承认老百姓会起兵反对他，一听这话脸色都变了，一副怒气冲冲的样子。叔孙通明白了秦二世的心思，立刻上前说道："他们说的都不对。现在天下一家，郡县的城墙、关卡早已摧毁，兵器也早已收缴消融，向天下百姓表示永远不再用武。而且上有英明的国君，下有严格的法令，官吏们人人恪尽职守，四方百姓心向朝廷，怎么会有造反的人？南方那些戍卒不过是些鼠窃狗盗的小偷小摸，何足挂齿，当地的官员早已将他们拘捕杀戮，根本不必大惊小怪！"

他这番话果然讨得秦二世的欢心，结果，那些说是造反的博士们都被送交司法部门审讯，而叔孙通却得到了二十匹布帛，一身衣服的赏赐，并将他的官职升了一级。

等到叔孙通返回住所，那些博士们责问他道："你怎么那么会巴结讨好？"

叔孙通说："你们太不聪明了，我也险些不免于虎口！"

其实，他已清楚地看出了秦国即将灭亡的形势，当夜便逃出秦都咸阳，投奔陈胜、吴广的队伍去了。陈胜、吴广失败以后，他先后又归顺过项梁、义帝、项羽，最后项羽失败，他投降了刘邦。

刘邦这个人不喜欢读书人，叔孙通为了迎合刘邦，脱掉了自己儒生的服装，特意换上一身刘邦故乡通行的短衣短衫，果然赢得了刘邦的好感。

当他投降刘邦时，有一百多名学生随他而来，可他并不向刘邦推荐，而他所推荐的，全是一些不怕死、敢拼命的壮士，学生们不免有了怨言："我们追随先生多年，又同先生一起降汉，先生不推荐我们，专推荐一些善于拿刀动剑的人物，真不知他是怎么想的！"

叔孙通说："刘邦现在正是打江山的时候，自然需要一些能够冲锋陷阵的人，你们能打仗吗？你们别着急，且耐心等待，我不会忘了你们！"

当刘邦当上皇帝以后，那些故旧部下全不懂得一点君臣大礼，有时在朝堂上，也争功斗能，饮酒狂呼，甚至拔剑相向，刘邦显得很不耐烦，这一点让叔孙通看出来了，他便趁机建议制定一套大臣朝见皇帝的礼仪，刘邦自然同意。

这样一来，他的那班弟子都派上了用场，同时他还特地到礼仪之邦的鲁地，去征召一批懂得朝廷大典的人。有两个读书人不愿意来，当面指责他道："你踏上仕途以来，前前后后服侍了十几个主子，都是以阿谀奉承而得到贵宠。现在天下刚刚安定下来，百姓死者还没得到安葬，伤者还未得到治疗，国家百废待兴，你却一门心思去搞那远不是当务之急的礼仪。你的作为完全不符合古人设置礼仪的初衷，我不会跟你一块去的，你赶快走开，别玷污我！"

叔孙通一点也不生气，反而讥笑道："真是一个腐儒，完全不懂得适应时局的变化！"

由于他的那一套礼仪极大地提高了皇帝的尊严，使得刘邦十分开心。

于是叔孙通加官晋级，还得到五百金的赐品，成为朝里重臣，一直到汉惠帝还恩宠不衰。

叔孙通以一人之身，能适应秦始皇之暴、秦二世之昏，陈胜之陋、项羽之威、刘邦之薄、惠帝之懦，在那样一个天下大乱、文主遭劫的年代，不只苟全性命，而且处处得意、荣通富贵，亦已难矣！探索一下他保身取宠的诀窍，可以发现，全在于"变与不变"之间。

所谓"变"，是要在摸清君上的脾气、秉性、喜怒、好恶的基础之上，不断地改变着自己的言行、对策。叔孙通对秦始皇采取的是"默"，对秦二世采取的是"骗"，对刘邦采取的是"捧"，对惠帝采取的是"吓"，这些手段果然都能奏效。

所谓"不变"，是迎奉的媚态要始终如一。

叔孙通由于有了这一手"绝活"，所以他能无往而不胜。不过，叔孙通不必自夸，他并没有独占鳌头，在他之后，发扬光大者踵继不绝。历朝历代，总有那么一批"代代红"的人物，无论谁坐江山，谁主朝政，他们总能走红，总能吃香，这种人，是宦海中的弄潮儿，官场上的佼佼者，他们自己大约是很自鸣得意的，不过他们中的绝大多数人，在当时既没有什么好口碑，身后更没留下什么好名声。

岑文本位尊权重

岑文本是唐太宗时代人，他的家庭地位不高，他自己也不过一介书生，完全是凭着自己出色的文才而进入仕途，得到唐太宗的赏识，并一步步升迁的，最后被任命为中书令，也就是宰相，位尊权重。这是所有做官的人都艳羡不已、梦寐以求的高位，而他受任以后，却满脸忧惧之色。他的母亲很奇怪，问他为什么，他说："我既不是高门望族，又不是早年便追随皇帝立有大功的人，无端获得这么样的尊崇和荣耀，所以很是忧心。"亲戚朋友前来表示祝贺，他说："我今天只接受别人的警告，不接受贺词。"

有的人劝他购置产业，他谢绝了，感叹道："我本是南方一名普通的读书人，两手空空来到京师，当年最大的愿望不过是当个秘书郎、小县令而已，我并没有

杀敌立功的汗马之劳，只不过以笔墨文章而得到中书令这样的要职，这也算到头了，朝廷给我的俸薪已经够丰厚的了，我时常为此担心，哪能再谈什么购置产业呢？”

由于他是如此小心谨慎，对待朝廷的事务又竭心尽力，始终得到李世民的重用，生受尊崇，死后又给他在帝陵陪葬的殊荣。

范蠡急流勇退

范蠡是春秋时越王勾践的辅臣，当勾践败于吴王夫差之后，他竭心尽力，辅佐勾践，教勾践以韬晦之术，亲随勾践到吴国作人质。当时吴王夫差曾亲自向他策反说：“我听说聪明的妇人不嫁给破亡的家庭，出色的贤人不出仕灭绝的国家。现在勾践无道，国家即将灭亡，你们君臣都成了我的奴仆，囚禁在石室之中，这不是太鄙贱了点吗？我想要赦免你的罪过，只要你能改过自新，弃越归吴，我一定重用你。脱离忧患而取富贵，你看怎么样？”

范蠡像

当时越王勾践吓得伏地哭泣，唯恐范蠡投靠吴国。荡蠡不卑不亢地说：“我也听说，亡国之臣，没有资格谈论政事；战败的将军，也不配再谈什么勇敢。我在越国时，未能辅佐越王多行善事，以致得罪了大王，幸而大王没有加罪，使我君臣性命得以保全，有幸侍奉大王，我已很知足了，哪里还敢奢望什么富贵？”

就这，他一直陪着勾践在吴国作了好几年人质。后来回到越国，他一意弃政从商，远离官场。

在名利问题上，最能体现“全生保真”精神的历史人物大概应推范蠡了，范蠡在助越王勾践灭吴之后，“以为大名之下，难以久居，且勾践为人可与同患难以处安”，就急流勇退，放弃了上将军之大名和“分国而有之”的大利，退隐于齐，改名换姓，耕于海畔，手足胼胝，父子共力，后居然“致产十万”，受齐人之尊。范蠡虽居相安荣，但又以为“久受尊名，不祥，”乃归相印，尽散其财，“闲行以去，止于陶”，从事耕畜，经营商贾，又致货累矩万，直至老死于陶。这就是历史上有名的“范蠡三徙”。范蠡之所以辞官退隐，就是考虑到不要让尊名大利给自己带来身家性命之忧。事实上他的考虑是有道理的。与他共扶勾践的文种就因不听范蠡的规劝接受了越国的尊荣大名，结果死在勾践手下，说到底，像顺宗、曹丕、范蠡这样的处理名位的方式，都是为了在形式上的放弃之

后，更永久地保有它。

杨修锋芒太露遭杀身

如果一个人太锋芒毕露，一定会遭到别人的嫉恨和非议，甚至引来杀身之祸。历史上和现实生活中的这种例子比比皆是。

杨修曾是曹操的主簿。他在三国一书中，是位思维敏捷的官员和敢于冒犯曹操的才子。

时值曹刘两军在汉水一带以峙。曹操屯兵日久，进退两难，一日，适逢厨师端来鸡汤。见碗底有鸡肋，有感于怀，正沉吟间，夏侯入账禀请夜间号令。曹操随口说："鸡肋！鸡肋！"人们便把这当作号令传了出去。行军主簿杨修即叫随行军士收拾行装，准备归程。夏侯大惊请杨修至帐中细问。杨修解释说："鸡肋者，食之无肉，弃之有味。今进不能胜，退恐人笑，在此无益。来日魏王必班师矣。"夏侯也很信服，营中诸将纷纷打点行李。曹操知道后，怒斥杨修造谣惑众，扰乱军心，便把杨修斩了。

后人有诗叹杨修，其中有两句是："身死因才误，非关欲退兵"，这是很切中杨修之要害的。

原来杨修为人恃才放肆，曾数犯曹操之忌。

曹操曾造花园一所。造成，曹操去观看时，不置褒贬，只取笔在门上写一"活"字。杨修说："门内添活字，乃阔字也，丞相嫌园门阔耳。"于是翻修。曹操再看后很高兴，但当知是杨修析其义后，内心已忌杨修了。又有一日，塞北送来酥饼一盒。曹操写"一合酥"三字于盒上放在台上。杨修入内看见，竟取来与众人分食。曹操问为何这样？杨修答说，你明明写"一人一口酥"嘛，我们岂敢违背你的命令？曹操虽然笑了，内心却十分厌恶。曹操生怕有人暗杀他，便常对手下的人说，他好做杀人的梦，凡他睡着时不要靠近他。一日他睡午觉，把被蹬落地上，有一近侍慌忙拾起给他盖上。曹操跃起来拔剑杀了近侍，然后又上床睡去。不久他起来后，假意问谁人杀了近侍。大家告诉他实情后，他痛哭一场，命厚葬之。因此众人都以为曹操梦中杀人。只有杨修知曹操的心，于是便一语道破天机。凡此种种，皆是杨修的聪明触犯了曹操；杨修之死，植根于他的聪明才智。

杨修之死给我们留下了重要的启示。第一，才不可露尽。杨修是绝顶聪明的人，也算爽快，且才华横溢，其才盖主。这就犯了曹操的大忌。

刘文静牢骚盛被杀

刘文静是李世民起兵反隋时的主谋，在后来进军长安时，又立了大功，说他

是唐朝的开国功臣、元勋，那是当之无愧的。裴寂是经刘文静的介绍才得以认识李世民的，他在起兵的过程中虽然也起过某些作用，但他更主要的是善于讨好李世民的父亲李渊，同李渊酒肉不分家，并且将归自己管辖的隋炀帝的宫女私自送给李渊，是李渊的一个酒肉知己。李渊称帝以后，对裴寂的宠爱异乎寻常，授他以右丞相之职，每次上朝时，必令他同登御座，退朝之后，又相携入宫，对他的话言听计从，赏赐无度。而刘文静呢，既不像裴寂那样受宠，官职只达到民部尚书这一级，比裴寂低了许多，不免感到不公，因此在朝上议事时，故意同裴寂唱反调，两个人因此有了隔阂。一次在与家人宴集时，刘文静以刀击柱，发誓道："我一定要杀掉裴寂！"

辟雍砚　唐

这些话被他一个失宠的小妾上告朝廷，朝廷在审问时，刘文静如实相告："当初起兵时，我与裴寂的地位相同；如今裴寂被授以丞相的高官，赐以甲等的住宅，而我赏赐同一般人没有什么区别，我每次出兵打仗，家中老小都无可托付，的确怀有不满之心，酒醉时说些过了头的话也是可能的！"

李渊据此指刘文静为谋反，许多元老重臣一致不同意，李世民更是据理力争，指出首先策划起兵反隋的是刘文静，裴寂是后来才知道这件事，现在天下平定了，却受到了不公平的待遇，发些牢骚，也是人之常情，没有必死之罪。可李渊对刘文静一直比较疏远，对他的政治能力也不大放心，裴寂看出了这一点，乘机进谗说："刘文静的才智谋略，的确是当代之冠，无奈他已经有了反心，如今天下还不太平，若是赦免了他，必有后患。"

这话正好击中了李渊的心病，就这样，刘文静被杀掉了，临刑时，他叹息道："高鸟尽，良弓藏，的确是这么一回事呀！"

裴寂和刘文静之争，其实是李渊和李世民父子之争的一种折射。李渊对他这个功盖天下的儿子态度十分矛盾，没有李世民，他根本当不了皇帝；有了李世民，他又觉得自己的帝位受了威胁。出于政治稳定的考虑，也出于父子之情，他不好对李世民下毒手，作为李世民主要谋士的刘文静便作了替死鬼。

刘文静太斤斤计较眼前的利益了，试想年老的李渊在位还能有多久呢，只要刘文静能忍耐，能韬晦，继续跟着李世民，帮助他谋取帝位，将来还少的了他的高官厚禄吗？放长线、钓大鱼，这也是置身官场中的人应该具备的一种心态。

裴寂也犯了同样的错误，他只顾迎合老皇帝李渊，却忽视了代表着未来的李世民，果然李世民一继位，便宣布裴寂有四大必死之罪，将他赶出朝廷，贬到遥

远的交州（今越南河内）去了。

窦氏家族恃宠而骄

窦氏家族在东汉前期，声名十分煊赫，窦宪的曾祖父窦融原是盘踞西北的一位地方割据势力，在刘秀争夺天下时，他归顺了刘秀，使得刘秀顺利地统一了西北地区。刘秀对他十分感激封他为大司空。窦氏家族，一个被封为公，两人被封为侯，三人娶了公主，四个人担任两千石的要职。祖孙同朝，府第连片，奴婢数千，其煊赫之势，当朝的皇亲国戚，文武功臣之中，没有人可与之相比的。

窦融这个人倒十分清醒、谨慎，他自以为不是刘秀的旧臣，没有攻城略地的大功，而现在地位在满朝公卿功臣之上，感到十分不安，曾一再辞让爵位，并上书说："臣已经五十三岁了，有个儿子年仅十五，天性顽劣愚钝，我经常教导他读圣贤之书，凡事遵循圣人之道，不愿意他有才能。怎么能让他无功受禄，继承大片国土，享受诸侯那样的待遇呢?"光武帝不同意；有一次散朝之后，他故意留了下来，想再一次提出请求，光武帝刘秀明白他的意思，还没等他开口，便派人将他打发走了，事后对他说："我知道你又是要辞让爵位，退还封地，所以让你走了。今天咱们谈点别的，这事就不要再提了！"

可惜他的后代却没有这种眼光，儿子窦穆娶了一位公主，自恃显贵，贪权揽势，干预政事，骄纵不法。他为了将自己的封地搞成一个独立王国，便遍布亲信，并以皇太后的名义，命令住在他封地上的一个皇室子弟赶回原配的妻子，而将自己的女儿强行许配给这个人，结果被人告发。光武帝刘秀大怒，免去了窦穆的官职，并将窦氏子弟全部赶出京师。

可是，窦穆并不接受教训，在窦融死后，嚣张依然如故，光武帝为了监视他，特别派了一个太监住在他家，他也并不因此而收敛，在家中经常同儿子窦勋（即窦宪的父亲）一起发牢骚，怨恨皇上，被监视太监告发，窦穆、窦勋父子二人双双被捕，瘐毙狱中。

窦家自此一度中衰。光武帝死后，他的儿子刘炟即位，是为章帝，并娶了窦宪的妹妹为皇后，窦家门庭再振，窦宪的官职一再升迁。可他不接受父祖自取灭亡的教训，专横跋扈比父祖有过之而无不及，以至满朝以卿大臣，甚至皇室子弟、公主和其他外戚人家，无不畏惧。窦宪就是在这个时候强行低价夺取了沁水公主的大片园田。终于天威震怒，汉章帝发觉后，斥责窦宪道："你不要觉得你有什么了不起，国家抛弃你窦宪，还不如同抛弃一只死老鼠一样。"窦宪感到了极大恐惧，连他的妹妹窦皇后也异常不安，亲自向皇帝叩头谢罪，并退还了沁水公主的园田，事情才算平息。

“藏锋”心语

【原文】

接尔安禀，字画略长进，近日看《汉书》。余生平好读《史记》《汉书》《庄子》、韩文四书，尔能看《汉书》，是余所欣慰之一端也。看《汉书》有两种难处，必先通于小学、训诂之书，而后能识其假借奇字；必先习于古文辞章之学，而后能读其奇篇奥句。尔于小学、古文两者皆未曾入门，则《汉书》中不能识之字、不能解之句多矣。欲通小学，须略看段氏《说文》《经籍纂诂》二书。王怀祖先生有《读书杂志》，中于《汉书》之训诂极为精博，为魏晋以来释《汉书》者所不能及。欲明古文，须略看《文选》及姚姬传之《古文辞类纂》二书。班孟坚最好文章，故于贾谊、董仲舒、司马相如、东方朔、司马迁、扬雄、刘向、匡衡、谷永诸传皆全录其著作；即不以文章名家者，如贾山、邹阳等四人传、严助、朱买臣等九人传、赵充国屯田之奏、韦元成议礼之疏以及贡禹之章、陈汤之奏狱，皆以好文之故，悉载巨篇。如贾生之文，既著于本传，复载于《陈涉传》《食货志》等篇；子云之文，既著于本传，复载于《匈奴传》《王贡传》等篇，极之充国《赞酒箴》，亦皆录入各传。盖孟坚于典雅瑰玮之文，无一字不甄采。尔将十二帝纪阅毕后，且先读列传。凡文之为昭明暨姚氏所选者，则细心读之；即不为二家所选，则另行标识之。若小学、古文二端略是途径，其于读《汉书》之道思过半矣。

【译文】

接你来信，字迹略有长进，近日看《汉书》。我生来好读《史记》《汉书》《庄子》、韩文四书，你如今能看《汉书》，是我感到欣慰的一件事。

看《汉书》有两大难处，必须先通于小学、训诂的书籍，然后才能识别其中的假借奇字；必须先学习古文辞章的学问，此后才能懂得其中的精篇奥句。你在小学、古文两方面都未曾入门，则《汉书》中不能认识的字、不能理解的句子就多了。要通小学，则必须略看段氏的《说文》《经籍纂诂》二书。王怀祖先生有《读书杂志》，其中对于《汉书》的训诂极为精博，是魏晋以来所有解释《汉书》的人都不能及的。要明白古文，必须略看《文选》及姚姬传的《古文辞类纂》二书。班孟坚最爱好文章，所以在贾谊、董仲舒、司马相如、东方朔、司马迁、扬雄、刘向、匡衡、谷永等传中都录了他们的著作；即使不是文章名家，如贾山、邹阳等四人传、严助、朱买臣等九人传、赵

竹刻笔筒　清

充国屯田的奏章、韦元成议礼之疏以及贡禹之章、陈汤之奏狱，都因为是好文章的缘故，全都记载为巨篇。如贾生的文章，既著于他本传中，又载于《陈涉传》《食货志》等篇；子云的文章，既著于本传中，又载于《匈奴传》《王贡传》等篇，直至充国的《赞酒箴》，也都录入各传。所以孟坚对于典雅瑰玮的文章，无一字不甄别采录。你将十二帝纪读完以后，接着就读列传。凡是为昭明及姚氏所选的文章，都要细心阅读；即使不为这两家所选的文章，也要别行标识。如果小学、古文这两方面初学入路，那么你对于《汉书》的道理就掌握一半了。

【原文】

念人生苦不知足，方望溪谓汉文帝之终身，常若自觉不胜天子之任者，最为善形容古人心曲。大抵人常怀愧对之意，便是载福之器、入德之门。如觉天之待我过厚，我愧对天；君之待我过优，我愧对君；父母之待我过慈，我愧对父母；兄弟之待我过爱，我愧对兄弟；朋友之待我过重，我愧对朋友，便觉处处皆有善气相逢。如自觉我已无愧无怍，但觉他人待我太薄，天待我太啬，则处处皆有戾气相逢。德以满而损，福以骄而减矣。

【译文】

人生最苦于不知足，方苞讲汉文帝终身常觉得自己不能胜任天子的职责，最善于形容古人的心曲。大抵人怀愧对万物之意，便是载福之器具，修德之门径。比如觉得上天待我深厚，我愧对上天；君主待我恩泽优渥，我愧对君主；父母待我过于慈爱，我愧对父母；兄弟待我非常友悌，我愧对兄弟；朋友待我恩深义重，我愧对朋友，这样就觉得处处都是和善之气。如果总觉得自己对待万物无愧无怍，但只觉得别人对不起自己，上天对自己刻薄，那么觉得处处都是违戾不顺之气。道德因自满而会受到损害，福实会因骄傲而折减的。

【原文】

诚事果有可望，大慰大慰。此皆圣之福，绝非吾辈为臣子者所能为力。不特余之并未身临前敌者不敢涉一毫矜张之念，即弟备尝艰苦，亦须知谋事在人，成事在天，劳绩在臣，福祚在国之义。刻刻存一有天下而不与之意，存一盛名难副成功难居之意。蕴蓄于方寸者既深，则侥幸克城之日，自有一段谦光见于面而盎于背。至要至要。

【译文】

破城之事，果真有希望，我感到非常欣慰。这都是当今圣上的宏福，绝不是我们为臣子的力所能及的。不但我未曾到前线与敌军亲自征战，所以不敢有一丝一毫自夸的念头，即使弟在征战中尽千辛万苦，也应该知道谋事在人，成事在天，效力的是臣子，获福的在国家。时时刻刻心怀国家社稷而不存个人私念，倘若好高骛远，沽名钓誉，不但事不能成功，自己也难存在。弟心中蕴藏着很深的谋略，那么侥幸有一日攻破城池，自然会有一段谦逊光芒，照耀着你的前程。至

关重要，至关重要。

【原文】

余德薄能鲜，忝居高位，又窃虚名，已干造物之忌，而家中老少习于“骄、奢、佚”三字，实深悚惧。庚申九月。

【译文】

我德行微薄、能力寡少，不该居在高位上，又窃得虚浮的名声，已经犯了造物者的忌讳。然而家中的老少又习惯在“骄纵、奢侈、安逸”三方面，实在让我深深感到惊恐害怕。咸丰十年九月。

【原文】

夜因武宁杨令与郑莫互讦之案，颇为郁倔不平。继思谦抑之道，小事须力戒争胜之心，痛自惩艾。辛酉正月。

【译文】

夜里因为武宁县的杨县令与郑莫互相攻击诽谤的案件，颇有一种郁闷倔强不平之气。又细想谦虚和自我抑制的道理，小事须全力戒除争强好胜的心理，狠自惩罚判除。咸丰十一年正月。

【原文】

澄弟自到省帮办以来，千辛万苦，巨细必亲。在衡数月，尤为竭力尽心。衡郡诸绅佩服，以为从来所未有。昨日有郑桂森上条陈，言见澄侯先生在湘阴时景象，渠在船上，不觉感激泣下云云。澄弟之才力诚心，实为人所难学。惟近日公道不明，外间悠悠之口，亦有好造谣言讥澄弟之短，而澄弟见我诸事不顺，为人欺侮，愈加愤激，肝火上炎，不免时时恼怒，盛气向人。人但见澄弟之盛气，而不知实有激之逼之使然者也。人以盛气凌物诮澄，澄以盛气伤肝致病。余恐其抑郁而成内伤，又恐其因气盛而招怨声。故澄归之后，即听其在家养息，不催其仍来营中。盖亦见家中之事，非澄不能提新宅之纲；乡间之事非澄不能代大人之劳也。并无纤介有不足于澄弟之处，澄弟当深知之，必须向大人膝下详禀之。

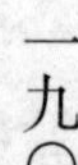

【译文】

澄弟自从到省城帮事以来，千辛万苦，巨细亲行。在衡阳数月，更加尽心竭力。衡阳郡属各绅士十分佩服，认为像澄弟这样的人从来没有。昨天有郑桂森上条陈述，说他亲见澄侯先生在湘阴时的景象，他在船上，不觉感激得泪下。澄弟的才力诚心，实在为人所难学。只是近来公道不明，外面悠悠众口，也有好造谣言以讥讽澄弟短处的人。而澄弟又见我诸事不顺，被人欺侮，越加愤激，肝火上冲，不免时常恼怒，盛气凌人。人只见澄弟的盛气，而不见其中实有激、逼的原因。人以盛气凌物怪澄弟，澄弟以盛气伤肝致病。我担心澄弟因抑郁而造成内伤，又担心他因气盛而招致抱怨。因此，澄弟归家以后，任他在家养息，不催他仍来军营。另外也见家中的事，非澄弟不能理起新家的纲要；乡间诸事，也非澄弟不能代大人之劳。这里并无丝毫小事对不住澄弟的地方，望澄弟深知此意，并须向大人膝下详禀。

【原文】

处兹乱世，凡高位、大名、重权三者皆在忧危之中。余已于三月六日入金陵城，寸心惕惕，恒惧罹于大戾。弟来信劝我总宜遵旨办理，万不可自出主意。余必依弟策而行，尽可放心。祸咎之来，本难逆料，然惟不贪财，不取巧、不沽名，不骄盈四者，究可弥缝一二。

【译文】

处在这样一个乱世之中，凡是高官地位、大的名气、重要的权力这三者都处在忧患危机之中。我已经在三月六日进入金陵城，小心警惕，总是恐惧不安像遭遇了大的劫难一样。兄弟你来信劝我办事总应该遵照圣旨办理，千万不要自出主意，自作主张。我一定按照兄弟的办法行事，你尽可放心。祸害灾难的到来，本来就很难预料，然而只有不贪图财富、不投机取巧，不沽名钓誉，不骄横自满这四个方面，才可以弥补一二。

【原文】

细思古今亿万年无有穷期，人生其间，数十寒暑仅须臾耳。大地数万里不可幻极，人于其中寝处游息，昼仅一室耳，夜仅一榻耳。古人书籍，近人著述，浩如烟海，人生目光之所能及者不过九牛之一毛耳。事变万端，美名百途，人生才力之所能办者，不过太仓之一粒耳。知天之长而吾所历者短，则遇忧患横逆之来，当小忍以待其定；知地之大而吾所居者小，则遇荣利争夺之境，当退让以守其雌；知书籍之多而吾所见者寡，则不敢以一得自喜，而当思择善而约守之；知事变之多而吾所办者少，则不敢以功名自矜，而当思举贤而共图之。夫如是，则自私自满之见可渐渐蠲除矣。

【译文】

细想古往今来，亿万年无有终期，人们生活在这中间，数十年只是须臾瞬息。大地数万里，不能穷极，人在其中休息游玩，白天仅仅一间房子，晚上仅仅一张卧榻。古人的书籍、近人的著述，浩如烟海，人们一生所能读的不过九牛一毛。事情复杂多样，可以获得美名的道路也有千万条，人们一生中力所能及之事，不过如太仓一粟。知道上天悠悠无穷期，自己的生命非常短，那么遇到忧患和非常顺心之

清代精心装帧书籍

事，应当稍稍忍耐以待其自消；知道大地的宽广，而自己在大地中占据的位置非常小，那么遇到荣耀名利相争之时，应当退让三分，以柔道处之。知道古今人们的著述非常丰富，而自己的见识非常浅陋，那么就不敢以一己之见而自喜，应当择善而从，并以谦虚的美德而保持它。知道事情复杂多样，而自己所办的事情非常少，那么就不敢以功名自矜，应当思考推举贤才而一起去完成伟大功业。如果这样，那么自私自满的观念就可渐渐消除了。

【原文】

弟克复两省，勋业断难磨灭，根基极为深固。但患不能达，不患不能立；但患不稳适，不患不峥嵘。此后总从波平浪静处安身，莫从掀天揭地处着想。吾亦不甘为庸庸者，近来阅历万变，一味向平安处用功，非委靡也。位太高，名太重，不如是，皆危道也。

【译文】

兄弟你攻克了两个省，功勋一定不可磨灭，根基已十分深厚。只患不能通达，不患不能自立；但患不能稳固适应，不患不能繁荣发达。以后安身立命总应该从风平浪静方面考虑，千万不要从掀天揭地、动荡不安考虑。我自己也不甘心做一个庸庸无为的人，近来生活阅历千变万化，总是一味向平实处用功。这并非是萎靡不振，而是因为自己地位太高，名声太重，不这样，都是危险之道。

【原文】

沅弟出处大计，余前屡次言及，谓腊月乃有准信。近来熟思审处，劝弟出山不过十分之三四，劝弟潜藏竟居十分之六七。

……为出山之计，实恐呕气时多，适意时少。若为潜藏之计，亦有须熟筹者。大凡才大之人，每不甘于岑寂，如孔翠洒屏，好自耀其文彩。林文忠晚年在家，好与大吏议论时政，以致与刘玉坡制军不合，复思出山。近徐松龛中丞与地方官不合，复行出山。二人皆有过人之才，又为本籍之官所挤，故不愿久居林下。沅弟虽积劳已久，而才调实未能尽展其长，恐难久甘枯寂。目下李筱荃中丞相待甚好，将来设与地方官不能水乳交融，难保不静极思动，潜久思飞。

以余饱阅世变、默察时局，则劝沅行者四分，劝沅藏者六分。以久藏之不易，则此事须由沅内断于心，自为主持。兄与澄不克全为代谋也。

【译文】

沅弟进退的决定，我以前的信中多次提到，说是腊月底的信才有确切的信息，近来经仔细考虑斟酌，劝弟出山的意思只占十分之三四，而劝老弟潜藏不出的意思竟占到十分之六七呢。

……如果考虑出山，实在怕怄气的时候多，舒心的时候少。如果考虑潜藏不出，也是要仔细筹划的。大约才气高起的人，大都不甘寂寞，如同孔雀开屏，喜好自己炫耀文采。林文忠公（则徐）晚年家居，好与大吏谈论时事，因此与刘制军玉坡合不来，又想出山。近年徐松龛中丞与地方官不合再次出山。这两位都有超常的才干，又受其老家的官员所排挤，所以不愿长时间在家隐居。沅弟虽然积久劳顿，而实际上并没完全发挥他的才华，恐怕是很难久甘寂寞的。眼下李筱荃中亟待他很好，将来假设与地方官不能相安无事，难保不会静极思动的。

依我的观察世态变化的丰富经验，默默地分析时局，所以劝沅弟出山的占四分，劝沅弟隐居的占六分。因为长期隐居不易做到，所以这事要由沅弟心中自行做主。为兄与澄弟不能完全代替他拿主意。

【原文】

拂意之事接于耳目，不知果指何事？若与阿兄间有不合，则尽可不必拂郁。弟有大功于家，有大功于国，余岂有不感激、不爱护之理？余待希、厚、雪、霆诸君，颇自觉仁让兼至，岂有待弟反薄之理？惟有时与弟意趣不合。弟之志事，颇近春夏发舒之气；余之志事，颇近秋冬收啬之气。弟意以发舒而生机乃王，余意以收啬生机乃厚。平日取好昔人"花未全开月未圆"七字，以为惜福之道、保泰之法莫精于此。曾屡次以此七字教诫春霆，不知与弟道及否？星冈公昔年待人，无论贵贱老少，纯是一团和气，独对子孙诸侄则严肃异常，遇佳时令节，尤为凛不可犯。盖亦具一种收啬之气，不使家中欢乐过节，流于放肆也。余于弟保举银钱军械等事，每每稍示节制，亦犹本"花未全开月未圆"之义。至危迫之际，则救拯溺，不复稍有所吝矣。弟意有满处，皆在此等关头。故将余之襟怀揭出，俾弟释其疑而豁其郁。此关一破，则余兄弟丝毫皆合矣。

【译文】

你讲不顺心之事接于耳目，不知道所指什么事？如果与我偶有不合，大可不必忧郁烦闷。你对家庭、国家都有大功，我难道有不感激的道理，不爱护的道理？我对待李希庵、杨厚庵，彭雪琴、鲍春庭等人，颇觉仁爱谦让，哪有对待自己弟弟反而不好的道理？只是有时和弟弟意趣不合。你的意趣，很似春夏使万物发舒之气。我的意趣，很像秋冬收敛凝重之气。你认为只有发舒才能生机勃勃，我认为只有收啬才能生机长久。我平时最爱古人："花未全开月未圆"七字，以为惜福保泰的方法没有比这个更好。我也曾多次用这七个字教导鲍春庭，不知与你讲到过没有？以前咱祖父待人，不管贵贱老少都是一团和气，单单对子孙侄儿则异常严肃，遇到节日，更是凛然不可侵犯。也是具有一种收啬之气，不让家中过于欢乐，以致流于放肆。我对于你所部在保举、银钱、军械等方面，往往有所节制，也是本着"花未全开月未圆"的意思。而到危急关头，有如救焚拯溺，毫不吝啬，你不满的就是这些地方，所以我把心胸亮开，使你明白我的心，不要由此忧郁。只要你了解此意，我们兄弟之间就没有丝毫不合。

【原文】

星冈公曰："尔的官是做不尽的，尔的才是好的，但不可傲，满招损，谦受

益，尔若不傲，更好全了。”遗训不远，至今尚如耳提面命。今吾谨述些语诰诫两弟，总以除傲字为第一义。唐虞之恶人曰丹朱，傲；曰象，傲；桀纣之无道，曰强足以拒谏，辩足以饰非；曰谓己有天命，谓敬不足行，皆傲也。吾自八年六月再出，即力戒惰字以儆无恒之弊。近来又力戒傲字。……大约军事之败，非傲即惰，二者必居其一；巨室之败，非傲即惰，二者必居其一。

【译文】

星冈公说：“你的官是做不完的，你的才能是优秀的，但是不能骄傲。自满会招来损失，谦虚会得到好处，你如果不骄傲，就好全了。”他的遗训至今时间还不长，现在想起来还犹如耳提面命，记忆犹新。今天我恭敬地重述这句话来告诫两位弟弟，一定要把根除傲气作为第一要义。唐尧、虞舜时期的恶人丹朱，非常傲慢；象，也很傲慢。夏桀、商纣王都是臭名昭著的无道昏君，他们无道的主要表现是刚愎自用，觉得自己的智力足以拒听任何谏言，辨才足以文过饰非，觉得自己已有天命在身，别人奈何不得自己，觉得对天、对人没有必要尊敬，所有这些实质上都是傲慢。我从咸丰八年六月份再次出山后，就力戒懒惰以纠正没有恒心的毛病。近来，我又力戒傲字……大约军事上遭到失败，不是因为骄傲就是因为懒惰，二者必居其一。巨家大族衰落，同样不是因为骄傲就是因为懒惰，二者必居其一。

【原文】

尔在外以谦谨二字为主，世家子弟，门第过盛，万目所属。临行时，教以三戒之首末二条及力去傲惰二弊，当已牢记之矣。场前不可与州县来往，不可送条子，进身之始，务知自重。酷热尤须保养身体。此嘱。

【译文】

儿在外面应以“谦谨”二字为主，世家子弟，门第过盛，众目睽睽。临行时我给你规定了三条戒律的前后两条，你要努力克服傲气和懒惰这两个毛病，一定要牢牢记住。入场上不可与州县来往，更不可送条子，进身的开始，务必知道自重自爱。盛夏酷暑尤须保养身体。此嘱。

【原文】

王璞山之骄蹇致败，贻误大局，凡有识者皆知之。昨在家招数百乡勇，在石潭杀残贼三十人，遂报假胜仗，言杀贼数百人。余深恶之。余与中丞、提军三人会衔具奏一折，系左季高所作。余先本将折稿看过，后渠又添出几段，竟将璞山之假胜仗添入。发折后，始送稿来画，已无可如何，只得隐忍画之。朱石樵在岳州战败逃回，在宁乡战败，逃奔数次。昨在省城，仍令其署宝庆府事，已于十八日去上任矣。是非之颠到如此，余在省日日恼郁，诸事皆不顺手，只得委曲徐图。昨当面将朱石樵责备，渠亦无辞以对，然官场中多不以我为然。将来事无一成，辜负皇上委任之意，惟有自愧恨而已，岂能怨人乎？怨人又岂有益乎？大抵世之乱也，必先由于是非不明、白黑不分。诸弟必欲一一强为区别，则愈求分明，愈致混淆，必将怄气到底。愿诸弟学为和平，学为糊涂。璞山之事，从今以后不特不可出诸口，而且不可存诸心。

【译文】

王璞山因骄致败，贻误大局，凡是有识的人都知道了。前日他在家招募乡勇数百，在石潭杀死残余贼寇三十人，便假报胜仗，说杀贼数百人，我非常讨厌他。我与中丞、提督军调三人联衔具奏的一道折子，是左季高所作，我原本看过折子底稿，后来左又增添了几段，竟把璞山打假胜仗也添了进去。发出折子后，左才送折稿来让我同意，事已无可奈何，我只得隐忍去做。朱石樵在岳州战败逃回，在宁乡又战败，逃奔数次，前不久来到省城，仍令他署理宝庆府事，已于十八日上任了。是非颠倒就像这样。我在省城天天烦恼郁闷，许多事不顺手，只能委曲求全，慢慢设法解决。前日当面把朱石樵责备一番，他也无辞以对。但官场中人多不以我为然。将来一事无成，辜负了皇上委任之心，只有自愧自恨而已，还能怨恨他人吗？埋怨他人又有什么益处呢？大体世道混乱，一定先从是非不明、黑白不分开始，诸弟必定要一一勉强区别，就会越求明白，越致混淆，一定会怄气到底。希望诸弟学会心平气和，学会“难得糊涂”。璞山的事，从今以后，你们不但不要说，而且也不要想。

【原文】

余到金陵已六日，应酬纷繁，尚能勉强支持，惟畏祸之心刻刻不忘。弟信以咸丰三年六月为余穷困之时。余生平吃数大堑，而癸丑六月不与焉。第一次壬辰年俏生，学台悬牌，责其文理之浅。第二庚戌年上日讲疏内，画一图甚陋，九卿中无人不冷笑而薄之。第三甲寅年岳州、靖港败后栖于高峰寺，为通省官绅所鄙夷。第四乙卯年九江败后赧颜走入江西，又参抚、臬；丙辰被困南昌，官绅人人目笑存之。吃此四堑，无地自容。故近虽忝窃大名，而不敢自诩为有本领，不敢自以为是。俯畏人言，仰畏天命，皆从磨炼后得来。

弟今所吃之堑，与余甲寅岳州、靖港败后相等，虽难处各有不同，被人指摘称快则一也。弟力守悔字硬字两诀，以求挽回。弟自任鄂抚，不名一钱，整顿吏治，外间知者甚多，并非全无公道。彼此反求诸己，切实做去，安知大堑之后无大伸之日耶？

【译文】

我到南京已经六天了，各种应酬很多，但尚能勉强支持，只是惧怕灾祸的想法一刻也忘不掉。你的信里认为咸丰三年六月是我背运的时候。我一生中摔过几个大跟斗。但癸丑年六月那次还排不上。第一次是壬辰年（公元 1832 年）考试，提学政贴出公告，批评我文理浅陋。第二次庚戌年（公元 1850 年）在一篇论述日讲制度的奏章中，我画了一张非常粗劣的图，同僚们没有一个不嘲笑、挖苦我的。第三次是甲寅年（公元 1854 年）岳州、靖港战败后住在高峰寺，湖南全省的官绅都看不起我。第四次是乙卯年（公元 1855 年）九江打了败仗后厚着脸皮

到江西，又参奏江西的巡抚、提刑按察使；次年被围困在南昌，官绅们来慰问我时带着嘲笑的目光。这些教训，的确让人无地自容。所以近年来虽有些名气，但不敢自夸为本领出众，不敢自以为是。既怕公众的议论，又怕命运的安排，这都是从历次磨炼中得到的。

你如今摔的跟头，和我的岳州、靖港战败后差不多，虽然难处各不同，但被别人指责、嘲笑却是一样的。你应该努力坚持悔字诀和硬字诀，以求得弥补。你自从当上湖北巡抚，清正廉洁，整顿吏治，各地知道这些情况的人很多，并不是完全没人主持公道。从这以后，检讨一下自己，认真地做下去，怎么就知道摔了大跟头之后没有成大功的一天呢？

象牙雕柳荫奕棋图笔筒　清

【原文】

仆观作古文者，例有傲骨，惟欧阳公较平和。此外皆刚介倔强，与世龃龉。足下傲骨嶙峋，所以为文之质恰与古人相合。惟病在贪多，动致冗长。可取国朝《二十四家古文》读之，参之侯朝宗、魏叔子以写胸中磊块不平之气，参之方望溪、汪钝翁以药平日浮冗之失。两者并进，所诣自当日深，易以有成也。

【译文】

我看那些写作古文的人，通常都有一身傲骨，只有欧阳修较为平和些，除此之外都刚直倔强，与整个社会格格不入。您傲骨铮铮，所以作文的资质恰好与古人相合。只是您的缺点在于贪多，文章动不动就写得过长。可以找来本朝的《二十四家古文》研读，参考侯方域、魏禧的文章来抒发您胸中积郁的不平之气，参考方苞、汪琬的文章来纠正您平时浮夸冗长的不足。从这两个方面一齐下手，您的古文造诣自会一天天精进，容易有所成就。

【原文】

顺斋排行一节，亦请暂置缓图。此等事幸而获胜，而众人耽耽环伺，必欲寻隙一泄其忿。彼不能报复，而众人若皆思代彼报复者。吾阅世最久，见此甚明。寄云一疏而参抚，黄藩又一片而保抚，郭条、李非不快意，当时即闻外议不平。其后小蘧果代黄报复，而云仙亦与毛水火，寄云近颇悔之。吾参竹伯时，小蘧亦代为不平，至今尚痛诋吾兄弟。去冬查办案内，密片参吴少村，河南司道颇为不平，后任亦极隔阂。陈、黄非无可参之罪；余与毛之位望积累，尚不足以参之，火候未到，所谓燕有可伐之罪，齐非伐燕之人也。以弟而陈顺斋排行，亦是火候未到，代渠思报复者必群起矣。苟公事不十分掣肘，何必下此辣手？汴之紫三本家于余处颇多掣肘，余顷以密片保全之，抄付弟览。吾兄弟位高功高，名望亦高，中外指目为第一家。楼高易倒，树高易折，吾与弟时时有可危之机。专讲宽平谦巽，庶几高而不危。弟谋为此举，则人指为恃武功，恃圣眷，恃门第，而巍巍招风之见矣。

【译文】

顺斋的事，也请你暂缓进行，等将来再说。这种事即使侥幸获胜，众人也会在你周围虎视眈眈，一定要寻找机会发泄一下他们的愤怒。虽然他不能报复，可是众人都像是要代他报复似的。这种事我经历过很多，看得非常清楚。寄云上疏弹劾巡抚，黄藩又上片保护巡抚，郭臬和李非很不高兴，当时就听说外面的舆论愤愤不平。后来，小蘧果然代黄某报复，而云仙也与毛关系紧张，近来寄云非常后悔。我弹劾竹伯的时候，小蘧也代他打抱不平，至今仍然大肆诋毁我们兄弟。去年查办案件时，我曾上密片弹劾吴少村，河南的众官员颇感不平，后任官员与我也很有隔阂。陈、黄二人并非没有可以参劾的过失，我与毛的地位、名望已有许多年的根基，尚且不足以弹劾他们，这就是火候未到，所谓的燕国虽然有可以讨伐的罪名，而齐国却不是适宜讨伐燕国的人。凭您现在的影响去弹劾顺斋，也是火候未到，想代他报复的人必定会蜂拥而起。如果他在公事上不很掣肘，何必要使用这种严厉的手段呢？开封的曾紫三对我的事情颇多掣肘，我最近曾有密片保全他，现将密片抄寄给你。我们兄弟地位高，功劳大，名望也高，朝野都将我家看作是第一等人家。楼高了容易倒塌，树高了容易折断，我与弟弟时时都是危险。专心讲究宽平、谦逊，也许可以在高位而无危险。弟弟想这样做，人们就会指责你依仗功绩，依仗显赫的门第，这样高处招风的景象已经显现出来了。

【原文】

弟于吾劝诫之信，每不肯虚心体验，动辄辩论，此最不可。吾辈居此高位，万目所瞻，凡督抚是己非人、自满自足者，千人一律。君子大过人处，只在“虚心”而已。不特吾之言当细心寻绎，凡外间有逆耳之言，皆当平心考究一番。故古人以居上位而不骄为极难。

【译文】

你对我的劝诫之信，总是不肯虚心体验，动不动就辩论一番，这是最不可以的。我们身居高位，为万目所视。总督巡抚自以为是，觉得别人都不正确，骄傲自满，乃是通病，君子超过常人的地方，只是“虚心”二字而已。不但我的话你要细心思考，而且外面所有的逆耳之言，你都应当平心考究一番。所以，古人认为身居高位而不骄傲是极难做到的事情。

【原文】

山西号称富国。然年来京饷，全以该省为大宗，厘金尚未办动，入款较道光年间不见增多，出款则较昔日增。去京极近，银钱丝毫皆户部所深知。沅弟有手笔太廓之名，即为安静省分督抚，则正杂各款不能不谨慎节俭、丝丝入扣。外间拟弟再出，当系军务棘手之处。此时山西虽无寇警，而圣意虑捻匪入晋，逼近畿

辅。弟到任，似宜多带得力将军，勇丁则就近在晋招募。南人不惯面食，晋中尤无稻米可买，不似直东，尚可由大海及运河设法也。弟进京，可由安庆登陆，至徐州与兄相会，谈论一切。闻钦差至山西，实系至陕查办霞仙之事。一波未平，一波复起，宦海真可畏耳。

【译文】

山西号称富庶之地，然而几年来朝廷拨的银饷，主要就是依靠山西。厘金还没有改动，收入款项与道光年间相比没有增加，而开支款项则比过去增加。离京师又近，银钱账目上一丝一毫户部都很清楚。沅弟有开销太大的名声，既然现在提任没有动荡的平静省分的巡抚，那么正、杂等各种款项就不能不谨慎节俭，账目上丝丝入扣。外界拟议认为老弟再次出山，赴任之处应是军务很棘手的地方。现在山西虽然还没有贼寇活动的警报，而圣上担心捻军进入山西境内，逼近京师一带。老弟此番上任，似乎应该多带得力的将军，勇丁则就近在山西招募。南方人吃不惯面食，山西尤其买不到稻米，不像直隶、山东两省，还能够由海陆或运河设法转运。弟弟来京，可以从安庆登陆，到徐州与为兄相会，畅谈一番。听说钦差大臣到达山西，实际上是到陕西查办霞仙一案。真是一波未平，一波又起，政坛真是太可怕了。

【原文】

但愿官阶不再进，虚名不再张，常保此以无咎，即是持身守家之道。

【译文】

我只愿官阶不再升，虚名不再张，经常保持这样不犯错误，就是持身守家之道。

【原文】

沅弟出处大计，余腊月十五日信六分劝藏，四分劝行，而以久藏之不易，又嘱沅内断于心，自为主持。至腊月二十五、正月初六两信，则专劝弟出山。盖终不免于一出，不如假满即出之最为体面也。惟决计出山，则不可再请续假，恐人讥为自装身分太重也。余此信已为定论，下次不再商矣。

【译文】

沅弟仕途进退的问题，我在腊月十五日信中六分劝他隐居，四分劝他出山，又考虑到长期隐居难以做到，又嘱咐沅弟心里自作主张。到腊月二十五、正月初六日的两封信中，则劝弟出山。因早晚免不了要出山，不如在这次病假期满就出山最为体面。只是一旦决定要出山，就不能再次上奏请求续假，否则的话，恐怕别人会讥笑你自装身份太过了。我这封信已是定论，下次不再商议这件事了。

【原文】

惟用人极难，听言亦殊不易，全赖见多识广，熟思审处，方寸中有一定之权衡。如眉生之见憎于中外，断非无因而致。筠仙甫欲调之赴粤，小宋即函告广东京官，以致广人之在籍在京者物议沸腾。今若多采其言，率用其人，则弹章严旨立时交至，无益于我，反损于渠。

【译文】

不光用人极端困难，聆听人们的言语也特别不容易，全依靠见多识广，深思熟虑，掌握好分寸去慎重地加以权衡。就像金安清被中外所憎恨，绝不是无缘无故的。筠仙打算调他到广东去，何小宋就写信告诉广东的京官，以致广东人不管是在原籍的还是在北京的议论纷纷。如今若采纳别人的言论，轻率地任用他，那么弹劾的奏章、严厉的圣旨马上就会来到，不仅无益于我们，反而对他也有损害。

【原文】

接初七日惠书，极言正阳、寿州防兵不宜撤退，洵属正大之论，切实周详。国藩所虑，非谓我之兵力不能制苗，正以局面既变，全力举无所施。该练就抚，既有胜帅调令援秦之奏，又奏僧营叠令剿捻之札，领饷万金，业已号称反正，不得复以叛人目之矣。而时时挑衅掳杀湘营勇夫，每欲启一朝之忿，以失两处之欢，用刚用柔，均难得当。逼处太甚，如再掳杀蒋部勇夫，不剿之则万难再忍，剿之则大拂僧邸之意，必至南北水火。自古朝端朋党，将帅水火，其祸往往数十年不解。莫若借调兵赴援为名，趁势撤退，坦然示以大公而又不着痕迹。此后由僧邸主持派防，或竟可相安无事。若再有反复，声罪致讨，亦可无所瞻顾。此鄙人权衡利害之微意也。兹将上月二十七、本月十二片稿两件及上月二十八致僧邸函稿一件抄呈台览。昨蒋之纯来禀，拟俟僧营兵到再行换防，已批令迅速拔营，不必犹豫矣。诸希心鉴，顺颂台安。

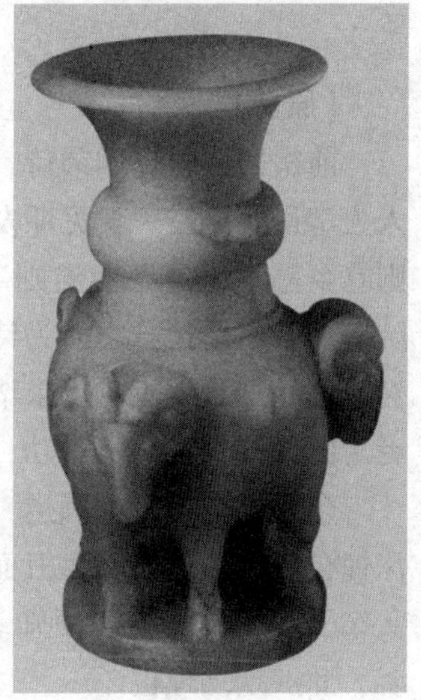
玉三羊尊

【译文】

收到本月初七的来信，信中极力说明正阳、寿州的防兵不宜撤退，实属光明正大，考虑问题也很周密详细。我所担心的，不是我的兵力不能制服苗人，而是局势已经变化，有力却使不上。该练招抚，就有胜帅令他们支援秦师，又接到僧营数次命令剿灭捻军的信，领饷一万金，已经把称号改过来了，不能再用叛徒的眼光看他看待他们。而时时挑衅滋事妄杀湘营的士兵，每次想泄泄这些愤怒，但以此却失去两处的友和状态，用刚用柔，都不适当。如果逼人太甚，再杀蒋部兵勇，不消灭他则万万不可忍受，消灭他们则很扫僧邸的面子，必使南北方闹矛盾。自古以来朝廷上的朋党之争，将与帅水火不容，其祸害数十年不解。不如借调兵赴援为名，趁势撤退，公然向他表示心地坦荡无私，又没有任何痕迹。以后

由僧邸主持派防事务，也许能够相安无事。如果有甚反复，声明其罪行要求讨伐，也不至于前后瞻望、担心扫人面子。这是我权衡利害的意见。现将七月二十七日、本月十二日的两件奏稿和上月二十八日致僧邸的信稿一件抄一份呈给制台。昨天蒋之纯来禀告，打算等僧营兵到之后再换防，已批复命令他迅速拔营起寨，不必犹豫。所有的事情希望你能明白，顺向制台问好。

【原文】

不虑阁下之不善抚士，不善用奇，为谋为勇，俱非所虑；但虑寸心稍存轻敌之见，则恐为士卒所窥，亦足长其骄气。

【译文】

我不担心阁下不善于抚慰士卒，不善于运用智谋，谋略和勇力都不必担心；只是担心你稍微存有轻敌的思想，就恐怕被士卒们看出，也足以增长他们的骄气。

【原文】

前次回信内有四弟诗，想已收到。九月家信有送率五诗五首，想已阅过。吾人为学最要虚心。尝见朋友中有美材者，往往恃才傲物，动谓人不如已，见乡墨则骂乡墨不通，见会墨则骂会墨不通，既骂房官，又骂主考，未入学者则骂学院。平心而论，已之所为诗文，实亦无胜人之处；不特无胜人之处，而且有不堪对人之处。只为不肯反求诸已，便都见得人家不是，既骂考官，又骂同考而先得者。傲气既长，终不进功，所以潦倒一生而无寸进也。

余平生科名极为顺遂，惟小考七次始售。然每次不进，未尝敢出一怨言，但深愧自已试场之诗文太丑而已。至今思之，如芒在背。当时之不敢怨言，诸弟问父亲、叔父及朱尧阶便知。盖场屋之中，只有文丑而侥幸者，断无文佳而埋没者，此一定之理也。

三房十四叔非不勤读，只为傲气太胜，自满自足，遂不能有所成。京城之中，亦多有自满之人。识者见之，发一冷笑而已。又有当名士者，鄙科名为粪土，或好作诗古，或好讲考据，或好谈理学，嚣嚣然自以为压倒一切矣。自识者观之，彼其所造，曾无几何，亦足发一冷笑而已。故吾人用功，力除傲气，力戒自满，毋为人所冷笑，乃有进步也。

诸弟平日皆恂恂退让，第累年小试不售，恐因愤激之久，致生骄惰之气，故特作书戒之，务望细思吾言而深省焉。幸甚幸甚。

【译文】

前次回信中有四弟的诗，想已收到。九月家信中有送率五诗五首，想已阅过。我们做学问最重要的是虚心。我曾见朋友中有欣赏自已才能的人，往往恃才傲物，目空一切，动不动就说别人不如自已，见乡试考卷就骂乡试考卷不通，见会试考卷就骂会试考卷不通，既骂房老官，又骂主考，未入学的就骂学院。平心

而论，这些人自己所做的诗文，实在没有高于别人的地方；不仅没有胜过别人的地方，而且有不堪让人看的地方。只因为不肯在自己身上找原因，于是所看见的全是别人的不是，既骂考官，又骂同考中先考中的人。傲气既长，终无进步，所以便潦倒一生而没有一点进步。

我一生科名极为顺利，只有小考参加了七次。然而每次考试不中，都不曾敢说一句怨言，只深愧自己考场上的诗文太丑罢了。至今想起来，如芒刺背。当时我不敢怨言的情景，各位弟弟只要问一问父亲、叔父及朱尧阶就可以知道了。考场当中，只有文章不好而侥幸的人，断然没有文章好而被埋没的人，这是一般的道理。

三房十四叔并非不勤攻读，只因为傲气太盛，自满自足，所以不能有所成就。京城里边，也有很多自满的人。有知识的人见了，只能发一冷笑罢了。又有些以诗文著称的人，鄙视科名如粪土，有的爱作古诗，有的好讲考据，有的常谈理学，喧嚣异常，自以为压倒一切。在有识之士看来，他们的造诣，并没有什么了不起，也只能发一冷笑而已。因此，我们用功求学，应力除傲气，力戒自满，不要受人冷笑，才会不断有所进步。

各位弟弟平时都谦虚退让，而每年的小试都不能够考中，我担心长期激愤，会导致骄惰气质，因此谨写信告诫你们，希望你们一定要仔细思考我说的话而深深自省，深以为幸。

卷九　盈虚

经文释义

【原文】

尝观《易》之道，察盈虚消息之理，而知人不可无缺陷也。日中则昃，月盈则亏，天有孤虚，地阙东南，未有常全而不缺者。“剥”也者，“复”之几也，君子以为可喜也。“夬”也者，“姤”之渐也，君子以为可危也。是故既吉矣，则由吝以趋于凶；既凶矣，则由悔以趋于吉。君子但知有悔耳。悔者，所以守其缺而不敢求全也。小人则时时求全；全者既得，而吝与凶随之矣。众人常缺，而一人常全，天道屈伸之故，岂若是不公乎？

【译文】

我曾经思考《周易》中所讲的道理，考察探究盈虚损益的原因，这才知道人不可能没有缺陷。太阳到了当空就会逐渐向西落下，月亮到了圆满就会开始亏缺，天空有空旷无依之处，大地没有东南尽头，所以世界上没有总是十全十美的事物。《周易》中的“剥”卦，是讲阴盛阳衰，小人得势而君子困顿，可这正孕育着相对应的“复”卦即阳刚重返、生气蓬勃，所以君子认为得到“剥”卦是可喜的。《周易》中的“夬”卦，是讲君子强大，小人逃窜，可是这也暗藏着“姤”卦即阴气侵入，小人卷土重来，所以君子认为得“夬”卦，也潜伏着危险，不能掉以轻心。本来是吉祥的，由于吝啬可以走向不祥。本来是不祥，由于改悔而又向吉祥发展。君子只有知道有灾祸，知道世上有许许多多不祥的灾祸，才可以忍受缺陷而不去追求十全十美的东西。

大易粹言上經卷第三
震下離上
伊川先生曰噬嗑序卦可觀而後有所合故受之
以噬嗑嗑者合也既有可觀然後有合之者也噬
嗑所以次觀也噬齧也嗑合也口中有物間之齧
而後合之也卦上下二剛爻而中柔外剛中虛人
頤口之象也中虛之中又一剛爻為頤中有物之
象口中有物則隔其上下不得嗑必齧之則得嗑
故為噬嗑聖人以卦之象推之於天下之事在口
則為有物隔而不得合在天下則為

大易粹言上经卷

小人则不懂得这个道理，时时要追求完美；完美已经得到了，但是吝惜和不吉也就跟着来了。假如众人都有不足，而一人常十全十美，如果是因为老天

爷的缘故，世事难道会如此不公平吗？

【原文】

天下事焉能尽如人意？古来成大事者，半是天缘凑泊，半是勉强迁就。金陵之克，亦本朝之大勋，千古之大名，全凭天意主张，岂尽关乎人力？天于大名，吝之惜之，千靡百折，艰难拂乱而后予之。老氏所谓“不敢为天下先”者，即不敢居第一等大名之意。弟前岁初进金陵，余屡信多危悚敬戒之辞，亦深知大名之不可强求。今少荃二年以来屡立奇功，肃清全苏，吾兄弟名望虽减，尚不致身败名裂，便是家门之福。劳师虽久而朝廷无贬辞，大局无他变，即是吾兄弟之幸。只可畏天知命，不可怨天尤人。所以养身却病在此，所以持盈保泰亦在此。

【译文】

天下事怎能尽如人意？自古以来成就大业的人，一半是天缘相凑，另一半则是努力强求的缘故。攻克金陵，也是本朝的大功勋，千古的大功名，这全都是凭借上天意旨做主，怎么会完全由人力决定呢？上天对于大功名，吝惜得很，经千百次折磨、艰难动乱之后才能给予。老子所说的“不敢为天下先”这句话，就是说不敢居天下第一等大功名的意思。弟弟你前年刚刚进驻围攻金陵的时候，我多次写信给你并且大多是劝你小心警诫的言辞，因为我也深知大功名是不能勉力强求的。少荃（李鸿章）自从同治二年（1863）以来屡建奇功，肃清江苏全境，我辈兄弟的名誉声望虽然降低，但还不致身败名裂，这就已经是家门的福分了。你的军队已经疲惫困顿很长时间了，而朝廷还没有贬斥你的说法，全局没有发生其他意外的变故，这就是我们兄弟值得庆幸的事了。我们只应该敬畏上天，相信天命，万万不能埋怨上天，归罪别人。我们保养身体、祛除疾病的方法就是靠这个，我们用来维持我家盈满之象，保持通畅、安泰的也是靠这个。

【原文】

谆谆慎守者但有二语，曰“有福不可享尽，有势不可使尽”而已。福不多享，故总以俭字为主，少用仆婢，少花银钱，自然惜福矣；势不多使，则少管闲事，少断是非，无感者亦无怕者，自然悠久矣。余斟酌再三，非开缺不能回籍。平日则嫌其骤，功成身退，愈急愈好。

【译文】

让大家严格遵守的只有两句话，那就是“有福分不要尽情享受，有权势也不能用得精光。”有福而不过分享用，就是要以勤俭为主，少用仆人奴婢，少花银钱，自然就是珍惜福分了；有权势而不过多实施，少管闲事，少评判是非，没有人感谢你也没有人惧怕你，你就自然可以长久了。我还在反复考虑，不辞职就不能回老家。平日里总嫌这样做太仓促，但是成就功业以后引退，则是要越快越好。

智慧通解

古人深晓阴阳相生，祸福相长的道理。所谓“否极泰来”，就是说事物坏到一定程度就会向好的方面转化；月满则亏，水满则溢，人满则败，大自然及世间万事万物的发展都逃脱不了这个规律。

文武之道，有张有弛。人生之路，当进则进，当退则退。只进不退，定生祸端；只退不进，无所作为。曾国藩深受儒家入世思想的影响，角逐功名，治国平天下；但他也受老庄出世思想的影响，委曲求全，明哲保身。当他叱咤风云时，俨然一儒者；当他功成身退时，仿佛一道家。

曾国藩得意之时，强调“势不使尽”“弓不拉满”，深得“阴阳盛衰”之道。自从咸丰十年（1860）六月实授两江总督、钦差大臣之后，曾国藩位渐高，名渐重，便多次上春天朝廷请求减少一些自己的职权或请朝廷另派大臣来江南会办。在他弟弟曾国荃孜孜以求功名利禄的时候，曾国藩教导他，凡事切不可太过。他对弟弟说：“吾兄弟当于极盛之时，预作衰时设想，当盛时百事平顺之际，预为衰时百事拂逆地步。”

同治六年（1867）正月又说，我也不甘作庸碌无为辈，近来阅历变了，一味朝平平无奇处用功，这不是说我萎靡不振，而是由于我官位太高，名声太重，不这样做就很危险。这些话反映了他力求保持美好晚景的心境。所谓“莫从掀天揭地处着想”“一味向平实处用功”，目的是永葆“花未全开月未圆”的态势。古往今来，能够享有一时的盛名和荣耀的人，不在少数，但是很少有能安享晚年的。

他在同治七年（1868）的一篇日记中写道：人生最苦于不知足，方苞讲汉文帝常觉得自己不能胜任天子的职责，最善于形古人的心曲。大抵人怀愧对万物之意，便是载福之器具，修德之门径。比如觉得上天待我深厚，我愧对上天；君主待我恩泽优渥，我愧对君主；父母待我过于慈爱，我愧对父母；兄弟待我非常友悌，我愧对兄弟；朋友待我恩深义重，我愧对朋友，这样就觉得处处都是和善之气。如果总觉得自己对待万物无愧无怍，总觉得别人对不起自己，上天对自己刻薄，那么就会觉得处处都是违戾不顺之气，道德因自满而受到损害，福分会因骄傲而折损的。

总之，曾国藩一方面执着追求功名富贵，一方面又善于从“名利两淡”的“淡”字上下功夫，讲求谦让退却之术，所以能做到持盈保泰。

同治元年（1862），曾国藩升任两江总督，三千里长江水面，迎风招展的全是“曾”字帅旗。作为亲率三四十万人马的湘军最高统帅，他丝毫没有飞扬跋扈、洋洋自得之态，反而处处小心，慎之又慎。

他说，我们家目前正处在鼎盛时期，我本人身居将相之位，沅弟（曾国荃）所统领的人马有五万，季弟（曾国葆）所统领的人马有六千，近世像这种情况的有几家？沅弟近半年以来，七次拜受君恩，近世像弟弟这样的人有几个？太阳上升到最高点以后就会向西偏，我们家现在也是最高最满的时候了。管子说，斗斛太满则人概之，人太满则天概之。我认为天概人是无形的，仍然要假手于人来概。霍光家族太盈满，魏相来平灭他，汉宣帝也来平灭他；诸葛恪太盈满，孙峻来平灭他，吴国君主也来平灭他。等到别人已经来平灭，而后才悔悟，就已经太迟了。我们家正处在丰盈的时期，不必等待天来平，人来概，我与诸位弟弟应当先设法自己来概。并且，列出“清(廉)、谨（慎)、勤（劳）”几个字作为准则。

曾国藩任两江总督之后；处事更为稳重，对待同僚及下属都处处谦让；对手中的权力，也常常辞让。咸丰十四年（1864）攻克南京之后，曾国藩立即下令裁减湘军，又令弟弟曾国荃回乡下停职反省。“低头一拜屠羊说，万事浮云过太虚”，“已寿斯民复寿身，拂衣归钓五湖春”。在极乐大喜的日子里，曾国藩时刻不忘给自己及诸弟狠敲警钟，显示了过人的清醒与才能。同治六年（1867）正月，曾国藩再三告诫弟弟曾国荃：“弟克复两省，勋业断难磨灭，根基极为深固……此后总从波平浪静处安身，莫从掀天揭地处着想。”

“势不使尽”主要体现在曾国藩苦心于事业的延续上，即寻我事业传人。一是从幕僚、下属中寻找，李鸿章、左宗棠等人就是。更主要的是保持家族处于盛势，这体现在他对儿子曾纪泽的教育、培养上。曾纪泽年幼患过病，记性不太好，但悟性较强，曾国藩要求教师“每日点五六百字，教一遍，解一遍，令其读十遍而已，不必能背诵也”。

曾国藩更重视教育后代如何做人。他告诫曾纪泽“总以习劳苦为第一要义”，规定曾纪泽由新宅黄金堂到老宅白玉堂，“必宜常常走路，不可坐轿骑马；又常常登山，亦可练习筋骸”。曾国藩还教育曾纪泽等半耕半读，“以守先人之旧，慎无存半点官气”。他规定儿辈“不许坐轿，不许唤人取水添茶等事，其拾柴、收粪等事，须一一为之；插田莳禾等事，亦时时学之”。

曾纪泽严遵庭训，循父所示，在家课读经史，苦攻诗文，练字习画，在咸丰八年（1858）的乡试中，湘乡县尽取前三名，即曾纪泽、傅泽鸿、黄麓溪。曾国藩获悉大喜，写信致弟：“湖南乡试榜发，吾邑得中者三人。傅泽鸿不知即邓师之徒否？黄南坡之世兄、麓溪之世兄皆中。麓溪年甫四十，而子（十八岁）已登科，可谓早矣！”

【经典实例】

圣贤周公辅佐成王

历史上周公的美德，堪称圣贤。辅佐成王，鞠躬尽瘁，然不掠王室，不夺王权。

孔子把周公看作是最敬服的古代圣贤之一，说：“周公之才之美……”“甚

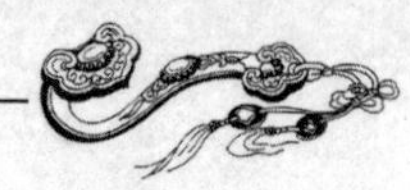

矣吾衰也！久矣吾不复梦见周公！”过一段时间没有梦见周公就这样慨然，可见他是多么向往。

周公是周文王的儿子、周武王的同母弟弟。他一生经历了商末周初王朝更替的历史，辅佐武王灭商，武王死后平定“三监”叛乱，分封诸侯，制作礼乐，还政成王。他曾对中国历史上的统治阶级代表人物和中国传统文化产生过很大影响。

辅助周武王灭商。在文王时，周公和周武王尽心辅助文王成为西方共主，奠定了灭商基础，之后，周公又成为武王最主要的助手，武王孟津观兵后的第二年，率部在牧野集结举行誓师大会，准备伐商，誓词就是周公所作。全文分两部分：第一部分是揭露商纣罪行；第二部分是申明伐商的正义性，宣布战场纪律，鼓励士卒英勇作战。纣王登鹿台自焚之后，周公又主持隆重仪式，向上天和殷民宣布纣王罪状，正式宣告殷商灭亡周朝建立，武王为天子。

周公像

保民敬德，治理国家。周公曾敏锐而深刻地认识到商纣灭亡和周室兴起的根本原因在于民心向背。牧野战争中，殷人倒戈，商王十七万部队在向周武王七万部队进攻面前顷刻瓦解，使周公认识到民众力量的巨大威力，他曾引用古人的话说：“人无于水监，当于民监。今惟殷坠厥命，我岂可不大监抚于时！”就是说，人不仅要在水中察看自己的形象，统治者更要在民众那里察看自己的形象。今殷商国家灭亡，我们怎能不认真总结这种历史教训呢？他主张总结历史经验，以民为镜，这在三千年前，是一种很高明的政治统治术。

分化瓦解，以殷治殷。灭商之后，如何处置殷商奴隶主和上层贵族是周面临的一个紧迫问题。处理不好他们就会随时纠集起来进行复辟活动，对新建的周政权构成威胁。姜尚的意思是全杀光，召公的意见是有罪的杀，无罪的留，但这两种策略武王都不满意，就来找周公。周公对商的历史十分熟悉，从中吸取了许多统治经验。周公说，让殷人在他们原来的庄处安居，耕种原来的土地，把殷人中有影响有仁德的人争取过来。这种给以生路，就地安置，分化瓦解的策略深得武王赞赏。

夺取政权后，为了统治殷顽民，周公先后发布了各种文告，例如《康诰》，目的是安定殷民，明德俱罚，指出殷的先王也是安民、保民的。要求殷人经过改造，推行周法，成为“新民”。《梓材》也是提倡明德，反对“后王杀人”，认为勤于明德、保民，才能“万年为王”。这些文告安定了殷民，没有给殷民留下虐杀的形象，这是周公对被征服着进行统治的谋略。对俘虏，则采取的是恩威并施的攻心战。

在实行这些政策的同时，周公还运用了控制、监督的办法，不使殷顽民有谋反的机会，使他们逐渐屈服于周王朝统治，周王朝从此得到了巩固。

灭商二年后，武王病死，其子成王年幼，由周公摄政。武王的另外两个弟弟管叔和蔡叔心中不服。他们散布流言蜚语，说周公有野心，有可能谋害成王，篡夺王位。周公闻言，便对太公望和召公说：“我所以不顾个人得失而承担摄政重任，是怕天下不稳。如果江山变乱，生民涂炭，我怎么能对得起列祖列宗，和武王对我的重托呢？”周公又对将要袭其爵，而到鲁国封地居住的儿子伯禽说：“我是文王之子、武王之弟、成王之叔父，论身份地位，在国中是很高的了；但是我时刻注意勤奋俭朴，谦诚待士，唯恐失去天下的贤人。你到鲁国去，千万不要骄狂无忌。”

不久，管叔，蔡叔勾结纣王的儿子武庚，并联合东夷部族反叛周朝。周公奉成王命，率师东征。经三年的艰苦作战，终于讨平了叛乱，征服了东方诸国，收降了大批商朝贵族，同时斩杀了管叔、武庚，放逐了蔡叔，巩固了周朝的统治。

周公平叛以后，为了加强对东方的控制，正式建议成王把国都迁到洛邑(今洛阳)。同时把在战争中俘获的大批商朝贵族即“殷顽民”迁居洛邑，并派召公在洛邑驻兵八师，对他们加强监督。另外，周公还封小弟康叔为卫君，令其驻守商墟，以管理那里的商朝遗民。为此，他告诫年幼的康叔：商朝之所以灭亡，是由于纣王酗于酒，淫于妇，以至于朝纲混乱，诸侯举义。他嘱咐说：“你到殷墟后，首先要求访那里的贤人长者，向他们讨教商朝前兴后亡的原因；其次务必要爱民。”周公又把上述嘱言，写成《康诰》《酒诰》《梓材》三篇，作为法则送给康叔。康叔到殷墟后，牢记周公的叮嘱，生活俭朴，爱护百姓，使当地吏民安居乐业。

周公摄政六年，当成王已经长大，他决定还政于成王；在还政前，周公作《无逸》，以殷商的灭亡为前车之鉴，告诫成王要先知“稼穑之艰难”，不要纵情于声色、安逸、游玩和田猎。然后“还政成王，北面就是臣位”。

周公退位后，便把主要精力用于制礼作乐，继续完善各种典章法规方面。在他临终前，还一再叮嘱说：“一定要把我葬在洛邑，以表示我至死也不能离开成王。”

一代名臣霍光

霍光是历史上的一位名臣，人们常将他和远古的贤臣伊尹相提并论，称为“伊霍”。他是西汉名将霍去病的同父异母弟弟，十几岁时，被霍去病从河东（今山西）带到长安，步入政坛。霍去病死后，霍光迁为奉车都尉光禄大夫，随侍汉武帝左右二十余年，“小心谨慎，未尝有过”，成为西汉中期政治舞台上一位出色的政治家，汉武帝的宠臣。武帝病终前，诏命八岁的儿子刘弗陵为皇太子，进霍光为大司马大将军，与金日磾、上官桀、桑弘羊等五臣共辅朝政。霍光为首辅。从此，霍光连辅二代皇帝，执掌朝政二十年，殚精竭虑，苦心谋划，为西汉中期的政治稳定做出了贡献。

霍光做事沉着精细，缜密周全，天下百姓都很敬仰他的政治风度。年幼的汉昭帝即位之初，不能亲自理政，朝廷一切事务，均由霍光主持。霍光见皇上年少，为防不测，便日夜住在殿中，他行坐俱有定处，不敢稍移。每次进出殿门都按一定路线，从不偏离一寸，体现了严谨不苟的品格。一段时间内，宫里发生怪异现象，皇帝大臣们惊恐不安。霍光为防不测，便把保管御玺的尚符玺郎叫来，要收取他的玉玺。不料尚符玺郎视玺如命，死活不交玉玺。霍光上前夺玺，尚符玺郎竟按住佩剑道：“臣头可得，玺不可得也！”霍光见状暗喜，次日连提尚符玺郎两级。臣民们都称赞霍光公正，视其为朝中栋梁。

霍光办事以国为重，有以国事为儿戏者，即使是天子也不轻饶。元平元年（公元前74年），昭帝病逝，因无子嗣，霍光等拥立昌邑王刘贺继位，岂料刘贺是个狂纵无度的人，嗣位后专喜游猎，淫乱无行。霍光规劝无效，很是气恼。一次，他召集群臣到未央宫会议，说：“昌邑王行昏乱，恐危社稷，如何？”众臣唯唯诺诺，不敢发言。霍光见状，厉声说：“如今天下纷扰不安，我理应任劳任怨，负起责任来。”众臣知道霍光心有大计，纷纷叩头道：“万姓之命在于将军，唯大将军令！”于是霍光率众臣一同去见太后，陈述昌邑王的恶行，请求废立刘贺。太后同意了霍光所言。接着霍光请太后上朝召见刘贺，霍光同各大臣联名参奏他，说他淫逸无度，即位才27天，就做了千余件坏事，因此没有资格为民父母，应当废立。太后听后当即准奏，并怒斥刘贺：“为人臣子当悖乱如是邪！”霍光将废帝送回到昌邑王府，临别时说：“王行自绝于天，……臣于负王，不敢负社稷，愿王自爱。”

霍光当政期间，勤政纳谏，轻徭薄赋，百姓富足，四方归顺，国家出现升平景象，宣帝本始元年（公元前73年），汉宣帝下诏表扬霍光“宿卫忠正，宣德明恩，守节秉谊，以安宗庙”，加封霍光食邑1.7万户，赏赐黄金7000斤，钱6000万，绸缎2万匹等。宣帝本始二年（公元前72年）三月，一代名臣霍光病故。太后和皇帝亲往送葬。

郭子仪严己宽人

中唐之际的郭子仪功高名著，多次被谗失权，仍以“祸难未平”而“不遑寝息”，不仅后来的皇帝尊他为“尚父”，隔代的史家也都盛赞他的业绩，称赞道：“自河朔班师，关西殄寇，身捍豺虎，手披荆榛。六八年间，其勤至矣，再造王室，勋高一代，及国威复振，群小肆谗，位重恳辞，失宠无怨。不幸危而邀君父，不挟憾以报仇雠，晏然效忠，有死无二，诚大雅君子，社稷纯臣。”

郭子仪（697～781），华州郑县（今陕西华县）武举出身。天宝十四年(755)，安禄山起兵反唐后，玄宗以郭子仪为朔方节度使（治在今宁夏灵武县西南），诏其率朔方健儿东讨。从此，郭子仪与唐王室的命运便紧紧联系在一起了，受命之后，郭子仪率部长途跋涉，先后击败安禄山在今内蒙古、山西北部的驻军，打通战略要地东陉关（在今山西代县东）。紧接着，分朔为健儿万人，出井陉关（在今河北井陉县西北），定河北。第二年夏，郭子仪与李光弼联军，大败史思明于嘉山（在今河北正定县东）。于是，河北十余郡皆杀安禄山守将而归降，从而切断了在洛阳的安禄山与其根据地范阳（治在今北京）之间的通道。

郭子仪七子八婿满床笏　版图

郭子仪等在河北苦战赢得的这一局面，更加重了玄宗轻敌的心理，急于要收复东部洛阳。郭子仪闻知玄宗委用哥舒翰率兵出潼关攻洛阳，立即指出：“潼关出师，有战必败。关城不守，京师有变，天下之乱，何可平之。”玄宗不听，结果兵败，朝廷西逃。肃宗至朔方即帝位，郭子仪与李光弼率步骑五万自河北急赴灵武。原本“兵众寡弱，军容缺然”的肃宗的宿卫禁军，由于郭子仪等的到来，“军声遂振，兴复之势；民有望焉”。朝廷自此，也“唯倚朔方军为根本”，数月之间，郭子仪率部平定河套，攻破潼关，致使“潼、陕之间无复寇抄”。肃宗至德二年（757）九月，统十五万兵众进攻长安，与安庆绪守将安守忠大战于长安西香积寺北。“自午至酉”，奋战四个时辰，安军大败，京城长安光复。十月，又与安庆绪守将严庄等激战于陕州（今河南陕县）。“遇贼潜师于山中，与斗过期，大军稍却。贼分兵三千人，绝我归路，众心大摇，子仪麾回纥令进，尽杀之。师驰至其后，于黄埃中发十余箭，贼惊顾曰：‘回纥来!’即时大败，僵师遍山泽。”王师入东都洛阳。

随后，河东、河西、河南失陷各郡亦皆平定。及郭子仪入朝，肃宗遣兵仗戎容迎于灞桥，并说：“虽吾之家国，实由卿再造。”乾元元年（758）七月，郭子仪再度出征，擒安守忠以献，进位中书令。九月，奉诏大举，与李光弼等九节度之师讨伐安庆绪，因朝廷不立元帅，用宦官鱼朝恩为观军宣慰使，郭子仪连破叛军，收复卫州，围安庆绪于邺县。但王师虽众，由于“军无统帅，进退无所承禀，自冬徂春，竟未破贼”。后史思明率范阳精锐再度南下，王师溃败，郭子仪以朔方军断河桥，退保东都，使唐王室免于再遭播迁之难!

观军使鱼朝恩素来忌护郭子仪多次建功，便借九节度之师大败，推卸责任，向肃宗进谗。郭子仪被召回京，“虽失兵柄，乃心系王室，以祸难未平，不遑寝息。”不久，史思明又攻占河南，复陷东都洛阳。党项诸羌，亦趁机欲“吞噬边鄙”，乾元三年（760）正月，肃宗用郭子仪为宁、坊两镇节度使，假其威名以镇渭北。宦官李辅国欲固已宠，暗示肃宗“今六军将士尽灵武勋臣”，离间肃宗与郭子仪。由于当时不少人上言，“天下未平，不宜置郭子仪于散地”，肃宗又以郭子仪为诸道兵马都统，率兵上万自朔方直取河阳。但诏下十多日，被鱼朝恩从中作梗，“事竟不行”。

上元二年（761）二月，河阳失守，鱼朝恩退保陕州。三月，河中军乱，杀其帅。既而，太原节度亦被部下所杀。当此“后辈帅臣未能弹压，势不获已”之际，肃宗“遂用子仪为朔方、河中、北庭、潞、仪、泽、沁等州节度行营兼兴平、定国副元帅”，出镇绛州（治在今山西新绛）。此时，值肃宗病危，引子仪入卧内，嘱托道：“河中之事，一以委卿。”郭子仪至绛州后，河东诸镇“率皆奉法”朝廷。

不久，肃宗驾崩，代宗即位。宦官程元振同事，“忌嫉宿将，以子仪功高难制，巧行离间，请罢副元帅”，郭子仪又被留在京师。其后，太子李适为天下兵马元帅，代宗欲以郭子仪副之，程元振、鱼朝恩再次作梗。广德元年（763），吐蕃入寇，边将告急，程元振不报，直到吐蕃攻陷泾州，长驱深入，骚折京畿，满朝上下计无所出之际，才“遽诏子仪为关内副元帅，出镇咸阳。”郭子仪自留京师，部曲离散，及至奉诏，部下仅二十骑。赶赴咸阳时，吐蕃二

十万众已过渭水。郭子仪立即遣使入奏，请增防卫。但程无振竟不召见，致使吐蕃渡过渭水便桥，直逼长安。代宗出逃，京城再度陷落。郭子仪收整六军溃逃将士，暗接内应，不日收复长安，代宗以其为西京留守。程元振以郭子仪再度立功，“不欲天子还京，劝帝且都洛阳”。郭子仪上书，请车驾回京。代宗后悔地对郭子仪说：“朕不早用卿，故及于此。”

永泰元年（765）九月，回纥、吐蕃分数道逼近京畿。长安震恐，人情危迫，代宗下诏亲证，急召郭子义自河中至，屯兵泾阳。郭子仪军万余人，杂于敌围数重之间。年近七旬的老将，自率甲骑两丁出没于敌阵。回纥知是“郭令公”，欲与相见，诸将以“戎狄之心，不可信也，请无往”。郭子仪说：“今战，则父子俱死而国家危；往以至诚与之言，或幸而见从，则四海之福也！”说罢，免胄释甲投枪而进敌营，指责回纥负约，吐蕃无道，并许以重叙旧好，酹酒盟誓。于是朔方兵马与回纪部众联合，吐蕃连夜奔退。郭子仪挥军追击，大败吐蕃。代宗诏罢亲征，京城解严。后郭子仪被派往泾阳（今陕西泾阳），长期驻守，以备吐蕃。

大历二年（761）底，郭子仪父坟被盗。“人以鱼朝恩素恶子仪，疑其使子。子仪心知其故，乃自泾阳将入，议者虑其构变，公卿忧之。”可是，郭子仪入见代宗，竟是一番自责：“臣不能禁暴，军士残人之墓，固亦多矣。”在此后的岁月中，吐蕃骚扰越来越频繁。郭子仪及其所部兵马，总是出没在征战的第一线，成为李唐皇室所倚重的“根本”。大历九年，郭子仪又入朝专论备吐蕃策：“愿陛下更询览议，慎择名将，俾之统军，于诸道各抽精卒，成四五万，则制胜之道必矣，未可失时。”同时，自请“抽赴关中，教之战阵”，以使“军声益振，攻守必全”，为“长久之策”。此时，郭子仪已经六十八岁了。

郭子仪握兵权二十多年，为振兴唐室东征而讨，可谓“至勤”。程元振、鱼朝恩等肆意谗毁而无怨，朝廷遇有危难，闻声即出，力挽狂澜，堪称历代重臣的楷模。

在唐代中期著名将领当中，声誉最隆者也许莫过于郭子仪。其实，就平定安史之乱的武功而论，郭子仪似乎尚不及当时与他齐名的李光弼。然而，在历史上郭子仪的影响却要超过李光弼。之所以会出现这种情况，原因恐怕是郭子仪一生行为更符合封建社会纲常伦理的规范。在他身上集中体现了一名封建将帅应具备的优良品质。即所谓“不幸危而邀君父，不挟撼以报仇雠，晏然效忠，有死无二，诚大雅君子，社稷纯臣。自秦汉已还，勋力之盛，无与伦比”。正是基于这个因素，旧史家才百般歌颂他“权倾天下而朝不忌，功盖一代而主不疑，侈穷人欲而君子不之罪”。

郭子仪这种封建将帅的优良品德，反映在他的治军活动中，便是能够真正做到严己宽人，与李光弼相比，郭子仪在治军上是“威略不逮，而宽厚得人过之”。即对待部下宽厚仁爱，使得将士们感恩图报，乐于效命。史称其“事上诚谨，临下宽厚，每降城下邑，所至之处，必得士心”。这一说法并非虚言，当然

郭子仪对部属也并不是一味宽容，他在治军上也有“赏罚必信”的一面，说他“临下宽厚”只不过是比较李光弼相对而言罢了。

至于郭子仪本人严于律己的表现，新旧《唐书》本传乃有更为翔实的记载。他忠心耿耿为维护大唐一统江山而戎马倥偬，出生入死。他从不拥兵自重，矜伐己功。对朝廷的诏命他百折不扣地加以执行，而未尝讲究什么条件。即使是遭到宦官程元振、鱼朝恩之流的中伤诽谤，郭子仪也不改变初衷，依旧以国事为重，尽忠尽责。正因如此，“谗谤不能行”，小人的陷害终于未能得逞。

郭子仪严己宽人的品德，使得满朝官员及普通百姓深深景仰，甚至连那些奸佞小人，骄横藩镇也不得不表示佩服。如田承嗣盘踞魏州时“傲报不轨，”可是当郭子仪派人出使魏博时，田承嗣却当着来使的面，面向西边望空而拜，并指着自己的膝盖对来使说道：“兹膝不屈于人若干岁矣，今为公（郭子仪）拜。”又如李灵曜在汴州独霸一方，不论公私财物，只要途经汴州，都一概予以截留。唯独郭子仪的钱财粮饷从汴州通过时，不但不加扣留，而且还“令持兵卫送”。至于郭子仪麾下的宿将，不管其身为“王侯贵重”，在他面前更是唯命是从，毕恭毕敬，听凭郭子仪“颐指进退，如奴仆焉”。

古人说：“仁以附众，敬以招贤。”郭子仪严己宽人的品德修养恰好在这个问题上为后人们树立了楷模，更深为曾国藩所推崇。

明权相严嵩

古代实行“人治”，“人存政在，人去政亡”是十分普遍的现象。前事不忘后事之师，“前人跌蹶，后人拾级”，都是讲事业有传人。但在古代却很少有人做到。相反，有的权臣总不想放弃权力，虽“势不使尽”，但因作恶太多，而受到惩罚。

严嵩像

明代后期的权相严嵩父子就是这样。严嵩二十余年受到嘉靖帝的宠信，然而，严嵩毕竟是八十岁的老人，精力大不如前，世宗虽特许乘舆入值，但行走不便，需人搀扶。“黄阁此身长扈圣，赤松何计许归田”，“北山梦薛虚相忆，犹是公家夙夜身”，他为此写了不少欲谢职归乡的诗作给世宗看，但世宗不许他又不敢力请。也好，趁此机会可以做几件善事，以赎前罪：他一反常态，忘记了往日的恩恩怨怨，开始提拔受贬的俊杰之士，唐顺之、赵贞吉皆已释归，并登显要，士大夫有入谒者，必一一劝慰，“务得其欢心”，“因而有称之者”。

他还置酒设宴，邀请次辅徐阶。酒酣人泣，严阁老涕泪交流，随后，让家人围跪在徐阶前后举起颤抖的酒杯，声音哽咽着说："嵩旦夕且死，此曹唯公乳哺之。"徐阶连谢"不敢！不敢！"，用心何其良苦。史书中说严嵩致仕前几年，"知天下人怨之间，舍旧郄而收录知名士"，是赎罪？还是为子孙计？权力可以把人异化为神，使人蜕变为禽兽而毫无人格；一旦远离它的时候，方复归自然，还其人之本性。

嘉靖四十年（1517）闰五月，严嵩的结发之妻欧阳氏病故，世宗从其请，令严嵩之孙严鹄代理丧事，留严世蕃侍其父。严世蕃"颇通国典，晓畅时务"，以才自负，曾说天才人才只有他、陆炳、杨博三人。严嵩年迈后，诸司奏事，则说："以质东楼"。东楼是严世蕃的别号。世宗所卜手诏，多属片言支语，严嵩读之再三，仍不解其意，只有严世蕃一目了然，所答皆为世宗称许。欧阳氏死后，世蕃虽留京邸，但因母丧不能入西苑值所，代替父亲票拟。严嵩只得数次派人请世蕃代答手诏，但都因其耽于女乐而不能按时回答。太监督促急时，严嵩只能自答，世宗多不满意。所进青词，又多假手他人，不甚雕琢，世宗大为不满。

嘉靖四十一年（1518），世宗密封自己的疑问，令其宠幸的方士蓝道行以乩作答。道行拆开密封，见世宗提的问题是："今天下何以不治？"于是假托乩语，回答说："贤不竟用，肖不退耳。"世宗又问："谁为贤不肖？"答曰："贤者辅臣徐阶、尚书杨博，不肖者严嵩父子。"又问："吾亦知严嵩父子贪，念其奉玄久。且彼诚不肖，上真胡以不震而殛之？"答说："上真殛之，则益用之者咎，故弗殛也，而以属汝！"世宗对方士的扶乩术极为相信，蓝道行的答语无异于严嵩的一道催命符。随后，徐阶又将这件事透露给御史邹应龙，邹应龙知嵩必败，立即上疏劾严嵩爷子乱政贪贿罪状，并说："臣言不实，乞斩臣首以谢嵩、世蕃。"

世宗下诏，令严嵩致仕，逮捕世蕃，同时特宥严鸿为民。后来有人揭发了蓝道行拆密封等事，世宗大怒，以为自己又为别人所欺，立即将道行打入大牢。一时中外疑惧，皆言严嵩将复用。嘉靖四十二年（1519）七月底，严嵩在南昌别墅，使道士蓝田玉建醮铁柱宫。田玉善召鹤，严嵩又取其符篆，以及自己撰写的祈鹤文章，一并呈上，作为世宗万寿节的贺礼，世宗下诏大为称喜。严嵩得寸进尺，请赦世蕃等罪，世宗不许。世蕃不思收敛，没抵戍所雷州，中途返回江西，并大造田宅。罗龙文到浔州戍所后，也立即逃到徽州，又几次往来江西、安徽间，与严世蕃计事。

嘉靖四十三年（1520）冬，南京御史林润巡视江防，查知世蕃不法事，立即上疏说："臣巡视上江，备防江洋群盗，悉窜入逃军罗龙文、严世蕃家。龙文卜筑深山，乘轩衣蟒，有负险不臣之心。而世蕃日夜与龙文诽谤时政，摇撼人心。近假名治第，招集勇士至4000余人。道路汹惧，咸谓变且不测。乞早正刑章，以绝祸本。"世宗得奏大怒，令林润将世蕃、龙文捕送京师，以谋叛罪处斩。世蕃身材矮小，肥白如瓠，而无脖颈，江湖相面士说他是猪形，法当受屠。世蕃死

后，严家被查抄家产，得黄金3万余两，白银200余万两，各种珍宝、衣饰品、工艺品价值几百万，及南昌、北京等十余处房产。当时人认为这个数目只是严嵩实有资产的十分之几，其余大部分早已分藏各处，于是又严加掊补，致使江西百姓，皆受其累。这时的严家已无片瓦，严嵩只好请人在祖宗的墓地旁搭个草棚，寄食度日。嘉靖四十五年（1522）底，一代首辅在贫病交加中死去，享年八十七岁。临终前，他艰难坐起，写下了生平最后一行文字："平生报国惟忠赤，身死从人说是非。"报国是否"惟忠赤"，只有留待后人评说了。

"盈虚"心语

【原文】

君子之处顺境，兢兢焉常觉天之过厚于我，我当以所余补人之不足。君子之住啬境，亦兢兢焉常觉天之厚于我，非果厚也，以为较之万著者，而我固已厚矣。古人所谓境地须看不如我者，此之谓也。

【译文】

君子身处顺境时，兢兢业业，经常觉得上苍给予自己的太优厚了，自己应当以所余去弥补别人的不足。君子身处困境时，也兢兢业业，常觉得上苍对自己很优厚，其实并不是真正的优厚，而是以为与更困难的人相比，自己固然已经很优厚了。古人所说的处境应当看不如自己的，指的就是这种情况。

庄子像

【原文】

庄子自以为游方之外，不婴世网。余读《养生主》《人间世》等篇，其持身涉世，用心亦何苦也！其曰："虚舟不忤，虽有忮心不怨飘瓦，与齐偕人，与汩俱出。"反复言之，岂诚忘机哉？使诚忘机，则不复言机矣。《越世家》载其不救陶朱公之子，亦机心之为之也。姚惜抱氏责之，非过也。

【译文】

庄子自认为游于方外，不被世间网罗所累。我读《养身主》《人间世》等篇，他所讲立身处世之道，用心多么良苦啊！他讲"圣人虚心全神，不与万物违忤，万物莫能伤害，即使有对其心怀怨恨的人，也无可奈何。圣人能随遇而安，能和漩涡一起入，能和泉水一起出。"庄子对于这个道理，反复说明，难道确实机心尽泯吗？假使确实机心尽泯，就不再谈论机巧。《越世家》记载他不救陶朱公范蠡的儿子，也是由于机心所致啊。姚鼐责备他机心未泯，确实如此。

【原文】

阅王面农所注张子《正蒙》，于尽性知命之旨，略有所会。盖尽其所可知者，于己，性也；听其不可知者，于天，命也。《易·系辞》“尺蠖之屈”八句，尽性也；“过此以往”四句，知命也。农夫之服田力穑，〔勤者有秋，惰〕者歉收，性也；为稼汤世，终归礁烂，命也。爱人、治人、礼人，性也；爱之而不亲，治之而不治，礼之而不答，命也。圣人之不可及处，在尽性以至于命。尽性犹下学之事，至于命则上达矣。当尽性之时，功力已至十分，而效验或有应有不应，圣人于此淡然泊然。若知之若不知之，若着力若不首力，此中消息最难体验。若于性分当尽之事，百倍其功以赴之，而俟命之学，则以淡如泊如为宗，庶几其近道乎！

【译文】

阅读王夫之所注解的张载的《正蒙》篇，对于尽性知命的意旨略有理解。对自己所能知道、所能改变的事情，充分发挥自己的主观能动性，这就是尽性；对于自己所不能知道、所不能改变的事情，听任上天，这就是知命。《易·系辞》“尺蠖之屈”八句话，讲的就是尽性；“过此以往”四句话，讲的就是知命。农夫耕田种庄稼，勤劳的人将有好收获，懒惰的人收成就欠缺，这就是性；在商汤大旱之世种庄稼，无论怎样勤劳，终归庄稼焦枯，这就是命。热爱别人，教育别人，礼让别人，这就是性；热爱别人而别人对自己不亲近，教育别人而别人不学正道，礼让别人而别人不报答，这就是命。圣人不可及之处就在于不仅尽性而且升华到知命。尽性还属于下学之事，而达到知命就是上达之事。在尽性的时候，努力已达到十分，而效验或有或无，圣人对于这种情况淡然处之。好像知道，又似不知，好像用力，又似不用力，这里面的分寸最难体验。如果对于性应当尽力之事，百倍努力以求其成功，而对于听天由命之事，则以淡然为原则，这样就差不多可以接近大道了！

【原文】

捐忿之心畜于方寸，自咎局量大小，不足任天下之大事，戊午十一月。

【译文】

捐忿的心理积聚在心中，自我反省责怪自己胸局气量太狭小，不足担任天下的国政大事。咸丰八年十一月。

【原文】

早在朝房，言一事，谓无样子失言，欲以口舌胜人，转为人所不服也。辛亥七月。

【译文】

早晨在朝房值班，讲了一件事，没有一点正儿八经的样子说走了嘴，想以口

舌胜过别人，却转为别人所不服气。咸丰元年七月。

【原文】

少荃屡言疏语不可太坚，徒觉痕迹太重，而未必能即退休。即使退休一二年，而他处或有兵事，仍不免诏旨促行，尤为进退两难等语，皆属切中事理。余是以反复筹思，乞无善策。

【译文】

少荃多次劝我奏章里不要说得太坚决，这样除了让人觉得太做作之外没有什么用处，而并不是一定能马上退休。即使退休一二年，其他地方若发生战争，仍然免不了被朝廷征召，那么更加进退两难了，这些话都很切中事理，我于是反复思考，直到现在也没有好的办法。

【原文】

始乎无端者，阴阳之循环，随所遇皆可为端也，故曰道。卒乎无穷者，人心之变化既极，而又以苦思得通也，故曰德。

【译文】

始于无端，就是阴阳之循环，随处都可以为端，所以称为道。卒于无穷，就是人心变化达到极点，而经过苦思冥想，能够豁然贯通，所以称为德。

【原文】

……《礼》云："道而不径，舟而不游。"古之言孝者，专以保身为重。乡间路窄桥孤，嗣后吾家子侄凡遇过桥，无论轿马，均须下而步行。吾本意欲尔来营见面，因远道风波之险，不复望尔前来，且待九月霜降水落，风涛性定，再行寄谕定夺。目下尔在家饱看群书，兼持门户，处乱世而得宽闲之岁月，千难万难，尔切莫错过此等好光阴也。

【译文】

《礼记》中说："有大道就不要走小路，有舟船就不要游水过河。"古代人讲孝道的，也都专以保护身体为最重要。乡间的道路狭窄，桥也很少，从今以后咱们家的孩子凡是遇到要过的桥，无论是骑马还是坐轿，都必须下来步行通过。我本来打算让你来行营见面，因为道路遥远而且风波艰险，就不再让你来了，只好等到九月份霜降河水落下去了，风涛也安定了，再写信决定。眼下你在家里要饱读群书，并且主持好家务门户。处在动乱年代而能够获得一段闲适的时间，真是千难万难，你千万不要错过这样的大好时光啊。

【原文】

臣查安徽全省，贼扰殆遍，士子废学已及十年之久。自该学政马恩溥莅任以后，分期程课，培养士林，各属陶淑观摩，舆论翕服。现值南北两岸军事稍定，正可次第按试。乃该学政又以丁忧解任，所遗员缺，未便久悬。相应请旨迅赐简放学政来皖任事，以重职守。

【译文】

据我考察，安徽全省，反贼的骚扰几乎遍及各地，读书人荒废学业已达十年之久。自从该省学政马恩博到任后，分期按规定的程序举行考试，培养读书人，各属人员在观察中得到学习，培养了自己的善性，舆论一致赞服。现在正逢南北两岸战事稍微平定，正可以按次序进行考试。然而，该学政又因父母之丧离任，留下的空缺，不宜长期搁置。应当请示圣旨，特地任命学政来安徽理事，以重视这一职责。

【原文】

文士之自命过高，立论过亢，几成通病。吾所批其硬在嘴、其劲在笔，此也。……大抵天下无完全无间之人才，亦无完全无隙之交情。大者得正，而小者包荒，斯可耳。

【译文】

文人自命过高，立论过于偏激，几乎已经成为通病。我所批评的他们硬在嘴上，劲在笔下，就是指此而言。然而，天分高的，也可以引导他们走上正道。……大抵天下没有完全无缺点的人才，也没有完全无疑隙的交情。只要能将大的缺点改正，小的缺点予以包涵，也就可以了。

【原文】

建德虽未攻克，而贵部多猛士健儿，其气可用，亦足喜也。顷已备公牍，调贵军由彭泽横出鄱境四十里街，系韩军移驻之处，风气各样，贵军不必共扎一处，以省口角。仍须彼此关注，胜必相让，败必相救，以联众志而遏寇氛。抄示彭泽令致东流信，乃萍乡令三月二十三日席道初入江境之信，挨站递传以至湖彭者也。席军并不由九江行走，计此时已至抚州赴饶；阁下至饶境，当可与席观察会晤，尤望妥为联络。渠军系楚勇流派，有江岷樵、刘印渠之风，于湘霆之外，另有家数，阁下亦可兼取其长。学无常师，道兼众妙，不亦善乎？

火药罐　清

【译文】

建德城虽然没有被攻破，但是你的部队多是猛士健儿，其士气可用，也令人十分高兴。我已准备好公文，抽调你部从彭泽横出鄱阳境内的四十里街，这是韩军驻扎的地方，部队风气各不相同，你的部队不要同他们的驻扎在一起，以免发生冲突。但你们仍需互相关照，打了胜仗要彼此谦让，军情不利时须相互救助，

以便联结我们众人的斗志来遏制敌人的气焰。我顺便抄下来了彭泽县令给东流的信给你看，这封信是萍乡令三月二十三日席道初入江境的信，一个驿站接一个驿站传递到了湖彭。席军并不从九江行军，估计现在已经到了抚州，向饶州挺进，你到了饶州境内，应当和席观察会晤，尤其望你们好好联络。席军属楚勇流派，有江岷樵、刘印渠之风，与湘霆的风格之外，另有自己的特点，你也可以兼取他们的长处。学无常师，道兼众妙，不也很好吗？

【原文】

……然吾观儿女多少成否，丝毫皆有前定，绝非人力所可强求。故君子之道，以知命为第一要务，不知命无以为君子也。尔之天分甚高，胸襟颇广，而于儿女一事不免沾滞之象。吾观乡里贫家儿女愈看得贱愈易长大，富刻儿女愈看得娇愈难成器。尔夫妇视儿女过于娇贵。柳子厚《郭橐驼传》所谓旦视而暮抚、爪肤而摇本者，爱之而反以害之。彼谓养树通以养民，吾谓养树通于养儿。尔与冢妇宜深晓此意。庄子每说委心任远听其自然之道，当令人读之首肯，思之发□。东坡有目疾不肯医治，引《庄子》曰：“闻在宥天下，不闻治天下也。”吾家自尔母以下皆好吃药，尔宜深明此理，而渐渐劝谏止之。

【译文】

……但是在我看来儿女的多少与成才与否，丝毫都有前定，绝不是人力所可以强求的。所以君子之道，以知天命为第一重要任务，不知天命不可以说是君子。你的天分很高，胸襟也很广阔，只是在对待儿女的事情上不免有些沾滞现象。我发现乡下贫穷人家的儿女越是看得贱越容易长大成人，富户家的儿女越是看得娇贵越难成器。你们夫妻俩对待儿女过于娇惯。柳宗元的《郭橐驼传》中所说的清早观看到晚上抚摸，抓住外表而动摇根本。表面是爱实际上是害。他说的是由养树引向养民，我说的是由养树到养儿女。你和你媳妇应当深深懂得这个道理。庄子经常说到委心任远而听其自然之道，应当让人读了赞你，思考后深得启发。苏东坡有眼疾而不肯医治，引用《庄子》中的话说：“闻在宥天下，不闻治天下也。”我们家从你母亲以下都好吃药，你应当深明这个道理，而慢慢劝谏制止她们。

【原文】

战阵之事，须半动半静。动如水，静如山。

【译文】

战阵之事，应当半动半静（动静结合）。动时好像水一样（见有空隙，绝不放过），静时如山岳一般，屹立不动。

【原文】

九弟来书，楷法佳妙，余爱之不忍释手。起笔收笔皆藏锋，无一笔撒手乱丢，所谓有往皆复也。与陈季牧讲究，彼此各有心得，可喜可喜。然吾所教尔者，尚有二事焉。一曰换笔。古人每笔中间必有一换，如绳索然。第一股在上，一换则第二股在上，再换则第三股在上也。笔尖之着纸者仅少许耳。此少许者，吾当作四方铁笔用。起处东方在左，西方向右，一换则东方向右矣。笔尖无所谓方也，我心中常觉其方。一换而东，再换而北，三换而西，则笔尖四面有锋，不仅一面相向矣，二曰结字有法。结字之法无穷，但求胸有成竹耳。

六弟之信，文笔拗而劲，九弟文笔婉而达，将来皆必有成。但目下不知各看何书？万不可徒看考墨卷，汩没性灵。每日习字不必多，作百字可耳。读背诵之书不必多，十页可耳。看涉猎之书不必多，亦十页可耳。但一部未完，不可换他部，此万万不易之道。阿兄数千里外教尔，仅此一语耳。

罗罗山兄读书明大义，极所钦仰，惜不能会面畅谈。

余近来读书无所得，酬应之繁，目不暇接，实实可厌。惟古文各体诗，自觉有进境，将来此事当有成就；恨当世无韩愈、王安石一流人与我相质证耳。贤弟亦宜趁此时学为诗、古文，无论是否，且试拈笔为之。及今不作，将来年长，愈怕丑而不为矣。每月脱离课，不必其定作时文也。古文、诗、赋、四六无所不作，行之有常。将来百川分流，同归于海。则通一艺即通众艺，通于艺即通于道，初不分而二之也。此论虽太高，然不能不为诸弟言之。使知大本大原，则心有定向，而不至于摇摇无着。虽当其应试之时，全无得失之见乱其意中，即其用力举业之时，亦于正业不相妨碍。诸弟试静心领略，亦可徐徐会悟也。

【译文】

九弟来信，写的字楷法极妙，令我爱不释手。起笔收笔都隐藏笔锋，没有一笔是撒手乱写的，真可谓是有来有回的笔法。与陈季牧商讨研究，彼此各有心得，令人可喜。然而，我所教给你们写字的方法，还有两点。一是换笔。古人写字，每笔中间必有一个转换，恰如绳索一样。第一股在上，一转换则第二在上，再转换则第三股在上。使笔尖仅仅少许着纸。所谓少许者，我常常当作四方铁笔用它。起处东方在上，西方向右，一转换则东方向右。其实笔尖本身无所谓方，只是我心里常把它当成是方的。二是组字有法。组合成字的方法无穷，只是要胸有成竹罢了。

六弟的信，文笔执拗而刚劲，九弟的文笔婉转而豁达，将来必定有所成就。但眼下不知你们各看什么书籍？千万不要只看那些考试卷，以免埋没性灵。每天写字不必太多，作百字即可。读书或背诵也不必太多，十页即可。涉猎其他方面的书也不要多，十页即可。但是，一部书未读完，就不要换别的书，这是万万不能改变的方法，哥哥数千里外教导你们，仅此一句话而已！

罗罗山兄知书达理，我极钦佩，可惜不能同他会面畅谈。

我近来读书没有什么收获，应酬繁多，目不暇接，实在讨厌。只有各种古体诗，自以为有所进展，将来在这方面也许会有成就；只恨当今世上没有韩愈、王安石那样的一流人才与我相互切磋讨论。贤弟也应趁年少时期学习作诗，练习古

文，不管做得优劣，只管拿起笔来试着去做。如今不做，将来越是年长，就越是怕丑而不去作了。每月六课，不一定非要去做那些时兴文章不可。古文、诗、赋、四六体古诗无所不做，实行起来就成习惯了。将来就如同百川分流，同归于海。精通一门技能就可以旁通多门，精通技艺就可以明白其中的道理，只是开始学习时不要将它们分割开来。这种说法虽然不免有些高深莫测，然而我却不能不对各位弟弟说出来，使你们明白基本的原理原则，就可以做到心有定向，而不至于动摇不定。虽然你们现在正处于准备参加科举考试的时候，但只要心中全无计较得失的念头，全力以赴提高学业，明白以上的道理，对学习考试没有什么妨碍。各位弟弟不妨静下心来仔细领会，也许慢慢地可以悟出其中的真谛来。

九阳经

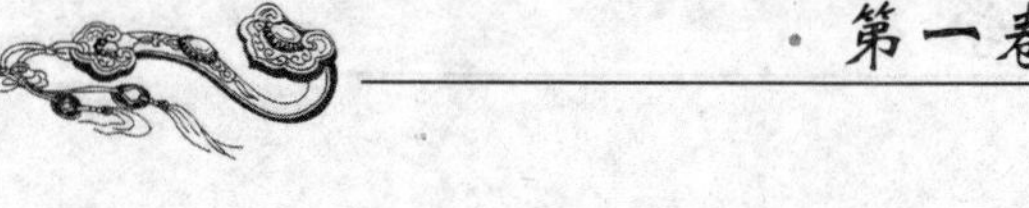

卷一　砺志

经文释义

【原文】

君子之立志也，有民胞物与之量，有内圣外王之业，而后不忝于父母之生，不愧为天地之完人。故其为忧也，以不如舜不如周公为忧也，以德不修学不讲为忧也。是故顽民梗化则忧之，蛮夷猾夏则忧之，小人在位贤才否闭则忧之，匹夫匹妇不被己泽则忧之，所谓悲天命而悯人穷，此君子之所忧也。若夫一身之屈伸，一家之饥饱，世俗之荣辱得失、贵贱毁誉，君子固不暇忧及此也。

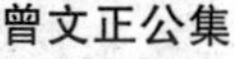
曾文正公集

【译文】

君子立下的志向，是想让自己有为民众请命的器量，有圣人一般的德行，有称霸天下的大功，然后才不辜负自己的父母生育了自己，不愧身为天地间一个完美的人。所以他是为自己比不上舜帝和周公而忧虑，为自身的德行没有修养完备而忧虑，为学问没有大的成就而忧虑。所以，那些因为顽固的刁民难以感化而忧虑，因为野蛮的少数民族不能征服而忧虑，因为小人当道而贤德的人只能远远地逃避而忧虑，因为普通的平民百姓没有得到自己的恩泽而忧虑，这就是通常所说的悲天命而怜悯百姓穷苦，也就是君子怀有的忧虑。如果只是个人的如意和困顿，一家人的温饱和贫寒，世俗所说的荣誉与耻辱、所得和所失、富贵与贫贱、诽谤与赞美，君子是顾不上为这些事而忧虑费神的。

【原文】

明德、新民、止至善，皆我分内事也。若读书不能体贴到身上去，谓此三项与我身了不相涉，则读书何用？虽使能文能诗，博雅自诩，亦只算得识字之牧猪奴耳！岂得谓之明理有用之人也乎？朝廷以制艺取士，亦谓其能代圣贤立言，必

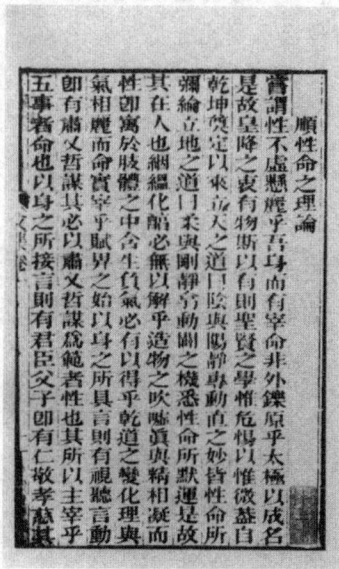

能明圣贤之理，行圣贤之行，可以居官莅民、整躬率物也。若以明德、新民为分外事，则虽能文能诗，而于修己治人之道实茫然不讲，朝廷用此等人作官，与用牧猪奴作官何以异哉？

【译文】

明道德、新民众、做善事，这些都是我们分内的事情。如果读了书而不能将书中的道理应用到自己身上，认为这三项与我毫不相干，那读书还有什么用呢？虽说读了书之后能写文章能作诗，也能卖弄自己学识广博，但这也只能算是一个识字的牧童而已，怎么能够称得上是个明白事理而且懂得应用的人呢？朝廷以科举文章来录取人才，也是认为这样的人能坚持圣贤的言论，一定也明白圣贤的道理，做出圣贤的行为，因此能为官管理民众，以身作则来引导和带领其他的人。如果一个人把宣扬德化、教导百姓看成是分外的事，那么他虽然能写文章能作诗，却对修身治人的道理茫然不懂，朝廷任用这样的人做官，和任用牧童做官又有什么区别呢？

【原文】

累月奔驰酬应，犹能不失常课，当可日进无已。人生惟有常是第一美德。余早年于作字一道，亦尝苦息力索，终无所成。近日朝朝摹写，久不间断，遂觉月异而岁不同。可见年无分老少，事无分难易，但行之有恒，自如种树畜养，日见其大而不觉耳。进之以猛，持之以恒，不过一二年，精进而不觉。言语迟钝，举止端重，则德进矣。作文有峥嵘雄快之气，则业进矣。

【译文】

长年累月在外奔波应酬，还能坚持日常的学习，当然能够日有所进，不会止息。人生只有做事持之以恒是第一美德。我早年对书法此道，也曾经艰苦探求，但始终无所成就。近日来，我每天摹写，坚持很久没有间断，就觉得我写的字每月都有长进。可见年龄不分老少，事情不分难易，只要持之以恒，就像种树和养牲畜一样，每天看见它长大却感觉不到。奋力前行，持之以恒，不过一二年的工夫，自然会有无形的精进。言语迟稳，举止端重，品德性情自然就会有所长进。文章有峥嵘雄骏之气，则学业有长进。

智慧通解

人生在世，不过短短几十载，大凡有志向的人，无不希望生前建功立业，死后千古流芳。然而想成就大事业的人，非有卓越之智慧和超凡之才干不可。而智慧才能的获取，依赖于平时的学习和知识的增进，所以古今中外的成功者没有不讲求治学之道，高度重视知识的作用的。

治学之道，最重要的是立下坚卓不俗的大志，立志是事业的大门，一个人追求的目标越高，他的学问就长进得越快。

当然，仅有高大的志向是远远不够的。治学，还要有“只问耕耘，不问收

获”的务实精神，避免奢谈，踏实认真。要明白学问的获得，不是一朝一夕的事情，必须勤学好问，持之以恒。学问好比金字塔，基础越深越博越好，这样才能在广博的基础上求得高精尖。做学问，必须重视读书的方法。不要贪多，而要专注于一书，力求吃透。同时，治学需避免门户之见，博采众长，兼收并蓄，为我所用，才能学贯中西，博古通今。依赖于不俗的才学，一个人才可以为国立功，为己立德，为人立言，受到后人的敬仰。

所以，培养砺志精神，注重道德修养，是中国传统伦理文化的一个重要特征。《礼记·大学》中说：“自天子以至庶人，皆以修身为本。”古人认为，人都有向善的能力，能不能成为一个“有德”的人，关键就在于其能否进行道德修养；而“修身”乃是“齐家”“治国”“平天下”的基础。因此古人把“德量涵养，躬行践履”视为一种重要的美德。如果说，在古人看来，人们的一切德行都是同他自身的道德修养分不开的，那么我们也可以说，中华民族的一切传统美德，也是同古人注重“德量涵养，躬行践履”的美德紧密相连的。

“砺志自强”是道德修养的起点，也是其内在目标和精神动力之所在。这里讲的“志”，也就是一种道德理想。古人指出：“志当存高远。”又说：“志高则品高，志下则品下。”这说明，并不是所有的道德之“志”，价值都是一样的。同时，即使是高远之志，若只讲不做，徒托空言，也不能成为德行。只有躬行践履，高远之志才是一种美德。这种美德所体现的是一种对理想人格的不倦追求。所以从道德上讲，“砺志”实质上是一种自强不息的精神，一种自我超越的品性。

曾国藩一生的成就，可以说都是在砺志中，在“修身、治国、平天下”的教化下取得的。曾国藩的家书，是其毕生奉行“砺志”的生活最为可信的实录。

他在给弟弟的信中写道：“人苟能自立志，则圣贤毫杰，何事不可为？何必借助于人？我欲仁，斯仁至矣。我欲为孔孟，则日夜孜孜，惟孔孟之是学，人谁得而御我哉？若自己不立志，则虽日与尧舜禹汤同住，亦彼自彼，我自我矣，何与于我哉？”只有立下坚定的志向，才有可能勤奋学习，修养自身。

一个人立身处世创大事业，谁也无法预知结果。成功的人固然有，失败的人也不少。因此，一个磨炼心性，提高道德修养的人，必须有磐石般坚定的意志。志者，心之向也，气之帅也。有志者，事竟成。居贫穷而志不改，处危难而志弥坚，报国复邦，建功立业，或闻鸡起舞，或卧薪尝胆，志存高远。孟子在《孟子·告子下》中写道：“舜发于畎亩之中，傅说举于版筑之间，胶鬲举于鱼盐之中，管仲吾举于士，孙叔敖举于海，百里奚举于市。故天将降大任于斯人也，必先苦其心志，劳其筋骨，饿其体肤，空乏其身，行拂乱其所为；所以动心忍性，曾益其所不能。”

这里所举的舜、傅说、胶鬲、管仲、孙叔敖、百里奚等圣贤将相，都分别历练过种种不同的人生苦难，有的从事筑墙、贩卖鱼盐等古代所谓的“贱业”，有做了奴隶，有的沦为囚犯，经受过许多苦难。他们的成功，当然有乘时借势的机

遇，但主观意志的坚忍不拔也是重要原因。孟子认为艰难的境遇可以振奋精神（“动心”），坚定意志（“忍性”），增加人的能力（“曾益其所不能”），他把人生苦难说成是上天要委以重任的前兆。

苦难既是一种前兆，也是一种考验，它选择意志坚韧者，淘汰意志薄弱者。要达到奇伟瑰丽的人生境界，要成就任重道远的伟业，必须具有远大的志向和极端坚忍的品质。《易经》说：“天行健，君子以自强不息。”意思是说，天道运行，一往直前，强健不息，君子效法它，因而自强不息。

曾国藩通明古人之意，一生以“砺志”标榜，砺志必须“用世”，也把自己的理想付实践。曾国藩和同乡好友刘蓉、郭嵩焘结为“汀乡三剑客”，他们互相勉励的事尤是以传为佳话。道光十八年（1838）曾国藩被顺利地点中翰林后，他锐意进取的精神更加了。他希望自己有一天能够成为国家的栋梁。在他的诗歌中，经常有抒发高远志向的篇章。他自比李斯、陈平、诸葛亮等“布衣之相”，自信地表示：“莫言书生终龌龊，万一雉卵变蛟龙。”他在给亲友的信中，阐述得更为明确。如在给刘蓉的信中写道：“凡仆之所志，其大者盖欲行仁义于天下，使万物各得其分；其小者则欲寡过其身，行道于妻子，立不悖之言以垂教于乡党。”在给弟弟们的信中也表示：“君子之立志也，有民胞物之量，有内圣外王之业，而后不忝于父母之所生，不愧为天地之完人。”也就是说，他要按着传统文化的“修身、齐家、治国、平天下”的理论来要求自己，实现“澄清天下之志”的宏愿。

综观曾国藩的一生，他也的确做到了“砺志”与“用世”，以一介书生而统领湘军兵勇，为清政府统治的稳固立下了汗马功劳，真正实现了古时群子建功立业、闻达天下的梦想。

【经典实例】

苏武牧羊志不悔

苏武（？~前60），字子卿，杜陵（今陕西西安东南）人。据汉边制度，有两千石薪俸以上的官员子弟得任命为郎。因此苏武少年时便与两个兄弟做了皇帝的郎官（侍从官），后升任移中厩监（御马房的管理人员）。

那时汉匈边界常有战乱，双方屡派使者刺探对方动向。匈奴前后扣留汉朝使者十多批人，汉朝也扣押匈奴使者作为抵偿。汉武帝天汉元年（公元前100年），匈奴且鞮侯即位，为防止汉朝乘机攻打他，便自称是汉天子的晚辈，并把扣押的汉朝使者一齐送回汉朝。武帝也以礼相待，委任苏武以中郎将（掌管皇帝侍卫的武职，比将军低一级）职，持旌节护送被扣押的匈奴使者回国，同时赠送且鞮侯单于丰厚的礼物。于是苏武同副中郎将张胜，随员常惠以及卫士、侦察兵等一百多人到了匈奴。

西汉军戎服饰复原图

事有凑巧，就在使节团返朝复命之际，匈奴发生了贵族缑王和虞常等人的谋反事件。他们策划劫持单于的母亲阏氏，并杀掉死心塌地为匈奴效力的汉朝叛臣卫律，而后逃回中原。虞常曾和张胜是朋友，他偷偷去见张胜。张胜慨然允诺，给虞常提供了经费。谁知他们行事不秘，单于子弟举兵先发制人，结果缑王等全部战死，虞常被擒。

张胜感到事态发展严重，他和虞常的关系要暴露，只好把和虞常秘密会面之事告诉苏武。苏武料定使节团要受牵连。他想：待做了犯人受审后被处死，不如早日自尽，以免自己的国家受到污辱。于是他拔剑自杀。张胜，常惠等人手疾眼快夺了剑，苦苦将他劝住。

卫律奉单于之命，审理这桩谋反案，虞常果然供出张胜。单于大怒，召集首领们商议要杀掉汉朝使者。单于的近臣们认为杀掉他们不如令他们投降，单于同意了他们的意见，又派卫律去劝降苏武，苏武对常惠等人说："丧失气节，辱没国家，虽生，有何脸面回大汉?"说着，拔出佩刀刺进胸膛。卫律大惊，亲自上前抱住苏武，又忙着派人快马加鞭去请医生。当时的急救术很落后，那是在地上挖一个坑，坑内燃文火，然后将苏武面朝下卧在坑上，由医生敲打挤压背部使淤血流出。同时帮助病人恢复心脏跳动。苏武本已气绝，经半日痛苦的抢救，总算有了呼吸。常惠等人哭着将苏武抬回营帐。单于钦佩苏武的气节，更加希望苏武投降，早晚派人问候。

苏武大义凛然，卫律无计可施，只好如实去报告单于。苏武越是不屈，单于便越想招降苏武，同时也愈加残酷地迫害他。他们把苏武捆绑着禁闭在一个深旷的大地窖里，不给他送吃的喝的。天降大雪，苏武躺着咬一口毡毛，嚼一口雪，合着吞咽下去。几天后，匈奴人发现苏武还活着，以为有神灵保佑他，就把他从地窖里拉出，流放到北海（现苏联西伯利亚东南部的贝加尔湖）没有人烟的地方放牧公羊，并说等公羊产了羊羔，才放他回来。

苏武孑然一身来到北海，靠掏野鼠洞中储藏的草籽干果充饥。他每天拄着代表国家尊严和使命的汉使节杖放羊，睡觉起身都不离手。日复一日，年复一年，节杖上的旄牛尾毛逐渐脱光。

苏武出使匈奴的第二年，汉匈爆发战争，汉将李陵兵败投降了匈奴。李陵和

苏武曾同在汉朝廷做官，他投降匈奴后被单于立为右校王。他自觉惭愧，无颜去见苏武。过了些时候，单于命李陵去北海劝降苏武。

李陵到了北海，摆酒奏乐，款待苏武，席间与苏武款款叙旧。苏武这才得知自己走后，两个兄弟都因小罪被迫自杀，母亲已死，妻子还年轻已经改嫁。两个妹妹和三个儿女十多年来不明生死。而且皇上老了，法令没有个准，大臣们无罪而遭灭门九族惨祸的有好几十家。李陵劝苏武说："人生如朝露，何久自苦如此。单于在诚仁诚意等待您的归顺，不会让您回到大汉了。"苏武听后驳斥李陵道："我们父子没有什么能耐，靠皇上栽培，父亲做了将军，封一等侯爵；兄弟三人都是皇上的近臣。平时一直希望能为朝廷尽忠。如今有了报效朝廷的机会，就是赴汤蹈火也心甘情愿。您不必再费口舌了。"李陵无言以对。

不久，单于病死。新单于害怕内乱外患，又派使者与汉通好，并表示愿意放还苏武。

十九个春秋，经受了无数痛苦煎熬，苏武终于回到京城长安。他出使时是一个很强壮的青年，回来时已是满头银丝，满面白须。出使时带去的随员一百多人，现在跟回祖国的只剩了十一人。

苏武回朝后，汉昭帝任命他为典属国，主管边疆各民族事务。

公元前 60 年，苏武病逝，享年 81 岁。十年后，汉宣帝命人把苏武等十一名功臣的像画在麒麟阁上，让后代永远纪念他们。

玄奘西天取经

唐僧玄奘本姓陈，名祎，生活在唐初太祖、太宗年间。通常，人们称他为三藏法师，俗称唐僧。

玄奘苦心钻研佛学、遍访国内名师，在此过程中他发现已翻译过来的佛经中有很多错误，且所说纷纭，难得定论。为此，他冥思苦想，终于决定到天竺（今印度半岛）佛教的发祥地去学习、探索，并取经得《十七地论》回来以解释人们的疑惑。

唐初政权刚刚建立，各项制度尚不完备，而且与西部地区突厥的关系也很紧张，所以，玄奘虽一再申请出境西去，但均未获准。在此期间，他学习了梵文，了解了西域、天竺的风俗，充分考虑了可能遇到的种种苦难，做好了西去的一切准备。

唐太宗贞观元年（公元 627 年），玄奘私下里跟着一些商人悄悄地从长安出发，经过秦州（今甘肃天水市）、兰州，到达当时的西部边陲重镇凉州（今甘肃武威县）。在凉州，玄奘的行踪被官府发现，凉州都督李大亮勒令他返回长安。此时，幸遇当地佛教领袖慧威，暗中派慧琳和道整两徒弟护送，继续西行。玄奘一行不敢公开在路上走，只得昼伏夜行。当他们到达瓜州（今甘肃瓜州县东）

时，瓜州刺史孤达听说有法师来此，非常高兴，盛情相待。此时，玄奘骑的马已经倒毙，而前面尚有深不可渡的瓠芦河，有几立的五个烽火台，还有一望无际的戈壁滩。无奈，玄奘只得停留一下。可就在此间，却来了凉州通缉他的公文，瓜州州吏李昌是个“崇信之士”、就揣着访拿玄奘的文书来找玄奘，问他是不是要抓的那个玄奘，李昌说：“您必须说实话，如果您真的是，我愿给您出主意想办法。”交谈中，李昌为玄奘立志求经、勇往直前的精神所感动，当面撕毁公文，催促玄奘赶快出关西行。

再次上路不久，跟随玄奘的两个小僧先后离开。不久，玄奘又遇到当地一名叫石槃陀的胡人。石槃陀自告奋勇，愿意做玄奘的向导，还引一位老夫来见玄奘。老夫很钦佩玄奘不畏艰辛的精神，他提醒玄奘前面还有千难万险，可玄奘坚定地表示：若不至婆罗门国，终不东归，纵死中途，也不后悔！老夫激动之下，将一匹曾经往返伊吾国十五次的老马赠给玄奘。玄奘和石槃陀，借着夜幕的掩护混出了玉门关。

出了玉门关，两人都累了，就在草丛里歇下了。歇了一会儿，玄奘似睡未睡，忽见石槃陀拔刀而起，慢慢逼近玄奘，转而又退了回去。玄奘怀疑他起了异心，就起身端坐诵经，石槃陀重又躺下睡去。待第二天天亮，石槃陀说：“前面的路途还很长很险，一路上无水无草，只有五烽下有点水，必须夜间去才能偷来，但一旦被发现，必死无疑。依我看，往前走只有死路一条，不如收拾行装，早早返家，这才是最稳妥的办法。”玄奘知道他打退堂鼓了，就随他去了。从此，玄奘只身在沙漠里行走。沙海浩浩，一望无际，哪有路径可循呀！唯有随着一堆堆骸骨和一团团驼马粪便的踪迹前进。就这样，他走了80多里，来到了第一座烽火台下。为不被发现，他藏在沙沟之中，待天黑后才走。转到烽火台的西侧，忽见一汪泉水出现在眼前，他牵着马下去喝水，突然间一箭射来，差点射着膝盖。玄奘急忙向烽火台上喊道：“我是长安来的和尚，请你们不要射箭！”并牵着马向烽火台走去。唐朝边官弄清了他的来历后，都很钦佩，送他过了烽火台。当夜他到了第四烽，校尉王伯陇还留他住了一夜，又送他一大皮囊水和马料、干粮等。并告诉他第五烽上的校尉是个粗暴的人，最好绕道而行，去野马泉取水，再往西行。

玄奘在罕有人迹的戈壁滩上走了一百多里后迷路了，而且不慎又将皮囊掉在地上洒掉了水，遇此困境，他记起自己曾立下誓言，又毅然继续向西。这样走了五天，滴水未进，终因舌焦腹饥昏倒在沙漠中。半夜，又被荒漠中的凉风吹醒，他强打精神又继续前进。走出几里后，那匹老马忽然拼命跑起来；原来，不远处有一片绿洲和泉水，他们喝了个痛快，有了生命的活力。

出了大沙漠，经伊吾国（今新疆哈密市西四堡）来到高昌国（今新疆吐鲁番）。高昌国国王麹文泰是个虔诚的佛教徒，他热情地把玄奘迎进王城，盛情予以款待。他为法师的惊人之举，感动得流下了眼泪。他希望玄奘留下来，但玄奘

志在西行。他又假意要送玄奘回大唐，玄奘则用绝食来感化他。麴文泰只得答应放玄奘西行，两人还结拜为兄弟，玄奘应邀又停留一个月讲授佛经。行前，文泰送给他许多衣物、食品、马匹，还开了路条，让沿途各国国王给玄奘西行以方便。

此后，玄奘又与风暴搏斗了七天七夜，翻雪山，过险关，终于在贞观二年（公元628年）夏末，到达此次西行的目的地北印度。在那里，他受到隆重的欢迎。从离开长安那天起到此时，玄奘艰辛跋涉，历时接近一年。在印度他停留了17年，进行取经、学法及授业讲课。贞观十九年（公元646年），玄奘返回长安。

自唐以来，有《唐三藏西天取经》杂剧、《西游记》小说等传世之作，都是以玄奘西天取经为蓝本而创作的玄奘的故事在民间广为流传，他不畏艰险，孜孜以求的美德，一直被人们所称道。

苏秦刺股律己

战国中后期，尤其是秦孝公任用商鞅变法后，秦国越来越强大。面对着这种趋势，其他六国不免恐慌起来。有的主张六国联合起来，共同抵抗秦，这种主张被叫作合纵；有的主张六国中的任何一国联合秦国，来攻击其他国家，这种主张被叫作连横。在这场“合纵连横”活动中出现了许多能言善辩、靠游说获利禄、进仕途的游士、食客。苏秦就是一个突出的代表。

苏秦（？~前284）出身于农民家庭，家里很穷，他读书时，生活非常艰苦，饿极了就把自己的长发剪下去卖点钱，还常常帮人抄写书简，这样既可以换饭吃，又在抄书简的同时学到很多知识。

这时，苏秦以为自己的学识已差不多了，就外出游说，他想见周天子，当面陈述自己的政见，对时势的看法但没有人为他引荐。他来到西方的秦国，求见秦惠文王，向他献计怎样兼并六国，实现天下的统一。秦惠文王客气地拒绝了他的意见，说：“你的意见很好，只是我现在还不能做到啊！”苏秦想，建议不被采纳，能给个一官半职也好嘛，可是他什么也没有得到。他在秦国耐着性子等了一年多，家里带来的盘缠都花光了，皮袄穿破了，生活非常困难，无可奈何，只好长途跋涉回家去。

苏秦回到家里，是一副狼狈的样子，一家人很不高兴，都不理他。父母不与他说话，妻子坐在织机上只顾织布，看也不看他。他放下行李，又累又饿，求嫂嫂给他弄点饭吃，嫂嫂不仅不弄，还奚落他一顿，在一家人的责怪下，苏秦非常难过。他想：我就这么没出息吗？出外游说，宣传我的主张，人家为什么不接受呢？那一定是自己没有把书读好，没有把道理讲清楚。他感到很惭愧，但是他没有灰心。他认为：一个人能不能有出息，能不能成就一番事业，关键就看自己能不能把书读好，求得真才实学。认识到这一点以后，他暗暗下决心，要把兵法研习好。

有了决心、行动也跟上来了。白天，他跟兄弟一起劳动，晚上就刻苦学习。直到深夜。夜深人静时，他读着读着就疲倦了，总想睡觉，眼皮粘到一块儿怎么也睁不开。他气极了，骂自己没出息，他想，瞌睡是一个大魔鬼，我一定要想法治治它！他想的是什么法子呢？他找来一把锥子，当困劲上来的时候，就用锥子往大腿上一刺，血流出来了。这样虽然很疼，但这一疼就把瞌睡冲走了。精神振作起来，他又继续读书。

苏秦就这样苦苦地读了一年多，掌握了姜太公的兵法，他还研究了各诸侯国的特点，以及它们之间的利害冲突，他又研究了诸侯的心理，以便于游说他们的时候，自己的意见、主张能被采纳。这时，苏秦觉得已有成功的条件。他再次出家，风尘仆仆地上了游说之路。

这次，苏秦获得了很大的成功。公元前333年，六国诸侯正式订立合纵的盟约，大家一致推苏秦为"纵约长"，把六国的相印都交给他，让他专门管联盟的事。

受挫自省，不怨天尤人；刺股律己，终成大器。苏秦的这条成才之路，给后人留下了养成良好德行的许多启示。

屈原放逐谱《离骚》

中国南方很多地主一直有着这样一种风俗，每年农历五月初五端午节这天，各地都要举行龙船竞渡等声势浩大的民间群众集会活动，家家户户还要包粽子吃。据说这是为了纪念中国历史上两千多年前伟大的政治家、爱国诗人屈原。屈原一生忧国忧民，为了国家的繁荣昌盛，不顾个人得失安危，同当时社会上腐朽、邪恶势力作了果敢的抗争，备受冷落、放逐的屈辱，最后以身殉国。相传他是在农历五月初五出于亡国的忧愤而投入汨罗江的。当时的百姓很难过、悲痛，把竹筒里的米倒入江中、河水中祭祀这位深受民众爱戴的仁杰的英灵。以后每逢五月五日，人们都划着船把包好的粽子撒在水中，表达了对这位伟大爱国诗人的永远怀念和无限敬仰，从而为中国悠久的历史、文化增添了更多的光彩。

屈原是战国时期的楚国人。他二十几岁时就具有渊博的学识和卓绝的才干，深受当时楚王的信任和重用，封他为左侍。屈原在提任左侍之职期间，时刻以楚国兴亡为己任，积极主张改革内政，变法图强；对外力主"联齐抗秦"，并出使齐国，订立了齐楚联盟。由于他特别主张限制贵族特权，任用贤能，这样就在很大程度上触犯了当时权贵的利益，因而招致了许多旧势力派人物的嫉恨和仇视。总是想方设法在楚王面前造谣、说坏话。于是昏庸的楚怀王听信了一些人的谣言，盛怒之下疏远了屈原，还将他放逐到江水以北。

屈原故里秭归的屈原庙

屈原虽然受到楚怀王的冷落、排挤，但仍然时时关心楚国的命运。他身处逆境，不顾个人安危，坚决反对楚与秦国缔交，而楚怀王却刚愎自用，偏信靳尚、郑袖、子兰一帮小人的谗言，结果使楚国损兵失地，怀王本人也被秦国所欺骗，客死他乡。在新楚王即位后，屈原又满怀爱国救国的热情，向新即位的楚王提出广博人才，远离小人，改革政治的富国强兵主张。然而新楚王不但不采纳屈原的建议，反而认为屈原是在侮辱自己，一气之下，又将屈原彻底革职，放逐到远离楚郢都的汨罗江边。

屈原满怀一颗救国救民的赤胆忠心，一腔富国强兵的热血，而结果他却遭到一连串无情的打击和两次放逐。这不平之事向谁表白？这愤懑之情向谁诉说？他如疯似狂地问苍天，问大地，问高山，问流水。在残酷无情的现实中，他满怀壮志遇挫折，他满腔热忱遭冷遇，然而他并没有消沉下去，也没有在黑暗的势力面前屈服，更没有放弃自己忧国忧民的爱国情操和理想。在艰苦而漫长的流放生活中，屈原在充分吸收民间文学艺术营养的基础上，利用他所创造的“楚辞”这一文学艺术形式，以优美的语言、丰富瑰丽的想象，写出了大量具有积极浪漫主义精神和强烈、高尚爱国主义情操的文学作品。在这些诗歌作品中，最著名而又最有影响的是《离骚》——中国现存的第一首抒情长诗。屈原在作品中，抒以了他“长太息以掩涕兮，哀民生之多艰”的满腔忧国爱国的激情，以及只要利国利民“虽九死犹未悔”的高尚情怀。在艰苦的流放岁月里，他从来不为个人的不幸遭遇怨天尤人，愤懑不平，但他不能不为当时受苦受难的民众而叹息流涕，他愤怒地揭露和抨击了封建贵族统治集团和昏庸腐败，并深刻地指出了民众苦难的根源所在。除了《离骚》外，他在《九歌》《天问》《九章》等作品中也同样表达了他对自己富国强兵的政治理想的执着追求，对祖国的眷念和热爱，同时还表现了他对受尽苦难的民众的关心和同情。在《橘颂》中，他以橘为喻表明了自己面对强大的恶势力的坚贞不屈的立场和决心。“路漫漫其修远兮吾将上下而求索”更加显示出这位伟大爱国诗人的崇高理想追求。屈原的炽烈的爱国思想和道德情操以及忍辱负重、不计个人荣辱安危的伟大风范，千百年来一直感召、激励着人们不畏任何艰难险阻去创造光辉的历史。中华民族自强不息的精神和优良文化传统正是由于各个历史时代涌现出的以屈原为楷模的仁人志士才得以延续并发扬光大。也难怪西汉伟大的史学有司马迁不无赞叹地称屈原“可与日月齐光”。

屈原的伟大，不仅在于他那为世人传颂的思想境界、道德情操，还在于他在

壮志未酬、身陷逆境以及颠沛流离的流放生活中仍然以高昂的激情创作了大量既有深邃思想内蕴，又有很高文学价值的爱国主义诗歌。这些作品不仅深刻地表现了社会现实，而且还具有强烈的浪漫主义色彩。他在民歌形式的基础上新创的一种句法参差灵活的文学体裁——骚体中把华美、瑰丽的文辞激越、淳厚的感情，丰富的想象以及不屈不挠的战斗精神融汇在一起，成为我国诗歌创作上的积极浪漫主义手法的先导。唐代大诗人李白就非常推崇屈原，挥笔写下了“屈原词赋悬日月”的赞辞。

刘邦砺志修德

刘邦、字季，沛县（今江苏沛县）人。生于公元前256年或247年。其父称刘太公，母称刘媪。

刘邦出身于一个平凡的需要用劳动来维持生活的家庭。劳动，是刘邦从小就无休无止的、必须去做的事情。面对农人都拼命努力的生产劳动，面对自己手中日日摆弄的锄、铲、耙，他的心理并没有产生再多打一把粮的需要的愿望。相反，他厌恶劳动，不愿“生产作业”。显然，可以说这是一种“逃避心理”的作用，或者直截了当地说，他青少年时期的主导心理便是逃避劳动。能使刘邦“逃避劳动”的可能无外乎这样几种：成为一个有田有钱的地主豪绅，这对他来讲颇有些可望而不可即；或成为一个可免劳作之苦的统治机构中的一员，很明显这是最快当便捷的途径，刘邦毫不犹豫地选择了后者，当上了泗水亭长。在秦朝官制中，亭长还称不上是“官”，仅是一个微不足道的小吏，但尽管如此，毕竟满足了他“逃避劳动”的愿望。而且在一方乡里，也算个了不起的人物。因此，当上了亭长后，他便常常置酒而饮，直至大醉方休。这一阶段，在他的生活中，既“避免”了劳动，又能酒肉常足，在他的心理上肯定会得到暂时的满足和慰藉。

“逃避劳动”这样一个小小的、单纯的需要的满足，并没有给刘邦带来更多的欢乐，反而加重了他心灵上的另一层阴影；过去，父母就责怪他不能像其兄弟刘仲那样多治产业，善于劳作。当上亭长后，他同样不能满足父母的愿望。因而，他需要证明他存在的价值，需要同兄弟在治产业上一较高低。他有这样的需要和动机，并且常常要以干一些大事业的语言表现出来。这种需要和动机，实质上是对自己心理缺欠的一种补偿。至少有两件事可以证明刘邦有这样的需要和动机。当他第一次去后来成为他的岳父的吕公家作贺时，人家规定，贺礼不够一千钱的，要在堂下就座。此时刘邦囊空如洗，分文没有，却说“贺万钱”，引得吕公大惊，请坐上座，而且见他貌非常人，十分敬重，竟将女儿许配给了他。当时在座的沛县主吏，后来成为刘邦得力助手的萧何曾告诫吕公说：“刘邦固多大言，少成事。”可见刘邦平日的“豪言壮语”是传播很广的。

但是，这种可以用多种方式来满足的脆弱的动机，还不足以激励刘邦去奋斗

和拼争，他还有更强烈的动机，并且逐渐强化为他的人生理想。这样的动机才是促使刘邦舍生忘死，锲而不舍地去追求的动力。这种强烈的动机便造成了他心理上的强烈的不平衡，而一旦这种动机以目标实现的形式得到了满足，那么，与此密切相关的其他一些心理失衡就能一同得到摆正。这就是说：刘邦在与父母兄弟关系中所产生的心理失衡状态，在他心里的主导方面所激励下形成的人生理想成为现实以后得到了调整。那么，他的主要心理动机，或者说由此产生的人生理想是什么？

萧何说过，刘邦“固多大言”。从刘邦的心理及其后来的行为分析，刘邦是一个不甘心一时满足的人，亭长的位置绝非他追求的终极目标。他在做亭长时就“固多大言”，看来在那时，他就是一个常常露出胸怀大志的人。

刘邦人生理想目标的初步确定，是从他见到秦始皇出行的那一刻开始的。《史记·高祖本记》记载：“高祖尝游咸阳，纵观，观秦皇帝，怅然太息曰：‘嗟乎，大丈夫当如此也！’”，刘邦的志向果然不小，他就是想做一个顶天立地的“大丈夫”，而且在他的理想模式中，“大丈夫”就等于皇帝。这对当时身为草芥小民的刘邦来说，的确可以说是惊人之语，狂妄之想了。但是，成为一个“大丈夫”或者说当皇帝，确实激励着刘邦百折不挠地去奋斗。从史书记载来看，刘邦只是在观秦始皇出行时明确表达出了他想成为一个“大丈夫”的志向，但这种想法在此之前即已存在。如前所述，刘邦从青少年起就不爱劳动，就好说“大言”，而他逃避劳动的方式就是设法出人头地，成为一个出类拔萃的人，他的“大言”，想来也多是表达此类意向。因此，当他一见到秦始皇出行这样威武壮观的场面，心中的理想图像便豁然开朗，使他明确认识到，他的人生价值就是成为一个如秦始皇一样的“大丈夫”！那么，刘邦观看秦始皇出行的一瞬间，就明确了他人生的理想模式，显然是有心理基础，而非一时冲动的狂言妄语。刘邦将“大丈夫”当作自己的理想追求，从他个性心理的发展脉络上看，是合乎逻辑的。

刘邦确立这样的人生理想，同他的气质、性格有密切联系。我们所知，刘邦的个性遗传性质极其有限。司马迁曾说他“意豁如也，常有大度”，可见刘邦的性格比较豪爽，不拘小节。他当亭长后，常赊酒而饮，毫无愧色。不持一钱去岳父家祝贺，却诈言“贺万钱”，居上坐，竟还凭空得了个妻子。性格上的豪爽、豁达、大度，似乎与刘邦人生理想的确立没有本质的必然联系，但是，一般而言，志向远大的政治家、军事家，在性格上都是开放型，其行为比较通达。刘邦性格及行为上的“豁如”，使他更易于接受和树立大的志向和理想，而远大的理想，又制约着他的行为和性格。

“励志”心语

【原文】

人苟能自立志，则圣贤豪杰何事不可为？何必借助于人！“我欲仁，斯仁至矣”。我欲为孔孟，则日夜孜孜，惟孔孟之是学，人谁得而御我哉？若自己不立志，则虽日与尧舜禹汤同住，亦彼自彼，我自我矣，何与干我哉！

【译文】

人如果能自己立志，则做圣贤、做豪杰，有什么事不能做到呢？还何必要借助于别人的力量呢？"我想得到仁的品德，这仁就到了"。我想做孔子、孟子那样的人，就日夜孜孜不倦地攻读，除了孔孟的东西别的什么也不学，谁能够阻止我呢？如果自己不立志，则即使天天与尧、舜、禹、汤同住，也只能他们是他们，我是我，自己能从圣人那里学到什么呢？

【原文】

譬如人欲之京师，一步不动而长吁短叹，但曰京师之远，岂我所能到乎？则旁观者必笑之矣。吾愿吾弟步步前行，日日不止，自有到期，不必计算远近而徒长吁短叹也。

【译文】

譬如有一个人想去京城，一步不动，却整日长吁短叹，口中只是说："京城太远了，我怎么能走得到呢？"则旁观者必定会笑话他。我希望我的弟弟一步一步地向前进，一天也不停止，这样自然会有到达的那一天，不要计算目标的远近而整日只是长吁短吧。

【原文】

和田玉云带纹双耳炉 清

凡沉疴在身，而人力可以自为主持者，约有二端：一曰以志帅气，一曰以静制动。人之疲惫不振，由于气弱。志而之强者，气亦为稍变。如贪早睡，则强起以兴之；无聊赖，则端坐以凝之；此以志帅气之说也。久病虚怯，则时时有一畏死之见，憧扰于胸中，即梦魂亦不甚安恬，须将生前之名，身后之事，与一切妄念，扫除净尽，自然有一种恬淡意味，而寂定之余，真阳自生，此以静制动之法也。

【译文】

凡是疾病缠身的人，而以自己的力量来战胜疾病，有两种方法。一种是以顽强的意志指挥气，一种是以静制动。凡人疲惫不堪、精神不振的时候，都是由于气弱。气弱则精神颓废。然而，意志坚强的人，气也会随意志而改变。比如贪早睡，如果立志早起，就必然能够早起；如百无聊赖之时，是气疲乏四散，如果端坐而固气，气也必会振作。这就是以志帅气。久病则气虚胆怯，时时怕死，困扰于心，就是做梦也难以安静。必须将生前的名誉、死后的一切事情，以及各种杂念，都全部忘掉。这样，自然心中生出一种恬淡的意味来，寂静之极，真阳自

生，这就是以静制动的方法。

【原文】

接泽儿八月十八日禀，具悉。择期九月二十日还湘，十月二十四日四女喜事，诸务想办妥矣。凡衣服首饰百物，只可照大女二女三女之例，不可再加。纪鸿于二十日送母之后，即可束装来营，自坐一轿，行李用小车，从人或车或马皆可，请沅叔派人送至罗山，余派人迎至罗山。

淮勇不足恃，余亦久闻此言，然物论悠悠，何足深信。所贵好而知其恶，恶而知其美。省三、琴轩均属有志之士，未可厚非。申夫好作识微之论，而实不能平心细察。余所见将才杰出者极少，但有志气，即可予以美名而奖成之。

余病虽已愈，而难于用心，拟于十二日续假一月，十月大奏请开缺，但须沅弟无非常之举，吾乃可徐行吾志耳。否则别有波折，又须虚与委蛇也。

【译文】

接泽儿八月十八日的来信，详情尽知。选择日期九月二十日回到湖南，十月二十四日四女儿的喜事，所有的事情想已办理妥当。凡是衣服首饰等物品，只能按照大女二女三女的例子，不可以再增加。纪鸿在二十日送母亲以后，就可打点行装到军营来，自己坐一乘轿，行李用小车，跟随的人或者坐车或者骑马都行。请沅叔派人把你送到罗山，我派人到罗山迎接。

安徽的地方军不必害怕，我也早有耳闻淮军厉害，然而众人的议论很多，如何能够全都信以为真。所以要听取其好的一面，认识其恶的一面；看到恶的一面，听取好的一面。肖三、琴轩都是有志之士，没有什么可深加指责。申夫喜好作浅薄的议论，其实他不能心平气静地观察。我所见到的将才中杰出的极少，但人只要有志气，就可予以表扬并奖励其成就。

我的病虽已痊愈，但注意力集中地干事情仍有困难，故准备于十二日续假一个月，十月向上级请求免去官职，但这需沅弟那里没有特殊的举动，我才可逐步按我的心意办事。否则如果有另外事情出现，我得应付职责了。

【原文】

十八之败，杏南表弟阵亡，营官亡者亦多，计亲族邻里中或及于难，弟日内心绪之忧恼万难自解。然事已如此，只好硬心狠肠，付之不问而壹意料理军务。补救一分，即算一分。弟已立大功于前，即使屡挫，识者犹当恕之。比之吾在岳州、靖港败后栖身高峰寺，胡文忠在奓山败后舟居六溪口气象，犹当略胜。高峰寺、六溪口尚可再振，而弟今不求再振乎？

此时须将劾官相之案、圣眷之隆替、言路之弹劾一概不管。袁了凡所谓从前种种譬如昨日死，人后种种譬如今日生，另起炉灶，重开世界，安知此两番之大败，非天之磨炼英雄，使弟大有长进乎？谚云吃一堑长一智，吾生平长进全在受挫受辱之时。务须咬牙厉志，蓄其气而长其智，切不可苶然自馁也。

【译文】

十八日的失败，杏南表弟阵亡，营国军官死的也很多，核计亲族邻里中遇难的人，弟日内忧伤恼怒的心情很难自己排解。然而事情已经到了这种地步，只好硬着心肠，对它不闻不问，集中全力料理军务。补救一分算一分。弟前面已立了大功，即使屡屡遭受挫折，了解内情的人还是会原谅你的。这比我在岳州、靖港败后住到高峰寺，胡文忠在奓山败后住在六溪口船上的情景，应该说好多了。高峰寺、六溪口还可以东山再起，而弟今后就不求重振军威了吗？

这个时候必须把弹劾官相的案子君上的奖罚、舆论的弹劾等一概不管。袁了凡所说的“从前种种譬如昨日死，以后种种譬如今日生”。另起炉灶，重开世界，怎么能知道经过这两次大的失败不是老天有意磨炼英雄，使弟大有长进呢？古谚语说，吃一堑长一智，我这一生的长进全在受挫折受屈辱的时候。必须咬紧牙关励精图治，养精蓄锐，千万不能垂头丧气，自己失去信心。

【原文】

尔学柳贴《琅邪碑》，效其骨力，则失其结构，有其开张，则无其晥博。古贴本不易学，然尔学之尚不过旬日，焉能众美华备，收效如此神速？

余昔学颜柳贴，临摹动辄数百纸，犹且一无所似。余四十以前在京所作之字，骨力间架皆无可观，余自愧而自恶之。四十八岁以后，习李北海《岳麓寺碑》，略有进境，然业历八年之久，临摹已过千纸。今尔有功未满一月，遂欲遽跻神妙耶？余于凡事皆用困知勉行工夫，尔不可求名太骤，求效太捷也。以后每日习柳字百个，单日以生纸临之，双日以油纸摹之。临贴宜徐，摹贴宜疾，专学其开张处。数月之后，手愈拙，字愈丑，意兴愈低，所谓困也。困时切莫间断，熬过此关，便可少进。再进再困，再熬再奋，自有亨通精进之日。不特习字，凡事皆有极困极难之时，打得通时，便是好汉。余所责尔之功课，并无多事，每日习字一百，阅《通鉴》五叶，诵熟书一千字（或经书或古文、古诗，或八股试贴，从前读书即为熟书，总以能背诵为止，总宜高声朗诵），三八日作一文一诗。此课极简，每日不过两个时辰，即可完毕，而看、读、写、作四者俱全。馀则听尔自为主张可也。

笔架　清

国学经典文库

【译文】

你临柳帖《琅邪碑》，如果学其骨力，就会失其结构，有其间架结构，就会掌握不住它刮摩的功力。古帖本来就不好学，而你学习不过半月时间，怎么能各方面都掌握住，收效那么快呢？

我以前学颜柳帖，每一次临摹就是数百张纸，可仍是一点也不像。我四十岁以前在北京所写的字，骨力和间架都不好看，自己都感到太不好而自觉惭愧。四十八岁以后，练习李北海《岳麓寺碑》，经过八年之久，数千张纸的临摹，才有了一些进步。今天你用功不满一个月，哪能一步登上神妙的境地呢？对于一切事情都要下一番困知勉行的功夫，你不可求很快出名，很快就见成效。以后每日练习柳字百个，单日用生纸临，双日用油纸摹。临帖要慢，摹帖要快，专门在学其间架结构上下功夫。数月之后，手会变得越笨，字会变得越丑，兴趣也会越低，这就是所谓的困。困时切记不要间断，熬过这一关，就可有些进步了。再进再困，再熬过这一关，就会大有进步了，就会有亨通掌握之日。不仅是练字，做什么事都有极困难的时候，只要克服困难坚持下去，就是好汉。我给你布置的功课并不多，每日练习一百个字，读五页《通签》，背诵熟书一千字（或经书或古文、古诗，或八股试贴，总是高声朗诵)，逢三日作一篇文章，逢八日作一首诗。这些课非常简单，每日用不了两个时辰就可做到，将看、读、写、作四方面的任务都完成。余下的时间你可自己进行安排。

【原文】

十二日接尔初八日禀，具悉一切。福秀之病，全在脾亏。余前信已详言之。今闻晓岑先生峻补脾胃，似亦不甚相宜。凡五藏极亏者，皆不受峻补也。尔少时极脾亏，后用老米炒黄，熬成极酽之稀饭，服之半年，乃有转机。尔母当尚能记忆。金陵可觅得老米否？试为福秀一服此方。开生到已数日，元微信接到，兹有复信，并邵二世兄信。尔阅后封口交去。渠需银两，尔陆续交付可也。

义山集似曾批过，但所批无多。余于道光十二三四五六等年，用胭脂圈批。唯余有丁刻《史记》王刻韩文、小本杜诗、康刻《古文辞类纂》、震川集、山谷集首尾完毕，馀皆有始无终，故深以无恒为憾。近年在军中阅书，稍觉有恒，然已晚矣。故望尔等少壮时，即从有恒二字痛下工夫。然须有情韵趣味，养得生机盎然，乃可历久不衰。若拘苦疲困，则不能真有恒也。

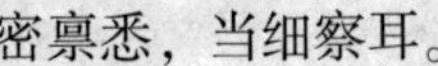

密禀悉，当细察耳。

【译文】

十二日接你初八日来信，详情尽知。福秀的痛，全在腺云虚，我以前已去信详细谈了这种病。现在听说晓岑先生大补脾胃，似乎也不相宜。凡是五脏极亏的人，都不能大补。你小时脾也极亏，后用老米炒黄，熬成稀粥，吃了半年，才有转机。你母亲也能忆起这事。金陵可买到老米吗？试着教福秀服此方。开生来此已经几天了，元征的信接到了，兹有复信，并邵二世兄信。你阅后封口交去。他需要的银两，你陆续支付就可以了。

《义山集》好像曾经批过，但是所批不多。我于道光十二至十六年（公元1843至1846年）中，用胭脂圈批。只有我有丁刻《史记》（六套，在家否)、王刻韩文（在你处)、程刻韩诗（最精本)、小本杜诗、康刻《古文辞类纂》（温叔带回、霞仙借去）、震川集（在李师处）、山谷集（在黄恕皆家），从头至尾都批注完了，其余都有始无终，所以深深感到以无恒心为遗憾。近年来在军中读书稍微觉着有恒心，然而已经晚了。因此希望你们年轻少壮时，即在有恒二字上痛下功夫，然而要有情韵和趣味，培养起生机盎然，才可以历久不衰。假若读书感到拘泥、困难、疲乏、困倦，那么就不能真有恒心了。

密报知道了，应当细心观察。

【原文】

尔累月奔驰酬应，犹能不失常课，当可日进无已。人生惟有常是第一美德。余早年于作字一道，亦尝苦思力索，终无所成。近日朝朝摹写，久不间断，遂觉月异而岁不同。可见年无分老少，事无分难易，但行之有恒，自如种树畜养，日见其大而不觉耳。尔之短处在言语欠钝讷，举止欠端重，看书能深入而作文不能峥嵘。若能从此三事上下一番苦工，进之以猛，持之以恒，不过一二年，自尔精进而不觉。言语迟钝，举止端重，则德进矣。作文有峥嵘雄快之气，则业进矣。尔前作诗，差有端绪，近亦常作否？李、杜、韩、苏四家之七古，惊心动魄，曾涉猎及之否？

【译文】

你连月奔走应酬，还能坚持学习，当能大有前途。人生唯有做事有恒是第一美德。我早年对于书法一道，也曾苦力探索，终无成就。近段天天摹写，从不间断，就觉得日新月异。由此可见，岁数无论大小，事情无论难易，只要持之以恒，就如种树养家禽一样，天天看着它长大而感觉不到。你的短处在于言语欠迟缓，举止欠端庄稳重，看书能够深入进去而文章缺乏峥嵘之气。如能从这三件事上下一番功夫，尽力猛行，坚持不懈，不过一二年，自然有无形地长进。言语迟缓，举止端重，则品德性情有长进。文章有峥嵘雄骏之气，则业有长进。你以前作诗稍有门径，近来还常写否？李白、杜甫、韩愈、苏轼四家的七言古诗，气势惊心动魄，是否有所涉猎体会？

【原文】

古之书家，字里行间别有一种意态，如美人之眉目可画者也，其精神意态不可画者也。意态超人者，古人谓之韵胜。余近年于书略有长进，以后当更于意态上著些体验。工夫因为四语，曰：骶属鹰视，拨镫嚼绒，欲落不落，欲行不行。癸亥九月。

【译文】

古代书法家的书法，字里行间别有一种神情姿态，比如美人的眉目很容易画出来。但美人的精神意态却很难画出来，能够超出一般仅仅画的相似而能画出神情来，古人谓之韵胜。我近年来在练习书法上稍微有些长进，以后更应当在神情姿态上多下些功夫，慢慢体验。练习书法，要下功夫，可归纳为四句话是：骶属

鹰视，拨镫嚼绒，欲落不落，欲行不行。同治二年九月。

【原文】

《叙传》："侯草木之区别兮，至李虎发而石开。"

有其实必有其荣，有其感必有其应。至诚而不动者，未之有也。为其事而无功者，未尝睹也。孔之契韶，汉之褒孔养李之精诚通神，皆一贯之义。

【译文】

有其果实就一定有其繁荣，有其感触就必有其接应。心怀至诚而不感动别人者，这是没有的。专心致志地做某件事而没有功效的，还不曾见到过。孔之契韶，汉代褒扬孔子老子的精诚之心，是可以通神的。这些都是一贯的说法。

【原文】

弟肝气不能平伏，深为可虑。究之弟何必郁郁？从古有大勋劳者，不过本身一爵耳。吾弟于国事万事，可谓有志必成，有谋必就，何郁郁之有！

【译文】

你的肝气不能平伏，深为可虑。弟弟何必要郁闷不乐呢？自古有大功劳的人，不过是本身得一爵位而已。弟弟在国事及一切事情上，可以说是有志必成，有谋必就，有什么可郁闷的呢？

【原文】

日内颇好写字，而年老手钝，毫无长进。故知此事须于三十岁前写定规模，自三十岁以后只能下一熟字工夫，熟极则巧妙出焉。笔意间架梓匠之规矩也，由熟而得妙，则不能与人之巧也，吾于三四十岁时规矩未定，故不能有所成。人有恒言曰："妙来无过熟。"又曰"熟能生巧。"又曰："成熟，故知妙也。"巧也，成也，皆从极熟之后得之者也。不特写字，皆然。凡天下庶事百技皆先立定规模，后求精熟。即人之所以为圣人，亦系先立规模，后求精熟。即颜渊未达一间，亦只是欠熟耳。故曰夫仁亦在乎熟之而已矣。己未四月。

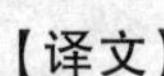

【译文】

近些天，我对练写书法颇感兴趣，但因年老手笨，没有什么长进。由这件事我明白书法艺术必须在人的三十岁之前练定字形，三十岁过后只能在熟练上下功夫。熟练到一定程度才到达妙境。对书法来讲，间架结构就如同木工的工具，对此反复练习才能达到妙境，谁也不能教给练习的人捷径技巧。我三四十岁以前字形结构没有练定，所以现在不能取得什么成就。人们有至理恒言讲："巧妙都是用来自于反复练习。"又说："熟悉之后，才能知道巧妙处。"巧妙、成功都是来自反复练习。不仅练习书法如此，别的事情也是这样。大凡天下事、各行业都是从基本规模开始，再追求精巧的，有的人之所以为圣人，也是从平凡处职德开始才达到伟大的。即使颜回，当年之所以"处陋巷，一瓢饮"，也是因修行不到家的缘故。所以说仁德也是从平时的修养中来的。咸丰九年四月。

【原文】

高名扬来，接六月二十六日两禀，知鸿儿平安到家。顷又接鸿儿七月八月禀，知后来省寓居黄宅矣。余六月十六之信温叔因病不能终场，陶少云因病不能终卷，嘱尔到家不必再出赴省。今既到省城，如身体尚可支持，自当进场应试。余不执成见也。《六经》及分类字锦此时无便可寄，亦非科场急需之书，将来见便将局刻各书寄几分与诸侄可耳。泽儿中秋后前来金陵，即携纪渠同来，令其开豁眼界，长育德性。余不乐久居此官，尔不宣挈眷来也。袁漱六所送经宋本（不论是淳化本景佑本）《前汉书》，尔可带来。余昔年阅过之《通鉴》，亦须带来。段《说文》《读书杂志》《经义述闻》均带来。今年奇热，余夏堪苦，然看书未甚间断。家中造楼藏书，本系应办之事，然木料非常之难，果能办否？

【译文】

高名扬来，收到二十六日两封信，得知鸿儿已经平安到家。刚才又接到鸿儿七月八日信，知道后来又到省城居住在黄宅。我六月十六日信中曾说温叔因病不能坚持考试终场，陶少云因病没有答完卷就退出考场。嘱咐你到家后不要再到省城去。今既然到了省城，如果身体还可以支持，就应当进考场应试。我不固执己见。《六经》及分类字锦的书，此时没有书可寄，也不是科场必备的书籍，等将来寻找到便将局刻的各种书寄几本给儿和诸侄就可以了。泽儿中秋前后来金陵，可把纪渠带来，使他开阔眼界，长点见识和德性。我不乐意久当此官，所以泽儿不适宜带家眷来。袁漱六所送北宋本（不论是淳化本景佑本）《前汉书》，你可带来。我前些年读过的《通鉴》，也必须带来。段注的《说文》《读书杂志》《经义述闻》都带来。今年天气出奇的热，我感到过夏天特别苦，然而看书从未间断过。家中造藏书楼，本来是应该办的事，然而木料很难筹办，你真的能办到吗？

【原文】

尔近来写字，总失之薄弱，骨力不坚劲，墨气不丰腴，与尔身体向来轻字之弊正是一路毛病。尔当用油纸摹颜字之《郭家庙》、柳字之《琅琊碑》《元〔玄〕秘塔》，以药其病。日日留心，专从“厚重”二字上用工。否则字质太薄，即体质亦因之更轻矣。人之气质，由于天生，本难改变，惟读书则可变化气质。古之精相法〈者〉，并言读书可以变换骨相。欲求变之之法，总须先立坚卓之志。即以余生平言之，三十岁前最好吃烟，片刻不离，至道光壬寅十一月二十一日立志戒烟，至今不再吃。四十六岁以前作事无恒，近五年深以为戒，现在大小事均尚有恒。即此二端，可见无事不可变也。尔于“厚重”二字，须立志变改。古称金丹换骨。余谓立志即丹也。

【译文】

你近来写字，总是失之于薄弱，骨力不够坚劲，墨气也不够丰腴饱满，这和你言行举止向来不持重的毛病是一样的。你应当用油纸摹写颜真卿的《郭家

庙》、柳公权的《琅琊碑》《玄秘塔》，来医治这个毛病。你必须天天留心，专门从“厚、重”两个字上下功夫。否则的话，字质太过单薄，就会使体质也因此而更加轻薄了。人的气质，是先天生成的，原本是难以改变的，只有读书才可以改变人的气质。古时精通看相之法的人，都说读书可以变换骨相。要想变得骨相的方法，必须先立下坚定的志向。就拿我的生平来说，三十岁以前最喜欢吸烟，一刻也不离，到了道光壬寅年十一月二十一日，我立志戒烟，至今不再吸。四十六岁以前我做事没有恒心，最近五年来深以为戒，现在做大小事情都比较有恒心。就从这两件事上，已经足可以看出，世界上没有一种事情是不可以改变的。你在“厚重”二字上，必须下一番苦功夫，以求改过自新。古人说金丹可以使人换骨，我认为立志就是金丹。

【原文】

前接来禀，知尔钞《说文》，阅《通鉴》，均尚有恒，能耐久坐，至以为慰。去年在营，余教以看、读、写、作，四者阙一不可。尔今阅《通鉴》，算看字工夫；钞《说文》，算读字工夫。尚能临帖否？或临《书谱》，或用油纸摹欧、柳楷书，以药尔柔弱之体，此写字工夫，必不可少者也，尔去年曾将《文选》中零字碎锦分类纂钞，以为属文之材料，今尚照常摘抄否？已卒业否？或分类钞《文选》之词藻，或分类钞《说文》之训诂，尔生平作文太少，即以此代作字工夫，亦不可少者也。尔十余岁至二十岁虚度光阴，及今将看、读、写、作四字逐日无间，尚可有成。尔语言太快，举止太轻，近能力行迟重字以改救否？

【译文】

收到你的来信，知道你在抄写《说文解字》，阅读《资治通鉴》时，都比较有恒心，能耐久坐，我心中感动十分欣慰。去年在军营中，我教导你“看、读、写、作”四种功夫，缺一不可。你现在阅读《资治通鉴》，算是看字功夫；抄写《说文解字》，算是读字功夫。你是否还在坚持临帖呢？或者临《书谱》，或者用油纸摹欧体和柳体楷书，以锻炼你柔弱的身体，这种写字功夫，是必不可少的。你去年曾将《昭明文选》中的零碎字词和优美的句子分类摘抄下来，作为写文章的材料，现在还照常摘抄吗？是否已经完成了？或者分类抄写《说文解字》的训诂，或者分类抄写《昭明文选》的辞藻，因为你平时作文章太少，就以此来代替作字功夫，这也是不可缺少的。你从十几岁到二十岁的光阴已经虚度了，现在如果坚持练这“看、读、写、作”四字功夫，一天也不间

《资治通鉴》书影

断，将来还可以有所成就。你说话速度太快，举止太轻，近来还能认真地坚持用“慢”和“稳重”三个字来改救你的缺点吗？

【原文】

言物行恒，诚身之道也。万化基于此矣。余病根在无恒，故家内琐事，今日立条例，明日仍散漫；下人无常规可循，将来莅众必不能信，作事必不能成。戒之。壬寅正月。

【译文】

言之有物，行之有常，这是诚恳修身的标准。社会的万端变化都以这个标准为基础。我的病根就在没有常度，所以家庭内的琐事，今日立条例，明日就散散漫漫不遵守了；手下的人没有常规可以遵循，将来领导大众，一定不能使人信任，做事情一定不能成功。警戒啊！道光二十二年正月。

【原文】

车中无戒惧，意为下人不得力，屡动气。每日间总是“忿”字、“欲”字往复，知而不克去，总是此志颓放耳！可恨可耻。癸卯正月。

【译文】

坐在车子里没有警戒，无所畏惧，我心里认为是手下的人不得力，屡次动气。每天里都是“忿”字、“欲”字往往复复，心里明白但不能除去，都是这一志向不坚定，自我颓丧、放任啊！可恨，可耻！道光二十三年正月。

【原文】

自去年十二月廿后，心常忡忡不自持，若有所失之者，至今如故。盖志不能立时易放倒，故心无定向，无定向则不能静，不静则不能安，其根只在志之不立耳。又有鄙陋之见，检点细事，不忍小忿，故一毫之细，竟夕踌躇；一端之忤，终日粘沾恋坐，是所以忡忡也。志不立，识不鄙，欲求心之安定，不可得矣。是夜，竟不成寐，辗转千思，俱是鄙夫之见。于应酬小处计较，遂以小故引伸成忿，惩之不暇，而更引之，是引盗入室矣。癸卯正月。

【译文】

从去年十二月二十日以后，心里经常忧虑忡忡而不能自己把握，如像若有所失的样子，到现在还是如此。大概是志向不能树立的时候，就容易放松潦倒，所以才心中没有一定的努力方向。没有确定的方向就不能静，不能静就不能安，它的根子只是在志向的不树立方面。再方面是有鄙陋的看法，检点一些细事枝节，不能忍耐小的不满，所以有一毫的细事，竟然一夜晚踌躇；有一件事不顺当，就整天粘沾在座位不起，这就是所以忡忡的原因。志向不树立，见识又短浅，想寻求心里的安定，就不容易得到了。这夜，竟不能成寐，辗转思绪万千，全都是鄙夫的见解。在应酬的时候处处从小处计较，遂因为小事的缘故引申成忿，又无暇惩治，又更加引申，这是引盗入室啊！道光二十三年正月。

【原文】

闻母亲想六弟回家，叔父信来，亦欲六弟随公车南旋。此事须由六弟自家作主，男不劝之归，亦不敢留。家中诸务浩繁，四弟可一人经理，九弟、季弟必须读书，万不可耽阁他。九弟、季弟亦万不可懒散自弃。去年江西之行，已不免为人所窃笑，以后切不可轻举妄动。只要天不管地不管，伏案用功而已。男在京时想望者，只望诸弟中有一发愤自立之人，虽不得科名，亦是男的大帮手。万望家中勿以琐事耽阁九弟、季弟，亦望两弟鉴我苦心，结实用功也。

【译文】

闻知母亲想让六弟回家，叔父来信，也想让六弟随公车南归。这件事情必须由六弟自己做主，男儿既不便劝他回家，也不便挽留他。家里的浩繁事务，可由四弟一人经营料理，九弟、季弟必须读书，万万不可耽搁他们。他们也万万不可懒散不求上进。去年他们私自去江西，已不免令人嗤笑，以后切不可再轻举妄动。只要他们天不管、地不管，伏案用功就行了。男儿在京城时常期望的，就是只望各位弟弟中间能有一个发愤自立的人，虽然不一定得到科名，也是男儿的一大帮手。万望家中切不要以琐事耽搁九弟、季弟读书，也望两位弟弟念我的一份苦心，扎扎实实地用功学习。

【原文】

尝谓性不虚悬，丽乎吾身而有宰；命非外铄，原乎太极以成名。是故皇降之衷，有物斯以有则；圣贤之学，惟危惕以惟微。盖自乾坤奠定以来，立天之道曰阴与阳，静专动直之妙，皆性命所弥纶。立地之道曰柔与刚，静翕动辟之机，悉性命所默运。是故其在人也，絪缊化醇，必无以解乎造物之吹嘘。真与精相凝，而性即寓于肢体之中。含生负气，心有以得乎乾道之变化。理与气相丽，而命实宰乎赋畀之始。以身之所具言，则有视、听、言、动，即有肃、乂、哲、谋。其必以肃、乂、哲、谋为范者，性也；其所以主宰乎五事者，命也。以身之所接言，则君、臣、父、子，即有仁、敬、孝、慈。其必以仁、敬、孝、慈为则，性也；其所纲维乎五伦者，命也。此其中有理焉，亦期于顺焉而已矣。

请申论之：性浑沦而难名，按之曰理，则仁、义、礼、智，德之赖乎扩充者，在吾心已有条不紊也。命于穆而不已，求之于理，则元、亨、利、贞，诚之贯乎通复者，在吾心且时出不穷也。有条不紊，则践形无亏，可以尽已性，即可以尽人物之性。此顺乎理者之率其自然也。时出不穷，则泛应曲当，有以立吾命，即有以立万物之命。此顺乎理者之还其本然也。彼乎持矮揉之说者，譬杞柳以为桮棬，不知性命，必致戕贼仁义，是理以逆施而不顺矣。高虚无之见者，若浮萍遇于江湖，空谈性命，不复求诸形色，是理以惝恍而不顺矣。惟察之以精，私意不自蔽，私欲不自挠，惺惺常存，斯随时见其顺焉。守之以一，以不贰自惕，以不已自循，栗栗惟惧，斯终身无不顺焉。此圣人尽性立命之极，亦即中人复性知命之功也夫！

【译文】

曾经有人说性，不是虚无浮悬着的东西，它伴着我们的身躯并成为主宰；命，不是由外界熔塑的，是起源于太极而形成的。所以说上天降生孕育万物的初衷，有物类就有相应的法则；圣贤的学问，想到危难戒惧时就注意细微之处。自从乾坤形成以来，为天建立的法则称为阴和阳，专一安静与伸张动作的妙处，都是人的性命所包罗的。为地建立的法则叫作柔与刚，静止敛息与发动开辟的玄机，全是人的性命暗中运气，因而它对于人，氤氲交会而形成纯朴的风化，是造物主也必然无法将它吹嘘分散。真与精相凝结，而性就蕴藏于人的肢体之内。含蕴着生气，必然会得到乾道的变化。理与气互相依附，而命运实际主宰于禀赋给予的开始。就身体所具备的功能来说，有视觉、听觉、语言、动作等，即有恭敬、治理、明智、谋略。而必然以恭敬、治理、明智、谋略为模式的原因，就是性的作用；所以能够主宰修身五事（貌、言、视、听、思）的，就是命。以与人切身相关的来说，有君主、臣僚、父亲、子息，于是就有了仁义、敬重、孝顺、慈爱。而必然要以仁义、敬重、孝顺、慈爱为原则的，就是性的作用；所以能够维护五伦（君臣、父子、兄弟、夫妇、朋友）的，是命的因素。这其中有一定的道理，就是期望顺畅而已。

请允许申述讨论这一问题：性这个概念实在是含混而难以确切表述。按理来说，那么仁、义、礼、智这些道德观念的扩充，在我心中早已经有条不紊地存在着了。命，在警诫求实而得不到表述时，在道理中寻求，那么元（善良）亨（通达）利（利益）贞（正直），实在是在我心中贯穿反复，时出不穷。有条不紊，那么在实践中所体现的天赋品质就觉得不亏心，可以尽量发挥自己的本性，也就是可以尽量发挥一个真正人物的本性。这是既通达道理又直率自然。时出不穷，那么泛泛地应付各种事情或曲折或直接，可以确保我的生命，也就是确立万物的生命。这就是顺于道理并保全原本的样子。那些坚持矫揉造作的学说的人，就好像把杞柳树当成枝条编成的杯盘一般，不通晓性命之理，必然会残害仁义，使道理颠倒而不顺畅。高谈虚玄妙论而无主见的人，好像浮萍泊于湖之上，空论性命之学问，不再讲求事物的形状与颜色，这种理论，实际上是模糊不清的，也难说得通顺。只有体察精微，并不隐蔽自己的意图，不屈挠自己的欲望，清醒与机灵常常存于心中，才能随时看到这样人的顺利行事。坚守唯一目的，经常告诫自己专一不二，经常遵循前进不已的原则，战战兢兢恐惧失误，这样就会终身没有不顺利的。这是圣人尽自己性情而立身处世的最高境界，也是一般人恢复自己本来性情立身处世的有效法则。

【原文】

凡人作一事，便须全副精神注在此一事，首尾不懈。不可见异思迁，做这样想那样，坐这山望那山。人而无恒，终身一无所成。我生平坐犯无恒的弊病，实在受害不小。当翰林时，应留心诗字，则好涉猎它书，以纷其志。读性理书时，

则杂以诗文各集，以歧其趋。在六部时，又不甚实力讲求公事。在外带兵，又不能竭力专治军事，或读书写字以乱其志意。坐是垂老而百无一成。……不可又想读书，又想作州县，纷纷扰扰，千头万绪，将来又蹈我之复辙，百无一成。悔之晚矣。

【译文】

一个人要想做好一件事，就必须把全副精力都灌注在这件事上，自始至终，坚持不懈。不可见异思迁，做着此事想着彼事，坐在此山望着彼山。人如果没有恒心，必将终身一事无成。我生平因为犯没有恒心的毛病，实在受害不小，作翰林时，本应留心于诗词书法，我却喜欢涉猎其他的书籍，以致干扰了自己的志向。读性理书时，我掺杂着读诗集、文集结果分散了注意力，使我走上歧途。在六部任职时，我又不很努力讲求公事。在外带兵时，我又不能全力专治军事，而经常读书写字，结果扰乱了思想。所以直到垂老之年，我仍然百无一成。……你不能既想书，又想中举，又想作州县官，纷纷扰扰，千头万绪。否则的话，将来必定重蹈我的覆辙，百无一成，到那时后悔也晚了。

【原文】

我朝列圣相承，总是寅正即起，至今二百年不改。我家高曾祖考相传早起，吾得见竟希公、星冈公皆未明即起，冬寒起坐约一个时辰，始见天亮。吾父竹亭公亦甫黎明即起，有事则不待黎明，每夜必起看一二次不等。此尔所及见者也。余近亦黎明即起，思有以绍先人之家风。尔既冠授室，当以早起为第一先务。自力行之，亦率新妇力行之。

余生平坐无恒之弊，万事无成。德无成，业无成，已可深耻矣。逮办理军事，自矢靡他，中间本志变化，尤无恒之大者，用为内耻。尔欲稍有成就，须从有恒二字下手。

余尝细观星冈公仪表绝人，全在一重字。余行路容止亦颇重厚，盖取法于星冈公。尔之容止甚轻，是一大弊病，以后宜时时留心。无论行坐，均须重厚。早起也，有恒心，重也，三者皆尔最要之务。早起是先人之家法，无恒是吾身之大耻，不重是尔身之短处，故特谆谆戒之。

【译文】

我们大清朝世代圣主相承，一直都是寅正时（即凌晨四点）就起床，至今二百年未改。我们家从高祖、曾祖时就代代早起，我曾见过曾祖父竟希公、祖父星冈公都是天不亮就起床寒冷的冬天起床后约一个时辰（即两个小时），才看到天亮。我的父亲竹亭公也是天刚黎明就起床，有事时则不到黎明就起床，而且每天夜里都必定要起来查看一两次不等，这是你们都曾看见过的。我近来也是黎明就起床，想努力继承先人的家风。你既然已经年过二十，并且业已娶妻成家，就应当以早起床为第一要务。不但要自己身体力行，同时还要教导新媳妇身体力行。我平生因为有缺乏恒心的弱点，以致万事无成。德行方面没有什么成绩，学

业方面也没有什么成绩，已经足以使人深深地感到耻辱了。等到办理军事时，本自己曾发誓不再干别的事情，可是中间志向又发生了变化，这是极为严重的没有恒心，我心中深以此为耻。你如果想有点成就，便必须从“有恒”二字下手。

金錾花八宝双凤盒　清

我曾经仔细地观察过，祖父星冈公的仪表绝人，完全是在于一个“重”字。我的形貌举止也很稳重、厚道，就是效法星冈公。你的形貌举止很轻浮，这是一大弊病，以后应当时时注意。无论是行还是坐，都必须重厚。早起床，有恒心，举止稳重，这三点对你来说都是最要紧的事情。早起床是先人的家法，没有恒心是我自己的一大耻辱，不稳重是你身上的缺点，所以我特意谆谆告诫你。

卷二　家范

经文释义

【原文】

家中兄弟子侄，惟当记祖父之八个字，曰：“考、宝、早、扫、书、蔬、鱼、猪。”又谨记祖父三不信，曰：“不信地仙、不信医药、不信僧巫。”余日记册中又有八本之说，曰：“读书以训诂为本，做诗文以声调为本，事亲以得欢心为本，养生以戒恼怒为本。立身以不妄语为本，居家以不晏起为本，做官以不要钱为本，行军以不扰民为本。”此八本者，皆余阅历而确有把握之论，弟亦当教诸子侄谨记之。无论世之治乱，家之贫富，但能守星冈公之八字与余之八本，总不失为上等人家。

玉拂手　清

【译文】

家中兄弟子侄，应当牢记祖父训诫的八个字“考、宝、早、扫、书、蔬、鱼、猪。”又当谨记祖父的三不信“不信地仙，不信医药，不信僧巫。”我日记中又讲到八本的说法，是“读书以训诂为本，做诗文以声调为本，侍奉长辈以让其欢心为本，修养身心以戒怒为本。立身以诚信为本，居家以早起为本，做官以不要钱为本，行军以不扰民为本。”这八本，都是我亲身经历、行之有效的经验之谈，弟应当教育众子侄谨记实行。无论治世还是乱世，家贫还是家富，只要能遵守祖父星冈公的八字与我的八本之说，总不失为让人尊重的上等人家。

【原文】

士大夫之家不旋踵而败，往往不知乡里耕读人家之耐久。所以致败之由大约不出数端。家败之道有四，曰：礼仪全废者败；兄弟欺诈者败；妇女淫乱者败；子弟傲慢者败。身败之道有四，曰：骄盈凌物者败；昏惰任下者败；贪刻兼至者败；反复无信者败。本有八者全无一失而无故倾覆者也。

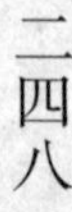

【译文】

士大夫之家会顷刻衰败，往往比不上乡村耕读之家的家运耐久。所以认定造成衰败的缘由大约不出这几个方面。使家业凋敝的途径有四条，是不讲求礼仪的人家必衰败；兄弟彼此欺诈不和的人家必衰败；妇女淫荡秽乱的人家必衰败；子弟们傲慢轻侮他人的人家必衰败。使自身衰败的原因也有四条，是骄傲自大、恃才凌物的人必衰败，糊涂懒惰、偏信下属的人必衰败，贪婪苛刻、求全责备的人必衰败，反复无常、不讲信誉的人必衰败。从来没见过以上弊病一丝不染而无故败家覆身的人事。

【原文】

凡天下官宦之家，多只一代享用便尽，其子孙始而骄佚，继而流荡，终而沟壑，能庆延一二代者鲜矣。商贾之家，勤俭者能延三四代；耕读之家，谨朴者能延五六代；孝友之家，则可以绵延十代八代。我今赖祖宗之积累，少年早达，深恐其以一身享用殆尽，故教诸弟及儿辈，但愿其为耕读孝友之家，不愿其为仕宦起见。若能看透此层道理，则虽巍科显宦，终算不得祖父之贤肖，我家之功臣。若不能看透此道理，则我钦佩之至。澄弟每以我升官得差，便谓我肖子贤孙，殊不知此非贤肖也。如以此为贤肖，则李林甫、卢怀慎辈，何尝不住极人臣，舄奕一时，讵得谓之贤肖哉？予自问学浅识薄，谬膺高位，然所刻刻留心者，此时虽在宦海之中，却时作上岸之计。要令罢官家居之日，己身可以淡泊，妻子可服劳，可对祖父兄弟，可以对宗族乡党。如是而已。

【译文】

凡是天下官宦人家，大多数仅仅一代便享用殆尽，其子孙们开始骄横懒散，继而漂流浪荡，最终死于沟壑，能够有幸延续家声一二代的非常少见。至于商贾巨富之家，勤俭持家的能享用延续三四代，耕读为业之家，谨慎朴实的能延续五六代。孝敬长辈、友善和睦的人家，则能延续十代八代。我今生托赖祖宗累积的德行，得以少年得志，家业发达，却唯恐我一人享用殆尽，因此教训各位弟弟及侄儿辈，希望共同立志发奋成为耕读、孝悌、与人为善之家，而不愿成为仕宦之家。如果不能识透这番道理，那么虽然科举高中，官位显赫，终算不得祖父辈贤能孝义的子孙、振我家声的功臣。如果能识透这番道理，那么将使我钦佩之至。澄弟一直认为我升官得志，便说我是孝子贤孙。殊不知这并不是贤德孝义啊。如果以此为贤孝之举，那么李林甫、卢怀慎之流，何尝不是位极人臣、显赫一时的人物，岂不可以说他们也是贤孝之人吗？我自知学识浅薄，误登高位显爵，于是事事留心，时时在意。此时虽身在仕途宦海之中，却时刻做着弃官上岸的打算，如果到了弃官回家的时候，自身可以淡泊名利，妻子也可以担任劳作，这样才可对得起祖父兄弟，也可对得起宗族乡亲，仅此而已。

智慧通解

中国古代文人的立身行事之道大抵不外乎“修身、齐家、治国、平天下”，

所谓家齐则万事兴。古代的家族观念甚重，只有家中诸人和睦友爱，这个家族才能兴旺繁盛。

曾国藩的齐家理论以“和”字为中心，铺陈开来，总结出了“八本”格言、八字家规。他反对奢侈，主张勤俭持家，反对给子女留下大笔遗产，而要培养子女自立的精神，认为子女不指出长辈的错误也是不孝行为。

咸丰十年（1860）二月，曾国藩一面统兵作战，一面辑录经史百家杂抄，作书寄家，名其所居曰八本堂：读书以训诂为本；诗文以声调为本；事亲以得欢心为本；养生以少恼怒为本；立身以不妄语为本；居家以不晏起为本；做官以不要钱为本；行军以不扰民为本。

这八句话，是曾国藩从经历学识各方面得来的妙谛，也是曾国藩家庭教育的范本。曾国藩终身行之不懈，亦愿其子北终身行之不懈。希望其子弟勤俭持家，半耕半读，成为知书达理的谦谦君子。

曾国藩熟读前人书籍，自然知道自古以来，许多钟鸣鼎食之家相继败落，都是因为子孙骄奢淫逸所致。所以他虽出将入相，却最担心子孙长处于富贵乡里，习惯过一种寄生虫似的生活，渐渐蜕化到不可救药的地步。他经常言传身教，对家中子弟谆谆告诫：“农夫织女，终岁勤动，以成数石之粟，数尺之布，而富贵之家终岁逸乐，不营一业，而食必珍馐，衣必锦绣……此天下最不平之事，鬼神所不许也，其能久乎？”说：“勤俭持家，习劳习苦，可以处乐，可以处约，此君子也。余服官二十年，不敢稍染官宦气习，饭食起居，尚守寒素家风，极俭也可，略丰也可，太丰则吾不敢也。”

曾国藩生活俭朴，两袖清风。他的日常饮食，总是以一荤为主，如果没有客人，不会另增一荤。据说他吃饭遇到饭里有谷粒时，从来不把它一口吐在地上，而是用牙齿把谷粒剥开，把谷粒里的米吃了，再把谷壳吐掉。他的穿戴更是俭朴，一件青袍马褂一穿就是三十年。

另外，曾国藩将其家规编为“书、蔬、鱼、猪、早、扫、考、宝”八字。书：就是读书；蔬：就是菜蔬；鱼：就是养鱼；猪，就是养猪；早：就是早起；扫：就是扫除；考：就是祭祀；宝：就是善待亲族邻里。曾国藩的家书家训，流行民间，至为广泛，相当于一部家庭教科书。后人戏称八字家规为治家的“八宝饭”。曾国藩的家庭教育，以八本堂的八句话为经，以“八宝饭”的八个字为纬，经纬连贯，脉络相通，形成一套治家的理论体系。千百年来，中国谈家庭教育者，未能出其范畴。

除八本八宝之外，曾国藩还有三不信：“不信医药，不信僧巫，不信地仙。”这也是曾国藩的祖父星冈公的教诲，星冈公对于医药、僧巫、地仙，一见即恼，斥之唯恐不远，因此曾国藩也一生不爱和这些人往来。另外“勤俭孝友”四个字，曾国藩于家书中也常提及：“历览有国有家之兴，皆由克勤克俭所至，其衰也则反是。”又说：“孝友为家庭之祥瑞，凡所称因果报应，他事或不灵验，独

晚清算命先生旧照

孝友则立获吉庆，反是则立获殃祸，无不验者。”

此外，曾国藩对于妇女之教，亦极注意，他曾说，自古家庭能长久兴旺，男子一定要讲求耕种和读书二事，女子要讲求吃饭和穿衣二事。他还认为，凡是世家子弟不勤不俭，从世家妇女的言行中就能看出来。身为两江总督，曾国藩还不惮其烦，为家中儿子侄儿、媳妇女儿们亲制了一份功课单，具体内容抄录如下：

> 早饭后：做小菜、点心、酒、酱之属（食事）。巳午刻：纺花或绩麻（衣事）。中饭后：做针黹、刺绣之类（细工）。酉刻：过二更后，做男鞋、女鞋，或缝衣（粗工）。
>
> 吾家男子，于看、读、写、作四字，缺一不可；妇女于衣、食、粗、细四字，缺一不可。
>
> 吾已教训数年，总未做出一定规矩，自后每日立定功课，吾亲自验工。食事每日验一次；衣事三日验一次，纺者验线子，绩者验鹅蛋（即纱绽）；细工五月验一次；每月须做成男鞋一双，女鞋不验。右验功课单，谕儿媳、侄妇、满女知之。甥妇到日，亦照此遵行。

这一份“功课单”，除人手一份外，还贴在内堂。

所以曾国藩的儿媳、侄儿媳妇和几个成年还未出嫁的女儿都精通针线活，并且年年给他寄送鞋袜，让他评定她们手工的优劣。

曾国藩的夫人欧阳氏，每日带领家中女眷纺织酿造，做酱菜，勤于女工，从不懈怠。

俭而不奢，居官清廉，这是中国的古训，也是曾国藩谆谆告诫子弟的重要内容之一。曾国藩治家有方，兄弟多有建树，子孙也人才辈出，家中一团和气，尊老爱幼，子孝妻贤，世世代代广为流传。

【经典实例】

孟母三迁

孟轲（约公元前372年~前289年）是战国时期的大学问家。他在儒家的地位仅次于孔子。人们常常说孟轲的成长和他母亲的教育关系极大。

孟轲是邹国人。最初，他家住的地方附近有一些坟墓。孟轲小的时候常常去墓间玩耍，看到人家埋葬死人，他和一些小朋友学着样子玩起抬棺材、挖坑这些游戏来。孟轲的母亲见了，认为这个地方对孩子的教育不利，就搬了家。

孟子像

孟轲搬到城里街上，附近就是集市和商店。孟轲住在那里以后，又和小朋友学起做买卖的游戏来。孟轲的母亲见了很不高兴，认为这个地方对孩子教育不利，于是又搬了一次家。

孟家第三次住的地方在学宫的旁边。那个时候的学宫，就是学校的校舍。同时，大约也兼做祭祀过去著名学者的地方。孟轲看到这里来来往往的人都很讲礼貌，他和小朋友也经常玩一些互相怎样讲礼貌的游戏，孟轲的母亲才满意了。孟家就在那里长期住了下去。

孟轲的母亲看不起掘墓人和商人的劳动，是不对的。可是，她注意孩子的游戏，并且懂得环境对孩子的影响，却是很有见地的。所以，后来的人常常称赞她懂得潜移默化的作用。

孟轲长大一点，便被送去上学。有一天，孟轲没等到放学就跑回家。他的母亲正在织布，便拿起剪刀来把织的布剪断了。孟轲问母亲为什么要这样做，母亲说："你中途停学，和我中途断织是一样的事。君子只有经过学和问才能有广博的知识，以后一生做的事情才能顺利，避免后患。现在你没到放学就跑回家来，将来怎么能有出息？好比我们家是靠我织布生活的，现在我把布机上的布剪断了，吃饭和穿衣的来源也就断了。"

母亲的劝告给了孟轲很大的刺激。从此，他下决心刻苦学习，后来终于成为著名的儒家学者。

触龙说赵太后

公元前265年，正是战国时期，秦国发兵攻打赵国，一连打下了三个城，形势很紧急。赵国向齐国求救，齐国表示，要赵国派长安君来做人质才能派兵。

这时，赵惠文王刚死，孝成王即位不久，大权由赵太后掌握。长安君是赵太后的小儿子，赵太后不愿派他到齐国去做人质。许多大臣一次一次地提意见，都碰了钉子。赵太后并且下命令说：以后谁要再来说这件事，我老婆子就用口水吐他的脸。

骆驼人擎灯　战国晚期

左师触龙求见赵太后，赵太后估计他也是来劝说的，憋着一肚子气等他进来。

触龙慢步走进殿来，到了赵太后面前，首先谢罪说："老臣生了脚病，很久没有见太后了。"然后和赵太后说了一些闲话，等到赵太后的颜色稍微平和一些，触龙就提出要求说：

"我的小儿子舒棋很不能干；但是我的年纪老了，又很喜欢他，恳求太后赐他当一名保卫王宫的侍卫。"

赵太后说："好。孩子多大年纪了？"

触龙说："十五岁了。虽然年纪小些，我希望在我没有死之前把孩子托付给太后。"

赵太后问："你们男人家也喜爱孩子吗？"

触龙说："我们爱孩子的程度超过妇人。"

赵太后说："妇人和男子不同，爱孩子要超过你们好多倍呢！"

触龙说："我以为太后爱女儿甚于爱小儿子。"

太后说："你错了。我还是爱小儿子爱得多。"

触龙说："父母爱子女，总是要为他们做长远的打算。太后送女儿出嫁到燕国做王后的时候，抓着她的脚跟哭泣。这是因为舍不得她远离：走了之后，也并不是想她，可是，每次祭祀的时候，总是祷告说：'千万不要让她回来！'这不是替燕后作长远打算，希望她子孙相继为王吗？"

赵太后说："是的。"

触龙回道："从现在算起，三代以前，一直到赵国称王之寸，赵王的子孙封侯爵的，有几个还保留着他们的爵位呢？"

赵太后说："没有了。"

触龙又问："不但是赵国，别国诸侯的子孙封侯的，能保住爵位的有没有？"

触龙说："这就是说，祸患近一些的，轮到自己身上，远一点的，轮到子孙

身上。难道王家的子孙统统都是不好的吗？实在是因为他们地位尊贵却毫无功劳；俸禄丰厚却没有付出努力。现在太后给了长安君尊贵的位置，很大的权力，封了他肥沃的土地，赏给他许多宝物，却不教他趁现在的时候为国家建一点功劳。将来太后百年之后，长安君怎么还能在赵国立足呢？所以，我以为太后为小儿子打算的眼光太短，爱小儿子还不如爱女儿呢！"

赵太后说："你说得对！"于是就替长安君备了车马，立刻派他到齐国去。齐国出兵，秦兵也就退去了？

这个故事告诉我们若是真为后代着想，那就应让他建功立业，让他经受苦难，看起来是苦了孩子，看起来也似乎不近人情，但实际上，苦换来了甜，磨难换来了成功。所以，严方为真爱子。溺爱是害子之首。

刘备遗嘱教刘禅

公元223年，刘备（公元161年~223年）和东吴作战失败，病死于白帝城永安宫。临终之前，写了一道遗嘱给他的儿子刘禅（公元207年~271年）：

"朕初疾但下痢耳，后转杂他病，殆不自济。人五十不称夭，年已六十有余，何所复恨，不复自伤，但以卿兄弟为念。射君到，说丞相叹卿智量甚大，增修过于所望，审能如此，吾复何忧！勉之，勉之！勿以恶小而为之，勿以善小而不为。惟贤惟德，能服于人。汝父德薄，勿效之。可读《汉书》《礼记》，闲暇历观诸子及《六韬》《商君书》，益人意智。闻丞相为写《申》《韩》《管子》《六韬》一通已毕，未送，道亡，可自更求闻达。"

刘备的遗嘱，表达了他对儿子的期望。他听说诸葛亮称赞刘禅聪明，进步快，虽然也高兴，其实并不很相信。他希望儿子在"贤"和"德"两方面都能有所长进、既要多读一些有关治国以及行军打仗策略的书，更要注意道德修养。

俗话说："知子莫若父"。刘备又是以有"知人之明"著称的。他对刘禅应当说是有所了解的，预感到这位太子可能出息不大，所以他临终时对诸葛亮说："若嗣子可辅，辅之；如其不才，君可自取。"同时，他对儿子在道德上的主要要求，就是注意小善小恶。

当然，真要能做到"勿以恶小而为之，勿以善小而不为"并不容易。人们常常因为事情小就放松警惕，马马虎虎，自己恕自己，也容易得到别人的谅解。有的父母往往认为事情小，而忽略了对子女的教育。然而，"千里之堤，溃于蚁穴"，防线突破之后，就会积小成大，造成致命的灾难。这位刘禅，也就是人们熟悉的"刘阿斗"，确是个不争气的人，对老子的肺腑之言，他并没有听得进去。

我们看刘禅一生的历史，从十六岁当皇帝，到投降魏国为止，既没有做什么"大善"，也没有做什么"大恶"？他的坏处，无非是宠幸宦官，纵情享乐，不懂得治理国家之道。诸葛亮生前对刘禅还有个监督约束作用。然而，从诸葛亮写的

《出师表》看，当时刘禅就有许多做得很不像样的事。诸葛亮说了三件“不宜”，一是“不宜妄自菲薄，引喻失义，以塞忠谏之路”；二是对官吏的升降奖罚“不宜异同”；三是刑赏“不宜偏私”。如果没有这方面的事实，诸葛亮是不会说的。等到诸葛亮死后，失去监督，刘阿斗的这些毛病就更发展了。

小错误可以酿成大害，刘备看到了这个危险，也正确地向儿子指出来了，可是他却没有来得及改变儿子的思想品德，终于造成了悲剧。后来，魏兵兵临成都，刘禅便拱手而降了。

慈母有败子

过分溺爱孩子是母亲之大过。不能严于教育子女是母亲之大失。因而中国历来讲“慈母有败子”。大凡有眼力的母亲都知此话之重，严格待儿，严格教子。

战国时，将军子发领兵攻打秦国，粮食断绝，于是派人回去向楚国国君求援，顺便问候一下自己的母亲？子发母亲问使者：“士兵生活得好吗?”使者答道：“士兵们分一些豆子之类的粗粮充饥。”子发母亲又问；“将军生活得好吧?”使者答道：“很好，将军每天可以吃稻米肉食。”

后来，子发得胜而归，他母亲却关起家门不让他进去，并狠狠责备儿子说：“你没听说过越王勾践讨伐吴国之事吗？有客人献了一壶美酒，越王叫人把酒倒人大江的上游，让士兵在下游喝水分享美酒。其实根本连酒都喝不到，但士兵受了感动，打起仗来一个顶五个。后来又有人献一袋干粮，越王又平分给士兵们吃，虽然每人几乎没分到什么，但士兵们打起仗来一个顶十个。现在你当了将军，士兵吃粗粮，你却吃细米精肉，为什么？……让士兵在战场上出生入死，而自己却高高在上享乐，虽然打了胜仗，但毕竟不是治军之道？你不是我的儿子，不要进家门！”

子发听了，赶紧向母亲请罪，承认错误，这才进了家门。

齐宣王时，田稷任齐相。

三年后，田稷退休回家，下属送给他黄金百镒。田稷把黄金带回家，献给母亲。母亲问他说：“你做三年宰相，不会有这么多的俸禄，你哪来这么多金子?”田稷老实答道：“是下属送给我的。”母亲听了，立刻不快地说：“做人应注意自身修养，做到品行高洁。为人要诚实不欺，不做不义之事，不取不义之财。如果你要孝敬长辈，应该尽心诚实的办事，否则就是不孝！不义之财，不是我应该有的东西；不孝之子，也不是我的儿子！你如果真要表现你的孝顺，就把这些金子拿走!”

田稷听了母亲的一番话，十分惭愧，将金子全部退还给下属，又主动到朝廷请罪。齐宣王听了事情经过，对田母十分赞赏。他赦免了田稷，仍然让他为相，而用朝廷的金子赏赐给田母。

楚庄王教子有方

汉昭帝时，隽不疑任京兆尹，很有威信，京城中的士兵百姓都敬服他。每天他办完公事后回家，他的母亲总是要问他："有没有平反一些案件，使多少人免于冤枉而死？"如果听到隽不疑说有所平反，隽母就十分高兴，笑逐颜开，吃饭、说话都不同于往常；如果听到儿子说没有平反什么案件，为一些人洗清罪名，隽母就很不高兴，甚至连饭都不肯吃。正因隽母如此严加督促，所以隽不疑在任京兆尹时虽然法令森严，却从不滥施刑罚，使无辜者受屈。

宋代司马光说"爱之不以道，适所以害之也。"这个道就是对子女的缺点、毛病不可姑息，姑息养奸，以蕴成大祸。所以大智者从不护子，而是严以律子。只有那些目光短浅的家长才处处护着子女，一旦别人说了其子女的缺点，他们总加以辩之，久之，子女养成骄气，不可一世，事后必不成大业。

所以父母揭其子女之短，而不去护短，看似愚笨，实为大智也。

一天，楚国太子因父亲楚庄王紧急召见他，急急忙忙赶着车到皇宫去。到了皇宫的茆门，因天正下大雨，院中满是积水，无法下车路，太子便径直赶着车打算一直进茆门。守门的官员拦住他的车，严肃地对他说："车马不得进入茆门，这是国君定的法令，不能因为你是太子就可以不遵守！"太子解释说："父王紧急召见我，不能等到没有积水后再进去啊！"说罢，赶着车便要进去。守门的官员见状，举起手中兵器猛击太子拉车的马，并打坏了太子的车子。

太子进皇宫后，向楚庄王哭诉事情的经过，满指望父亲能为他出口气。不想楚庄王听完后，却喜形于色，说："守门的官员明明知道你是太子，却不肯徇私枉法，真是个刚正守法的好臣子啊！"

他打开后门让太子离开，嘱咐儿子说："以后千万不要再犯这样的错误了！"

为了这件事，楚庄王特意把那位守门的官员提升了两级，以示奖励。

长信宫灯　西汉

石奋严格教子

西汉人石奋和他的四个儿子在汉景帝时都做了俸禄二千石的大官，所以当时人们称誉他为"万石君"。他平时不仅自己很注意品德修养，而且教子也尤其严格。

一次，小儿子石庆在外酒喝多了，回家时到巷门口也没有下车，一直坐车坐到家门口。石奋听到这件事，气得没有吃饭。石庆知道了，懂得自己做了错事，十分惶恐，赶紧脱掉上衣，背上背着荆条到父亲那里请罪，石奋不肯原谅他。全族的人和石庆的哥哥石建都像石庆一样，到石奋面前负荆请罪，石奋正话反说地斥责石庆道：“你是内史‘贵人’，到了巷口，巷里的父老乡亲见了赶紧躲避开去，而内史坐在车里却心安理得、若无其事，多么应该啊！”接着，石奋向众人道歉，总算勉强原谅了儿子。

从此以后，石奋的子孙们进巷口时，总是下车小心恭顺他走回家。

石碏大义灭亲

卫庄公十分宠爱儿子州吁，任他为所欲为，不加教育，大夫石碏见此情景，十分担忧，劝谏卫庄公对儿子严加管束，以免带来灾祸。他曾说过一句极有名的话，便是“臣闻：爱子教之以义方”。可惜卫庄公听不进，结果，州吁杀掉哥哥卫桓公，自己做了国君。

石碏的儿子石厚与州吁狼狈为奸，石碏再三教育他，儿子始终不听。两人胡作非为，搞得老百姓都十分怨恨。为了百姓的利益，石碏想了个计策：假装好意劝州吁和石厚前往陈国，拜见陈桓公，暗地里请求陈桓公把这两个坏蛋抓起来。石厚和州吁两人果然中计，被抓住了。

石碏出于大义，建议将这两个祸国殃民的坏蛋处死。众人考虑到石厚是他的亲生儿子，而且他献计有功，于是为石厚开脱道：“州吁是为首的，石厚只不过跟着他做了坏事，不如将石厚从轻发落吧”。石碏听了，正色说道：“石厚是州吁的军师，为州吁出了许多坏主意，不杀他难以服众。他尽管是我的儿子，也不能因为这个而不顾国家和百姓的利益！”

卫国大臣见石碏态度坚决，于是派人到陈国处死州吁和石厚。石厚向使者央求说：“看在我父亲的面上，留我一条命吧！”使者回答道：“正是你父亲要求处死你的！”石厚一听，顿时无话可说。

人们十分赞赏石碏的高尚品格，称赞他大义灭亲，即使对自己的儿子也丝毫不手软，这才是真正的大义之士。

樊鲔攀帝室祸及满门

樊宏是南阳巨富，早在刘秀起兵之前，便已娶了刘秀同族的女子为妻，刘秀称帝后，他被授以光禄大夫之职，封为长罗侯。可他在仕途上不求高升，并经常告诫儿子们说：“富贵至极的人家，没有几个能有好下场。我并不是不喜爱荣华，可是乐极生悲，历代贵戚多遭覆亡，这便是前车之鉴。能保全寿命，善始善终，

岂不是最大的福气吗?”

长子樊儵记住了父亲的教诲，远避权势，洁身自守；他的弟弟樊鲔却想高攀帝室，想将汉明帝哥哥楚王刘英的女儿娶为儿媳。樊儵劝阻道：“当年我们家倍受荣宠，一族之内五人封侯，那时只要父亲说一句话，男儿可娶公主，女儿可配皇子，只是由于担心贵宠太盛会招来灾祸，所以没有这么做，你只有一个儿子，何必同楚王搅在一起，自取不测之祸呢?”

樊鲔不听他的，正在这时，楚王刘英谋反的事情暴露了，朝廷穷治此案，株连而死的多达数千人，樊鲔自然难于幸免，此时樊儵已死，汉明帝得知他曾劝阻过樊鲔，便赦免了他的几个儿子。

由于高攀帝室而害及满门，权势真是一个既诱人又害人的东西。

“家范”心语

【原文】

余与沅弟论治家之道，一切以星冈公为法，大约有八个字诀。其四字即上年所称书、蔬、鱼、猪也，又四字则曰早、扫、考、宝。早者，起早也；扫者，扫屋也；考者，祖先祭祀，敬奉显考、王考、曾祖考，言考而妣可该也；宝者，亲族邻里，时时周旋，贺喜吊丧，问疾济急，星冈公常曰人待人无价之宝也。星冈公生平于此数端最为认真。故余戏述为八字诀曰：“书、蔬、鱼、猪、早、扫、考、宝”也。此言虽涉谐谑，而拟即写屏上，以祝贤弟夫妇寿辰，使后世子孙知吾兄弟家教，亦知吾兄弟风趣也。弟以为然否？顺问近好。

【译文】

我和沅弟谈论治家之道，一切都效法星冈公的做法，概括起来，大约有八个字诀。其中的四个字就是去年我说的“书、蔬、鱼、猪”，另外四个字是：“早、扫、考、宝。”早，就是早起床；扫，就是打扫屋子；考，就是祭祀祖先时，恭敬地供奉显考（即已死去的父亲）、王考（即已死去的祖父）、曾祖考（即已死去的曾祖父），虽然只说考，而妣（即已死去的母亲等）当然也包括在内了。宝，就是时常与亲族邻里交往，有喜贺喜，有丧吊丧，有病慰问，有困难就全力帮助，星冈公常说：“人待人友善，便是无价之宝。”星冈公一生在这几件事上最为认真。所以，我开玩笑地将这几件事总结为八字诀，即：书、蔬、鱼、猪、早、扫、考、宝。如此概括虽然显得有些谐谑、不恭敬，但我还是准备在近期内写成一副寿屏，以祝贺贤弟夫妻的生日，使后辈子弟了解我们兄弟的家教，同时也让他们知道我们兄弟是十分风趣、幽默的。不知弟弟觉得我说的正确不正确？顺问近好。

【原文】

居家之道，不可有余财，多财则终为患害。又不可过于安逸偷惰。如由新宅至老宅，必宜常常走路，不可坐轿骑马。又常常登山，亦可以练习筋骸。仕宦之家，不蓄积银钱，使子弟自觉一无可恃，一日不勤，则将有饥寒之患，则子弟渐渐勤劳，知谋所以自立矣。

【译文】

居家之道，不可有多余的钱财，钱财一多，最终必是祸害。也不可过分安逸怠惰。比如从新宅到老宅，一定要常常步行，不可坐轿骑马。另外，经常登山，也可以锻炼筋骨，增强体质。官宦之家，如果不蓄积银钱，使子弟们觉得没有什么可以依靠的，而且一天不勤奋就有可能受饥寒之苦，这样子弟们必定会渐渐勤劳，懂得自强自立了。

绣龙马褂　清

【原文】

泽儿在安庆所发各信及在黄石矶湖口之信，均已接到。鸿儿所呈拟连珠体寿文，初七日收到。

……

泽儿看书天分高，而文笔不甚劲挺，又说话太易，举止太轻，此次在祁门为日过浅，未将一轻字之弊除尽，以后须于说话走路时刻留心。鸿儿文笔劲健，可慰可喜。此次连珠文，先生改者若干字？拟体系何人主意？再行详禀告我。银钱、田产最易长骄气逸气，我家中断不可积钱，断不可买田，尔兄弟努力读书，决不怕没饭吃。至嘱。澄叔处此次未写信，尔禀告之。

闻邓世兄弟读书甚有长进，顷阅贺寿之单帖寿禀，书法清润，兹付银十两，为邓世兄弟买书之资。此次未写信寄寅皆先生，前有信留明年教书，仍收到矣。

【译文】

泽儿在安庆所发各信及在黄石矶湖口的信，都已收到。鸿儿所呈写的连珠体寿文，初七日收到。

……

泽儿看书天分高，然而文笔却不够挺拔有力，同时说话太随便，举止太轻率，这次在祁门为时过短，未将这轻率的毛病除掉，以后必须在说话走路时经常留心。鸿儿文笔苍劲稳健，可慰可喜。这次写的连珠文，先生改正了多少字？拟定体裁结构是谁的主意？要再写封详信告诉我。银钱、田产最容易滋长人的骄傲安逸的习气，我们家里决不可积钱，决不可买田，你们兄弟二人要努力读书，将来决不怕没有饭吃，千万记住。这次未给澄叔写信，你们要禀告他。

听说邓世兄弟读书很有长进，刚才读到他写给我的贺寿用的字帖寿禀，书法清润，现寄银十两为邓世兄弟买书使用。这次未写信寄寅皆先生，前次写信留他

明年教书，想他已收到了。

【原文】

古来言凶德致败者约有二端：曰长傲，曰多言。丹朱之不肖，曰傲曰？讼，即多言也。历观名公巨卿，多以此二端败家丧生。余生平颇病执拗，德之傲也；不甚多言，而笔下亦略近乎？讼。静中默省愆尤，我之处处获戾，其源不外此二者。……凡傲之凌物，不必定以言语加人，有以神气凌之者矣，有以面色凌之者矣。温弟之神气稍有英发之姿，面色间有蛮狠之象，最易凌人。凡中心不可有所恃，心有所恃则达于面貌。以门地言，我之物望大减，方且恐为子弟之累；以才识言，近今军中炼出人才颇多，弟等亦无过人之处。皆不可恃。只宜抑然自下，一味言忠信行笃敬，庶几可以遮护旧失、整顿新气。否则，人皆厌薄之矣。

【译文】

自古以来所说的因凶德而导致失败的情形大致有两种：一种是傲气太盛，另一种是好发议论。帝尧的不肖之子丹朱的缺点，就是傲慢？讼，也就是好乱发议论、胡说八道。纵观古今的名公巨卿，多数都是因为这两个原因而败家丧生的。我平生非常执拗，这是德行方面骄傲的表现；我不太爱说话，但是笔下却接近于好发议论，有时甚至十分偏激。静静地反省自己的过错，我发现自己之所以处处获罪，时时碰壁，其原因不外乎这两个方面。傲慢无礼、盛气凌人，并非一定是指以语言欺侮别人，也有以神气欺凌人的更有以脸色欺凌人的，温弟的神气稍有英发之姿，颜色上也有蛮狠之象，最容易欺凌人。心中不可有所依仗，如果有所依仗就会表现到脸色上。从门第方面讲，我的声望大减，恐怕也必定会影响到子弟们；从才识方面讲，近来军中锻炼出来的人才很多，你们也没有什么过人之处。这些都不可依仗。你们只应约束自己，礼贤下士，一味地言忠信行笃敬，这样才能弥补过错，整顿新气。否则的话，人人都将厌烦、鄙视你们。

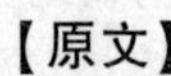

【原文】

然祸福由天主之，善恶由人主之。由天主者，无可如何，只得听之；由人主者，尽得一分算一分，撑得一日算一日。吾兄弟断不可不洗心涤虑，以求力挽家运。第一，贵兄弟和睦。……凡吾有过失，澄、沅、洪三弟各进箴规之言，余必力为惩改；三弟有过，亦当互相箴规而惩改之。第二，贵体孝道。推祖父母之爱以爱叔父，推父母之爱以爱温弟之妻妾儿女……第三，要实行勤俭二字。内间妯娌不可多写铺帐。后辈诸儿须走路，不可坐轿骑马。诸女莫太懒，宜学烧茶煮菜。书、蔬、鱼、猪，一家之生气；少睡多做，一人之生气。勤者生动之气，俭者收敛之气。有此二字，家运断无不兴之理。

【译文】

然而，祸福由天作主，善恶由人做主。由天作主的，我们没有办法，只得听之任之；由人做主的，我们能尽一份力就尽一份力，能得一分就算一分，能支撑

一天就算一天。我们兄弟不能不洗心涤虑、力求挽回家运。第一，兄弟贵在和睦。……如果我有了过失，三位弟弟都可以直言规劝，我一定全力改正；三位弟弟有了过错，也应当相互规劝，努力改正。第二，一定要孝敬老人包括叔父母等，同时要爱护同辈亲属和下一代人。第三，要努力实行勤俭二字。其中妯娌不可多写铺帐。后辈子侄必须走路，不可坐轿骑马。女孩子们不要太懒惰，应当早日学习烧茶、做饭菜。书籍、蔬菜、鱼、猪，显示着一个家庭的生气；少睡觉，多做事，显示着一个人的生气。勤快，就是生动之气；节俭，就是收敛之气。能够做到勤、俭这两个字，家庭绝不可能不兴旺发达。

【原文】

家中养鱼、养猪、种竹、种蔬四事，皆不可疏。一则上接祖父以来相承之家风，二则望其外有一种生气，登其庭有一种旺气，虽多花几个钱，多请几个工，但用在此四事上总是无妨。澄弟在家教科一、厚七、旺十习字极好，不特学生有益，亦可教学相长。

【译文】

家里养鱼、养猪、种竹子、种蔬菜四件事，都不能疏忽。这样做，第一可以上接从祖父以来代代相承袭的家风，第二是可以使我们家从外面看起来有一种生气，进入庭院后看起来有一种旺气，即使多花几个钱，多请几个帮工，只要是用在这四件事上就值得。澄弟在家里教科一、厚七、旺十等人练习书法，这是非常好的事情，不但对学生有好处，而且也可以使教的一方获得长进，收到教学相长的效果。

金嵌云龙纹执壶　清

【原文】

吾家门第鼎盛，而居家规模礼节总未认真讲求。历观古来世家久长者，男子须讲求耕读二事，妇女须讲求纺绩酒食二事。《斯干》之诗，言帝王居室之事，而女子重在酒食是议。《家人》卦，以二爻为主，重在中馈。《内则》一篇，言酒食者居半。故吾屡教儿妇诸女亲主中馈，后辈视之若不要紧。此后还乡居家，妇女纵不能精于烹调，必须常至厨房，必须讲求作酒作醯醢小菜换茶之类。尔等亦须留心于莳蔬养鱼。此一家兴旺气象，断不可忽。纺绩虽不能多，亦不可间断。大房唱之，四房皆和之，家风自厚矣。

【译文】

我们家门第高贵鼎盛，而居家规模礼节从没有认真讲究过。综观自古至今世代家族长久鼎盛的，男人应当讲究耕种、读书二事，妇女应当讲究纺织、酒食二

事。《斯干》这首诗，讲的是帝王居室的事，而妇女重在办好酒食也是其议论的重点。《家人》之卦，以二爻为主，首重在于中馈。《内则》一文，谈论酒食的文字就占了一半。所以我多次教导儿媳妇及各位女儿亲自主持中饭，可后辈人看得并不重要。此后还乡居家，必须要求妇女即使不能精通烹调，也必须经常到厨房，必须让她们讲究喝酒做菜换茶之类的事情。你们也应当多留心种蔬菜养鱼之类的事情。这是一个家庭兴旺的气象，断然不可忽视。纺织是不能多，但也不可间断。大房带头，四房就都会应和，家风自然而然就会淳厚了。

【原文】

乡间种菜全无讲究，比之省中好菜园，何止霄壤！余欲学些榜样，添些好种，故令纪泽托在省雇工，弟可不必打破耳。

【译文】

乡下人种菜一点也没有讲究，根本不懂科学和技术，与省城的好菜园比起来，其差距何止天壤之别呢！我想让咱们家学一些好榜样，添一些好品种，因而叫纪泽托人在省城雇请种菜师傅，贤弟不必阻挠此事。

【原文】

儿侄辈总须教之读书，凡事当有收拾。宜令勤慎，无作欠伸懒漫样子。至要至要。……即令世运艰屯，而一家之中勤则兴，懒则败，一定之理。

【译文】

对下一代人，我们必须严格地要求他们读书，每件事都应当努力做好。此事一定要认真对待。……即使世事艰难，可是对于一个家族来说，勤劳就会兴旺昌盛，懒惰则会导致衰败，这是永恒不变的规律。

【原文】

诸弟在家教子侄总须有勤敬二字。无论治世乱世，凡一家之中能勤能敬，未有不兴；不勤不敬，未有不败者。至切至切。余深悔往日未能实行此二字也，千万叮嘱。澄弟向来本勤，但不敬耳。阅历之后，应知此二字之不可须臾离也。

【译文】

各位弟弟在家中教育子侄，必须强调“勤敬”二字。无论是在和平时代，还是在荒乱时代，一个家族如果能勤能敬，就没有不兴旺发达的；如果不勤不敬，就没有不衰败的。我深深地悔恨以前没能实行这两个字，一定要注意吸取这个教训。澄弟向来勤劳，只是不恭敬而已。有了一定的阅历以后，就应当知道这两个字是一刻也不能忘怀的。

【原文】

诸弟及儿侄辈务宜体我寸心，于父亲饮食起居十分检点、无稍疏忽，于母亲祭品礼仪必洁必诚，于叔父处敬爱兼至、无稍隔阂。兄弟姒娣总不可有半点不和之气。凡一家之中，勤敬二字能守得几分，未有不兴；若全无一分，未有不败。和字能守得几分，未有不兴；不和，未有不败者。诸弟试在乡间将此三字于族戚人家历历验之，必以吾言为不谬也。诸弟不好收拾洁静，比我尤甚，此是败家气象。嗣后务宜细心收拾，而一纸一缕、竹头木屑，皆宜捡拾伶俐，以为儿侄之榜样。一代疏懒，二代淫佚，则必有昼睡夜坐、吸食鸦片之渐矣。四弟、九弟较勤，六弟、季弟较懒。以后勤者愈勤，懒者痛改，莫使子侄学得怠惰样子。至要至要。子侄除读书外，教之扫屋、抹桌凳、收粪、锄草，是极好之事，切不可以为有损架子而不为也。

【译文】

各位弟弟和子侄辈务必要体谅我的寸心，对父亲的饮食起居一定要十分关心，不可稍有疏忽；为母亲准备的祭品必须洁净，祭奠的礼仪必须庄重诚恳；对叔父一定要又敬又爱，不可有丝毫的隔阂。兄弟妯娌无论什么时候也不可有半点不和。在一个家族中，如果“勤敬”二字能坚持几分，则没有不兴旺的；如果一分也没有，则没有不衰败的。如果“和”字能坚持几分，则没有不兴旺的；相反，不和睦的家庭没有不衰败的。各位弟弟试着在乡间以亲族人家为例，将“勤、敬、和”三字作一验证，就必定会认为我说的一点不错。诸位老弟不喜欢收拾洁净，比我更甚，这实际上是败家气象。此后应当细心收拾，即使一张纸、一根线，竹头木屑，都应该收拾利索，以便为子侄们树立一个好榜样。如果一代散漫懒惰，二代骄奢淫逸，就必定会有昼睡夜坐、吸食鸦片之类的事情发生了。四弟、九弟比较勤快，六弟、季弟比较懒惰。今后勤快的应当更加勤快，懒惰的应当痛改前非，千万不要让子侄们学会怠惰的坏习惯，这是至关紧要的。子侄们除了读书之外，要教他们扫地、抹桌凳、收粪、锄草，这是极好的事情，决不可以觉得有损架子而不去做。

【原文】

诸子侄辈勤敬二字略有长进否？若尽与此二字相反，其家未有不落者；若个个勤而且敬，其家未有不兴者，无论世乱与世治也。诸弟须刻刻留心，为子侄作榜样也。又行。

凡我屡次所寄奏摺、谕旨，家中须好为收藏，不可抛撒。或作一匣收之，宜敬谨藏也。

【译文】

各位子侄在勤、敬二字上是否略有长进？如果常与这二字相反，则家庭没有不破落的；如果个个勤快而且互敬互爱，则家庭没有不兴隆的——无论是乱世还是治世，都是一道理各位弟弟必须时刻留心，为子侄做出榜样。

凡是我屡次所寄的奏折、谕旨，家中必须好好收藏，不可抛散。或者用一个匣子专收，谨请珍藏。

【原文】

天下古今之庸人，皆以一惰字致败；天下古今之才人，皆以一傲字致败。吾因军事而推之，凡事皆然，愿与诸弟交勉之。……然吾但从傲惰二字痛下功夫，不问人之骂与否也。

【译文】

自古及今，天下所有的平庸之辈，都是因为一个“惰”字导致失败的；天下所有的才识之士，都是因为一个“傲”字导致失败的。我把军事上的规律推广到其他各领域，发现凡事都是这样，我很愿意与弟相互勉励、相互督促……然而，我只从“傲”和“惰”两字上痛下功夫，并不考虑别人骂与不骂。

【原文】

又寄银百五十两，合前寄之百金，均为大女儿于归之用。以二百金办奁具，以五十金为程仪，家中切不可另筹银钱，过于奢侈。遭此乱世，虽大富大贵，亦靠不住，惟勤俭二字可以持久。又寄丸药二小瓶，与尔母服食。尔在家常能早起否？诸弟妹早起否？说话迟钝、行路厚重否？宜时时省记也。

玉龙耳活环觚　清

【译文】

又寄家白银一百五十两，加上前次寄的一百两，都作大女儿出嫁之用。以二百两置办妆奁，以五十两作为婚礼费用，家中切切不可再筹银钱，过于奢侈。处此乱世，大富大贵也靠不住，只有勤俭二字牢靠。又寄丸药两小瓶，给你母亲服用。你在家能否经常保持早起？你弟弟妹妹能否经常早起？说话是否能不快不慢，走路是否能稳重？应时时自省。

【原文】

家败离不得个奢字，人败离不得个逸字，讨人嫌离不得个骄字，弟切戒之。

【译文】

家败的原因离不开一个奢字，人败的原因离不开一个逸字，讨人嫌的原因离不开一个骄字，弟弟一定要牢记在心，切不可犯奢、逸、骄三种毛病。

【原文】

凡畏人、不敢妄议论者，谦虚者也；凡好讥评人短者，骄傲者也。……谚云：“富家子弟多骄，贵家子弟多傲。”非必锦衣玉食、动手打人而后谓之骄傲也，但使志得意满、毫无畏忌、开口议人短长，即是极骄极傲耳。余正月初四信中言戒骄字，以不轻非笑人为第一义；戒惰字，以不晏起为第一义。望弟常常猛省，并戒子侄也。

【译文】

凡是心存畏惧、不敢随便说三道四的人，是谦虚的人；凡是喜欢讥评别人短处的人，是骄傲的人。……谚语说："富家子弟多骄，贵家子弟多傲。"并非一定是锦衣美食、动手打人才骄傲，只要是志得意满、毫无顾忌地开口议论别人的短长，就是极端的骄傲。我在正月初四的信中说：要戒掉骄气，必须以不轻易非议、嘲笑别人为首要之事；要戒掉惰气，必须以不睡懒觉为首要之事。希望弟弟能经常深刻地反省自己，同时还要严格地教育后辈子侄们，告诫他们绝不可以犯骄傲和懒惰的毛病。

【原文】

余精力日衰，总难多见人客。算命者常言十一月交癸去，即不吉利，余亦不愿久居此官，不欲再接家眷东来。夫人率儿妇辈在家，须事事立一个定章程。居官不过偶然之事，居家乃是长久之计，能从勤俭耕读上做出好规模，如一旦罢官，尚不失为兴旺气象。若贪图衙门之热闹，不立家乡之基业，则罢官之后，便觉气象萧索。凡有盛必有衰，不可不预为之计。望夫人教训儿孙妇女，常常作家中无官之想，时时有谦恭省俭之意，则福泽悠久，余心大慰矣。余身体安好如常。惟眼蒙日甚，说话多则舌头蹇涩，左牙疼甚，而不甚动摇，不至遽脱，堪以告慰。顺问近好。

【译文】

我的精力一天不如一天，总是难多见人见客。算命先生常说今年十一月交癸运，这是不吉利的兆头，我也不愿长久做这个官了，所以也不打算再接家眷东来。夫人率领儿妇辈在家，必须事事都立个规矩。居官不过是偶然的事，居家才是长久之计，能从勤俭耕读上做出好成绩来，即使一旦被罢官，还不失为一个幸福家庭，美满和气。假若贪图衙门的热闹，不建立家庭稳固基业，那么罢官之后，便会感到气象冷落凄凉，缺乏生机。凡事有盛必有衰，不能不预先为它做些筹划。希望夫人教训儿孙妇女，常常作家中没有做官的打算，时时刻刻有谦虚、恭敬、节省、勤俭的意识，那么我家大富大贵就会持续长时间了，我心中感到莫大安慰。我的身体安好和平常一样。唯有眼疾一天比一天厉害，说话多了舌头就迟钝发涩，左边牙很疼，又不很活动，然而也不至于脱落，可以感到安慰了。顺问近好。

【原文】

家中自父亲、叔父奉养宜隆外，凡诸弟及吾妻吾子吾侄诸女侄女辈，概愿俭于自奉，不可倚势骄人。古人谓无实而享大名者，必有奇祸。吾常常以此儆惧，故不能不详告贤弟，尤望贤弟时时教戒吾子吾侄也。

【译文】

家中除了父亲、叔父的供养应当丰厚以外，诸位弟弟以及我的妻子、儿女、侄子、侄女，都要自觉地勤俭节约，不可仗势欺人。古人说，没有真实本领却享有很高名望的人，必定会遭受奇祸。我常常因此而警惧，所以不能不详细地告诉你们，希望你们时时刻刻留心教戒我的儿女和我的侄子侄女们。

【原文】

家中之事，望贤弟力为主持，切不可日趋于奢华。子弟不可学大家口吻，动辄笑人之鄙陋、笑人之寒村，日习于骄纵而不自知。至戒至嘱。

【译文】

家中的事，望贤弟尽力主持切不可日趋奢华。子弟不可学大家口吻，动不动就笑人家的浅薄无知、笑人家的小气寒酸，一天天养成骄纵的习惯而不自觉。这是最值得我们留心戒除的。

【原文】

吾乡显宦之家，世泽绵延者本少。吾兄弟忝叨爵赏，亦望后嗣子孙读书敦品，略有成立，乃不负祖宗培植之德。吾自问服官三十馀年，无一毫德泽及人，且愆丛积，恐罚及于后裔。老年痛自惩责，思盖前愆。望两弟于吾之过失时寄箴言，并望互相切磋，以勤俭自持，以忠恕教子，要令后辈洗净骄惰之气，各敦恭谨之风，庶几不坠家声耳。

【译文】

我们家乡名声显赫的官宦之家，能够世代绵延的本来就不多。我们兄弟虽然很惭愧地做了大官，也希望子孙后代能读书识字、品德忠厚高尚，如果略有成绩，就不辜负祖宗栽培的恩德了。我自问做官三十多年，对别人没有一丝一毫恩惠，而且过失很多，恐怕罪过落到后代子孙身上。我已年老，回忆一生大概的过失，无不痛自惩罚。希望两位兄弟对于我的过失要时时刻刻来信劝我，并希望互相商量讨论，以勤奋节俭自持，以对君忠诚、对民友爱的忠恕伦理道德教育子女，要使后辈革除掉骄傲和懒惰的习气，各自敦促恭敬谨慎的家风，这样一来就可以不败坏家庭的好名声了。

【原文】

居家之道，惟崇俭可以长久，处乱世尤以戒奢侈为要义，衣服不宜多制，尤不宜大镶大缘，过于绚烂。尔教导诸妹，敬听父训，自有可久之理。

【译文】

居家过日子之道，只有崇尚节俭可保长久，处在荒乱时代尤其应当以戒奢侈为最重要的事情。衣服不可多置办，尤其不可大镶大缘，太过华丽。你要教育几个妹妹，只要认真地听从父亲的教诲，自然可以保证我们家长盛不衰。

【原文】

凡多欲者不能俭，好动者不能俭。多欲如好衣、好食、好声色、好书画古玩之类，皆可浪费破家。弟向无癖嗜之好，而颇有好动之弊。今日作某事，明日思访某客，所费日增而不觉。此后讲求俭约，首戒好动。不轻出门，不轻举事。不特不作无益之事，即修理桥梁、道路、寺观、善堂，亦不可轻作。举动多则私费大矣。其次，则仆从宜少，所谓食之者寡也。其次，则送情宜减，所谓用之者舒也。否则今日不俭，异日必多欠债。既负累于亲友，亦贻累于子孙。

【译文】

大凡欲望太多的人不能节俭，轻举妄动的人不能节俭。欲望太多，诸如追求衣食、声色享受、沉迷购置书画古玩之类，都可以消耗、破败家财。弟弟你一向没有这些私欲方面的嗜好，但很有一些轻举好动的毛病。今天打算兴办某事，明天又思量拜访某位客人。花费一天天增多而又无所察觉。今后你要讲求节俭，首先要克服的就是好动的缺点。不要轻易出门拜访，不要随便办事。不但不做无益处的事，就是连架桥补路、修理寺院道观、善堂的好事也不能随便去做。办事、外出过多，个人费用就太大了啊！其次，仆人随从应该减少，这样家中吃饭的人员、费用自然减少。再次，送人情应该减少，这样用度自然宽裕。不然的话，现在不节俭持家，往后必然债台高筑。这不但给亲戚朋友带来种种负担和麻烦，而且也给后代子孙留下经济负担。

【原文】

为人子者，若使父母见得我好些，谓诸兄弟俱不及我，这便是不孝；若使族党称道我好些，谓诸兄弟俱不如我，这便是不弟。何也？盖使父母心中有贤愚之分，使族党口中有贤愚之分，则必其平日有讨好底意思，暗用机计，使自己得好名声，而使其兄弟得坏名声，必其后日之嫌隙由此而生也。刘大爷、刘三爷兄弟皆想做好人，卒至视如仇雠。因刘三爷得好名声于父母族党之间，而刘大爷得坏名声故也。今四弟之所责我者，正是此道理，我所以读之汗下。但愿兄弟五人，各个明白这道理，彼此互相原谅。兄以弟得坏名为忧，弟以兄得好名为快。兄不能使弟尽道得令名，是兄之罪；弟不能使兄尽道得令名，是弟之罪。若各各如此存心，则亿万年无纤芥嫌矣。

象牙雕镂空染色花卉纹八方盒　清

【译文】

做儿子的，如果使父母觉得自己比较好，其他的兄弟们都比不上自己，这就

是不孝；如果使同族亲戚们称赞自己较好，其他的兄弟们都不如自己，这就是不悌。为什么呢？因为能够使父母心中有好坏之分，使同族亲戚们口中有好坏之分，则必定此人是平日有讨好的意思，暗用心机，使自己得好名声，却使兄弟们得坏名声，日后裂痕和矛盾必定由此而生。比如刘大爷和刘三爷兄弟都想做好人，后来两人却闹得不可开交，大有势不两立、不共戴天之势。其中的原因就是刘三爷得好名声，而刘大爷得坏名声。现在四弟责备我的，正是这个道理，所以我读了信以后心中大为震动，不禁为之惊出一身冷汗。但愿我们兄弟五人，人人都明白这个道理，彼此相互谅解，哥哥以弟弟得坏名声为忧，弟弟以哥哥得好名声为快。哥哥不能使弟弟得到好名声，这是哥哥的罪过；弟弟不能使哥哥得到好名声，这是弟弟的罪过。如果每个人都能这样想，那么亿万年不会出现丝毫的裂痕。

【原文】

夫家和则福自生。若一家之中，兄有言弟无不从，弟有请兄无不应，和气蒸蒸而家不兴者，未之有也；反是而不败者，亦未之有也。

【译文】

家庭和睦，自然就会幸福美满。如果在一个家庭中，哥哥所说的话弟弟没有不听从的，弟弟所请求的事情哥哥没有不答应的，各个成员融洽相处，一团和气，像这样和睦的家庭却不兴旺发达的，从来没有过。相反，兄弟间相互争斗、惹是生非而家庭不衰败的，也不曾有过。

【原文】

《岳阳楼记》，大约明年总可寄到。家中《五种遗规》，四弟须日日看之，句句学之。我所望于四弟者，惟此而已。家中蒙祖父厚德馀荫，我得忝列卿贰，若使兄弟妯娌不和睦，后辈子女无法则，则骄奢淫佚，立见消败。虽贵为宰相，何足取哉？我家祖父、父亲、叔父三位大人规矩极严，榜样极好，我辈踵而行之，极易为力。别家无好榜样者，亦须自立门户，自立规条；况我家祖父现样，岂可不遵行之而忍令堕落之乎？现在我不在家，一切望四弟做主。兄弟不和，四弟之罪也；妯娌不睦，四弟之罪也；后辈骄恣不法，四弟之罪也。我有三事奉劝四弟：一曰勤，二曰早起，三曰看《五种遗规》。四弟能信此三语，便是爱兄敬兄；若不信此三语，便是弁髦老兄。我家将来气象之兴衰，全系乎四弟一人之身。

【译文】

《岳阳楼记》，大约明年总可以寄到。家里的《五种遗规》一书，四弟必须天天看它，句句学它。我所期望于四弟的，仅此一事。家里蒙祖父先辈的厚德遗荫，我愧于名列二品官职，若使兄弟妯娌不和睦，后辈子女无法规，骄奢淫逸，家业立见衰败。那么，即使贵为宰相，又何足取呢？我家祖父、父亲、叔父三位大人的规矩极严，做出了很好的榜样，我们随着他们去做，极容易做到。别的家没有好榜样的，也总须自立门户，自定规条；何况我家有祖父现成的榜样难道可以不严格遵行而致使家业破败堕落吗？现在我不在家，一切望四弟做主。兄弟不和睦是四弟的罪过；妯娌不和睦，是四弟的罪过；后辈骄傲无羁、放纵不法，也是四弟的罪过。我有三件事奉劝四弟：一是勤快，二是早起，三是要常看《五种遗规》。四弟如果能够信守实行这三句话，便是爱我敬我；如果不能够信守实行这三句话，那就是蔑弃老兄。我家将来气象的兴衰，全系于四弟一人身上了。

【原文】

勤俭本持家之道，而人所处之地各不同。大人之身，上奉高堂，下荫儿孙，外为族鄙乡里所模范。千金之躯，诚宜珍重。且男忝窃卿贰，服役已兼数人，而大人以家务劳苦如是，男实不安于心。此后万望总持大纲，以细微事附之四弟。四弟固谨慎者，必能负荷而大人与叔父大人惟日侍祖父大人前，相与娱乐，则万幸矣。

【译文】

勤俭原本是持家之道，但是每个人所处的地位各有不同。父母大人上要奉养两位老人，下要荫护儿孙，外面要为亲族邻里作模范。你们是千金之躯，的确应当珍重。况且孩儿谬居高位，作了侍郎，侍候我的仆人已经有好几个，可是父母大人还要为了家务而如此辛劳，孩儿实在于心不安。今后万望二老总持大纲，而细微琐事都交给四弟去办。四弟本来就是个谨慎的人，必定能够圆满地完成任务。父亲大人与叔父大人只要天天侍奉在祖父母大人面前，大家在一起谈天说地、乐乐呵呵，就是万幸啦！

【原文】

去年在家，因小事而生嫌衅，实吾度量不闳、辞气不平，有以致之，实有愧于为长足之道。

【译文】

去年我在家里因为小事而与弟弟发生冲突，这实在是因为我度量不大、言辞过激造成的。我觉得自己的行为确实有愧，自己不够做大哥的资格。

【原文】

余因去年在家，争辨细事，与乡里鄙人无异，至今深抱悔憾。故虽在外，亦恻然寡欢。尔当体我此意，于叔祖各叔父母前尽此爱敬之心。常存休戚一体之念，无怀彼此歧视之见，则老辈内外必器爱尔，后辈兄弟姊妹必以尔为榜样，日处日亲，愈久愈敬。若使宗族乡党皆曰纪泽之量大于其父之量，则余欣然矣。

【译文】

我去年在家里与弟弟争论小事，这种做法与乡下的鄙陋之人没有什么区别，因为此事，我至今仍然深深地悔憾。所以虽然身在外地，远隔千里，也郁郁寡

欢，心里十分难受。你应当体会我的这番心意，在叔祖父和各叔父母面前多尽些爱敬之心。如果能够常存休戚一体、利害相关的想法，而不怀彼此歧视的念头，则老一辈人必定都会很器重、很喜爱你，后辈兄弟姊妹必定会以你为学习的榜样，大家越处关系越密切，越处相互越尊重。如果能使曾氏家族和乡亲们都说纪泽的气量比他父亲的气量还要大，那么我就会感到非常的欣喜。

画珐琅五彩花鸟撇口瓶　清

【原文】

接尔元夕禀，知叔父大人病极沉重。余未在家，尔宜常至白玉堂服侍汤药，勤敬二字断不可忽。若在老宅而有倦色有肆容，则与不去无异。余往年在外多愧悔之端，近两年补救不少。至在家亦有可愧悔者，儿为我补救可也。澄叔分居上腰里，应用粗细器皿须由下腰里分去。尔禀母亲雇工陆续送去。尔至长沙看贺岳母，须待叔祖病减乃去，禀商澄、沅两叔父遵行。

【译文】

接你大年除夕的来信，得知叔父大人病情极重，我不在家，你应该常去服侍汤药。勤敬二字一点都不可忽视。如果你在老家面有倦色或者有放纵的容貌，则与不去没有差别。我往年在外边多有惭愧悔恨的地方，近两年补救了不少。至于在家也有愧悔的地方，儿可以替我弥补一些。澄叔分居上腰里，日常应用的粗器皿都必须由下腰里分去。你告诉母亲让安排雇工陆续送去。你去长沙看望岳母，必须等到叔祖的病好些了再去，并且还要禀告澄、沅两叔后再成行。

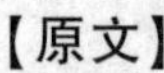

【原文】

余在外多年，惟待家庭甚薄，亦自有一番苦心。近日两弟待我过厚，寸衷尤觉难安。沅弟临别时，余再三叮嘱此层，亦以余之施薄，不欲受厚，且恐彼此赠送丰厚，彼此皆趋奢靡。想弟已喻此意矣。

【译文】

我在外多年，只有对家庭的贡献非常微薄，这也是有一番苦心的。近来，两位弟弟对我太厚，使我尤其觉得不安。沅弟临别时，我曾再三叮嘱这层意思，也是因为我的贡献太小，不愿意接受太厚的礼物；而且我担心如果彼此都赠送丰厚的礼物，那么彼此就都有可能走向奢侈浪费。想必弟弟已经明白我的心意了。

【原文】

孝友为家庭之祥瑞。凡所称因果报应，他事或不尽验，独孝友则立获吉庆，反是则立获殃祸，无不验者。

吾早岁久宦京师，于孝养之道多疏，后来辗转兵间，多获诸弟之助，而吾毫无裨益于诸弟。余兄弟姊妹各家，均有田宅之安，大抵皆九弟扶助之力。我身殁之后，尔等事两叔如父，事叔母如母，视堂兄弟如手足。心事皆从省啬，独待诸叔之家则处处从厚，待堂兄弟以德业相劝、过失相规，期于彼此有成，为第一要义。其次则亲之欲其贵，爱之欲其富，常常以吉祥善事代诸昆季默为祷祝，自当神人共钦。温甫、季洪两弟之死，余内省觉有惭德。澄候、沅浦两弟渐老，余此生不审能否相见。尔辈若能从孝友二字切实讲求，亦足为我弥缝缺憾耳。

【译文】

孝顺友爱是家庭吉祥的预示。世人所说的因果报应等事有的不一定灵验，唯独孝顺友爱是马上能获得吉报的，反之则立遭殃祸，没有不应验的。

我早年在京师做官很久，在孝顺养家之道上多有疏漏，后来又辗转于军中，得到诸弟的帮助，而我却没有给诸弟什么帮助。我兄弟姐妹各家，都有田宅以安家，大抵都是九弟出力扶助的。我死之后，你们要待两个叔叔像待亲父亲一样，对待叔母如母，对待堂兄弟如手足。凡事都要节省，唯独对待叔叔家要处处照顾，对待党兄弟用品德、功业相勉励，过错失误互相告诫，期望在这方面彼此能有所成就，这是第一要义。其次亲近他就让他富贵，爱就让他富有，常常用吉祥的好事代诸昆季默默地祈祷祝福，应当神人互相敬重。温甫、季洪两兄弟的死，我自省心中常有惭愧之意。澄候、沅浦两弟渐老了，我这一生不知还能否相见。你们如能切实讲求孝友二字，也足够为我弥补缺憾了。

【原文】

常家欲与我结婚，我所以不愿者，因闻常世兄最好恃父势做威福，衣服鲜明，什从？赫，恐其家女子有宦家骄奢习气，乱我家规，诱我子弟好佚耳。今渠再三要结婚，发甲五八字去恐渠家是要与我为亲家，非欲与弟为亲家。此语不可不明告之。贤弟婚事，我不敢做主，但亲家为人何如，亦须向汪三处查明。若吃鸦片烟，则万不可对；若无此事，则听堂上各大人与弟自主之可也。

【译文】

常家想和我结为儿女亲家，我之所以不乐意，是因为听说常世兄最喜欢倚仗父亲的势力作威作福，所穿的衣服极为华贵，所用的仆从气焰嚣张，我担心他们家的女儿有官宦人家的骄奢习气，会败坏我们的家规，引诱我们家的子弟好逸恶劳。现在他三番五次地要求联姻，要我们送去甲五的八字。恐怕他是想与我结为亲家，而不是想与弟弟结为亲家。这件事不能不明确地告诉他。贤弟家的婚事，我不敢做主，但是亲家的为人如何，也必须从汪三那里查清。如果是吸鸦片烟的，就绝不能结亲；如果没有这种事，则听从长辈老人及弟弟自主就行了。

【原文】

近世人家，一入宦途即习于骄奢，吾深以为戒。三女许字，意欲择一俭朴耕

读之家，不必定富室名门也。

【译文】

近代的人家，一入仕途就沾染上骄横、奢侈的习气，我深深地以此为戒。三女儿定亲时，我想选择一个俭朴耕读的人家，不必非要富家名门不可。

【原文】

再，芝生前有信，言写信复渠，请用大字书格言，兹写挂屏四张寄之。虽非格言，亦聊以答其殷殷之意。芝生、泽山皆亲戚中之极可敬爱者，可嘱其多作时文。在家则请邓寅师改，付营则请次青改，或与纪泽之文一同付来，或竟另请人誊写。在外多邀数人同作，或京城联课者，用糊名易书之法。沅弟在家，此次所以润泽族戚朋友者，皆得其当。若能于族戚之读书者更加一番奖励，暗暗转移风气，人人讲究品学，则我家之子弟随在观感，不期进而自进。沅弟于此等处曾加体验否？

【译文】

另外，芝生以前曾来信，让写信寄他，请我用大字书写格言，现在写挂屏四张寄给他。虽然并非格言，也聊以答他殷切的心意。芝生、泽山都是亲戚当中极可敬爱的人，可以嘱咐他们多做些时兴文章。在家请邓寅师给他们批改，寄军营来可请次青批改，或者与纪泽的文章一同寄来，或者作后另请人誊写。在外多邀几个人同作，像京城那种多人联合起来一同学习，采取掩名换书的方法。沅弟在家，这次周济亲族朋友，都很得当。若能在亲族的读书人中再加一番奖励，渐渐移风易俗，使人人都讲究品行学业，则我家的子弟在这种环境中随时观感，即使不期望进步也会自然而然地有进步。沅弟对这一点是否亲身体验过？

【原文】

六月初四接五月二十四来信并纪泽一禀，具悉一切。南坡五舅母弃世，纪泽往吊后，弟亦往吊唁否？此等处，吾兄弟中有亲往者为妙。从前星冈公之于彭家并无厚礼厚物，而意甚殷勤，亲去之时甚多。我兄弟宜取以为法。大抵富贵人家气习，礼物厚而情意薄，使人多而亲到少。吾兄弟若能彼此常常互相规诫，必有裨意。

此间军事平安。余疮疾渐愈，已能写字矣。安庆军情，九弟常有信回，兹不赘述。付回银二百两，系去年应还袁宅之项，查收。

【译文】

六月初四接到你五月二十四日来信和纪泽的一封信，详情悉知。南坡五舅母去世，纪泽吊唁后，不知你去吊唁过没有？在这种事上，我们兄弟中应有亲往吊唁者为宜。从前咱祖父星冈公对彭家并没有厚礼厚物，而情意非常殷勤，亲自去彭家的次数很多。我们兄弟应该以此为楷模。大致富贵人家习气，亲戚交往礼厚情薄，派人相往来的多，亲自来往少。我们兄弟如能以此相互规劝，必有裨益。

这里军事平安。我的疮疾也渐愈，已经能够写字。安庆军情，九弟常有信说明，不再赘述。寄回银二百两，是去年应该还袁家的款项，查收。

【原文】

现在金陵未复，皖省南北两岸群盗如毛，尔母及四女等姑嫂来此，并非久住之局。大女理应在袁家侍姑尽孝，本不应同来安庆，因榆生在此，故吾未尝写信阻大女之行。若三女与罗婿，则尤应在家事姑事母，尤可不必同来。余每见嫁女贪恋母家富贵而忘其翁姑者，其后必无好处。余家诸女当教之孝顺翁姑、敬事丈夫，慎无重母家而轻夫家，效浇俗小家之陋习也。三女夫妇若尚在县城省城一带，尽可令之仍回罗家奉母奉姑，不必来皖。若业已开行，势难中途折回，则可同来安庆一次。小住一月二月，余再派人送归。其陈婿与二女，计必在长沙相见，不可带之同来。俟此间军务大顺，余寄信去接可也。

斗彩花蝶纹瓶　清

【译文】

现在金陵没有收复，安徽省长江南北两岸，盗贼多如牛毛，你母亲及四女儿姑嫂等人来此，并非久住之局。大女儿理应在袁家侍奉孝敬婆母，本不应该同来安庆，因为榆生在此，所以我没有阻止大女儿来此。至于三女儿和罗婿尤应在家侍奉婆母，尤其不必同来。我往往见到那些嫁出之女贪恋母家富贵而忘掉他们的公公婆婆，其下场必不好。我们家几个女儿，应当教导她们孝顺公公婆婆、敬事丈夫，千万不要重视娘家轻视夫家，学那些小家浇俗陋习。三女儿夫妇如果还在县城省城一带，尽管让他们回罗家侍奉婆婆，不必来安徽。如果已经起程，势难中途返回，可同来安庆一次。小住一、两月，再派人送回。陈婿和二女，估计必能在长沙相见，不要带他们同来。等到这里军务顺利后，我去信让人接他们来。

【原文】

萧开二来，接尔正月初五日禀，得知家中平安。罗太亲翁仙逝，此间当寄奠仪五十金，祭幛一轴，下次付回。

罗婿性情乖戾，与袁婿同为可虑，然此无可如何之事。不知平日在三女儿之前亦或暴戾不近人情否？尔当谆嘱三妹柔顺恭谨，不可有片语违忤。三纲之道，君为臣纲，父为子纲，夫为妻纲，是地维所赖以立，天柱所赖以尊。故《传》曰：君，天也；父，天也；夫，天也。《仪礼》记曰：君至尊也，父至尊也，夫至尊也。君虽不仁，臣不可不忠；父虽不慈，子不可以不孝；夫虽不贤，妻不可以不顺。吾家读书居官，世守礼义，尔当诰戒大妹三妹忍耐顺受。吾于诸女妆奁甚薄，然使女果贫困，吾亦必周济而覆育之。目下陈微窘，袁家、罗家并不忧

贫。尔谆劝诸妹，以能耐劳忍气为要。吾服官多年，亦常在耐劳忍气四字上做工夫也。

【译文】

萧开二来营，接到你正月初五日信得知家中平安。罗太翁去世，我这里应当寄去奠仪五十两，祭幛一轴，下次寄回。

罗婿性情乖戾，和袁婿一样都令人忧虑，然而这也是没有办法的事情。不知道平时在三女儿面前是否也暴戾不近人情？你当谆嘱你三妹柔顺恭谨，不要有片语冒犯他。三纲之道，君为臣纲，父为子纲，夫为妇纲，这是天地所赖以存在的基础。所以《传》中讲：君是天；父是天；夫是天。《仪礼》中也讲：君至尊，父至尊，夫至尊。君即使不仁，臣不可不忠；父即使不慈，子不可不孝；夫即使不贤，妻不可不柔顺。我们家读书做官，世代遵守礼义，你应告诫你大妹、三妹忍耐，逆来顺受。我对几个女儿嫁妆置的都很少，然而如果女儿果真很贫困，我也一定周济、养活她。目下陈家家境稍窘困，袁家、罗家并不忧虑贫穷。你谆谆劝诫几个妹妹，以能够耐劳忍气最为重要。我做官多年，也常在耐劳忍气上下番功夫。

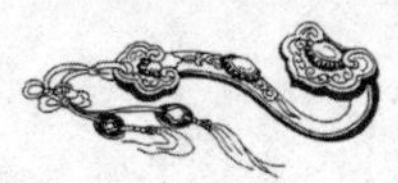

卷三　明强

经文释义

【原文】

三达德之首曰智。智即明也。古豪杰，动称英雄。英即明也。明有二端：人见其近，吾见其远，曰高明；人见其粗，吾见其细，曰精明。高明者，譬如室中所见有限，登楼则所见远矣，登山则所见更远矣。精明者，譬如至微之物，以显微镜照之，则加大一倍、十倍、百倍矣。又如粗糙之米，再舂则粗糠全去，三舂、四舂，则精白绝伦矣。

高明由于天分，精明由于学问。吾兄弟忝居大家，天分均不甚高明，专赖学问以求精明。好问若买显微之镜，好学若舂上熟之米。总须心中极明，而后口中可断。能明而断谓之英断，不明而断谓之武断。武断自己之事，为害犹浅；武断他人之事，招怨实深。惟谦退而不肯轻断，最足养福。

【译文】

"智、仁、勇"三项至圣的德行中，排在首位的是"智"。智就是明，古往今来，豪杰志士、才能特出的人都被称为英雄。英也就是明的意思。明有两个方面：一般人只看到近前的事物，我则可见更深远的事物，这叫高明；一般人只看到粗大显眼的东西或者事物明显的一方面，我则可看见细微的东西或者事物细微的方面，这叫精明。这里所说的高明，好比身处一室之中，人们只能看到近处的景物，若登上高楼，看得就远了，如果登上高山，见到的就更远了。而精明，就如极为细微之物，用显微镜照它，会放大一倍、十倍、百倍。又如满是粗糠的糙米，捣两遍就可除去粗糠，捣上三遍四遍，就精细白净到极点了。

曾国藩像

人是否高明，取决于天赋资质，而精明则全赖于后天钻研学问的程度。我曾

氏兄弟如今侥幸身居高位，我们天赋资质都不算很高明，全靠勤学好问来求得精明。好问如同购买显微镜，可深知极细微方面；好学如同捣舂了好几遍的米，可去粗取精。总之，必须心中了如指掌，而后口中说出自己的决断。对事物能了解明白后再做决断，就叫英断。不明所以，稀里糊涂就做决断，就叫武断。武断自己的事，产生的危害还不大；武断他人的事情，招致的怨恨就很深了。只有谦虚退让而不轻易下决断，才足以保住福分。

【原文】

担当大事，全在明强二字。《中庸》学、问、思、辨、行五者，其要归于愚必明，柔必强。凡事非气不举，非刚不济，即修身养家，亦须以明强为本。难禁风浪四字譬还，甚好甚慰。古来豪杰皆以此四字为大忌。吾家祖父教人，亦以懦弱无刚四字为大耻。故男儿自立，必须有倔强之气。惟数万人困于坚城之下，最易暗销锐气。弟能养数万人之刚气而久不销损，此是过人之处，更宜从此加功。

【译文】

要担当大事，全要在明强两个字上下功夫。《中庸》中的学、问、思、辨、行这五个方面，主要归结为使糊涂的弄明白，使柔弱的变坚强。天下的事，没有志气就不能去做，做事不坚定就不能成功。即使修身养家，也必须以明强为根本。“难禁风浪”四个字说得很好，大慰我心，深合我意。自古豪杰之士都以这四个字为大忌。我祖父教导别人，也说要以“懦弱无刚”四字为大耻。所以男儿自立于世，一定要有倔强豪雄的气概。只是几万兵众被困在坚固城池之下，最容易暗中消磨锐气。弟弟你能够保持数万人的刚猛士气，长时间不至于消靡折损，这是你的过人之处，以后更应在这方面下功夫呀。

【原文】

凡国之强，必须得贤臣工；家之强，必须多出贤子弟。此亦关乎天命，不尽由于人谋。至一身之强，则不外乎北宫黝、孟施舍、曾子三种。孟子之集义而慷，即曾子之自反而缩也。惟曾、孟与孔子告仲由之强，略为可久可常。此外斗智斗力之强，则有因强而大兴，亦有因强而大败。古来如李斯、曹操、董卓、杨素，其智力皆横绝一世，而其祸败亦迥异寻常。近世如陆、何、肃、陈亦皆予知自雄，而俱不保其终。故吾辈在自修处求强则可，在胜人处求强则不可。福益外家，若专在胜人处求强，其能强到底与否尚未可知。即使终身强横安稳，亦君子所不屑道也。

【译文】

凡是国家强盛的，一定是得到了众多贤臣良相的辅佐；家族兴旺的，一定是出了很多贤良忠孝的子孙。这关系到天道运命，不全是出于个人的谋划。至于一个人的强盛，则不外乎北宫黝、孟施舍、曾子三种情形。孟子能够集思广益，使自己慷慨自得，等同于曾子因自我反省而屈伸有度。只有实践曾子、孟子和孔子告诉仲由

强胜的道理，自身的强胜才可以保持长久。此外斗智斗力的强盛也很重要，有因为强盛而迅速兴旺的，也有因强盛而彻底惨败的。古时人如李斯、曹操、董卓、杨素等人，他们的智力都卓绝一世，而他们灾祸与失败也超乎寻常。近世人像陆、何、肃、陈也知道自己胆力超群，却都不能保持强盛到最后。所以我们在自己弱的地方，需要自修的地方，求得强盛就好；而在比别人强的地方，谋求更大的强盛就不好了。福气和利益都是身外之物，一个人如果专门在胜人处逞强，那么是否真能强到底，却都不能预料。即使是终身强横乡里安稳度日，这也是有道德的君子们不屑提起的。

智慧通解

曾国藩一生刚强，坚而不脆，认为古来豪杰以"难禁风浪"四字为大忌。他自述道："吾家祖父教人，也以'懦弱无刚'四字为大耻。"又说："至于'倔强'二字，却不可少。功业文章，皆须有此二字贯注其中，否则柔靡不能成一事。孟子所谓'至刚'，孔子所谓'贞固'，皆从'倔强'二字做出。吾兄弟皆受母德居多，其好处亦正在倔强。"他认为"男儿自立，必须有倔强之气"。

曾国藩上承家训，总结了自己的经历，深刻地认为："凡事非气举，非刚不济。"他甚至"尝自称欲著《挺经》，说他刚毅"。正是这种倔强的性格，使曾国藩虽屡次蹶跌，却仍然充满刚毅，勇往直前。

曾国藩的倔强，在他最初出来带兵的时候表现得最为突出。他是以在籍侍郎的身份出来带兵的，无地盘，无粮饷，事事仰仗于人。同时又是勇于任事之人，所以与地方官员势同水火，屡屡发生冲突。加上初期与太平军作战屡战屡败，更使他的处境雪上加霜。然而，在与官场政敌和与太平天国的双重搏斗中，他却养成了一种咬牙立志、不肯认输的性格。他把这称之为"打脱牙，和血吞"的"挺"字功夫。他曾经夫子自道说：

李申夫曾经说我与人怄气从来不说出，而是特别能忍耐，一步步寻求自强之道，因而引用俗话说：好汉打掉了牙，和血吞下去。这正是我咬牙立志的诀窍。我曾经被京城中的权贵所唾骂，被长沙官场所唾骂，被江西官场所唾骂，也经历过岳州之败，靖港之败，湖口之败，被打掉牙的时候多了，没有一次不是连血一块吞下去的。

又说：我办理湘军水师，一败于靖港，再败于湖口，将士们都愿意离开水师而做陆军。但我咬紧牙关将局面维持了下来，而后终于有了重振的机会。安庆没有合围的时候，祁门大营十分危急，黄德的局势也很危险，大家都建议我撤安庆之围，以支援祁门、黄德，但我咬紧牙关不撤，终于打下了安庆。至于南京是一个方圆百里的大城，易守难攻，我却以孤军将南京围了起来，大家都说恐怕要蹈前面清军的覆辙了，然而最后竟然立了大功。

咸丰九年十月十四日，他作一联以自箴：养活一团春意思；撑起两根穷骨头。这正是他这种倔强性格的写照。

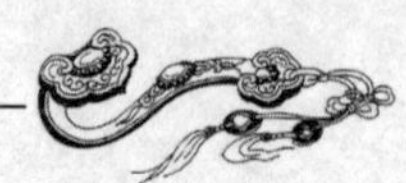

至于强毅之气，决不可无。然强毅与刚愎有别。古语云：自胜之谓强。曰强制，曰强恕，曰强为善，皆自胜之义也。……舍此而求以客气胜人，是刚愎而已矣。二者相似，而其流相去霄壤，不可不察，不可不谨。自胜，也得克己，所以，刚强也是一种克己之学。克己，必须从两个方面同时下手，即“刚柔互用”，不可偏废。

曾国藩说：“太柔则靡，太刚则折。刚并非就是暴虐，强矫而已；柔并非卑弱，谦退而已。”为使“刚”得恰到好处，“柔”得也恰到好处，曾国藩强调刚柔均须建立在“明”的基础之上。他说：“担当大事，全在‘明强’二字。”他致书诸弟说：“‘强’字原是美德，我以前寄信也说‘明强’二字断不可少。第‘强’字须从‘明’字做出，然后始终不可屈挠。……”又说：“修身齐家，亦须以‘明强’为本。”不明而强，于己则偏执任性，迷途难返，于人则滥用权威，逞势恃力，终归都是害人害己。

所谓“明”，就是要明于事，明于理，明于人，明于己。欲强，必须明；欲柔，也必须明。否则，虽欲强而不能强到恰当处，虽欲柔而不能柔到恰当处。一味刚强，必然会碰得头破血流；一味柔弱，遇事虑而不决，决而不行，待人则有理不争，争而不力，也是不能成功的。明有两种，一种叫高明，一种叫精明。同一个地方，只有登上高山的人才看得遥远，这就是高明。同一件东西，凭空估计不如用秤称得准确，用眼打量不如用尺量得准确，这就是精明。

以明为基础的倔强，其实就是一种定见，是一种看清问题后坚持到底的决心。据此，曾国藩认为，“强”有两种：“斗智斗力之‘强’，则有因‘强’而大兴，亦有因‘强’而大败。古来如李斯、曹操、董卓、杨素，其智力皆横绝一世，而其祸败亦迥异寻常。近世如陆、何、肃、陈亦皆予知自雄，而俱不保其终。”“惟曾、孟与孔子告仲由之‘强’，略为可久可常。”《孟子·公孙丑上》载：“昔者曾子谓子襄曰：‘子好勇乎？吾尝闻大勇于夫子矣：自反而不缩，虽褐宽博，吾不惴焉；自反而缩，虽千万人，吾往矣！”曾国藩所追求的，正是这种“自反而缩”的“强”。孔颖达注：“缩，直也。”指正确的道理。反躬自问，为维护正确的道理而勇往直前，这才是真正的“强”。故曾国藩说：“吾辈在自修处求‘强’则可，在胜人处求‘强’则不可。”一味逞强，终必败露；炼就意志刚强不拔，就可能有所成就。当一种判断确定后，曾国藩从不迁就他人的意见，有主见，敢斗争。他向清廷伸手要权、拒绝鲍超北上勤王，便是明强法中最显著的事例。

做官讲求明强，能处理很多麻烦事。所以曾国藩认为，做官讲明强，修养心性，可以训练自己处事不烦，不急不躁，无怨，清醒。这样才能保持安静，保持安静才能稳住部下，稳住部下才能做出决断。不然，心急似火，性如烈马，只会使事态的发展更加混乱。

因此，“明强”之法，仍讲究修炼自己，尤其在遇到困难时，要能够审时度

势，深谋远虑，决不求一时之功，轻举妄动。求强是可以的，但在逞能斗狠上求强就不是明智之举了。逞强斗狠，说到底就是要获得对他人的超越感和优越感，从而谋求他人对自我的肯定、服从或尊敬，然而这种优越感的获得往往以压抑他人、伤害他人为代价。在某一时间，某一场合或某一范围内，你确定征服了他人，但在另一时间，另一场合或另一范围内，你又征服不了他人，而且你的这种征服必然激起他人持久的抵抗；倘若你征服的人越多，那么你所激起的反抗也就越广大。最后你就把自己人为地陷入一个孤立的境地，结果你发现路越走越窄，越走越难。所以逞强斗狠终会失败。

然而如果一个人在自修处求强呢？此时你追求的不再是对他人的优越，而是自我超越，当然也就不会形成对他人的威胁或者伤害，也就不会存在征服与反抗的持久的矛盾，因为你所要征服的人不是别人，而是你自己。你在不断修正自我，完善自我。所有的反抗来自你的内部，是旧我对新我的反抗；这一反抗有时会刺激你更强烈地征服自我，恶行得以消除，善举得以光大，你就在这征服与反抗中不断前进。到了一定时候，你就会因为自修而完美和强大，这是君子所要尽力珍惜、保持和追求的。

曾国藩终其一生，都在追求明强，也希望自己身边的人都做明理之人，只有这样，才能做到公正无偏，属下弟子才能明理谦恭，官位势力才不至于很快倾颓，自身道德修为才能日渐精进。

【经典实例】

王猛以智慧出将入相

自西晋灭亡，司马氏偏安江南以后，中国北方十六国战乱纷争，已经找不到一片净土。统治者穷兵黩武，嗜杀成性，老百姓颠沛流离，朝不保夕。

一代名臣王猛就出生在这个没有秩序、缺乏理智的时代。

王猛的家庭一贫如洗，为了糊口度日，他小小年纪便以贩卖畚箕为业。

他没有被战火硝烟吞灭，没有被生活重担压垮，在苦雨凄风、兵荒马乱之中，他顽强挣扎，利用一切的时间和机会，刻苦学习各种知识技能，特别是军事科学知识，广泛吸取各方面的营养，静观风云变幻。很快，王猛成长为一位雄姿勃勃、英俊伟岸的青年。

他为人谨严庄重，深沉刚毅，胸怀大志，气度非凡。他不愿同鸡毛蒜皮的琐碎小事打交道，自然也不与那些浅薄浮华子弟相交往，因而经常遭到他们的白眼和耻笑。但王猛却怡然自得，仍旧我行我素。

这天他出游后赵国都邺城（今河北临漳西南），达官贵人们几乎没有人瞧得起他，只有一个叫徐统的官员认为他是一个难得的奇才，请他出任总务长官，掌管人事并参与政务。王猛身怀治国大志，希望遇上英明的君主，认为替徐统干

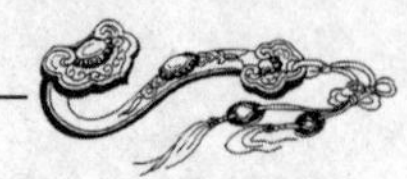

事，岂不埋没了前程。他没有应徐统的聘任就离开了邺城，隐居在西岳华山，静观时局的变幻。

北方的战乱愈演愈烈，政局瞬息万变。后赵大将冉闵灭赵建魏。不过两年，鲜卑慕容氏灭魏建前燕。同时关中各族豪强纷纷割据，北方称王称帝者比比皆是。

351年，氐族苻健占据关中，建都长安，称天王、大单于，国号秦（史称前秦）。三年后东晋荆山镇将桓温北伐，一举击败苻健，驻军灞上（今西安市东），大有即日进战长安之势，关中父老争相用牛酒来慰劳东晋大军。

王猛听到这个消息，决定前往东晋军营探听情况。于是他身穿麻布短衣，投桓温大营求见。

前秦名臣王猛像

王猛在大庭广众之中，一面捉掐虱子，一面纵论天下大事，滔滔不绝，旁若无人。桓温见此非常情景，心中暗自称奇。自来到关中已经有许多天了，长安城指日可下。虽然有关中父老酒肉慰劳，但至今没有一个豪杰之士前来效劳，心里正在纳闷。见眼前这人气度非凡，一定是一位隐居的豪杰之士。于是他脱口问道："我奉天子之命，统率10万精兵仗义讨伐逆贼，为民除害，而关中豪杰都无人到我这里来效劳，这是为什么呢？"王猛直言不讳地回答："将军不远千里深入关中，长安城近在咫尺，而你却不渡过灞水将它拿下，大家摸不透你葫芦里卖什么药，所以不来。"王猛一语双关，触及了桓温拥兵自重、图谋异事的心病，他默默思考着，竟无言以对，更认识到面前这位掐虱寒士非同凡响。

由于军粮缺乏，军无斗志，桓温终于攻占长安不成，只得退兵。临行前，他赐给王猛精车良马，又授予高官都护（掌管边地军政和少数民族事务的长官），希望王猛一起南下。王猛心想，在只看重门第的东晋朝廷里，自己很难有所作为，而且也不愿为心怀二志的桓温奔走卖命。他回华山请教了他的老师，老师也反对他南下。王猛于是继续隐居山中，刻苦学习。

桓温退走的第二年，苻健去世。继位的苻生残忍酷虐，以杀人为儿戏。举国上下人心惶惶，苻健之侄苻坚更是忧心如焚，后来决定除掉苻生，挽救国家，保全百姓。

苻坚少年时就拜汉人学者为师，潜心研读经史典籍，很快成为文武双全的将帅人才。苻健见他勇猛善战，心怀文韬武略，因此授他龙骧将军，让他统帅重兵。他深知"明政无大小，以得人为本"的道理，广泛招贤纳士，网络英豪，

立下了经世济民、统一天下的大志。

他不能让苻生的昏暴残忍继续横行国中，于是向他的好友、身为尚书的吕婆楼请求除去苻生的计策。吕极力向苻坚推荐隐士王猛。苻坚立即派吕亲自上山恳请王猛出山。

苻坚与王猛一见面便如平生知己，谈到兴废大事，句句投机。苻坚惊奇王猛的才能，把他比作卧龙，王猛也佩服苻坚的远大志向以及礼贤下士的明君风度，欣然吟诵《诗经·考歇》篇以抒发自己隐居山谷、不与昏君同流合污的高洁情操。苻坚非常兴奋，就像当年刘备遇到诸葛亮似的如鱼得水。

王猛留在了苻坚身边，为他出谋划策。357年，苻坚在王猛的辅佐下一举诛灭苻生及其帮凶，自立为大秦天王，改元永兴，以王猛为中书侍郎，职掌军国机密。

当时地处京师西北门户的始平县，长期以来豪强横行，无法无天，加上劫盗充斥，百姓苦不堪言。苻坚派王猛担任始平县令，希望他手到病除。王猛下车伊始，就申明法度，明辨善恶，严惩凶顽，禁抑豪强，当众鞭死一个作恶多端而背有靠山的奸吏。奸吏的朋党起哄上告，法司以杀人罪逮捕了王猛，用囚车把他押送到长安。

苻坚闻讯，非常吃惊，亲自责问王猛说："为政之体，德化为先。你赴任不久就杀掉那么多人，多么残酷啊！"

王猛虽遭囚禁，但心里很平静，等苻坚说完，他从容回答："天下太平，治理国家可以用礼，但治理混乱之邦则非用重刑不可。当今天下纷争，人心险恶、奸佞勾结、为非作歹、民不聊生，社会之混乱，莫此为甚。陛下让臣担任难治县的长官，为臣一心一意要为明君铲除凶暴奸猾之徒。仅仅才杀掉一个奸贼，还有许多家伙尚未伏法。如果陛下因为不能除尽残暴、肃清犯法者而惩罚我，为臣甘愿受罚。但就目前情况而论，加给我酷政的罪名而惩罚，臣实在不敢接受。"

苻坚自即位以来也一直在思考用什么办法治理极度混乱的社会秩序，由于受儒家仁义德政思想的束缚，一直犹豫不敢用坚决的手段惩治奸邪。王猛的一席话，既说明了他为政的真实情况和严刑峻法的目的，同时也表明了治理乱世的基本原则。他心里豁然明亮。恼怒与怀疑顿时烟消云散。他无比感慨地说："高于常人的行为，必为众人所非难，要做一个敢作敢为、打破旧秩序的人实在太难了。"极口赞叹王猛有管仲、子产的济世之才。

王猛用法制治理乱世政绩卓著，在很短时间里就把前秦治理得井井有条。苻坚大为叹服，不拘一格重用王猛。一年内连升5次官，一直做到尚书左仆射（宰相之一）、辅国将军、司隶校尉（包括京师在内的广大腹心地区的最高长官）等，当时的年龄不过36岁。

王猛权倾内外，使得皇亲国戚和元老旧臣妒火中烧，恨得咬牙切齿。氐族贵族出生的姑臧侯樊世依仗自己对前秦立有开国大功，首先跳出来，当众侮辱王猛

说："我们曾与先帝共兴大业，却不得参与机密。你没有半点汗马功劳，凭什么独揽大权？这不是叫我们种庄稼你白收粮食吗？"王猛明白樊世的话不仅代表他自己，更是元老旧臣们的心声。对这伙顽固之徒决不能手软，否则大秦的威令将受到重大影响。因此他丝毫不示弱，立即反击道："不光是你种我收，还要叫你煮我吃呢！"樊世暴跳如雷，跺脚咆哮："姓王的，迟早叫你头悬长安城门，否则，我不活在人世！"苻坚对这一班贵族的专横跋扈早已不满，得知此事，毫不犹豫地说："必须杀此老贼，方能整肃君臣。"不久樊世进宫议政时又与王猛发生争论，当着苻坚的面要打王猛，被左右拉住。接着又破口大骂，言语不堪入耳。苻坚大怒而起，当即命令将其斩首。后来反对派的攻击由公开转为暗中谗害。朝官仇腾、席宝利用职务之便，屡次毁谤王猛。苻坚心如明镜，对王猛信任有加，丝毫不为谗言所动，并将仇、两人赶出了朝廷。反对者终于服服帖帖，再不敢胡说八道。

359年，王猛由咸阳令史调任侍中、尚书令（宰相之职），兼京都长官。他刚一上任，便听说贵族大臣强德酗酒行凶，抢占民女。强德是皇太后的弟弟，因而谁也不敢对他怎么样。王猛偏偏在太岁头上动土，立即收捕并未经奏报就处死了强德。紧接着，他又与御史中丞邓羌通力合作，全面追查害民乱政的公卿大夫，一鼓作气将横行不法的权贵20多人铲除干净。于是百官震肃，豪右屏气，路不拾遗，全国上下令行禁止。苻坚感叹说："直到今天我才知道治国的法术，天子的尊严！"

后来，苻坚又授王猛三公之上的录尚书事的尊位。王猛心想，君主越是对我信任，委以重任，我越是要谦恭自守，不恃功而骄，因此他以无功为理由，对此殊宠辞而不受。

王猛不仅是一个了不起的政治家，也是一个卓越的军事家、勇武的战将。早在青少年时期，他就潜心钻研兵书，对古往今来的战略计谋了如指掌。出山以后，把军事理论灵活而准确地应用于军事实践中，攻必克，战必胜，表现出卓越的军事才干和大将风范。

370年6月，苻坚派王猛率大军向前燕发动最后攻击。此役对统一北方至关重要，因为当时北方各割据政权虽多，但只有前燕势力最为强大。如果灭掉前燕，统一北方就扫清了一大障碍。

大军出征这天，苻坚亲自送行到长安城东的灞上，并对王猛说："今天授予爱卿精兵，委以重任，你可以率军立即从壶关、上党出潞川，以迅雷不及掩耳之势，夺得制胜的关键时机。我将亲率大军跟在爱卿身后，最后在前燕首都邺城相见。目前已经命令运粮官相继出发了，爱卿只管杀贼，不要有后顾之忧。"王猛闻言，心里激动万分，如此贤明君主，为臣考虑得多么周到，臣只有忠心报国、杀敌立功才能报答君主的厚恩。于是他回答说："为臣庸劣肤浅，也没有什么操守。承蒙陛下如此恩宠，凭借陛下运筹帷幄、神机妙算，残胡不足以平。诚愿陛

下不要亲自出征，冒犯霜露，亲受风尘之苦。为臣虽然无才，但荡残胡，如风扫叶，只请敕命有关部门给燕国被俘君臣预先安排好住所就行了。”苻坚大喜过望。

王猛率军长驱向东，历经苦战，包围了邺城。邺城附近原先劫盗公行，这时却远近清静。王猛号令严明，官兵无人敢欺凌百姓，法简政宽，燕民无不拍手称快。

苻坚听到这个消息，心想，王猛果然言副其实。于是留李威辅助太子苻宏守长安，以大将苻融镇守重镇洛阳，亲自率领精锐部队10万人奔向邺城。

7天后，苻坚到了安阳。王猛得知，偷偷离开前线军营，只带几名随从，匆匆赶往安阳迎接。苻坚对王猛说：“过去周亚夫迎接汉文帝不出军营，如今将军为何面临强敌而离开军队远出迎接朕?”古人云：“将在外君命有所不受，”何况战事紧迫，主帅怎敢径离军帐。一旦战局有变，后果难以设想。王猛对此战役进行了周密的部署，可得无虞，非常自信，他认为自己不能像周亚夫对待汉文帝那样对待皇上。他说：“臣每每阅读周亚夫的故事。他虽为一代名将，但怠慢人主，我实在不敢恭维。臣凭借陛下的神机妙算，攻击即将灭亡的残虏，如摧毁枯草朽木一般，怎么值得忧虑！陛下留幼小的太子监国，御驾亲征远出，如果有意料不到的事情发生（如宫廷政变之类)，我们的国家将怎么办?!”王猛的赤诚忠心溢于言表。

君臣两人合兵夹攻，前燕开城门投降，前秦军取得绝对胜利。苻坚给王猛加官晋爵，封为清河郡侯；又赐予美妾5人，歌舞美女50人，良马百匹，车10乘。王猛照旧上疏坚决不肯接受。

苻坚让王猛留镇邺城，全权处理前燕6州事务。王猛选贤任能，除旧布新，使得燕地人心安定，生产发展。6州之民如久旱逢雨，欢喜非常。

几个月后，王猛向苻坚上疏说：“臣以前之所以不顾艰难，从命辅政，正是因为当时大难未平，军国机密刻不容缓。于是投身军旅，驰骋疆场，宣扬皇威，努力从事，直到今日天下太平。如今陛下承皇天圣德，威风布于八方，教化兴盛，国泰民安。臣下贡献一片丹诚之心，请求陛下允许我回避贤路。国家设官分职，各有主管，岂能独任臣以加速臣下的倾败！前燕16州的事务，不是我区区一人能治理好的，希望陛下选授贤能人才。如果认为臣有一点勤劳，不忍心抛弃，乞求让臣担任一个州的长官，以效犬马之劳。目前徐州刚刚归顺，徐汝两地防务甚重。督任不能虚旷，希望陛下即日谋划处理。”

王猛深感自己全权统领6州之地，地位太高，权力太大，担心有功高震主之嫌，因而请求自削权力，以免招致意想不到的麻烦。苻坚也是一代明君，他疑人不用，用人不疑，王猛的忠心可照日月。他没有同意王猛的请求，而是派遣亲近大臣琥到邺城宣旨慰问，王猛于是继续像以前那样全权处理6州事务。

后来王猛被召回长安，担任丞相。苻坚又让他处理中外军国大事，王猛久久推让，不肯接受。苻坚把王猛比作文武兼备的姜太公，说他们两人相遇是“精契

神交，千载之会”，并说：“自从爱卿辅政以来，20多年，对内整治权贵，对外荡灭群凶，天下趋于安定，法度伦理刚刚建立。朕正想从容在上悠闲过日，希望爱卿全权代劳。如此重大的事情，除了寄托爱卿以外还能有谁呢?”因此坚持要王猛接受重任。几年之后，苻坚又授王猛司徒高官。王猛再次上疏，总结了自西周以来历代为臣辅政的经验教训，并强调作为大臣应当引以为鉴的原则，希望苻坚设法网罗天下英才，宣扬君王的圣德。而他自己平庸无才，官居要职，这不但会被周围远近国家取笑，而且会使前秦大国被边远残虏轻视，“陛下不量臣的才力委以重任，不符合宪典，臣没有脸面接受！虽然陛下偏爱为臣，但怎么向天下交代呢？希望陛下认真考虑臣的意见，以免陛下受到偏心的诽谤，臣当感激不尽。”但不管怎么说，苻坚坚持不听。王猛辞让再三，不得已接受了命令。从此以后，前秦军国内外万机之务，事无巨细，全归他一人掌握。

在王猛的治理下，前秦政通人和，其国力蒸蒸日上，到王猛去世前，秦已基本上统一了北方，十分天下，秦有其七，东晋政权感到了巨大的压力，无人再敢言“北伐”。苻坚不仅自己充分信任王猛，而且还对太子宏和长乐公丕等说：“你们对待王公，要像对待我一样。”

王猛积劳成疾，终于病倒了。苻坚亲自为王猛祈祷于宗庙、社稷等处，并派侍臣遍祷名山大川。但王猛病不见好，苻坚又特赦全国死罪以下罪犯。王猛勉强支撑起来，上疏说：“想不到陛下因贱臣微命而亏损天地之德，自开天辟地以来绝无此事，这真使臣既感激又不安！”听说报答恩德最好地办法是尽言直谏，请让我以垂危之命，敬献而遗诫。陛下威慑八方，德化宇内，九州百郡，十居其七，平燕定蜀，如拾草芥。但善作者未必善成，善始者未必善终。所以古来明君圣主深知创业守成之不易，无不战战兢兢，如临深渊。望陛下以他们为榜样，则天下幸甚！苻坚边看边流眼泪，悲恸欲绝。

这年7月，王猛病情恶化，眼看不久于人世。苻坚亲临病床探望，并询问后事。王猛费力睁开眼睛，望着苻坚，一词一句断断续续地说：“晋朝虽然僻处江南，但为华夏正统，而且上下平和。臣死之后，陛下千万不可图灭晋朝。鲜卑、西羌降服贵族贼心不死，是我国的最大敌人，迟早要成为祸害，应该逐渐铲除他们，以利于国家。”话说完，便永远闭上了双眼。

苻坚三次临棺祭奠恸哭，对太子苻宏说：“老天爷是不想让我统一天下呀！不然怎么这样快就夺去了我的景略啊！”最后，苻坚按照汉朝安葬大司马大将军霍光那样的最高规格，隆重地安葬了王猛，并追谥王猛为“武侯”。秦国上下哭声震野，三日不绝。

王猛临死，嘱咐其子以20头牛耕田务农，未向苻坚提出别的要求，其清平节俭古来未有。

苻坚失去了这位兄长、老师和最得力的助手，陷入了极度悲痛之中，经常泪盈眼眶，不到半年便须发花白。半年之中，苻坚恪守王猛遗教，兢兢业业地处理

国事，灭掉前凉和代国，完全实现了北方的统一。东夷、西域62国和西南夷都遣使前来朝贡，原来属于东晋的南乡、襄阳等郡也被攻占。至此，前秦臻于极盛。

朱元璋心腹谋士刘基

刘基，字伯温。浙江青田县人。元武宗至大四年（1311）生，明太祖洪武八年（1375）卒，享年65岁。元至顺四年（1333）进士及第，元惠宗至正二十年（1360）三月应聘于朱元璋，开始政治上的通达时期。文学史上称他是元末明初的著名文学家，而朱元璋则认为他是汉朝的张良，三国时的诸葛亮。的确，刘基为朱元璋建立明朝立下了不朽功勋，他运兵如神，料事如炬，不但是明朝的开国谋臣，而且是古往今来的谋略家中值得称道的人物。

刘基出身于名门望族。他的曾祖父刘濠很有学问，也很有谋略，曾在宋朝做过翰林掌书。宋灭亡以后，青田县很多人组织反元起义，遭到失败，元朝廷派人携带名册去查抄起义人员，中途在刘濠家住宿。刘濠故意殷勤相待，灌醉使者，放火烧了房子，名册全部毁掉，使很多起义者免于灭门之难。

刘基在这样的家庭里长大，自然受到良好的熏陶。他从小就好学敏求，博览群书，而且对古人论及天文、地理、用兵打仗的书籍总是爱不释手。精心地研读使刘基受益匪浅，而广泛的涉猎不仅开阔了他的胸襟，更促成了他有朝一日大展宏图的志向。

刘基14岁的时候，已经是一个很有才华的少年。他父亲为他请了几位老师，都因为自己觉得无力教授刘基而辞职。最后江南饱学名儒郑复初应聘，也深感刘基非同寻常。一次，郑复初与学生们探讨孔子如何周游列国，宣传道化，刘基突然说："孔子虽然品德高尚，但是身为鲁国人，国败而难保，饱学而无用，岂不是一介没有作为的书生？大丈夫不应如此！"郑复初大惊失色，对刘基的父亲说："这可不是一个一般的孩子，以后一定会成为国家的栋梁！"

果然，元至顺四年（1333），年仅23岁的刘基以其卓越的文才进士及第，衣锦还乡，做了高安县丞。

少年得志的刘基，颇想为元朝尽忠，做一番轰轰烈烈的事业。当时正处于元朝末期，官场腐败，吏汉贪乱，整个社会统治已是大厦将倾。但刘基并没有感到独木难支。他一方面以身作则，为政清正，一方面与那些贪官污吏做斗争。可是，刘基碰了个灰鼻子灰脸。上任不久，即因受人嫉恨排挤到别处，又不久，因上文弹劾监察御史失职得罪上司，被排挤回家。

官场的第一次失意并没有使年青的刘基灰心丧气。回乡隐居的日子里，他刻苦钻研易经八卦，兵书战策，并广交宾朋，扩大自己的影响，随时准备东山再起。他知道，有了梧桐树，不愁没凤凰。果然，刘基的名声越来越大，有人甚至

认为他的才干足可以与诸葛亮相比，很多人于是纷纷登门求教。刘基觉得，他出头的日子已经不远了。

适值元朝末年，各地农民起义此起彼伏。黄岩人方国珍因被诬告通寇，杀仇家，率兄弟三人聚集海寇数千骚扰江浙，朝廷几次派兵都没剿灭，连江浙行省左丞孛贴木儿都被其活捉，于是朝廷决定许以高官厚禄招降方国珍。但方国珍几降几叛，弄得人心惶惶。江浙行省终于想到了刘基，举荐他为元帅府都事。

深居简出十几年的刘基再一次感到眼前出现了光明。他一到任就力主用武力严剿方国珍，认为方氏兄弟首先倡乱，不顾朝廷恩恤，“不诛无以惩后”，并且定下了剿除方案。方国珍早已听说刘基的才干，十分害怕，急忙派人以大量金银财宝向他行贿，刘基拒绝不受。方国珍无计可施，只好又派人贿赂京中权贵，结果元朝廷决定再次招抚方国珍，授以重要官职。刘基做梦也没想到，正布置出兵呢，朝廷令下，说他擅作威福，夺去兵权不算，还把他羁管在绍兴。刘基一气之下，头发都白了一半，弃官回青田老家，再度隐居。

这次官场失意对刘基的打击是十分沉重的。年近四十的他，本以才自恃，颇为自负，总想通过效忠元朝施展自己的才华和抱负，可是每每乘兴而去，却落个灰溜溜的归来，根本没有人重视他的才能。一年以后，又有一次机会，可是执政权贵怕得罪方国珍，连军队都不让刘基沾边儿。刘基只好隐居山林，写诗作赋，抒发他怀才不遇、报国无门的抑郁心情。

也许正是由于官场失意的原因吧，隐居山林时期，刘基成了元末明初伟大的文学家之一。隐居生活使他对元朝的腐败统治有了较深刻的认识，对人民的疾苦有了较充分的了解。他虽然将各地风起云涌的农民起义视为犯上作乱，骂起义军为群盗，可同时也看到官府镇压农民起义的军队更加残暴。在《次韵和孟伯真感兴》一诗中他写道：“五载江淮百战场，乾坤举目总堪伤，已闻盗贼多于蚁，无奈官军暴似狼。……”

基于这种认识，刘基虽然感叹自己的不平际遇：身怀贾谊、屈原之忠心，张良、萧何之谋略诸葛亮之济世才能，却不能被重用，但也已经感到元朝的末日的来临。而这，就成了以后他归附曾被他骂为“盗贼”的朱元璋的思想基础。

元末农民起义如燎原之火，规模越来越大。刘基却沉浸在哀愁之中，看不见自己的出路。他作为元朝的知识分子，本能地想维护元朝的统治，但是20多年宦海沉浮又使他对元朝蒙古贵族的统治产生了强烈的不满。他羡慕爱国军事家诸葛亮以身事汉，崇敬岳飞精忠报国，一丝一缕的反抗异族压迫的火焰开始在心中燃烧起来。正在这时，朱元璋领导的一支红巾军先后占领了诸暨、衢州和处州，随后又次第拔除了东南一带元军的一些孤立据点，占领了浙东大部分地区，并极力搜求各地知识分子、知名人士，希望他们出来支持自己的事业，在浙东早已颇负盛名的刘基，自然被列入了邀请的名单。

此时的刘基已年近50，他以为此生郁郁，也就要了结，加之对朱元璋半信半疑，很不愿意出山。经过朋友再三劝告，又考虑到身家性命，元至正二十年(1360)三月，刘基才决定去应天府（今南京），观察朱元璋的作为和对自己的态度。

刘基到应天之后，心情仍然很抑郁。朱元璋召见他那天，他懒懒散散地来到朱元璋的帅府，见朱元璋只略略一拜。当朱元璋问到关于如何建立功业时，刘基随机想出了治国十八策，说得朱元璋点头称是，亲自为刘基斟茶，继续向他征求有关创业的各方面的意见。这使刘基那颗已经冷漠的心得到了温暖。

朱元璋为了笼络像刘基这样的文人，专门修了一所礼贤馆，对文人们给予很高的待遇，而且一旦听到他们有什么高明的见解，立刻予以采纳。刘基感到终于遇到了明主，便死心塌地地追随朱元璋，他决心利用自己的军事才能，为朱元璋建立强大的军事力量。

刘基的才能逐渐受到朱元璋的器重。一天，朱元璋在自己房中设酒席款待刘基，征求他对天下时局的看法。当时，各路起义军占领了元朝大部分地盘，其中势力最强盛的是西北的陈友谅和东南的张士诚。这两个人为了扩充地盘，经常骚扰朱元璋所占的领地。朱元璋把大部分精力用于防备这两个人的掠夺上，弄得手忙脚乱。刘基听完朱元璋的述说，微微一笑。他抚摸着酒杯，款款地向朱元璋发问道："您可知道山中猛虎的故事？"朱元璋被问得一愣："先生说的是什么意思？"刘基笑道："从前有一只猛虎，整天在山林里觅食，有两只狼也想贪些便宜，便和它争食。猛虎追那只狼，这只狼就来吃它的东西，再追这只狼，那只狼又吃它的东西。猛虎白白猎获了很多美食，最后竟饿死在山中。现在您就好像那只猛虎，而陈张二人就好像那两只狼。如果您想安安静静地独坐天下，该怎么办呢？金陵地势险要，但也不过是一只肥兔；天下之大，才是可逐之鹿，若想雄震天下，必先除去二狼，再北定中原，那时，您就可以面南背北了。"朱元璋听言，默然良久，对刘基说："恐我不是猛虎，而张、陈乃猛虎耳。"刘基听罢，顿杯而起，朗声道："主公此言差矣！张士诚龌龊，胸无大志，只求自保，不求进取，哪里有英雄气概？可以姑且不予理睬。陈友谅野心大，欲望高，拥精兵数10万，巨舰几百艘，处我上游，时常虎视眈眈，总欲吞没我们，确有猛虎之势，应该认真对付。然而他为人倨傲，自以为是，乃一勇之夫，做大将冲锋陷阵可以，却不是成大事的材料。主公虽然如今尚弱，但胸怀大志，如能立志起兵，应先灭陈友谅，次取张士诚，则如虎豹突起，闻者震撼，得天下何难！"一番话说得朱元璋热血沸腾，豪兴大发，他说："若不是先生教我，我终不过饿死之虎耳！此为天意，使先生助我！"

从此，朱元璋把刘基当成心腹谋士，事无大小，都要同刘基商量。朱元璋称呼刘基，只用先生而不呼其名以示尊重，和别人谈起也常把刘基比做汉初的张良。这就更加增强了刘基报答知遇之恩的愿望。

王安石锐意改革

王安石，字介甫，抚州临川人。父亲王益，任都官员外郎。王安石在少年时代就喜好读书，诗书一经他过目便终身不忘，他做文章落笔如飞，初看他似乎漫不经心，写完后，读过的人都佩服他文章的精彩绝妙。王安石考中进士后，名列上等，任签书淮南判官职。按照旧制度的规定，任职期满，准许呈献文章请求投考馆阁的职位，但王安石却没有这样做，他只是到鄞县做了名知县，后调任舒州通判。当时文彦博做宰相，他以王安石淡于名利而向朝廷推荐，请求对他越级进用，以遏止追名逐利的风气。不久，朝廷让王安石参加馆阁职位的考试，他却谢绝应试。欧阳修推荐他为谏官，他也以祖母年老为由辞谢不任。后调他到江东担任提点刑狱，仁宗嘉祐三年（1058），又入京任度主判官。

王安石像

王安石的议论高深新奇，能以辨析和旁征博引来增强自己看法的说服力，他果敢地按自己的见解来处理问题，有慷慨奋行、矫正世风、改变世俗的志向。为此他向仁宗上了万言书，他认为，如今天下的财力日益困乏穷尽，风俗日益衰弱败坏，问题的症结在于不知道法规、不效法先王政令的缘故。效法先王的政令，主要是效法政令的主要精神。只有遵循它的主要精神，那么所推行的更改变革，才能被天下人认为合乎先王的政令而欣然接受。自古以来的太平治世，从未曾因财物的不充足而成为国家的忧患的。忧患倒在于治理财政没有把握它的规律。皇帝不能长久地依赖上天的厚赐，而要有一旦出现灾患的忧虑。但愿皇帝能明察朝中得过且过、因循守旧的弊病，明文诏令大臣，逐渐克服弊病，以期迎合当世变化的形势。这里所讲的一切，流于颓废、萎靡、世俗的人是不会说的，而议论朝政的人又以为是不切实际的老调重弹。后来王安石治理国家，他所执行的政策措施，大体上都根据如上所书。

王安石本是楚地的士子，在朝中并不知名，因为韩、吕二族是当时的世家大族，所以他想凭借他们的力量来取得别人的重视。于是就和韩绛、韩维兄弟，及吕公著加深交往，而这三人也着意称道赞扬他，王安石的声名开始显著起来。

神宗在颖王府时，韩维曾是他的记室，当他升为太子庶子时，又推荐王安石替代他任记室之职。这样，神宗很想见到王安石，于是他刚一即位，就任命王安石为江宁知府。几个月后，又召回京师任翰林学士兼侍讲。一次，神宗问王安石治理国家首先要做的事是什么，王安石答道："首先应该选择治理的方法。"皇帝说："唐太宗怎么样？"王安石答道："陛下应当效法尧、舜，为什么要以唐太宗为榜样呢？尧、舜的治国之道，极其简明而不繁复，极其扼要而不空泛，极其容易而不繁杂，但后世的学者不能全盘通晓，所以认为高不可及。"皇帝说："你这可以说是以难题来要求我了，我感到自身渺小，恐怕无法与你的厚意相符了。你要全心全意辅佐我，希望我们能共同来完成这个事业。"

熙宁二年（1069）二月，王安石升任参知政事。一日，神宗对他说："很多人都不了解你，以为你只知道经学，不通晓世上实际事务。"王安石答道："经学正是用来治理世上的实事的，但后世所谓讲经学的读书人，大抵都是平庸之辈，所以世俗都认为经学不可以施行到事务上！"神宗问："那么最先施行的该是什么呢？"王安石说："改变风俗，建立法规，这是眼下的当务之急。"神宗认为确是这样，于是设立了制置三司的条例司，任命王安石与枢密院事陈升之共同主持。王安石又令吕惠卿负责条例司的日常事务。不久，农田、水利、青苗、均输、保甲、免役、市易、保马、方田等法陆续兴立，称为新法，王安石又先后派出提举官四十多人，将新法颁行于天下。

旧史评价说，王安石性格坚强刚愎，遇到事情不管可与否，都固执己见。在议论变法时，在朝廷百官全部持不可变法观点情况下，王安石附会经义，提出了自己的各种主张，辩论起来动辄数百言，众人皆不能使他屈服。他甚至说："天变不足以畏惧，祖宗不足以效法，人们的议论不足以顾忌忧虑。"这段话显然有失公允，但也透视出王安石性格中的刚烈之风。

救世功臣刘晏

刘晏（716~780），字士安，唐曹州南华（今河南东明县东南）人，是中国历史上一位功绩卓著的经济谋略家。

刘晏生于开元盛世，自幼天资聪敏，勤奋好学。年方 8 岁，适值玄宗到泰山举行祭天地大典，他写了一篇歌颂唐皇文治武功的《东封书》，特从家乡曹州南华，赶到玄宗行宫，献上颂文。玄宗听说他小小年纪，竟写出如此文采横溢的文章，十分惊奇。负责主持这次大典的，是闻名当世、誉为文章大手笔的宰相张说。玄宗遂让张说当面测试刘晏，以察虚实。刘晏年纪虽小，可面对高官，毫不胆怯，所问必答，畅流无诘。张说考试完毕，回复玄宗说："神童献文，真是国家的祥瑞！"玄宗大喜，即刻任命他为太子正字。

封禅大典结束，玄宗将刘晏带回京城长安。公卿们听说，都纷纷邀请刘晏，有的借机前来拜访，都想见识见识这位"神童"。

做太子正字，掌管刊正经、史、子、集四部全书中的错误，刘晏得天独厚，

在皇家图书馆里阅读大量书籍，加上公卿、名流的邀请、拜访，使他的知识领域开拓日新，为日后掌理经济，施展抱负，打下了良好的基础。

天宝年间（742~755），刘晏已是壮年，他离开京城，出任夏县（今山西夏县）县令。后又应“贤良方正”的科考，补上了温县（今河南温县南）县令。他为官廉洁公正，为民谋利，深受百姓拥护和爱戴。离任时，百姓为他刻石颂功。

天宝十四年（755年），安禄山叛乱，刘晏避难襄阳（即襄阳郡，在今湖北境内），镇守江陵（今湖北江陵县）的玄宗第十子永王李我璘，企图乘乱谋篡帝位，听说刘晏避难襄阳便派人请他并委以重任，以添羽翼，被刘晏拒绝。正在这时，朝廷下诏，任命他为度支郎中，兼侍御史，掌管江、淮赋税。刘晏去吴郡上任的途中，永王李我璘叛变了。他就同吴郡（今江苏苏州、常熟及浙江嘉兴以东一带，治所在苏州市）太守兼江南东道采访史李希言共商抵抗办法。李希言让刘晏暂代余杭（即余杭郡，在今浙江省，治所在杭州市）太守，分兵镇守。永王李我璘率兵东进，直捣吴郡，其势难当。李希言派部将元景曜、阎敬之抗击我璘军，结果兵败，阎敬之被俘，元景曜投降，李希言只得跑到余杭，与刘晏会兵，抗击叛军。他们组织人民群众，加固防御工事，坚守待敌。不久永王打了败仗，想回兵攻取各州县，听说刘晏守余杭，就没敢去碰，而改道从晋陵（今江苏常州市）西逃。

因刘晏忠于朝廷抗击叛军有功，被任命为彭原（彭原郡，在今甘肃省）太守，改官陇、华二州（今陕西陇县和华县）刺史，又调任河南尹。后又升任户部侍郎，兼任御史中丞，度支、盐铁、铸钱等使。

京城长安收复后，又调刘晏兼任京兆尹。后遭司农卿严庄诬陷，被贬到荒远的通州（今四川省，治所在达县）作刺史。

唐肃宗去世，太子李豫即位，为代宗。李豫十分器重刘晏，将他从通州召回，又任命为京兆尹、户部侍郎，统属度支、盐铁、转运、铸钱、租庸使。后因好友程元振得罪而受株连，被降为太子宾客。

不久又晋升为御史大夫，统属东都（洛阳）、河南、江淮转运、租庸、盐铁、常平使。

玄宗天宝十四年（755年）爆发的安史之乱，给黄河两岸人民造成巨大灾难。居无尺椽，百业荒废，人烟断绝，千里萧条，使唐朝的经济、政治都陷入十分困窘的境地。

关中地区，尤其京城长安，急需调运江淮富庶地区的粮食来接济。过去，是通过隋朝开凿的大运河将江淮物资运到洛阳、长安的。由于战争的破坏，水运早已停止，致使京城米价暴涨，斗米千钱，连宫廷中也上顿不接下顿，城郊的农民甚至捋下谷穗送往城里，也是杯水车薪，无济于事。统属江淮转运使的刘晏目睹这种困窘之状，心中十分焦急，决定亲赴各地考察。他从淮河、泗水坐船到汴

河，又从汴河到黄河。向西行至底柱山、硖石县（在今河南三门峡市南），观看了三门（即底柱山，黄河水在此处形成三股急流，故称三门）的漕运遗迹；到达河阴（在今河南荥阳市北）、洛口（在今河南巩义市附近），看了隋朝水利工程专家宇文恺修建的梁公堰——分黄河入通济渠的水道，又视察了本朝李杰所筑的新堤。至此，他把恢复水运的难与利了解得清清楚楚。正确的决策，产生于周密的调查与思考。他认为只有尽快解决南北水运，才能解决关中地区缺粮的燃眉之急，且可减轻这个地区人民赋税、徭役负担的一半；又可使东都洛阳地区的居民迁回故地，农耕、商市恢复常态；又可使军储充足，威慑藩镇努力和外族骚扰；可使黄河上下，大江南北，百业复兴，再现当年贞观、永徽的盛世。但要治理南北水运，刘晏也清醒地看到面临的困难。他怕受人牵制，不能放开手脚办事，就写信给宰相元载，陈说恢复南北水运给国家带来的利益，以及治理漕运的困难。这时，元载正独揽朝廷大权，无暇外顾，就把此事全权交给刘晏办理。

刘晏受权后，雷厉风行。首先疏浚汴河河道。汴河水道，自安史之乱以来，始终没有疏浚修整，河岸崩塌，护堤树木毁坏，泥沙淤积，河道阻塞。他首先组织民工兵丁，除淤通塞，使汴、淮畅通无阻。

登科平乐舞图　唐

从汴河入黄河，上溯至三门峡，这里水流湍险，是漕运的险要之处。过去漕粮经过这里，往往损失十分之二以上。为使运船安全通过三门峡，重新组织了船只和人力。首先解决行船的稳定性，把10只船编为一纲，以禁住急流的冲击，每纲配备篙工50人，纤夫300人。又从巴蜀（今四川）、襄汉（今湖北）调运大批竹、

麻，制成结实的纤绳，避免穿越险流时，因绳断而船毁人亡，使漕船顺利通过三峡险隘。

付高价，造好船。为了不致因船只破毁而损失漕粮，在扬州建立十个造船厂，选拔廉洁精干的官员督办，宁可付给高出市价一倍的价钱，造了两千艘坚固耐用的船只。有人提出这样耗资太多。刘晏认为办事眼光要长远，付高价，造船工人不愁衣食，方能造出经久耐用的好船。

改直运为分段接运。以前的漕运，是每年2月船队集于扬州，入黄河时，正遇夏末秋初黄河水涨，要等到中秋后水落才启航上行。这样漕运，耗时太多，况且南方船工又不甚适应沿途河道和北方气候，致使粮食在中途损失很大。改为分段接运，自扬州至清口（古泗水入淮处）为一段，自清口至河阴（汴水入黄河处）为一段，自河阴至渭口（渭水人黄河处）为一段，自渭口至长安为一段。在扬州、河阴、渭口三地设立仓库，江南粮物运至扬州，即卸船入库，再由扬州装船，运至清口卸船入库，就这样段段接运，以至长安。接运途中，多次装卸，难免损失。刘晏又把从前的散装运载改为袋装运载。这样，既方便装卸，又避免损耗。

派官督运，兵甲押护。这时期，自东垣（今河南新安县东）、底柱山到渑池、北河（指洛阳西一段黄河）之间的600里内，已久无驻军和哨所，沿河两岸，盗贼抢劫，十分猖獗；自淮阴（今江苏淮阴区南）至蒲阪之间，绵延3000里，其间布满了军队，营垒棋布，他们常常叫嚷着吃不饱，穿不暖，漕粮到此，马上会被截留，作为军用。针对这种情况，刘晏将从前的州县富户督办漕运，改为国家包办督运，沿途设置护运队，分段由官吏督运，兵甲押护，防止中途遭截留和抢掠。

经过刘晏精心而周密的治理，南北漕运畅通，江南粮食，物资，终于源源不断运到京城。唐皇得报，不胜欢喜，派卫士带着乐队，到东渭桥去迎接刘晏，又派使臣慰劳说："你真是我的酂侯萧何！"自此以后，一年可运到京城400万石粮食，关中即使遇到水旱灾害，粮价也不至于腾贵了。

唐肃宗乾元元年（758年），朝廷采纳盐铁使第五琦的建议，在产盐区设置监院，统购"亭户"生产的盐，在州县设盐官专卖，把每斗盐价由10文提高到110文。虽然国家盐税收入有所增加，但因盐官遍布州县，层层敲诈勒索，百姓深受其苦。刘晏任盐铁使后，考察了现行盐政，确定了改革的措施。

首先，精简盐政机构。刘晏认为官多必扰民。所以撤销原来非产盐区的州县盐官，只在出产盐的州县设置盐官。在产盐地设置四处盐场（涟水、湖州、越州、杭州4处），10处设盐监（嘉兴、海陵、盐城、新亭、临平、兰亭、永嘉、太昌、候官、富都十处），负责管理食盐生产，并收购各地食盐，集中于盐场；13处设巡院（扬州、陈许、汴州、庐寿、白沙、淮西、甬桥、浙西、宋州、泗州、岭南、兖郓、郑滑13处），负责盐价管理和缉查走私活动。

然后，改革专卖制度。改变原来官收官销的制度，为官收商卖，即只须产盐区设置的盐监收购亭户生产的盐，集中于盐场，之后加价卖给商人，由商人运到各地自由出售。盐税即在加价之中。官府在吴、越、扬、楚等地建置数千个盐仓，积存2万余石食盐，以备意外急需。还在边远偏僻的非产盐区设“常平盐”，一是在商人不到的情况下，减价卖给百姓，保证百姓有盐吃；二是控制商人借机抬高盐价，牟取暴利。同时刘晏还奏请朝廷，取消州县加收的盐税，禁止江河堤塞征收通过税。

这种新法的实施，即使国家通过垄断货源而取得利润，又使官府减轻运销负担，节省人力、财力，又能平衡盐价，保证百姓的需求，又可刺激生产者和销售者的积极性。真是一举多得的良策。

新盐法刚施行时，每年盐税收入是60万贯，到代宗大历末年，增加到600万贯。全国每年的财政收入是1200万贯，盐税占其中的大半。

唐朝在交通要冲设有常平仓，谷贱时收购存储，以调节粮价，防备荒年。后也兼存其他物资，如布帛丝麻。刘晏兼领常平使，把平稳全国的物价，作为治理弊端丛生的国民经济、稳定政治局面的重要措施。

刘晏首先建立情报系统。在诸道设巡院，各置知院官。巡院官在各地调查生产情况、物价涨落以及经济上的种种问题，由以高俸雇用的腿脚飞快地通讯员，通过沿途设立的座座驿站，接连向前传递，即使是遥远的地方，没几天，四方物价即在刘晏的掌握之中。他依据各地的情报，来调节物价的高下，使得各地的差价不太悬殊，可以大致保持平稳。

利用常平仓平稳粮价。各地的常平仓，在丰收年月，粮价较低时，以略高于市场价格，大量收购储存。遇到灾害歉收时，又以略低于市场的价格，出售常平仓的粮食，使百姓没有粮价甚高甚低之忧。平常年景，常平仓也收购一部分粮食，补充储备，以备饥荒。以前，各地粮食的收购数量，收购价格，统由官府主管官员确定。先须各地上报，由官府批复，方可收购。刘晏认为这种办法烦琐、误时，便先制定出一个原则，各地不必上报，就按照原则的规定，自定购价和数量。这个原则是：他把几十年来粮食收购的价格和收购的数量进行综合，然后将价格和数量分别分成五个等级。第一等价格为最高，第五等价格为最低；第一等数量为最多，第五等数量为最少。如果粮食价格高时，为第一等，就按第五等数量收购；粮价低时，为第五等，就按第一等数量收购。余皆类推。粮价过低，在第五等以下时，则适当加价收购，以鼓励农民积极性。

经过刘晏的精心筹策，常平仓成为平稳各地粮价的可靠后盾，国家又在一买一卖中获得了较大的利润，增加了国库收入。

安史之乱中，唐朝为了应付巨大军费开支，不得不巧立名目，征收苛捐杂税。地主、豪族以种种借口逃避赋税和徭役。这样一切赋役的负担都落到了农民身上，加上权臣豪吏勾搭成奸，对农民敲诈盘剥，百姓没有生路，只得背井离乡，到处逃

亡。唐肃宗宝应元年（762年），任租庸使的元载，竟向江淮人民追征天宝末年以来积欠8年的赋税，不问民户有无欠负，也不管资产的多少，见物就抢，强取豪夺。有不服的，吏用严刑威逼。于是江淮人民逃向山林泽薮，揭竿而起，反抗官府。

刘晏理财，以爱民为先。他认为爱民不在于恩赐，而应当给百姓创造条件，使他们能够正常地耕种、纺织，安居乐业，平年不加税，荒年减免税，尽力减轻他们的负担。他认为民户增多，耕种土地面积扩大，赋税的来源自然就会多了。因此刘晏任度支使后，首先免除了无名的苛捐杂税，并命各道知院官每旬每月上报当地雨雪丰歉情况，对各地农情了如指掌。每当州县的荒歉现象刚露苗头，他就预先下令说："免除某税赋，资助某一户。"并向朝廷申奏：到某月需若干免除，某月需若干救助。未等地方申报，他的奏章就已经被朝廷批发下来了。应民之急，未曾失时，未等百姓困窘、逃亡、饿死，救助已经到来。这就是他救灾要救于未困的主张。

刘晏用常平法，丰年用较高的价格收粮存储，荒年用贱价出售，以赈济灾民。有人批评刘晏，说他不直接赈济灾荒，而是常把粮食贱价出售，属于间接赈济百姓，于百姓不利。刘晏认为善于治病的医生，不让病人达到危险的地步再去治疗；善于救灾的人，不让灾情发展到需要发放赈济物资的程度再去赈济。因为发放的东西少，就救活不了多少人；救济的人多，又影响国家的用度；用度不足，势必还要增加赋税，向百姓身上榨取。这是一害。同时，放赈的方法容易助长人们侥幸依赖的心理，下级官吏也往往借机舞弊，致使民户中强者多得，弱者少得，即使用严刑来威吓，也不济于事。这是二害。

刘晏主张生产自救。认为受灾地区，所缺少的只是粮食罢了，其他的生产品依然存在。国家拿出贱价的粮食换取灾民的杂货，利用百姓的劳动力，把这些杂货转运到丰收的地区出售，或者官府留作自用，那么国家的财政就不会感到困窘。这是一利。丰年时，国家多储存一些粮食，遇灾荒时，以平价发放出去，听凭百姓及商人购买转运，这些粮食就能深入民间，分散到村户。贫苦的农民忙于耕种，无暇入市，这样就可辗转沾润到一些实惠，自然会免去官吏从中梗阻而造成饥饿。这种办法，即方便灾民，又堵塞了弊端。这是二利。

害、利两相比较，刘晏智谋之周密高妙，不言自明。

唐朝后期，吏治败坏。奸吏横行，侵夺百姓，欺上瞒下，营私舞弊，贿赂公行，曲媚求进。刘晏清醒地认识到，要搞好治理天下之财的重任，必得摒除这种败坏风气的干扰。

刘晏主管几个道的租庸事务时，分设各道（监察区）租庸使，十分慎重地选拔中央政府里有德才的官吏来充任。当时国库经费不足，停止了全国的代理、试用官员，独有租庸使可以委任调补，而且达到几百人，选用的都是年轻有为、通达事理、眼光敏锐、精明强悍、廉洁奉公、勤于职守的优秀人才，如任户部侍郎，判度支的韩洄、任尚书右丞，判度支事的元琇、从兵部侍郎判度支事的裴腆、任汴东两税使的包佶、任浙东、西观察使和诸道盐铁使的李若初等，都是刘晏荐举和选拔的，因在理财方面颇有成绩而闻名当世。

朝中权贵都想通过刘晏的关系，替自己亲戚朋友，在理财部门安插一个职位。刘晏不敢得罪权贵，因而并不拒绝，满足他们对官职和俸禄的要求，给予官位；但吏治绝不能败坏，因而不用这些人管事，只用厚俸养着他们。这样做，既不得罪权贵，又避免了败坏的吏风对理财的干扰。

刘晏把他选用的人分为两类：一是士，一是吏。他曾说："士人多清廉，洁身自好，求名重于求利；佐吏虽然廉洁奉公，终究没有什么前途，求利重于求名。"刘晏根据这两种官员的不同素质，分别予以使用。把钱物稽核出纳的事务交给士人掌管，把奉命办理文书的事务交给佐吏掌管，不让他们负重要的责任。这样做的目的是调动官员的积极性，防止贪污腐败。

刘晏所任用的人，即使远在几千里之外，执行政令，就像在他的眼前，就连吃饭、睡觉、说话、做事，也丝毫不敢隐瞒。正因为如此，刘晏的理财主张和措施才能贯彻到底，并取得巨大成就。

唐朝几近崩溃的经济，经过足智多谋、克己奉公的刘晏近20年的治理整顿，国库收入大大增加，人民生活得以安定，农、工生产得到恢复和发展。刘晏真可谓唐朝后期的救世功臣。

名相赵普足智多谋

赵普（922~992），北宋开国元勋，历相两朝的著名政治家。字则平。幽州蓟县（今北京西南）人。赵普自幼性格深沉厚重，寡言少语，工于心计，虽读书不多，然经意于吏事，有济世之才。宋太祖、太宗两朝为相。太宗淳化三年（992年）春，拜为太师，封魏国公。同年7月卒，终年71岁。追封为真定王。

赵普与宋太祖赵匡胤，同姓不同宗，然过从甚密，素有旧交。

后周显德初年（954年），赵普32岁，被永兴军节度使刘词召为从事。刘词认为赵普有大用之才，故卒前遗表，荐赵普于朝廷。

显德三年（956年）周世宗柴荣进兵南唐淮南地区，其部将赵匡胤攻克滁州后，宰相范质上奏朝廷，推荐赵普任滁州军事判官。从此，赵普便成为赵匡胤部下。

太祖赵匡胤与赵普结识之后，在交谈中，见赵普谈吐不凡，见解独到，心中十分高兴。当时，赵匡胤部下捕乡民百余人，指为盗匪，拟欲在闹市处死，并暴尸街头。赵普怀疑其中有无辜者，于是报告太祖，请求复审。经赵普详察案情，逐一审讯核对，其中十之七八系为诬良为盗，均被无罪释放。赵普此举，不仅保全了无罪乡民的性命，同时，也为赵匡胤挽回了民心。赵匡胤尤为惊喜，认为赵

普通事持重谨慎，断案周严细致，是不可多得的人才，可以委以重托。

后来，赵匡胤的父亲宣祖赵弘殷率部到滁州，不幸染疾，卧床不起。值此之际，又有扬州传来周世宗诏令，命赵匡胤速率部赴六合（古县名，在今江苏省南京市北）增援。此时，赵匡胤内有父病在卧，外有君命难违，忠孝不能两全。赵普见此情景，便毅然决定自己代赵匡胤在宣祖床前尽孝，让赵匡胤急赴六合为国尽忠。此举不失为“忠孝两全”之策。赵匡胤因为有赵普代为尽孝，才放心率部出征。

赵匡胤走后，赵普朝夕服侍宣祖赵弘殷饮食起居，精心照料护理，如敬亲生父母一般，赵弘殷深受感动，此后竟把赵普视为同宗子侄。赵匡胤也为赵普有才干，讲义气，既忠且孝而敬之亲之如同手足。

淮南平定之后，因赵匡胤屡建军功，升任同州节度使，召赵普为节度推官，后改任宋州节度使，任赵普为掌书记。赵匡胤征战南北，辗转调迁，赵普不离左右。

君相如此交厚，唯宋太祖之于赵普耳。元丞相脱脱有评云：“自古创业之君，其居潜旧臣，定策佐命，树事建功，一代有一代之人，未尝管也。求其始终一心，休戚同体，贵为国卿，亲若家相，若宋太祖之于赵普，可谓难矣。”

周显德六年（959年），周世宗柴荣率军北征，途中得一木，长约三尺，其木有字云：“点检作天子”。世宗惊异。当时，世宗妻弟张永德为殿前都点检，手握指挥禁军大权。世宗疑张永德有图谋不轨、篡夺皇位之心，遂罢其职。改拜赵匡胤为检校太傅、殿前都点检，以代张永德统帅三军。

同年六月，世宗柴荣卒。少妇符皇后辅佐年仅7岁的柴宗训于先帝柩前即位。新主年幼，不谙人事；皇后新册，不习国政；又无家臣鼎力相助；朝廷军政大权，旁落外臣手中。

显德七年（960年）正月初一，正当后周满朝文武百官进名庆贺新春之际，忽有镇、定二州飞马驰报，说契丹与北汉合兵南下寇犯，军情紧急。周室孤儿寡母不知所措，宰相范质仓促之间难辨军情真伪，便诏命赵匡胤率军北上迎敌。如此重大军事行动，《五代史·汉书》无记、《辽史》无载，此间是否有契丹与北汉合兵南犯，镇、定二州据何报奏，此乃千古之谜。

赵匡胤奉命发兵，大军行至京师开封东北40里陈桥驿时，前军将士托故不前，全军屯驻陈桥驿。当时，京师开封一带，有“册点检为天子”之说纷纷谣传。这天傍晚，军中有知星术者苗训同赵匡胤亲信楚昭辅仰观天象，声言西天日下复有一日，天有二日乃世有二主之兆。当时，有无此天象，史无足考，即或有之，也纯系天文自然现象，与人世社会的风云变幻无关。但在天命论统治人们思想的时代，奇异的天文现象，常被政治家所利用。今日赵匡胤的部下苗训、楚昭辅仰观天象之举，与民间所传“册点检为天子”之说，竟如出一辙，遥相呼应，亦非偶然，定有高人谋划，为赵匡胤陈桥举事做舆论宣传。

这天夜里，素为周室竭忠尽力，治军有素，征战有方的赵匡胤，作为三军主帅，竟在寇犯边土、社稷危机之际，醉卧中军大帐。赵匡胤的心腹将领高怀德等人又私下议论，要先立点检为天子，然后北征。并把此项动意转告给赵光义与掌书记赵普。赵光义与赵普并没感到震惊，似乎早已知道众将必有此举。于是，当即晓喻众将曰："异姓兴王，虽说是天命，但事关重大，恐人心浮动。诸将如能严饬军士，勿使掳掠民众，则京师人心定能安定，四方之民也必自安。待大功告成，你等也可共保富贵。"众将当即许诺，在赵光义、赵普的指挥下，分头行动，枕戈待旦，并连夜派人驰告留守京师的亲信石守信、王审琦等知晓。

深夜五更，众军士集于驿门，宣言策点检为天子。及天明，赵光义、赵普推门进账，报告此事。赵匡胤佯装惊愕，慢慢欠身而起。时有众军持械列于庭下，齐曰："诸军无主，愿策太尉（殿前都点检）为天子。"还没等赵匡胤说话，有人便把事先准备好的黄袍（龙袍）披在他的身上。然后，众人罗列跪拜，口称万岁，山呼不已。随即，众人便拥新主赵匡胤上马，欲南归京师开封，以成大业。此时，赵匡胤在所谓"为六军所迫"之下，俨然以为顺军心而从众命，于是勒马对众将言曰："你等贪富贵，立我为天子，我有号令，你们能听从吗?"众将皆下马，高声应诺："唯命是听。"赵匡胤接着说道："周太后、恭帝，我皆尊为旧主，你等不得惊犯宫阙；朝廷命臣，我皆待之以比肩同僚，你等不得凌辱；朝廷府库财物、百姓官吏之家私，你等不得掠夺。听令者有重赏，违令者杀及妻孥。"众将再拜，遂整队向京师进发。

赵匡胤对众将所言与赵光义、赵普的话，多么相似，似出一人之口。前者，赵光义、赵普，把异姓兴王，归于天命；后者，赵匡胤把陈桥举事，归于民心；又皆以"富贵"相许，以收军心。至于对众将提出的要求，及行动部署，也如出一辙，前后可续为一篇。这难道是"不谋而合"吗?

众将三军拥赵匡胤回到京师开封，赵匡胤并未直入大内，而退居公署。令众军士归营，并派心腹将领把宰相范质等朝廷重臣找来相见。赵匡胤在范质等人面前，故作悲态，假意流涕叹曰："违负天地，今至于此!"还没等范质等人答话，便有列校罗彦瑰按剑厉声对范质等人说："我辈无主，今日须得天子。"范质等人，见此情景，无计可出，不敢违抗，只好降阶列拜。后又召文武百官，至黄昏时分，众臣排班站定。有翰林院承旨陶谷，从袖中取出周恭帝的禅位制书（自愿让位的诏书），赵匡胤北面拜受已毕。然后，升崇元殿，服衮加冕，即皇帝位。立国号宋，改元建隆。

纵观陈桥兵变的全过程，计划周密，行动迅速，两天之内，便灭周建宋。此举如无高人谋划决断，不可能如此顺利成功。然谋划者谁，《宋史》不言，《五代史·周书》不记。

赵匡胤兼有文韬武略，周世宗死后，恭帝幼弱，军政大权为他所握。但他虽有窥周室之心，夺位改元之机，如无知心者明察善断，鼎力相助，他绝不可能下

定陈桥举事之决心。

赵匡胤部下诸将，虽然愿意拥赵匡胤为帝，但是，这些人武勇有余，政治谋略不足，绝非陈桥兵变的幕后主要谋划者。

赵普是赵匡胤的重要参谋，虽然官职不高，但老谋深算，虑事周密，深受赵匡胤信任。明察善断的赵普，既了解赵匡胤的心理，又敢于决断赵匡胤想做而又不便明言的大事。所以，说赵普是兵变陈桥的主要参与谋划者，绝非妄言。

赵普因佐命有功，授右谏议大夫，充任枢密直学士。

赵匡胤建宋代周之后，国内政治形势不稳。后周时的各镇节度使并未甘心顺从北宋政权。原后周旧臣昭义军节度使李筠，一向野心勃勃，早有谋反之心。赵匡胤称帝之后，李筠不甘拱手称臣，拒绝接受宋太祖加封的高官。建隆元年（960年）四月，便勾结北汉刘钧起兵反宋。

《雪夜访赵普》明　刘俊

宋太祖赵匡胤接到军情报告后，便相继派归德军节度使石守信、昭化军节度使慕容延钊、彰德军节度使王全斌出兵讨伐叛将李筠。赵普认为，新朝初立，便有叛将举兵，此次出兵平叛，乃开国后的首次重大军事行动，只有迅速取胜，才能稳定国内政局。于是，便建议太祖亲征，并要求自己也随驾前往。

宋军有皇帝亲自指挥，并有谋臣赵普相佐，军心振奋，作战勇猛。于5月围困泽州（今山西晋城），杀北汉援军数千人。6月，大破泽州，李筠自焚而死。宋军班师还朝。

原后周淮南节度使李重进，在李筠举兵反宋之初，也有谋反之心。欲与李筠联合，南北夹击宋军。宋太祖为防止二李合兵反宋难于对付，便对李重进采取赐铁券（免死牌），并约以重誓等措施，以稳其心，使其中缓兵之计。李重进谋略不足，果然中计，才使宋太祖得以集中兵力，一举消灭了叛将李筠。

同年9月，李重进起兵反宋。宋太祖派石守信、王审琦等部，分兵征讨淮

南。赵普认为，李筠才灭，重进又起，足见原后周各镇节度使居心难测。现在又以后周之将，攻后周之贵戚，恐难速成。倘如四方效尤，共进中原，其后果不堪设想。于是力谏宋太祖再次御驾亲征。他对宋太祖建议道："李重进凭借长江、淮河之险，缮修孤垒，但他外绝救援，内乏资粮，应当尽快取之。"宋太祖认为赵普说得有理，便于10月亲征扬州。11月，扬州破，李重进兵败身亡。12月，宋军收兵还朝。

太祖亲征二李，扫除内患，巩固了北宋政权。赵普献策力谏有功，遂迁升为兵部侍郎、枢密副使。

赵普虽读书不多，但对历史上武臣持兵权以夺君位的事件非常熟悉。自己又参与了宋太祖陈桥兵变的策划。所以，他深知武臣权重，对已经黄袍加身，坐北称孤的宋太祖极为不利。

宋太祖赵匡胤此时也为如何才能巩固自己的统治地位忧心忡忡。特别是"二李"起兵谋反之后，虽然除掉了"二李"，平定了叛乱，但唯恐再有如"二李"者，效法自己"陈桥兵变"之举。于是，太祖便召赵普问道："我欲息天下之兵，使国家长治久安，你有什么可行的妙策没有？"赵普当即提出了"削夺其权，制其钱粮，收其精兵"的方针。

太祖赵匡胤以为赵普所言，不失为良策。遂于建隆二年（961年）三月，首先罢免了慕容延钊殿前都点检的职务，调离京师，到外地任节度使。并且，从此以后，此职不再授人。

赵普认为，太祖此举固然必要，但没有彻底解决问题。因为石守信、王审琦等人，虽是拥护太祖为帝的旧属，建宋有功的大将，但他们身居要职，拥兵自重，久后难免不生反叛之心。所以，赵普又以历史上武臣谋反的教训，提醒太祖对石守信、王审琦等人，也不可不防，建议应当尽快削其兵权，妥善处置。

赵普的建议，太祖也曾想过，认为不无道理，暗地称是。但苦于无故削夺功臣兵权，恐众将不服。于是反说："此辈必不叛我。"赵普见太祖口是心非，似有难言之隐。于是便为太祖提出一个既能削夺石守信等人的兵权，又便于启齿的借口。赵普说："臣也不忧此辈叛乱。然而，细观数人，皆非统御之才，恐不能制服部属，万一军伍作孽，彼等亦不由自主。"

太祖赵匡胤认为，这倒是个令众人无可非议的理由。经过一番精心谋划之后，便于同年7月，演出一段"杯酒释兵权"的故事。

宋太祖顺利地收回兵权，了却了心中的一件大事。赵普因献策有功，于建隆三年（962年），迁升为枢密使。

为了协助宋太祖彻底解决武臣专权弊端，改变从中央到地方因权力过于集中而各自为政的局面，赵普继献议杯酒释兵权之后，又提出尚文黜武、分权互制的主张。

首先，宋太祖在赵普的建议下，在中央最高权力机关设副相、枢密使和副使与

三司计相，以分宰相之权。这样，就形成了三权分相，互相牵制，一切军政大事均在君权的控制下，才能成命的政治体制。这种政治体制的实质，是以文抑武，君权至上。

其次，为使上下体制一致，便于中央集权，控制地方州、县，于乾德元年(963年)，按赵普的建议，罢去王彦超等地方节度使，又渐次削去了数十个异姓王的权力。并从这一年开始，任文官为知州、知县（即地方最高行政长官）。又设副职通判一或二人。通判是中央安插在地方政府的耳目，有监察御使之权，可直接过问军、政大事，州府有重要文书，必须会同签署方能生效。如有重要军情变故，可直接通报中央。地方镇将的权力，仅限于所治军务及驻地城郊之内，不及乡间民事。

这样，地方政权也如中央三权分相一样，分属各方、互相制约、个人难于专权。又以文臣取代武职，使武臣失去持兵谋反的基础和条件，避免了军阀割据现象的发生。

纵观赵普崇文黜武、分权互制的政治方针，对北宋政权来说，有利有弊。其利在于便于赵宋王朝实行中央集权，提高君权的地位和作用，有效地防止了国内发生政治动乱。人民群众也有一个比较安定的生活环境，便于发展生产。这对于巩固北宋政权，不无积极意义。其弊在于过分压制武臣，严重地挫伤了军队将帅三军的积极性，故养兵虽多，但战斗力不强，不利于防范外族的寇犯。至于分权互制，也不利于各部通力合作，致使兵谋不精，国计未善。

宋太祖在赵普的协助下，政治体制改革基本完成之后，于乾德二年（964年）正月，同时罢去了后周旧臣范质、王溥、魏仁浦三相。因赵普政治谋略超人，献策有功，迁升为门下侍郎、平章事（同“平章事”，即宰相）、集贤殿大学士。从此，赵普独居相位，掌管北宋朝政。

刘秀自修稳江山

在曾国藩看来，明智的人在于好德，诚实的人，在于不自欺欺人。所以天下至诚的人，也就是天下至虚的人。在历史上，这种人是很多的，刘秀就是其中一个。

东汉王朝的建立者，汉光武帝刘秀，从小为人谨慎宽厚，勤于稼穑，似乎没有多大抱负，而其兄刘縯则性格刚毅，好行侠养士，素有大志。王莽天凤年间(公元14~19年)，刘秀来到长安，拜中大夫许子威为师，学习《尚书》，能通大义，并从此立下了“做官当作执金吾，娶妻当娶阴丽华”的志向（执金吾是统领北军八校尉的中尉，内卫京师，外备征战，车骑甚盛，十分威武；而阴丽华则是南阳新野姿貌出众的美人）。

王莽末年，天下连闹蝗灾，盗贼蜂起，地皇三年（公元22年），南阳发生饥

荒，各家宾客大多铤而走险，走上偷盗劫掠的道路。刘縯宾客也不例外，刘秀因此而受牵连，为避官吏追捕而不得不隐匿到新野，顺便在宛城出售粮食。当时社会上流行“图谶”的宗教迷信，宛城一个叫李守的人对其儿子李通说：“刘氏即将再次兴盛起来，李氏必将为其辅佐。”他们认为这“刘氏”将应在刘縯、刘秀兄弟身上，于是极力鼓动刘氏兄弟起兵反莽。刘秀起初不敢答应，但一想哥哥刘縯一向结交无业游民，必将发动起义，况且王莽政权败亡征兆已十分明显，于是与李通等人定下大计，暗中购置兵刃弩箭，准备起兵。是年十月，刘縯依照刘秀与李通等人约定的起兵时间，正式提出“复高祖之业”的口号，亲自发动春陵（今湖北枣阳市东）子弟起兵。这时，刘秀仅二十八岁。

刘縯、刘秀兄弟在称帝的道路上并不是一帆风顺的。地皇四年（公元23年），起义军各路将领为了要扩大队伍，增加号召力，认为应立一刘氏宗室做皇帝，他们看中了生性懦弱、又无兵权、便于控制的刘玄，让他即皇帝位，建立“更始”政权。在攻克宛城和昆阳之战中，刘縯和刘秀都起了决定性的作用，在起义军中声威大震。刘縯虽然没有公开争夺皇帝的宝座，他的部将却都为他没能当上皇帝而愤愤不平。因而在刘玄称帝时，刘稷就气愤地说：“此次起兵图谋复汉大事的，本是刘縯、刘秀兄弟，今天称帝的这位可又干了些什么？”刘玄因此怀恨在心，任刘稷为抗威将军，以示惩戒。刘稷不肯受命，刘玄即下令逮捕。当要诛杀刘稷时，刘縯站出来表示反对，并为之争辩。一些嫉贤妒能的将领早就主张除掉刘縯，这时趁机劝刘玄杀刘縯，正中刘玄下怀。于是，刘縯与刘稷同一天惨遭杀害。

当消息传到刘秀耳中时，尽管他内心悲愤异常，但表面上却显得异常镇定。他清楚地知道，此时自己只有稍有闪失，就会招致杀身之祸。于是，他立即前去朝见更始帝，向他连连谢罪。而对于自己在昆阳所立的战功，却从来不向别人提起。他也不为刘縯服丧，吃喝谈笑一如往常，好像压根儿就没有发生杀兄之事一样。刘秀的泰然神情，终于使更始帝等人解除了猜忌，也使得更始帝也觉得对不起刘氏兄弟，便拜刘秀为破虏大将军、武信侯，刘秀终于避免了杀身之祸。三个月后，刘秀以破虏大将军行大司马事的身份到了河北，镇慰州郡，罗致人才，招兵买马，开始了统一中国的事业。

刘秀曾说：“我治理天下，也想行以柔术。”他对臣属很少以刑杀立威。刘秀领兵攻下邯郸，杀死守将王郎以后，缴获了不少文件，其中有几千封刘秀部下给王郎的书信。这些人怕刘秀为此惩罚他们，因此惶惶不可终日。但出乎意料之外，刘秀没有那样做。他把所有的军吏集合在一起，命令把这些书信统统当众烧毁。他说：“过去敌人强大，你们当中有人办了糊涂事，我不怪你们。现在你们都可以放心了吧！”刘秀的做法确实气度不凡，让那些曾有二心的人打消了顾虑，对他感激不尽。至于部属的一些小过失，刘秀就更能抱宽容态度，不予计较。即使对有深仇大恨的人，仇家一旦幡然悔悟，将功折罪，刘秀也能既往不咎。如：

更始帝大司马朱鲔坚守洛阳时刘秀曾派人劝降，朱鲔说："大司徒（刘縯）被害时，我参与了害他的计谋，又劝说更始（刘玄）不要派萧王（刘秀）北伐。我实在知道自己有很大的罪过。"刘秀却郑重其事地说道："建大事者，不计小怨，鲔今若降，官爵可保，怎么会诛罚他呢？我面对黄河发誓，决不自食其言。"朱鲔投降后，官拜平狄大将军，封扶沟侯，"后为少府，传封累代"，刘秀始终没有对他进行报复。此外，刘秀又从其他营垒中接纳了一大批有经世之才和办事能力的文职官员，以及马援、冯异、寇恂、吴汉等名将，大大壮大了自己的力量。天下平定以后，刘秀不仅没有像汉高祖刘邦那样杀戮功臣，还非常注意教育群臣遵守法令，慎终如始，有意保存功臣。

刘秀的明智之处在于，他懂得怎样使自己更为强盛，这才是真正的明强。

曾国藩多次提到刘秀，称赞他是"英雄"。尤其提出：刘秀坐稳江山，当了皇帝后，常有一种危机感，这种危机感不是来自臣下，而是觉得自己是否称职。曾国藩常以此告诫自己，日事修炼，日图自强。

"明强"心语

【原文】

弟辞抚之意如此坚切。余二十二日代弟所作之折想必中意矣。来信"乱世功名之际尤为难处"十字实获我心。本日余有一片，亦请将钦篆、督篆二者分出一席，另简大员。兹将片稿抄寄弟阅。吾兄弟常存此兢兢业业之心，将来遇有机缘，即便抽身引退，庶几善始善终，免蹈大戾乎？至于担当大事，全在明强二字。《中庸》学、问、思、辨、行五者，其要归于愚必明，柔必强，弟向来倔强之气，却不可因位高而顿改。凡事非气不举，非刚不济，即修身齐家，亦须以明强为本。

【译文】

既然兄弟你拒绝巡抚一职的主意如此坚决真切，我二十二日代替你所写的奏折想必非常满意。在你来信中所说"乱世功名之际尤为难处"十个字实在符合我的心意。今天我写了一篇文章，也打算请钦篆和督篆分出一个席位，另外抄写给大员们。现将这篇文稿抄寄给弟弟请你审阅。我们兄弟彼此都经常保持这种兢兢业业之心，将来遇有机缘，即便是抽身引退，不也可以善始终，避免招致大的罪恶吗？至于说到担当大事，全在"明强"二字。《中庸》中所说的学、问、思、辨、行五个方面，

金嵌珠宝"金瓯永固"杯　清

其关键归结于愚钝而一定要明察，柔弱中一定要有刚强，兄弟你向来就有倔强之气，不要因为地位高贵而马上改掉。凡是办事一定是无气度就不能办成，无刚强就不能完满，即使是修养身心，管理家事，也必须以明强二字为根本。

【原文】

有感斯有应，有往斯有来，有实斯有名，有形斯有势，故政者当尽其在我者，务其远者大者。

【译文】

有所感才能有所反映，有所往才能有所来，有实而后有名，有形体才能有势，所以执掌国政的人应该首先发挥人们的能动性，要追求远大的目标。

【原文】

古人绝大事业，恒以精心敬慎出之。以区区蜀汉一隅，而欲出师关中，北伐曹魏，其志愿之宏大，事势之艰危，亦古今所罕见。而此文不言其艰巨，但言志气宜恢宏，刑赏宜平允，君宜以亲贤纳言为务，臣宜为讨贼进谏为直而已。故知不朽之文，必自襟度远大思虑精微始也。前汉宫禁，尚参用士人。后汉宫中，如中常侍小黄门之属，则悉用阉人，不复杂调他士，与府中有内外之分，大乱朝政。诸葛公鉴于桓、灵之失，痛憾阉官，故力陈宫中府中宜为一体，盖恐宦官日亲、贤臣日疏、内外隔阂也。公也丞相而兼元帅，凡宫中府中以及营中之事，无不兼综，举郭、费、董三人治宫中之事，举向宠治营中之事，殆皆指留守成都者言之。其府中之事，则公所自治，百司庶政，皆公在军中亲为裁决焉。

【译文】

古人的伟大事业，经常靠精心谨慎来完成。以区区蜀汉一隅之地，而想出师关中，北伐曹魏，诸葛亮的志愿宏大，当时形势的艰难困苦，都称得起古今罕见。然而《出师表》这篇文章并不谈事情的艰巨，只讲应该志向远大，气度恢宏，赏罚公平，君主应该以亲近贤臣、接纳忠言为首务，臣子应该以讨伐汉贼、进谏正直之言为己任。因此而知不朽的文章，必出于胸怀远大、思虑精深。西汉宫禁之中，还杂用士人。东汉宫禁之中，像中常侍、小黄门之类，全部任用宦官，不再杂用士人，和朝廷有内外之分，致使朝政紊乱。诸葛亮鉴于汉桓帝、汉灵帝的教训，非常痛恨宦官，所以力讲宫禁之中、丞相府之中应该一体对待，因为他担心宦官日益受到皇帝的亲幸，贤臣日益受到皇帝的疏远，内外产生矛盾。诸葛亮以丞相兼任大将军，凡是宫禁之中、相府之中、军营之中的事情，无不兼任处理，推荐郭攸之、费祎、董允三人管理宫中的事情，推荐向宠管理军营之事，都是指留守成都方面的事情。至于相府中的事情，诸葛亮亲自处理，政府各个部门的各项事情，诸葛亮在军营中亲自裁决。

【原文】

二十五寄一信，言读《诗经》注疏之法。二十七日县城二勇至，接尔十一

日安禀，具悉一切。

尔看天文，认得恒星数十座，甚慰甚慰。前信言《五礼通考》中观象授时二十卷内恒星图最为明晰，曾翻阅否？国朝大儒于天文历数之学，讲求精熟，超越前古。自梅定九、王寅旭以至江、戴诸老，皆称绝学，然皆不讲占验，但讲推步。占验者，观星象云气以卜吉凶，《史记·天官书》《汉书·天文志》是也。推步者，测七政行度，以定授时，《史记·律书》《汉书·律历志》是也。秦味经先生之观象授时，简而得要。心壶既肯究心此事，可借此书与之阅看。若尔与心壶二人能略窥二者之端绪，则足以补余之阙憾矣。四六落脚一字粘法，另纸写示。

……但愿尔专心读书，将我所写看之书领略几分，我所未讲求之事钻研得几分，则余在军中，心常常自慰。尔每日之事，亦可写日记，以便查核。

【译文】

二十五日给你寄一信，说读《诗经》注疏的方法。二十七日县城二勇到这里，接你十一日来信，得知一切。

你看天文，认得恒星数十座，我很感欣慰。前信说《五礼通考》中，观象授时二十卷内恒星图最为明晰你是否曾经翻阅？朝内大儒关于天文历数的学问，讲求精熟，超越前古。从梅定九、王寅旭以至于江、戴各老，都堪称绝学，然而都不讲究实际占验，只讲究书面推演。所谓占验，是指实地观测星象云气以卜吉凶，《史记·天官书》《汉书·天文志》就是讲占验的。所谓推演或推步，是指测七政行度，以定授时，《史记·律书》《汉书·律历志》就是讲推步的。秦味经先生的观象授时，简明而扼要。心壶若肯诚心探究此事，你可借这些书给他阅看。如果你和心壶二人能略微把握到占验和推步的头绪，则足以弥补我的缺憾了。四六体落脚一字的粘法，另纸写示。

……但愿你专心读书，将我所爱看的书领会几分，将我所讲求的事钻研几分，则我在军中的心情也就会常常感到安慰。你每天的事，也可写成日记，以便查核。

【原文】

闻儿经书将次读毕，差用少慰。自《五经》外，《周礼》《仪礼》《尔雅》《孝经》《公羊》《谷梁》六书自古列之于经，所谓十三经也。此六经宜请塾师口授一遍。尔记性平常，不必求熟。十三经外所最宜熟读者莫如《史记》《汉书》《庄子》、韩文四种。余生平好此四书，嗜之成癖，恨未能一一诂释笺疏，穷力讨治。自此四种而外，又如《文选》《通典》《说文》《孙武子》《方舆纪要》、近人姚姬传所辑《古文辞类纂》、余所抄十八家诗，此七书者，亦余嗜好之次也。凡十一中，吾以配之《五经》《四书》之后，而《周礼》等六经者，或反不知笃好，盖未尝致力于其间，而人之性情各有所近焉尔。吾儿既读《五经》《四书》，即当将此十一书寻究一番，纵不能讲习贯通，亦当思涉猎其大略，则见解日开矣。

【译文】

闻悉我儿经书即将读完，引以为欣慰。《五经》以外，《周礼》《仪礼》《尔雅》《孝经》《公羊》《谷梁》六书自古以来都是列入经书之中的，就是人们所说的十三经。这六经应请老师口授一遍。你的记性平常，不必求熟。十三经以外最应熟读的书莫过于《史记》《汉书》《庄子》、韩文四种。我一生爱好这四种书，以至于嗜好成癖，恨不能给它们一一做出注解释疑，穷尽全力加以研究发挥。在这四种书以外，又有《文选》《通典》《说文》《孙武子》《方舆纪要》、近人姚姬传所辑《古文辞类纂》、我所抄的十八家诗，这七样内容，也是我所爱好的。后边这十一种书，我把它们排在《五经》《四书》之后，而《周礼》等六经，我反而不怎么爱好，因此未曾致力于其中。人的性情本来就是各有偏爱的。我儿既然读《五经》《四书》，应当将这十一种书探究一番，纵然不能讲习贯通，也应当涉猎一个大略梗概，这样一来，见解思路渐渐开阔了。

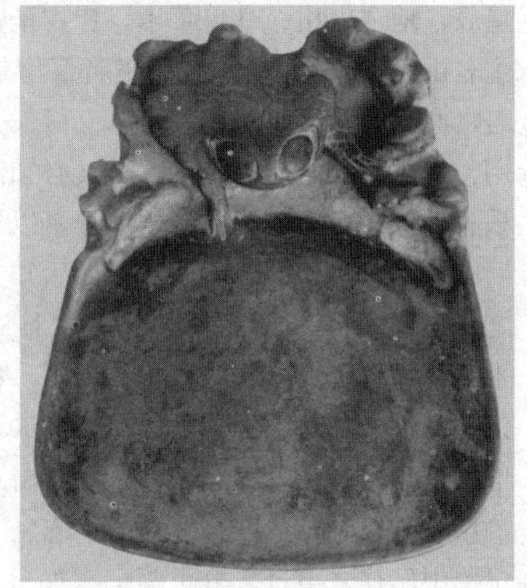

蟾澄泥砚

【原文】

纪泽儿读书记性不好，悟性较佳。若令其句句读熟，或责其不可再生，则愈读愈蠢，将来仍不能读完经书也。请子植弟将泽儿未读之经，每日点五六百字教一遍，解一遍，令其读十遍而已。不必能背诵也，不必常温习也。等其草草点完之后，将来看经解，亦可求熟。若蛮读蛮记蛮温，断不能久熟，徒耗日工而已。诸弟必以兄言为不然。吾阅历甚多，问之朋友，皆以为然。植弟教泽儿即草草一读可也。儿侄辈写字亦要紧，须令其多临帖。临行草字亦自有益，不必禁之。

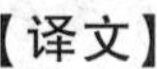

【译文】

纪泽儿读书记性不好，而悟性较好。若令他句句熟读，或责备他不可教育，则会越读越蠢，将来仍不能读完经书。请子植弟将泽儿尚未读的经书，每天布置五六百字教一遍，讲解一遍，然后令他读十遍罢了。不必要求他能背诵，也不必让他常温习。待他粗略点完以后，将来看经书的注释，也可以求熟。若现在要求他狠读狠记狠温习，断然不能永久熟记，白白耗费时间而已。各位弟弟必然不赞同我的话。吾阅历丰富，曾问过朋友，他们都以为这话是正确的。植弟教泽儿先草草读一遍就可以了。儿侄辈写字也很重要，必须令他们多临帖。即使临行草字也有好处，不必禁止他们。

【原文】

接尔八月十四日禀并日课一单、分类目录一纸。日课单批明发还。

目录分类，非一言可尽。大抵有一种学问，即有一种分类之法；有一人嗜好，即有一人摘抄之法。若从本原论之，当以《尔雅》为分类之最古者。天之星辰，地之山川，鸟兽草木，皆古圣贤人辨其品汇，命之以名。《书》所称大禹主名山川，《礼》所称黄帝正名百物是也。物必先有名，而后有是字，故必知命名之原，乃知文字之原。舟车、弓矢、俎豆、钟鼓日用之具，皆先王制器以利民用，必先有器而后有是字，故又必知制器之属，乃知文字之源。君臣、上下、礼乐、兵刑、赏罚之法，皆先王立事以经纶天下，或先有事而后有字，或先有字而后有事，故又必知万事之本，而后知文字之原。此三者物最初，器次之，事又次之。三者既具，而后有文词。《尔雅》一书，如释天、释地、释山、释水、释草木、释鸟兽虫鱼，物之属也；释器、释宫、释乐，器之属也释亲，事之属也；释话、释训、释言，文词之属也。《尔雅》之分类，惟属事者最略，后世之分类，惟属事者最详。事之中又判为两端焉：曰虚事，曰实事。虚事者，如经之三《礼》，马之八《书》，班之十《志》，及三《通》之区别门类是也。实事者，就史鉴中已往之事迹，分类纂记，如《艺文类聚》《白孔六帖》《太平御览》及我朝《渊鉴类函》《子史精华》等书是也。尔所呈之目录，亦是钞摘实事之象，而不如《子史精华》中目录之精当。余在京藏《子史精华》，温叔于二十八年带回，想尚在白玉堂，尔可取出核对，将子目略为减少。后世人事日多，史册日繁，摘类书者，事多而器物少，乃势所必然。尔即可照此钞去，但其与《子史精华》规模相仿，即为善本。其末附古语鄙谑，虽未必未用，而不如径摘钞《说文》训诂，庶与《尔雅》首三篇相近也。余亦思仿《尔雅》之例钞纂类书，以记日知月无忘之效，特患年齿已衰，军务少暇，终不能有所成。或余少引其端，尔将来继成之可耳。

【译文】

接到你八月十四日之信和日课一单，分类目录一份。日课单批改发还。

目录分类之学，很难简单说清。大概有一种学问存在，就有一种分类方法；每人各有嗜好，就有各种摘抄方法。如从本源来讲，《尔雅》是最早的分类之书。天上星辰日月，地上高山大河，飞鸟走兽，青草绿树，都是古圣贤辨别它们的本质，加以总结，分类命名。这就是《书》经所讲的大禹给山川命名，《礼》经中所讲的黄帝给百物命名。每一事物必定先有名，然后才有字，所以必须先知事物命名的本源，然后了解文字的本源。舟车、弓矢、俎豆、钟鼓这些日用之具，都是古圣贤制造，用来便利老百姓的生活，必定先有器物，然后才有相应的字，所以又必须了解制器的本源，才知文字的本源。君臣、下上、礼乐、兵刑、赏罚的礼法，都是古圣贤为经纶天下而制定，或先有某事而后有相应的字，或先有某字而后有相应之事，所以又必须知道万事的本源，然后知道文字的本源。上

述三者，物先，器次之，事又次之。物、器、事三者既具备，然后有文词。《尔雅》一书中，解释天、地、山、水、草木、鸟兽虫鱼等，属于物类。解释器具、宫殿、乐器等，属于器类。解释亲戚等，属于事类。解释字义、词义、语言等，属于文词类。《尔雅》分类，属于事类的最略，后世分类，属于事类的最详细。事类之中又可分为两种一种是虚事，一种是实事。虚事，如经中的三《礼》，司马迁《史记》中的八《书》，班固《汉书》中的十《志》，以及三《通》。实事，就是根据史料中的已往事迹，分类纂记，如《艺文类聚》《白孔六帖》《太平御览》及当朝的《渊鉴类函》《子史精华》等书。你所呈的目录，也是摘抄的实事类，然而不如《子史精华》中的目录精当。我在京收藏的《子史精华》，你温叔于道光二十八年带回，可能藏在白玉堂，你可拿出来对照核对，将子目略为减少。随着后世人事越来越多，史册也越来越多，分类摘书，事类就越来越多，器类就越来越少，也是势所必然。你即可按照物、器、事这个分类方法摘抄，只要能与《子史精华》规模相仿，就算善本。你目录末尾附的一些古语、俚语，虽不能说无用，不如直接摘抄《说文》训诂，才可与《尔雅》前三篇相仿。我也曾想仿照《尔雅》的范例抄纂类书，以记载平时学习所得，只是年岁渐大，军务繁忙，终不能遂愿。或者我稍开端绪，你来竟其全功。

【原文】

故恒言皆以分别君子小人为要。而鄙论则谓天下无一成不变之君子，亦无一成不变之小人。今日能知人能晓事，则为君子。明日不知人不晓事，则为小人。寅刻公正光明，则为君子，卯刻偏私晻暖，则为小人。故群毁群誉之所在，下走常穆然深念，不能附和。

【译文】

所以，常言都强调要分辨君子与小人。而我认为，天下没有一成不变的君子，也没有一成不变的小人。如果今天能知人晓事，则是君子。明日不知人，不晓事，就是小人。寅时公正光明，则是君子；卯时偏私暧昧，就是小人。所以，在大家一致诋毁或一致赞誉的时候，我都要默默地思考和分析，决不能随声附和。

【原文】

大抵莅事以明字为第一要义，明有二：曰高明，曰精明。同一境而登山者独见其远；乘城者独觉其旷。此高明之说也。同一物而臆度者不如权衡之审；目巧者不如尺度之精，此精明之说也。凡高明者欲降心抑志以遽趋于平实，颇不易易。若能事事求精，轻重长短，一丝不差，则渐实矣。能实则渐平矣。

【译文】

大致做事以“明”字为第一要义。“明”有二种：高明和精明。同一个地方，登上高山的人，看到的是一望无际；登上城楼的人，就只感到眼前空旷。这

就是高明。同一件东西，主观猜测的人，就不如秤称得准确；眼力好的人不如尺子量得精确，这就是精明。大凡高明的人，想降低自己的期望来求得迅速地趋于平实，是很不容易的。如果能事事求精，轻重长短，一丝不差，就渐渐地平实了。

【原文】

夜间阅苏诗，有二语云："治生不求富，读书不求官。"余为广之云："修德不求报，能文不求名。"兼此四者，则胸次广大，含天下之至乐矣。

【译文】

夜晚阅读苏东坡的诗，有这样两句话："治生不求富，读书不求官。"我又把它推广扩充："修德不求报，能文不求名。"兼有此四德，那么就胸怀宽广，拥有天下之至乐。

【原文】

今日天气阴暗如此，不知多公开仗情形如何。春霆信来，言今日住长林铺，明日住石碑。看此光景，初八日不能践约矣。降贼之供，不可尽信。余四年冬打小池口，两次败仗，信降贼之言也。只要多军初六七八无疏失，待鲍、成到后，与多合剿，必可得手。

【译文】

今日天气如此阴暗，不知多公这一仗打得情形如何。春霆来信，说今日住长林铺，明日住石碑。看此光景，初八不能如约而至。降敌的供词，不可以全信。我在咸丰四年冬打小池口，两次败仗，就是由于相信了降敌的话。只要多军初六、七、八日无疏失，待鲍、成到后，与多合力进剿，必可得手。

画珐琅海棠花式瓶　清

【原文】

《史记》叙韩信破魏豹，以木罂渡军。其破龙且，以囊沙壅水，窃尝疑之。魏以大将柏直当韩信，以骑将冯敬当灌婴，以步将项它当曹参，则两军之数，殆亦各不下万人。木罂之所渡几何？至多不过二三百人，岂足以制胜乎？沙囊壅水，下可渗漏，旁可横溢，自非兴工严塞，断不能筑成大堰，壅之使下流竟绝。如其宽河盛涨，则塞之固难，决之亦复不易。若其小港微流，易壅易决，则决后未必遂不可涉渡也。二者揆之事理，皆不可信。叙兵事莫善于《史记》，史公叙兵莫详于《淮阴传》，而其不足据如此。孟子曰："尽信书则不如无书"。君子之作事，既徵诸古籍，诹诸人言，而不必慎思而明辨之，庶不至冒昧从事耳。

【译文】

《史记》叙述韩信击败魏豹，是利用木罂（小口大肚的木瓮）把军队渡过河去。破龙且，是用沙袋堵住水道。我对此表示怀疑。

魏豹命大将柏直抵挡韩信，用骑将冯敬抵挡灌婴，用步将项它抵挡曹参。那么，两军的人数，大约也不少于万人。木罂又能渡过多少军队呢？至多不过二、三百人，又岂能有足够的兵力取胜呢？用沙袋堵截水道，水可从下边渗漏，又可从两旁溢出。除非动用役夫进行严密的堵塞，否则绝不可能筑成大堤，堵住河道，使下流断水。如果河道宽阔，洪水猛涨，堵塞固然困难，决流也不容易。如果是小溪细流，容易堵塞，容易决流，但决流后就不一定不能涉水过河。从事理上考虑，两件事都不可相信。记叙战争的事例没有比《史记》更好的书了；史公（司马迁）叙战争没有比《淮阴侯列传》更详细的了。然而其中的记载仍这样的不足为凭。孟子说："尽信书则不如无书"。君子做事，既要征于古籍，也要询问于他人，但又必须谨慎思考、明细察辨，才不至于草率地去做。

【原文】

东路二十二小挫一次，幸仅三营，或无大碍；然狗逆窥破官军之伎俩，其焰益长矣。大凡人之自诩智识，多由阅历太少。如沅弟屡劝我移营东流，以为万全之策，而不知我在东流，若建德失陷，任贼窜入饶州、浮、景，我不能屏蔽，面上太下不去，是一难也；我居高位，又窃虚名，夷目必加倍欺凌，是二难也。沅弟但知其利，不知其害。此自诩智识，由于阅历少也。季弟近日料徽州之必克，料左军之必败，不凭目击，但凭臆断，此自诩智识，由于阅历少也。沅弟服狗逆善于寻间而入，而不知城贼数万，命悬呼吸，日日将官兵营盘一一看透，毫发毕露，仅留菱湖中段为城贼一线生路。沅弟不知为城贼之蓄谋久计，而认为狗贼之突来急计，是亦阅历少也。季弟急于出濠搦战，但料贼党之未必真悍，而不知官军之大不可恃，是亦阅历少也。目下兄所虑者，虑两弟致书胡、多急于救援，胡、多急于赴援。再有挫失，则大局或致决裂。若两弟不急求援，胡、多坚坐不动，专待李、鲍二军往援，则四月初八九必有大转机矣。

【译文】

东路二十二号打了一次小败仗，幸亏仅仅是三个营，没有太大的关系；然而敌军看破官军的计划，他们的气焰也就更嚣张。大凡人们自诩聪明多识，多半是因为阅历太少。就像沅弟多次劝我向东流转移，认为这是万全良策，却不知我在东流，如果建德失陷，任敌人窜入饶州、浮、景，我不能赶走他们，面子上也太过不去，是一难；我处在高位，又徒有虚名，必然被人加倍攻击，这是两难。沅弟只知道它的好处，却不知道它的坏处。这种自以为聪明多识的做法，其实是由于阅历太少。季弟近日料想徽州一定被攻破，左军一定会失败，不凭眼见，只凭猜测，这种自诩智识的做法，是由于阅历太少。沅弟佩服英王陈玉成善于寻机而入，却不知道城内有数万敌人，性命全在呼吸之间，每天将官兵营盘看得清清楚

楚，暴露无遗，仅仅剩下菱湖中段为城里敌人的一线生路。沅弟不知道这是城里敌人蓄谋已久的计划，而认为是敌人急中生智，这也是由于阅历太少。季弟急于出濠求战，只想敌人不一定都凶悍，而不知官军是不可依赖的，这也是由于阅历太少。目前我所担心的是，两弟给胡、多写信，急于救援，胡、多争于赴援。再有失败，则大局或许会导致失败。如果两弟不急于求授，胡、多能坚坐不动，一心等待李、鲍二军前来救援，那四月初八、九日一定会有大的转机。

卷四　英才

“英才”经文

【原文】

虽有良药，苟不当于病，不逮下品；虽有贤才，苟不适于用，不逮庸流。梁丽可以冲城，而不可以窒穴。犛牛不可以捕鼠；骐骥不可以守闾。千金之剑，以之析薪，则不如斧。三代之鼎，以之垦田，则不如耜。当其时，当其事，则凡材亦奏神奇之效。否则鉏铻而终无所成。

故世不患无才，患用才者不能器使而适用也。魏无知论陈平曰：“今有尾生孝己之行，而无益胜负之数，陛下何暇用之乎?”当战争之世，苟无益胜负之数，虽盛德亦无所用之。余生平好用忠实者流，今老矣，始知药之多不当于病也。

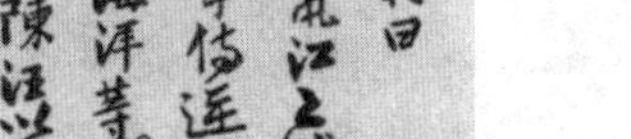

曾国藩手札

【译文】

即使是良药，如果不对病症，那效果还不如一般的药物；虽然是贤才，但所干之事不适合于他的专长，那么还不如去找平凡人来干。质地坚韧的木梁可以撞开牢固的城门，却不能用来堵住老鼠洞。强壮的水牛不会捕捉老鼠，日行千里的骏马也不能守住家门。价值千金的宝剑用来砍柴，还不如斧头好用。传世数代的宝鼎，用来开垦荒地，还不如普通的木犁。只要是应和当时的情况，普通的东西也会产生神奇的效应。否则认不清锄头、宝剑的特性，干什么都会弄糟。

所以世人不忧虑没有人才，而忧虑使用人才的人不知量才适用。魏无知在议论陈平的时候说：“现在有个年轻人，很有孝德之行，却不懂战争胜负的谋略，您该如何用他呢?”当国家处于战争忧患之时，如果一个人不懂战争胜负谋略，即使有高深的德行也没地方应用。我生平喜欢用忠实可靠的人，如今老迈了，才

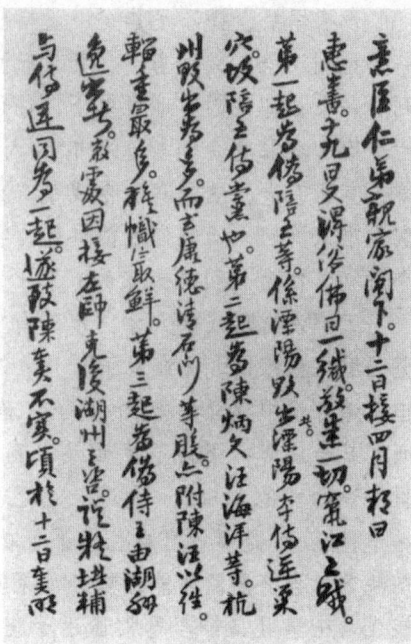

知道药物虽很多，却也有治不了的病。

【原文】

无兵不足深虑，无饷不足痛哭，独举目斯世，求一攘利不先、赴义恐后、忠愤耿耿者，不可亟得；或仅得之，而又屈居卑下，往往抑郁不伸，以挫、以去、以死。而贪饕出缩者，果骧首而上腾，而富贵、而名誉、而老健不死，此其可为浩叹者也。默观天下大局，万难挽回，侍与公之力所能勉者，引用一班正人，培养几个好官，以为种子。

天下无现成之人才，亦无生知之卓识，大抵皆由勉强磨炼而出耳。《淮南子》曰："功可强成，名可强立。"董子曰："强勉学问，则闻见博；强勉行道，则德日进。"《中庸》所谓"人一己百，人十己千"，即强勉功夫也。今世人皆思见用于世，而乏才用之具。诚能考信于载籍，问途于已经，苦思以求其通，躬行以试其效，勉之又勉，则识可渐通，才亦渐立。才识足以济世，何患世莫己知哉？

【译文】

没有军兵，尚不足焦虑；没有粮饷，也不足以痛哭，只有放眼当世，想求得一个见利不争、义字当头、真挚耿直的人才，不能够立即找到；或者好不容易找到了一个，却又因为地位卑下，往往因此抑郁不舒，受尽挫折，终至罢官或者死亡。而那些暴虐贪婪善于钻营的人却占据高位而享尽富贵，受人尊重，健康长寿，直至衰老，这是真正令我慨叹无奈的事啊！静观天下大局，这种不平的事情实在难以挽回。而我们所能够勉力去做的，就是尽量重用一些正人君子，培养几个好官，作为（引导大家的）核心力量。

天下没有现成的人才，也没有生来就具有远见卓识的人，人才大多都是努力坚强磨炼出来的。《淮南子》说："功劳可强迫威逼而使之成就，声名也可在强迫威逼环境中建立起来。"董子（董仲舒）说："努力勤勉地做学问，那么所见所闻就会广博；强韧不拔地寻求真理，那么道德修养就会日益进步。"《中庸》里所说的"他人知道一件事，自己要知道一百件；他人了解十件事，自己要了解一千件"，就是要勉励自己多下苦功。现在人们都期盼自己能为世所用，但自身却缺乏社会需要的才能谋略。如果真正能从古代典籍中得到验证，再向那些事业有成之士学习，苦苦思索通用于当世的途径方法，并亲身去实践，检验它的成效。一再努力，那么就可通达识见，才能也就逐渐培养起来了。才能见识足以有益社会，还用得着担心世人不知道自己吗？

智慧通解

人生于世，免不了要和其他人接触。优秀的人懂得辨识英才，与他们接近，向他们学习，从而提升自己。作为领导者、统帅，识人辨人的能力就显得更为重要。任何领导者要取得成功，都必须善于发现人才，网罗人才，礼待人才，并且大胆使用，因才授职，尽其所长。因此，善于知人用人，是君王将帅能成其大事大业的核心。

每个人都不可能完美无缺，在一个人身上，往往优点与缺点共存。一个成功的领导者在于会用人，发挥他的所长，避免他的所短，这叫作“知人善任”。知人善任作为一种领导艺术，就要本着“人无完人，金无足赤”的原则，不因为一个人有些缺点和过失而与人才失之交臂，不要让人觉得怀才不遇，谁能保证自己一生中没有过失呢？所以古人知道用人不求其备，论大功不录小过的道理。伍子胥对陈惠公说：“用他的长处，避开他的短处，那么，天下的人没有不能用的。”

曾国藩统帅湘军，战功卓著，其成功的重要秘诀之一便是对人才的重视，认为“国家之强，以得人为强”，并说：善于审视国运的人，“观贤者在位，则卜其将兴；见冗员浮杂，则知其将替。”观察军事也应如此。他将人才问题提到了关系国家兴衰的高度，把选拔、培养人才作为挽救晚清王朝统治危机的重要措施。

咸丰十年（1860）冬，因侵略者侵占北京，咸丰帝避走滦阳热河行宫，朝廷上下乃有迁都之说。京官具奏者甚多，湖北、河南、山西诸省疆臣也纷纷陈奏，众口一声，以为迁都乃当时第一良策。惟曾国藩称，“中兴在乎得人，不在乎得地。汉迁许都而亡，晋迁金陵而存。拓跋迁云中而兴，迁洛阳而衰。唐明皇、德宗再迁而皆振，僖宗、昭宗再迁而遂灭。宋迁临安而盛昌，金迁蔡州而沦胥。只要有忧思勤勉之君，贤劳之臣，迁亦可保，不迁亦可保；无其君，无其臣，迁亦可危，不迁亦可危。”他向朋友和兄弟们反复说明“须以修明政事，谋求贤才为紧要任务”；“治世之道，专以致贤、养民为本”；“国家大计，首重留心人才”。世上一切事情都是人干出来的，坏事如此，好事亦如此。

古人说：“能当一人而天下取，失当一人而社稷危。”曾国藩是深知这个道理的，因而在人才问题上深具历史的卓识与战略的眼光。他对人才的广泛搜罗和耐心陶铸，是他能够成就“功业”的一个重要原因。

后来，薛福成评述道：“自昔多事之秋，无不以贤才之众寡，判功效之广狭。曾国藩知人之鉴，超轶古今。或邂逅于风尘之中，一见以为伟器；或物色于形迹之表，确然许为异材。平日持议，常谓天下至大，事变至殷，绝非一手一足之所能维持。故其振拔幽滞，宏奖人杰，尤属不遗余力。”《清史稿》中评论曾国藩道：“至功成名立，汲汲以荐举人才为己任，封疆大臣军营统帅遍布全国。以人事君，皆能不负所知。”

石达开也曾称赞曾国藩：“虽不以善战名，而能识拔贤将，规划精严，无间可寻。大帅如此，实起事以来所未覯也。”由于曾国藩对人才问题的高度重视，并且在人才的选拔、培养、使用上有一套行之有效的办法，因此他的幕府人才“盛极一时”。

容闳回忆说：“当时各处军官聚于曾文正之大营者，不下二百人。总督幕府中亦有百人左右。幕府外更有候补之官员、怀才之士子，凡法律、算学、天文、机器等专门家无不毕集。”

薛福成把曾国藩幕府中的人才分为四大类型。

第一类是为曾国藩“治军事、涉危难、遇事赞划者”，有李鸿章、刘蓉、李元度、何应棋、郭嵩焘、邓辅纶、李鸿裔、钱应博、陈鼐、许振、向师棣、黎庶昌、吴汝纶等。

第二类是以他事从曾国藩“邂逅入幕，或骤至大用，或甫入旋出，散之四方者”，有左宗棠、彭玉麟、李云麟、罗萱、李鹤章、李翰章、陈兰彬、李榕、王定安、陈士杰等。

第三类是因学问渊博而在幕府中做宾客，平时讽谏建议，来往没有规律或是招纳到书局，并没有具体委以公职的人，有吴敏树、吴喜宾、张裕钊、俞樾、罗汝怀、复夔、曹耀湘、赵烈文、钱泰吉、方宗诚、李善兰、汪士铎、华蘅芳、徐寿、戴望等。

第四类是“凡刑名、钱谷、盐法、河工及中外通商诸大端或以专家成名，下逮一艺一能，各效所长者”，有冯俊光、程国熙、陈文坦、洪汝奎、刘世墀、何源等。

薛福成仅录了八十三人，不能代表幕府实况，实际上曾国藩的幕僚达四百人以上。重要的如年轻的工程技术专家徐建寅，为曾国藩筹办军械工业组织并带领第一批官费留学生出国的容闳，以及薛福成本人都未包括在内。这些幕府人物有不少在当时就享有盛誉，有的在后来卓有成就。如李善兰、华蘅芳、徐寿是当时著名的自然科学家。俞樾、戴望是著名的经学家。左宗棠是杰出的军事家，后来在捍卫领土完整、维护民族统一方面做出了重大贡献。郭嵩焘后来则成为中国首任驻外公使。薛福成曾出使英、法、意、比四国。郭氏与薛氏都是从洋务派化出来的我国早期改良主义思潮的重要代表人物。

左宗棠旧照

网罗天下之士，也须使其处囊中，尽展所长。曾国藩曾经用八个字非常精辟地总结了用人的经验：广揽、慎用、勤教、严绳。

他说：“办事不外用人，用人必先知人。”“收之欲其广，用之欲其慎。”“慎用”包括两方面的意思。一方面是用其所长，尽其所能。曾国藩以良药不适于病、梁丽之材用于窒穴、牦牛捕鼠、良马守门等比喻，批评用人不当，指出对人才必须“器使而适宜”，使其特长得到充分发挥。用其所长，这正是领导者的用人艺术。蔡锷对此评价较高，他说：“曾（国藩）谓人才以陶冶而成，胡（林翼）亦说人才由用人者之分量而出。可知用人不必拘定一格，而熏陶哉成之术，

尤在用人者运之以精心，使人之各得显其所长、去其所短而已。”

“慎用”另一方面的意思是“量才录用”。曾国藩对人才的使用极为谨慎。他认为行政之要首在立法与用人二端。而他生当末世，主要使命是“扶危救难”维护旧制度，基本上无“立法”之责，而其事业之成败，也就主要在于用人得当与否。故称“吾辈所慎之又慎者，只在用人二字上，此外竟无着力之处”。为用人得宜，不致用人不当而坏事，曾国藩对人才总是反复测试、考察。

据说，每有赴军营投效者，曾国藩先发给少量薪资以安其心，然后亲自接见，一一观察：有胆气血性者令其领兵打仗，胆小谨慎者令其筹办粮饷，文字优长者办理文案，讲习性生理者采访忠义，学问渊博者校勘书籍。在幕中经过较长时间的观察使用，感到了解较深、确有把握时，再根据具体情况，保以官职，委以重任。多年来，幕僚们为曾国藩出谋划策、筹办粮饷、办理文案、处理军务、办理善后、兴办军工科技，真是出尽了力，效尽了劳。可以说，曾国藩每走一步，每做一事，都离不开幕僚的支持和帮助。

【经典实例】

秦始皇善用人才一统天下

自古以来，任何领导者要取得成功，都必须善于发现人才，网罗人才，礼待人才，并且大胆使用，因才授职，尽其所长。因此，善于知人用人，是君王将帅能成其大事大业的核心。

秦始皇为什么能消灭六国？统一中国，他的雄才大略在哪里？秦始皇的雄才大略在于善用人才。

秦始皇当政时，秦国人才济济，先后到秦国的有：楚国上蔡李斯、韩国人郑国、齐国人茅焦、魏国人姚贾。

以上人才中的郑国是韩国派来的，以兴修水利为名，行疲秦之计，也就是以水利工程拖住秦的人力、物力、财力，使其无暇东顾进行军事行动。

韩国的计划秦王起初并未察觉，但工程开始后却在秦国宗室集团内引起轩然大波，一些宗室大臣对此大做文章，攻击旅秦客卿，说这些人都是各为其主，要秦王把他们全部逐除。

秦王于是下了逐客令，把郑国也抓了起来。

李斯也在被逐之外，在他离开咸阳时上了一份《谏逐客书》。

李斯在《谏逐客书》中用事实证明客卿在秦国发展过程中所起的重要作用，批评秦王对于人才“不问可否、不问曲直，非秦者去，为客者逐”的错误，指出这绝不是用以统天下的办法。他说：“臣闻：太山不让土壤，故能成其高；河海不择细流，故能就其深；王者不即众庶，故能成其德。昔穆公之霸也，西取繇余戎，东得百里奚于宛，迎蹇叔于宋，求平豹公孙枝于晋；孝公用商鞅，以定秦之法；惠王用张仪，以散六国之从；昭王范雎，以获并之谋：四君皆赖客以成其

功，客亦何负于秦哉？大王必欲逐客，客将去秦而为敌国之用，求其效忠谋于秦者，不可得矣。”

秦王看到李斯的《谏逐客书》，猛然醒悟。他立即收回成命，同时派人一直追到骊邑。把李斯请回咸阳，官复原职。

正是因为秦始皇继承了先辈重才任人，听取意见的传统，才使自己在政治决策上避免了一次可能造成严重恶果，影响深远的重大失误。

对于韩国人郑国，秦始皇也将他放了，还让他继续主持修建水利工程郑国渠。

在秦王朝的统一过程中，李斯的确发挥了很大的作用。

秦始皇像

前 247 年（秦庄襄王三年）楚国上蔡的一介布衣——李斯为了施展抱负，告别故土，怀着建功立业的心情来到秦都咸阳，投入丞相吕不韦门人，开始了他的政治生涯。

秦庄襄王死后，嬴政继位，吕不韦掌握大权，李斯才华出众，受到吕不韦的赏识，将他推荐给秦王嬴政。

拜见秦王，李斯就单刀直入，提出了吞并六国成就帝业的主张。

李斯认为，当年穆公虽建霸业，但由于列国为数众多，对周王室共同尊奉的观念尚未形成，因而不具备实现统一的可能性。自秦孝公以来六代君主所面临的局面就不同了。周王室的地位已微不足道，秦国以东广大地区只剩下迫使这些国家处于政治上从属的地位，就如同秦的郡县一样。

对比了今昔异势之后，李斯尖锐地指出：如果错过眼下时机，让各国重新恢复力量，相互结盟，形成对秦国“合纵”的态势，到那时，“虽有黄帝之贤，不能并也”。

嬴政一下子被打动了，他非常赞同李斯的意见，决定重用他，拜他为长史，让他直接参与谋划吞并六国的具体步骤。

李斯又建议秦王用重金收买六国大臣，破坏其君臣团结，从而干扰这些国家内外方针的制定。

正当秦王重用李斯的时候，魏国大梁人尉缭来事秦。

尉缭向秦王分析了当前的形势，他指出：秦国以实力消灭东方各诸侯国是不成问题的，但是若诸侯国合纵抗秦，也会给秦的统一造成很大困难。因此，他向秦王嬴政献合纵之策：一是离间各诸侯国的君臣关系，用30万金贿赂各国权臣，乱其谋，为秦国所用；二是进行暗杀活动，对各国名臣重将不受贿而坚持为敌者，则设法杀害，以削弱各国的实力；三是派良将率大军压境，进而消灭各国。

尉僚的计谋与李斯相同，秦王就用尉缭为太尉统领兵权，由李斯具体执行其计划。

李斯派出的一批批谋士携带大量金银珠宝，来到各国，他们以秦国的武力为后盾向诸侯展开外交攻势，同时明里暗里结交亲秦势力，用丰厚的贿赂诱使他们为秦国的利益服务，对那些拒统上钩者，或设间陷害，或使人暗杀，手段种种，无所不用其极。

反间计的实行，有力地配合了秦对六国的军事行动和“远交近攻”的战略部署：一旦诸侯国内政局不稳，秦国马上就大兵压境，轻而易举地取得战争的胜利。

齐国国王建统治后期，他的身边实际上潜藏一个以相国后胜为首的秦国间谍网，这些人被先后用金钱买通，不断诱齐王中止同别国的“合纵”，与秦交好。齐王听信其言，果然不再帮助五国攻秦，甚至长期不修攻战之备。所以，当后来秦集中力量攻灭五国之后腾出手来收拾齐国时，齐都临淄实际上已是不设防的城市，大军所到，如入无人之境。齐王建不战而降，做了战国列强中最后一个亡国之君。

与李斯一起从荀况学“帝王之术”的韩非也为秦王所用。

韩非写了著名的著作《孤愤》《五蠹》，秦王看了这些文章，大为倾倒，他感叹说：“若能见到作者，死而无憾。”

前234年（秦始皇十三年）秦军向韩进攻，目的仅是为了得到韩非。韩国无力抵抗，只好让韩非入秦。由此可见秦王对人才的重视。

秦王见到韩非，十分高兴，在盛情接待之后，便让他以客卿的身份留在咸阳为自己献策。

魏国人姚贾也来到秦国，提出了以金千斤破燕、赵、关、楚四国合纵联盟的计策，提出在用人上要任其才能，不要求全责备的建议，这些建议为秦王所用。

齐国人茅焦来到秦国，他冒死直谏，指责秦王嬴政因嫪毐事件而软禁太后是不对的，秦王嬴政也采纳了。

秦始皇13岁登基，22岁亲政。他亲政时，存在着韩、赵、魏、燕、齐诸侯国，合纵与连横的对立仍然存在着。韩非当时分析形势说：燕在北方，魏在南面，再与最南面的楚国联合，然后还要与东方的齐国建立巩固的关系，再把近秦而贫弱的韩国连在一起结成合纵，但成一个由北向南的战线去对抗强秦，是必然要失败的。

李斯分析道：山东六国，对于秦来说，如同处于郡县地位一样。以秦之强足以灭六国，统一天下，创建帝业。

历史正如韩非、李斯分析的那样，秦始皇以他的雄才大略，用了10年的时

间，灭了6国，这其中成功的关键因素是他能用心网罗人才。

刘邦用贤士夺天下

司马迁首创不以成败论英雄的笔法，他虽是在汉代写的《史记》，但对汉代的开山鼻祖却不隐其恶，不虚其美，而是用一种隐讳的笔法画出了刘邦的流氓无赖相。

据说刘邦生时有异相。刘邦的母亲有事外出，路过一个大泽，觉得乏力，就坐在泽边休息，不觉中竟迷迷糊糊地睡去，就在似睡未睡之际，蓦然看见一个金甲神人从天而降，即时就惊晕过去，不知神人干了些什么。刘邦的父亲见妻子久不归来，担心有事，便出去寻找。刚走到大泽附近，见半空中有云雾罩住，隐约露出鳞甲，似有蛟龙往来，等云开雾散，见泽边躺着一个妇人，正是自己的妻子。问起刚才的事，她竟茫然不知。从此，刘邦的母亲便怀了身孕，后来生下一个男孩，就是刘邦。

刘邦生有异秉，长颈高鼻，左边大腿上有七十二颗黑痣，刘邦的父亲知道他不同一般，就取名为邦。但等长大以后，却不喜和父亲、哥哥们一起务农，整日游手好闲，父亲多次劝诫，总是不改。后来刘邦的哥哥娶了妻子，嫂子就嫌他好吃懒做，坐耗家产，不免口出怨言。刘邦的父亲知道以后，干脆把长子一家分出另过。刘邦仍随父母居住。

刘邦长到弱冠之年，仍是不改旧性，父亲就斥责他说："你真是个死赖，你要向你哥哥学一学，他分家不久就置了一些地产，你什么时候才能买地置房！"刘邦不仅不觉悟，还经常带着一伙狐朋狗友到哥哥家吃饭，嫂子被吃急了，就厉声斥责，刘邦也不以为意。次日，他又带朋友去吃，嫂子一急，计上心来，连忙跑入厨房，用勺子猛力刮锅，弄出了震天的响声，刘邦一听，知道饭已吃完，自叹来迟，只好请朋友回去。没想到自己到厨房一看，锅灶上正热气蒸腾。刘邦这才知长嫂使诈，他长叹一声，转身而去，从此不再回来。

汉高祖刘邦像

楚、汉相争之时，刘邦曾经兵败彭城（今江苏省徐州市），自己只身逃走，两个孩子也被冲散。刘邦迷了几天，遇见部将夏侯婴，才算稍稍心安，其后又在逃难人群中发现了自己的一子一女，也觉得安慰。但不久楚将季布率兵追来，刘邦慌忙逃走。楚兵越追越紧，刘邦嫌车重太慢，竟将自己的两个年幼子女推下车去。夏侯婴看见，急忙把两个孩子放回车中，如此反复三次。刘邦说："我如此

危机，难道还要收管两个孩子，自丧性命吗?”夏侯婴反驳说：“这是大王的亲骨肉，怎么能舍弃呢!”刘邦竟然发怒，拔剑就砍夏侯婴，夏侯婴闪过，这才不敢把孩子放回车中，只好挟在腋下，骑马跟刘邦一起逃走。

楚、汉两军对峙的时候，项羽曾把刘邦的父亲提拿到军中，想以此来要挟刘邦。一次，两军对阵，项羽把刘邦的父亲推到阵前说：“你如果不撤兵，我就把你的父亲烹煮了。”刘邦竟然毫不犹豫地回答道：“我们俩曾经结拜为兄弟，我爸爸就是你爸爸，你爸爸就是我爸爸，你若把我爸爸煮了来吃，请把肉汤分一杯给我喝（分我一杯羹）。”项羽见为一招治不住刘邦，最后只得把刘邦的父亲放了。

刘邦最后占有天下，建立了汉朝，在一次群臣毕集的庆功会上，刘邦居然当着群臣的面觍着脸向父亲问道：“爸爸您看，我和哥哥相比，谁的产业更多呢?”刘邦的父亲见他一副小人得志的样子，气得哼了一声，转身走入殿内。

刘邦就是这样一个流氓无赖，不过，刘邦却有一个别人无法比拟的长处，善于听从别人的意见，善于团结将领，善于隐忍，善于使用人才。

在汉朝开国不久，刘邦和韩信等群臣曾经议论过各位将领的才能。刘邦问韩信说：“你看我能不能统率百万大军呢?”韩信说：“不能。”刘邦又问：“那能否统率十万大军呢”韩信说：“不能”。刘邦生气地问道：“依你说，我能带多少兵呢?”韩信说：“能带一万就不错了!”刘邦反问道：“那么，你能带多少兵呢?”韩信毫不客气地回答说：“至于我吗，带得越多越好（韩信将兵，多多益善）。”刘邦既不解又气愤地问：“那为什么我做皇帝，你只能做将军呢?”韩信又回答说：“陛下虽不善将兵，却善将臣。”

的确，“运筹帷幄之中，决胜千里之外”，刘邦不如张良，输粮草，保供给，治国安民，刘邦不如萧何，亲临前线，挥兵杀敌，刘邦不如韩信。但刘邦的长处就是能把这些人聚拢起来，让他们发挥各自的能力和长处，为自己服务。

刘邦的开国功臣之一萧何，就是刘邦当泗水亭长时的相识。亭长职务负责处理乡里较小的诉讼案件，遇有大事，便向县里详细汇报，因此与县中官吏十分熟悉。萧何是沛县功曹，与刘邦同乡，又十分熟悉法律，刘邦对他就格外尊重和信服，因此，刘邦每有什么处理不当的事，萧何就从旁指点，也代为掩饰通融，两人的关系就越来越密切。刘邦斩蛇起义以后，萧何一直跟随，刘邦差不多对他言听计从，楚、汉相争乃至汉朝开国的大政方针，几乎无不出于萧何之手，萧何可谓劳苦功高。当然，刘邦对萧何也不是毫无防备之心，但他能较好地处理。在楚、汉相争之时，刘邦离开汉中来到关东与项羽展开了长达四年之久的战争，萧何留在汉中，替刘邦镇守根本之地，并兼供给粮草兵丁，萧何很善治理国家，不久就“汉中大定”，百姓皆乐意为萧何奔走，萧何对刘邦的粮草供应也很充足及时。但如此下去，刘邦深恐人心归萧何，于己不利，他就托人捎信，存问萧何，称赞他把汉中治理得很好。萧何十分警惕，为了免除嫌疑，他把自己的子弟亲属凡能参军者全部送到刘邦的军前，说是要为汉王平定天下而效力。刘邦一见，果

然十分放心，因为汉中既无萧何的族党，萧何也就不会生出二心。从此，君臣之间再无嫌隙。

西汉人陈平，家里很穷，但他从小就喜欢读书。村里举行社典，陈平帮助屠户分肉，分得很公平。乡亲们说："不错，姓陈的小子当屠户。"陈平说："唉，要让我宰割天下，天下也会像这肉一样处理得很好。"

陈平起初为魏王做事，因为有错而不受重用，离开后又为项羽所用，结果犯了罪，跑掉了，通过魏无知介绍见到汉王刘邦。汉王任他为都尉参乘典护军。周勃对汉王说："我听说陈平在家时曾经与嫂子有不正当关系，跑到魏，魏不容他；跑到楚，楚又不容他。又跑到汉来。现在您任他做典护军，还请您仔细考虑一下。"汉王因而批评魏无知。魏无知说："我说他行是指他的才能，您要了解的是他的品行。现在如果有像尾生那样讲信义，像孝巳那样有德行的人，但对您的事业没有什么帮助，您怎么去用他们呢？"汉王点头称是，又任陈平为护军中尉，各路将领都受他监护，将领们不敢再说什么了。陈平后来献出六条妙计：拿金子反间楚国；换饭招待楚国使者；请求假装游云梦；拿美女献给单于，解了平城之围；转手轻脚在耳边说话，晚上放出美女二千，让楚国兵去围攻，使刘邦跑到了西边。这些计谋都不是君子仁人能想出来的，从道德标准来评价也是很卑劣的，但双方交战，本来已不是什么道德之举，是不能用道德来评价的，所要的只是结果。况且刘邦也是个缺点遍身的无赖，自然这些计谋正合了他的口味。结果这些计谋无不成功，帮助刘邦打下了天下，平定了内乱，立下汗马功劳，后被任为右丞相。

刘邦的重要军事谋臣张良出身韩国贵族世家，曾经在博浪沙谋杀秦始皇，失败后潜逃各地，后拉起了一支百余人的队伍，立帜反秦，不久碰到了刘邦的起义队伍，成为刘邦军队的一名战士。但不久会见了势力雄厚的项梁，说服了项梁再立韩国，张良也就做了韩国的司徒。后来，秦军扑灭了韩国，张良无奈，只得再次投靠刘邦，刘邦并不因为张良曾经离开自己而忌恨他，而是诚心相待，赢得了张良的高度信任，张良从此为刘邦开辟汉朝天下谋划军事策略。

在鸿门宴上，张良见机行事，全力掩护刘邦逃走；在彭城战役失败后，张良提出合韩信、彭城、英布三股力量共击项羽的正确策略；在韩信提出做齐王的危急关头，张良说服了刘邦，稳住了韩信；在楚、汉签订合约之后，张良提出穷追猛打的建议，终于彻底消灭了项羽。

纵观张良的一生，可以说他是一位杰出的军事家，在每个紧要的关头，张良总是能站出来，提出较为正确的意见。如果没有张良，刘邦最后的军事胜利，确实是难以想象的。因此，刘邦得到了张良这样一个人才，毫不夸张地说，比得到了数十万大军还要重要。

至于萧何月下追韩信的故事，是妇孺皆知的。韩信虽然出身寒微，久不得志，但时刻注意天下大势，胸有韬略。韩信先投奔项羽，断定刚愎自用的项羽不能终成大事，便毅然离项投刘，但刘邦并未把他当作"奇才"，而只安排他做接

待宾客的职司，不久因同事犯律受到连累，被定为死罪。当斩到他头上时，他高喊："汉王不是想得天下吗？为何要斩壮士！"监斩官夏侯婴"奇其言，壮共貌"，韩信方免为刀下之鬼，并经夏侯婴推荐，长为治粟都尉。后偶与萧何结识，共论天下形势，深为萧何赞佩。萧何许诺向刘邦推荐，韩信久不见动静，就私下逃走了。

当时军士逃走很多，均是想东返家乡。萧何也两日不见，刘邦十分惊讶，怀疑连萧何也逃走了。等见了萧何，才知是为了追赶韩信。刘邦诧异道："军中将领走掉了几十个，为什么单追韩信呢？"萧何回答说："那些将军想得到并不难，至于韩信，则是国士无双。大王如只欲做汉中之王，可不用此人；若是想夺天下，恐怕此外再也找不到与您共论大事的人了！"

刘邦听从了萧何的推荐，筑拜将台，沐浴斋戒，拜韩信为大将，使得"一军皆惊"。韩信果然不出萧何所料，屡建奇功。他还定三秦，奇袭破魏，巧计灭赵，迫服燕国，平定齐地，直到垓下灭楚。只因有了韩信这个前敌大将，刘邦才得以打败了项羽。

刘邦虽然无赖，倒也明白道理，听人劝说。攻克咸阳后，刘邦进入秦朝的宫殿，他见到巍峨的宫殿，珍奇的摆设，成群的美女，就再也不想出来了。将领樊哙突然闯进去吼道："你是想做个富家翁呢？还是想据有天下呢？"刘邦仍是呆呆地坐着，没有反应，樊哙又厉声斥责说："你一入秦宫，难道就被迷倒了不成！秦宫如此奢丽，正是败亡的根本，还是请您还军霸上，不要滞留宫中！"这位从不知富贵为何物的大王也许真的被迷倒了，竟然央求樊哙说："我觉得困倦，你就让我在这里歇一宿吧！"

樊哙想再行劝说，又怕太过分了，赶忙出来找到张良，把刘邦入迷的情形告诉了他，张良十分明白。他来到秦宫，找到刘邦，慢慢地对他说："秦朝荒淫无道，您今天才能坐在这里，您为天下铲除残暴，应当革除秦朝的弊政，重新开始。现在才刚刚进入秦都咸阳，便想留在宫里享乐，恐怕秦朝昨天灭亡，您明天就要灭亡了！您何苦为了一时的安逸而功败垂成呢？古人有言说：良药苦口利于病，忠言逆耳利于行。您还是听我的话吧！"

刘邦听到张良软硬兼施的话，觉得如不出来，实在太不像话，就恋恋不舍地离开了秦宫。在张良等人的催促下，他又与秦地父老约法三章：杀人处死，伤人及盗抵罪。其余秦朝苛法，一律除去。刘邦从此获得了百姓的拥戴。

毫无疑问，刘邦的品德，思想境界是不足道哉的。但就是这样一个人，却偏偏能成就汉朝大业，这是为什么？如果拿他的对手项羽和他相比，就可形成鲜明的对照。

在秦始皇东游时，刘邦和项羽都见到了秦始皇的车马仪仗，那种威武雄壮的气势确实令人震惊。项羽看到这些，豪兴大发，高喊"彼当取而代之！"豪放直爽的气派跃然而出，但刘邦发出的叹息则是："大丈夫当如是"，其艳羡妒忌之情也溢于言表。在后来的战争中，项羽勇猛善战，无人能敌，性格也直爽阔豪，

塑造了西楚霸王这一令人敬畏的形象。但项羽却又多是妇人之仁，能为士兵吸疮疖毒，却不能任用贤士，把刻好的官印玩没了棱角还舍不得封官授印，有一范增而不能用，不败而何？刘邦却正相反，虽不善带兵打仗，更不能身先士卒、冲锋陷阵，但麾下却云集了一帮能人贤士，终致胜利。

曹操礼贤下士

曹操是一位具有雄才大略的人物，他之所以能成就大业，统一北方，威震华夏，重要的原因是他在用人方面任人唯贤，唯才是举。

在曹操的帐下，集聚有郭嘉、程昱、荀彧、荀攸、刘晔、满宠、吕虔、贾羽等济世之才，他们出谋划策，为曹操统一北方，献了不少良策。而同时代的刘备，孙权就远远不及曹操。刘备身边的谋士，除了诸葛亮有济世之才外，其他的都是平庸之辈，孙权手下更缺乏治国安邦的奇才。

曹操破山东黄巾军，占领兖州之后，第一件事就是殷贤纳士，首先与颍川颍阴人荀彧交谈，十分投机。曹操说："此吾之子房也！"遂委任荀彧为行军司马，委任荀攸为行军教授。

荀彧又推荐程昱，曹操令人寻访，访得他在山中读书，曹操也将他请到军中。程昱又推荐了郭嘉，郭嘉又推荐了刘晔，刘晔又推荐了满宠和吕虔，满、吕两人又推荐了毛玠，曹操一一录用。

武将方面，除随曹操起兵的夏侯惇、夏侯渊、曹仁、曹洪等亲戚子弟外，又有于禁、典韦来投。曹操任于禁为点军司马，任典韦为帐前都尉，并脱身上棉袄，及骏马雕鞍赐予典韦。于禁、典韦后来都成为曹操的著名勇将。典韦在濮阳大战中，为救曹操三进三出，英勇无比。后来，曹操中张绣计，兵败南阳，典韦救曹操，战死沙场。曹操后来亲祭典韦，对诸将说："吾折长子、爱侄，无痛泪，独号泣典韦也！"

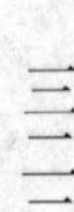

由此可见曹操的爱才之心。

曹操用人，除了不论资历，门第外，还表现出宽广的胸怀。

官渡之战，曹操取得胜利，在清理战场时，从缴获的袁绍图书中，"检出书信一束，皆许都及曹军中诸人暗通之书。"左右曰："可逐一点对姓名，收而杀之。"曹操却说："当绍之强，孤亦不能自保，况他人乎？"遂命尽焚之，更不再问。

这一措施，使那些十分恐惧的人，放下了包袱，对于安定人心，笼络部下，十分有利。

张绣是一个很有本事的人，曹操第一次攻南阳，张绣被迫投降了曹操，不久，张绣又反叛。宛城之战中，曹操中张绣计，儿子曹昂，亲侄曹安民和爱将典韦战死，曹操也被射伤。但后来，张绣又投曹操时，曹操不记前仇，为了使张绣安心，又与他结为儿子亲家，封张绣为扬武将军。

自此，张绣死心塌地地跟随曹操。

刘备是一个反复无常的人，他在迫不得已的情况下投靠了曹操，曹操的谋士主张杀掉刘备，荀彧入谏曰："刘备，英雄也，今不早图，后必为患。"曹操不答，彧出，郭嘉入，曰："不可，主公兴义兵，为百姓除暴，惟仗信义以招俊杰，犹惧其不来也，今玄德素有英雄之名，以困穷而来投，若杀之，是害贤也，天下智谋之士，闻而自疑，将裹足不前，主公谁与定天下乎？夫除一人之患，以阻四海之望。安危之机，不可不察。"

曹操像

曹操大喜曰："方今正国用英雄时，不可杀一人而失天下之心——此郭奉孝与吾有同见也。"遂以兵三千，粮万斛送与玄德，使往豫州到任。后来，刘备以图扩大势力范围。进兵屯小沛，招集原散之兵，攻吕布。

当刘备再次为吕布所败，没有办法时，又投到曹操帐下，曹操仍然以礼相待，平定吕布后，曹操又引刘备觐见汉献帝，拜左将军，封宜城亭侯。

当谋士们再次要求杀掉刘备时，曹操坚决拒绝，后来，刘备叛离曹操，部下要追击，曹操却淡淡一笑说："彼既去矣，若再追，恐成怨矣。"

陈琳是一个很有文才的人，他为袁绍谋士时，起草过讨伐曹操的檄文。

檄文传至许都时，曹操方患头风，卧病在床，左右将此檄文传进，曹操见之，毛骨悚然，出了一身冷汗，不觉头风顿愈，后来袁绍兵败，陈琳被俘，曹操问陈琳："汝前为本初作檄文，但罪状孤，可也，何乃辱及祖、父耶？"琳答曰："箭在弦上，不得不发耳。"操之左右要杀陈琳，曹操却爱其才，不仅不杀，还任命他为从事。

曹操大破吕布后，俘虏了猛将张辽，张辽怒骂曹操，曹操大怒，欲杀张辽，刘备、关羽为之求情。

曹操掷剑大笑曰："我亦知文远忠义，故相戏耳。"就亲自解开绳子，说："纵使杀我妻子，亦不记仇。"遂拜张辽为中郎将，赐封关内侯。

张辽是一勇将，自此归顺曹操，为曹操成就大业立下了汗马功劳。

曹操是一个很讲信用的人，他与关羽的友谊留下了千古佳话。

关羽是迫不得已投降曹操的，曹操爱关羽的骁勇，为了笼络关羽，曹操拜关羽为偏将军，表奏为汉寿亭侯。同时，还把关羽视为贵宾，三日一小宴，五日一大宴。宴骏马美女，上马金，下马银的热情款待。但是，当关羽得知刘备的消息后，挂印封金，去找刘备。对关羽离去，曹操部下多愤愤不平，有的主张追而杀

之。曹操力排众议，不仅不杀关羽，还亲自为关羽送行。

曹操十分敬佩关羽的"义"，他以为："事主不忘其本，乃天下之义士。""来去明白，乃天下之丈夫。"并教育部属"汝等皆可效之"。

曹操还对部下说："吾昔日许之，今日故舍之。若追而杀之，天下人皆言我失信也!"

曹操以宽广的胸怀，接纳天下贤士，于是帐下人才济济。

曹操的谋士们，为曹操出了很多计谋，这些谋略为曹操统一大业，起了很重要的作用。

谋士荀彧或毛玠都建议曹操奉迎天子，树立正统形象，荀彧举高祖为义帝发丧，而天下归心的例子说明迎汉献帝到许都的重要性，毛玠也说："宜奉天子以令不臣"曹操听从他们的计策，将汉献帝从洛阳迎到许都。

从此，曹操牢牢控制了东汉政府，"挟天子以令诸侯"，以政治上占了优势。

曹操的谋士首推郭嘉。

郭嘉与曹操首次会面，就一见如故，曹操说："使孤成大业者，必此人也。"

郭嘉出去也喜曰："真吾主也。"

由此，可见两人的投机。

曹操欲远征乌桓，部下多惧怕刘表派刘备趁机袭击许昌，郭嘉主张远征。他认为，乌桓守军以为离许昌远，必然没有防备，突然袭击，必然取胜，刘表没什么大志，只不过是一个坐客罢了。"自知才不足以御备，重任之则恐不能制，轻任之则备不为用，虽虚图远征，公无忧矣。"

曹操听从郭嘉的意见，率军远征，郭嘉又建议说："兵贵神速，今千里袭人，辎重多，且彼闻之，必为备，不如留辎重，轻兵兼道以进，掩其不备。"

曹操轻兵兼进，一举取下乌桓，刘表等未敢轻举妄动。

郭嘉足智多谋，但38岁即病逝，曹操对荀攸等人说："诸君年皆孤辈也，唯奉孝（郭嘉的字）最少。天下事竟，欲以后事嘱之，而中年夭折，命也夫!"

赤壁大战后，曹操兵败。曹操哭郭嘉，叹道："郭奉孝在，不使孤至此。"

曹操帐下，猛将、谋士云集，曹操又求才若渴。对谋士、猛将关怀备至，推心置腹，因此他能一统北方，这种识才、用才、爱才的作风，使魏晋人才辈出。先后出现司马懿、邓艾、钟会等一群雄才大略的人物，为此王夫之曾评价说："魏足智多谋之士，昏主用之而不危。"

相对来说，刘备次之，在世时，只有一个诸葛亮，诸葛亮死后，蒋琬、费祎曾相继执政，但蒋、费两人循规有余而才气不足，缺少进取能力；武将方面，也只有一个姜维左冲右挡，姜维只能带兵打仗，缺少战略眼光和政治头脑。

王夫之指出："巴蜀、汉中之地隘矣，其人寡，则其贤亦谨矣，蒋琬死，费祎刺，而蜀汉无人。"

曹操用人不论亲疏、不论门第、不论出身，唯才是举，唯才是用。曹操起兵时就有夏侯惇、夏侯渊、曹仁、曹洪等亲戚子弟随他起兵，后来位居高位，并不是因为亲戚关系，而是因为他们南征北战，立下了赫赫战功。司马懿、钟繇、华歆等出身名门豪族，但有真才实学，也被恰当使用，发挥了各自的特长。典韦、许褚出身贫寒，但被用以近身侍卫。张辽、徐晃等虽是降将，但用之不疑。

曹操在《短歌行》中说：

山不厌高，水不厌深。
周公吐哺，天下归心。

这些诗文充分体现了他求贤若渴的思想。

曹操不仅帐下人才济济，而且知人善任。宋朝洪迈曾说："知人善任使，实后世所难及，荀彧、荀攸、郭嘉皆复兴之谋臣，共济大事，无待赞说，其余智效一官，权分一郡，无小无大，卓然皆称其职。"（《容斋随笔》）

郭嘉、荀彧一生为曹操提出过很多具有战略意义的谋略，曹操都能采纳他们的正确意见。"挟天子以令诸侯"的战略决策是荀彧、毛玠两人提出来的。推行屯田，鼓励农业的建议是枣祗提出的。曹操命枣祗负责这项工作，枣祗尽心尽力，为曹操称霸中原创造了雄厚的物质基础。

曹操礼贤下士，对有才之士谦恭有加。荀彧、荀攸是投奔曹操的，而郭嘉、程昱则是请来的。许攸投奔曹操时，曹操来不及穿鞋就迎了上去，看见许攸就抚掌大笑，推手共入，还先拜于地，许攸说："公乃汉相，吾乃布衣，何谦恭如此?"曹操说："公乃故友，岂敢以名爵相上下乎!"由此可见曹对许攸的亲切和恭敬。

庞统见曹操时，曹操也是亲自迎出帐外，两人相谈十分投机。而庞统见孙权时，被孙权召见，而一见面就有审问的意思。庞统对刘备时，刘备也未出迎，并且孙、刘以貌取人，不予重用。由此可见曹操对贤士与孙权、刘备对贤士的态度有明显的差别。

曹操不但能礼贤下士，而且能听从谋士们的正确意见。司马水镜曾说："伏龙、凤雏，得一人可安天下。"刘备得了两人也未能安天下，其原因在于不能听从他们的正确意见。关羽死后，刘备执意进攻东吴，破坏了诸葛亮联吴抗曹的战略方针，这样的人在重大问题上是不能听从谋士的正确意见的，又怎么能统一中国，成就大业呢?当然刘备这样的人，一旦认为你对他有用，也是很会收买人心的。比较曹操和刘备，孙权在用人方面的差别，我们就可以知道曹操手下谋士如云的原因了。

祁奚以公心举荐人才

"外举不避仇，内举不避亲"是我国古代举荐人才的一段佳话。

此事发生在春秋时期的晋国。晋悼公三年（前570年），年老的中军尉祁奚

请求退休。晋悼公为由谁继任，征询祁奚的意见，祁奚“称解狐，其仇也”。晋悼公刚要任命解狐，不料他却病死了。晋悼公又询问祁奚谁可任中军尉，祁奚回答说：“午也可。”午就是祁午，是祁奚的儿子。后来中军副尉羊舌职也死了，祁奚又推羊舌职的儿子羊舌赤继任。晋悼公于是任命祁午为中军尉，羊舌赤为中军副尉。

《左传》的作者在评价这件事时说：“君子谓祁奚于是能举善矣，称其仇不为谄，立其子不为比，举其偏不为党。”他还引用《尚书·商书》中的话说：“‘无偏无党，王道荡荡。’其祁奚之谓矣。”意思是说，不偏私，不结党，王道才能发扬光大。大史学家司马迁也说：“祁奚可谓不党矣！外举不隐仇，内举不隐子。”这些都是说祁奚举荐人才出以公心，一心为国。

祁奚不仅能够出以公心举荐人才，而且善于保护人才。晋平公八年（前550年），晋国公卿范鞅与大夫栾盈发生矛盾，于是鼓动父亲范宣子灭掉栾氏。范宣子当时主持晋国政事，手握大权，栾盈被迫逃到楚国，范宣子杀死了与栾盈关系密切的箕遗、黄渊及羊舌虎等人，拘禁羊舌虎之兄羊舌赤、羊舌肸等人。有人对羊舌肸说，你受这个罪太不乖巧了，并准备为他说情，羊舌肸却理都不理。羊舌肸对人说：一定要祁大夫说情才管用。人们问他为什么，他说：“祁大夫外举不弃仇，内举不失亲，其独遗我乎？《诗》曰：‘有觉德行，四国顺之。’夫子觉者也。”祁奚听说羊舌赤、羊舌肸兄弟两人要被治罪，当即由快马驾车面见范宣子，说：“《诗》曰：‘惠我无疆，子孙保之。’《书》曰：‘圣有謩勋，明征定保。’夫谋面鲜过，惠训不倦，叔向（有焉舌肸）有焉。社稷之固也，犹将十世有之，以劝能者。今壹不免其身，以弃社稷，不亦惑乎？鲧殛而禹矣；伊尹放大甲而相之，卒无怨色；管蔡为戮，周公佑王。若之何其以虎也弃社稷？子为善，谁敢不勉？多杀何为？”范宣子听了他这番话，也觉悟到打击面过宽，立即登车到平公那里，请求释放羊舌赤、羊舌肸等人。而祁奚却不见羊舌肸而归。

祁奚“外举不弃仇，内举不失亲”的优良品德为历代所赞颂，成为举荐人才的楷模。他保护羊舌赤、羊舌肸的事迹鲜为人知，其爱护人才、公私分明的作风非常值得后人效法。

毛遂自荐

战国时代，赵国有位平原君赵胜，三度拜相，礼贤下士，宾客投奔者至数十人。

赵孝成王八年（前258年），秦军围攻赵都邯郸甚急。赵王命平原君出使楚国，请求救援。平原君打算带领20名能文能武的随员，如果恳请不行，便以死相拼，迫使楚王联兵，即所谓“文不能取胜，则歃血于华屋之下，必得定纵而还”。因为是要以死相拼，所以随员只从门客中挑选，不到外面寻找。谁知挑来选去，只选得19名，还差一人

这时，有一位门客毛遂，自告奋勇，表示愿随平原君出使。当平原君知其在门下已经三年，便以锥子装在口袋中，其尖马上就能显露出来为比喻，认为毛遂在门下3年默默无闻，不能胜任此次出使，劝其留下。毛遂立刻回答道："臣乃今日请处囊中耳。使遂蚤（早）得处囊中，乃颖脱而出，非特其末（尖）见而已。"表示如果早将他装人袋子中，不仅尖端可见，还将脱颖而出呢！平原君见其很有辩才，便同意毛遂为随员，一同使楚。

到了楚国，由于一路的谈吐，其余19名随员都改变了对毛遂的讥讽态度，"皆服"其论议。平原君与楚王谈判，苦口婆心地讲述联兵抗秦的利害关系，谈了整整一个上午，仍无结果。其余19名随员鼓动毛遂："先生上。"毛遂按剑上殿，楚王怒叱毛遂下去。毛遂仗剑进前，先以气势镇住楚王："王之所以叱遂者，以楚国之众也。今十步之内，王不得恃楚国之众也，王之命悬于遂乎。"然后陈以利害，一面指出楚国的优势："今楚地方五千里，持戟百万，此霸王之资也。以楚之强，天下弗能当。"一面又批评楚国的懦弱：秦将白起"三战而辱王之先人，此百世之怨而赵之所羞，而王弗知恶焉。"最后强调："合纵者为楚，非为赵也。"一席话，软硬兼施，弄得楚王连连称是，当场表示"谨奉社稷而以纵。"毛遂怕楚王反悔，立即问道："纵定乎？"楚王回答："定矣。"毛遂马上让楚王左右的侍从取来鸡、狗、马血，自己捧着铜盘跪在楚王面前说："王当歃血而定纵，次者吾君，次者遂。"于是，赵楚合纵、联兵抗秦的协定生效，楚王命春申君将兵救赵。出发前的第二方案，得以实现。

平原君一行回到赵国后，深感"相士"识人的不易，自叹道："胜相士多者千人，寡者百数，自以为不失天下之士，今乃于毛先生而失之也。"于是，以毛遂为上卿。

"毛遂自荐"这一成语，便是来自这个故事。它给人们的启示，除了正确认识自己的价值，敢于自己推荐自己之外，还有一个用人者能否为各类人才提供显示其才能的机会的问题。两相结合，必然收到更大效果。

齐桓公不计私仇用管仲

战国时，齐国的齐襄公有公子纠和公子小白两个弟弟，他们各有一个很有才能的老师。齐襄公十分荒淫，公子纠便随老师管仲去鲁国避难，公子小白则跟老师鲍叔牙去了莒国。

后来，齐襄公在内乱中被杀，大臣们派人到鲁国去接公子纠回国当国君。鲁庄公亲自带兵护送公子纠回国。公子纠的老师管仲担心公子小白抢先回国夺取君位，因为公子小白所在的莒国离齐国较近，他得到鲁庄公同意，先带了一批人马去拦截公子小白。

管仲带人赶到即墨附近时，果然发现公子小白正往齐国去。管仲上前劝说公子小白别回去，但小白听不进去，管仲便向小白偷射了一箭。小白立刻倒下，管

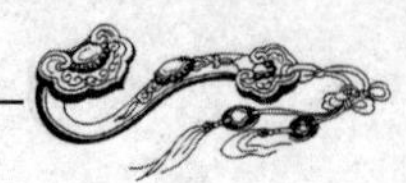

仲以为他死了，于是不慌不忙地回去护送公子纠返齐。

然而，公子小白没有死，鲍叔牙救了他，并赶在公子纠之前回到了齐国，说服大臣立公子小白为国君，即齐桓公。

公子纠在鲁国军队护送下赶到齐国时，齐、鲁两国打了起来，结果鲁军大败。鲁庄公被迫同意齐国的要求，逼死公子纠，把管仲抓起来。但齐国提出，管仲射过齐桓公一箭，要报一箭之仇，将他押送回齐国，由齐桓公亲自处置。鲁庄公只得同意。

在被押往齐国的路途中，管仲吃了不少苦头。到了绮乌时，管仲去向那里的官员要饭吃。一位官员跪着把饭端给管仲。十分恭敬地等他把饭吃完，然后问道："要是您回到齐国没有被杀而受到重用，将来怎么报答我？"

管仲回答说："如果我真的受到重用，我要任用贤明有才能的人，奖赏有功的人。我能拿什么来报答你呢？"那位官员听了这些话，心里很不满意。

管仲被押到齐国后，没想到受到鲍叔牙的亲自迎接，而齐桓公不仅没有报一箭之仇，反而让管仲当上了相国。鲍叔牙则甘愿作管仲的副手，因为鲍叔牙知道管仲的才能远在自己之上，才说服了齐桓公这样做。

"英才"心语

【原文】

前承惠书，存唁不孝。顷又蒙手书，所以期勖故人，甚笃且勤。国藩积愆从慝，无实行而盗虚声，为神明所不容，乃不陨灭我躬，而延祸于吾母，椎心悔憾，盖不得自比于人类，其又何经济之足言！顾如足下所称，"今日不可救药之端，惟在人心陷溺，绝无廉耻"云云。则国藩之私见，实与贤者相吻合。窃尝以为无兵不足深忧，无饷不足痛哭，独举目斯世，求一攘利在先，赴义恐后，忠愤耿耿者，不可亟得；或仅得之，而又屈居卑下，往往抑郁不伸，以挫以去以死。而贪饕退缩者，果骧首而上腾、而富贵，在则名誉，而老健不死，此其可为浩叹者也。足下与某公书，言之至为深痛。积年痒疥，为君一搔，忧患馀生，得少快慰。

国藩来此，盖以鄂中失守，恐其回窜，不得不出以自别于畏死者之徒。至于求有补济，则肮脏之性，将以方枘周旋于圆凿之中，亦知其龃龉而鲜当矣。刻下所志，惟在练兵、除暴二事。练兵则犹七年之病，求三年之艾；除暴则借一方之良，锄一方之莠。故急急访求各州县公正绅耆，佐我不逮。先与以一书，然后剀切示谕之。年来饱更世故，又经忧患，齿发稍侵，精神颓败，幸故人一来顾我，相对叙论，收召散亡之魂魄，祓濯如山之尘垢，庶生新机而还旧识，即拯时艰于万一，亦未可知。郭筠仙、刘霞仙、罗罗山及平日交旧，都来此间，尚望足下惠然命驾，无任伫企。书不十一，诸维心照，顺问近安。

【译文】

前不久接到你的亲笔信，没向我表示哀悼慰问。不多久又收到你的信，又对

我寄予很大的期望，十分殷切。我是众怨丛集，没有实际行为，还沽蒙虚誉，为天地神明所不容，然而不惩罚我自己，却降祸于我的母亲，痛心疾首悔恨不已，不能自比于人类，又谈论什么经世致用之事呢？正如阁下所说的："现在世风不可挽救的原因，只在于人心丧失，不知廉耻"等等，而我的个人见解，实际上与您的正相同。私下里曾经认为没有兵勇不足忧虑，无兵饷不足痛哭，一个人仔细观察整个社会，寻求一位不求钱利、争先赴义、忠心耿耿的人，不能得到；或者寻到了，而又勉强地屈居于卑下之位，往往又心情抑郁、志不得伸，或受到挫辱，或被排挤离职，或死去。但贪财退缩的，确能飞黄腾达，又富，又有名誉，又十分健壮不死，真让人感叹不已。阁下与某公通信，说到这里深恶痛绝。多年的忧虑，被君一说，忧患余生，也稍得快慰。

国藩来此，因鄂中已失守，怕其来回流窜，不得不出山，以自别于怕死之人。至于有补于事，那么我的耿直之性，将犹如用方纳周旋于圆凿之中，也知道鲜有补于事。时下所担心的，只有练兵和除暴两事。练兵犹如治七年的病症，以求三年的平安；除暴则利用一方的良士，铲助一方的败类，所以急急忙忙求各州县有名的乡绅，辅佐我的工作。先给他们写封信，然后恳切晓谕。多年来历经世故，又经历忧患，年纪衰迈，精神颓败。幸而老朋友您来照顾我，相互交流，招集已散的魂魄，洗涤常年的尘垢，于是产生新机同从前一样，也许能拯救时艰的万分之一，也未可知。郭筠仙，刘霞仙，罗罗山及平日的故旧，都来到这里，希望您能来这里，无时不企盼着。信上写的不及十分之一，其余的心照不宣，顺便问候近来安泰。

【原文】

抑又有请者，不难于勇，而难于带勇之人。带勇之人，第一要才堪治民，第二要不怕死，第三要不急名利，第四要耐受辛苦。治民之才不外公、明、勤三字。不公不明，则诸勇心不悦服；不勤，则营务细巨，皆废弛不治，故第一要务在此。不怕死，则临阵当先，士卒乃可效命，故次之。为名利而出者，保举稍迟则怨，稍不如意则怨，与同辈争薪水，与士卒争毫厘，故又次之。身体羸弱者，过劳则病；精神乏短者，久用则散，故又次之。四者似过于求备，而苟阙其一，则万不可以带勇。故弟尝谓带勇须智浑勇沉之士、文经武纬之才。数月以来，梦想以求之，焚香以祷之，盖无须臾或忘诸怀。大抵有忠义血性，则四者相从以俱至；无忠义血性，则貌似四者，终不可恃。两兄平生物色，果有此等人否？如其有之，万望道达鄙意，礼请以出，非弟之私好也，为天下出也。弟之汲汲，尤在于此，千万千万！

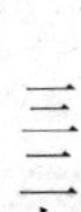

【译文】

又有要说明的，招兵勇不难，而带领兵勇的人却很难招。带兵的人，第一要有治民的才能，第二要不怕死，第三要不重名利，第四要耐辛劳。治民的才能，不外公、明、勤三个字。不公不明，则兵勇一定不心悦诚服；不勤，那么兵营事

羚羊角鞘刀

务大小，都会松懈不治理，所以这是第一要紧的事。不怕死，那么临阵当先，士卒才能跟在后面仿效他，所以次要些。为了名利而来的人，保举时稍迟他会抱怨，稍不如意则有怨言，和同辈争薪水，和士卒争毫厘，所以这又次要些。身体弱的人，过度劳累就病；精神不够，时间久了就不能专心，所以这又更次要。这四条似乎求全责备，然而缺一不可让他带兵。所以我常说带兵的人必须是智浑勇沉之士、文经武纬之才。几个月以来，梦想求贤人，烧香祈祷，大概没有一刻不思考这件事。大概有忠义血性的，那么四者都可相随而至，没有忠义血性的，那么表面四者具备，然而终不可靠。两兄一生物色的人，果有这样的人吗？如有，希望一定表达我的意思，礼请他出来，不是弟的私好，这是为天下、为国家出力，我对此特别关注，千万拜托。

卷五　勤敬

经文释义

【原文】

为治首务爱民，爱民必先察吏，察吏要在知人，知人必慎于听言。魏叔子以孟子所言“仁术”，术字最有道理。爱而知其恶，恶而知其美，即“术”字之的解也。又言蹈道则为君子，违之则为小人。观人当就行事上勘察，不在虚声与言论；当以精己识为先，访人言为后。

【译文】

治理政务，首要的在于爱民，爱护人民必须先督察官吏，督察官吏的要点在于知道他的为人，而知人必须谨慎地听取言论。魏叔子认为孟子所说的“仁术”中，“术”字最有道理。喜爱一个人也能知晓他的短处，厌恶一个人也可以看见他的长处，就是“术”字的意思。又说遵行大道、顺应时势的就是君子；违反大道的就是小人。观察一个人应当从他具体的行为上去勘察，而不在于虚假的名声和浮夸的言论。应当先提高自己的观察识见能力，然后再去访察别人的言论。

铜镀金嵌料石荷花缺表　清

【原文】

古人修身治人之道，不外乎勤、大、谦。勤若文王之不遑，大若舜禹之不与，谦若汉文之不胜，而勤谦二字，尤为彻始彻终，须臾不可离之道。勤所以儆惰也，谦所以儆傲也，能勤且谦，则大字在其中矣。千古之圣贤豪杰，即奸雄欲有立于世者，不外一勤字；千古有道自得之士，不外一谦字，吾将守此二字以终身，倘所谓朝闻道夕死可矣者乎！

【译文】

古人修身治人的方法，不外乎“勤于政事、胸怀广大、谦虚谨慎”这几点。

勤能像周文王那样勤于政务而没有闲暇；大就像舜、禹两位帝王的功业一样伟大而不可代替；谦就像汉文帝的自以为不可胜任。而勤于政事、谦虚谨慎两点，更要从始至终地贯彻到底，一刻也不能背离。勤于政事可以使懒惰的习气警醒，谦和谨慎的态度可以警惕骄傲情绪滋生。能够勤劳、谦和，那么胸怀宽广自然就在其中了。古往今来的圣贤豪杰，哪怕是奸雄，只要想自立于世，不外乎也是一个“勤”字。能够通晓千古之真理大道的士人，不外乎一个“谦”字。我将终身遵守这两个字来行事，就可以说是“早晨听到了人间至理真谛，晚上死了也值得了”。

【原文】

国藩从宦有年，饱阅京洛风尘，达官贵人，优容养望，与在下者软熟和同之象，盖已稔知之，而惯常之积不能平，乃变而为慷慨激烈，斩爽肮脏之一途，思欲稍易三四十年来不白不黑、不痛不痒、牢不可破之习，而矫枉过正，或不免流于意气之偏，以是屡蹈愆尤，丛讥取戾，而仁人君子固不当责以庸之道，且当怜其有所激而矫之之苦衷也。

诸事棘手，焦灼之际，未尝不思遁入眼闭箱子之中，昂然甘寝，万事不视，或比今日人世差觉快乐。乃焦灼愈甚，公事愈烦，而长夜快乐之期杳无音信。且又晋阶端揆，责任愈重，指摘愈多。人以极品为荣，吾今实以为苦懊之境。然时势所处，万不能置事身外，亦惟做一日和尚撞一天钟而已。

【译文】

我踏入仕途已有好些年了，已经看够了京城的风气。那些达官贵人、权贵显要们，特意表现出从容宽容的气派来提高自己的声望，对下属姑息纵容，一团和气，这种现象我早就知道并且很熟悉了。但是我多年养成的惯常禀性，不仅没因此磨平，反而越发变得慷慨激烈。我想惩治迂腐肮脏的这一类现象，想改变这个社会三四十年来形成的不白不黑、不痛不痒、牢不可破的坏风气。不过，矫正偏差难免超过应有的限度，有时更不免出现意气用事的偏激，因此经常招致深重的怨恨，被一些人讥讽而自取其咎。然而，真正有道德的君子本来不应责备他人没恪守中庸之道，并且还应该同情体谅他被激发而起来纠正恶俗的苦衷啊！

许多事都很难办，焦灼万分的时候，也不是不想干脆眼一闭，睡到棺材里算了。舒舒服服地休息，什么事也不用看也不用管，也许比今日活在人世间更快活。于是焦虑越来越重，公事越来越繁乱，而快乐死期却杳无音信。而我又晋升为大学士，责任更重，被人指责评议的地方也就越多。他人都以官至极品为荣耀，我现在实在是把它当作痛苦、烦懊的处境，但处在这种形势之下，又万万不能置身事外。我也只有做一天和尚撞一天钟罢了。

智慧通解

为政应当勤敬，当官也应当勤敬。古来成大事者，都以事业为重。诚惶诚恐

地使用自己的权力，尽职尽责，兢兢业业，如履薄冰。中国这种谨慎勤敬古已有之，后世亦未断绝。“周公吐哺，天下归心”历来成为官员勤政爱民的典范。而“清代帝王多勤敬”，堪称一绝。康熙帝从政六十余年，夜分而起，未明求衣；彻曙听政，日晡而食；数十年间，极少间断。这是康熙帝勤于政事的突出表现。康熙帝于每日清晨至乾清门，听部院各衙门官员面奏政事，与大学士等集议处理，这就是衙门听政之制。而康熙帝对自己的要求则是务在精勤，有始有终。在他执政的前几十年间，“夙兴夜寐，有奏即答，或有紧要事，辄秉烛裁决”。即使到了晚年，右手因病不能写字，仍用左手执笔批旨，而决不假手他人。他在临终前留下的遗诏中说：“自御极以来，虽不敢自谓能移风易俗，家给人足，上拟三代明圣之主，而欲致海宇升平，人民乐业，孜孜汲汲，小心谨慎，夙夜不遑，未尝少懈，数十年来，殚心竭力，有如一日。”这并非过誉之词。康熙帝的勤于政务，以身作则，为“康乾盛世”的出现奠定了重要基础。

曾国藩早年做京官的时候，对于清廷内忧外患纷呈迭至的根源进行了深入的思考。勤敬之于政务，首要的是治民；而治民的第一要义是爱民。曾国藩从中寓悟到，必须经历一个自上而下的大改革，才能使江河日下的清王朝振作起来，以恢复到康乾时代的太平盛世。改革的切入点应是整顿吏治，改变全国官场风气，以应时变。

为此，他先后上呈《应诏陈言疏》《备陈民间疾苦疏》《敬陈圣德三端预防流弊疏》，痛陈对统治危机的忧虑，阐述吏治弊病的极度严重，尖锐地指出：现在官场“大率以畏葸为慎，以柔靡为恭”，京官办事的通病有两种：退缩与琐屑。

曾国藩认为，理想而又称职的政治家应具有以下品格：一是责任。就责任方面而言：无论为人君，为督抚，为州县之官，均负领导社会、转移风气、培养人才之责任，这在曾国藩的“应诏陈言疏”中固可知之，于其所作之“原才篇”中更可知之。他尝致官文书云：“弟与阁下均居崇高之地，总以维持风气为先务。”亦足见曾国藩理想中之政治家当负有维持风气之责任。

二是道德。就道德方面而言：欲领导社会，转移风气，必当律己以严，以身作则。此于曾国藩之《应诏陈言疏》中既可知之，于其所作之《原才篇》中更可知之，其复李希庵函云：“今天下大乱，人人皆怀苟且之心，出范围之外，无过而问者焉。吾辈当自立准绳，自为守之，共约同志者共守之，无使吾心之贼，破吾心之墙耳！”足见曾国藩理想中的政治家应当具备严于律己的道德。

三是才具。就才具方面而言：既抱淑世之心，当有用世之具。“才须学，学须识”，曾国藩既称述武侯之言，“取人为善，与人为善”，曾国藩复乐道孟子之语。盖舍多学而识，无以成其才；舍集民广益，无以长其智。既无用世之才具，空抱救世之热忱，于事终无所济。曾国藩生平虽好以德取人，亦兼顾才识。如复左宗棠函云：“尊论人才惟好利没干两种不可用，鄙意好利中尚有偏裨之才，惟没干者，决当摒斥。”而《原才篇》亦云：“民之生，庸弱者戢戢皆是也，有一二贤且智者，则众人君之而受命焉，尤智者所君尤众焉。”故曾国藩理想中之政

治家当有用世之才具。

四是态度。就态度方面而言：于曾国藩所谓“广收，慎用，勤教，严绳”，已可知其大概。盖自古官箴，为清慎勤；曾国藩亦尝以此自勉，并曾作三字箴。其清字箴曰：名利两淡，寡欲清心，一介不苟，鬼伏神钦。慎字箴曰：战战兢兢，死而后已，行有不得，反求诸已。勤字箴曰：手眼俱到，力求交瘁，困知勉行，夜以继日。

曾国藩的勤敬精神在他治军方面有深刻的体现。他十分重视湘军的纪律教育，力争以湘军形象改变老百姓心目中“兵不如匪”的看法。他说：“担心民心一旦失去，不可挽回，誓欲练成一旅，秋毫无犯，以挽民心而堵塞民口，每逢三八操演，集诸勇而教之，反复开说至千百语，但令其无扰百姓。自四月以后，间令塔将传唤营官，一同操演，亦不过令弁委前来，听我教语。国藩之为此，盖欲感动一二，希望其不扰百姓，以雪勇不如贼匪之耻，而稍变武弁漫无纪律之态。”

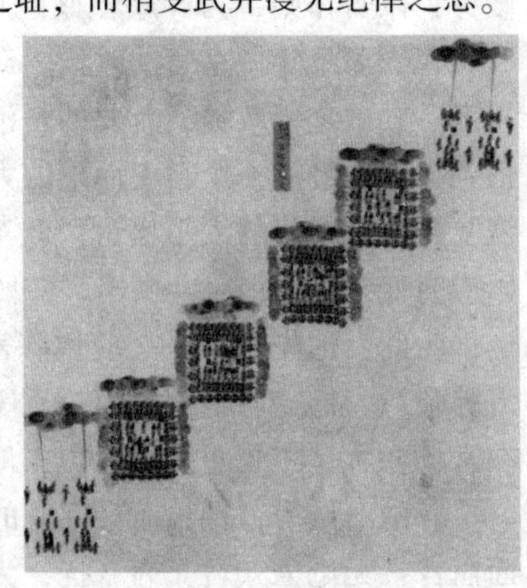

攻破马队式　清

曾国藩苦口婆心，开诚布公，劝导士兵严守纪律，爱护百姓。他对湘军日夜课程的七条规定，就是要突出一个“勤”字，使士兵在营中无论日夜都有一定课程可做，严格遵守点名、演操、站墙子、巡更、放哨等营规。他对于治军中“勤”字的理解是“治军以勤字为先，实阅历而知其不可易。未有平日不起早，而临敌忽能早起者，未有平日不习劳，而临敌忽能习劳者，未有平日不能忍饥耐寒，而临敌忽能忍饥耐寒者。”他在给朋友的信中又提到，“治军之道，以勤字为先。身勤则强，逸则病；家勤则兴，懒则衰；国勤则治，怠则乱；军勤则胜，惰则败”。只有在平日里保持高度的紧张，才能有备无患，战时镇定自若。曾国藩在湘军操练上，严格要求，从不间断，在循序渐进的基础上达到熟练掌握技艺的程度，从而训练出一支精强的军队。

【经典实例】

管子论“安民”

为政须勤敬，当官须勤敬。知民生在勤，知为臣在敬。勤而敬，无患天下无治。

当官勤敬的要务是爱民、养民，因为“民心顺，国家安”，这是个最简单的道理。史称齐桓公“九合诸侯，一匡天下”，都是“管仲之谋”。而“安民”则是管仲之谋的一个重要内容。

管仲对“民”与“国”的关系有充分的认识。他说：“政之所兴，在顺民

心。政之所废，在逆民心。”因此，能处理好“民”的若干大问题，就是政治中最可宝贵的：“民恶忧劳，我佚乐之。民恶贫贱，我富贵之。民恶危坠，我存安之。民恶灭绝，我生育之。能佚乐之，则民为之忧劳。能富贵之，则民为之贫贱，能存安之，则民为之危坠。能生育之，则民为之灭绝。故刑罚不足以畏其意，杀戮众而心不服，则上位危矣。故以其四欲，则远者自亲；行其四恶，则近者叛之。故知予之为取者，政之宝也。”

管子所说的“顺民心”，就是要顺其“四欲”；“逆民心”就是统治者“行其四恶”。要做到“四顺”、不行“四恶”，统治者必须首先懂得顺于民就是为了取之于民的道理。如果不懂得这个道理，统治者肆其所欲，用刑罚和杀戮来压制人民，结果只能是“刑罚不足以畏其意”，“杀戮不足以服其心”，国家的政令就无法施行，统治者的地位就危险了。

管仲还认为，能够保证人民的“衣食足”，才能建立起和谐的社会秩序；如果物质生活问题得不到较好的解决，就无法对其进行道德的规范，而专恃刑罚又是不能实行全面有效的控制的，所以管子视“务在四时，守在仓廪”为有国者的根本任务，它能使民“不移”“不偷”“不苟”“不憾”而使其“富”。在管子所说的“四顺”中，这是他最为强调的。

所谓“定民之居”，就是使人安居。在管子看来，把各种居民归人相应的行政管理系统，就会秩序井然，不相混乱。“管子于是制国以为二十一乡：工商为乡六，士乡十五”，“三乡为县，县有县帅；十县为属，属有大夫。五属，故立五大夫，各使治一属焉；立五正，各使听一属焉。是故正之政听属，牧政听县，下政听乡。”

所谓“成民之事”，就是使民“乐业”。当时将民划为士、农、工、商四类。管子认为，这四类民，若“勿使杂处”，把他们划归在以上的各乡中，不仅可以减少管理上的繁乱，而且可以使他们便于传授技艺，“不见异物而迁”，使“士之子恒为士”，“工之子恒为工”，“商之子恒为商”，“农之子恒为农”。这也是最早的职业承继性划分。

从富民的目标出发，使人民安居乐业，是国家稳定、富强的基本条件。管仲说：“兹民，与无财，而敬百姓，则国安矣。”只有在这个基础上，才能谈“正卒伍，修甲兵”，才能强化国家的武力。

管仲还认为，人民中间的不安定因素都是施政不当所造成的。他说：“不务天时，则财不生；不务地利，则仓廪不盈；野芜旷，则民乃菅；上无量，则民乃妄；文巧不禁，则民乃淫……不明鬼神，则陋民不悟；不敬宗庙，则民乃上校；不恭祖旧，则孝悌不备”。只有统治者大力发展生产，使国家富足，并为进一步扩大生产创造了条件，人民才会乐于“留处”，才会吸引别国的人民前来归服。

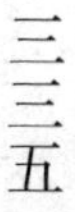

春秋前期，政治的动荡造成了人民经常大规模的流动，争取民众就成了统治者富国强兵的首要问题。管子为齐桓公谋称霸之道而首先提出“顺民心”，并把人民中的不安定因素归罪于统治者绝非偶然。“齐国遵其政，常强于诸侯”，说

明他确实抓住了问题的关键。顺民心则国兴，逆民心则国亡；富民“定民”“成民”，无一没有一个“安”字在。

汉武帝时，以举贤良文学和上书言事的方式，招纳了一批文学之士，组成中朝（内朝），让他们参谋预政。当时，有个文士叫徐乐，他在上书中一针见血地指出，当前天下之患在于土崩，而不在于瓦解。所谓土崩，就是广大民众反抗统治者的斗争；所谓瓦解，则是统治阶级内部的争斗。

徐乐指出，土崩和瓦解是“安危之明要”，凡是国君都必须留意深察。而天下之患在于土崩，不在瓦解，自古至今，别无二致。什么是土崩呢，就是像秦朝末世的陈胜吴广起义，凡是“民困而主不恤，下怨而上不知，俗已乱而政不修”，就会发生土崩。陈胜出身微细，既无千乘之尊，尺土之地，也非王公大人名族的后裔，之所以一呼而天下风从，就是因为当时已经具备了土崩的条件。

那么，什么是瓦解呢？所谓瓦解就是吴楚七国之乱。七国谋逆号称万乘之君，带甲数十万。但是最后却兵败身死。其缘由并非因为他们的威权轻于匹夫而兵力弱于陈胜，而是当时“安土乐俗之民众，故诸侯无意外之助。”拿陈胜起义的天下风从和七国之乱的渐被平定相比，就足以证明“天下之患在于土崩，不在瓦解”。如果天下已具备土崩的条件，即使像陈涉这样的布衣穷处之士也可以首先发难，而危及统治者的江山；如果天下无土崩之势，即使像吴楚这样有强国劲兵之助，一旦发难，也会立即遭到覆亡的命运。其中的道理，明君应该深察才是。

统御者需有宰相之肚

自古有匡天下之志者必有容天下之量，而后能成安天之功。统御者是否有宏大的器量，宽阔的胸襟，对其事业成败至关重要。能容人、容事、容天下，才能够统观全局，冷静举措，走出一步步令人击掌叫绝的好棋。成事者，必要纳招天下之贤，广集安邦治国之策，没有点“宰相肚里能撑船，将军额上能跑马”的修炼是决然不行的。

秦晋淝水大战之际，秦兵百万逼近晋国都城，朝野震惊，唯有司徒（相当宰相）谢安泰然处之，面无惧色，他不慌不忙地布置兵力御敌，然后到别墅里去和客人下棋。当击退敌兵的战报传来以后，谢安却将它放在床上，面无喜色，下棋如故。等客人告辞，送客回来后，才高兴地返回内室，由于心情高兴，屐齿碰在门槛上而折断。后人称誉谢安有“庙堂之量”。

凡度量大者必是修养甚佳之人，因修养是理智的基础，孕育谋略的活土。只有站得高看得远，才能豁达大度，出手有理、有利、有节。

战国时期的孙膑和庞涓就是鲜明的对照。孙膑自幼酷爱兵书，深谙谋略。而器量狭小的庞涓却非常嫉妒他，上进谗言，使他受“膑”刑，成了没有膝盖骨的残疾人。孙膑心胸宽阔，不因遭受厄运而气馁，他假装疯癫，逃脱险境，尔后在齐国受到重用，做了军师。他在日后与庞涓的军事角逐中，利用其好大喜功，目空一切的弱点，使庞涓利令智昏，一步步走进他布下的罗网，最终于马陵道上兵败身亡。孙膑的成功，除了靠他的兵法谋略以外，胸怀开阔，度量宏大起了很大的作用，使他能从容筹划，从长计议，以柔克刚。倘若鼠目寸光，匹夫见辱，拔剑相斗的话，其结局可能就会是另外一个样子。

有宏大的度量，才能有稳定、积极、健康的情绪，而情绪的控制关系到能力的发挥，影响到事业的成败。古人修身非常讲究“制怒”“制乐”，慎防喜怒过度。历史上像周瑜气死、牛皋笑死之类的悲剧并不罕见。有效控制自己的情绪，不让感情所左右，是统御者制胜的“内功”。

勤敬之君雍正

雍正帝从政，日日勤慎，戒备怠惰，坚持不懈。用他自己的话说：“惟日孜孜，勤求治理，以为敷政宁人之本。”

雍正帝处理朝政，自早至晚，没有停息，大体上是白天同臣下接触，议决和实施政事，晚上批览奏章，经常至深度。即使在吃饭和休息的时候，他也“孜孜以勤慎自勉”，不敢贪图轻松安逸。他的这种工作作风，年年如此，寒暑不断。经雍正帝亲手批阅的奏章，现存台北故宫博物院的就有二万二千余件，这还不是其全部。雍正帝自己所写的谕旨及对大臣秦章的批示，现已选刊者即不下数十万言，其未刊者尚不知凡几。这确实是两个惊人的数字。雍正元年(1723) 五月初一，雍正帝连续颁发十一道训谕，对总督、督学、提督、总兵、布政司，按察司、道员，参将，游击、知府、知州、知县等各级地方文武官员提出了明确的要求。发一道谕旨，洋洋万言，若非勤敬之君，实难办到。

雍正帝朝服像

雍正帝之勤敬，又与他以治天下为己任是分不开的。他在位期间，一直以“万机待理”的责任感而勤奋工作。他自己曾明确讲过，他之所以“夙夜诚惧，不遑寝食，天下机务，无分巨细，务期综理详明”，并非“以此博取令名”，而是“钦承列祖开创鸿阜，休仰良考付托至意，为社稷之重，勤劳罔懈耳”。就是说，他是感到治理大清江山的责任重大，故而勤于政务，不敢稍有懈怠。正是因为雍正帝以社稷为重，以国事为先，他才能够以朝乾夕惕自勉，唯日孜孜。雍正六年（1728）夏，他写了《夏日勤敬观新月作》七律一首：

勉思解温鼓虞琴，殿壁书悬大宝箴。

独览万几凭得暑，难抛一寸是光阴。
丝纶日注临轩语，禾黍长期击壤吟。
恰好碧天新吐月，半轮为启戒盈心。

雍正帝因早年夏天中暑，遂形成畏暑心理。每一年酷热之际，意欲休息，但一想到前贤的箴言，帝王的责任，便不敢浪费一点时光，进而勉励自己警戒骄盈，去努力从事政务。第二年，雍正帝又作《暮春有感》七律一首：

虚窗帘卷曙光新，柳絮榆钱又暮春。
听政每忘花月好，对时惟望雨丝匀。
宵衣旰食非干誉，夕惕朝乾自体仁。
风纪分颁虽七度，民风深愧未能淳。

他深感登基以来，民风未淳，自己身为一国之君，责任未尽，因此朝夕戒惧，不敢怠惰，尽管大自然的变化很大，然而无暇也无心去欣赏春色的美好，花木的繁荣。

雍正帝"惟日孜孜"的精神，以及持之以恒的毅力，在封建帝王中堪称楷模，即使是一些有作为的帝王也实难与之相比，更不必说那些昏庸荒淫的君主了。清史专家孟森先生曾说："自古勤敬之君，未有及世宗（即雍正帝）者，其英明勤奋，实为人所难及"。这一评价，对雍正帝来说是当之无愧的。

赵普知勤敬

知勤敬者，在于努力充实自己，恰如宋代的赵普。

赵普是宋朝的开国元勋，宋太祖赵匡胤待他如同手足，任命他为宰相，不过他出身微贱，很少读书，处理朝政多凭经验，全无学术。

公元965年（太祖乾德三年）北宋消灭了西蜀国，宋太祖将蜀国国君孟昶之妻，著名绝色美人花蕊夫人据为己有。一次他发现花蕊夫人所用的梳妆镜的背面有"乾德四年铸"五个字，不由十分惊疑，问道："这'乾德'二字怎么和我朝的年号相同，这是哪个朝代的？"

花蕊夫人答不出，宋太祖遍询大臣，赵普茫然不知所对，其他大臣也不能回答，只有翰林学士窦仪答道："蜀国旧主王衍曾经用过这个年号。"

太祖十分高兴，就道："看来宰相还是要用读书人，窦仪确实具有做宰相的才识！"

太祖便有任窦仪为宰相的考虑，当同赵普商量时，赵普想，如果窦仪入相，自己便相形见绌了，便回答道："窦学士学问有余，治国的能力却是不足。"

于是此事作罢，不过太祖也劝赵普多读点书。赵普从此手不释卷，每日退朝归来，便独处一室，关上房门读书，直到深夜，到了第二天入朝理政，每件事情都处理得很有章法。他去世后，家人人室检点遗物，发现书箱中只有一本《论语》，原来赵普晚年所读的，就这么一本书，他自己也曾对太祖的继承人宋太宗说：“臣有《论语》一部，半部帮助太祖夺天下，半部帮助陛下治天下。”后世遂有“赵普半部《论语》治天下”之说。

赵普虽然有武大郎开店之嫌，但他还是知道提高自己，最终不愧为一代贤相，不像有些官员，自己永远安于武大郎，却又永远拒绝高人。

勤敬皇帝崇祯

在中国历史上，勤敬两个字往往总是与致治联系在一起的，而亡国破家则往往与荒政密不可分，但是在明朝历史上却有一个特例：勤敬的亡国之君——崇祯皇帝。

明崇祯十六年（1644）三月十九日，李自成率领的大顺农民军攻入北京，崇祯皇帝朱由检于煤山自缢，明朝灭亡。这段历史对于大多数读者来说并不生疏，而且也许有人还能记得他自缢前写于衣襟的遗书：“朕凉德藐躬，上干天咎，然皆诸臣误朕。朕死无面目见祖宗，自去冠冕，以发覆面。任贼分裂，无伤百姓一人。”

这段遗言很引起后世读者的同情，修史者在为他作传立纪之后，也不禁赞叹道：“帝承神、熹之后，慨然有为。即位之初，沉机独断、刈除奸逆，天下想望治平。惜乎大势已倾，积习难挽。在廷则门户纠纷；疆场则将骄卒惰。兵荒四告，流寇蔓延。遂至溃烂而莫可救，可谓不幸也已。然在位十有七年，不迩声色，忧勤惕厉，弹心治理。临朝浩叹，慨然思得非常之材，而用匪其人，益以偾事，乃复信任宦官，布列要地，举措失当，制置乖方。祚讫运移，身罹祸变，岂非气数使然哉。”

崇祯皇帝确实是一位矛盾中的人物。他的哥哥明熹宗朱由校嬉政误国，在位七年，尽由太监魏忠贤专权，残害无辜，为所欲为。崇祯皇帝即位之初，当机立断，铲除魏忠贤及其阉党，革弊立新，励精图治，颇有振作之举。

崇祯皇帝即位前被封为信王，明熹宗死后无子，兄终弟及，由他入继皇位。因为他是以外藩入继的，比起那些自幼只居深宫的皇储有所不同，还能够知道一些宫廷外面的事。据说有一次他让宦官去宫外买元宵，宦官买回来后说要一贯钱一碗。他对宦官说道：“朕在藩邸时，每次都是三十文一碗，怎么会要一贯钱呢?”当场戳穿了宦官的欺骗。

崇祯皇帝还是一位勤于读书的皇帝，史书上说他“上喜读书，各宫玉座左右，俱置卷帙，坐则随手披览。”于是有人作诗道：

案头缃箧御香薰，

午夜犹闻诵典坟。
才识外间科目贵，
君王还习四书文。

据说崇祯皇帝所撰四书八股文水平不低，颇为士子传诵。

在处理政务方面，崇祯皇帝也颇示勤奋。他在位十七年当中，既有东北清军的威胁，又有内地农民起义的打击，可谓内外交困，几乎无一日轻松之感。每天处理公文召见群臣，从早至晚，难得休息。一次正旦大朝之后，崇祯皇帝到慈宁宫拜见刘太妃，坐在那里竟然睡着了。刘太妃让左右给他覆上锦被，不要打扰。过了些时候，崇祯皇帝自己醒来，忙整一下衣冠，对刘太妃说道：

“神祖（明神宗，刘太妃即神宗妃）时，海内少事。至儿子多难，所苦支吾两夜，省文书，未尝交睫。今在太妃前，然不自持，一至于此。”刘太妃为之泣下，崇祯皇帝也几乎落下泪来，周围宫人莫能仰视。

为处理文书彻夜不眠，崇祯皇帝可谓勤敬了。但是，就是这样一位勤敬之君，最终却落了个亡国自尽的结局，这究竟是什么缘故呢？

《明史》讲了两个原因：一是客观原因，即“大势已倾，积习难挽”；二是主观原因，即崇祯皇帝“用匪其人”。应该说，《明史》纂修者的这一看法是相当精辟而有道理的。崇祯皇帝即位之初，陕西即已爆发农民起义，不数年间，便成燎原之势。此时的又一威胁则为关外辽东满洲势力，至崇祯九年（1636）皇太极即皇帝位，改国号为清，建元崇德，便已不再是叛酋，而俨然是要取明而代之的敌国了；崇祯皇帝左右支梧，东西难顾，败势是十分明显的。而使他最终亡国丧生的更重要原因则是他的刚愎自用，自作聪明，既不知人，又不自知。

“勤敬”心语

【原文】

长濠用民夫，断非陈米千石所可了，必须费银数千。此等大处，兄却不肯吝惜。有人言莫善徵声名狼藉，既酷且贪，弟细细查明。凡养民以为民，设官亦为民也，官不爱民，余所痛恨。

【译文】

挖长壕用民夫，绝不是用陈米千石就可解决的，还必须用银子数千两。这类大的方面，我是不会吝惜的。有人说莫善徵声名狼藉，又残酷贪婪，弟要细细查明。养民是为了民，设官也是为了民，官不爱民，我非常痛恨。

【原文】

查江西自咸丰九年详定章程，分别茶厘、茶捐两宗。每茶百斤除境内抽厘银二钱，出境又抽厘银一钱五分有零外，向于产茶及设立茶庄处所劝办茶捐。每茶百斤捐银一两四钱或一两二钱不等，填给收单，准照筹饷事例汇齐请奖，历经分别办理在案。臣于咸丰十年五月，将江西全省厘务奏明充臣军饷，仍照旧章办理。因捐厘银数既多，如再征收落地税，民力恐有未逮，此迟迟未办之缘由也。

【译文】

据核查，江西自咸丰九年详细制定章程，将茶税分为茶厘、茶捐两项。每一百斤茶叶，除境内抽取厘银二钱，出境再抽取厘银一钱五分多以外，还劝产茶及设立茶庄的地方交纳茶捐。每一百斤茶叶捐银一两四钱或一两二钱不等，填写收据，依照筹集军饷的办法攒齐请奖。两项分别办理，登记在案。我在咸丰十年五月奏明朝廷，将江西全省茶厘收入充作我们的军饷，仍然按照老章程收取茶税。因为茶捐、茶厘的银数已经很多了，如果再征收落地税，恐怕百姓的财力达不到，这就是我迟迟不征落地税的原因。

犀牛雕人物水杯　清

【原文】

臣查咸丰十年以来，苏、浙沦陷，南漕运京，为数廖廖。上年全漕竟未兴办，仅赖李鸿章劝办商捐米九万石，于夏间次第解京。在上海经营甚苦，而在天庾则裨益甚微。本年东南应征之漕，自应设法多解本色，上供京师至急之需。然江苏淮扬、通海之米，已由漕臣吴棠奏准仍征折色拨充扬州军饷；湖北之米已由抚臣严树森奏准万难改征本色；江西之米亦由抚臣沈葆桢具奏，仍难改征本色。此三臣皆素抱公忠，绝非不顾京仓根本之人，其所以难于解米者，即百馀年之成宪与近数年之事例，均不能不大变通。臣请为皇上缕晰陈之。

向来三江两湖皆有官制漕船，分帮编号水次，受兑各有定所。今则漕船尽坏，将欲全数修复，需银约近三千万两，既难筹此巨款，又值黄河北徙、运道久淤之后，又值泰西就抚、海道畅行之时，由江、浙、闽、广以达天津，出入洋面，如履户庭。揆之天时人事，自须全废河运，概行海运。而两湖、江西、安徽向未办过海运成案，江湖之远，雇船之费，若非由部臣先为定议，疆臣颇难措手，自前明以屯田养卫军，以卫丁运粮船，我朝因之改为旗丁。行之既久，屯户不能耕田而鬻与平民，动倚卫官以抗粮；卫军不能使船而另募水勇，动倚旗丁以滋事；名实相舛，既已不胜其弊矣。而旗丁每次领运，需索帮费，视州县若鱼肉。闸坝之委员、通州之仓书，又视旗丁若鱼肉。臣历观道光年间诸臣之奏疏、宣宗之谕旨，言及州县浮收，旗丁帮费，未尝不深恨次骨，终以积重难返，莫可如何。今则局势大变，日月重新，漕船既可全废，旗丁亦可全裁。顷者，兵部议复严树森裁兵一案，饬臣等酌量办理；郭嵩焘在粮道任内，因之详请尽裁屯兵，以屯田改隶州县，以卫官改隶绿营，其说话甚为详明。臣以戎事倥偬，尚未据以入奏。兹既议废漕船，自应并革卫军。臣所谓百年成宪，不能不大为变通者，

此也。

道光二十七年，王大臣、户部会议，以京师之现银太少，南中之浮收太重，请将南漕改征折色，以实部库而苏民困，旋经督臣李星沅奏驳不行。文宗登极，抚臣傅绳勋痛陈浮收帮费之弊，民不聊生，又请改征折色，旋经部科议驳不行。逮咸丰三年，粤匪窜陷金陵，长江梗塞，不得已改收折色，定为每石一两三钱。当时银价每两换钱二千馀文，米价每石不过一千馀文，故一两三钱，民犹病其重也。今则情形迥异，价值悬殊，银价每两不过换钱千三百馀文，米价虽各省不同，然大致相类。李鸿章、严树森奏称四两以外，系就夏间荒歉言之。吴棠、沈葆桢奏称三两上下，系就秋间收获言之。臣处目下所买之米，其价亦近三两。若如崇厚原奏，合米价运脚，仅及三两，则近年绝无此事。米价既费三两，加以由内河而出江，由江而海而津，船价、耗米等费计亦不下二两。是南省解到天津之米，约计需银四两九钱，而南省所收发间之漕，部价仅算一两三钱。若解米十万石，即有三十六万金无着之款。部臣不准销，疆臣不能赔，此中窒碍情形，实之弥缝乏术。即以江西而论，辛酉年之漕折，臣与毓科出示每石征钱三千。壬戌年之漕折，臣与沈葆桢出示每石征银一两九钱。以一两三钱之部价计之，则所纳并不为少。以目下谷米之市价计之，则所纳之数断不能购米一石，而船价、耗米各费更无所出。以臣愚见，必求部臣奏请特旨，米价运脚均准据实报销，不拘原定一两三钱之数，庶江楚本届之漕，尚可设法解京。臣所谓近年事例不得不大为变通者，此也。

【译文】

据我考查咸丰十年以来，江苏、浙江沦陷，南方的漕粮能运到京城的寥寥无几。去年全部漕运竟未开展业务。只靠李鸿章劝办商捐米九万石，在夏间分批运送京城。在上海征收很艰苦，而在京城却补益很小。今年东南地区应该征收的漕米，自应设法多运送实物，以供应京城万分急切的需要。然而，江苏淮扬、通海的漕米，已由负责漕运的大臣吴棠奏准，仍征收折款，拨给扬州充当军饷；湖北的糟米已由抚臣严树森奏准，极难改收实物；江西的漕米也由抚臣沈葆桢上奏，仍难改收实物。这三位大臣平常都对公家怀抱忠心，绝不是不顾京城粮仓的根本的人，他们之所以运送漕米，大概是为当前形势所迫，受旧的做法约束，不是一两句话能够说完的。目前要想运江楚一带的漕米入京，那么，一百多年的现成法则和近几年来的一些做法，都不能不大为变通。请让我向皇上详加陈述。

从前，三江两湖都有官方制造的漕船，在水上人帮编号排列，接粮兑粮各有固定的地方。如今，漕船全部毁坏，想要一一修复，约需银近三千万两，既难筹集这笔巨款，又是在黄河北移、漕运水道长期淤塞之后，并且又遇到泰西归附、海道畅通的时候，从江西、浙江、福建、广西前往天津，行走在海面上，就好像走在自己的院子里一样，考察天时人事各方面的情况，应当全部废弃河运，一概实行海运。而两湖、江西、安徽从没有过办海运的先例，江湖遥远，雇船费用高昂，如果不是部里大臣事先商议好的，地方官员就很难着手。自明代开始，用屯田的方法供养卫军，用卫丁押运粮船，我朝在此基础上改用旗丁。这种制度实行的时间长了，屯户不能耕田，便卖给百姓，动不动就依靠卫官抗交粮赋；卫军不会掌船，便另招水勇，动不动就依靠旗丁滋生是非；名实相违，他们的弊端早已超过了他们的用途。而旗丁每次押运粮船，需要索交帮费，把州县长臣看作鱼肉；负责闸坝的人员、全州的仓书，又把旗丁视作鱼肉。我遍阅道光年间各位大臣的奏疏和宣宗的指示，谈到州县不必要的税收及旗丁的帮费，没有不恨之入骨的，终因积重难返，无可奈何。如今的局势则大不相同，日月改换一新，既可全部废弃漕船，又可全部裁掉旗丁。前不久，兵部商议回复严树森请求裁兵的奏章，命我们酌情处理；郭嵩焘在任粮道期间，趁机详细请求全部裁去屯田士兵，把屯田改属州县，把卫官改属绿营，他说得非常详明。我因战事急迫，还来得及据此上奏。如今既然商议废弃漕船，自应一同革除卫军。我所说一百多年的规则不能不大为变通，指的就是这些。

道光二十七年（公元 1847 年），王大臣、户部会合商议，因为京城现钱太少，南方不必要的税收太重，请求将南方漕米改收折款，以充实户部仓库，缓解百姓的困苦，不久因督臣李星沅上奏反对，没能实行。文宗登基之后，抚臣傅绳勋痛陈滥收赋税和帮费的弊病，已使百姓无法生存，又请求改收折款，又因部科反对，没有实行。到了咸丰三年，广东匪徒北窜，攻陷金陵，长江被阻，不得已改收折款，定为每石折银一两三钱。当时银每两换钱二千多文，米价每石不过一千多文，所以定为一两三钱，老百姓仍痛苦折银太多。现在的情形就大不相同了，与当时的价值悬殊，银价每两换钱一千三百多文，米价虽各省不同，但大致相似。李鸿章、严树森上奏声称四两以上，是就夏天缺粮时说的。吴棠、沈葆桢上奏声称三两上下，是就秋天收粮时说的。我这里眼下所买的米，价格也接近三两。像崇厚原来奏折中所说的，将米价运费加起来才三两，近年绝没有这种事情。米价已花费三两，加上从内河运到江中，由江中运到海上，再运到天津，船价、米的消耗等费用合计也不下二两。这样，南方各省运到天津的米，总共约需银四两九钱，而南方各省所收民间的漕米，规定价格只有一两三钱。如果运米十万石，就有三十六万金的款项没有着落。部里大臣不准报销，地方大臣无力贴赔，其中的阻碍情形，确实无法弥补。就拿江西来说，辛酉年的漕米折款，我和毓科出告示每石收钱三千。壬戌年的漕米折款，我和沈葆桢出告示每石收银一两九钱。以一两三钱的规定价格计算，所交纳的折款决不能买一石米，而船价、米的消耗等各种费用更是无从可出。

以我之见，一定要请求部里大臣上奏，请示特别旨令，米价运费均允许照实报销，不受原定一两三钱的数目的拘束，希望江楚一带本届的漕米，还能设法运到京城。我所说的近几年来的一些做法不能不大为变通，指的就是这些。

【原文】

苏州阊门外民房十余里，繁华甲于天下，此时乃系金陵大营之逃兵溃勇先行焚烧劫抢，而贼后至。兵犹火也，弗戢自焚，古人洵不余欺。弟在军中，望常以

爱民诚恳之意、理学迂阔之语时时与弁兵说及，庶胜则可以立功，败亦不至造孽。当此大乱之世，吾辈立身行间，最易造孽，亦最易积德。吾自三年初招勇时，即以爱民为第一义。历年以来，纵未必行得到，而寸心总不敢忘爱民两个字，尤悔颇寡。家事承沅弟料理，绰有馀裕，此时若死，除文章未成之外，实已毫发无憾，但怕畀以大任，一筹莫展耳。

【译文】

苏州阊门外的民房有十几里，其繁华程度可谓天下第一，现在这里先是被金陵大营的散兵游勇焚烧抢劫，以后敌军又来占领。军队就像火一样，如果不严加控制就会自焚，古人的确没有欺骗我们。贤弟身在军队中，我希望你常常把爱民诚恳之意、理学迂阔之语对弁兵们讲明，这样一来，打胜了就可以立功，失败了也不至于造孽于民。处在这个天下大乱的时代，我们身为军人，最容易造孽，也最容易积德。我在咸丰三年初招兵时，就把爱护百姓作为首要的事情来抓。这些年来，纵然不一定都能做得到，而心中总是不敢有片刻时间忘记“爱民”两个字，只恨太少。家里的事情有沅弟料理，绰绰有余，如果我现在死了，除了文章上没有成就之外，事实上已经没有丝毫的遗憾。目前，我最怕的就是对自己所肩负的重任，一筹莫展。

【原文】

为严禁事。照得近来各营弁勇，掳船之风日甚一日。或并无差事，掳船而卖放；或多揽货船，闯关而包厘。即有统领营官在途同行，亦复纵容兵勇鱼肉船户。无论重载之船、家眷之船、养病之船、送柩之船，一概强掳讹索。或本系上水，而强之下行；或本系小划，而强之远行。甚至驱逐客商，攘占货物。又有游勇、土匪假冒各营之名，到处掳船。长江大湖、支河小港，骚扰几遍。商民久含怨怒，厘税因之大减。船户固不聊生，军士亦将饥饿。急应严行禁革，以肃军政而裕厘饷。嗣后，各营将弁、勇丁，或奉差驰起他处，或自楚募勇东来，一概不准掳船，只准民价和雇。如敢故违，定以军法从事。本部堂一面派员严拿，一面行知各县各卡。如有前项情弊，许该县该卡拿获正法后再行通禀。其非本部堂所辖之营，亦经咨商，一律严办。合行出示晓谕，各宜凛遵毋违！特示。

【译文】

本告示意在颁布一严禁之事。据查，最近各军营的一些官兵，抢夺民船的风气一天比一天严重，有的是本来并无公事，把民船抢来后倒卖获利；有的是大量拦截货船，指使船家强闯关卡，然后私分关税。即便是某些统领、营官携士兵一同外出，也纵容士兵欺压船民。无论是运载重物的船只、运送家属的客船、送人就医的船只、运返灵柩的船只，无不强行抢占、敲诈勒索。有些民船本来是向上游行驶，却强迫它驶向下游；有些民船本来是近距离划行，却强迫它随同远距离行驶。甚至将船上的货主客商无理赶走，强占他们的货物。还有一些掉队的士兵、土匪假冒军营之名，四处抢夺民船。长江一带的水面上，几乎被骚扰遍了。

遏必隆腰刀　清

商人船家早就心怀怨恨愤慨，关卡税收也因此大大减少。这样下去的话船家固然无法生活，军队官兵也将无粮制饷，陷于饥饿境地。必须立即对此严加禁止、革除，从而整顿军纪政务，丰富、提高税收、军饷。此后，各营的将官、士兵，或是奉命开赴其他地区，或是从湖南招兵向东归来，一概不许抢夺民船，只允许按照民间船价出钱雇用。如有人胆敢故意违犯，一定以军法惩治。本帅一方面派出人员严查严办，另一方面通知各州县、各关卡人员，如果有人做出了上述作弊等事，允许所在州县、关卡人员将其抓获正法后再前来报。那些不属本帅统辖的军营，也在经过查证协商后，一律严加惩办。理宜执行，故发布这一告示通知大家，各位应该严格遵守，切勿有违！特颁布此一告示！

【原文】

军士所过，有取民间一草一木不给钱者，即行正法。望两君日以斯言训儆之。至要至要！千万千万！

【译文】

军队所过之处，有借取民间任何东西。又没有付钱者都即行正法。希望两君每天用这些话来训导兵士。这很重要，千万牢记。

【原文】

查行军首重纪律，臣等水陆二军，如遇骚扰百姓者，立即枭示，约束不敢不严。今川勇诈索良民，擅劫军饷，杀毙勇夫，酿成巨案。虽经臣塔齐布会同魁玉、杨昌泗拿获犯勇四名正法，而李光荣身为带兵官，纵兵殃民，恃强夺犯，屡戒不悛，实属目无法纪。相应请旨将李光荣先行革职，交督臣杨霈严行审讯，按律治罪，以申军律，而警将来。

【译文】

据我考查，行军最重要的是纪律，我所统领的水陆两支军队，如果遇到骚扰百姓的，立即悬首示众，约束不敢不严。如今四川乡勇敲诈勒索善良百姓，擅自

抢劫军饷，杀死勇夫，酿成大案。虽然塔齐布联合魁玉、杨昌泗已抓获四名犯事的乡勇，并且已经将他们正法，但李光荣身为带兵官员，放纵兵勇祸害百姓，又仗着自己势力强大，抢夺犯人，多次告诫，仍不思悔改，实属目无法纪。应当请示旨意，将李光荣先行革职，交给督臣李需严加审讯，依照法律治罪，借以申明军纪，警示后人。

【原文】

凡为将帅者，以不骚扰百姓为第一义。凡为督抚者，以不需索属员为第一义。督抚与属员交涉，以巡捕、门印、签押三处为最。明日起早，经过地方，即是与州县交涉之始。兹特严定条约，愿巡捕、门印、签押敬听而牢记之。

第一，不许凌辱州县。人无贵贱贤愚，皆宜以礼貌相待。凡简慢傲惰，人施于己而不能甚者，己施于人，亦不能堪也。往尝见督抚过境，其巡捕、门印、签押及委员等，见州县官，皆有倨侮之色、严厉之声，实可痛恨。今当痛改恶习。凡见州县及文武属员，总以和颜逊词为主，不要稍涉傲慢，致启凌辱之渐。

第二，不许收受银礼。凡自爱者，丝毫不肯苟取于人。凡主收人礼物，其初不过收茶叶、小菜之类，渐而收及鞍马、衣料，渐而收及金银、古玩。其初不过投赠之情，渐而笑索授意，渐而诛求逼勒，贿赂公行，皆始于此。嗣后我巡捕、门印、签押，务各自爱，不准收受丝毫礼物。即茶叶、小菜、至亲密友赠送微物，若非禀明本部堂再三斟酌者，概不准收。倘有隐瞒收受者，重则枷号棍责，轻则递解回籍。

第三，不许荐引私人。凡巡捕、门印、签押，势之所在，人或不敢不从。或其亲族，或其旧识，或荐至各将营盘，或荐入州县衙门，纵有过失，互相隐蔽，勾通袒护，为患甚大。自此次告戒之后，概不准荐人入将领之营，入州县之署，亦不准各营各署收受。

以上三条，巡捕、门印、签押三处，各写一分，贴于座右。如其自度不能，即趁早告退；若其在此当差，即小心凛遵。本部堂既告戒，尔等亦加倍自行儆惕。凡接见文武属员，无论大小，虽至佐杂外委，亦必以礼貌相待，断不以厉色恶声加人。至送礼物者，一概谢绝不收。无论茶叶、小菜，以及裁料、衣服、书籍、字画、古玩、器皿、金银、食物，均皆不收。亦不荐人入武员之营，文员之署。此三者，本部堂若犯其一，准各随员指摘谏争，立即更改。

咸丰十年五月谕巡捕、门印、签押三处。

【译文】

凡是做将帅的人，都要把不骚扰百姓作为最高原则。凡是做督抚的人，都要把不强制索求下属官员财物为最高原则。督抚与下属官员进行接洽交涉，最频繁、最重要的部门是巡捕、门印、签押三处。明日早晨，经过州县，开始与沿途州县的地方当局发生交涉活动。这里特严格制定了有关几条约法，希望巡捕、门印、签押三处的办事人员认真听取并牢牢记住。

第一，不许凌辱州县地方官员。地方官员不论贵贱贤愚，都应以礼貌来对待他们。一切轻忽怠慢、骄横无礼的态度，他人以此对待自己，使自己无法忍受，自己以此对待他人，他人也是不能忍受的。以前曾发现督抚经过州县辖境，其所属的巡捕、门印、签押及委员等人，在见到州县官员时，都是神色倨傲轻蔑，声音严厉无礼，实在令人痛恨。现在应当彻底改掉这种恶习。凡是见到州县官员及其文职、武职下属官员，一律以和气、谦逊的态度为主，不可稍微流露傲慢的神态，以致出现凌辱地方官员的苗头。

第二，不许收受他人的钱财礼物。一切爱惜自己名誉的人，都不肯随便向人索求丝毫。通常收取他人礼物，最初不过接受茶叶、小菜之类，渐渐地开始收鞍马、衣料，并进而收受金钱、古玩。就接受礼物的态度而言，最初不过是应酬交际、联络感情，逐渐发展到以含蓄的方式暗示求取，进而就变为勒索逼迫，公开收受贿赂，都由此开始。以后我处巡捕、门印、签押三处办事人员，务请各自爱惜名誉，不允许收受丝毫的礼物。即使是茶叶、小菜、亲朋好友赠送的小物件，如果不是禀明于我，我经过再三斟酌同意接受的，都一律不准收下。假如有人暗中收受，隐瞒不报，严重的戴枷锁，加以棒打，轻微的开除公职押回原籍。

第三不许荐举引用个人的亲朋故旧。大凡巡捕、门印、签押等处，是权势集中的地方，人们恐怕不敢不听从他们。于是，他们把自己的亲朋故旧或者引荐到各将领军队中，或者引荐到各州县的衙门里，即使犯有过失，也可以互相包庇隐瞒，勾结偏袒，为害极大。自此次警告劝诫之后，一概不准将亲朋故旧引荐到军队和州县衙门里，也不准各部队、各衙门接收他们引荐来的人员。

诚求印及印文 清

以上三条，巡捕、门印、签押三处各写一份，贴在座位旁醒目之处。如果有人自忖做不到这三条，就趁早辞职离开；如果继续在此任职，就谨慎、认真遵守。我已经告诫了你们，你们也应该加倍自我反省、监督。凡是接待文职武职的下属官员，无论官大官小，哪怕他们是佐杂外委这样的小官卑职，也必须以礼貌待人，绝不可以恶劣的态度对待他们。至于所送礼物，一概谢绝不收。不管是茶叶小菜，还是布料、衣服、书籍、字画、古玩、器皿、金银、食物，一律都不能收。也不要引荐人去军队、衙门。这三条，我如果违犯一条，允许各位随员批评指正，并立即改正。咸丰十年五月晓谕巡捕、门印、签押三处。

【原文】

第十九日疏陈轮船不必入江而以巡海盗为辞，殊可不必。弟意系恐李泰国来金陵搅局攘功，何不以实情剀切入告？苦战十年，而令外国以数船居此成功，灰将士忠义之心，短中华臣民之气等语，皆可切奏。凡心中本为此事，而疏中故托言彼事以耸听者，此道光末年督抚之陋习，欺蒙宣宗，逮文宗朝已不能欺，今则更不宜欺

矣。七船之事，余曾奏过三次，函咨两次，即不许李泰国助剿金陵、苏州。李少荃亦曾上书恭邸二次，计恭邸亦必内疚于心。特以发贼未灭，不欲再树大敌，故隐忍而出此耳。君相皆以腹心待我兄弟，而弟疏却非由衷之言，恐枢府疑我兄弟意见不合，又疑弟好用权术矣。

【译文】

弟十九日上疏陈述轮船不必进入江河，而以巡逻防海盗为由，大可不必，你的意思是恐怕李泰国到金陵搅乱局面而抢夺功劳，为什么不以实情从实相告？苦苦征战十来年，却让外国人以数艘轮船抢去了胜利果实，使我军将士的忠义之心受到极大的伤害，使中华臣民的自尊心受到无端蹂躏等言论，都可以如实相奏。凡是心中想说这件事，但在上疏中却说另一件事以耸人视听，这是道光末年督抚的坏习气，来欺蒙宣宗，到文宗一朝已不能欺蒙了。现在则更加不适宜欺蒙了。七船这件事，我已经上奏过三次，上函询问两次，即不许李泰国帮助围剿金陵、苏州。李鸿章也曾上书恭亲王两次，想必恭亲王必然心怀内疚。只是因为太平军还没有消灭，不打算再树一个大敌，所以暂时隐忍下来。君相都把我们兄弟当作心腹，而弟弟你的上疏却不是心中肺腑之言，恐怕朝廷会怀疑你我兄弟二人意见不合，又怀疑你善用权术。

【原文】

凡共事和衷，最不易易也。澄弟近日尚在外办公事否？宜以余为戒，步门不出，谢绝一切。余食禄已久，不能不以国家之忧为忧，诸弟则尽可理乱不闻也。子侄辈总宜教之以勤，勤则百弊皆除，望贤弟留心。

【译文】

凡同事之间要做到真心和谐，是最不容易的事。澄弟近来是否还在办理公事？应该以我为鉴戒，家门不出，谢绝一切外边的事。我吃国家的俸禄已久，不能不为国家的忧患而忧愁，各位弟弟则不同，对于外边的纷乱世事，你们完全可以不理不闻。任何时候都应该教育子侄们养成勤快的好习惯，一勤除百病，希望各位贤弟多多留心。

【原文】

胡二等来，接尔安禀，字画尚未长进。尔今年18岁，齿已渐长，而学业未见其益。陈岱云姻伯之子号杏生者，今年入学，学院批其诗冠通场。渠系戊戌二月所生，比尔仅长一岁，以其无父无母家渐清贫，遂尔勤苦好学，少年成名。尔幸托祖父余荫，衣食丰适，宽然无虑，遂尔酣豢佚乐，不复以读书立身为事。古人云：劳则善心生，佚则淫心生。孟子云：生于忧患，死于安乐。吾虑尔之过于佚也。新妇初来，宜教之入厨作羹，勤于纺绩，不宜因其富贵子女不事操作。大、二、三诸女已能做大鞋否？三姑一嫂，每年做鞋一双寄余，各表孝敬之忱，各争针黹之工；所织之布，所寄衣袜等件，余亦得察闺门以内之勤惰。余在军中不废学问，读书写字未甚间断，惜年老眼蒙，无甚长进。尔今未弱冠，一刻千金，切不可浪掷光阴。四年所买衡阳之田，可觅人售出，以银寄营，为归还李家款。父母存，不有私财，士庶人且然，况余家为卿大夫乎？

【译文】

胡二等来营，收到你写的安禀，字体仍然没有长进。你今年十八岁了，年龄已渐渐大了。然而在学业方面却没有见有增益。陈岱云姻伯的儿子叫杏生，今年上学，学长批阅他的诗作为全场之首。他是戊戌年二月生的，比你仅大一岁，因为他的家境比较清贫，于是勤苦好学，少年时便有了名气。你依靠祖父的余荫，衣食丰厚舒适，宽松没有忧虑，于是便安养逸乐，不再把读书立身当作大事。古人说：勤劳则善心生，安逸则淫心生。孟子说：生于忧患，死于安乐。我担心你过分安逸了。新媳妇刚进门，应该教她下厨房做饭，勤于纺织，不能因为她是富贵人家的子女就不从事劳动、不干家务。大、二、三诸位女儿已经能做大鞋了吗？三姑一嫂，每年都各做鞋一双寄给我，以表示孝敬我的热忱，表现各自的针线工夫如何；所织的布，做成衣服袜子等寄给我，我也好看看闺门之内各自的勤劳或懒惰。我在军中虽然事务繁多，却不曾荒废学问，读书写字没有怎么中断过，可惜由于年老眼花，没有什么长进。你现在还不到二十岁，正是一刻值千金的时候，千万不能浪费大好时光。咸丰四年所购买的衡阳田产，可寻个买主售出去，把所得银两寄来营中，作为归还李家的款项。父母健在，子孙不应有私财，一般人尚且这样，更何况我们还是官宦之家呢？

【原文】

曾名琮来，接尔十一月二十五日禀，知十五、十七尚有两禀未到。尔体甚弱，咳吐咸痰，吾尤以为虑，然总不宜服药。药能活人，亦能害人。良医则活人者十之七，害人者十之三；庸医则害人者十之七，活人者十之三。余在乡在外，凡目所见者，皆庸医也。余深恐其害人，故近三年来，决计不服医生所开之方药，亦不令尔服乡医所开之方药。见理极明，故言之极切，尔其敬听而遵行之。每日饭后走数千走，是养生家第一秘诀。尔每餐食毕，可至唐家铺一行，或至澄叔家一行，归来大约可三千余步。三个月后，必有大效矣。

尔看完《后汉书》，须将《通鉴》看一遍。即将京中带回之《通鉴》，依照余法，用笔点过可也。尔走路近略重否？说话略钝否？千万留心。

【译文】

曾名琮来营，接到你十一月二十五日的信，知道还有十五、十七日的两封信没有到。你体质虚弱，咳嗽多痰，我深感忧虑，然而还是不宜于吃药。药能救人，也能害人。好的医生救人有十分之七，害人有十人之三；庸医则害人者十之七，活人者十之三。我在乡下或在外做事时，凡是所见到的都是庸医。我非常担心他们害人，因此这三年来决不吃医生所开的药，也不让你吃医生开的药。道理很明白，因此言辞急切，你要听从并实行。每天饭后千步走，是养生家第一秘诀。你每顿饭吃过，可步行到唐家铺，或到澄叔家，再走回来大约有三千多步。

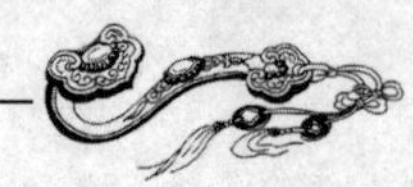

三个月以后，必定有显著的效果。

你看完《后汉书》，应该将《通鉴》看一遍。再把我从京城带回的《通鉴》，仿照我的手法一一校点。你最近走路庄重吗？说话是否稍稍愚钝？千万注意。

【原文】

自古君子好与小人为缘，其终无不受其累者。……借鬼打鬼，或恐引鬼入室；用毒攻毒，或恐引毒入心，不可不慎也。

【译文】

自古以来，凡是君子喜欢与小人结交的，最终没有不深受其害的。……借助鬼来打鬼，也许会导致引鬼入室的后果；以毒攻毒，也许会造成引毒入心的恶果，绝不可以不谨慎。

【原文】

顺斋排行虽为身旁小人所愚弄，然心术亦欠光明，惟最善联络京官，牢笼乡绅，鄂人官京师者津津乐道。近年如沈幼丹在江，蒋香泉在浙，皆以联略绅士大得名誉，跪道攀留。而云仙以疏斥绅士，终不得久于其位。闻渠与左季高甚为龃龉，罢官后必更郁郁。弟此次赴鄂，虽不必效沈、蒋之枉道干誉，然亦不可以云仙之讥侮绅士，动成荆棘。大约礼貌宜恭，银钱宜松，背后不宜多着贬词，纵不见德，说可以远怨矣。

粉彩珊瑚红地牡丹纹贯耳瓶　清

【译文】

顺斋排行虽然被身边的小人所愚弄，然而他本人心术也不够光明磊落，只是最善于联络朝廷官员，拉拢当地乡绅，在京城做官的湖北人对他津津乐道。近年来像沈幼丹在江西，蒋香泉在浙江，都是靠拉拢当地绅士而声誉大增，甚至到了离任时有人跪在路上拉拉扯扯希望他能留任的地步。而云仙因为对当地绅士疏远排斥，自己的官终究也不长久。听说他和左季高矛盾很深，罢官之后一定更抑郁忧闷了。弟弟此次前往湖北，虽然没有必要效仿沈、蒋等人不走正道去求得名誉的做法，然而也不能像云仙那样讥讽侮辱绅士，导致自己前途布满荆棘，寸步难行。大致上对绅士们要礼貌恭敬，银钱正应给予宽松照顾，背地里不应该多用贬词，即使得不到感激，也至于招来怨恨了。

【原文】

余三年以来，因位高望重，时时战兢省察。默思所行之事，惟保举太滥，是余乱政；不办团，不开捐，是余善政，此外尚不了了。

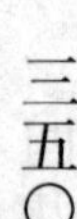

【译文】

近三年来，我因为位高望重，时时提心吊胆，深记得自省。我觉得在自己所做的事情中，只有保举人太滥，是我的乱政；不办团练，不开捐税，是我的善政。此外尚不了了。

【原文】

弟开罪于军机，凡有廷寄，皆不写寄弟处，概由官相转咨，亦殊可诧。若圣意于弟，则未见有薄处，弟惟诚心竭力做去。吾尝言"天道忌巧，天道忌盈，天道忌贰"，若甫在向用之际，而遽萌前却之见，是贰也。即与他人交际，亦须略省己之不是。弟向来不具认半个错字，望力改之。

【译文】

老弟得罪了军机大臣，所有的廷寄谕旨，都不写明寄往你的衙门，而是全部由官文转交，也实在是令人惊诧。至于皇上对你的态度，则仍然没有什么鄙视的地方，你只管诚心诚意、竭尽全力做下去就行了。我曾经说过："天道忌讳取巧，天道忌讳满盈，天道忌讳二心"，如果在正被重用的时候忽然产生引退的想法，是你有二心。就是与他人交往时，也应反省一下自己的不足之处。你向来不肯认错，希望努力改正这一缺点。

【原文】

沅弟定于十七接印，此时已履任数日矣。督抚本不易做，近则多事之秋，必须筹兵筹饷。筹兵，则恐以败挫而致谤；筹饷，则恐以搜括而致怨。二者皆易坏声名。而其物议沸腾，被人参劾者，每在于用人之不当。沅弟爱博而面软，向来用人失之于率，失之于冗。以后宜慎选贤员，以救率字之弊；少用数员，以救冗字之弊。位高而资浅，貌贵温恭，心贵谦下。天下之事理人才，为吾辈所不深知、不及料者多矣。切弗存一自是之见。用人不率冗，存心不自满，二者本末俱到，必可免于咎戾，不坠令名。至嘱至嘱，幸勿以为泛常之语而忽视之。

【译文】

沅弟定于三月十七日接受官印，现在已上任几天了，总督、巡抚本来就不容易当，近来正逢多事之秋，必须要筹措兵员和饷银。筹措兵员，就担心因打败仗而招致毁谤；筹措饷银，就恐怕因搜刮民财而招致怨恨；这两条路都容易损坏名声。引起纷纷议论，受到弹劾的人，往往是因为用人不当。沅弟爱护的人很广而又爱面子，一向在用人上失之于草率，失之于杂多。以后应谨慎地选用贤能人才，用来整治草率之病；少用一些人，用来整治多杂之病。官位高而资历浅的人，外表以温和恭敬为贵，内心以谦和下士为贵。天下的事理以及人才，我辈所不能详知、不能预料的多得很呢。切勿有自以为是的成见。用人不要草率、泛杂，内心不自满，这两者主次都照顾到了，一定能够免受责难，免有过失，不致有损美名。这是最重要的嘱咐，请不要因为它是平常的话而忽视它。

曾国藩手札

【原文】

臣窃闻国贫不足患，惟民心涣散，则为患甚大。自古莫富于隋文之季，而忽致乱亡，民心去也；莫贫于汉昭之初，而渐致又安，能抚民也，我朝康熙元年至十六年，中间惟一年无河患，其馀岁岁河决，而新庄高堰各案，为患极巨；其时又有三藩之变，骚动九省，用兵七载，天下财赋去其大半，府藏之空虚，殆有甚于今日。卒能金瓯无缺，寰宇清谧，盖圣祖爱民如伤，民心固结而不可解也。

【译文】

我听说，国家贫穷不值得担忧，而民心涣散所造成的祸患则是很大的。自古以来没有比隋文帝末年更富的了，可突然之间天下大乱，直至灭亡，关键是丧失了民心；自古以来没有比汉昭帝时最穷的了，可逐渐走向治理安定，关键在于能抚慰百姓。我朝康熙元年至十六年，中间只有一年没有河患，其余各年每年大河都要决口，而新庄高堰各地区造成的灾难极为重大；当时又发生了三藩事变，惊扰了九个省，动用了七年兵，天下的财物消耗了大半，仓库的空虚，大概比今天还要严重。最终能够使领土完整、天下安宁，是因为圣祖能够全心全意地关怀爱护百姓，使民心坚定团结，不可瓦解。

卷六 廪实

经文释文

【原文】

勤俭自持，习劳习苦，可以处乐，可以处约，此君子也。余服官二十年，不敢稍染官宦气习，饮食起居，尚守寒素家风，极俭也可，略丰也可，太丰则不敢也。凡仕宦之家，由俭入奢易，由奢返俭难。尔年尚幼，切不可贪爱奢华，不可惯习懒惰。无论大家小家、士农工商，勤苦俭约，未有不兴，骄奢倦怠，未有不败。

大抵军政吏治，非财用充足，竟无从下手处。自王介甫以言利为正人所诟病，后之君子例避理财之名，以不言有无，不言多寡为高。实则补救时艰，断非贫穷坐困所能为力。叶水心尝谓，仁人君子不应置理财于不讲，良为通论。

【译文】

勤劳节俭，保持自己的操守，习惯劳苦，能够置身于优裕的环境，也能够置身于节俭的环境中，这才是君子啊！我做官二十年，一丝一毫也不敢沾染官宦的奢侈习气。日常的饮食起居，都还谨守着贫寒朴素的家风，极为俭朴也可以，约略丰厚也可以，但是太丰厚就不敢领受了。凡是做官的人家，由俭朴到奢侈很容易，可是由奢侈恢复到俭朴可就难了。你年纪还小，千万不能贪恋奢侈，不能养成懒惰的习气。无论是资丰财厚的大家族还是勤劳俭朴的小家庭，不管是士子、农民、雇工还是商人，只要是勤俭节约的，没有不兴旺的；只要是骄奢倦怠的，没有不破败的。

掐丝珐琅鸟形尊 清

大抵治军、治国方面，没有充足的财力物资，就无从下手。自从王安石（字介甫）因谈论利财而被正人君子评论批驳后，后世的君子们就都避开理财的问题，以从

不说有无钱财和财力多寡为清高。实际上到了补救国力、扭转时世的时候，断断不是贫穷困苦能解决问题的。叶适（号水心）曾说：仁人君子不应当不讲理财问题。这真是个很好的说法。

【原文】

夷务本难措置，然根本不外孔子忠、信、笃、敬四字。笃者，厚也。敬者，慎也。信，只不说假话耳。然却极难。吾辈当从此字下手，今日说定之话，明日勿因小利害而变。如必推敝处主持，亦不敢辞。祸福置之度外，但以不知夷情为大虑。沪上若有深悉洋情而又不过软媚者，请邀之来皖一行。

以正理言之，即孔子忠敬以行蛮貊之道。以阴机言之，即勾践卑辱以骄吴人之法，闻前此沪上兵勇多为洋人所侮慢，自阁下带湘淮各勇到防，从无受侮之事。孔子曰能治其国家，谁敢侮之。我苟整齐严肃，百度修明，渠亦自不至无端欺凌。既不被欺凌，则处处谦逊，自无后患。柔远之道在是，自强之道亦在是。

【译文】

洋务问题本来很难处置，但它的本质，也不外乎孔夫子所说的“忠、信、笃、敬”四个字。笃，就是质厚；敬，就是谨慎；信，就是不说假话。然而，这几个字说起来容易，真正做到是极难的事。我们应当从这几个字下手，今天说定的话，明天不能因小的利害关系就改变。如果一定要推举我主持洋务，我也不敢推辞。我可以将祸福置之度外，但是因为不了解外国的情形而深感忧虑。上海那里如果有很懂洋务、了解洋情而又淳厚正直的人，可请他到安徽来。

从正理上说，我们以孔子的忠敬来与洋人打交道；从机变谋划来讲，我们可以采用勾践自辱其身以使吴王骄傲的方式，来对付洋人。听说前些日子，上海的兵勇大多都被洋人侮辱轻慢。而自从你带湘淮各处兵勇防卫以来，还从没有受辱的事。孔子说：“能够自治的国家，没有人敢侮辱。”如果我们整齐队伍严肃法纪，各种事宜都处理妥当，自然不会无端受欺。既然不被欺凌，就要处处谦逊，这样自然就没有后患了。以柔和之道谋发展是这样，自强的路也是这样。

【原文】

第就各省海口论之，则外洋之通商，正与内地之盐务相同。通商系以海外之土产，行销于中华。盐务亦以海滨之场产，行销于口岸。通商始于广东，由闽、浙而江苏、而山东，以达于天津。盐务亦起于广东，由闽、浙而江苏、而山东，以达于天津；吾以“耕战”二字为国，泰西诸洋以“商战”二字为国，用兵之时，则重敛众商之费；无事之时，则曲顺众商之情。众商之所请，其国主无不应允。其公使代请于中国，必允而后已。众商请开三子口，不特便于洋商，并取其便于华商者。中外贸易，有无交通，购买外洋器物，尤属名正言顺。

【译文】

就拿各省的出海口来说，我认为和外洋通商，正和内地的盐务相同。通商就是以海外的土特产，在中华大地上售卖。盐务也是以各海滨的物产，行销到各个口岸。和国外通商由广东开始，由福建、浙江到江苏，再到山东，最后到天津。盐务也是兴起于广东，由福建、浙江到江苏，经过山东，最后到达天津。我们国家以“耕战”两个字为立国之本，泰西各国以“商战”两个字为立国之本。需要动用军队时，就狠狠地收取商人的税费；和平无事时，就照顾随顺众商人的要求。只要众商人所请求的，国王没有不应允的。他们的公使代表商人向中国提请的事务，一定要听到应允方才罢休。众商请求开放三个港口，不但便利洋商，也便利华商。中国和外国商贸交易，就是互通有无，所以购买实用的外洋器具物品，更是名正言顺。

智慧通解

太平天国期间，清廷财穷力竭，不能发放军饷，督抚将领就地筹饷，不再受户部控制，也不能按原来的刻板条例报销。同时，收支内容发生了很大变化。所以财政制度陷于混乱。督抚掌握地方财政，自行分配，户部连各省收支项目和总数都不清楚，更不可能进行财政的统筹和监督。

曾国藩作为近代著名的政治家，对“乾嘉盛世”后清王朝的腐败衰落，自然是洞若观火。古语有云“仓廪实而知礼节，衣食足而知荣辱”。要使国富民强，百姓知礼节、晓荣辱，就应该以廪实为要，勤劳为本，商贸为道。

曾国藩“廪实”的理财之道，自然是从俭字入手。他深知“每粒米来之不易”的古训，告诫人们，须知“一文钱摔倒英雄汉，半碗粥扶起乞丐王”的道理。因此，在理财问题上，大手大脚最是要不得的，这既不利于人的德性修养，又不利于财物的积累。

他在给子女的家信中说：从来一国或一家的财政问题不出大乱子，都是由勤劳节俭所致。曾国藩在这里反复强调勤俭的重要性，目的在于教导子女要懂得生活艰辛。当然，他的目的是不愿意子孙后代过贫困潦倒，低三下四去求得别人恩赐的生活。如何避免这种困境的出现呢？曾国藩教导子孙后代的办法就是谨守节俭二字，只有这样才能管理好家财，操持好以后的生活。

曾国藩以勤俭持家，就是在署衙中，他也以“廪实”的“俭”字诀教诲幕僚。他讲了很多徽商的经营理财之道。

明、清两朝间，徽州出大商贾，全国闻名，而他们致富的原因，曾国藩认为离不开个“俭”字。他说，徽州以勤俭甲于天下，所以其富庶也甲于天下。……青衣童子在家赋闲，或长途跋涉进京应试，都是身穿仅到小腿的短衣，光脚穿草鞋，随身只带一把伞，为节省轿子、车马的费用而徒步出行。其实他们都是拥有千万金的富室子弟。徽州人无论士、工、商，都很俭朴，所以他们才能起家致富，称雄天下。

曾国藩的弟弟们有的任官，有的持家，他多次去信说无论为官为家，都应节俭。在《书赠仲弟六则》中说：“凡多欲者不能俭，好动者不能俭。多欲如好衣、好食、好声色、好字画古玩之类，皆可浪费破家。弟向无癖嗜之好，而颇有

好动之弊。今日思做某事，明日思访某客。所费日增而不觉，此后讲求俭约，首戒好动。不轻出门，不轻举事，即修理桥梁道路，寺观善堂，亦不可轻作。举动多则私费大矣。其次则仆从宜少，所谓食之者寡也。其次则送情宜减，所谓用之者舒也。否则今日不俭，异日必欠债。既负累于亲友，亦贻累于子孙。"

针对地方官吏的挥霍浪费，曾国藩提出了"节用"的主张。他力主裁减冗员、减少应酬，以节省开支，并将这一问题与减轻民力联系起来。

综合曾国藩关于财政经济的看法，主要如下：理财之道，全在酌盈剂虚，脚踏实地，洁己奉公，"渐求整顿，不在于求取速效"。古时的君子都耻言钱财，王安石因为整顿财政，遭到后世君子的鄙夷。但是在现实情况下，财力对于补救国力、扭转时势起着至关重要的作用。君子无须不言财，要使财用之有道。

曾国藩将农业提到国家经济中基础性的战略地位，他认为，"民生以穑事为先，国计以丰年为瑞"。他要求"今日之州县，以重农为第一要务"。

而此时，西方列强用枪炮敲开了中国的大门，强迫中国开放通商口岸。曾国

购自德国的大炮　清

藩认为，开放通商口岸可以互通有无。与中国内地的盐务一样，不但便利洋商，也便利华商，可以施行。并且，西方的器物用具有适用的，我们也可以拿来用。曾国藩在这里显示了一种不拘于古的卓见。既然西方列强是不达目的不罢休，那我们也就开放通商口岸，况且，这于我们自己也有益处。

既然是对外开放，当然就不能不和外国人打交道。受到两次鸦片战争的冲击，曾国藩对中西邦交有自己的看法，他十分痛恨列强侵略中国，认为"卧榻之旁，岂容他人鼾睡"，并反对借师助剿，以借助外国为深愧。但是当时形势如此，曾国藩只好提倡对外处处谦让，以和为贵，对内则修明法度，严整规矩，善于自

治，使外洋不敢轻易进犯。内修外柔，这样就杜绝了受辱的后患。

【经典实例】

舜帝善理财继王位

舜是著名的“五帝”之一，或称帝舜、虞帝，或称虞舜。他“二十以孝闻，年三十尧举之，年五十摄行天子事，年五十八尧崩，年六十一代尧践帝位，践帝位三十九年南巡狩，崩于苍梧之野”。为我国最初的文明贡献了毕生精力。历史学家司马迁指出：“天下明德皆自虞帝始。”给了他崇高的评价。但家家都有本难念的经。这位伟大人物家里的经尤其难念。

壁画艺术中宁静的尧舜时代

舜出生在一个贫苦的家庭。他的父亲叫作瞽叟，眼睛已经瞎了。舜出世后不久，他的母亲就去世了。瞽叟又另娶了个妻子，生下一个儿子，叫作象。瞽叟喜爱象，势必厌恶舜。瞽叟心术不正，其后妻善于说谎，后子象又十分傲慢。舜在家的日子很难熬，“及有小过，则受罪”，而瞽叟更为险恶，“常欲杀舜”。但舜处理得很好，“顺事父及后母与弟，日以笃谨，匪有懈”。

渐渐长大以后，舜主动承担了家里的大部分劳动。他“耕历山，渔雷泽，陶河滨，作什器于寿丘，就时于负夏”。对家庭关系处理得更恰当了。“顺适不失子道，兄弟孝慈。”瞽叟仍有杀舜之心，但“欲杀，不可得，即求，尝在侧”。舜以其巧妙的心智，周旋于父亲，后母和弟弟之间。二十岁的时候，他的孝顺就闻名遐迩了。当帝尧询问谁可当继承人的时候，各部落长都说舜虽然处在这种家庭，但他皆以孝和，进之于善，不至于奸恶，一致推举舜为尧的继承人。尧同意了各部落长的意见，但还要对舜进行考验。

尧对舜的考验是看他是否能处理好家庭、邻里关系。尧将自己的两个女儿娥皇和女英都嫁给舜，看他如何处置，结果“二女不敢以贵骄事舜亲戚，甚有妇道。”尧让自己的九个儿子与舜为邻，结果这九个人更加淳厚谨敬了。舜团结周围的邻里，努力发展生产，取得了显著的成绩：“一年而所居成聚，二年成邑，三年成都。”舜受到了尧的赏识。

舜在事业上的成功并未能改变瞽叟等人对他的态度，“尚复欲杀之”。有一次，瞽叟让舜登上仓库的顶上干活，自己却从下纵火想要烧死舜。舜急中生智，展开两个斗笠，从房上跳了下来，幸免于死。又有一次，瞽叟让舜去打井，舜在打井的同时，在井内侧又挖了个隐蔽的出口。瞽叟和象等舜进入井中继续深淘

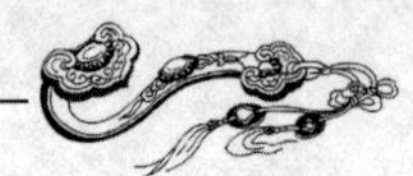

时，就落井下石，舜则从侧面的出口逃走了。瞽叟及其后妻，怡然自得地住进了舜的宫室、鼓琴愉乐。这时候，舜出现在象的面前，使象不知所措，象只得假意说："我思舜正郁陶！"舜则顺水推舟说："你能做到这一点也就差不多了。"虽然经历了这两次风险，"舜复事瞽叟，爱弟弥谨。"

舜的作为使尧心悦诚服，于是就让他参与政治"试舜五典百官，皆治"。

舜本是传说中的人物，其事多有后人附会。尧试舜，就有儒家"齐家、治国、平天下"的影子在。倘若我们不去计较瞽叟和象"杀人未遂"的罪行，舜在家庭关系中恪守的忍让精神，还是值得借鉴的。

曾国藩崇尚节俭

曾国藩在理财上崇尚节俭，这是从最基础上做起的，是理财者的一个良好的习惯，是成功的保证。事实上，不仅在"小农经济"的时代需要勤俭，就是在现代社会企业中理财，首要的任务仍然该是节俭。没有一个成功的理财者说是靠"铺张浪费"而发家致富的。

节俭是一种可以养成的习惯，也可以说是使事业成功的因素。

"勿以善小而不为。"节俭也是一样，不论大小。

一旦事业开始，对天性节俭的人而言，其成功机会较才华相同者要多。而节俭的人，他知道只有减少开支和成本才有赚钱机会，而在今天高度竞争的市场里，即使在小方面去节俭，聚少成多，也是很可观的，甚至造成赚钱和赔钱的区别。

除此之外，对一个有节俭习惯的人而言，他似乎永远有一笔积蓄。以防不时之需。必要时可使他渡过难关，或使他有扩张和改进的机会，而不必去借钱。

聪明的人都知道，能做到"节俭再节俭"，对自己有很大的帮助，在生活中如果你能经常节俭，直到成为你的第二天性，你就会在事业上，收到由这些为你带来的利益。

从节俭到奢侈很容易，从奢侈再到节俭却很艰难。吃饭穿衣，如果能想到来之不易，就不会轻易浪费。一桌酒席，可以置办好几天的粗茶淡饭，一匹纱绢，能做几件一般的衣服………有的时候要常想着没有的时候，不要等到没有的时候再想有的时候，如果这样，子子孙孙都能享受温饱了。

在过去的农业社会，一个家族的兴起，往往是经过数代的努力积聚而来的，为了让后代子孙能体会先人创业的艰辛，善守其成，所以常在宗族的祠堂前写下祖宗的教诲，要后代子孙谨记于心。现在我们虽然已经很少看到这一类古老的祠堂，但是我们心中的祠堂又岂在少数？五千年的历史文化，无一不是先人艰辛缔造的，这历史的殿宇，文化的庙堂，便是整个民族的大祠堂。

为后代子孙着想，在古代无非是要他们读书以明理，耕种以养体，现在又何尝不是如此呢？读书便是使文化不至于堕落，使文明更向前推进。耕种以另一种

角度而言，便是去发展经济，使社会不致受贫穷之苦。这些难道不是我们当前重要的课题吗？先人的智慧的教诲，以现代的方式去了解，不是仍然充满着睿智和启示吗？时代固然在变，人生的道理和一些基本的原则还是不变的。

林则徐主张经世致用

中国近代对西方的认识经历了曲折而漫长的过程，早在道光年间，士大夫中出现了一批有见识有作为的人，如陶澍、林则徐、贺长龄、李兆洛、龚自珍、魏源、周济、姚莹、张际亮、潘德舆、汤鹏、包世臣、黄爵滋、张穆、何秋涛……他们都主张经世致用，声应气求，互相砥砺切磋。道光六年（1826），魏源助贺长龄编成《皇朝经世文编》，是这种风气变化的重要表现。此后，一些文士于京师慈仁寺建顾炎武祠堂，以为祭祀。由原来尊祀汉学大师郑康成到尊奉顾炎武，是士林风气的变化，也是时势变化的象征。其于学术上，即在发扬顾炎武所倡导的“通经致用”的传统。

“以经术为治术”“通经致用”，这就是他们的共同宗旨。而经学，就是经世之学。

林则徐像

鸦片战争不但使中国沦为半殖民地半封建社会，也使中国的传统文化遭到西方文化的挑战。清王朝的声威一遇到不列颠的枪炮就扫地以尽，大朝帝国万世长存的迷信受到了致命的打击，野蛮的、闭关自守的、与文明世界隔绝的状态被打破，开始建立起联系。面对新的变局，士大夫中大多数人仍然浑浑噩噩，或醉生梦死，或顽固地坚守“夷夏之辨”“用夏变夷”的信条。但是，也有像林则徐、魏源、姚莹这样一些代表着近代文化新趋向的有识之士。他们从传统文化的封闭体系中挣开了一条缝隙，开始注视西方的文化，并企图将某些东西纳入自己古老的体系里，加以吸收、改造。

林则徐到广州后，为了详细查明鸦片烟的输入、吸食情况和了解外国，除宴请一些留心海防事务的人士交谈外，还收集外国人出版的书刊，组织人翻译，并亲自向外国人询问西方世界的情况。当然，林则徐的目的在于“知彼”以研究“制驭之术”，但这种做法正表明是他的经世致用思想在起作用。他不以天朝大国的钦差大臣自居，而是抱着虚心学习的态度，这在当时确是难能可贵的。

他提倡学习西方长技，对西方文化的某些因素也采取了宽容的态度，如他在日记里描述了在澳门的所见所闻，对西方的建筑文化赞美道："夷人好治宅，重楼叠屋，多至五层，绣闼绿窗，望如金碧"。在他主持翻译的《华事夷言》里，通过外国人对中西文化的比较，介绍了西方文化与中国文化的长短异同，如针对绘画艺术，他说："中国之画，惟重写意，虚多实少，不如西洋之工细。"这些介绍，无疑有助于中国人了解西方文化，至少能开阔人们的眼界，启迪人们去重新思索。

曾国藩论恪守信义

曾国藩从维护传统统治秩序出发认为中国应恪守信义，自立自强。

他主张将协调封建阵营内部关系的道德规范施之于资本主义列强，对他们守定"忠信、笃敬"的信条，"坦然以至诚相与，虚心相待"。他说："夷务，……根本不外孔子忠信、笃敬四字。笃者，厚也；敬者，慎也；信，是不说假话耳，然却极难。吾等当从此一字下手，今日说定之话，明日勿因小利害而变。""自古善驭外国，或称恩信，或称威信，总不出一个"信"字。心中待他只有七分，外面不可假装十分，既已通好讲和，凡事公平照拂，不使远人吃亏，此恩信也。"

曾国藩鼓吹对外国侵略者笃守一个"信"字，无非是主张对他们抱定妥协、退让的宗旨不变，守定屈辱的条约不变。这一思想，体现了曾国藩对外交涉的基本立场。

曾国藩在外交上也讲"自立""自强"。他说：

> 孔子曰，"能治国，谁敢侮?"我苟整齐严肃，百废修明，渠亦自不致无端欺凌。柔远之道在是，自强之道亦在是。
>
> 自古善驭外国，或称恩信，或称威信，……至于令人敬畏，全在自立自强，不在装模作样。临难有不可屈挠之节，临财有不可点染之廉，此威信也。

曾国藩像

曾国藩对外国侵略者也曾有过一些抵制，如反对外国人控制中国水师；在镇压太平天国的问题上主张"会防不会剿"，认为与洋人"会防上海则可，会剿它处则不可”，甚至在书信中对“沪中自方伯以逮众流奉洋如神，积非胜是”的风气，流露出十分反感的情绪。所有这些，多少反映出民族意识在曾国藩的身上尚未泯灭。

但是，由于曾国藩看不到国内人民反抗外国侵略者的强大力量，慑服于侵略者的军事实力，怀着“挟持无具（军事装备落后），则曲固罪也、直亦罪也、怨之罪也、德之亦罪也”的畏洋、恐惧心理，因而在对外交涉中一再妥协，执行最高统治者忍辱退让的方针。但他又不愿痛痛快快承认这一事实，而以处理封建统治阶级内部的“忠信、笃敬”一类的伦理规范作为外交上忍辱退让的遁词，甚至在国家主权、民族利益做出了极大的牺牲之后，还高谈“自立”“自强”“威信”，这就使得他所执行的外交政策具有一定的欺骗性，乃至得到地主阶级内部一些人的同情与支持。如他的弟子张裕钊就说：

> 往者咸丰之初，海内愀扰，……而是时海疆事变，亦乘间并作，上下忧危，群议炫炫，文正以为不量彼己而轻挑强敌，是以其国注也。……外务怀柔，而内自奋发，以徐图自强之术，当其时固亦不乏危疑震撼，互诅交讧，扞格不可行之端。然公绝不以自沮，行之至诚之心，而持之以坚定之力，……讫以成功。

李鸿章倡导洋务运动

中国的大门被迫打开后，西洋世界展现在中国面前。曾国藩主张以通商术致富，他的继承人李鸿章将此发扬光大。

同治八年（1869）李鸿章正式就任湖广总督。不久他的老师曾国藩接任直隶总督。师生二人同为“中兴”名臣，分别总督一方，南北相望，为一时盛事。

总理各国事务衙门　清

至此，李鸿章从一个怀才不遇的儒生，一个手中无兵无权的幕僚踏着太平军、捻军将士的鲜血，最终挤进了清王朝统治集团的核心，成为一个领兵十数万，权绾两江、湖广，为朝野刮目相看的重要人物。

大权在握的李鸿章并非等闲之辈，倡洋务，求富强，也曾做出一番经国大业，成为洋务运动时期的风云人物。

李鸿章的第一项事业是制器、练兵以“求强”。还在镇压太平天国运动期间，李鸿章便开始与洋人打交道，购买洋枪洋炮。同治二年（1863）派参将韩殿

甲在上海设局制造军火，同年又专折奏调丁日昌到上海另建一局，仿造短炸炮以及各种新式炮弹。稍后英国人马格里得到李鸿章允许，与知州刘佑禹共同主持另一炸弹局。李鸿章将它们合称为上海“炸炮三局”，时人又称为上海洋炮局，此为李鸿章洋务事业之开端。李鸿章当时不无自信地认为，只要中国人有了开花大炮和轮船两样，西方人就可以敛手了。一百年后，中国可以自立。

同治二年（1863），淮军攻战苏州，李鸿章即把马格里主持的洋炮局迁往苏州，成立了苏州洋炮局，第二年又迁往南京，成立金陵制造局。此后，李鸿章主持的各项军事工业也越办越多，越办越大。同治四年（1865）设立的江南制造总局，下设枪炮厂、造船厂、火药厂、炼钢厂、机器制造厂等，从国外购进先进的机器设备，工厂工人达3592人，成为当时中国最大型的综合性企业。

制器之外，李鸿章开始创办中国近代海军。从光绪元年到十四年（1875~1888），经过13年苦心经营李鸿章统领的北洋海军，已经拥有一支可观的大型舰队。计有巨型铁甲舰2艘，高速巡洋舰7艘，炮船6艘，鱼雷艇6艘，练船3艘，运输船1艘，共计大小舰船25艘。按当时中国的海军实力，位居世界第四亚洲第一。

“求强”的同时，李鸿章还倡言“求富”。他认为中国富强的基础发端于矿业。于是在光绪四年（1878）创办开平矿务局，开煤炼铁。到光绪二十年（894）产煤达2000吨，自光绪七年（1881）到光绪十七年（1891）止，李鸿章先后奏准开办了热河平泉铜矿、山东登州铅矿、山东平度金矿、黑龙江漠河金矿等近10处。

开矿之外，李鸿章又力排众议，倡筑铁路，建成中国第一条自办铁路——唐山至胥各庄铁路，随后又建入中国铁路公司。至中日战争爆发前的十多年时间里，李鸿章主要依靠中国自身力量，在中国北方修建1300多公里长的铁路线。

光绪六年（1880），李鸿章奏请设立天津电报总局，并于次年架设了一条连通津沪两地的电报线。这是一条贯穿南北，亘古未见的通讯干线。此后又相继建成苏浙、闽粤、上海至云贵川等几大干线，至光绪二十一年（1895），已形成一个“殊方万里，呼吸可通”的全国性电讯网。

此外，李鸿章还倡导“商战”，自强求富，创办中国近代第一家棉纺织企业——上海机器织布局，“夺洋人水上之利”，创办轮船招商局；倡设广方言馆，首开近代中国留学美欧之先河。凡其所举，无不开风气之先，一时全国洋务勃兴，成为时代主流。

“禀实”心语

【原文】

余之幸得大名高爵，皆沅弟之所赠送也，皆高曾祖父所留给也。余欲上不愧先人，下不愧沅弟，惟以力教家中勤俭为主。余于俭字做到六七分，勤字则尚无五分工夫。弟与沅弟于勤字做到六七分，俭字则尚欠工夫。以后各勉其所长，各

戒其所短。弟每用一钱，均须三思。

【译文】

我之所以能有幸获得大名和高官厚禄，全是由沅弟赠送给的，也都是高曾祖父们所留给的。我很希望能够对上不愧于前辈先人，下不愧于沅弟，也只有用心尽力教导家中以勤俭为主这个办法来实施。我在俭朴方面做到的有六、七分的程度，而在勤劳方面做得，还不足五分功夫。兄弟你与沅弟在勤劳方面做到了六七分的程度，但是俭朴方面还欠缺很多功夫。以后你们应当各自发扬自己的长处，各自力戒自己的短处。兄弟你每用一文钱，都须要三思。

【原文】

治军以勤字为先，由阅历而知其不可易。未有平日不早起，而临敌忽能早起者；未有平日不习劳，而临敌忽能习劳者；未有平日不能忍饥耐寒，而临敌忽能忍饥耐寒者。吾辈当共习勤劳，始之以愧厉，继之以痛惩。

【译文】

治军以“勤”字为先，从我的经历中这是千真万确的真理。没有平日不早起，而临敌时忽然早起的人；没有平日不习惯劳苦，而临敌时忽然习惯劳苦的人；也没有平日不能忍饥耐寒，而临敌时忽然能够忍饥耐寒的人。我们都应当习惯勤劳，开始时惭愧而惕厉，继之以痛加惩戒。

【原文】

军兴以来，士与工商，生计或未尽绝，惟农夫则无一人不苦，无一处不苦。农夫受苦太久，则必荒田不耕；军无粮，则必扰民；民无粮，则必从贼；贼无粮，则必变流贼，而大乱无了日矣！故今日之县，以重农为第一要务。病商之钱可取，病农之钱不可取。薄敛以纾其力，减役以安其身；无牛之家，设法购买；有水之田，设法疏消。要使农夫稍有生聚之乐，庶不至逃徙一空。

【译文】

太平军兴起以来，读书人和从事工、商的人，他们的生计恐怕还没有完全断绝。只有农民最为不幸，没有一人不痛苦，没有一个地方不痛苦。农民受苦的时间太久，那么必然造成田地荒芜、无法生产粮食；军队没有粮草，就必然要骚扰民众；民众没有粮食，就必然会起而响应太平军；太平军没有粮食，就必然变成流寇，从而天下大乱，这就没有结束的日子啦！因此，目前各州各县，应将重视农业当作最为重要的任务。损伤了商人，这样的钱可以取而用之；损害农民，这样的钱则不能求取。降低租税从而缓解农民的财力，减轻劳役以使农民身家安定。没有耕牛的农户，要设法替他们购买；遭水淹的农田，应设法疏通排掉。关键是让农民稍有生活、团聚的乐趣，从而不至于全都逃难、迁徙到别处去了。

【原文】

……吾家后辈子女皆趋于逸欲奢华，享福太早，将来恐难到老。嗣后诸男在

家勤洒扫，出门莫坐轿；诸女学洗衣，学煮菜烧茶。少劳而老逸犹可，少甘而老苦则难矣。至于家中用度，断不可不分。……若不分开，则彼此以多为贵，以奢为尚，漫无节制。此败家之气象也。千万求澄弟分别用度，力求节省。

【译文】

……我们家的后辈子女都渐渐地走向逸欲奢华，享福太早，将来恐怕难得善终。往后每个男孩都要在家里勤于洒扫，出门不得坐轿；每个女孩都要学习洗衣服，学习做饭煮茶。年轻时劳苦、年老时安逸还可以，而少年时过好日子而老年时过艰苦日子就难了。至于家里的各项开支，却绝对不能不分开……如果不分开，则彼此相互比多，相互比奢侈，毫无节制，这是败家的征兆。千万求澄弟将各种开支分开，一切力求节省。

【原文】

弟为余照料家事，总以俭字为主。情意宜厚，用度宜俭，此居家居乡之要诀也。

【译文】

弟弟为我照料家事，一定要坚持以俭字为主。对每个人情意要厚重，花费应当节俭，这是居家居乡的要诀。

【原文】

俭字一字，弟言时时用功，极慰极慰，然此事殊不易。由既奢之后而返之于俭，若登天然。即如雇夫赴县，昔年仅轿夫二名，排夫一名，今已增至十余名。欲挽回仅用七八名且不可得，况挽至三四名乎？随处留心，牢记有减无增四字，便极好耳。

【译文】

俭朴的问题，弟弟你说要在时时刻刻下功夫，非常令人感到欣慰，但是这件事特别不容易做到。由于已经形成奢侈的生活习惯后而返回到俭朴的生活，就像登天一样困难。就像雇佣仆人到县里去，过去仅用二名轿夫，一名挑夫，而现在已经增加到十多名了。要想挽回局面改用七、八名就已经不行了，便何况想减少到三、四名呢？随时随处要留心，牢牢记住有减无增四字，便是很好的了。

【原文】

纪泽兄弟及王甥、罗婿读书均属有恒。家中诸侄近日勤奋否？弟之勤为诸兄弟之最，俭字工夫，日来稍有长进否？诸侄不知俭约者，弟常常训责之否？至为廑系。即问近好。

【译文】

纪泽兄弟及王甥、罗婿读书习字都还有恒心，日有进步。家中诸位侄子近来读书学习也都知学上进，勤奋努力吧？你的勤奋在我们兄弟中是最好的一个，堪称模范，然而在俭字上下功夫，想来近日也稍有进步吧？诸侄不知道勤俭节约是

人的修身根本，老弟是不是常常训教和指责他们呢？这是我最为关心和惦念的事。顺问近好。

【原文】

国藩久点朝班，学无寸进，思所以稍竭涓埃，上裨明圣，而不得窾要，无补实政。三月之初，曾陈《练兵》一疏，以国家养兵岁饷千八百馀万，既已不胜其费矣。而乾隆四十七年，一举而增绿旗兵六万有奇，每岁多靡饷百馀万，请仍裁此项兵，缺出不补，以济今日度支之绌。四月之末，又条陈一疏，以乾隆初元，孙文定陈《三习一弊》札子，论者谓足开六十年太平之基。今天子躬尧舜之资，亦当预防美德中之流弊，以开无疆之祚。私衷耿耿，遂不觉过于激切。圣量如天，恕其狂妄，曲赐优容，不特微躯感激，捐糜不足云报，凡在知爱，无不代为次骨。非遭逢盛世，乌能戆直不讳若此乎？外间誉我者，或过其情；讥议者又未察其袂，盖措辞岂能悉当，此心要自无他，兹可为知己者道耳。

【译文】

我长时期忝列朝班，学问却没有一点进展，想稍微尽一点绵薄之力，以有裨益于皇上，但是又不得要领，对于实政却没有作用。三月初，曾经上了《练兵》的奏折，认为供养军队每年要花费白银一千八百多万两，已经难以负担。而在乾隆四十七年，一次就增加了绿营兵六万多，每年多花费一百多万两白银。现在请皇上仍裁去这些增加的绿营兵，缺出的军队也不用补足，以便用来接济现在日益紧迫的军费用度。四月底，又上了一道奏折，认为乾隆初年孙文定的《三习一弊》奏折是开创六十年太平的基础。现今天子具有尧舜的天资，也应当预防这些美德中潜在的普遍弊端，做一个万古流芳的君主。由于我忠心耿耿，却不觉间言词已经过于激切。多蒙圣上宽宏，肚量如天一样广阔，饶恕了我的狂妄无知，体恤优容，不仅仅是我自己感激，捐微贱之躯也不足以报答圣恩，凡是我的亲朋好友，无不以报君恩作为终身之愿。假若我不是遇到盛世君主，我又怎么能戆直不忌讳到这个地步呢？外面有人赞誉我，有些言过其实；讥讽我的人却又没有详察真情，措词又怎么会全部得当呢？这颗心只求没有杂念就足够了，这也只能为知己好友说呀！

画珐琅六颈瓶　清

【原文】

伏查理财之道，全在酌盈剂虚，京师为首善之区，钱法尤民生所系。今因大钱相率折减，亟须调剂均平。臣等忝任疆圻，必应公同筹划。惟查制钱一项，苏

省军兴以后，因滇铜采办惟艰，业已停铸多年。现在市肆所有钱文，均系就地周转，散而不聚，亦解有徙而之他者。所收盐厘、货厘虽以钱数入册，实则纹银与洋线两项折算者多。且拨充军饷等项，均系易银批解，是以民用未形不足。若遽以数十万提运出省，则钱少价昂，小民衣食之需，势必渐臻腾贵，实亦不可不防。臣等往复筹商，窃以应解京饷，以两淮、上海为最，且盐厘均在两淮，货厘半在上海。地之相去几及千里。分路筹出则不见其多，按季解交则不形其骤。拟由两淮运司、苏松太道，本年各解钱十五万串，分作四季均解。如钱款不敷，即由司关随时与厘局兑换，以免市侩居奇，至银钱市价，低昂不一，现在每钱一千，约易银六钱有零，将来起运时，涨落尚难预定。所有自沪至津轮船水脚、保险以及麻袋、绳索、捆扎、辛工，每钱百千，约零银六两有零，加以押运委员薪水、川资及到津驳运挑力等项，每次约二百馀两，其由两淮解至上海转解者，尚须加给水脚等项，应俟起时分别给发，统在应解京饷项下开支。事竣汇计银数，核实造报，即以抵作奉拨京饷，另行奏咨。俟运足三十万串，如钱价不致过昂，民用亦无窒碍，仍当酌量情形，接续起解，仰慰宸廑。如因运解过多，钱价骤增，即当奏明下年少解数成，期于中外通筹无畸重畸轻之弊。此项钱文，谨遵谕旨，名为天津练饷，以昭慎密。至红铜、条铜、大半产自外洋，苏省从前鼓铸之时，系由官民两商自备船只，采办洋铜。现在东洋各货悉听泰西各国运行，铜商无利可图，以致华人望而却步。应如何招商收买变通办理，已饬司道体察情形，确切筹计。俟办有眉目，再当另行核奏。

【译文】

理财之道，全在斟酌盈余以补给虚空。京师是最重要的地方，理道尤其关系国计民生。现今因为大钱都先后折减，急需调剂均平。我等担任封疆大吏，一定同心筹划。查制钱一项，从苏省战事兴起后，因为云南铜矿采办不易，已经停止铸钱多年了，现在市场上所有的钱，都是原地周转，不能聚拢，也很少有流通到外地去的。况且调拨充用军饷的款项都是用银两批解的，所以民用货币的问题还没有显现出来。如果突然用数十万串钱提运出省，那就会钱少物贵，小民的衣食消费一定会飞涨，这实在是不应不防的。臣等反复磋商、私下认为应该批解到京的饷银，以两淮、上海为最多，并且盐厘都在两淮，货厘一半在上海，两地相距几千里，分路筹集则不见其多，按季节批解则不显得突然。因此打算由两淮运司，苏松太道，今年各地解钱上五万串，分作四季。如果钱款不够，可由司关随时与厘局兑换，以免市侩囤积居奇，以至于银与钱的比价高低不一。现在每一千钱，约合银六钱有零，将来起运时，涨落难以预定。所有自沪到津的轮船水脚、保险，以及麻袋、绳索、捆扎、辛工，每万钱约合银六两有零，加上押运委员的薪水、川资及到津驳运挑力等项，每次约需二百余两；由两淮解至上海转解者，还须加给水脚等项，应在起解时分别分给，统一在应解京饷下开支，事情完毕后一并统计银数，核实造出报表。这就算抵作奉命下拨的京饷，另外上报。初步预计运足三十万串，如果钱价不至于太高，民用的钱也不致匮乏，应仍酌量起解，仰慰宸廑。如果因为运解的太多，钱价

猛涨，应立即上奏说明下年应少解几成。为避免中外通筹没有轻重的说法，这项钱款，一定遵上意，名为天津练饷，以示慎重机密。至于红铜、条铜，大半出产于外洋，苏省从前鼓铸之时，都由官民两商自备船只，采办洋铜。现在东洋各种货物都听任泰西各国运销，铜商无利可图，致使华人望而却步。应当如何招徕商人收买变通办理，已饬司道了解下情，详细打算计划，等办得有些眉目时，再另行核奏。

【原文】

伏维圣谕团练乡民一节，诚为此时急务。然团练之难，不难于操习武艺，而难于捐集费资。小民倚财为命，即苦口劝谕，犹迟疑而不应；若经理非人，更哗然而滋扰，非比嘉庆川楚之役，官给练费，不尽取之民也。臣此次拟访求各州县公正绅耆，以书信劝谕，使之董理其事，俾百姓知自卫之乐，而不复以捐资为苦，庶几有团练之实效而无扰累之流弊。

【译文】

我认为，皇上要求举办团练一事，确实是目前的当务之急。然而，举办团练的困难，不在于操练学习武艺，而在于捐集费用。平民百姓靠财养命，即使苦口劝告，他们还是磨磨蹭蹭，不肯答应；如果经办人不合适的话，更会惊扰百姓。这不像嘉庆时白莲教之役，由官方供给训练费用，不完全从百姓身上收取。我这次打算访求各州县公正的乡绅长老，用书信劝告他们，使他们负责此事，让百姓懂得自卫的快乐，而不再以捐资为苦，这样或许会收到举办团练的实效，而不会产生骚扰拖累百姓的流弊。

卷七　峻法

经文实义

【原文】

世风既薄，人人各挟不靖之志，平居造作谣言，幸四方有事而欲为乱，稍待之以宽仁，愈嚣然自肆，白昼劫掠都市，视官长蔑如也。不治以严刑峻法，则鼠子纷起，将来无复措手之处。是以壹意残忍，冀回颓风于万一。书生岂解好杀，要以时势所迫，非是则无以锄强暴而安我孱弱之民。牧马者，去其害马者而已；牧羊者，去其扰群者而已。牧民之道，何独不然。

【译文】

世风渐不淳厚，人人各怀不安分的心思，平时造谣惑众，希望天下大乱好趁起作恶为害，稍对待他们宽容一些，就更加嚣张放肆，光天化日之下在都市抢掠财物，将官长视同无物。不用严刑峻法惩治他们，坏人就会纷纷涌起，等将来酿成大乱就无法收拾了。因此才注重应用残酷手段，希望起到哪怕点滴的作用，来挽救颓废破坏的社会风气，读书人哪里会喜好杀戮，关键是被眼下的形势所逼迫。不这样，就没办法铲除强横暴虐之徒，安抚我们软弱和平的人民。放牧马群，去掉害群之马就可以了；放牧羊群，去掉扰乱群羊的坏羊就行了。治理民众的道理，为什么唯独不是这样呢？

【原文】

医者之治瘠痈，甚者必剜其腐肉而生其新肉。今日之劣弁羸兵，盖亦当之为简汰，以剜其腐者；痛加训练，以生其新者。不循此二道，则武备之弛，殆不知所底止。立法不难，行法为难。凡立一法，总须实实行之，且常常行之。

掐丝珐琅鼎式炉　清

【译文】

医生治疗瘦弱的痈疮病人时，如果病情严重，也必定剜除他身上腐肉，以便长出新肉来。现在军中品行恶劣、身体太弱的士兵，也应该予以淘汰，就好比剜去人身上烂肉一样。再严加训练，以生成新的、强劲的战斗力。如果不按照上述两种办法整顿军队，则武备的废弛，不知要到何时才会停止。立法并非难事，难在依法办事。每制定一项法令，都要实实在在地施行它，并持之心恒，长久坚持下去。

【原文】

以精微之意，行吾威厉之事，期于死者无怨，生者知警，而后寸心乃安。待之之法，有应宽者二，有应严者二。应宽者：一则银钱慷慨大方，绝不计较，当充裕时，则数十百万掷如粪土，当穷窘时，则解囊分润，自甘困苦；一则不与争功，遇有胜仗，以全功归之，遇有保案，以优奖笼之。应严者：一则礼文疏淡，往还宜稀，书牍宜简，话不可多，情不可密；一则剖明是非，凡渠部弁勇有与官姓争讼，而适在吾辈辖境，及来诉告者，必当剖决曲直，毫不假借，请其严加惩治。应宽者，利也，名也；应严者，礼也，义也。四者兼全，而手下又有强兵，则无不可相处之悍将矣。

【译文】

用谨严精微的态度，去做树立威严的职事，务求达到让犯法而被处死的人没有怨恨，活着的人也知道警诫自己，这样我们的内心才能得到安宁。对待属下的方法，有两个方面应该宽，两个方面应该严。应该宽的：一是使用银钱之事慷慨大方，绝不计较。当钱财充裕的时候，要挥金如土，一掷数十百万；当穷困窘迫的时候，也要慷慨解囊，分利于人，而自甘困苦。二是不与人争功，遇到打了胜仗，要将功劳全部归之于别人；遇到有保举的事情，就通过保举优奖笼络亲近他人。应该严的：一是礼节文书要疏远淡泊，来往要稀少，书信要简单明了，话不要太多，感情不要过于密切。二是要剖析讲明是非对错，凡是他部下将士与官宦百姓争斗诉讼的，又恰在我们管辖范围之内，又有来诉苦告状的人，一定要弄清原委曲直，毫不假借包容，请他严加惩治。应放宽的是利益和名声，应严格的是礼法和义气。如果四方面都顾及全了，而手下又有强兵，就没有不能相处的悍将了。

智慧通解

晚清时期，中国内忧外患，社会动荡不安，阶级矛盾、民族矛盾日益尖锐，清王朝的统治摇摇欲坠。曾国藩认为，要维护清朝封建统治的正常秩序，保国安民，制夷图强，就必须崇奉礼义，注重法制，要以峻法治理天下。法，律也，范也，乃指人们社会活动的行为准则。峻法，即指法律的严厉，法律的威严。

曾国藩虽主张“治国以礼为本”，强调肇源于中国传统文化的“以礼自治”和“以礼治人”，把礼看作统治权术不可须臾离开的法宝，但他又认为，要天下

真正大治，也离不开法制。为此，他极力赞赏周敦颐的法制观："圣人之法天，以政养民，肃之以刑。民之盛也，欲动情性，利害相攻，不止则贼灭无论焉。故得刑以治情伪微暖。"他甚至将唐虞以后的五刑称作"不易之典"。

曾国藩主张立法执法必须严肃认真，认为立法是必要的，立了法就一定要认真执行。他说，凡立一法，出一令，势在必行；若待而不行，尔后更改，则不如不轻议法令为好。他强调执法必须从严，但并非漫无条律，而是要"以精微之意，行吾威厉之事，期于死者无怨，生者知警，而后寸心乃安"。

为此，他提出了以下重要意见和措施：第一，重视执法人员的品格才能。有公允的执法者是实现"赏一人而天下劝，刑一人而天下惩"的良好执法局面的前提。曾国藩认为，如果执法者"心不公明，则虽有良法百条，行之全失本意。心诚公明，则法所未备者，临时可增新法，以期便民"。曾氏强调在执法中人的作用，认为法执行得如何，完全在于人是否熟悉法以及能否公允地运用法。他强调指出："任法不如任人。"只有"公明""便民"的执法者，才能认真执法，公平断案，使生不恨、死不怨，维护法律的严肃性。

第二，不得任意赦免和赎罚。曾国藩以历史和现实的事例，论证说明了有法必行、不能任意赦免的道理。他举例说：诸葛亮治理蜀国时，有人问他为什么很少颁布大赦令，诸葛亮回答说，治理国家靠的是对民众的体谅与爱护，而不是靠这些小恩小惠。所以西汉的匡衡，东汉的吴汉也都很少颁布赦令。先帝刘备说过，他与陈元方、郑康成为友，每次遇见的时候，都会谈起如何治理天下，但从来没有提到过赦免之事。而像刘景升、季玉父子，每年都颁布赦令，实在没什么作用。所以，当时的蜀人称诸葛亮为贤相。

曾国藩曾说："国藩尝见家有不肖之子，其父曲宥其过，众子相率而日流于不肖。又见军士有失律者，主者鞭责不及数，又故轻贳之。厥后众士傲慢，常戏侮其管辖之官。故知小仁者，大仁之贼。多赦不可以治民，溺爱不可以治家，宽纵不可以治军。"曾国藩观点鲜明，意见明确，力主不能随意赦免，否则既治不好民，又治不好军，也治不好家。与赦免相关的赎罚，曾国藩也主张严禁。他指出："关于词讼罚捐，过去愚民犯禁，有司念其无知，而思曲全。有地方刚好要用工，便定罚银若干，就赦而不议。此与律意相违背。"因此，他明确要求各地方官吏，"专札通饬各属，于词讼罚捐，概行停止"。

第三，反对冤狱累讼，严禁私自关押。曾国藩十分痛恨冤狱累讼。他说，冤狱太多，民气难申。在其刑部任职期间，京控、上控等案件，奏结数十案，咨结数百案，却只有河南知府黄庆安和密云防御阿祥二案，是"原告得实，水落石出"。其他各案，大抵是原告反得虚诬之罪，而被告脱然无事，逋遥法外。

冤狱的严重和普遍，必然导致反复拖拉，牵连无辜。百姓的冤枉、痛苦也就不可避免。正如曾国藩所说："一家久讼，十家破产；一人沉冤，百人含痛。往往有纤小之案，累不结，颠倒黑白，老死囹圄，令人闻之发指者。"

为了防止冤狱累讼的发生，曾国藩严禁私自关押。他曾出榜晓示官吏和百

姓，凡关押人犯、证人，本州县必须及时立牌晓示，包括姓名、日期、理由，使众人周知。如有私押者，“准该家属人等喊禀，以凭严究”。这是杜绝执法者以权谋私和乘机违法乱纪所采取的有力措施。

第四，要求州县长官躬亲狱讼，规定清讼期限。对于符合条件的关押人犯，曾国藩认为必须依法从速处理。他在《直隶清讼事宜十条》中明确规定，全省大小衙门传达司法公文从速，不准拖拉；保定发审局应加以整顿；州县长官要亲自处理狱讼六事；禁止文书差役敲诈勒索；四种四柱册按月呈报、悬榜、讼案久悬不结者，核明注销；严办诬告讼棍；奖励公明便民的执法者；改变陈旧保守的风俗习惯等。

由此可见，曾国藩关于清讼的思想中已注意到机构的整顿改革<用法不当>管理的手续和制度、执法人员的奖励以及影响决狱断案的风俗习惯的改变等。在清讼事宜中，曾国藩把《州县须躬亲六事》置于最重要的地位。如州县长官必须亲自收状、拟定和审定有关文告，承审期限亲自计算，能断案件，立予断结，对命盗案件“以初供为重”，“常往看视”关押之犯等。

这一举措无论是对案件的慎重处理或者是对犯人的关心爱护，还是在总结执法的经验教训方面，都是曾国藩的创见。对于“怠惰偷安”、不躬亲狱讼的州县长官，曾国藩指示“记过示惩”或“严惩不贷”。他要求地方长官在自己所管辖的地区出现“政明刑清”，不可贪图享受，要真心实意，且有一定的文化知识。清讼，还必须从速结案，以减轻人民的负担和对地方的骚乱。曾国藩在《直隶清讼期限功过章程》中对各类案件的处理规定了适当的期限：寻常命案，定例自获犯之日起，州县限三个月，审拟招解；斩绞立决命案，州县审两个月，审拟招解；大小盗案，定例自获犯之日起，州县限两个月，审拟招解；军流以下、徒罪以上杂案，定例限两个月，审拟详解；州县自理词讼，定例限二十日，完结。

和田碧玉仿古兽面纹簋 清

这一清讼期限的规定，其中对重大命案，州县在处理过程中所费的时间比寻常的命案要短些，以此体现对危害严重的命案的重视和快速处理，反映了地方政府和司法机关的效能和威力。

崇法卫法，则要有优秀的官吏和良好的军队提供可靠的保证。这就必须严格整顿吏治，强调军纪，以法治吏和以法治军。

【经典实例】

唐太宗治国赏罚严明

公元632年9月的一天，唐太宗李世民在庆寿宫宴会群臣，宴席上竟有人因争功而大打出手，弄得不欢而散。被打的是王爷李道宗，出手打人的是功臣尉迟敬德。唐太宗恳切地对尉迟敬德说：国家纲纪，唯赏与法，然而你做官以来却不断犯法。非分的恩典是不能常有的，必须依法办事。

唐太宗治国，很强调法治，坚持赏罚严明。为了有明确的赏罚标准，他即位之后，就任命长孙无忌和房玄龄修改唐高祖时期的《武德律》，制定《贞观律》。唐太宗要求法律条文审慎、简明，具有稳定性，便于执行。这部《贞观律》又经长孙无忌组织19人作注，形成流传至今的《唐律疏义》，它是我国封建社会最早的一部完备的法典，成为此后历朝制定法律的蓝本。

唐太宗执法强调出以公心，不因人而异。贞观十七年，他的姐姐广平公主的儿子赵节参与了谋反集团。他得知后，按律处死了赵节。当他亲自到姐姐家去说明此事时，广平公主哭倒在地。唐太宗也流着泪说："赏赐不避仇敌，刑罚不庇亲戚，这是大公之道，我不能违背！"在对待自己的子女上，唐太宗也不例外，他的儿子吴王恪，因好打猎，损害了农民的庄稼，结果给予了"免官，削户三百"的惩罚。

李世民很注意不要因自己一时的喜怒而妄行赏罚，并要求大臣对他在赏罚不当时即时提出纠正。

李世民深恨选人中冒名顶替的，有一次查出一人，李世民要处他死刑。兵部尚书戴胄进谏说："按法，只应流放他，而不当死。"李世民听从了，并嘉奖戴胄能秉公执法。广州都督党仁弘，开国有功，有才略，李世民很器重他。但党仁弘性贪，贪赃百余万，罪当死。李世民怜他白发受戮，想不治他死罪，并把他的想法向臣子们提了出来。隔了几天，李世民又为此深深自责，下手诏说自己有三罪：一是知人不明；二是以私乱法；三是善善未赏，恶恶未诛。并坚持要谢罪三天。

为避免造成冤案，唐太宗主张重证据，反对逼供，又下令：凡属死罪，都要经过中书、门下两省四品以上官员及尚书、九卿共议，才能做出决定。又规定死刑在执行前，要经过五次呈报审议。同时，对于官吏枉法受贿的，严加惩办；对于诬告者也要治罪；对于冤案一经发现，就予纠正。所以，贞观年间能做到吏治清明。贞观六年十二月，唐太宗查阅了死刑案件，下令全部死刑罪犯一律暂时释放，回归家乡，从事春耕，约定来年秋天到长安报到。第二年九月，全部囚犯293人都能如期到达。此事在中国封建社会历史上传为美谈。

诸葛亮自贬三级

公元226年春天，诸葛亮展开了对魏国的军事攻击。他故意宣传蜀军要从斜谷道夺取郿县，又派赵云、邓芝作为疑军，虚张声势，占据了箕谷，自己则亲自率领各路军马攻取祁山。蜀军阵容整齐，号令严明。南安、天水、安定三郡也都脱离魏国，响应诸葛亮。魏国毫无准备，突然听说诸葛亮出兵攻打，全国上下一片惊慌。魏明帝曹睿急忙亲自向西镇守长安，并命令张郃带兵抵御诸葛亮。

诸葛亮像

诸葛亮派了马谡统帅各军在前，与张郃战于街亭。街亭是蜀军进退的咽喉之道，由于马谡违背了诸葛亮的军事部署，被张郃的部队打败，致使街亭失守。听到马谡兵败的消息后，诸葛亮挥泪杀掉了马谡，又赶忙集合了西县一千多户老百姓，与蜀军一起回到汉中。

怎样看待街亭战役的失败呢？后主刘禅认为，街亭失败“主要错误是马谡造成的”，这大概是表示他对诸葛亮的宽容吧。诸葛亮则很自明地认为，街亭战役的失败是自己“面临大事不能慎重考虑……，其错误都在我用人不当。我缺乏了解部下的能力，考虑问题有许多糊涂的地方……。”因此，诸葛亮向后主刘禅“请求降职三级，来处分我的错误”。刘禅尊重诸葛亮的意见，把他降为左将军。但是，同以前一样，诸葛亮仍然行使丞相的职权，负责处理国家的全部事务。

就街亭战役的失败而论，诸葛亮自贬三级是应该的。但是，自追随刘备以来，诸葛亮鞠躬尽瘁，劳苦功高。在蜀国，诸葛亮可以说是“一人之下，万人之上”的人物，享有很高的声望。他严以律己，甚至在街亭战役后，自贬三级，这种精神确实是难能可贵的。

廷尉张释之公平执法

汉文帝出行，途经中渭桥，突然有人从桥下跑了出来，使文帝驾车的马受了惊。于是，文帝命令随从的骑士逮捕了那个闯祸的人，交给廷尉法办。张释之出庭审问。犯人说：“我从外县来到这里，听见御驾经过此地禁止通行的命令，便躲到桥下去，在那里等了好大一阵，以为皇帝已经过去了，我又从桥下走出来。出来以后，看见皇帝的车骑还没有过去，我只好立即逃走。”张释之审问完毕，奏闻于皇帝，说：“此人违反了行人回避的禁令，按法律规定，应当判处罚金。”文帝发怒说：“此人惊了我的马，幸好我这马还温驯，没有出大事故；如果是别

的马，难道不翻车并使我跌伤吗？可是廷尉仅仅处以罚金，未免判处太轻了。”张释之说：“法律，是皇帝和天下共有的东西。如今法律是如此规定的，如果擅自更改，想加重就加重，那么，这种法律就不会取信于民。而且正当那人闯祸的时候，皇上派人杀掉他也就完了。如今既然把案子交给廷尉审理，而廷尉是公平执法的人，一旦有偏差，天下执法的人都会照此办理，随意增减刑法，这样老百姓就难办了。希望皇上明察。”

文帝想了好一阵，说：“还是廷尉的判决做得对。”

由此看来，要法治不要人治，这个道理是一个开明的封建君主都可以接受的，至今我们仍能从中得到教益。

汉武帝忍痛判斩昭平君

汉朝时期，武帝有一个妹妹，叫作隆虑公主。隆虑公主出嫁以后，一直未生有儿子，到了年纪很大时，才生了个儿子。隆虑公主晚年得子，自是欣喜异常，全家上下也都非常高兴，夫妻俩把个儿子视为掌上明珠，隆虑公主的这个儿子，就是后来的昭平君。

昭平君从小受到父母、家臣的宠爱，养成了十分任性的坏习惯，稍不遂意，他就又骂又打，下人都很怕他，由于他是汉武帝的亲外甥，他父母不管，谁也不敢管教他，昭平君就是在这种任意胡为和一片恭维声中很快长大起来。长大以后，他倚仗自己的特殊地位，非常骄横，常常为非作歹；他有时骑着高头大马，在大街上打马狂奔，吓得行人纷纷闪避，闪避不及的，不是挨他的鞭子，就是被马撞倒，遇到有敢于指斥他的人，他就唆使恶奴，一拥而上，把对方打个半死。老百姓十分痛恨他，一般的官吏也是敢怒不敢言。

隆虑公主和丈夫对儿子的所作所为也早有耳闻，但他们太爱儿子，总是舍不得加以责备，因此，昭平君的骄横更加肆无忌惮。

隆虑公主心中既疼儿子，又非常担心儿子，她害怕儿子这样下去会犯死罪，终日担惊受怕，焦虑不安，不久，隆虑公主就患了重病，虽经宫中名医治疗，无奈病入膏肓，眼看就要驾鹤西归了。她在沉疴之中，仍念念不忘儿子的前程，总想为儿子谋个万全之策，以免自己死后，儿子会遭到杀身之祸。于是他把汉武帝找来，伤心地说：“哥哥，我只有一个儿子，可是，他平素又不学好，我们现在也没法管好他了，我害怕我死之后，他会触犯国法，判成死罪，现在，我以黄金千斤，钱一千万，为他预赎死罪，请你答应我，这样，我死也瞑目了。”

汉武帝好言安慰了一番，并当场答应了妹妹的要求。

没过多久，隆虑公主就死了。母亲一死，昭平君更加骄横霸道，目无法纪，无论是谁，他都不放在眼中，整天外出游逛，酗酒滋事。

有一天，他喝醉了酒，歪歪斜斜地在街上乱撞，一头撞在一位老大夫身上，他不但不道歉，反而破口大骂这位老大夫，老大夫气愤不过，回敬了他几句，昭

平君竟然拔也腰间短剑，向老大夫猛刺过去，利剑顿时穿透了老大夫的胸膛，鲜血汩汩地流了一地。街上的人都吓坏了，大呼小叫，纷纷躲避。昭平君却像没事一样，拔剑扬长而去，街上的人谁也不敢阻拦他。

杀人案报到主官司法的廷尉那里，因是人命官司，廷尉立即派兵把昭平君抓了起来，把他关押在内宫监狱里。按照汉朝法律，无故杀人者，必要偿命；但由于昭平君是汉武帝的外甥，廷尉不敢专断，便上奏汉武帝，请武帝论断其罪。

汉武帝平时是个执法很严的人，但这件事确使他左右为难。按照法律，昭平君无故行凶杀人，理应判死罪，可是，汉武帝想到妹妹病危时向自己预赎昭平君死罪的情景，又觉于心不忍，禁不住垂泪叹道：“我妹妹年纪很大才生了这么个儿子，病危时又向我预赎了他的死罪，现在他真的犯了死罪，叫我怎么办才好呢？”

左右大臣见此情况，也纷纷上前说情，劝谏道：“既然公主生前已向陛下预赎了昭平君的死罪，陛下就赦免了他吧。”

但是，汉武帝毕竟是个有所作为的君主，他沉默了很久，然后抬起头来，望着群臣缓缓地说：“法令是朝廷制定的，如果我庇护外甥，而破坏了法令，岂不有负于民？这样一来，我还有什么脸面进高祖庙呢？”

说完，他毅然忍痛判斩昭平君。下罢诏令，汉武帝已经泪流满面，悲伤不已。众大臣也都默默无言。

昭平君被押在监狱里，根本没有意识到会有大祸临头，他不相信舅舅汉武帝会判自己死刑，认为顶多不过罚点钱完事，等到听了宣读诏令，他才知道什么叫犯国法，但已为时太晚了。

忠贞刚直的县令董宣

东汉的董宣，为人耿直，刚直不阿，执法如山，凡事以理为先，不管其人是谁，真有股“唯将直气折王侯”的气概。

西汉末年和王莽时代的残暴统治，在人民起义的浪潮中被推翻了。汉光武帝建立东汉王朝以后，吸取西汉政权和王莽统治被推翻的教训，统一全国后，采取了一些措施，与民休息，恢复社会生产，先后九次发布关于释放奴婢和禁止残害奴婢的命令，并多次下诏减轻人民的租税和徭役，还大赦天下，兴修水利，裁撤冗员等，这些措施有利于社会秩序的安定，缓和了社会矛盾，有利于社会经济的恢复和发展，史称光武中兴。

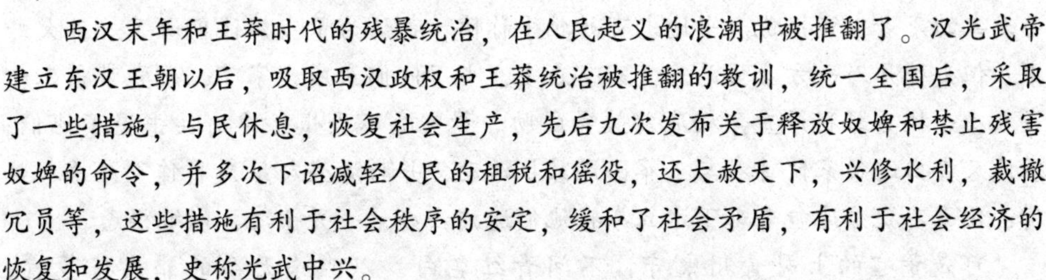

汉光武帝刘秀颁布了许多法令，以维护和巩固自己的统治，但这些法令仅仅对老百姓有用，对皇亲国戚就没那么有用了。光武帝的大姐姐湖阳公主，就仗着兄弟做皇帝，骄横异常，随心所欲，目无法纪，甚至她家的奴仆也不把朝廷的法令放在眼里，为非作歹，胡作非为，周围的人和许多官员都怕她，小心翼翼地去逢迎她、巴结她。

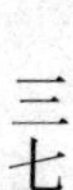

那时候，有一个洛阳令，名叫董宣，生性刚直，对皇亲国戚的骄横不法非常不满，他认为皇亲国戚犯法，应当同百姓一样治罪，而不能有什么特殊，他虽然官职不大，但刚直不可，宁死不向权贵屈服让步。因而汉光武帝赐之为“强项令”，时人又称他为“卧虎令”。

牛形灯　东汉

董宣，字少平，陈留（郡名，治所在陈留，今河南开封市东南）圉（今河南杞县南）人，出身微贱。最初被司徒侯霸征辟，专门负责评定一些地方官吏们统治政绩和优劣。这期间他工作努力，不徇私情，受到上级主管的好评，于是被任命为北海相。他所管辖的这个地区，有些豪强地主鱼肉乡民，欺压百姓，残害无辜，无恶不作。他决心改变这种混乱局面，使当地人安居乐业。

当地有个很有权势的豪富大户，名叫公孙丹，是一个武官。此人一贯作威作福，当地人迫于他的地位和权势，都敢怒不敢言。公孙丹花了很大一笔钱，建造了一座相当豪华的住宅。但有位风水先生说，这座深宅大院，没福气的人住不得；有福气的人住进去，也得先死一个。但又说，有办法补救。当时迷信认为，可以先找一个替身冲掉那股丧气。目无法纪、残忍歹毒的公孙丹当下就叫他儿子杀死一个过路人，把尸首抬进新屋，以免自家人遭殃。董宣得知这件事后，很是生气，立即派人将公孙丹父子捉拿归案，详加审问，依法判处公孙丹父子死刑，为无辜的死者申冤报仇。当地老百姓拍手称快，都认为董宣为他们做了一件大好事。但公孙丹乃一方豪强恶霸，家丁众多，当下他们亲戚、家丁、死党带着三十多人，手执兵器利斧直奔相府前鼓噪威胁。董宣毫不畏惧，率府兵击退了他们。后他又查出这帮家伙曾参与王莽阴谋篡权活动，并与海盗勾结为非作歹，杀人越货，便毫不犹豫地命令部下水丘岑将他们逮捕法办，一并杀之，以绝祸患。

可是董宣的上司青州太守，不问青红皂白，以滥杀无辜的罪名将董宣、水丘岑等判成死罪。董宣更加气愤，在其上司面前丝毫也不示弱，据理痛斥。临刑前，执刑官让他饱餐一顿，董宣厉声说：“董宣生平未曾食人之食，况死乎！”毫不畏惧，上车而去。一同斩首的有九人，刚轮到他时，正好光武帝刘秀派专使来了解这件事的经过，便命令把董宣带回牢狱。在狱中，董宣义正词严地向特使陈说了事情的真相，以铁的事实驳斥了对他的诬蔑，并

且大义凛然地说："公孙丹的案子是我办的，水丘岑只不过是执行我的命令而已，他没有责任，要杀就杀我吧。"光武帝知道后，很受感动，觉得董宣是个难得的人才，便赦免了董宣和水丘岑，并将董宣调到京都洛阳，任洛阳令。

皇城脚下，为官哪能轻松。董宣到任后不久，便遇到了一件更为棘手的案子：原来，湖阳公主有个管家，一贯狗仗人势，横行霸道，这一次竟敢在光天化日之下无故杀人，这还了得！当下吩咐部下去抓。可是这家伙却躲在公主府里不出来，而洛阳令只不过是一个小小的官职，哪能擅自进入侯门，更不用说要进去抓人了。董宣平时就听说过湖阳公主的厉害，知道事情很难办，但董宣决不罢休，等待时机，一定要为死者鸣冤抱屈。董宣也着实费了不少心思，叫人整天守在公主府门口，并派人收买公主府中的奴仆，打探公主的行踪。终于，机会来了。

一天，董宣得知湖阳公主要出游，而且那个杀人凶手也跟着出来。于是早早地等候在路上。果然，远处一簇仪仗车马奔夏口亭而来，很是排场威风，原来是湖阳公主乘车来了，那个家奴也坐在车上。等公主的车马一到，董宣便持着剑，跑上前去，拦住马头，并且以刀画地。湖阳公主见停了车，便询问出了什么事，驭者说是洛阳令董宣拦阻车马。湖阳公主见一个小小的县令敢拦她的车驾，怒问道："大胆董宣，为何拦阻我的车驾？你知道你犯了什么罪吗？"董宣闻言，气不打一块儿出，当着公主的面，说她的管家犯了杀人死罪，现在就得逮捕依法惩办，并历数公主庇护杀人凶手的罪行。公主大怒，不仅拒绝交出她那个管家，反而责骂董宣无礼。董宣责备公主不该放纵家奴杀人犯法，并且大声呵斥那个杀人凶手，骂毕，喝令那个管家下车，当场依法处决。周围围观的人很多，都感到董宣为百姓出了口冤气。

湖阳公主哪里受过这般气，小小县令竟敢当着自己的面处死自己的家奴，真是又羞又气又急又恼，急忙命令驭者驾车径直朝皇宫奔去，向自家兄弟光武帝告御状。很快便赶到皇宫里，湖阳公主便向光武帝哭诉董宣如何欺负她，牙齿咬得"咯咯"直响，恨不能一口咬死董宣，以泄心头之气。光武帝一听董宣这样不讲情面，把自己姐姐气成这样，大怒，立即下召令董宣上殿面圣，要把董宣当着姐姐的面用竹板条打死董宣。

董宣知道自己闯了大祸，但他并没有被吓倒，上殿来，镇定自如，从容地走到光武帝面前，说："陛下要打死我，我毫无怨言，不过临死前要让我把话说清楚，这样我死也瞑目！"光武帝仍在气头上，怒气冲冲地说："大胆狂徒，竟敢对公主这般无礼，你有什么说的，快说！"董宣慷慨激昂地说："陛下向来以德为本，圣德贤明，励精图治，使汉室得以中兴。可是皇姐纵容家奴随便杀害平民百姓，百姓不满，天理难容！如此无视国法，而陛下却千方百计予以包庇，这不是纵容犯罪吗？陛下将凭什么治理天下呢？我忠心为国为民，没有罪过，不能受刑，请陛下允许我自杀！"说完便昂头向盘龙

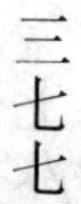

柱碰去，顿时鲜血四溅，董宣血污满面。

光武帝刘秀没想到董宣这样刚直，急忙叫太监把董宣抱住。细想董宣的一番话，觉得自己处理不当，不应当责怪董宣这样忠心耿耿的官员。沉吟半晌，想赦免董宣，但又感到有损皇姐的面子。于是叫董宣向湖阳公主叩头道歉，双方体面地了结此事，便说："我念你一腔正气，饶你一死，还不快快向公主谢罪？"并用眼光向董宣暗示，可是董宣是个威武不屈的硬汉子，坚决不肯向公主叩头谢罪。光武帝左右为难，只好命令两个太监将董宣按倒，强使他叩头，求公主开恩。可是董宣说什么也不愿叩头，用双手死死地撑着地，挺着脖子，不肯低头，其势恰如"卧虎"。后来京都百姓称他为京都"卧虎"，因而董宣也叫"卧虎令"。

湖阳公主见董宣如此倔强，而自家兄弟气也消了大半，更加觉得自己丢了面子，很生气。就用话来刺激光武帝说："文叔（刘秀的字），当初你是平民百姓时，就敢隐匿和庇护犯死罪的人，官吏谁敢进家门抓人。现在你当皇帝可好，贵为天子，难道就制服不了一个小小的洛阳令？"光武帝已经被董宣这种刚直不阿的倔强劲头打动了，听了姐姐的一番话，不仅没有发火，反而哈哈大笑，说道："皇姐，你有所不知。我现在当皇帝与过去做百姓时可不同了。那时隐藏犯人，是出于义愤。现在我做了皇帝，就得带头依法办事。还请皇姐多多包涵。"

那两个太监也知道光武帝缓和下来了，并不想把董宣治罪，可又得给三方一个台阶下，便大声说："陛下，董宣的脖子太硬，摁不下去。"

光武帝听了，也只能对湖阳公主笑笑而已，下令"把这个硬脖子的洛阳令撵出去！"湖阳公主见这情形，也只得作罢。

光武帝十分欣赏董宣的忠贞刚直，就给他一个封号，叫作"强项令"，意思是脖子很硬的县令；同时，赏他三十万钱，奖励他的刚直。董宣回府后，把这笔钱又分给了他的手下办案的人。

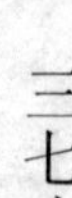

从此，董宣更加大胆地执法，敢于同豪强地主、皇亲国戚的不法行为做斗争。地主豪强，"莫不震栗"，京师号之为"卧虎"，有歌谣赞曰："抱鼓不鸣董少平。"

董宣当了五年的洛阳令，任内逝世，享年七十四岁。董宣是一个封建国家的县令，他为了维护封建国家的法令，不惜生命，同破坏国法的权贵做斗争。应该说，他那种刚直不阿、宁折不弯的"强项"精神的确是值得赞赏和推崇的。

晋文公赏罚分明

春秋时期，晋国的国君晋献公有五个儿子，他们是：申生、重耳、夷吾、奚齐、卓子。这五个人都是同父异母的兄弟。太子申生的母亲很早就去世了，在四个妾妃里，最受宠爱的是奚齐的母亲骊姬，不久，献公就把她立为夫人。

骊姬是一个诡计多端的奸诈女人，为使自己的儿子立为太子，利用卑鄙的手段逼死了太子申生。

申生一死，重耳和夷吾料到厄运将要落在他们头上，于是分别逃亡国外。

公元前651年，晋献公去世，立十一岁的奚齐为国君，朝内有两个大臣对此十分气愤，利用吊唁献公的机会，杀死了奚齐，此后一段时间，晋国一直没有国君。这时，夷吾利用花言巧语骗得了秦国的信任，在秦国的帮助下，立夷吾为晋国的国君，这就是晋惠公。夷吾是个无德之人，在位期间，天怒人怨，他害怕德高望重的重耳夺他的君位，派刺客到处刺杀重耳。

倒霉的重耳在国外颠沛流离，倍受艰辛。多亏跟随他的一班大臣披肝沥胆，忠心佑护，才得以活下来。这当中最忠于他的是魏犨和颠颉两人，一直跟随重耳流浪了十九年。

有一年，重耳逃到了曹国，受到了曹国君主曹共公的冷遇，连一顿饭也没给重耳吃。曹国有个大夫叫僖负羁十分同情重耳的遭遇，私下里为重耳设了一桌丰盛的酒席，并赠送一块贵重的白玉。重耳对僖负羁的恩德刻骨铭心，发誓将来一定报答。

重耳终于在逃亡十九年后，在秦国的帮助下，做了晋国的国君，这就是晋文公。

晋文公发奋治国，国势不断强盛，加之有魏犨、颠颉两员大将东挡西杀，南征北战，不少小国向晋称臣纳贡。

打下曹国之后，重耳逃难时的那口气总算出了；同时也没有忘记报答僖负羁对他的恩德，打算重赏他，可是，在曹国大臣的名单上怎么也找不到僖负羁的名字。原来，在重耳逃难曹国的时候，曹共公得知僖负羁私下设宴款待重耳，十分恼火，已将他革职为民了。

重耳得知僖家住在北城门，立刻派兵保护僖负羁的住宅，并下令："不论何人，只要冒犯僖负羁，就判死罪"。并决定委以重任。

魏犨和颠颉听了这道命令，心里很不服气，认为跟随重耳十九年，受尽了无数艰难困苦，又在战场上屡立战功；而僖负羁只不过费了点酒饭，待遇要高过他们二人，越想越气。颠颉提议说："不如放一把火，把那个老家伙烧死，不信国君能判我们死罪。"魏犨说："对，就这么办！"

于是，这两个居功自傲的家伙在夜半时分，乘着酒兴，在僖家房屋周围放起火来。火借风势，越烧越猛，把个僖负羁烧得死去活来。

晋文公得知这一消息后，即刻赶后，而僖负羁已一命呜呼了。他十分生气，得知火是颠颉和魏犨干的，派武士将他二人带到法场，准备开刀问斩。

这时，朝中不少人为他们二人讲情说："他们跟随主公十九年，战场上勇猛拼杀，屡立战功，还是往轻里办吧！"晋文公说："有功劳的人就允许犯法，那往后法令还有用吗？功是功，过是过，赏罚必须分明！"于是，杀掉了颠颉，考虑魏犨属于胁从犯罪，免去了死罪，但削职为民，做了老百姓。

事后，将士们都倒抽一口冷气，议论说："颠颉和魏犨有了十九年跟随主公的大功，又立了不少战功，可是，一朝违犯军令，重的死罪，轻的革职，旁的人犯了法令更别提了"。从此，上下三军全都不敢含糊了。

武则天不罪旁政人

武则天是我国历史上一个有作为的女皇。在她执政初年，重视和发掘人才，派出大批使者在全国各地不拘一格，放手招官。可是，由于一些选官的使者徇私舞弊，良莠不分，致使泥沙俱下，鱼龙混杂。

武后步辇图　(唐·张萱)

长寿元年，武则天在朝中设了一个新机构，这个机构的官员叫存抚使，都是武则天所信任的人。这一天，武则天接见存抚使举荐来的人，不问贤愚，都加以任用。高的当上了凤阁舍人（凤阁为朝廷最高决策机关），次一些的当上了试用员外郎（六部的官员）、侍御使（主管监察的官员）、补阙、拾遗（二者职务略同，是对皇帝进行规谏、举荐人才的官员）、校书郎（掌管校勘皇家书籍）等官。当时，各个官署都人满为患。这种用人太滥的做法引起了人们很大的不满，因此有人针对这事编了一首打油诗：

补阙一车一车地运，
拾遗满斗满斗地量。
四齿耙搂来的侍御使，
碗模子脱出的校书郎。

有一个举人叫沈全交，又在这首打油诗的下边加了两句：

糊子糊心的存抚使，
谷糠眯眼的圣神皇。

这样，不但讥讽了这群良莠不辨的选贤官，还把矛头直接对准了武则天。在皇权至高无上的封建社会，这被认为是大逆不道的罪过。

御史纪先知逮捕了沈全交，以“诽谤朝政”之名将其押到狱中治罪，武则天问纪先知打算如何处置这桩案子，纪先知说：“先杖责一百，然后从重治罪，陛下您看如何?”没料到武则天对纪先知说：“人们所以有这种议论，就因为你们选来的官员有不合格的，如果你们都能称职的话，又何必怕人家说长道短呢，我认为应该免除沈全交的罪。”纪先知听了，羞愧地退下朝堂。

武则天沉思良久，认为人们的议论不无道理，于是对官吏们进行了一次认真的考核，对那些滥竽充数的人或降职，或罢免，或治罪。使朝廷中各个机构都能官得其人。

齐威王整饬吏治

齐威王即位以后，贪图安逸，不问政事。朝政掌握在一班卿大夫手里。一连九年，官场中贿赂公行，乌烟瘴气，国家积贫积弱，其他诸侯国趁机纷纷入侵，齐国大有被吞并的危险。在决定国家生死存亡的时刻，齐威王产生了忧患意识。决心振作起来，励精图治。并决意首先整饬吏治，革除朝内腐败的风气。

有一天，他向朝臣们询问各地方官吏的政绩如何，这些人几乎众口一词，都说阿城（山东省阳谷县东北）大夫最好；即墨（山东省平度市东南）大夫最坏。齐威王怕受蒙蔽，暗地里派人到阿城和即墨去实地调查。

过了不久，齐威王把阿城大夫和即墨大夫召回来，把文武百官也一起召集在皇宫的大殿上。这些人以为齐威王一定听信了他们的话，让阿大夫来领赏，让即墨大夫来受处罚，都暗自高兴，心想阿大夫升迁后，又会少不了他们的好处，不少人还向阿城大夫祝贺。

齐威王先叫即墨大夫上来。众人瞧见殿上放着一口大锅，烧着满满一锅水，以为要给即墨大夫行刑。可是，没有料到齐威王对即墨大夫说：“自从你到了即墨，天天有人告你，把你贬得一无是处。我就派人到即墨调查，他们到了那里，

看到田地里长着绿油油的庄稼，人们丰衣足食，安居乐业，这都是你治理即墨的功劳，你把心思都投入到治理政事上去，不送礼贿赂上司，这正是你的贤德。像你这种老老实实、勤勤恳恳、不吹牛不拍马的大夫，实在是太少了啊！今天我特意叫你来，加封你一万家户口的俸禄。”

接着，齐威王又把阿城大夫宣到殿前，对他说：“自从你到了阿城，天天有人在我面前夸赞你，我派人到阿城去调查，看到那的大田里长满了野草，百姓们啼饥号寒，敢怒不敢言，这都是你治理阿城的罪恶。你只知搜刮民财，经常回朝内贿赂这帮贪官，像你这样的再不惩办，国家还成何体统。”说完，下令武士们将他扔到了大锅里。

此时，那批经常受贿的贪官们个个吓得心惊肉跳，齐威王怒气未消，转而对这帮大臣训斥说：“我常在宫里，怎么能知道外边的事？你们就是我的耳目，应该把看到的，听到的都如实告诉我。可你们贪赃受贿，颠倒黑白，混淆是非，这不等于堵住我的耳朵，扎瞎我的眼睛吗？要你们何用？”这帮大臣只好跪在地上磕头如捣蒜。之后，齐威王根据这帮人罪恶大小，都办了罪。

从此，朝纲整肃，吏治清明，齐国不断强盛，成为战国时期的七雄之一。

徐有功舍命履法职

徐有功是唐代武则天天执政时期非常知名的法官，在他早年任蒲州司马参军时，就已经以其执法刚正严明、大公无私而为世人所共知。后来，在他任司马丞后，徐有功更是维护正义、依法办案，为冤假错案平反，在宫廷辩论是非曲直，冒死抗争，从而赢得了人们的钦佩和赞扬。

武则天在继唐高宗之后称帝。为了巩固其政权，以严刑峻法进行恐怖统治，任用了大批的像来俊臣、周兴、皇甫文备等这样的严官酷吏，任意罗织罪名，大肆陷害无辜，迫害宗室重臣；同时还大搞牵连之风，致使冤狱累累、怨声载道。而徐有功正是在这种险恶的政治环境下，克己奉公、大公无我，为国为民尽到了一份自己的职责。

天授元年，即公元690年，道州刺史李仁褒被人诬陷，徐有功察其清白而为其力争，使李仁褒和他的弟弟李榆次得以幸免。但徐有功自己却因此而被周兴等酷吏所忌恨，并因此被诬陷而罢职。过后不久，由于徐有功的清正无私，又被武则天起用为左肃政台侍御史，依然掌管司法。徐有功对此力辞不就，并对武则天说：“我曾听别人说过这样的谚语，鹿虽然在山林中奔走驰跑，然而它最终的命运却是和厨房的厨子联系在一起，陛下您让我掌握司法，而我却只能克己奉公，公正执法，因此不管是谁，我都要依法处理而不敢因陛下的旨意而枉法，所以也许会因为这个差事而送了命。”由于武则天深深了解徐有功的公正无私，所以执意要他接受这个职务，而徐有功一方面迫于王命，另一方面也为了伸张正义于天下，所以就领受了这个职务，重新执掌刑法。

长奉二年，即公元693年，润州刺史窦孝谌的家奴诬告窦孝谌的夫人烧香诅咒皇上，并且还图谋不轨。武则天闻知大怒，迅审讯查办。而薛季昶派给事中薛季昶则为了取媚于皇上，所以无故罗织罪名，将窦孝湛的夫人庞氏问成了死罪。窦孝湛的儿子窦希不服判决，立志为母申冤，遂向徐有功申诉了冤情。徐有功据实而查，把自己的进退得失置之于脑后，最后终于力排众议，推翻了原先无中生有的罪名，为庞氏平了反。然而徐有功此举却大大地得罪了薛季昶，薛季昶因此向武则天大进谗言，诬陷徐有功结党营私，志在谋逆，并将徐有功问成大罪。当徐有功的属下把这个消息告诉他时，徐有功听了哈哈大笑，泰然地对痛哭不止的属下说："死没什么可怕的，世界这么大，人这么多，难道唯独我去死；而其他的人就能长生不死吗?"说完，徐有功就像往常一样地处理公事、像平常一样地吃饭、睡觉。第二天，武则天召见了徐有功，对他大加责备，严厉地指责他断案量刑过宽，有意放纵、败坏国家的法度。徐有功对武则天的指责不卑不亢，据理力争："我说过我是依法办事，也许有时定罪判刑过宽，但这是我做为人臣的小过失，然而我却能够通过这些小的过失，挽救了一大批好人的性命，不冤枉错杀犯人及无辜者，而这些却都是大的功德啊，如果陛下能发扬这种大的功德，那就是普天下老百姓的万幸啊。"徐有功慷慨陈词，一时使武则天也无以为对，最后使窦孝谌的夫人庞氏终于被免去了死罪，而被改判为充军，而徐有功却又一次成为武则天淫威的牺牲者，被再次废为庶人。

徐有功虽几经大起大落，但他尽忠至公之心却并没有因为他的几起几落而旁落，相反，这却更使徐有功增加了为民请愿之志，当徐有功每次看到武则天无故杀人，都要冒死力争，有时对皇上也是声色俱厉。一次，武则天因为一个案子和徐有功争执不下，于是恼羞成怒，便命令殿前的武士把徐有功推出午门斩首。武士们马上进殿驾起徐有功就往宫门外拖，徐有功一面用力挣扎，一面大声喊道："陛下，我虽然被杀，但法律却不能随意更改。"武则天听了后，深深地佩服徐有功以死尽忠、护法尽节的忠义之心，遂上前喝住武士，并大大地奖赏了公正无私的徐有功。

徐有功不仅执法如山，护法尽忠，而且无论对公对私都持公正廉明之心，丝毫不以个人或其他的原因而怠慢国政。一次，酷吏皇甫文备和徐有功共同审理一件案子，徐有功秉公办理，不无故陷人之罪，因而引起皇甫文备的不满，于是他就诬告徐有功有意释放叛逆犯人，武则天遂命令让徐有功回避此案，并另外派人调查实情，但后来调查的结果证明皇甫文备纯系诬陷。但徐有功对此却泰然处之，坦荡无私，丝毫不以为怀。不久，皇甫文备亦被人告发谋反而被捕入狱。徐有功经过调查和详细的分析案情，认为皇甫文备是受冤而致，于是就把他无罪释放了。徐有功的属下们都很不理解，就问徐有功："皇甫文备过去曾无中生有地陷害你，竭力把你罪之于死地而后快，而你对他却这样宽容，对他如此宽大，这到底是为什么?"徐有功听了后，严肃地对大伙儿说："你们说的是我和皇甫文备私人之间的矛盾，但我现在所执行的是国家的法律，我又怎能因为我们俩有矛

盾而去违背国家的法律呢?”短短几句话,揭示了徐有功为官清正、大公无私的高风亮节。

徐有功经常对他的下属说:“一个人身为法官,掌握着百姓的生死大权,所以不能只顾自己的荣辱进退而一味地顺从皇帝的意见。说假话,说空话来滥杀无辜。”徐有功是这样说的,也是这样做的。在他几次任法官期间,多次地为受冤枉的和被陷害的犯人和案件平反,积极地为受害人申诉,几次差点被武则天处死。但徐有功坚贞不渝,置国家的法律于个人之上,公而忘私,忠心为国,确实堪称志士仁人。尤为可贵的是,徐有功身逢乱世而其身不乱,出淤泥而不染,卓然守法,矢志不移,终无屈服之心,而有忠烈之义。其大公无私的节操深为后人称赞,因而得以流芳百世。

诸葛亮赏善罚恶治国

诸葛亮(181~234)是我国历史上伟大的政治家和军事家。他以卓越的见识和才能帮助刘备创立政权,辅佐刘禅治理蜀汉共二十七年,他的思想、品德和作风值得后人借鉴。

公元223年,蜀汉皇帝刘备驾崩。诸葛亮遵遗诏,辅佐十七岁的刘禅执政。当时蜀汉的处境很糟,民贫国虚,一些豪强地主和官僚乘机起兵割据。诸葛亮正视现实,积极推行法制,整顿吏治。他认为赏罚不明,教令不严是国家的危险。他考核官吏以他们是否体恤民间疾苦、是否忠于蜀汉政权为标准;对仗势侵公肥私、扶强抑弱、为贪图升赏而横征暴敛的害民之官,严加惩处;而对没有上述劣迹的官吏给予鼓励,加以升赏。对那些自知有罪,却诚实不欺的官吏,罪过虽重,发落从轻,使他们有改过的机会;而对那些花言巧语,掩饰错误的人,不管职位高低,关系如何,罪过虽轻也决不姑息。

李严曾和诸葛亮一同受遗诏辅政,地位权势仅次于诸葛亮。诸葛亮北攻曹魏时,李严负责督运粮草军械,但没有按期运到。为了逃脱贻误军机的罪责,李严派人假传圣旨命诸葛亮退兵;而退兵后李严又吃惊地说:“军粮充足,为何退兵?”李严怕因朝廷追究退兵原因而暴露自己,又上表刘禅说“军队伪退是为了诱敌深入……”诸葛亮了解真相后大为震怒,立即向刘禅奏章,将李严削爵免官。

廖立不满自己低于将军的职位,认为自己能够掌管朝政。他常常诽谤朝廷,毁辱同僚,影响很坏。诸葛亮上书,撤了他的官职。

在“治国之道,务在举贤”思想的指导下,诸葛亮从不以资历和门第评选官吏,而是从志向、机智、见识、性情、廉洁、信守、胆量等多方面进行考察,根据其长处量才录用。他提拔了许多西南地区的人才,都委以郡守、都督、将军之职,为维护和加强蜀汉政权起到了很大的作用。诸葛亮还专门修筑一个读书台以聚集诸儒兼待四方贤士,尽量录用那些有德行、在社会上享有威望的儒生。杜微虽已年老耳聋,诸葛亮特地用车把他接来,和他书面叙读,还授予他谏议大夫

的名义，以示对儒生的重视。

诸葛亮处理政事兢兢业业，终日勤勉不得休息。主薄（主管文书簿籍的官吏）杨颙看他太辛劳，劝他“处理政事，各有专责”。诸葛亮感谢杨颙的关心，但他认为丞相不能只是高高在上发号施令，振兴蜀汉必须勤劳刻苦。诸葛亮谦虚诚恳地听取来自各方面的意见。他向下属表示：“丞相之所以常与众僚议论政事，为的是集思广益，将不同的意见反复讨论得出正确的结论和办法，就等于抛弃破旧的草鞋而获得珍贵的珠玉，徐庶能够知无不言，言无不尽。董和为一件没有办好的事与我争辩讨论十次。他们勤恳认真，既是忠于国家，又可以使我少犯错误。”

朱元璋广纳贤才赏罚明

布衣出身而登上帝位的明代开国君王朱元璋（1328~1398）深深体会到：赏罚公平，一视同仁，则臣下同心同德；厚此薄彼，以亲间疏，则臣下离心离德。他规定：凡是违法乱纪，倚势横暴者，一律严惩不贷，即使是自己的亲戚也毫不宽宥。

朱元璋在统一天下的过程中，所任将帅最著名的有徐达、常遇春、邵荣等人。后来邵荣谋反，“太祖乃饮荣酒，流涕而戮之。”大将胡大海的儿子胡三屡犯酒禁，其罪当诛，都事王恺来求情，说胡大海现在正率兵攻打绍兴，为了稳定情绪，且饶过这一回吧。朱元璋满脸怒色，厉声斥道：“宁可胡大海反了，也不可坏我号令。”枢密院判谢再兴是朱文正的岳父，而朱文正又是朱元璋的亲侄子，因此，谢再兴与朱元璋有亲家之谊。谢再兴与张士诚作战，立功颇多，因部下贩卖违禁物品被朱元璋诛杀，又因朱元璋未征得他的同意便将其女许配徐达，他便愤然与弟弟谢三、谢五投降了张士诚。谢三、谢五后来又降于李文忠，李文忠曾保证不杀他们，但朱元璋不肯答应。朱元璋说：“谢再兴是我亲家，反倒背叛我投降了张士诚，真情实不可恕。”最后还是把他们处决了。当时战事频繁，前途未卜，朱元璋英明果敢，纪律严明，这为增强部队战斗力做了重要保证。

明太祖朱元璋像

或许有人说，朱元璋所杀的这些人虽然和他私交甚笃，但毕竟不是自己的亲骨肉，因而容易处置，其实不然，请看他对驸马欧阳伦的处置。

朱元璋的女儿安庆公主，是他最敬重的马氏皇后亲生，1381 年嫁给了欧阳伦。欧阳伦自恃是皇亲国戚，乘龙快婿，便横行跋扈，目无政纲法纪，洪武末年，茶禁方严，他竟私自贩茶，所至骚扰，虽大吏不敢问。他的家奴周保也倚仗权势，作威作福，公然捶楚官吏，横行霸道。一小官吏冒死上奏，朱元璋知道这些事情后大怒，不禁拍案而起，当即赐死欧阳伦，周保等一并伏诛。

在执法明纪方面朱元璋不问亲疏，同时对清官廉吏也不论资历，大力表彰起用。比如诚恳廉洁的王兴宗，朱元璋就破例擢升他为金华知县。当时谋士李善长、李文忠都认为王兴宗出身卑贱，不能管理百姓，胜任父母官之职，朱元璋唯贤是举，不听这些。王兴宗赴任之后，果然不负众望，“到县三年，廉干公勤，甚得民心。”以后又被擢升为知府、河南布政司左参政，晚年赴京拜见皇帝申请退休时，朱元璋还亲切地对他说：“好久不见，你老了，我也胡子发白了。”并且赐宴赏钞，安抚慰问。

曾国藩挺身赴难施“峻法”

曾国藩作为翰林、儒臣，他是传统思想、道德的捍卫者；作为湘军的创建者，他是有头脑的军事家；作为封疆大吏，他是清朝统治所倚赖的“干城”。同时，这样一来，他又是在历史评价上颇容易引起争议的人物。脑袋只有一个，“帽子”却有两顶。简单说，赞之者称其“德埒诸葛，功迈萧曹”，贬之者则称其为“曾屠户”“卖国贼”。也有人说他既是“英雄”又是“民贼”，有点像既为豪杰又为奸雄的曹孟德了。是非曲直，姑且不论，既然曾国藩在这一页历史上有他重要的意义，令人感兴趣的是：他的事功、他的思想、行为与传统，与所处的历史境况有怎样的关系？

“忠心耿耿”“如临深渊、如履薄冰”，用这样的词句形容曾氏似不为过。也亏了他能如此，尽其救危扶倾之力，清王朝的寿命又延长了几十年，旧秩序亦随之苟安。这当然不仅仅是曾国藩个人品质、能力的问题，因此不妨想想，曾国藩为什么这样做，为什么能做到以及做的结果又如何，等等。换句话说，也就是看在他身上体现传统思想有怎样的能量与局限。

同治六年（1867）某夏日，曾国藩在两江总督住所同他的幕僚赵烈文闲谈国事。曾对国事日益表示忧虑，说到“民穷财尽，恐有异变，奈何？”赵烈文的回答倒是很有见地：“天下治安一统久矣，势必驯至分剖。然主威素重，风气未开，若非抽心一烂，则土崩瓦解之局不成。”接着又说，将来的祸患必是中央政府首先垮台，而后天下无主，各自为政，这种情形的发生大概不会超过五十年了。

曾国藩听了这一番话，虽然很不舒服，最终沉默良久方说：“吾日夜望死，忧见宗嗣之陨。”看得出来，他对大局的估计也是悲观的。而且早在道光末年，他已对朝政的腐败感到忧虑了，但他还是倔强地挺身入局，挺身赴难了。

那么，曾国藩为什么又要舍身赴难，不惜可能身败名裂也要恩威并重地施以

“峻法”，为清廷效犬马之劳呢？首先，从局势看，虽然农民起义席卷半壁江山，但曾国藩一旦出马，事属尚有可为，正如赵烈文所言，清王朝毕竟已经营二百年，还未到“抽心一烂”的地步，也就是说尚无新的力量从根本上代替它。曾国藩难免有“中兴”的指望。再者曾氏以科举起家，仕途腾达，到三十八岁时已升至二品京堂，十年七迁，连跃十级，如此恩典，在他必会感荷不已，决心“益当尽忠报国，不得顾身家之私”。说到底，扶持清王朝和旧秩序，原也就是维护他自己及其所属阶级的利益，命运绑在了一块儿，一荣俱荣，一损俱损，曾国藩不会不明白。

促使曾国藩登上政治舞台，更重要的因素还来自他所受到的传统教育和传统信念。他原名子城，中进士后改名国藩，已颇有做国家藩屏的志向。虽然看起来并无精神上的创造性，但却反映了传统儒家思想在道德价值生活中的要求，一方面是以纲常名教为中心的社会约束性道德，另一方面是以仁、诚为中心的精神超越性道德。二者的综合，进一步关联到经世致用的《挺经》，也就是曾国藩所向往的“内圣外王”，正是他“卫道”的思想依据。在这一点上，他把孔、孟、荀的早期儒学，同程、朱、陆、王各有门户的晚期儒学以及经世之学都捏合到一块儿了，从而有了“挺”的现代意义。既不废性理，又不废事功，曾氏“杂烩”的主导特点大概是维持或重建传统秩序这一条。

有意思的是，曾氏虽然不失为理学的信仰者、实践者，却遭到后来有的理学家的讽刺，说他不过“以杂为通，以约为陋，以正为党，博学多能，自命通人，足以致高位取大名于时而已。”

说曾氏并非真正的理学，诚然有几分道理，反过来表明，所谓理学恐怕已不如曾氏之“假理学”顶用了，因为正统儒家思想本身就有个在“内圣”与“外王”之间衔接的困难。曾国藩因求致用而调和折中古今思想，实为晚清一大杂家，一个先打的传统之内的“拿来主义者”。至少还不能简单地说他只是个“刽子手”或者“曾文正公”。

以“王霸杂术”持身，以峻法用人施政、御军，曾国藩的成功主要在于他把握住了传统政治文化的实际精髓，有原则也有灵活性，亦即宗经而不舍权变。他有“两手”“三手”而不是只有“一手”。

按说儒家思想最讲求“仁义”之道，如孔子所谓“一日克己复礼，天下归仁焉”，曾国藩也最躬奉儒家哲学，说过：“昔仲尼好语求仁，而雅言执礼；孟子亦仁、礼并称，盖圣王平物我之情而息天下之争，内之莫大于仁，外之莫大于礼。”（《王船山遗书序》）但是曾氏一旦以在籍侍郎身份在湖南办起团练，便露出不讲仁义的另一手。他另设审案局，用严刑峻法对付所谓“莠民”，仅四个月就杀了二百多人。他自己也承认“欲纯用重典以锄强暴”，即使“身得残忍严酷之名亦不敢辞。”

曾国藩的“峻法”，实际上是个恩威并施、灵活运用的治国、治军的手段，他认为，制度是死的，而人是活的，制度再好，倘无人执行，也是徒然。只有好的制

度，倘无好的人，制度终无法贯彻；但若人好，即便制度不善，亦可灵活变通以补制度之不足。他说："制度易讲，如何有人行？"就是说制订制度很容易，但执行者若不去执行怎么办？更况且制度亦往往是不完备的、有毛病的。他说："大抵立法必有弊，未有无弊之法。"

但人就不一样了，"若是个人，则法虽不善，亦占分数多了。若非其人，则善法亦何益于事！"他的这种"人治"思想，在社会极不发达，法制不可能完备的时代，确有其合理的一面但是他没有看到"人治"所带来的混乱和弊端，按"人治"的方法，同样是杀人犯，可以处死刑，亦可无罪释放，何以如此？判官主观之好恶决定的。退一步说，则便是领导者都是"善"的，但也存在着一个主观认识上的差异问题。这都是他所没有看到的。

"峻法"小语

【原文】

闻郭松林在沪置妾五人，亏空口粮至六七千两之多。令弟季荃因其战守可恃，颇加信任，郭松林遂骄恣自喜。程学启亦不免于骄将骄蹇。而帅好远略，本非佳征，而军中置妾、亏空口粮二者，皆湘勇近日所无之事，不可因郭松林一人而坏此风气。郭在舍弟沅甫营中，声名极劣，舍弟因其能战而姑客之，厥后背此而赴沪，沅军诸将即抱公愤，恶其凉薄，舍弟冀其立功于沪而含忍之。今在沪行径意象，如此不大，偾事不止，应请阁下撤营参办，追缴口粮，不宜姑息。

【译文】

听说郭松林在上海娶了五个妾，亏空粮饷达六七千两之多。你的弟弟季荃因为可以靠他来作战或防守，对他很信任，郭松林也就沾沾自喜，自傲放纵。程学启也不免对他姑息放纵。然而大帅喜欢攻取远处，这本已不是好的战法，而且在军中纳妾、亏空口粮这两项，都是湘军近段来所没有的事，不能因郭松林一人而坏了这一风气。郭松林在我的弟弟沅浦营中，声名极坏，我弟弟因为他善于作战而姑息容忍他，而后他又背离这里去了上海，在沅军各将领中立即激起公愤，议论他的不仁不义，我弟弟因为希望他在上海立功而又容忍了。现在他在沪的行为表现与在这儿相差不大，不断把事搞坏，阁下你应该撤其职务查办他，追缴他亏空的口粮，不能够姑息。

【原文】

十一日夜接来书，具悉。是日在望城冈小住，乡间尽有小民可以雇送信件，不必一一派各营也。瑞州初九日获一胜仗，杀贼四五百人，不知贵处已与彼军通信否。兵勇劳苦，须时时存体恤之念，然营规则不可不严。前札守夜四条，望九峰细细查察遵行。此复，即候九烽都阃、伯宜世讲足下捷佳。

【译文】

十一日夜接到你们的来信，详请尽知。这一天我暂时住在望城冈上，乡间有许多百姓无事可做，尽可雇他们送取信件，没有必要一一派人送到各营了。七月

象牙雕山水人物图方笔筒　清

初九我们在瑞州打了一个胜仗，杀死贼兵四五百。不知你那里与他们的军队有联系吗？士兵疲乏辛苦，必须经常有体恤的心念。但是军营的规矩却不能不严格一些。前几天我给你们写信说了守的四条规则，希望九峰检查一下然后再认真遵守执行。写到这里收笔，等候你们二位的捷报传来。

【原文】

管子、荀子、文中子之书，皆以严刑为是，以赦宥为非。子产治郑，诸葛治蜀，王猛治秦，皆用严刑，以致义安。为州县者，苟尽心于民事，是非不得不剖辩，谳结不得不迅速。既求迅结，不得不刑恶人，以伸善人之气；非虐也，除莠所以爱苗也，惩恶所以安良也。若一案到署，不讯不结，不分是非，不用刑法，名为宽和，实糊涂耳，懒惰耳，纵奸恶以害善良耳。

【译文】

管仲、荀况、王能在他们的书中，都主张严明刑法，反对过分地赦免宽恕。从前，子产治理郑国，诸葛亮治理蜀汉，王猛治理前秦，都凭借刑法严明，从而使国家安定。身为州官、县官的人，如果对百姓的事情能够竭尽心力，那么，就不能不明辨是非，就不能不迅速处理官司、了结案情。既然谋求迅速了结官司，就不能不惩罚坏人，从而为好人申冤；这不是暴虐，正如除去杂草是为了保护禾苗，惩办坏人也是为了安抚好人啊。假如案子递到了官府，官长不加审讯，不予了结，既不分辨出谁是谁非，也不动用刑法，这表面上是宽大和善，实际上则是糊涂，是懒惰，是放纵那些奸贼恶人从而贻害好人啊。

【原文】

窃查场商运盐，须持执照先赴场官衙门挂号钤印护运出场，原以区别官私。乃泰州分司所属何垛场大使徐友庚，于各商呈照请运，并不随时印发。上年清水潭决口，该场猝遭水患，存垣之盐人人争先趱运，期保商本。徐友庚辄藉公出为名，捺搁照票，勒借各垣商经费，以致商怨沸腾，赴司控告，业经署运使程桓生将该大使撤任。

臣查场员有保卫商灶之责，徐友庚平日操守平常，办事苛刻，本属不协商情。今复必捺照阻运，藉词索借，实属任性妄为，不知自爱。相应请旨将何垛场大使徐友庚即行革职，永不叙用，以示惩儆。

【译文】

私下查访盐场商人运盐，须拿执照先到盐场衙门挂号、盖印办手续，方可运盐出场，原意是区别官私。乃泰州分司所属的何垛场大使徐友庚，对各盐商出示执照请求运盐不及时印发。去年清水潭决口，该盐场猝然遭到水淹，存在仓库的盐人人争先搬运，以保商业的本钱。徐友庚就借公家支出为名，扣押运盐的照票，勒索盐商向他们借钱，以至于商人纷纷抱怨，把他控告到上司那里，已经由署运使程桓生将该大使撤职。

我认为场员有保护商人利益的责任，徐友庚平时人品才能平常，办事苛刻，本属不熟悉商情。现在竟又敢扣押运照阻碍盐运，向盐商索取贿赂，实在是胆大妄为，不知道自爱。应该请求圣上将何垛场大使徐友庚立即革职，永不再用，以示法制的严厉，以警戒与他同类的人。

【原文】

臣查去冬以来，巢、含失守，庐江戒严，吴燮如每禀军情，张皇失措，臣已屡批严行申饬。其办理防守，挪用正款，均经造报核销，何得藉端科派？系前此所买，二月以前，禀明存仓有案，何得于五月复行开报重价？吴燮和又于四月禀请缓收上忙，以纾民困，何得私收亩捐钱米至二、三千串之多？种种狡诈贪鄙，实出情理之外。若不从严参办，何以励廉隅而儆官邪？相应请旨将五品衔署安徽庐江县事候补知县吴燮和其即行革职，永不叙用，仍勒追所收捐项，按数清缴，以为营私同上者戒。

【译文】

据我核查，自去年冬天以来，巢、含二县失守，庐江戒严，吴燮和每次禀报军情，总是张皇失措，我已多次批文严厉告诫。他负责办理防守事宜，挪用正当款项，都已经批准报销，怎能又借此事派收捐税呢？米是以前买的，二月以前，他还写过禀明仓有存米的文书，怎能在五月又开出重价报销？吴燮和又于四月请示缓收上期田赋，以缓解百姓的穷困，怎能私自收取捐钱米达二、三千串之多？种种狡诈贪鄙的行为，确实是超出情理之外，若不从严惩办，凭什么来勉励廉洁、告诫百官呢？应当请示圣旨，将五品衔代理安徽庐江县事候补知县吴燮和立即革职，永不再用，还要下令追回所收亩捐钱米，如数清理上缴，以此来告诫那些营私舞弊、欺骗上司的人。

【原文】

生用法从严，非漫无条律，一师屠伯之为，要以精微之意，行吾威厉之事，期于死者无怨，生者知警，而后寸心乃安。

【译文】

执法从严从重，并不是随随便便、毫无规章，完全效法屠夫的杀戮行径，而是要以谨慎精确的态度，行使这一昭示我们军威权威的职事，务求达到使受惩罚而死的人心服口服，没有怨言，使其他活着的人们知道警戒，免蹈覆辙的效果，这样我们的内心才能获得安宁。

【原文】

管带水师右营副将邓万林，向隶彭玉麟部下，随征有年，尚称得力，论功升擢，保至二品。器小易盈，渐耽安逸，营务废弛。近因拨归太湖水师，饬令管驾快蟹一号驶赴上海，辄以索欠薪粮任意刁难，不遵调遣。若竟稍事姑容，恐此风一长，启各营效尤之渐。相应请旨将总兵衔尽先副将振勇巴图鲁邓万林降为都司，归部候选，并撤去勇号，不准留营，以示惩做。

【译文】

负责统领水师右营的副将邓万林，原属彭玉麟的部下，随军征战多年，还算得力，论功升迁保荐至二品官职。然而，器量小的人容易自满，他逐渐沉迷于安乐，营中事务荒废懈怠。近日由于将他调往太湖水师，令他负责驾驶快蟹一号前往上海，他总是以索要所欠薪粮为由任意刁难，不服从调遣。如果对他稍加迁就，恐怕这种风气一滋长，就会引发其他各营的仿效。应当请示圣旨，将总兵衔尽先副将振勇巴图鲁邓万林降为都司，归部候选，并撤去他的勇号，不准留在营中，以示惩戒。

【原文】

再，尽先副将许本坦，系安徽六安州人，在皖北军营防剿出力，荐保今职，管带亲兵营，早经裁撤，逗留扬镇等处，迹涉可疑。丹徒县知县查拿盗案，盘获许本坦船只，起出鸦片烟具，并据盗犯王得胜扳指牵涉。经前署督臣李瀚章饬委扬州府一再审讯，委系王得胜挟嫌扳害，实无不法情事。臣因案关重大，不厌详慎，复饬臬司提省亲讯，亦无异词。查许本坦管带营勇，遣撤数年，迄未归标回籍，致有被诬之事。复经讯明，违例吸食鸦片，其平日不安本分，可已概见。据署江苏条司勒方錡详请参劾前来。相应请旨将尽先副将许本坦即行革职，以肃官方。

【译文】

又，尽先副将许本坦，是安徽六安州人，因在皖北防贼寇时出过力，经保举任副将职。而管带亲兵营，早已裁撤，现逗留扬州镇江等地，形迹实为可疑。丹徒县官缉拿盗贼，查获许本坦船只，查出鸦片烟具，据盗犯王得胜指控许涉嫌疑，经前署督臣李瀚章一再审讯，是王得胜挟嫌报复，实际上没有干不法事情。我觉得案情事关重大，不敢马虎大意，又命臬司亲自讯问，也没有不同的口供。据查，

吸食鸦片用具

许本坦统辖的营兵，早已裁撤数年，他至今尚未回到原籍，致使发生了被人诬陷的事情。后又经查明，他违反条例吸食鸦片，其平时的不安本分可以想见，据署江苏臬司勒方锜详情禀告，请圣上降旨将许本坦撤职查办，以肃清百官的弊端。

【原文】

臣查地方城守，例不准审理词讼，私押平民。况胡基茂以调营当差，因病告假之员，辄敢妄押无辜，越分理事，并失察亲兵唆讼诈赃，万属谬妄糊涂，不守营规。除饬拿俞伯晋严办另结外，相应请旨将尽先都司前任繁昌汛把总胡基茂拔去蓝瓴，即行革职，以示惩儆。

【译文】

据我考查，地方上的防卫人员按惯例是不准受理诉讼、私押百姓的。何况堵塞胡基茂只是调到营中当差的，并且正在因病休假，竟乱押无辜，超越职权受理民事，而且没有识破亲兵俞伯晋唆使诉讼、敲诈赃款的行为，更是荒谬糊涂，不守营规。除命令捉拿俞伯晋严加惩办、另行结案外，应当请示圣旨，将尽先都司前任繁昌讯把总胡基茂拔去蓝瓴，立即革职，以示惩戒。

【原文】

窃据提督周宽世咨呈，副将杨复成自委带铨后营事务，未及一年，竟欠发上年九月份饷银一千二百余两，以致各勇啧有烦言。迭次查询，该副将坚不陈报，迨撤委后始据来禀，除垫发病故、伤亡等项作抵外，实无着银五百余两等情，呈候核办前来。臣以事关军饷重件，未可稍事含混，当即饬提杨复成暨该管四哨彭胜得、龙桂林、徐百钧、龙玉堂等到案，发委分别质讯。据杨复成供称：自当营官以来，凡发给口粮，依平照数，从未克扣丝毫。旧在迎河集，每名发银四钱，少平三、四分，是复成委员所为，业已屏逐出营，照数补足。上年四、五、六、七、八等月口粮，亦经照发清楚。所有九月份应发口粮银二千八百余两，哨官彭胜得等支过银七百余两。自十年［月］起至本年正月止，四个月未发薪水、办公等项，曾支作银八百两，再先后因公垫办旗帜、给发恤赏病假各项共用过银八百余两，均有账目，并无浮开。实仅亏欠银五百两。又据彭胜得等供称：哨官勇夫应领各口粮，上年四、五、六、七、八月份业经杨复成算清，惟九月未曾给发哨勇等；亦曾先支过银七百余两，实亏银二千余两。据说口粮未发时，曾因公垫用制办旗帜等件，哨官等不得而知。至前在迎河集每名发银四钱，欠平三、四分不等，旋即补足。今蒙提讯，杨复成实欠九月份一月口粮未给，只求追缴各等供。臣复饬取收支实数，亲提研讯。据杨复成所供，于九月份饷银内发去四哨并亲兵银及垫发各哨告假、阵亡银共四款，次准予抵销，尚侵吞银六百二十四两有奇，再三研诘，无可抵赖。

查该军前在迎河集领发饷银，各营均发每勇银一两。独该副将所领七百两，仅发勇银四钱，又各扣平三分、四分不等，已难逃克军粮之罪。此次于粮台已发银两，复敢任意侵蚀至六百数十两之多，不顾饷需之支绌，不恤士卒之艰苦，刻

薄贪忍，涣散军心，实属法无可贷。若非明正典刑，何以儆效尤而肃众志。

【译文】

根据提督周宽世的咨呈，副将杨复成自从受委任管理后营事务，不到一年，竟然拖欠发放上年九月份饷银一千二百多两，以至于士兵都有不满言辞。多次查询，该将坚持不报，等撤职后才拿凭账来呈报，除了垫发病故、伤亡等的款项外，实际上没有着落的银子有五百多两等情况，周宽世呈文要求前往核查处理。我认为这件事关系到军饷大事，不能有一点含糊的地方，立即命令提杨复成及该营的彭胜得、龙桂林、徐百钧、龙玉堂等四名哨官到案，命人分别审讯。据杨复成供认：自从任营官以来，凡是发放粮饷，都按秤给应得之数，从来没有克扣一丝一毫。以前在迎河集，每个士兵发银四钱，少给三、四分，是复成委派的人干的，已经开除出营，并照数补发了。上年四、五、六、七、八等月的口粮，也已经照发清楚。所有九月份应发的口粮银子二千八百多两，哨官彭得胜等支取过账银七百多两。从去年十月起到今年正月，四个月未发薪水及办公用费，曾支用过账银八百两，又先后因公事制旗帜、发放抚恤金、奖赏及病假等又垫银子共八百多两。都有账目，并没有过度的开支，实际上只亏空拖欠银子五百多两。又据彭胜得等人供认说，哨官、士兵各人应领的口粮，上年四、五、六、七、八月都已经由杨复成算清，只有九月份没有发给哨官士兵等，也曾经支取过账银七百两，实际亏空了银子两千多两。据说口粮未发时，曾因公垫用制旗帜等事，哨官等都不知道。以前在迎何集每名军士发银四钱，少给三、四分不等，随即就补够了。今天承蒙提审，杨复成实际欠九月一个月的口粮没有给，只求追缴即可。各人的口供如上。我又命人取来收支的实际数目，亲自提来细细审查。根据杨复成的招供，在九月份饷银内除去发给四营哨及新兵的钱，以及垫付的各哨请假、抚恤银共四项，准许给予抵消，还侵吞银子六百二十四两多，经过多次核查审问，已经无可抵赖。

斗彩花卉菊瓣尊　清

查这支军队以前在迎河集领发饷银，每营都是每名士兵一两。只有这个副将所领七百两，每人只发四钱，又每人扣去三、四分不等，已经摆脱不了克扣军粮的罪名，这次对粮台发放的银两，又敢任意侵占达六百几十两之多。不顾军需的紧张，不体恤士兵的艰苦，刻薄贪婪，涣散军心，实在属于难以开脱的大罪，如不依法处决，又怎么来警醒众人，使他们严守军纪呢？

卷八　外王

经文释义

【原文】

逆夷据地求和，深堪发指。卧之侧，岂容他人鼾睡！时事如此，忧患方深。至于令人敬畏，全在自立自强，不再装模作样。临难有不屈挠之节，临财有不沾染之廉，此威信也。《周易》立家之道，尚以有孚之威归反诸身，况立威于外域，求孚于异族，而可不反诸己哉！斯二者似迂远而不切合事情，实则质直而消患于无形。

五彩人物故事图凤尾尊　清

【译文】

外国人占领了我国的土地，却要求停战议和，这实在令人愤慨不已。古人曾经说过，自己睡觉的床边，怎么能容忍他人自在鼾睡？现在国家不幸艰难到这种地步，实在令人非常忧虑和担心。要想改变这种局面，让外国人对我们敬畏臣服，我们国家就必须自立自强。装模作样或者虚张声势都没什么作用。面对危难有不屈不挠的顽强气节，面对财物有不贪不恋的清廉操守，是树立威信的根本。《周易》中谈到一个家庭自立于社会，尚且需要家庭中的每个成员都具备令人信服的威望。更何况现在是我们国家在外国人面前树立威望，要求被他国人信服，我们怎么能够不从自己做起呢？这威望和信服两点，初一听似乎让人觉得迂阔遥远而不切合实际，但其实却是简单而明确的，它可以在无形中消除许多祸患。

【原文】

凡恃己之所有夸人所无者，世之常情也；忽于所习见、震于所罕见者，亦世之常情也。轮船之速，洋炮之远，在英、法则夸其所独有，在中华则震于所罕见。若能陆续购买，据为己物，在中华则见惯而不惊，在英、法，亦渐失其所

侍。购成之后，访募覃思之士，智巧之匠，始而演习，继而试造，不过一二年，火轮船必为中外官民通行之物，可以剿发逆，可以勤远略。

【译文】

凡是拿自己有而他人没有的东西向别人夸耀，都是人世间的常情。面对经常见到的东西就会忽视，面对极少见的东西就会震惊，这也是世间常情。轮船速度的飞快，洋炮射程的遥远，对于英、法两国来说是夸耀他们自己独特拥有的东西，对于我们中国人来说却因非常罕见而感到吃惊。如果能购买轮船大炮为我们所有，那么中国人就会因为它常见而不觉得惊讶，英、法两国也就渐渐失去他们所倚仗的优势了。等轮船大炮买回来之后，招募精思灵巧之才人，智慧奇巧的工匠，开始演练熟悉，然后尝试制造。不出一二年，轮船大炮肯定会成为中外官民通行的必需工具，同时还可剿除太平军，为巩固国家长远战略服务。

【原文】

师夷之智，意在明靖内奸，暗御外侮也。列强乃数千年未有之强敌。师其智，购其轮船机器，不重在剿办发逆，而重在陆续购买，据为己有。粤中猖獗，良可愤叹。夷情有损于国体，有得轮船机器，仍可驯服，则此方生灵，免遭涂炭耳。有成此物，则显以宣中国之人心，即隐以抵彼族之异谋。各处仿而行之，渐推渐广，以为中国自强之本。

【译文】

我们学习洋人的智能技术，表面上是为了平定内乱，剿除奸徒，实际上还可以抵御列强的欺侮。列强是我国几千年来从未有过的强敌。学习他们的才智，购买他们的轮船机器，重点不是为了剿办太平天国，而是为了陆续购买，为我们国家所有。广东一带，洋人猖獗，实在令人憎恨。洋人放肆的这种情况实在有损我国国家威严。有了轮船机器，就可利用来驯服他们。那么我们的老百姓就可以免遭劫难了。有了这些现成的机器，从表面上看，可以稳定国内人心力量；从根本上讲，也可以抵挡破坏列强侵略我们的阴谋。各地都应该仿效推广，以此作为我们中国自强的根本。

智慧通解

曾国藩所处的时代，正是中国内忧外患的时代。这个时期，西方列强已经在资本主义的道路上一日千里。而中国因为闭关锁国，还在做天朝上国的美梦，丝毫不知即将到来的威胁。曾国藩一直以中国传统思想来教导自己，未尝没有这种天朝臣子的优越感。但是两次鸦片战争的失败粉碎了他的美梦，轰开了他的头脑。曾国藩开始看到西方的器物之强，继而反思中国的不足。

1840年的第一次鸦片战争在曾国藩心里并未造成太大冲击。他还没有意识到“碧眼赤珠”、远道而来的“文明”客人们会对中国局势造成什么致命的威胁。因此，他在第一次鸦片战争以及战争结束后的这段时间里所写下的家书、日记和信函等，涉及外国侵略者的字眼，更多地体现了他本能的痛恨和对前线战

败、官吏指挥失措的种种忧虑。例如，当英国侵略者因林则徐在广东严密设防，入侵不能得逞，遂改道攻占浙江沿海一带宁波、定海、镇海等地时，他把带来这种后果的原因首先归咎于中国败类之助纣为虐，而并未真正了解资本主义发展到一定阶段后，必然要对弱小民族进行侵略蚕食，以掠夺这些弱小民族极大财富的侵略本质。

他说："英夷滋扰以来，皆汉奸助之为虐。此辈食毛践土，丧尽天良，不知何日罪恶贯盈，始得聚而歼灭！"与此同时，他认为中国有外国无法相比的"纲常名教"，有驾驭局势的"圣明君相"，而外国侵略者只是一些尚未开化的"夷狄"。他们的不法行径虽可"痛恨"，但蝗臂怎能挡车？他们必然要以失败告终。他说，"英夷在江苏滋扰"，虽曾攻陷镇江一带，并威胁到江宁、扬州等地，"然而天不降灾，圣人在上，故京师人心镇定"。他批评其弟一闻"英夷滋扰"，便轻信谣言，惶恐不安，乃是无胆无义之人。"虽明知蕞尔螳壁，不足以挡车辙，而九弟既非在外服官，即宜在家承欢，非同有职位者，闻敬而告假，使人笑其无胆，骂其无义也"。

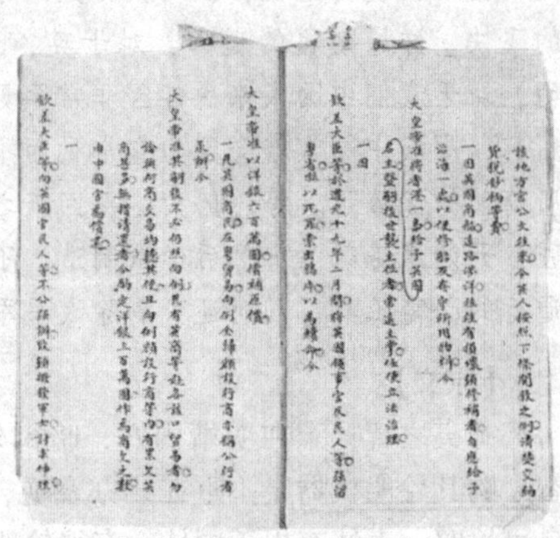

《南京条约》抄件　清

他把第一次鸦片战争以中国失败，被迫签订城下之盟，割土地，赔金银的悲惨结局说成是清政府"和戎之策"的结果，是中国对英国侵略者所定的"抚局"。他说："英夷在江南，抚局已定。盖金陵为南北咽喉，逆夷既已扼吭而据要害，不得不权为和戎之策，以安民而息兵。"

显而易见，曾国藩并不承认中国战败，并不承认签订不平等条约是英国侵略者武力胁迫和外交讹诈的结果，相反，他把这种结局说成是为了"安民"而主动对外国侵略者的"和""抚"。他内心虽痛恨指责投降派的腐败无能，但仍满怀信心地预言，通过"和""抚"而签订的不平等条约，即使割地赔款，也只是暂受损失，而中国从此将不会再有事，以大事小确是上策。

最初而来的民族危机被这种安全感过滤之后，则会在士大夫的思维中大大地淡化。曾国藩心中埋下的传统文化思维模式，作为一种浓厚的精神氛围，也就难以突破原来的保守观念的构架。在这种情况下，客观地认识西方事物和应付西方的挑战，对曾国藩来说，乃是不可能的。然而，像在学术上对中国传统文化不株守儒家学说，而是博采众学，兼收并蓄一样，随着时间的推移和对事实的了解，曾国藩对西方文化也采取了了解、吸收的现实主义态度。

第二次鸦片战争后，曾国藩念念不忘"海国环伺，隐患方长"。他反复提醒清廷："此次款议虽成，中国岂可一日而忘备？"由于这种危机感和责任感，是

在曾国藩对现实危险的新鲜的警觉和感受中直接产生的，而主要不是从尧舜孔孟的圣人格言中直接引申出来。它直接听命于他那保国保种的生存意念的呼唤，所以这种基于生存意念基础上的危机意识和价值尺度，便首次并有力地冲破了原先笼罩在他身上的文化安全感的心理氛围，本能地抗拒和抵制着某些不利于实现避害目标——“自立”“自强”的传统观念和价值规范以及思维习惯；并通过这种抵制和抗拒，力求在他自身所形成的新的观念王国中为生存而赢得一席地盘；同时迫使他反躬自省，面对严酷的现实而采取避害措施和挽救危机之方。

开眼看世界的林则徐、魏源，面对日益落后的清王朝，提出“师夷之长技”，目的就是要学习西方先进的科学技术，以反抗资本主义列强的侵略。曾国藩早就有“修身、齐家、治国平天下”的抱负，计求经世致用。在这种“内忧”“外患”的“千古奇变”的情况下，曾国藩接受了林则徐、魏源“师夷之长技以制夷”的思想，向西方寻找救国之良方。

早在第二次鸦片战争刚刚结束之时，他在奏折中除了提醒清廷不要因款议之立而盲目乐观，而应采取实力防备之外，还提出了“将来师夷智以造船炮，尤可期永远之利”的主张。以自强为目的的洋务事业，在曾国藩的倡导和主持之下雄心勃勃地开展起来。曾藩积极投身于洋务事业，做出了很多值得称道的事情。

一是 1862 年筹设了中国第一家近代军事工业——安庆军械所，试制出中国第一台蒸汽发动机和第一艘木壳轮船“黄鹄”号，揭开了中国用手工自制轮船的序幕。二是 1863 年派容闳赴美国购办“制造机器之机器”。1865 年，容闳向美国朴得南公司购办了百余台机器设备运回上海，这是近代中国向西方直接购办进口的第一批机器。三是 1865 年 6 月，同李鸿章共同筹设上海江南制造局，这是中国自办的第一家使用机器的近代军用工业和近代机器工业。四是 1868 年鼓励江南制造局设立翻译馆，大量翻译西方科技书籍，传播西方科技知识，它出书的时间和北京同文馆差不多，而出书的种类和数量则超过之。五是采纳容闳建议，会同李鸿章和丁日昌，奏请清廷选送一批幼童赴美国学习，这是中国最早派选出国的官费留学生。

曾国藩力图冲破极度封闭僵化的历史文化背景，在他的知识与能力所能达到的范围之内，去实现民族自卫目标，希图达到“外王”的目标。

【经典实例】

明朝科学家徐光启

博采众家之长，使国家强大，是有作为的知识分子孜孜以求的事情，也是中国文化能够源远流长的主要原因。早在汉代就有张骞出使西域，凿通“丝绸之路”，唐时更是一个容纳别国文化技艺的时代，而明朝的徐光启尤其做出巨大贡献。

徐光启出生于上海县徐家汇（今上海市）的一个手工业者家庭。其父以课

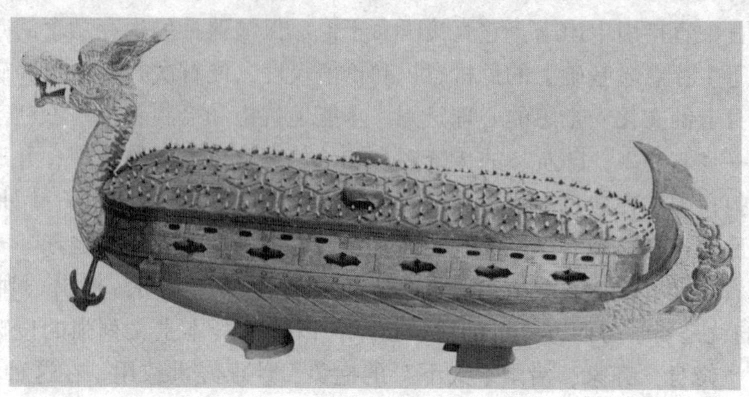

明龟船模型

农学圃自给，祖母及母亲亦早暮纺织。他生长在这样的家庭中，从小对农业、手工业有较多的了解。他喜爱科学，久不通八股文，屡试不第，只好以教书维持生计。万历二十四年（1596），他在赵凤宁家教私馆，随赵凤宁到广西浔州，过韶州时认识了西洋传教士郭居静，开始接触西学。在此期间，徐光启有鉴于李时珍等人总结古典科学，遂有志于科学技术研究，对农学、水利、算学及军事学产生了兴趣，并着手搜辑农学、算学等方面的资料。

万历三十二年（1604），徐光启四十二岁，终于考取进士，跻身仕途，生活和科研条件有了改善。在翰林院学习期间，他把主要精力用在研习天文、兵法、屯盐、水利、工艺等“可施于用”的科学技术方面。同时他利用课余时间向西方传教士利玛窦学习自然科学，并翻译西洋科学书籍，吸取有用的东西来弥补中国学术之不足。后来，他在利玛窦等传教士的协助下完成了《几何原本》《测量法义》《测量异同》《勾股义》等书的翻译，并在家守制期间，开辟了一个小规模的试验园，从事移植甘薯的试验。与此同时，他有鉴于明王朝国穷民困和边患日深的现状，决意从富国强兵的根本之计做起，通过他的科学研究，来解决宗禄、漕河水利、盐务、屯田、边饷、兵器改良等技术问题，由此他曾潜心于数学的研究。因为他认识到数学是研究科学技术的基础。

万历四十年（1612），徐光启译完了《泰西水法》六卷。他深知中国是以农立国的，农业是“本业”，而水利则是农业的生命。他翻译《泰西水法》，旨在引进和介绍西方先进的水利知识。在全面了解中国原有的水利灌溉方法及工具的基础上，他对西方水利先进方法和工具等方面的知识进行有选择的翻译介绍，而且这些介绍的方法与工具，他都要经过制器和试验，确有实用的，他才编译到书中。在此期间，他的仕途之路不得意，次年告病居于天津，在郊区开辟水田，采用新的水法，试验在北方耕种水稻。又在宅旁辟一小试验园，种植花草、草药和新的农作物、树木等。在稻田试验园和宅旁试验园里，他进行施肥、接种以及把

药物制成蔷薇露等种种试验，每次试验的过程与结果都有纪录，这些在后来编入了《农政全书》。

徐光启在潜心科学试验的同时，逐渐地形成了系统的科学救国思想。他多次提出“富国必以本业，强兵必以正兵”，抨击“名理之儒”不通科学与生产，故步自封，一谈及西学就言中国古已有之，但对中国古代科学技术既不应用，又不予以总结和研究，以致“失且天下之实事”。因此，他在大量翻译介绍西学的同时，十分注重对中国原有的农学、军事学资料整理与研究。

在农学方面，徐光启以富国强兵为目的，注重农业科学技术的研究，提出了对农业、手工业进行改革的学说，完成了著名的《农政全书》。《农政全书》作为一部农学著作，除了大量介绍和探索农业科学技术问题外，还阐述了徐光启学以致用的科研目的与思想。他认为中国贫穷的原因，是农民不知科学生产，没有充分认识和利用天时地利，以致明王朝每年只知从南方漕运几百万石大米供给京师和边防，而西北田地荒芜不垦。漕运东南大米，不仅农民负担日重，而且大量的可以用来种植水稻的水利资源也被浪费。此外，北方之民只知种棉而不织布，北棉南运，北方棉贱布贵。针对这种不懂农业科学技术所造成的问题，徐光启打破古典农书的“风土说”和囿于陈陈相因的生产经验论，通过大量的调查研究和科学实验，在理论与实践上提出了开垦西北荒地、兴修水利，把一切水源包括用于漕运之水都用来生谷，以北之棉教南之织等农业、手工业的改革学说。

为了实践和传播这些思想，他以科学试验来解决技术问题。如对高产作物的甘薯、蔓菁都作过多种试验。又如在北方种稻试验，他解决了南稻北植的许多技术问题，大开北方种稻风气。再如北方种棉不织布，它的主要问题是北方自然条件不利于浆纱刷纱。有鉴于此，徐光启通过大量的调查研究，在肃宁人纺织的经验上，提出了解决北方织布浆纱刷纱的技术问题，由此北方纺织业开始兴起。在纺织工艺方面，徐光启基于原有的技术和设备，不断地改进生产工具和方法。在缫丝技术上，他创造了“五人一灶缫茧三十斤”的方法，比旧时“二人一灶缫茧十斤”方法节省了人力和物力。在纺车制造上，他设计从四（梭管）改进成五，以提高纺织手工业的生产效率。此外，他还亲自试验晒盐法，改革了传统的熬盐法。他的晒盐法试验成功，不仅大量节省了灶户的人力，而且节省了樵薪，给国家农业生产的开发也带来了利益。

改革农业、手工业生产技术，是实践他“富国必以本业”思想的试验。但是，他并不满足于这一个方向，对于“强国必以正兵”也很关注，并做了大量的实验。万历四十六年（1618），杨镐的四十万大军被努尔哈赤打败，明王朝面临的边祸日重。徐光启曾有意研究兵学，针对明军在战场失败的教训，提出培训作战军兵思想。这一年，他在通州昌平训练新兵，亲自撰写了《选练条格》，亲临院校场，从事实选实练试验。后来由于当政者不予支持，兵源饷械不足，训练计划未能实现。

十年后，他从兵器改造方面着手，吸收西方火器技术的长处，重新训练新

兵。这次练兵试验，他提出了组织车营、建筑台铳的办法。车营即用火器武装起的部队，其组织办法是“以四千人为一营，每营用双轮车一百二十辆，炮车一百二十辆，粮车六一辆，共三百辆。”西洋大炮十六门，中炮八十门，鹰铳百支，鸟铳一千二百支。战士二千人，队兵两千人。这种运用西洋大炮和中国火器的车营，在军事技术上结合了中西兵器和战术的长处。同时徐光启还提出运用西洋的望远镜。徐光启从军事技术上加强国防建设，是他科学研究与实验的一大成就。西洋大炮的制造与应用，在守卫京师战役中发挥了它的威力。但是，由于明王朝政治腐败，他的军事技术改革的作用也是有限的。

徐光启在我国科学史上对天文历法有卓越的贡献。他会通中西历法，编译《崇祯历书》，修正了当时已经失掉正确性的《大统历》，对我国传统历法进行了重大改革，奠定了我国近三百年来的历法基础。

曾国藩从理学家到洋务派

曾国藩洋务观形成，有其历史与现实的根源，反映了近代早期中国知识分子的文化心态。

被称为封建社会最后一尊精神偶像的曾国藩，其理学经世思想为众人所知。作为一名儒学大师，他在义理、辞章、经济等方面都有很深的造诣。在晚年，面对着列强环伺，摇摇欲坠的帝国大厦，他却积极主张“师夷长技”，并躬身实践，兴办洋务，成为清朝末期著名的洋务派。理学家与洋务派，二者在思想上是尖锐对立、互不相容的，然而在曾国藩身上却兼而有之。那么，在曾国藩的思想上，是什么使它们统一起来的呢？究其原因：一是他对各家学派采取了开放、宽容的态度，摒除了门户之见；二是他积极倡导经世致用，讲求实用之学。

曾国藩在潜心研究理学的过程中，继承了朱熹“理一元论”的宇宙观。他主张：“含生负气，必有以得乎乾道之变化，理与气相丽，而命实宰乎赋界之始。”即以为理在气先，由理来主宰世间的万事万物。出于捍卫这个客观唯心主义哲学体系的纯洁性和正统性，他对于“气一元论”的朴素唯物主义，又采取了坚决批判的态度。作为封建社会的士子，他在哲学思想上坚持“理一元论”的宇宙观，完全是出于对封建伦理作为统治宇宙的无上法则观念的维护。“以身上所接言，则有君臣父子，即有仁敬孝慈。其必以仁敬孝慈为则者，性也。其所以纳维乎五伦者，命也。”也就是说，他将封建社会的君臣父子关系中的仁敬孝慈和纲维五伦的道德规范，视为由“性”和“命”决定的。而在理学中“性”“命”“理”属于同一范畴，于是，封建的伦理原则遂于至高无上的真理相等同。

在曾国藩看来，自觉地服从封建伦理纲常，是人臣的本分。正是从这一高度出发，自觉地维护以君权为核心的封建伦理，便成为曾国藩一生的政治准则。“臣子于君亲，但当称扬善美，不可道及过错；但当渝亲于道，不可庇议细节”。进一步说：“于孝悌二字尽一分，便是一分学；尽十分便是十分学。今人读书，皆为科名起见，于孝悌伦纪之大，反似与书不相关。殊不知书上所载的，作文时所代圣坚说的，无非要明白这个道理。”

但是，清王朝所面临的各种统治危机，并不是单凭“义理”所能解决的，理学“罕言其利”的伦理观念与现实危机之间产生了矛盾。为解决封建统治所面临的各种危机，在认识论上，曾国藩则更为重视“欲悉万殊之等，则莫若即物而穷理”的格物致知认识方法。曾国藩认为，“近世乾嘉之间，诸儒务为浩博。惠栋、戴震之流，钻研诂训，本河间献王实事求是之旨，薄宋贤为空疏。夫所谓事者，非物乎？是者，非理乎？实事求是，非即朱子所称即物穷理者乎？”这表明曾国藩在清政府面临内忧外患的情形下，认识到了实事求是在认识上的影响和作用。为了地主阶级的一致利益，需要“克己以和众”，来加强统治阶级的团结。因而，一定程度上摒除门户之见，进行学术兼容，互相吸收和弥补，是很有必要的。

在接踵而来的民族矛盾和阶段矛盾的冲击下，曾国藩意识到，无论汉学还是宋学，都无力解决所面临的社会危机，必须寻找新的出路。于是，曾国藩在坚持以义理为本源的程朱理学基础上，并不固守前辈旧有的理学阵地，主张“一宗宋儒，不废汉学”，他认为：“乾嘉以来，士大夫为训诂之学者，薄宋儒为空疏；为性理之学者，又薄汉儒为支离。鄙意由博乃能返约，格物乃能正心，必从事于《礼经》，考核三千三百之详，博稽乎一名一物之细，然后本末兼该，源疏毕贯。虽极军旅战争，食货凌杂，皆礼家所应讨论之事，故尝谓江氏《礼书纲目》，秦氏《五礼通考》可能通汉宋二家之结，而息顿渐诸说之争。”明确表示应兼取汉、宋二家学说之所长，使儒家学说在新的形势下能更好地为封建统治阶级服务。

因此，曾国藩在治学过程中，没有将自己局限在哪一个领域，只要是传统文化的精华，他都加以吸收。在跟随唐鉴、倭仁学程朱理学之前，他就在潜心钻研古文和经世之学，虽然唐鉴告诫他“诗文词曲皆可不必用功”，但在学习程朱理学的同时，仍然对古文保持着极为浓厚的兴趣，以至于对司马迁、班固、杜甫、韩愈、王安石的文章达到“日夜以诵之不厌”的程度，曾国藩自踏上仕途起，对“仕途积习益尚虚文的现实十分忧虑。”他希望能从前史中寻找到一二“济世”良方，其中，他倍加推崇司马光的《资治通鉴》。他说：“窃以先哲纪世之书，莫善于司马文正公《资治通鉴》。其论古皆折中至当，开拓心胸。如因三家分晋而论名分，因曹魏移祚而论风俗；因蜀汉而论正闰，因樊英而论名实。皆能穷物之理，执圣之权。又好叙兵事所以得失之由，脉络分明，又好评名公巨卿所以兴家败家之故，使士大夫怵然知戒，实六经之外不刑之典也。”

曾国藩并不是一名单纯的学问家，他始终将自己置于国家藩屏的位置，为挽救清王朝所面临的灭顶之灾，他不是从学术的角度，而是从政治的需要出发，去吸收和利用学术领域中某些合理因素，为封建统治渡过难关而服务。因此，他不能不把经世致用之学放在重要的学术位置上，在他之前，人们常把学问分成义

理、辞章、考据三种，经世致用之学是包括在义理之中的。曾国藩却认为："为学之术有四：曰义理，曰考据，曰辞章，曰经济。"他赞同将经济之学从义理之中独立出来，从而将经济之学放到和义理、辞章、考据一样重要的位置上。

曾国藩对于经世之学的研究，主要是反复研读了《会典》和《皇朝经世文编》。他觉得"天下之大事，宜考究者凡十四宗：曰官制；曰财用；曰盐政；曰漕务；曰钱法；曰冠礼；曰婚礼；曰丧礼；曰祭礼；曰兵制；曰兵法；曰刑律；园地舆；曰河渠。"为此，他确曾进行了详细的探究。在任工部尚书时，为搞清舆地，曾国藩"左图右书，钩校不倦，于山川险要，河漕水利诸大政详求其中。"在研读《会典》和《皇朝经世文编》的过程中，曾国藩对秦蕙田所著的《五礼通考》一书，产生了极大的兴趣，他觉得该书"自天文、地理、军政、官制荟萃其中，旁综九流，细破无内，"但深为此书"食货稍缺"而感到惋惜。于是，曾国藩"乃取盐课，海运、钱法、河堤各事，抄辑近时奏议之切当时务者，别为六卷，以补奏议所未备。"

经世致用作为一门关于国计民生的学问，虽在明末由黄宗羲、顾炎武等人所提出，但在"康乾盛世"之时，却一度低落。道光年间，尤其是第一次鸦片战争前后，伴随着内忧外困，龚自珍、魏源、包世臣、林则徐等人，再度高举起经世致用的大旗。开眼看世界的林则徐、魏源，面对日益落后的清王朝，提出"师夷之长技"，目的就是要学习西方先进的科学技术，以反抗资本主义列强的侵略。从某种意义上理解，"师夷之长技以制夷"的思想，是经世致用思想在"内忧""外患"的"千古奇变"情况下的发展。曾国藩早就有"修身、齐家、治国平天下"的抱负，计求经世致用，并接受林则徐、魏源"师夷之长技以制夷"的思想，向西方寻找救国之良方，也是顺理成章的。

资本主义列强侵略中国促使曾国藩所产生的民族危机感，是在第二次鸦片战争结束后的事情。在此之前，他并没有自觉意识到"碧眼赤珠"、远道而来的"文明"客人们会对中国局势造成什么致命的威胁。因此，他在第一次鸦片战争以及战争结束后的这段时间里所写下的家书、日记和信函等，涉及外国侵略者的字眼，更多地体现了他本能的痛恨和对前线战败、官吏指挥失措的种种忧虑。例如，当英国侵略者因林则徐在广东严密设防，入侵不能得逞，遂改道攻占浙江沿海一带宁波、定海、镇海等地时，他把带来这种后果的原因首先归咎于中国败类之助纣为虐，而并未真正明了资本主义发展到一定阶段后，必然要对弱小民族进行侵略蚕食，以掠夺其这些弱小民族的极大财富的侵略本质。他说："英夷滋扰以来，皆汉奸助之为虐。此辈食毛践土，丧尽天良，不知何日罪恶贯盈，始得聚而歼灭！"与此同时，他认为中国有外国无与伦比的"纲常名教"有驾驭局势的"圣明君相"在上，而外国侵略者则是一些尚未开化的"夷狄"。他们的不法行径虽可"痛恨"，但螳臂怎能挡车？他们必然要以失败告终。他说，"英夷在江苏滋扰"，虽曾攻陷镇江一带，并威胁到江宁、扬州等地，"然而天不降灾，圣

人在上，故京师人心镇定。”他批评其第一闻“英夷滋扰”，便轻信谣言，惶恐不安，乃是无胆无义之人。“虽明知蕞尔螳壁，不足以当车辙，而九弟既非在外服官，即宜在家承欢，非同有职位者，闻敬而告假，使人笑其无胆，骂其无义也。”他把第一次鸦片战争以中国失败，被迫签订城下之盟，割土地，赔金银的悲惨结局说成是清政府的“和戎之策”的结果，是中国对英国侵略者所定的“抚局”。他说：“英夷在江南，抚局已定。盖金陵为南北咽喉，逆夷既已扼亢要据要害，不得不权为和戎之策，以安民而息兵。”显而易见，曾国藩并不承认中国战败，并不承认签订不平等条约是英国侵略者武力胁迫和外交讹诈的结果，相反他把这种结局说成是为了“安民”而主动对外国侵略者的“和”“抚”。他内心虽痛恨指责投降派的腐败无能，但仍满怀信心地预言，通过“和”“抚”而签订的不平等条约，即使割地赔款，只是暂受损失，而中国从此将不会有事，以大事小确是上策。他说：“自英夷滋扰，已历二年。……然此次议抚，实出于不得已。但使夷人从此永不犯边，四海晏然安堵，则以大事小，乐天之道，孰不以为上策哉！”

造成曾国藩这种似乎“狂妄无知”，夜郎自大观念的原因何在呢？曾氏是中国传统文化浸染而成的士大夫，他与当时一般守旧士大夫以国粹主义的方式来应付西方列强对中国的挑战时，本能地用一种传统的文化优越感和安全感的心理作为后盾一样，认为“洋夷”们对中国的侵凌和困扰，并不足以构成对中华民族的生存环境的根本威胁；中国在这次战争中的失败，仅仅是受到一些人为的、偶然的因素的干扰，即上引材料所说的“汉奸助之为虐”所致。因此，西方列强迫使中国“割地、纳款、互市”，在曾国藩的思维中，唤起的只是类似历史上契丹、女真、蒙古等边陲民族对中原王朝困扰的那种历史联想和恼恨心理。他对“洋夷”的愤慨和鄙夷，也仅仅是“文明人”对不知诗书达礼的野蛮人的强悍无理行径的情绪反应。这样，第一次鸦片战争在军事上和政治上的失败和屈辱，就在曾国藩对传统文化的同化力的乐观信念中，在他的中国文化优越感和安全感中得到了苏解、缓冲、补偿和安慰。

上述这种文化上的安全感，具有一种强烈的麻痹思维神经的力量。最初而来的民族危机，被这种安全感过滤之后，则会在士大夫的思维中大大地淡化。曾国藩心目中埋下的传统文化思维模式，作为一种浓厚的精神氛围，也就难以突破原来的保守观念的构架。在这种情况下，客观地认识西方事物和应付西方的挑战，对曾国藩来说，乃是不可能的。

然而，像在学术上对中国传统文化不株守儒家学说，而是博采众学，兼收并蓄一样，随着时间的推移和对事实的了解，曾国藩对西方文化也采取了了解、吸收的现实主义态度。这是他不同于顽固守旧士大夫的根本区别所在。基本原因，就在于曾国藩既是一个典型的士大夫，又带有政治家、军事家、文学家等多重色彩，尤其是他在领军从征，血腥镇压太平天国及与洋人打交道的实践中，有机会较多地了解和接触到西方文化，这是整日困居书斋或居京悠闲做官的人所不能领

略得到的。

曾国藩自点翰林居京做官至第二次鸦片战争前的20余年间，对西方列强的政治、军事和思想文化几乎没有什么接触，因而当第一次鸦片战争期间及其结束后的十数年间，他对中国局势持乐观态度，对洋人的侵略并未产生危机感。而在第二次鸦片战争以后，情形就不同了：急风暴雨般的农民起义沉重地打击了清王朝的腐朽政权，摇撼着封建统治，大清王朝陷入了前所未有的困境；英、法等资本主义列强乘虚而入，"堂堂华夏"竟然被"区区外夷"打得京都不保，一败涂地——卑躬求和，割地赔款，利权日渐丧失。这种严酷现实，对曾国藩的心灵无疑是一次沉重的打击，同时对他也是一剂不可多得的清醒剂。早在第二次鸦片战争进行期间，曾国藩深为天津兵败而忧虑不安："惟天津兵败，洋鬼猖獗，僧邸退至通州，京师人心惶惶，实为可虑。"闻京城岌岌可危，"圣驾"拟离北京他往热河的消息后，曾国藩"且愧且愤，涕零如雨"。于是，他奏请皇上允准他或胡林翼两人中一人带兵北援，"冀效尺寸之劳，稍雪敷天之愤"。又在家书中说："分兵北援以应招，此乃臣子必尽之分。……今銮舆播迁，而臣子付之不闻不问，可谓忠乎？万一京城或有疏失，热河本无银米，从驾之兵难保其不哗溃。"虽然，他认识到此举并非善策，一因江南太平军势力浩大，一旦撤兵北上，将牵动"剿匪"大局；一因北上"勤王"能否成功，实无把握。但他凭着皇帝的一片赤诚之心和对"洋夷"气焰嚣张的痛恨之情，决心不计个人利害得失，义无反顾，欲成此行。他说："与其不入援而同归于尽，先后不过数月之间，孰若入援而以正纲常以笃忠义？纵使百无一成，而死后不自愧于九泉，不治讥于百世。"故"成败利钝，不敢计也"。虽然此举因英、法、俄等国胁迫清政府迅速订立不平等条约结束战争而未能如愿，但当他接到不平等条约的副本以后，忧虑、恐惧和愤慨之情不禁油然而生。他在日记中写道："阅之，不觉呜咽，比之五胡乱华，气象更为难堪。"较之他对第一次鸦片战争结束后签订的所谓和约的看法，判若两人。这时的曾国藩，对局势不仅不抱乐观态度，进而为之悲愤填膺，难已名状。

这种忧惧与危机心理，在有关湘军首领之一的胡林翼的一段史实中，也形象地做了反映。当年，胡氏伫立在长江岸边一个山头上，正在为即将从太平军将十手中夺取军事重镇安庆而踌躇满志时，他猛然看见两艘游弋于长江水面上的洋人军舰，迅如骏马，溯江而行。胡林翼顿时变色不语，勒马回营，并在中途呕血，差点堕下马来。从此之后，每当有人与他谈及洋务，他就摇手闭目，闷闷不乐，口称"此非吾辈可能知也"。胡氏原先本有病在身，由于这一刺激而病情加重。数月之后，便郁郁而死。从这一事例可以看出，胡林翼作为一个典型的封建士大夫，在他的内心中交织着一种自身无法解脱的矛盾——既凭借他自己敏锐的感性认识，发觉西方列强的近代军事实力为中国军队所望尘莫及；又因自身头脑中传统文化中固有观念的根深蒂固，使他无法找到中国如何通过学习西方的长处来摆脱困境。这就是说，胡林翼内心的文化安全感似乎已经崩溃，而新的出路一时又无法找到。因此，他不能不为清王朝未来的命运而担忧。这种心理紧张状态和不祥预感，使他怎么也无法解脱心中的忧郁之情。

与胡林翼的文化心态相类似，曾国藩更进一步认识到："天道五十年一变，国之运数从之。"从而，他首次提醒清廷，此次款议虽立，和局虽成，但再不能盲目自傲，做什么"四海晏然无堵"的美梦了。这种忧惧感的发展和深化，同时表现于对中国文化整体的思考上，使得曾国藩很自然地产生一种比胡林翼更深一层的危机意识。这种基于中外政治、思想文化，尤其是中外实力的对比上而产生的危机意识，在他的家书、日记和信函中均有所体现。

胡林翼官服像

曾国藩作为湘军的最高统帅，从太平军手里领教过"西洋之落地开花炮"的厉害，确实"惊心动魂"，因此，也购买过同样的东西来对付太平军。于是，战争使他真正懂得了西洋船炮的效用，以前那种凭道听途说而形成的"逆夷所长者，船也，炮也"的理性认识，已经成为阅历之后的切肤感受。因之，畏惧之心随之而生。他曾以湖南乡下通俗之语形象地描述了这种畏惧心理："不怕柴狗子，只怕洋鬼子。"在曾国藩身上，惶遽怵惕之情超乎个人生死，而又带着啃心噬肺之痛："四更成寐，五更复醒。念夷人纵横中原，无以御之，为之忧悸。"从这里，我们可以看到曾国藩于第二次鸦片战争后在西方列强的优势面前的极大危机感。历史地考察，相对于当时绝大多数内省和朝廷国粹派士大夫的虚骄的清议高论，曾国藩的"只怕洋鬼子"与对洋人"无以御之"的毫无掩饰，直截了当的内心表白，无疑是对西方文化挑战的严峻现实在认识上的深化，在中国近代政治思想史上具有不可忽视的意义。

曾国藩在第二次鸦片战争以后所产生的危机意识，既非那种视中国传统礼乐教化不如西方近代文化的自卑心理，也非那种视西方文化源于中国说，或者西方无礼乐教化可言、唯我中华独有的狂妄虚骄之论。它的基本特征的：在曾国藩眼里，具有至善至美的儒家礼乐教化的中国人业已受到了在"技艺""机巧"和"术数"方面更为强大、更为先进的域外远人的侵凌和威胁。进而，他还认识到，洋人的这种侵凌和威胁如果继续深入中国腹地，则有可能危及中华民族现有的生存环境和稳定秩序。

于是，曾国藩在这种危机意识的基础之上，相应地产生了以摆脱危机为宗旨

的避害反应和避害价值尺度。尽管第二次鸦片战争结束后，农民起义尚未镇压下去，但他多次对友人说："目下中外之患自以洋务为最巨。"他念念不忘"海国环伺，隐患方长"。他反复提醒清廷："此次款议虽成，中国岂可一日而忘备？"由于这种危机感和责任感，是在曾国藩对现实危险的新鲜的警觉和感受中直接产生的，而主要不是从尧舜孔孟的圣人格言中直接引申出来。它直接听命于他那保国保种的生存意念的呼唤，所以这种基于生存意念基础上的危机意识和价值尺度，便首次并有力地冲破了原先笼罩在他身上的文化安全感的心理氛围，本能地抗拒和抵制着某些不利于实现避害目标——"自立""自强"的传统观念和价值规范以及思维习惯；并通过这种抵制和抗拒，力求在他自身所形成的新的观念王国中为生存而赢得一席地盘；同时迫使他反躬自省，面对严酷的现实而采取避害措施和挽救危机之方。然而，经过反复思索，他认为对付洋人如仍沿用"古方"，则不能应付变化多端的局势。他在家书中说，"与外国人交涉，别有一副机智肺肠"，才能补救危局。这种认识也就为在避害反应中相应采取措施提供了前所未有的新的契机。

曾国藩的避害反应较为集中地表现在对西方文化中"技艺"和"术数"的功用的积极肯定之上，因为，在曾氏看来，洋人的技艺已经显示出巨大的杀伤力。所以，从避害角度来说，化他人之长补自己之短，则是完全必要且异常迫切的事情了。早在第二次鸦片战争刚刚结束之时，他在奏折中除提醒清廷不要因款议之立而盲目乐观，而应采取实力防备之外，还提出了"将来师夷智以造船炮，尤可期永远之利"的主张。1861年（咸丰十一年），曾国藩极力赞赏奕䜣奏请购买外洋"小火轮船，益以精利枪炮"来镇压太平天国的建议，是"今日救时之第一要务"。但他考虑的不仅仅在于"剿发逆"，因为"目下贼氛虽炽，然江面实鲜炮船，不能与我水师争衡"。同奕䜣相比，他所着眼的是"轮船之速，洋炮之远，在英、法则夸其所独有，在中华则震于所罕见。若能陆续购买，据为己物，在中华，则见惯而不惊，在英、法，亦渐失其所恃"。当时，湘军正倾全力猛攻安庆，没有一个人比曾国藩更直接地处于同太平天国为敌的地位。但是，他更担忧的是西方列强。认为只有师法洋人，才能摆脱危机，求得民族自存的权利。这是曾国藩心目中避害价值观念的真实写照，体现了讲求实效的功利主义性质。

总之，这种以危机意识为基础而产生出来的避害价值尺度，使得曾国藩在一定程度上冲破了传统文化心理模式和传统思维习惯的某些藩篱，做出比一般守旧士夫更为现实、更为冷静的也更符合自卫之道的反应——以自强为目的的洋务事业，在他倡导和主持之下雄心勃勃地开展起来。这至少可以表明，曾国藩已经认识到，以"华夷"对峙时代形成的对外部世界一概闭关自守的态度模式来应付西方对手，是一种不切实际的愚妄之举。因此，我们认为曾国藩在当时的高明之处，就在于他"识时务"，力图冲破极度封闭僵化的历史文化背景，在他的知识与能力所能达到的范围之内，去实现民族自卫目标。相对于大多数站在更保守立场上来指责洋务派人士的顽固守旧言论，他的价值观念和行为方式是在认识上的一种深化和进步。

然而，我们在这里必须指出的是，由于曾国藩毕竟是一个视中国传统文化尤其是视程朱理学为身心性命的封建士大夫，所以他的避害意识在内涵上又是相当单纯和狭窄的。既然这种避害意识相当单纯和狭窄，那么它对曾国藩传统观念体系的冲击范围，也就仅仅限于与自卫——“自立”“自强”相关的那些方面。因此，曾氏对西方文化的兴趣只侧重于“技艺”“技巧”和“术数”方面。而对于社会政治制度则基本上加以拒斥。与此同时，他在避害动机下提倡西学，主要是针对外部强敌的威胁做出的被动反应，而不是基于社会内部新因素发展的刺激而做出的主动反应。所以，他对西学的兴趣中，并不包含着追求更高远的社会目标与伦理思想的内在精神要求和丰富的社会内涵。在曾国藩看来，“师夷之长技”的目的仅仅在于“制夷”。如果“夷”已被制，或者已无“夷”可制，目的则已达到，“师夷”也就自然失去其存在的价值。从而，以避害反应为主体的对西学产生的兴趣本身缺乏向西方近代文化各个方面纵深伸展的内在趋势。这种兴趣的单纯和狭隘，使得曾国藩很少有可能也不愿意把西方文化当作人类文明发展中的智慧成果去积极地予以肯定和全面认识。正是在这个意义上，曾国藩提倡的“师夷智”不能不具有划地为狱的封闭性质。再则，由于曾国藩考虑到，一方面国内农民起义不断发生，尚须靠外人之力予以镇压；另一方面，洋人势力强大，论势不论理，一旦决裂，后果不堪设想；再一方面，清政府内政百孔千疮，中国积弱日久，不能一时与洋人抗衡。这就使他形成了一种对西方列强欲拒还迎的矛盾心态，陷入了一种心力俱绌的抵牾和彷徨之境。他曾在奏折中说：“目前资夷力以助剿济远，得纾一时之忧。”然而在权宜“借洋助剿”农民起义的同时，他又对洋人表现了根深蒂固的疑虑。他说：“彼甘言蜜语，以师船助我打长毛，中国则峻拒之；彼若明目张胆，以师船助长毛打我中国，再哀求之，岂不更丑?”外在的抵牾反映了内在的彷徨。这清楚地表明，曾国藩在中西文化相碰撞的时代旋涡之中的一种极度复杂的心理过程。

曾国藩这种对西方文化欲拒还迎的矛盾心态，说明了这样一个问题：一方面，他在当时所面临的文化背景及其原来所受的传统教育，使得他与一般守旧士大夫一样，把纲常礼教、圣人大经大法视为心身性命之不可须臾分离的东西；另一方面，对现实的敏锐警觉，又驱使他本能地去吸收异源的西学和办理洋务。于是，那些圣人之学中的基本信条、伦理规范、价值观念，与那些因避害反应而产生的有关西方文化的新的价值观念和行为方式，也就同时并存于他那极度复杂而又极度矛盾的头脑之中。这样，就很自然地出现了互为异源的双重价值尺度并存的现象。然而，通过什么方式、什么途径来实现这种双重价值尺度和观念之间的平衡和协调呢？如前所述，由于曾国藩对西方文化的兴趣主要是局限于避害——“自立”“自强”这一功能方面，不

可能向其他方面渗透和扩展，也就不会构成对圣人之道、对中国传统价值体系的全面威胁。所以，曾国藩找到了“中学为体，西学为用”这个对中西文化的取舍模式，来做局部的整体调整的一种自以为可行的途径。在他举办洋务事业的过程中，把西学明确地局限于“用”（功能）的范围之内，并且不是把这个“中学为体”与“西学为用”有机地结合起来。这种把“体”与“用”割裂开来的做法，带来了一个无法解决的现实问题：由于是把“西学”这一异源于圣学之道的异质文化因素，勉强地一厢情愿地安放在“用”的范畴位置之上，所以在中学之“体”与西学之“用”之间，就存在一种实质上的无法相互渗透、融合和协调的紧张状态。这是曾国藩洋务事业成效不大，尤其是他在对外交涉中软弱妥协乃至误国丧失中华民族利权的根本原因所在。

曾国藩由理学经世到倡办洋务，这也是他高于同时代其他理学大家之处。绝大多数正统的理学家，都主张“窃闻立国之道，尚礼义不尚权谋，根本之图在人心不在技艺”。坚决反对将西方先进技术引到中国，以解决清王朝所面临的危机。曾国藩虽然也讲求理学，但务实的精神，却使他摆脱了夷夏大防的心理，指出：“学于古，则多看书籍；学于今，则多觅榜样；问于当局，则知其甘苦；问于旁观，则知其效验。”这种“多觅榜样”“知其效验”的务实精神，正是曾国藩由理学家到洋务派的思想基础。

曾国藩以“诚”崇洋

曾国藩的“外王”并没能改变中国落后挨打的状况，他对洋人的“诚”字法也只能为历史所讥笑，他与李鸿章师徒两人都有“卖国贼”的绰号，也非偶然吧。他在信中说：

对于设法防范的事，实无良策。洋人语言不通，风俗迥异。他们助我而来，我若猜忌太重，则无法导迎善气。若推诚相见，又怕其包藏祸心。考虑汉口焚船等案，片言不合，战事立生。嫌衅一开，全局瓦裂。我始终不主张与之会剿之原因，已经考虑得非常透彻了。与共先合后离，不如先考虑好再联合。倘使我军屯驻之处，他们不约而至，实逼处此，我必当谆诫士卒，平日言必忠信，行必笃敬；临阵胜必相让，败必相助。只有嫌退之义，却无防范之方。吾正与粤匪相持，不宜再树大敌，另生枝节。应该容忍谦让，共济艰难，我考虑到的，不知有当万一否。

曾国藩力主“师夷之智”时，其间也有着中国传统人格中“诚”的精神与修养。

曾国藩的思想主干是宋明理学，宋明理学的开山祖是周敦颐。周敦颐把人放在《太阳图说》的中心地位：“万物生生而变化无穷，惟人也得其秀而最灵。”人纯粹至善的最高品质就是“诚”，“诚者，圣人之本”，“圣，诚而已矣”，人极

即圣，人极即诚。周敦颐的这一思想当然也有本源，《中庸》指出："唯天下至诚，为能尽其性；能尽其性，则能尽人之性；能尽人之性，则能尽物之性；能尽物之性，则可以赞天地之化育；可以赞天地之化育，则可以与天地参焉。"

所以，人只有诚，并且通过诚，才能认识自己的真实本性，也才能认识其他人的性以及整个世界的性。

可见诚不仅是一个道德问题，也是一个认识论的问题，不能做到诚，即不能认识自己，也不能认识他人，更谈不上认识整个世界。人做不到诚，也就只是一个凡人，当然做不了曾国藩所说的"第一等人物。"

曾国藩最得力的门生李鸿章，曾经回忆他老师"待洋人以诚相见之事。"

李鸿章说："别人都晓得我前半生的功名事业是我的老师曾国藩提携起来的，似乎讲到洋务方面的事，老师还不如我内行。并不知道我办一辈子外交，没有闹出乱子，都是我的老师一句话指示的力量。从前我老师曾国藩从北洋调到南洋，我未接替北洋，当然要先去拜谒请教他老人家的。老师见到我的面之后，不等我开口，他就先向我问道：'少荃，你现在到了这个地方，是对外交涉第一重要的关键。现今国势削弱，外国人才联合起来算计我们，有一点小小的错误，就会遗留祸害，影响大局。你与洋人交涉，打算作什么样的主意呢？'我回答说：'学生正是为了这个问题，特地来向您求教的。'老师对我说：'你既然来到这里，当然必定会有自己的主见，不妨先说给我听一听。'我说：'学

苏福省造铜炮　清

生也没有打什么主意。我想，与洋人交涉，不管什么，我只是同他打痞子腔，即用油腔滑调来对付他们。'老师于是以五个手指捋着胡须，很长时间不说话，慢慢开口说：'呵，痞子腔，痞子腔，我不懂得如何打法，你试着打给我听听看好吗？'我想不对，这话老师一定不以为然，急忙改口说：'学生信口胡说，错了，还求老师指教。'他又顺抹着胡须不放手，很久之后才以眼睛看着我说：'依我看来，还是用一个诚字为好，诚能感动一切人和事，我想洋人也同样具有这种人情。圣人说忠诚和信守可以实行于少数民族那样不开化的人们，这绝对不会有错的。我们中国现在既然没有实在力量去与洋人相抗衡，无论你如何虚强造作，洋人是看得明明白白的，都不会产生什么实际效果的。不如老老实

实，推诚相见，与洋人平情说理；这样做虽然不能占到洋人的便宜，或许不至于吃亏。无论如何，我们的信用身份，总是站得住脚的，脚踏实地，失误也不至于太远，想来比痞子腔，总靠得住一点。’我碰了这个钉子，受了这番教训，面子上实在过不去。然而回过头来用心仔细一想，觉得我老师的话实在有道理，是颠扑不破的真理。我的心中立刻有了把握，急忙应声说：“是是，学生一定遵循信奉老师您的训示办理。’后来办理对外交涉事务，不论是英国和俄国还是德国和法国，我只是捧着这个锦囊妙计，用一个诚字，同洋人相对，果然没有差错，而且有收得大效的时候。古人所说的一句话可以终身行事，真有这个道理。要不是我的老师曾国藩的学问和经国济民之术高深，如何能这样一语中的呢?”

李鸿章在这段话中，阐述了曾国藩对外软弱妥协的基本方针对他的深刻影响所在。的确，李鸿章作为曾国藩事业上的忠实继承人，在对外交涉方面体现得尤其充分，中国近代史上许多不平等条约的签订，尽管是由清朝国势微弱所决定了的，但他与他的老师曾国藩一样，错误地将处理国内人与人之间关系的忠信笃敬运用于外交事务，幻想西方列强发善心，在对华侵掠问题上有所收敛，结果适得其反。

这是曾国藩和李鸿章成为近代中国一个悲剧式人物的基本原因所在。

“外王”心语

【原文】

伏查咸丰十年十月，蒙先帝垂询俄、法两国助剿之事，臣复奏以为“当许其来助，而缓其师期”。本年三月蒙谕旨垂询英、法两国助剿之事。臣复奏以为“同防上海则可，借攻内地则不可。洋人若先攻苏、常，臣处无会战之师；若克复城池，臣处亦无派守之卒。定议于先，或不致责怨于后”等情，奏明各在案。兹复钦谕旨，以印度兵来，秋间大举，饬令会商妥议。臣函商左宗棠、李鸿章等。据左宗棠复函云：青浦、嘉定二处发逆麇至，夷兵遽遁。夷人之畏长毛亦与我同。委而去之，真情毕露，断无起印度之兵，助剿此贼之事。岛人借助巢为图利之计，借起兵为解嘲之词耳。兵头纵有此意，国主未必允许。印度纵有兵来，其数未必能多。据李鸿章复函云：官军自二十一日虹桥大捷之后，洋兵待我兵敬礼有加。提督何伯来营会晤，词意和顺。然窥其中，若有不足者。青浦、嘉定之退，不免羞恚。自云须八月后，调大英兵来，恢复青、嘉，该提督始能回国。并无调印度兵来之说。臣查西人天性好胜，睚眦小忿不肯甘休。青浦、嘉定之挫，既羞见侮于发逆，尤虑见轻于天朝。其兴兵前来报复，系属意中之事。惟英、法旧例，兵谋会议于众国，兵费征于众商，非一人所能为主。青、嘉一退之羞，不至遽触大众之怒。国主未必因此而大举，商贾未必因此加征。其兵数必不甚多，亦可悬揣而知。崇厚既有所闻，似宜由总理衙门与驻京公使查询确实。然后申大义以谢之，陈利害以劝之。中国之寇盗，其初本中国之赤子。中国之精兵，自足

平中国之小丑。姑无论本年春夏连克二十余城，长江上下肃清三千余里，发逆无能久之理，吴、越有可复之机。即使事机未顺，贼焰未衰，而中华之难，中华当之。在皇上有自强之道，不因艰虞而求助于海邦；在臣等有当尽之职，岂轻借兵而诒讥于后世。此所谓申大义以谢之也。粤匪行径，本属无赖之贼。青嘉两城，尤属至微之事。英国若征印度之兵，为报仇之役。多调则胜之不武，少调则不胜为笑。徒使印度军士，支领英国之饷银，蹂躏中国之土地。上不利国主，下不利于英商。不如早议息兵，俾松、沪免无穷之扰，即英法省无穷之费，此所谓陈利害以劝之也。斯二者，总理衙门与驻京公使委曲商榷，如俱不见听，则亦别无阻止之法。仍当先以议定，西兵进攻内地，臣处无会剿之师；若克城池，臣处无派防之卒。区区鄙见，不得不重言申明。

【译文】

咸丰十年十月，蒙先帝过问俄、法两国助剿事宜，微臣复奏认为“当许其来助，而缓其师期”。今年三月又承蒙圣旨过问英、法两国助剿的事。卑臣复奏认为“一起防守上海可以，借兵进攻内地则不行。洋人若先攻苏、常，臣处没有会战的军队；若攻克城池，臣也派不出防守的军队。事先定下协议，省得后来招致责怨”等情由，均奏明在案。现在又奉圣旨，饬令妥善商议秋天印度兵大举来华之事。卑臣已通过信函和左宗棠、李鸿章等人商量了。根据左宗棠的复信：青浦、嘉定两地太平军聚集很多，洋兵匆忙逃遁。外国人畏惧太平军和我们一般无二。弃之而逃，真情毕露，肯定没有征印度兵来助剿太平军一事。英国人不过想借助剿匪谋来好处，借征兵来解嘲罢了。即使将领有意，国王也未必允许。印度兵就是来了，也不会很多。根据李鸿章的复信：官军从二十一日虹桥大捷后，洋兵对我兵礼敬有加。提督何伯来我军会晤，言语也很和顺。然而窥视他的内心，好像有不足的地方，对青浦、嘉定的败退不免有些羞辱，说待到八月后，调英国兵来，收复青、嘉自己才能回国。并没有说要调印度兵来。卑臣观察西方人天生好胜，睚眦小忿，也不会善罢甘休。青浦、嘉定受挫，既感到受了太平军的羞辱，又忧虑被我朝轻视。他发兵前来报复，也属意料之中。只是按英法的惯例，发兵要经过议会讨论，兵费也是从众商中征收，不是一人能做主的。青嘉败退之辱，不至于立即引起全国的愤怒。国王未必会因此而大举派兵，商人也未必会因此而同意加税。他的兵员一定不会很多，也可推测得知。崇厚既然有所耳闻，好像应该由总理衙门的驻京公使查询证实为妥。然后再申明大义谢绝，对他说明利

太平军号衣图

害关系。中国的寇盗，本来是中国臣民，中国的精兵就足以扫平中国的匪寇。姑且不说今年春夏连克二十余城，长江上下肃清三千余里，太平军不会存在多久，吴、越有收复的趋势。即使事情不太顺利，贼军气焰不衰，中华之难，中华担之，对皇上来说有自强之道，不因艰难而求助于外国；对臣下来说是应尽的职责，岂能轻率地借兵而被后世讥笑。这就是所说的要申明大义谢绝他们。匪军的行径，本属无赖之徒。青、嘉两城更是小事一桩。英国若征印度兵，为报仇而打，多调则胜之不武，少调不胜则被人耻笑。白让印度官兵支领英国饷银，蹂躏中国土地。上不利于国主，下不利于英商。不如趁早息兵，免除松、沪无穷之乱，同时英、法也节省许多军费，这就是所说的要陈明利害规劝他们。这两项，总理衙门可与英法驻京公使委曲商榷，若不听，那也没有别的阻止办法。仍先和他们定协议，洋兵进攻内地，臣处无会剿的军队；若攻克城池，臣处也无防守的部队可派。区区浅见，不得不重新申明。

【原文】

粤中团勇报捷，盖意中事，逆夷所长者，船也，炮也；所短者，路远也，人少也。自古称国富者以地大为富，兵强者以人众为强耳。英夷土固不广，其来中国者人数无几，欲恃虚声以慑我上国。粤民习知其人之寡、技之浅，故官畏鬼，而民不甚畏鬼，与之狎也。此次与之确斗，彼必不能坚守，此后官兵之气日强矣。往时徐松龛中丞著书，颇张大英夷。筠仙归自上海，亦震诧之。鄙意彼蹈骄兵、贪兵一忌，恐不能久。得尊缄开示，益知吾圉之无虞耳。惟来示英、美、法、俄四国合而图我，昔闻英夷与俄罗斯世为仇敌，不知何时媾合。夷狄以利交，利尽则交疏。连鸡不栖，或非深患。又俄夷王庭虽在泰西，然大段山国也。如欲与我为难，恐当从西北阑入，未必迂由海道。兹亦可疑者，便中尚祈详示。

【译文】

广东省内的团勇作战报捷，这是在人们预料之中的事情。外国入侵者的长处是铁船和大炮；他们的弱点是千里迢迢而至，人员较少。自古以来被称为国家富足的，是以土地辽阔为富足；称为军事强大的，是以人员众多为强大。英国土地本来就不广阔。广东民众熟知他们人数少、能耐小，因此，虽然官府害怕洋人，民众却不很害怕洋人，并和他们斗争。这次和洋人实地作战，他们一定不能持久抵抗，从此官兵的气势就会一天天旺盛起来了。过去徐松龛中丞写了一本书，对英国的介绍颇为夸大其词。郭嵩焘从上海回来，也对英国人的势力表示震惊诧异。我认为，他们犯了骄兵、贪兵这两条兵家大忌，其势力恐怕不能持久。接读您的来函，进一步知道了我国土无忧了。只是您信上说英、美、法、俄四国联合起来算计我国，这出乎我的意料。过去曾听说英国与俄罗斯是世代仇敌，不知什么时候缔结和约了。外族人从利益考虑才结合起来，利益完结了自然交情疏远。就像好争的鸡不肯挨在一起栖憩，外族人的联合也必不长久，或许不会给我国构成太大的忧患。另外，俄罗斯的首都虽在欧洲，但大部分区域是高山地带。如果

他们打算向我国挑衅，恐怕必定从我国西北地区侵入，未必会绕远走海路。这也是值得注意的问题，方便的时候，还请您详细告知我。

【原文】

窃臣才识庸愚，谬膺重寄。受命二载，不能早筹一旅达于苏境。致苏省绅士火热水深，为此不择之呼吁，皆臣治军无状之咎，诚使商借洋兵，即能救民之难，盖臣之愆，岂非至愿。然臣前此奏称：助守上海则可，助剿苏、常则不可，盖亦有故。回纥助唐，收复两京，当时亦赖郭、李诸军，挟与征战。纵主兵未必优于客兵，要自有为之主者与之俱进俱退、偕作偕行。以今日之贼势，度臣处之兵力，若洋人遽尔进攻金陵、苏、常，臣处实无会剿之师；如其克复城池，亦尚难筹防守之卒。上游如多隆阿、鲍超、曾国荃诸军，各当要地，万难抽动；下游如李鸿章一军，甫抵上海，新集之卒，只堪自守，不能远征。反复筹维，竟无大支劲旅与之会剿。假使转战内地，但有西兵，而无主兵，则三吴父老，方迓王师而慰云霓之望，或睹洋人而生疑惧之情。至臣职分所在，责有专归。譬之人家子弟，应试科场，稍能成文，而倩人润色，犹可言也。若既不能文，又不入场，徒倩枪手顶替，则无论中式与否，而讥议腾于远近，羞辱贻于父兄矣。臣所处之位，与报名应试者无异。专借西兵，与倩人顶替者无异。故他人但作事外之议论，而臣当细思事中之曲折。即以借助外国为深愧，尤以无兵会剿为大耻。

【译文】

我才识庸愚，被错授重任。接授王命两年以来，没能早日筹建一旅士卒到达江苏。致使江苏绅士陷于水深火热，发出这种不择的呼吁，都是臣下我治军无术的过失。假如商讨借用洋兵，就可救民之难，这对有过错的我来说，岂非至愿。可是我以前奏称：洋兵帮助守卫上海尚可，帮助剿苏州、常州即不妥，这也是有原因的。回纥帮助唐兵收复两京，当时也依靠郭、李诸军，一同作战。纵使主兵未必优于客兵，也要有有作为的主兵同客兵共进共退，一同出兵。凭今日的形势，我估计自己的兵力，倘若洋人突然进攻金陵、苏州、常州，我这里实无会剿之师。洋人若攻克城池，我也难筹防卫之卒。上游的多隆阿、鲍超、曾国荃等军，各把守要地，不可抽调；下游如李鸿章一军，刚抵上海，新集之卒，只能自守，不能远征。反复筹划，还是没有大支劲旅合同会剿。假使转战于内地，只有西人之兵，而无主兵，那么三吴的父老，到那里迎王师以慰云霓之望，难免有人睹洋人而生疑惧之情。在我职分所在，责任所归。譬如一家之子弟，应试于科场，稍能成文，请人润色，还说得过去。倘使既不会写文章，又不入场，只请替考者顶替，那么无论是否中试，议论必传于远近，羞辱亦及于父兄了。我所处的地位，同报名应试者相似。专借洋兵，同请人代替没有区别。所以别人只作事外的议论，而我却必须细细考虑其中的曲折。既以借助外国深愧，尤以无师会剿为大耻。

【原文】

粤中猖獗，良可愤叹；惟互夷情志在通商，稍有损于国体，尚无害于民生。

或者许和之后，仍可驯抚。则此方生灵，免遭涂炭耳。

【译文】

洋人在广东一带放肆猖獗，实在令人憎恨可叹；只是洋人的用心不过是力图和我国进行贸易，虽然稍稍损伤了我们国家的尊严，还没有对人民生活构成危害。或者在我们准许讲和之后，我们仍然可以驯服、招抚他们。那么，这一带的人民就会避免遭受残害的厄运吧。

【原文】

江苏军务，自宝山、奉贤、南汇、川沙失守后，上海已岌岌可危。至今月馀，岿然幸存。盖发逆畏忌西洋，不敢骤树大敌。而目下情势，舍借助洋兵，亦实别无良策。臣于二十二日曾经附片具奏。上海僻外东隅，论筹饷为要区，论用兵则为绝地。假使无洋人相助，发匪以长围裹我，官兵若少而弱，则转瞬又成坐困之势；若多而强，则不宜置此无用之地。再四思维，不得所以保全之法，拟仍借洋人之力，开诚布公，与郭和好，共保人财。将来果派何军协同防守之处，应俟李鸿章到镇、陈士杰到皖，再行察看，奏明办理。

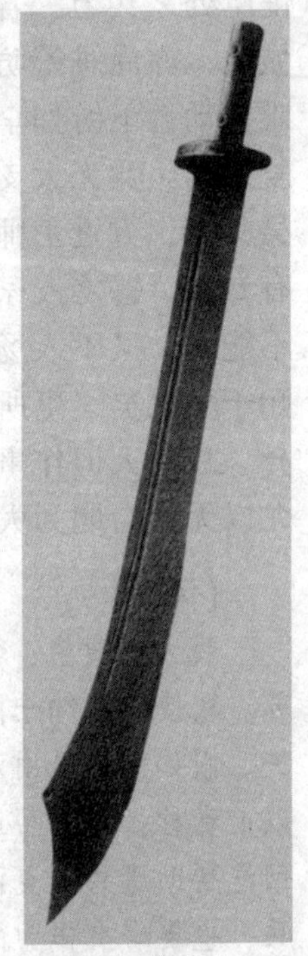

太平军斩刀

【译文】

江苏一带的军情，自宝山、奉贤、南汇、川沙失守以后，上海就岌岌可危。到现在一个多月过去了，仍岿然不动，幸存下来。大概是太平军忌惮洋人，不敢贸然树此大敌。而眼下情形，我借助洋兵之力，也实在是别无良策。微臣在二十二日曾经附片上奏。上海地处偏远的东方要说筹借粮饷是个重要地区，但要说到用兵就成了孤立难援的绝地。假使没有洋人的帮助，太平军长期围困我们，我们派兵如果不多，那么转瞬就成坐以待毙之势；如果派兵多且精，那么放在这样无用之地就显得不太适宜。思虑再三，仍得不到保全之计，就打算仍借助洋人的武力，与他们开诚布公，和睦相处，一起维护人身财产的安全。到底将来派谁的军队共同防守，还应等到李鸿章到了镇江、陈士杰到了安徽，再做考察奏明办理。

【原文】

至于炮位适用之品，最为难得。此次蒙皇上屡降谕旨，饬令两广督臣叶名琛购备洋炮，为两湖水师之用。现已先后解到六百尊来楚，皆系真正洋装、先验合用之炮。湘潭、岳州两次大胜，实赖洋炮之力。惟原奉谕旨购办千馀尊，现止来六百尊，尚属不敷分配。且江面非可遽清，水师尚须增添，尤须有洋炮陆续接济，乃能收愈战愈精之效。相应请旨饬催两广督臣，将应行续解之夷炮数百尊，赶紧分起运解来楚，于江面攻剿，大有裨益。

【译文】

关于合适炮位的品种，最难获得。这次承蒙皇上多次降下旨意，命令两广督臣叶名琛购置洋炮，供两湖水师使用。现已先后运送六百门到楚地，都是真正的洋装和精心挑选检验过的能用的大炮。湘潭、岳州两次大胜，确实是靠洋炮的威力。只是原来奉旨购置的千余门，现在只运来六百门，还是不够分配。而且江面难以迅速肃清，还需要增添水师，更需要有洋炮陆续补给，才能收到越战越精的效果。现在应当请求圣旨，催促两广督臣，将应该继续运送的几百门洋炮，赶紧分批运到楚地来，这对在江面上攻打剿杀匪徒，将会大有好处。

【原文】

泰安发一信交刘高山带至金陵。是日接尔二十日禀，知十九日已移下江考棚为慰。李中堂欲借后圆地球，尽可允许，俟渠到湖北，即交便轮船带去。并求其将方子可请入楚督置内，刊刻此图，附刻图说，仍求将方元征调入鄂省，酌委置缺，必为良吏。李相创立上海、金陵两机器局，制造船炮，为中国自强之本，厥功甚伟。余思宏其绪而大其规，如添翻译馆、造地球，皆是一串之事。故余告冯、沈二君，以后上海铁厂仍请李相主持，马、丁两帅会办。尔可将此意先行函告李相，余以后再有函商之也。

【译文】

我从泰安发一封信交给刘高山带到江宁。今天收到你二十日来信，知道你十九日已移往下江贡院老棚，很欣慰。李中堂（李鸿章）想借西半球地图事，你完全可以答应，等他到湖北，就让船顺便带去。并把他的部下方子可请到湖广总督衙门，刻印这幅地图，在地图后附刻说明，此外还要请他把方元征调到湖北巡抚衙置，商量委派他一个职务，他一定是个优秀官吏。李相创办上海、金陵两个机械局，制造船、炮，这是中国自强的根本。这是件功在千秋的大事。我设想应扩大它的规模，如增加翻译馆，刻印全球地图等，都是一连串的事。你可将我的意思告诉冯桂芬、沈宝桢两位，以后上海铁厂还是让李鸿章主力、马、丁两帅共同管理。你可把这个意见先写信告诉李相，我以后再写信与他商量此事。

【原文】

至于设法防范，殊乏良策。洋人语言不通，风俗迥异。彼以助我而来，我若猜忌太深，则无以导迎善气。若推诚相与，又恐其包藏祸心。观于汉口焚船等案，片言不合，戎事立兴。嫌衅一开，全局瓦裂。臣始终不愿与之会剿者，盖亦筹之至熟。与其合而复离，不若量而后入。倘我军屯驻之处，彼亦不约而来，实逼处此。臣当谆饬部曲，平日则言必忠信，行必笃敬；临阵则胜必相让，败必相救。但有谦退之义，更无防范之方。吾方以全力粤匪相持，不宜再树大敌，另生枝节。庶几有容有忍，宏济艰难，愚虑所及，不审有当万一否。所有遵旨妥议缘由，理合会同浙江抚臣左宗棠、江苏抚臣李鸿章，恭摺复奏，伏乞皇上圣鉴训示。

【译文】

对于设法防范的事，实无良策。洋人语言不通，风俗迥异。他们助我而来，我若猜忌太重，则无法导迎善气。若推诚相见，又怕其包藏祸心。考虑汉口焚船等案，片言不合，战事立生。嫌衅一开，全局瓦裂。我始终不主张与之会剿之原因，已经考虑得非常透彻了。与其先合后离，不如先考虑好再联合。倘使我军屯驻之处，他们不约而至，实逼处此。我必当谆诫士卒，平日言必忠信，行必笃敬；临阵胜必相让，败必相助。只有谦退之义，却无防范之方。吾正与粤匪相持，不宜再树大敌，另生枝节。应该容忍谦让，共济艰难。我考虑到的，不知有当万一否？所有遵旨妥议缘由，理应会同浙江抚臣左宗棠、江苏抚臣李鸿章，恭以折上奏，希望皇上圣鉴训示。

【原文】

八月惠示一函，屡思详报，反复筹维，尚未得所折衷。鄙意所疑者，以沿江两督四抚，欲一一得晓洋务者而任之，必难其选，不如选通晓洋务之星使一人，庶几遴择较易，历久无弊。而来示层层剖晰，多精当不易之论。顷又接郭筠仙观察来函，亦谓洋务当以平淡出之，似不必专立星使衙门，其旨与尊论相近。弟于洋务素未措意，未敢固执己见，强护前说。

【译文】

八月惠赐之信，多次想详细回复，反复考虑，还未得所折中。我所疑者，以沿江两督四抚，欲一一得通晓洋务之人充任，必难选定，不如选择通晓洋务的星使一人，也许较易选择，时间长亦无弊。你的信中层层剖析，亦多精当不易之论。不久又接观察郭筠仙来函，也言详务当以平淡出之，似乎不必专设星使衙门，其主旨与你的意见相符。我对洋务以前未细考虑，未敢固执己见，强护前说。

【原文】

法国教士罗安当前赴江西，弟亦派武员徐士衡送之以行。因恭邸函嘱殷勤，故亦奉函左右，请将前案速结。然弟观罗教士之气象，不过如我中国之无赖痞棍，其进京干求迫切，在该国公使不过稍与审理，以应酬外国传教之人，在恭邸不过稍予体面，以应酬驻京之公使而已。弟上年闻尊处办理此案刚劲不挠，恐或激而生变，今观罗教士之言语意象，必不足以取信于该国之酋长，法国亦必不因该教士而兴兵动众。疆吏于此等处，但于刚毅之中，微寓浑涵之意，不使恭邸独任其难而已。此外，则自以守正不挠为宜。前函未喻鄙意，再致区区，诸希心鉴。

【译文】

法国传教士罗安正要前往江西，弟也派武官徐士衡送他前往。恭亲王来信叮嘱要殷勤款待，所以也奉函指示左右，将前案迅速了结。然而我细察罗安教士的谈吐气质，也不过像我国的地痞无赖之流，他进京要求这么迫切，在该国公使方

面只不过稍微审理，以应酬外国的传教士，在恭亲王这方面也不过是多少给点面子，以敷衍驻京公使罢了。我上年听说您处在办理这类案件时不屈不挠且强硬有力，深恐太过激会滋生事端，现在看罗安教士的表现，一定不会取信于该国的首领，法国也不会因为一个传教士而兴武动众。边疆官员处在这种境地，应在刚毅之中多少夹点调和含糊的东西，不要让恭亲王感到为难算了。另外，仍然保持正直不屈为好。前函没有说清我的意思，再致区区，还望明鉴。

粉彩霁蓝描金婴图戏灯笼式瓶　清

【原文】

容春浦上年曾来安庆，鄙意以其人久处泰西，深得要领，欲借以招致智巧洋人来为我用。果其招徕渐多，则开厂不于浦东，不于湘谭，凡两湖近水偏僻之县，均可开厂。如湘之常、澧，鄂之荆、襄，滨江不乏善地，此间如华若汀、徐雪村、龚春海辈，内地不乏良工，曷与容君熟商，请其出洋，广为罗致。如须赍多金以往，请即谋之少荃，虽数万金不宜吝也。其善造洋火铅冒者，尤以多募为要。

【译文】

容闳去年曾经来过安庆，我认为这个人长期生活在西方，对洋人的事务很熟悉，就打算通过他聘请有知识有技术的洋人来为我们所用。如果真的招来不少人，则开办工厂不仅仅在浦东，也不仅仅在湘潭，凡是两湖近水的偏僻之县，均可开厂。比如湖南的常、澧，湖北的荆州、襄阳，沿长江的地区都有不少的好地方，这中间已有华若汀、徐雪村、龚春海等人经营，内地也有不少有技术的工人，等我与容君相商，请他出使各国，广泛罗致洋人。如果须要携带重金，请和少荃商谋解决，即使万金也不可吝惜，那些善于制造洋火铅冒的人，更要多多招募才是。

卷九 荷道

经文释义

【原文】

文章之道，以气象光明俊伟为最难而可贵。如久雨初晴，登高山而望旷野；如楼俯大江，独坐明窗净几之下，而可以远眺；如英雄侠士，裼裘而来，绝无龌龊猥鄙之态。此三者皆光明俊伟之象，文中有此气象者，大抵得于天授，不尽关乎学术。自孟子、韩子而外，惟贾生及陆敬舆、苏子瞻得此气象最多，阳明之文亦有光明俊伟之象，虽辞旨不甚渊雅，而其轩爽洞达，如与晓事人语，表里粲然，中边俱彻，固自可几及也。

【译文】

写作文章这一道，以气势宏伟、广阔、境界明朗光大最难达到，也最为可贵。如同多日阴雨的天空刚刚放晴，登临高山之上眺望平旷的原野，有心旷神怡，气象万千之感。再如登危楼俯临大江，独自一人坐明窗下、净几旁悠然远眺，可见水天交接、横无际涯的壮阔美景。又如豪侠英杰之士，身穿狐白裘衣，英姿雄发，飘然出尘而至，神志中丝毫没有卑下难堪的污浊之色。这三者都是光明俊伟的气象境界，文章中能有这种境界，基本上得益于天赋，与人后天努力学习没太大关系。除孟子、韩愈外，只有汉代贾谊、唐代陆贽、宋代苏轼，他们文章中达到这一境界的最多。明代王守仁的文章也有光英明朗、俊丽宏伟的气象，虽文辞意旨不很渊博雅洁，但他文章的形式内容浑然一气，通达明快。如同和知书识礼的人谈论，表里都美，中心和铺映都相得益彰，确实不是可轻易达到的。

曾国藩像

【原文】

古人绝大事业，恒以精心敬慎出之。以区区蜀汉一隅，而欲出师关中，北代曹魏，其志愿之宏大、事势之艰危，亦古今所罕见。而此文不言其艰巨，但言志气宜恢宏，刑赏宜平允，君宜以亲贤纳言为务，臣宜以讨贼进谏为职而已。故知不朽之文，必自襟度远大、思虑精微始也。

【译文】

古人谋求天下大业，常以专心致志、认真谨慎的态度来对待事业。诸葛亮以区区蜀汉的一块小地盘，却打算出兵关中，向北讨伐广大的曹魏。他志向的宏伟远大、所处形势的艰难危急，实在是古今所少见的。而《出师表》这篇文章，不说事务的艰巨，只说志气应恢宏、赏罚应公允，为君者应亲近贤人、从善如流，为臣者应以讨伐奸贼、进谏忠言为职责。由此可知，那些流传千古的不朽文章，必定是作者襟怀远大，思虑专精造就的呀。

【原文】

三古盛时，圣君贤相承继熙洽，道德之精，沦于骨髓，而学问之意，达于闾巷。是以其时置兔之野人，汉阳之游女，皆含性贞娴吟咏。若伊莘、周召、凡伯、仲山甫之伦，其道足文工，又不待言。降及春秋，王泽衰竭，道固将废，文亦殆殊已。故孔子睹获麟，曰："吾道穷矣！"畏匡曰："斯文将丧！"于是慨然发愤，修订六籍，昭百王之法戒，垂千世而不刊，心至苦，事至盛也。仲尼既没，徒人分布，转相流衍。厥后聪明魁桀之士，或有识解撰著，大抵孔氏之苗裔，其文之醇驳，一视乎见道之多寡以为差：见道尤多者，文尤醇焉，孟轲是也；次多者，醇次焉；见少者，文驳焉；尤少者，尤驳焉。自荀、扬、庄、列、屈、贾而下，次第等差，略可指数。

【译文】

夏、商、周三代的鼎盛时期，圣明的君主和贤能的辅相们世代相传，社会安定繁荣。道德的精义深入到人们的心中，讲求学问的风尚普及到市井乡间，因此，那时候哪怕是捕兔子的乡野村夫或者是汉江边游玩的女子，都天性淳厚贞静、善于吟咏自己的情绪。至于像伊莘、周召、凡伯、仲山甫这些人，他们的德行完美，文才精工，自当不用多言。等到了春秋时期，君王的恩泽衰败枯竭，道义本身行将废弛，文章也就变化了。所以孔子看到人们捕获麒麟，就叹息说："我崇尚追求的大道完结了呀。"被匡人威胁，就说："古代的礼乐制度要丧失了。"于是慨然发愤，修订六经，昭示称王百代所需要的法制，使之流传千世也不更改。真是用心良苦之至，事业盛大之极呀！孔子去世之后，他的门徒们遍布天下，不断传授、演进他的学说。后世聪明杰出的人才或者是有知识见解擅长著书立说的，大多都是孔子的传人。他们的文章醇厚或者驳杂因他们对道德礼仪见识的多少而有不同。掌握大道特别多的人，他的文章就醇厚深沉，孟轲就是这样

的人；掌握大道较多的，文章内容就浅薄明显一些；掌握大道少的，文章就有些驳杂浮泛；掌握大道最少的，文章就驳杂虚浮得最厉害。在荀况、杨朱、庄子、列子、屈原、贾谊之下，聪明杰出、擅长作文的人们的高低次序，基本上可以标示出来。

智慧通解

自古至今，"文""道"的说法一直在文人脑海中萦绕。"文以明道""文道合一""作文害道"等说法层出不穷，不管怎样，在历朝历代，大多文人都认为，"道"是文的核心。一篇文章，如果没有"道"，就失去了写作的意义。曾国藩熟读前代文章，自然也不能避开"文" "道"的说法。道光二十三年(1843)，曾国藩在《致刘蓉》一书中，初步阐发了他对文以载道、文道并重的基本主张。这里的"道"自然是圣人之道，特别是孔孟儒学之道。

曾国藩为文，主张思路宏开，意义宽广，济世载道。他最不愿意看的，便是无病呻吟的文章。他认为，大凡作文赋诗，应在真挚的感情达到了极点，不吐不快的时候。如果你有了这种不吐不快的压力，就表示你已经到了可以作文赋诗的时候了。若想达到这种不吐不快的境地，一定要在平时注重情感与材料的积累，这样在写作时，才会文思如泉涌；而所讲的道理，才足以表达心中的至真至正之情。假若平常不注重情感与经验的积累，到了写文章的时候，即使有真挚的感情想要抒发，也会由于理念不足以与之相适应而不得不临时搜寻理念和思想，而思想和理念又不是一时半刻就可以搜寻得到的，于是就不得不追求字句的完美，试图用言辞的花巧来取悦读者，虚伪做作，一天比一天拙笨，所谓"修词立诚"的精神也就荡然无存了。

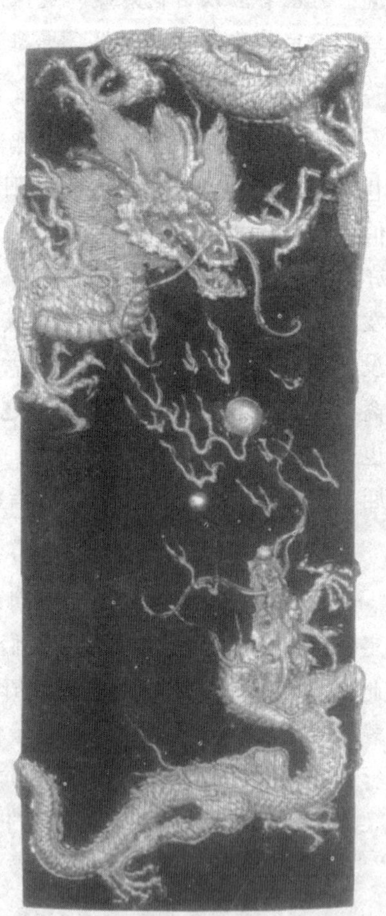

龙德墨　清

曾国藩教子习文时说，学诗学文，先要掌握各家的风格特色。他把古文标举为气势、识度、情韵、趣味四属，在《十八家诗钞》中，前三属相同，唯将"趣味"改为"工律"。这四属便是对各篇诗文的不同特色的分辨。曾国藩还纵论千古诗文，占八句，以概括各家的风格特色。句云：《诗》之节，《书》之括，《孟》之烈，韩（愈）之越，马（司马迁）之咽，庄之跌，陶（渊明）之洁，杜（甫）之拙。领会各家的基本风格，是学诗学文的一条捷径。但各家风格是复杂有变的。

曾国藩认为，文章的醇厚或者驳杂，是由作文者掌握大道精深和浅薄所决定的。掌握大道特别多的人，他的文章就醇厚深沉，孟轲就是这样的人。掌握大道较多的，文章内容就浅薄明显一些。掌握大道少的，文章就有些驳杂浮泛。掌握大道最少的，文章就驳杂虚浮得最厉害。他认为那些流传千古的不朽文章，必定是作者胸襟远大、思虑精密周到的结果。

曾国藩还认为，文章的气势与遣词、造句密切相关。雄奇以行文的气势为上，造句次上，选字又次之。然而字不古雅则句必不古雅。句不古雅则气势也不会古雅。同时，字不雄奇则句子也不会雄奇，句不雄奇则气势也不会雄奇。文章的雄奇之妙，从内看，全在于行文的气势，从外看，全在于选词造句的精当。用心在精处，着笔在粗处，这大概是曾国藩古文作法的要点。

对于文章的志趣，曾国藩说："余近年颇识古人文章门径，而在军鲜暇，未尝偶作，一吐胸中之奇尔！若能解《汉书》之训话，参以《庄子》之诙诡，则余愿偿矣。至行气为文章第一义：卿云之跌宕，昌黎之倔强，可为行气不易之法。宜先于韩公倔强处，揣摩一番。"曾国藩所以崇拜韩愈，是因为韩愈的文章最为雄奇，而雄奇的文章，是曾国藩最推崇的。曾国藩的文章理论，偏重于雄奇一途，所以他的文章，也在雄奇的一方面见长，他比较著名的文章如《原才》和《湘乡昭忠祠记》等，气势之壮，句之不俗，使人觉得大有韩愈文章之气。

他主张文章以气象光明俊伟为最贵。好比雨后初晴，登上高山远望旷野；如在楼上俯视长江，坐在明窗净几下，悠然而远眺；又好比英雄俊杰，没有卑鄙龌龊的狭隘志向。文章有这样的雄伟气象，可谓上佳。

有雄伟之美，必有阴柔之美，但阳刚（即雄伟）与阴柔不是对立的。曾国藩指出，风格阳刚之文，须揉以阴柔之气；风格阴柔之文，须运乎阳刚之气。这也是曾国藩一个重要的美学主张。道光二十三年（1843）正月，他在日记中写道："车中看义山诗，似有所得。"又作《读李义山诗集》五绝一首：

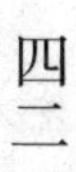

渺绵出声响，奥缓生光萤。
太息涪翁去，无人会此情。

李义山（即李商隐）在中国诗史上历来被人称作纤巧柔和风格的代表者。对宋诗人黄庭坚（字鲁直，晚号涪翁），曾国藩很赏识和提倡他的诗风。黄庭坚的诗历来以风格奇崛著称，而曾国藩认为，只有黄庭坚才最能领会李商隐诗的渺绵奥缓的风格，可见曾国藩坚决反对阳刚与阴柔"画然不谋"的做法。曾国藩提倡阳刚之美，却亦不废阴柔之美。

【经典实例】

曾国藩谈“为人与为学并进”

读书、写作与为人可以说是齐头并进的。读了什么书，就会成为什么人；是个什么样的人，便会写出什么样的书。读书，是为了做人，而写作就是表现人。读书，是看别人如何做人，写作，则是自己如何做人，因而写作比读书更重要。孔子讲述而不作，但他还是有“作”，只不过是他的弟子帮助他完成的，不然我们就读不到《论语》，也就不能深刻理解孔子。读书需要学习，写作更需要学习。

当曾国藩听说他的侄儿纪瑞在全县科举考试中名列榜首，欣喜不已。立即写信说：“我并不希望我家世世都得到富贵，但希望代代都有秀才，所谓秀才，就是读书的种子，世家的招牌，礼义的旗帜。”

由此可见，曾国藩看重的是学问，是礼仪，是名誉。他是按照那个时代标准和理想来塑造自己，培养后代的。这些观念即使在今天也无可厚非，或许我们感到曾国藩有那么一点功名之心，但人生活在这个世界上，谁没有一点功名之心，谁不想出人头地，光宗耀祖，一鸣惊人呢？

但可取的还不是这些。当曾国藩听说纪瑞的科举成绩后，就写信给弟弟，让他谆谆告诫纪瑞，从此更加奋勉勤苦，做到为人与为学并进，千万要戒掉骄傲和奢侈。

人取得了一点成绩往往容易骄傲，富贵了也往往容易奢侈，对青年人来说，更是如此，曾国藩是一个见多识广的人，在他高兴之际，也不忘记给纪瑞浇浇凉水，让他更清醒、更冷静，提醒他“路漫漫其修远兮”。但这种眼光，一般的父辈也都具备，他似乎也没有什么过人之处。

曾国藩强于一般人的地方在于，他提出了为人与为学齐头并进的主张。这一主张反映出了曾国藩对人的基本观念，那就是既要重人品，又要讲才学。

好文章是有生命的，如果太阳本身没有热度，我们就不会感到温暖；如果文章本身没有生命，我们就不会感到生命的价值。我们感到了生命，一方面证明我们自身生命力的高扬，另一方面证明了文章的生命力之强旺。

当然，文章的运行方式是多种多样的，有的豪放，有的婉约，有的雄奇。就说雄奇吧。如何使文章雄奇呢？文章并不是选用了雄奇的词语就会雄奇的，当然它与选词造句有关但不单是选词造句。曾国藩说，文章的雄奇首先在于有生气灌注其中，造句在其次，选字又在其次。但这并不是说文章的雄奇可以脱离选字造句的雄奇，没有字不古雅而句子能够古雅的，也没有句子不古雅而文气能够古雅的；同样，也没有字不雄奇而句子能够雄奇，句子不雄奇而文气能雄奇的。这就是说，文章的雄奇，最精要的地方在行气，次要的地方在遣词造句。

曾国藩最喜欢古人的那些雄奇的文章，他觉得韩愈第一，扬雄次之，他们两

位的行气，都是天性使然。至于说到后天的个人努力，如果说韩愈造句的功夫比较深，那么扬雄的造字功夫就比较深。可见，曾国藩读书不仅能从大处着手，也能在细微处见功力。

所以要使文章雄奇，不仅要在选词造句上下功夫，更应把自己的生命气息灌入其中，这才是雄奇之道。

曾国藩说过，大凡作文赋诗，应在真挚的感情达到了极点，不吐不快的时候。如果你有了这种不吐不快的压力，那就表示你已到了可以作文赋诗的时候了。

世界上很多东西都可以作假，唯独在作文时动之以情，不可作假。你一故作多情，或者硬着头皮煽情，那破绽马上就会显露出来，甚至根本就无法完成下去。因为你在写作时面对的不是别人，而是自己，一个人或许可以欺骗别人，但他无法欺骗自己。若想达到这种不吐不快的境地，一定要在平日注意情感与材料的积累，这样他在写作时，才会不假思索，左右逢源；而他所讲的道理，才会足以表达他心中的至真至正之情。一个人若在作文时没有雕章琢句的痛苦，在文章写成后也没有郁塞不吐的烦恼。

曾国藩说过这样的话，在真情实感激荡生发的时候，一定要审视一下心中的理念和思想是否具备，以及在何种程度上具备？如果能像随手取摘身边的物品一样方便，顷刻而来，脱口而出，那就可以作文赋诗了；不然的话，如果还须临时去搜寻思想和意义，那还不如不做，勉勉强强，必然会以巧言伪情媚惑于人。

所以说，一个没有感情的人，积累不深厚的人，是写不出好文章的。一个不动感情的人，是写不出好文章的。一个感情积累不深厚的人，是写不出好文章的。这并不是因为他不具备写作的知识和才具，而是因为他不具备写作的内在欲望，要求和驱动力。

如果说思想是文章的内脏，那么真情就是文章的血液，正是因为如此，作文赋诗就不能不饱含真情。

人在少年，总是那样生机勃勃，意气风发，走不完的路，说不完的话，做不完的梦。人生刚刚展开，很多美妙的事物就在前面，没有顾忌，没有束缚，顺着一条路笔直走下去，你就会走到太阳里去。不！少年本身就是太阳，正是上升的太阳，云蒸霞蔚，光芒万丈。

在这花一般的年龄里，又该如何作文呢？曾纪泽和曾纪鸿曾请教过父亲，他们问，一个人具备了某一方面的专长，是否还应具备其他方面的专长呢？曾国藩回答他们：这是断断不可能的。比如韩愈的诗文就并无阴柔之美，欧阳修的文章也缺乏阳刚气，他们两位大手笔尚且不能兼而有之，更何况一般的人呢？凡是说某人兼备众人所长，那其实就是说他没有一个方面的长处。在问及文字如何才能达到纯熟时，曾国藩以为这需要极力揣摩，下切实的功夫；但是青少年作文，总贵气象丰采。这就是苏东坡所说的“蓬蓬勃勃如上气”，他肯定见过开锅上的水

蒸气，那些水蒸气在烈火的炙烤下倾尽全力往外冒，那么勇敢，那么坚毅，势不可挡。那份热情，那种爆发力，那股冲劲儿不就是青春少年的象征吗？

曾国藩拜师访友增学识

说到曾国藩的文章，在世界获得许多博士头衔的胡适，也是大发感慨，他曾说："《申报》出世的一年，便是曾国藩死的一年，曾国藩是桐城派古文的中兴第一大将。但是他的中兴事业，虽然是很光辉灿烂的，可惜都没有稳固的基础，故都不能有长久的寿命。清朝的命运到了太平天国之乱，一切病状一切弱点都现出来了，曾国藩一班人居然能打平太平天国，平定各处匪乱，做到他们的中兴事业。但曾国藩的中兴事业，虽然延长了五六十年的满清国运，究竟救不了满清帝国的腐败，究竟救不了满清帝室的灭亡。他的文学上的中兴事业，也是如此。古文到了道光、咸丰的时代，空疏的方姚派，怪僻的龚自珍派，都出来了，曾国藩一班人居然能使桐城派的古文忽然得一支生力军，忽然做到中兴的地位。但"桐城——湘乡派"的中兴，也是暂时的，也不能持久的。曾国藩的魄力与经验确然可算是桐城派古文的中兴大将。但曾国藩一死之后，古文的命运又渐渐衰微下去了。曾派的文人，郭嵩焘，黎庶昌，俞樾，吴汝纶……都不能继续这个中兴事业。"

从西汉至清，读书人做学问约有三条途径：一是义理之学，一是考据之学，一是辞章之学。各执一端，相互诋毁。曾国藩以为，义理之学，学问最大。若想研究义理，就要阅经读史；如果学经就应当专守一经，学史就应该专熟一代。读经应以寻求义理为本，以考据名物为末。所谓专攻一经，就是不能全面读懂，就决不看下一句；今天没有读懂，明天继续读；今年没有精通，明年继续读。这就是耐心。

曾国藩深知：一个人的学问、事业和师友的影响有着极为密切的关系。所以他平生十分注重拜师访友，其中太常寺卿唐鉴，给他一生的治学和思想都带来了巨大的影响。

唐鉴，字镜海，湖南善化人，自幼就勤奋上进，"少而迈异精勤，嗜学如渴"。嘉庆十二年（1807）中进士，改翰林院庶吉士，后历任检讨、御史、府、道、臬、藩等官，道光二十年（1840）内召为太常寺卿。唐鉴服膺程朱之学，是当时义理学派的巨擘之一，蜚声京门。唐鉴"潜研性道、宗尚洛闽"，继承北宋理学大师程颢、程颐兄弟开创的洛学学派和南宋理学大师朱熹创立的闽学派，和清代大学士倭仁同以理学相号召，有"理学大师"之美誉。当时许多知名学者都曾问学于他。

道光二十一年（1841），曾国藩从北京琉璃厂购得一套《朱子全书》。为了弄清治学的门径，他登门拜唐鉴为师，见唐鉴"陋室危坐，精思力践，年近七

十，斯须必敬，盖先儒坚苦者匹，时贤殆不逮矣”。这种表里如一的治学方法，给予曾国藩以极大的促动。于是，他向唐鉴请教“检身之要，读书之法”。

唐鉴告诉他：束检身心，读书明理，“当以朱子全书为宗”，“此书最宜熟读，即以为课程，身体力行；不宜视为泛览之书”。教育曾国藩：“治经宜专一经，一经果能通，则诸经可旁及。若遽求兼精，则万不能通一经。”为了更好地认识理学的重要地位和关键作用，唐鉴还对传统学术文化的结构做了如下的比较与论述：“为学只有三门：曰义理，曰考核、曰文章。考核之学，多求粗而遗精，管窥而蠡测。文章之学，非精于义理者不能矣。经济之学，即在义理内。”

道光皇帝便服像　清

他又说：“经济不外看史，古人已然之迹，法戒昭然，历代典章，不外乎此，”并指出只要能在义理上痛下功夫，其余文章词曲，都是末流小技，毫无难处。引文中的“经济”一词，是经世济用之学的简称，又称作经世致用之学。当时，“经济”的含义十分广泛，囊括了政治、经济、军事、天文和地理等各方面的知识，与今天所运用的“经济”含义，有着很大的不同。

唐鉴的一番高论，对曾国藩来说，实乃至理名言。这使他初步贯通了毕生为之追求的治学目标和途径。在拜谒唐鉴之前，他所做的一切努力都是为了应付科举考试，以博得功名，治学内容限制在八股文和试贴诗的狭小范围之内。道光十五年（1835），他初次入京会试，见识稍广，由时文而专心于古文，“尤好黎韩氏之文，慨然思蹑而从之”，由文学而精进之于“道”，是在岳麓书院学习中，有所了解的。但那时，他似乎还未彻底明白“道”的深刻含义，因而常以“无失词臣体面”为满足。

唐鉴的教诲使他茅塞顿开，耳目一新，明白了所谓“道”是一种义理之学，求“道”应以《朱子全书》为根本，最终确立了以理学为其治学的目标。这一求道过程，在他的日记和书信中都有反映。他在求师唐鉴当天的日记中不无感慨，“听之，昭然著发蒙也”。他在给贺长龄的信中说：“国藩本以无本之学寻串逐响，自从镜海先生游，稍乃初识指归。”

在以后写给诸弟的信中，对其治学道路则更有一番总结性的阐述：“近得一二良友，知有所谓经学者，经济者、有所谓躬行实践者；始知范、韩可学而至也，马迁、韩愈亦可学而至也；慨然思尽涤前日之污，以更生之人，以为父母之肖子，以为诸兄弟之先导。”因此，他立志要在理学上面下功夫，“考信于载籍，

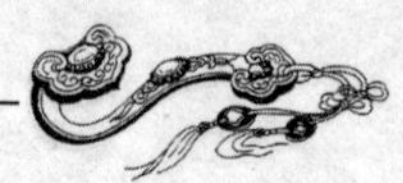

问途于五经，苦思以求其通，躬行以试其效”，这对于他的伦理道德及克己省复都带来了深刻的影响。

宋代理学家推崇“修身”“齐家”“治国”“平天下”的信条。在《大学》一书中有言“心正而后身修；身修而后家齐；家齐而后国治；国治而后天下平”。这个思想影响后代无数的文人。

曾国藩为使其能成为理学大师，便按照理学家“修齐治平”的理论，从“静”“敬”“慎独”下手，于是在“修己”上下了一番苦功。

唐鉴也谈到了“检身之要”。告诫他要想深刻理解“道”，必须“熟读”《朱子全书》，最切要处，在于不“自欺”，并举倭仁的例子说：他每天从早到晚，饮食言行，都有札记；凡是思想行为有不合于义理的，全部记载下来，以期自我纠正。并希望曾国藩能引以为榜样，将读书和修身结合起来，同时进行。

倭仁是以学承正统，德高望重的理学名臣资历而被“命授皇帝读”的。就倭仁的思想特征而言，他以程朱理学为主体，兼取思孟学派及陆王心学的某些观点，形成自己的思想体系，倭仁不仅对理学具有自己深刻领悟，重要的是他的自身道德修养与封建社会的道德规范达到了高度的和谐，因此为士大夫所折服。

唐鉴和倭仁的见解，指出了理学“修己”的真谛。所谓“几”，即思想或事物发展过程中刚刚显露的征兆和苗头。“研几”就是要抓住这些苗头，捕捉这些征兆，不失时机地去认识、发现其发展趋势，以及它们间的相互联系。通过“克己省复”，将一切不符合封建圣道的私心杂念在刚刚显露征兆时即予以剔除，以便自己的思想能始终沿着先贤所要求的方向发展，并将学术、心术与治术三者联为一体，使学问得到增长，道德水平日益提高，从而逐步体验和积累治理国家的政治经验和才能。这就是理学家“修齐治平”的一套完整理论。

曾国藩按照唐鉴、倭仁的教诲，按照从道德自省到经邦治国的法则身体力行，使自己的思想与人格得到升华。

于是，在与倭仁会面的当天，他便立志“自新”。除继续按照唐鉴教诲的方法读书外，他开始学习倭仁，在“诚意”和“慎独”上下功夫。

曾国藩将所写的日记，定期送与倭仁审阅，并请他在上面作眉批，提出不客气的批评。虽然这种楷书日记还没有写满一年，因道光十三年（1843）七月，他出任四川乡试正考官，旅途匆忙，日记遂改用行书。此后的日记也没有再请倭仁批阅；但在日记中时时自讼自责的精神，却一直维持终生不变。他天天要求自己以理学的道德自省和经邦治国的要求监视自己，教训自己，也就因为这个缘故，使他在封建的伦理道德方面和他所献身的事业中，一天天地进步。

曾国藩原本体质孱弱，自学习理学家的“躬行实践”的修身方法以来，刻刻留心，无时不惧，因此每天高度紧张，心理压抑，甚而失眠、咯血。再也无法继续坚持下去了。既要效法圣贤，立志自新，又不能一成不变地按照理学家修身养性的方式达到理想的境界，这就造成了曾国藩在治学途径上的两难选择。是否就此放弃

对理学的苦苦追寻呢？

曾国藩在徘徊，在思索。他在咯血后不久，在写给弟弟们的信中说："天即限我不能苦思，是天不欲成我之学问也。故近日以来，竟颇疏散。"但他并没有放弃对理学的追求，在同封信中他表示："读经以研寻义理为本，考据名物为末"，"吾以为欲读经史，但当研究义理，则心一而不纷。是故经则专宗一经，史则专熟一代，读经史则专主义理，此则守约之道，确乎不可易者也。"这表示他对理学并无轻视的态度，仍然一往情深，执着追求。他依然坚信，理学在儒学的全部文化领域中具有核心地位与支配作用。但是，经过前一段的"慎独。"实践，他感到理学那套"克己省复"的工夫与治学方法对自己不合适，在理学的追求上应另辟蹊径。

曾国藩经过深刻的反思后，终于找到了适合自己治学的方法：一是将研讨理学的主要目标定在领会其精神实质，即所谓"粗识几字，不敢为非以蹈大戾"，不再盲目效法地入练"静"字工夫；二是治学内容以理学为经，博采众说；即使钻研理学也不仅限于《朱子全书》，还兼顾宋代其他理学家的著作。这种变化，使曾国藩迈出了理学经世途中关键性的一步。博采众家之说，以撷取精华而汇聚于理学，从而在学术见解、道德修养和政治思想上都步入了一个新的境界。

曾国藩十分善于学习，一是向古代典籍学习，一是向今世前辈友朋请教，还向古人请教。他对范仲淹的"荷道"——文以天下大事为己任很是景仰，号召弟子们学习效法。他说：

范仲淹在做秀才的时候，就把天下的忧乐兴亡作为自己的责任。况且现在南北边境不断传来警报，旱灾连年不断，天灾人祸，四面八方多次出现，在这种时候，不可说天下无事啊！我们不能为朝廷国家献出一言，说出一个救时的计策，只知道在书本中寻章摘句，从容不迫地讲求烦琐礼节，认为国家弄到这个地步，责任不在自己。照这样年复一年月复一月，就是时机到了也不能有所作为，大事完成不了而陷于疏忽沉迷，那么我们平生所学的东西，又有什么益处呢！

上天降临下来的大祸，使宫殿廷堂变成灰烬，十日之内，宫殿相继烧毁。这固然是奸贼大臣擅权肆恶，使阴阳失去了平衡。而祸害起源应该在于朝廷。重新兴建又要大兴土木，受害的还是老百姓啊。宣府、大同一带的地方官僚，竟与敌人暗中勾结，接受贿赂，没有一点做人的道理。我们因心中耿郁不欢，有事就向当道者直言不讳，他们也渐渐有所畏缩。但现在朝廷之中，欺骗君王的计策通行无阻，而卖官的事情到处传闻，不能不使我们感到忧虑啊！

曾国藩与四弟子

由于曾国藩亮出了救护名教的旗号，迎合了社会巨变时代的传统守旧心理，也由于曾国藩的礼贤下士，擅纳同类，因此，一大群和曾国藩的经历、志向、精

神状态都颇为相近的文士们纷纷麇集其周围。这些文士为曾国藩屠杀太平军、捻军出谋划策、摇旗呐喊，也和曾国藩一道诗酒酬酢、论文说道。

在曾国藩之后继承了他的衣钵的，是他的学生辈，特别是所谓曾门四弟子——张裕钊、吴汝纶、黎庶昌、薛福成。在学生中，曾国藩最看重的是张裕钊、吴汝纶的文章，认为他们能把自己的文事发扬光大。这一点曾国藩没有看错。张、吴二人于荣利较为淡漠，因此较早退出仕途。相比之下，黎庶昌、薛福成则较热衷于实际功业，他们甚至公开宣言文士不足为，只在偶然失意时才暂时记起曾国藩在他们早年时说的唯有文章才足以传世的遗训。因此，在文学的自觉性上，他们远不如张裕钊、吴汝纶。当然，从总体而言，曾门弟子毕竟在新形势下继承和发展了曾国藩的文论主张，使桐城文派的创作，再次掀起了一个小小的高潮。

曾国藩死于同治末年，此后的局势日趋严峻。两次鸦片战争失败，使深谙清政府无能的西方列强步步进逼，一场场在清政府掣肘之下可胜反败的战争，一个个辱国丧权的条约，一次次令人惊心动魄的割地狂潮，令昔日被瓜分宰割的梦魇，变成了事实！日益深重的民族危机，呼唤着变法图强。曾门弟子便都怀着强烈的爱国心，将积敝积弱、危在旦夕的局势告诉世人，警诫世人。

黎庶昌为南明永历抗清殉节的大臣何腾蛟编年史所写的《何忠诚公编年纪略书后》后，竟不避忌讳，坦言直叙：

> 王师入关后，放兵南下，触之者皆若焦熬投石已耳，独公坚不可撼。使史公督师江上时，即已能如公之守全州、守桂林，则扬必不失，扬不失，而金陵尚可有为，不或二公者易地以守，明之亡不亡，未可知也！晋画守淮，决于淝水一战；宋主和议，丰于顺昌、朱仙镇两捷，从古未有不战而能自立者。
>
> ……

这哪里是在谈历史，分明是在影射当局不思自强，而把全部希望押在议和之一着上，这样，文末的“废兴之际，虽曰天命，亦岂非人事措注（措置）有善不善哉”的感慨，实际是向清帝建议起用人才以图自强了。薛福成在出使法国，参观巴黎油画院时，见到院中陈列的描绘普法战争中法军遭炮击的惨状，便领悟到这是在“昭炯戒，激众愤，图报复”；吴汝纶在为友人所做的《矢津昌永〈世界地理〉序》中盛赞弱小国家和民族不甘屈服于列强侵略的精神：“伟哉！飞列滨、特兰斯洼尔，弹丸地耳，不甘为人领，奋起以犯强大国之锋，虽势不敌，要尽国雄也”，都包含着激励国民自强、向列强报仇雪恨的深意。

曾门弟子有着灼热的爱国心，但他们不是狭隘简单的排外主义者，从林则徐直到曾国藩的“师夷之长技”的思想为他们所继承、发展，因此变法图强也

就成了他们散文作品中的一个重要内容。薛福成《筹洋刍议》中的《变法》一篇，说古道今，横观中外，反复论证向西方学习先进的科学技术之必要，驳斥鼠目寸光的守旧派的迂执之风。他大声疾呼："夫欲胜人，必尽知其法而后能变，变而后能胜，非兀然端坐而可以胜人者也。今见他人之我先，猥曰不屑随人后，将跬步不能移矣。"

他深信放开眼界的中国人不仅可以而且必然会赶上或超过西方列强："以中国人之才智视西人，安在其不可以相胜也！"流露出强烈的民族自信心。张裕钊在送黎庶昌赴英任参赞时的《送黎莼斋使英吉利序》中亦反复申述"穷则变，变则通，而世运乃与为推移"的道理，语重心长地叮嘱黎庶昌不可"拘旧守故"，相反，应当善于观察，"得其要，得其情，而吾之所以应之者，乃知所设施"，明确地提出了学习西方以对付西方侵略的主张。至于吴汝纶为学生父亲所做的《弓斐安墓表》，从弓的善于建筑、耕植，联想到西方人正以此富国强本，认为"今国家方议变法，变法莫急于治生"，赞扬弓于国家的贡献远非那些死读高头讲章、剽窃陈词滥调以博取个人功名者所可比拟。

薛福成出使英国游览避暑胜地布赖顿时，因坐电车，感叹其"风驰云迈，一瞬千步，制造之功，逾于火轮"，从而激起"数百年后，其将行之我中国乎"的联想和期望，也都从各个侧面，反映了曾门弟子对于变法自强的渴望。他们以自己的创作与整个社会行进的步伐桴鼓相应，这在很大程度上应归功曾国藩"经济"思想之熏陶。

在讲到曾门弟子散文的雄放风格时，我们必须特别注意薛福成。他少有经世大志，在时代风气的促使下，广泛地学习致用实学。入曾国藩幕后，较留心洋务，后来出任英、法、比、意等四国大臣，任左副都御史。这种经历，打开了他的眼界，使他的思想由主张变法进而发展到要求改良，是曾门弟子中最为激进的一个。因此，他的文章饱含激情，雄辩有力，条理分明，文笔亦常至为浅白，这是曾门弟子中最突出的一个特点。如《变法》中说："西洋诸国，恃智力以相竞，我中国与之并峙，商政矿务宜筹也，不变则彼富而我贫；考工制器宜精也，不变则彼巧而我拙；火轮舟车电报宜兴也，不变则彼捷而我迟；约章之利病、使才之优绌、兵制阵法之变化宜讲也，不变则彼协而我孤，彼坚而我脆。……"

在这里，我们已经可以看到梁启超等人在戊戌变法前后所创立的那种笔端富有感情、条理清晰、文白间杂的"新民体"的雏形了。可以说，薛福成所代表的文体，实在是从典型的桐城古文发展到"新民体"，发展到现代散文文体的中介和桥梁。

当然，拿曾门弟子的文风与乃师相比，我们还是不难觉察出两者之间的差异的。曾国藩以"在籍侍郎"的身份，得清帝授意，振臂一呼，应者影从，依靠着传统的力量，居然绞杀了太平天国的革命。半是幻觉半是现实的"同治中兴"，为行将崩坍的清政权涂上了最后一层迷人的色彩，也使这种回光返照式的奇迹的制造者曾国藩，对自己、对传统的无所不能充满自信。因此，他敢于“中学为体、西学为用”，敢于热衷于“鄙弃礼教”的《庄子》、“违异圣人自得之乐”的《史记》、柳宗元文。他的文章，也有着一种汉儒式的“匹夫而为天子

拜访图　清　选自《姑苏繁华图卷》

师”的自尊乃至倨傲，雄肆的文风中多少有点霸道和蛮横之气。但曾门弟子却不能做到这一点。“中兴”的光环褪了色，剩下的是一派肃杀颓败的景象；变法自强的呼唤、建功立业的憧憬，在无情的现实面前，一次又一次地被碰得粉碎。于是，他们对国家的前途、对传统思想传统道德观念的命运、对自身都产生了一种隐隐约约的失落感、绝望感。张裕钊的《唐端甫墓志铭》中写道：“逮咸丰初兵起，区寓靡沸，东南尤被其毒。诸人士死亡转徙，典籍焚毁，斩焉无遗，学者亦益废坏，物盛而衰，乃至于此！其后虽以曾文正公削平寇乱，兴起儒学，然薨逝会不数年，而人物荡然，岂人文与时兴废，固天实主之，而不可强者耶？……”

端甫是唐仁寿的字，他也曾经是曾国藩幕府中的人，精于六书音训之学和校勘，常与张裕钊等人一齐杯酒高谈，从容赋咏。曾国藩死后，幕中的士人们或死或散，或以年老而杜门不出，一片凄凉。张裕钊对唐仁寿之死而产生的伤感迷惘，正集中代表了曾门弟子的“将军一去，大树飘零”式的寂寞之情。既然曾国藩当年的雄肆文风赖以产生并存在的环境、心理状态都起了变化，曾门弟子也只好在继承中寻求通变之路了。他们从桐城先辈特别是方苞那里取来了“雅”以中和曾国藩之“雄”，于是，他们的散文创作里，就在雄健之中或多或少地掺杂着典雅超逸的气象了。

蒋介石在黄埔军校任校长时，常以曾国藩的《爱民歌》训导学生。他说，曾国藩能无往不胜，是他的道德学问、精神信心胜过敌人。是曾国藩“文以荷道”的典型之作。

荷道的道理何在？要想真的读好书那就暂时不读书，走出你的小书屋，到实践的大课堂上去。文不对题，读空书、做死文的人大有人在。一旦走上这个轨道，书不但读不好，读不懂，而且把人也废了。

抱住书本不放，轻视实践的人，真是颠倒了书本和社会需要的关系。荷道的高明之处在于：彻底抛弃这种空对空的做法，提倡以实践为准，以实践求真。

这个道理，古往今来莫不如此！

历史告诉我们，真正在科学和历史上有大贡献的人，都是极重实践的，正是从实践中他们才写出了一部部的书。

在古代，书呆子并不算少。唐代的诗人李白，在漫游山东时，便碰到过一些。为此，他写了一首描绘这种书呆子的讽刺诗。大意是这样：

山东的老头谈论起《五经》，
满头白发只知道死啃章句。
你若问他治国的策略、方法，
迷里迷糊就好像掉进雾里。
脚穿着孔丘游列国的鞋子，
头戴着方方正正的帽子。
慢慢吞吞地直着腿走路，
还没迈开步便扬起尘土。
像当年秦国的丞相李斯，
就看透这种人不通时世。
他们哪配和叔孙通相比，
也不配和我们一起并提…
国家的大事一窍不通，
还不如回到老家去种地。

我们看，这样的人不是越读越蠢吗？

读书读到头发都白了，还是只知道摇头晃脑地咬文嚼字。你若问他读书是为了什么，他感到这是个怪问题；你若直截了当地叫他谈谈治国的理想和办法，他就会来一套“子曰……圣人有云……。”总之，越说越糊涂，越说越叫人摸不着头脑：因为连他自己也如同掉进了烟雾的深渊里，昏头昏脑，晕头转向。

学以致用，便是荷道，便是为国为民做贡献。

“荷道”心语

【原文】

凡男子之死于一言者，约有数等：与人争狠，一言之忿不顾而死者，是死于忿也；气谊相许，一言之约，借躯以相酬报者，是死于要约也；要事同计，

异人同情，因旁人一言之感触，遂以激发欲死者，是死于激切也。厉王迁死，淮南宾客多以此感激安，或安以一言而激发欲死耳。师古二义解一言甚当，而于王安未合也。

【译文】

凡是男儿因一言而舍生轻死，大约有几种情况：和别人争勇斗狠，因为一句言语之忿而舍生轻死，是死于激忿；志趣、爱好相投，因一言之誓约，舍身以报答，这是死于誓言；一件大事，众人同谋，人异情同，因为有感于旁人之言语，热血奔涌，遂舍生轻死，是死于激切之情。淮南王刘厉被发配而死，淮南王的宾客大都以此激发刘安，或许是刘安因有感于别人之言，激切欲死。颜师古在二义中对于一言之义的解释很精当，而对于淮南王刘安的解释不合实情。

【原文】

沅弟治军甚不得手。二月十八之败，杏南、葆吾而外，营官殉难者五人，哨勇死者更多，而春霆又与沅弟龃龉。运气一坏，万弩齐发，沅弟急欲引退。余意此时名望大损，断无遽退之理，必须忍辱负重，咬牙做去。待军务稍转，人言稍息，再谋奉身而退。作函劝沅，不知弟肯听否？

【译文】

沅弟最近打仗很不顺手。在二月十八日的失败中，除了杏南、葆吾之外，

晚清战乱时被乱军打死的平民

营官阵亡的有五个人，士兵战死的更多；而鲍春霆又与沅弟发生了矛盾。运气一坏，万箭齐发，沅弟想马上引身而退。我觉得他现在名望受到很大的损害，绝无立即引退的道理，必须忍辱负重，咬紧牙关做下去，等到军务略有起色，

大家的非议渐渐平息以后，再考虑奉身而退的事情。我写了一封信劝说说他，不知他是否会听从？

【原文】

仆虽浅鄙，亦尝私聆君子之风，以为国家政体，当持其大端，不宜区区频旋周同，遮人于过。即清厘籍贯一事，亦谓宜崇宽大未可操之壹切，使人欲归不得，欲留不许，进退获尤，非盛朝采庶士之谊。仆持此议，盖非一日，适会朱君出仆门下，外人仆持之颇坚，以为是固私有所徇，非天下之公义也。仆怀不能因足下言及此，遂尽与披。顷以为仆不欲操之壹切，乃大体宜尔，非护门生而勤私属也。中有所激，则词色稍厉；而足下乃遂谓语意见侵，无乃以凡近之言相律，而不深察所以立言之意乎？若谓曹司主议，堂上啸诺，则今日见风气滔滔已久，仆之不能障而挽之，盖亦慨然内伤。足下幸未置身其中，天下事履之而后艰耳。书不能一二，他日相见，当盛加宾敬，以崇书概，且敦雅故。

【译文】

我虽浅薄庸俗，但也曾在私下领受过有德君子的风范，认为国家的施政方针，应当在大的方面重点把握，不该在枝节方面过多干预周密算计，使人动辄得咎。就说清理籍贯这一件事，我也认为应该崇尚宽大，不能搞一刀切，使有些人想回原籍回不了，想留现居之处又不允许，无论怎么都是错，这不合我们强大兴旺之皇朝广揽人才的一贯情理。我坚持这一主张，由来已久，碰巧朱君是我的门生，他人见我主张这一点较为坚决，就认为我原来是出于私心而故意如此，不是从天下的公道出发的。我的内心隐衷无法表白，因您说到了这些，于是就全盘向您披露出来。不久前我说不想搞一刀切，乃是从大局考虑应该如此，不是袒护门生而照顾自己的亲朋故人。因为心中有所激愤，言辞上就不免稍显严厉；而您由此就说我盛气凌人，莫非您这是仅在随手写出的言辞上吹毛求疵，却没有深入体察我之所以说这番话的本来用意吗？至于说中央各曹衙门的负责人在主持议案时，各官员无不齐声附和赞同，眼下的这种风气已经泛滥很久，我不能阻止并挽救这一局面，同样也感慨万千，黯然伤神。您幸亏没有置身于官场之中，不过您要知道，天下的事情往往是在亲自做了之后才深知它的难处啊！信上不能多说，将来见到您，一定要隆重欢迎款待，既对您的节操气概表示崇敬，而且进一步加深我们的老交情。

【原文】

马秀才诗笔圆润，图尤精确，请饬其即来大营一见，当远胜于程奉璜。程生在湖南多不法事，昨随张德坚来营，闻其所为，殊恶之。以其投诚而来，不欲加谴，予以三十金，厚资遣之。

【译文】

马秀才的诗歌，文笔饱满润泽，画技尤其清湛，请让他立即来我的大营

见上一面，想来他要远远胜过程奉璜。姓程的这位书生在湖南做过许多不法之事，昨天随张德坚前来我的军营中，听说了他的所作所为，我特别讨厌他。由于他是诚心诚意投效而来的，故不打算惩治他，送给他三十金，以丰厚的川资打发了他。

【原文】

是日思为督抚之道，即与师道无异。其训饬属员殷殷之意，即与人为善之意，孔子所谓“诲人不倦”也；其广咨忠益，以身作则，即取人为善之意，孔子所谓“为之不厌”也。为将帅者之于偏裨亦如此，为父兄者之于子弟亦如此，为帝王者之于臣工亦如此，皆以君道而兼师道，故曰：“作之君，作之师”，又曰：“民生于三事之如一”，皆此义尔。

【译文】

今天思考做督抚的方法，就和做老师的方法无异。他们教训僚属的殷殷之意，就是与人为善之意，就是孔子所讲的“诲人不倦”；他们广泛征求好的意见，以身作则，就是吸取别人之长，就是孔子讲的“为之不厌”。当将帅的对于偏将裨将这样，作父兄的对于子弟也这样，作帝王的对于臣僚也应这样，都把君道而并于师道，所以说“做臣民的君主，做臣民的老师”，又讲“老百姓对于君、师、父兄之道，当一件事看待”，都是讲的这个意思。

你看书很多，但能背诵的很少，这也是一个短处。以后应将文选中很惬意的文章熟读，以能背诵为准，如《两都赋》《西征赋》《芜城赋》及《九辨》《解嘲》之类都应熟读。《文选》以后的文章，如《与杨遵彦书》《哀江南赋》也应熟读。再者，经世之文如马贵与《文献通考》序二十四篇，天文如丹元子的《步天歌》，地理如顾祖禹的《州域形势叙》也应熟读。以上所选的七篇三种文章，你和纪鸿都应手抄熟读，互相背诵，将来父子相见时，我要考察你们的背诵。

【原文】

余近年颇识古人文章门径，而在军鲜暇，未尝偶作，一吐胸中之奇。尔若能解《汉书》之训话，参以《庄子》之谈诡，则余愿偿矣。至行气为文章第一义，卿、云之跌宕，昌黎之倔强，尤为行气不易之法。尔宜先于韩公倔强处揣摩一番。

【译文】

我近年来对古人写文章的门道有很深的认识，只是由于军务繁忙，很少有闲暇时间，因而不曾动笔写作，一吐胸中的奇思妙想，独特见解。你如果能掌握《汉书》的训诂，再参考学习《庄子》的诙谐奇诡风格，那么我的愿望就得以实现了。行气对于写文章是最重要的。杨雄和司马相如作品语言的跌宕，韩愈文章的倔强，尤其是写文章行气的永恒准则。你应当先对韩愈文章的倔强之处好好揣

摩、研究一番。

【原文】

尔问文中雄奇之道。雄奇以行气为上，造句次之，选字又次之。然未有字不古雅而句能古雅，句不古雅而气能古雅者；亦未有字不雄奇而句能雄奇，句不雄奇而气能雄奇者。是文章之雄奇，其精处在行气，其粗处全在造句选字也。余好古人雄奇之文，以昌黎为第一，扬子云次之。二公之行气，本之天授，至于人事之精能，昌黎则造句之工夫居多，子云则选字之工夫居多。

尔问叙事志传之文难于行气，是殊不然。如昌黎《曹成王碑》《韩许公碑》，固属千奇万变，不可方物，即卢夫人之铭、女拿之志，寥寥短篇，亦复雄奇崛强。尔试将此四篇熟看，则知二大二小，各极其妙矣。

尔所作《雪赋》，词意颇古雅，惟气势不畅，对仗不工。两汉不尚对仗，潘、陆则对矣，江、鲍、庾、徐则工对矣。尔宜从对仗上用工夫。

【译文】

你来信询问为文气势恢宏，文笔曲折的雄奇之道。要使文章雄奇，必须以气势为上，造句次之，选词又次之。然而作文没有遣词不古朴典雅而造句能够古朴典雅，也没有句子不古朴典雅而气势能古朴典雅；同样，要使句子雄奇必须词语雄奇，要使文章雄奇必须句子雄奇。文章的雄奇其核心在于气势，其形式在于遣词造句。对于古人的文章，我最喜爱韩愈的，其次是扬雄的，二人行文气势是造化所赐，不是人力能够学习、模仿。至于二人文章精于人事的，韩愈逞能于造句的功夫，扬雄擅美于选词的才能。

你认为叙事志传的文章很难做到雄奇，其实大谬不然。如韩愈的《曹成王碑》《韩许公碑》，固然是千奇万变，难于言传，即使是卢夫人铭、女拿志，寥寥数语，也是气势浑厚雄奇。你把这四篇文章看熟看透，就理解二篇长文和短文，分别极尽其妙。

你写的《雪赋》，词意古朴典雅，只是气势不宏，对仗不工。两汉文章不讲究对仗，潘岳、二陆开始重视对仗，江淹、鲍照、庾信、徐陵已经工于对仗。你应该从对仗上下功夫。

【原文】

卫青、霍去病传，右卫而左霍；犹魏其、武安传，右宝〔窦〕而左田也。卫之封侯，意已含讽刺矣。霍则讽刺更甚。句中有筋，字中有眼。故知文章须得偏鸷不平之气，乃是佳耳。

【译文】

卫青、霍去病传，赞誉卫青而贬斥霍去病；犹如魏其、武安传赞誉窦婴而贬斥田蚡。卫青得以封侯，司马迁已意含讥讽。对于霍去病，则讽刺更甚。句中有筋骨，字中有文眼。所以说文章须得峭峻不平的气势，才是佳作。

【原文】

凡吏治之最忌者，在不分皂白，使贤者寒心，不肖者无忌惮。若犯此症，则百病丛生，不可救药。韫师近日天眷稍替，若更事事将就，则群辈益将恣肆。余近待属吏，变殊颟顸。顷派员至三省密查，求去其尤无良者而已。

【译文】

吏治最忌讳的，是不分青红皂白，让有德行的人寒心，不贤能的人无所畏惧。如果犯了这个过失，那么百病丛生，不可救药。韫师近日来圣上对他也有些冷淡了，如果更是事事多迁就，那么这些人更加放肆。我近日对待属下改变不明事理的做法。马上派人到三省秘密查寻，也只是革去那些特别差的人。

【原文】

观人作应制诗，面谈之，不忠不信，何以为友！圣人所谓善柔便佞之损友，我之谓矣。癸卯二月。

【译文】

观看友人作应制诗，当面阿谀奉承他，不忠诚不实信，还做什么朋友！圣人所说的善良柔顺的赞誉都是那样随随便便，巧言谄媚，是折损友，这不正是对我讲的吗？道光二十三年二月。

【原文】

自古高位重权，盖无日不在忧患之中，其成败祸福则天也。甲子三月。

【译文】

自古以来，居在高位、握有重权，没有哪一日不在忧思虑患之中度过，他的成功失败，是祸是福则是老天注定的。同治三年三月。

【原文】

初到直隶，颇有民望，今诸事皆难振作，恐虎头蛇尾，为人所笑，尤为内疚。于心辗转惭沮，刻不自安。己巳五月。

【译文】

初到直隶，很有民望，现在很多事情都难于振作，恐怕虎头蛇尾，让别人耻笑，为此事很内疚，以致在心中辗转反复，惭愧沮丧，一刻也不能自安。同治八年五月。

【原文】

余以老年吃斋，风中行路，殊非所堪。又念百姓麦稼已失，稷粱不能下种，将成非常之灾。又念纪泽儿在运河一带，风大河浅，家眷各船，胶滞难行。又念施占琦运书箱在海中，恐有不测。种种悬念，不胜焦灼。已巳四月。

【译文】

我以老年吃斋，寒风中行路，已不能承受。又虑念老百姓小麦已经颗粒无

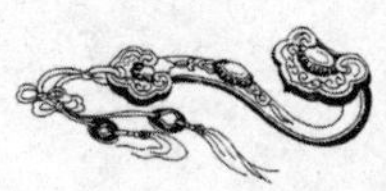

收，秋粮不能下种，将酿成不同往常的天灾。又思念纪泽儿在运河一带，因风大河浅，家眷各船，胶滞难以行进。又思念施占琦运载书箱从海路走，恐怕碰到什么不测。种种悬念，使我焦灼万分。同治八年四月。

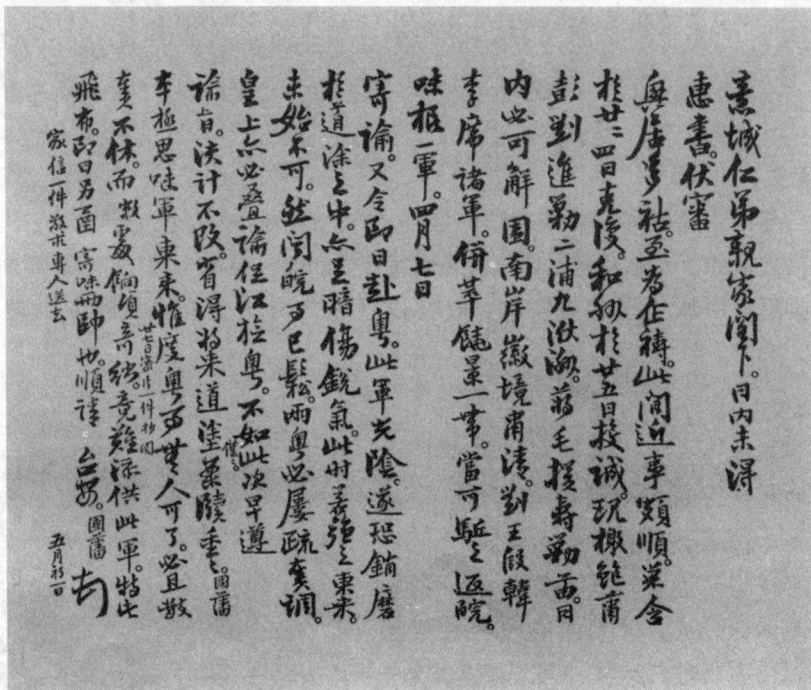

曾国藩手札

【原文】

近日所看之书，及领略古人文字意趣，尽可自摅所见，随时质正。前所示有气则有势，有识则有度，有情则有韵，有趣则有味，古人绝好文字，大约于此四者之中必有一长。

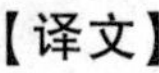

【译文】

最近一段时间我所看的书，都达到了能够领略古人文字意趣的程度，尽可以自摅己见，并可以随时有本质的修正。前边我曾向你说过，有气才会有势，有见识才会有度，有情感才会有韵味，有意趣才会有滋味，古人的绝妙的文章，大约在这四者之中至少必须具备其一。

【原文】

赴张雨农饮约，更初方归。席间，面谀人，有要誉的意思，语多谐谑，便涉轻佻，所谓君子不重则不威也。归途便至杜兰溪家商事，又至竺虔处久谈。多言不知戒，绝无所谓省察者，志安在耶？耻安在耶？癸卯正月。

【译文】

赴张雨农饮酒的约会，至更初才回到家。席间，当面阿谀别人，有牟取名誉的意思。说的话多变谐戏谑，便涉及轻佻，所谓君子自己不尊重自己就没有威信。归来的路上顺便到杜兰溪家商量事情，又到竺虔住处长时间叙谈。多说话而不知警戒，根本就无所谓省察，树立的志向在什么地方？羞耻又在何处？道光二十三年正月。

【原文】

此二年中，悉力讲求捕盗之法、催科之方，此两事为江南尤急之务，一旦莅任，则措之裕如。人见其耐也如此，又见其有为如彼，虽欲不彪炳，其可得乎？来书过自抑退，所属望子弟者甚深，故特以迂腐之辞上贡左右，阁下以为然耶？否耶？

【译文】

这两年内，全力讲求捕获盗贼的方法和催收租税的方法，这两件事对于江南地区尤其是十分紧迫的任务，一旦上任，就能够从容不迫地办理这些事情。人们见你的能耐是如此之大，又见你的成绩是如此之多，即使不想彪炳千秋，又怎么可以呢？您的来信过于自谦，对后辈晚生的期望十分深厚，故此我才特意拿这些迂腐的言辞呈示于您，您以为它们是对呢？还是不对呢？

晚清农村生活场景